जैन विधि

जैन विधि

डॉ. पुखराज सालेचा
पूर्व आई.ए.एस.
एम.कॉम., एल.एल.एम., एम.बी.ए., एम.ए. (जैनोलोजी)
(जैन दर्शन व तुलनात्मक अध्ययन)
पी.एच.डी (जैन धर्म और विधि)

रिसर्च इंडिया प्रेस
नई दिल्ली

ISBN : 978-93-5171-158-2

मूल्य : ₹ 1350/-

प्रथम संस्करण : 2021

प्रकाशक :
रिसर्च इंडिया प्रेस
ई-6/34, संगम विहार
नई दिल्ली-110062
दूरभाष : 011-26047013, मोबाइल : 9818085794
E-mail: researchindiapress@gmail.com

टाईपसेटिंग
जी. आर. शर्मा

समर्पण

मेरी परम आदरणीय स्वर्गीय मातुश्री श्रीमती प्यारी देवी सालेचा ''धासा'', मेरी अति प्रिय धर्मपत्नी स्वर्गीय श्रीमती रामेश्वरीजी सालेचा और मेरी प्रिय पुत्री स्वर्गीय कुमारी सुलोचना सालेचा 'जीजी' के शुभाशीर्वाद एवं शुभकामनाओं ने इस शोध के लिये मुझे प्रोत्साहित किया और उनकी प्रेरणा से ही यह कार्य पूर्ण हो सका है।

विषयानुक्रमणिका

शुभाशीर्वाद

इस ग्रन्थ को पूर्ण करने का श्रमसाध्य कार्य अपने परिवार के समस्त सदस्यगणों के सहयोग और स्नेह के सम्बल के सहारे ही सुगमता पूर्वक सम्भव हो सका है। उन सभी – सर्वश्री नरेश सालेचा (बड़े पुत्र), श्रीमती निर्मला सालेचा (बड़ी पुत्रवधु) और श्री मितुल (पौत्र); एवम् श्री अनिल सालेचा (छोटे पुत्र), श्रीमती स्मिता (छोटी पुत्रवधु), अरिहन्त (पौत्र) आस्था और सम्भावी (पौत्री); और श्री राजेन्द्र रांका (दामाद), श्रीमती वीणा रांका (पुत्री), मीनल, प्रियल (दोहितियाँ) – को शुभाशीर्वाद सहित उनके अति उज्जवल भविष्य की शुभकामना.....

–पुखराज सालेचा

प्रस्तुति

प्रस्तुत कृति मेरे पूजनीय पिताश्री डॉ. पुखराज सालेचाजी के सुदीर्घ शोधकार्य, स्वतः प्रेरणा एवं ईश्वर की अनुकम्पा के परिणाम स्वरूप साकार रूप ले पाई है और इसे सुधि पाठकों के समक्ष ला पाना मेरे लिए एक गौरवपूर्ण अनुभूति तो है ही, साथ ही उनके जीवन के अंतिम सोपान पर जो कठिन चुनौती उन्होंने स्वीकार कर अपने अथक प्रयासों से समाज के सामने जैन विधि की अमूल्य धरोहर को नई पीढ़ी के सुपुर्द करने का बीड़ा उठाया, उसे आज आप सभी के हाथों में सौंपने की संतुष्टि भी है।

जीवन भर उनके श्री चरणों में अपनी तमाम समस्याएं रखकर मैं उनके दिखाए विकास के मार्ग पर निश्चिंत होकर आगे बढ़ सका हूं। आज उनके जीवन के इस अति महत्वपूर्ण योगदान को इस रूप में पहुंचाने के लिए उनके अनन्यतम सहयोगियों तथा मेरे परिवार के समस्त सदस्यों को भी मैं धन्यवाद प्रेषित करता हूं।

(नरेश सालेचा)

सदस्य वित्त, रेलवे बोर्ड

रेल मंत्रालय, भारत सरकार

नई दिल्ली–110001

E-mail: nsalecha@hotmail.com

9910487360

जय सीमन्धर · श्रमण संघ जयवंत हो जय महावीर

।। जय आत्म ।। ।। जय आनन्द ।। ।। जय देवेन्द्र ।। ।। जय ज्ञान ।। ।। जय शिव ।।

आचार्य
शिवमुनि

मंगल संदेश

'जैन विधि' शोध ग्रन्थ श्री पुखराज जी सालेचा द्वारा लिखित ग्रन्थ के विहंगमावलोकन करने का अवसर मिला। इस ग्रन्थ में जैन धर्म के सिद्धान्त, जैन धर्म का उद्‌गम और उसके रीति रिवाज आदि पर प्रमाण सहित शोध करने का पराक्रम जैन अनुशीलन केन्द्र, राजस्थान विश्वविद्यालय, जयपुर द्वारा डॉ. पी.सी. जैन के दिशा निर्देशन में सुन्दर पुरूषार्थ हुआ हैं। जैन साहित्य एवं जैन आगमों में मोक्ष मार्ग के साथ–साथ व्यावहारिक रीति रिवाजों और पारिवारिक नियम उपनियमों का एवं सामाजिक व्यवस्था सुन्दर रूप से दी गई है।

शोधकर्ता ने प्रत्येक दृष्टिकोण से सन्दर्भ सहित सभी विषयों पर प्रकाश डाला है। सामाजिक एवं जैन कानून के दृष्टिकोण से यह शोध ग्रन्थ अति महत्वपूर्ण है। इस ग्रन्थ के प्रकाशन से जैन धर्म का, जैन धर्म के उद्‌गम, सामाजिक विकास एवं जैन धर्म की मौलिक व्यवस्था का ज्ञान सभी को प्राप्त होगा।

शोधकर्ता श्री पुखराज जी सालेचा साधुवाद के पात्र हैं। इसका स्वाध्याय कर जैन धर्म की सनातनता का ज्ञान सभी को प्राप्त हो।

मंगल मैत्री के साथ

शिवमुनि

(आचार्य शिवमुनि)

दिनांक – 29 मई, 2016

स्थान – उदयपुर, राजस्थान

Sambodhi Dham
सत्संग और साधना का दिव्य स्थल

Shri Chandraprabh
Dhayan Nilayam
Sambodhi Dham
Kayalana Road
Jodhpur (RAJ.) 342008
Ph. 0291-2060352

डॉ. पुखराज जी सालेचा ने जैन विधि एवं कानून व्यवस्था पर अनुसंधान करते हुए एक विशेष उपयोगी शोध ग्रन्थ आलेखित किया है। यह अनुसंधान दो मायनों में विशेष महत्त्व रखता है। पहला तो यह कि किसी आई.ए.एस. ऑफिसर ने अपनी सेवा निवृति के बाद शोध कार्य में रुचि ली, इसके महत्व को समझा और पीएच. डी. करके डॉक्टरेट की उपाधि प्राप्त की। दूसरा यह शोधकार्य इस मायने में महत्त्व रखता है कि डॉ. सालेचा ने एक ऐसे विषय पर शास्त्रीय और आगमिक अनुशीलन किया है जो कि अब तक लगभग उपेक्षित सा रहा। सामान्यतया लोग विधि विधान का संबंध पूजा और अनुष्ठानों से जोड़ते हैं लेकिन इस ग्रंथ में पूजा अनुष्ठान नहीं बल्कि वे नियम उपनियम स्थापित किए गए हैं जिनका संबंध सामाजिक व्यवस्थाओं को सुचारु रूप से संचालित करने से है। जैन धर्म की भी क्या कोई कानून व्यवस्था है, प्रस्तुत ग्रंथ इसका सटीक उत्तर है। विवाह, संपत्ति, संपत्ति का उत्तराधिकार, संपत्ति विभाजन, गोदनामा, पारिवारिक दायित्व, स्त्री के अधिकार जैसे कई कायदे कानून इस ग्रंथ में प्रामाणिकता के साथ प्रस्तुत हुए हैं।

निश्चय ही यह ग्रंथ वर्तमान पीढ़ी के लिए एक विशेष उपयोगी ग्रंथ बनेगा। जैन समाज के लिए यह ग्रंथ उतना ही उपयोगी होगा जितना कि हमारे देश के लिए भारतीय संविधान का महत्व है। हम इसे समाज के लिए 'मील का पत्थर' स्वीकार करते हैं। इस अनूठे और उपयोगी लेखन के लिए डॉ. सालेचा का हम नागरिक एवं सामाजिक अभिनंदन करते हैं।

चन्द्रप्रभ

Mob. 98290-22249, 94149-13176, 94142-55471, 94145-41978

शासन सेवी

मुनि राकेश कुमार

26 / 12 / 2015

आनन्द नगर तातेड़ भवन, उदयपुर

आज का जैन समाज धार्मिक आचार विचार के विधि शास्त्र से गहराई से परिचित है। पिछले कई दशकों से जो जैन साहित्य लिखा गया है वह अधिकतर इसी विषय पर लिखा गया है। जन्म, विवाह व मृत्यु आदि सामाजिक रीति रिवाजों के जैन विधि विधानों से आज के जैन लोग अनभिज्ञ है। वे सामाजिक परम्पराओं में हिन्दु परम्पराओं का अनुसरण करते हैं। इसका एक कारण रहा है उसका उल्लेख यहां अप्रासंगिक नहीं होगा।

मध्य युग में भारतीय धर्मों में परस्पर बहुत संघर्ष रहा। श्रमण परम्परा के जैन बौद्ध आदि आम्नायों को घोर विरोध झेलना पड़ा। इस कारण बौद्ध धर्म का भारत से पलायन हो गया। जैन धर्म की भी बहुत हानि हुई। फिर भी जैन मनुष्यों ने अपने धर्म दर्शन व उससे सम्बन्धित आचार विचार की परम्परा को सुरक्षित रखा। पर जन्म, विवाह व मृत्यु आदि के अवसर पर होने वाले हिन्दु परम्परा के साथ समन्वय स्थापित कर लिया इसलिए जैनों का सामाजिक विधिशास्त्र सिर्फ ग्रन्थों में लिखा हुआ रह गया।

श्री पुखराज जी सालेचा पूर्व आई.ए.एस. बहुत संस्कारी और स्वाध्यायशील श्रावक है। इतने बड़े सरकारी पद पर रहकर उन्होंने सफलता और प्रामाणिकता से अपने दायित्व का निर्वाह किया। इस निवृत्ति की उम्र में उन्होंने 'जैन विधि' जैसे दीर्घकाल से अछूते विषय पर इस शोध ग्रन्थ का निर्माण किया। मेरी दृष्टि में यह बहुत ही उपयोगी और प्रशंसनीय कार्य है। इस शोध ग्रन्थ को लिखने के लिए आदिपुराण, भद्रबाहु संहिता, नीतिवाक्यामृत, अर्हन् नीति, इन्द्रबन्दी संहिता व जैन पुराण आदि अनेक ग्रन्थों का गहरा अध्ययन एवं अनुशीलन किया। उपरोक्त सभी ग्रंथ संस्कृत व प्राकृत भाषा में है। उनका मंथन करना समुद्र के मंथन करना जैसा दुष्कर कार्य है। उन्होंने उस मंथन से प्राप्त नवनीत को सरल भाषा में समाज के समक्ष प्रस्तुत किया है। उनका यह कार्य जैन समाज के लिए ही नहीं, दर्शन, आगम व सामाजिक व्यवस्थाओं पर अध्ययन करने वाले व्यक्तियों के लिए उपयोगी और लाभदायक होगा।

मुनि राकेश कुमार

जय जैन दिवाकर | ॥ श्री महावीराय नमः ॥ | जय गुरुणी कमला

साध्वी कुमुदलता

दिनांक 8-5-2010

धर्म संदेश

संभावनाओं के अनंत द्वार आपकी प्रतिक्षा में खुले हैं। सुखद अनागत आपके समुत्सुक है। ऐसे में शोध विद्यार्थी के तौर पर जैन विधि के अन्तर्गत आपने अपना शोध ग्रन्थ तैयार किया है। आपके आलेखन को पढ़ा आपके विचार समय के शाश्वत केनवास पर जैन आस्था और अटूट विश्वास की प्रांजल अनुभूतियों के रंगों से सार्थक रेखाएँ खींचने में सफल हो पाये हैं।

वर्तमान सामाजिक परिप्रेक्ष्य में गृहस्थ से संबंधित जैन विधियों तथा उत्तराधिकार, दत्तक संपत्ति, जैन सिध्वाना, मौलिक विशेषताओं तथा जैन रीति रिवाजों, परम्पराओं, विवाह, संयुक्त परिवार आदि का विवेचन सहजता, साधुता का एक अनुपम आकार आपके शोध से प्राप्त कर पाया है।

जैन जागृति की यह अविश्राम यात्रा का पग पग पर रचना को सृजन के आलोक से प्रेरणादायी बनाएगी।

''ज्योतिर्मान हो आलोक पर, जैन सिद्धान्तों का कारवां; कारवां को एक अनुशासित दिशा दृष्टि मिले...

जन–धन–रीति विवाह जैन विधि में सुधार कर

गृहस्थ के मिथ्यात्व का तम् छटे छटे...''

आज विश्व सांस्कृतिक मूल्यों के विघटन के संक्रमण काल से गुजर रहा है। ऐसे में आपके विचार तर्क सम्मत, प्रशंसनीय एवं समाजोपयोगी है। सुश्रावक सालेचा जी आपके इस सृजनात्मक शोधग्रन्थ जो नवीनता से सृजित है, हेतु हमारी ओर से हार्दिक शुभकामनाएँ एवं साधुवाद।

जैन धर्म और जिनशासन की गरिमा में निरन्तर अभिवृद्धि से सतत् प्रगति की मंगल कामनाओं सहित एवं आपने अपने सुपुत्र श्रीमान नरेश जी को इतने संस्कारों से सुसज्जित किया है कि आज भी उनकी जैन धर्म पर आस्था श्रद्धा बनी हुई है। यह आपके ही संस्कारों का बीजारोपन है। इसी तरह आप धर्म के क्षेत्र में आगे बढ़े इन्हीं शुभकामनाओं के साथ।

॥ मानव सेवा ही परमात्मा की भक्ति है ॥ कुमुद

G.S. SINGHVI
Former Judge, Supreme Court of India
Former Chairman,
Competition Appellate Tribunal
9958677088

Shri Pukhraj Salecha, former member of Indian Administrative Service has done extra-ordinary and commendable work by writing thesis on Jain religion and philosophy. The work represents one of the most deep and thoughtful presentation of various facets of Jainism. The brief introduction of Jain religion in the context of its origin and development is unique and perhaps the most scientific presentation of the inception and growth of Jain religion. His analysis of the fundamentals of Jain religion is outstanding and is perhaps first such presentation. In Chapters 3 to 10, Shri Salecha has presented a mix of Jain legal philosophy, rituals and traditions, exposition of law of marriage, guardianship, partition, ancestral property, adoption and Istridhan.

The work done by Shri Pukhraj Salecha has no parallel in the history of Jainism.

I had known Shri Pukhraj Salecha for more than 40 years. During my college days, I saw him conferring with my father Shri M. M. Singhvi on various social and religious issues. As a lawyer, I had the opportunity to interact with him on different facts of life and found that he was the unique individual having in depth knowledge of every facet of human life. A simple and unassuming personality of Shri Salecha and Mrs. Salecha always impressed me and I cherish their memories for every.

(G.S. Singhvi)

Office: A-22, Defence Colony, New Delhi-110 024 IT: 011 4104 8006
Residence: 7, Padmini Enclave, Aurobindo Marg, New Delhi-110016 IT: 011 4100 4164
E-mail: singhvi.gs@gmail.com

Justice (Retd.) Jas Raj Chopra
& Chairman, Jodhpur Temple
Tragedy Enquiry Commission
Khasa Kothi, Jaipur -302 001 (Rajasthan)
Former Judge, Rajasthan High Court
Former Chairman, Dealer Selection Board
(Ministry of Petroleum, Government of India)
Former Chairman, State Consumer
Redressal Commission, Rajasthan
Former Chairman, High Powered
Committee on Gurjar's Demand

20/33, Renu Path, Man Sarovar,
Near Housing Board Guest House, Jaipur
Ph.: 0141-2372798 (Off.)
Ph.: 0141-2399454 (Res.)
Mobile : 93141-53239
Mobile : 94133-49454

"डॉ. पुखराजजी सालेचा आई.ए.एस. (रिटायर्ड) के शोध ग्रन्थ "जैन विधि" पर अभिमत"

कोई भी व्यक्ति उम्र के इस पड़ाव पर जब वह जीवन के 74–75 बसंत देख चुका है, उसके मन में यह संकल्प निर्मित होना कि वह अपनी प्रज्ञा का नियोजन किसी अथक श्रम साध्य शोध ग्रन्थ के निर्माण में करे, यह खयाल ही अप्रत्याशित है, विलक्षण है, अपूर्व व अनूठा है एवं अकल्पित है। श्रीमान् पुखराजजी साहब सालेचा ने अपनी उम्र के आठवें दशक के मध्यवर्ती भाग में "जैन–विधि" जैसे क्लिष्ट विषय पर, जिस पर मेरी जानकारी में किसी ने कलम ही चलाने का प्रयास नहीं किया है, उसके संबंध में एक विषद् शोधग्रन्थ निर्मित कर एक स्तुत्य, अभिनंदनीय, प्रशंसनीय व प्रेरणास्पद करिश्मा कर दिखाया है जिसकी जितनी प्रशंसा एवं अनुमोदना की जावे वह कम है।

इस उम्र में जिज्ञासु बन ऐसे अछूते विषय पर अपनी प्रज्ञा व श्रम का ऐसा नियोजन अपने आप में अजूबा है, कल्पना के परे का प्रयास है जो उनकी जनोपयोगी ज्ञान–पिपासा का ज्वलंत प्रमाण है।

मैंने इस ग्रंथ को आद्योपांत पढ़ा है। उन्होंने जैन विधि विधान एवं नियम उपनियमों का आगम सम्मान, शास्त्रोक्त एवं आचार्यों द्वारा उद्घोषित एवं निर्देशित अवधारणाओं का जैसा सांगोपांग व सम्पूर्ण समग्रता के साथ विवेचन किया है वह देखते ही बनता है। उन्होंने जैन धर्म के विधि संबंधी सिद्धान्तों, परंपराओं, लोक मान्यताओं व लोक व्यवहार व आचार में प्रचलित मान्यताओं का समुचित विश्लेषण करते हुए जैन जीवन शैली के सभी पक्षों, रीति रिवाजों चाहे वे विवाह से संबंधित हों, संयुक्त परिवार में उत्तराधिकार से संबंधित हों, संपत्ति के विभाजन से संबंध रखते हों अथवा पैतृक सम्पत्ति के हक हकूलों से संबंध रखते हों या गोद एवं स्त्री धन के प्रावधित अधिकारों से संबंध रखते हों उनका विषद् विश्लेषण ही नहीं किया है बल्कि

उनमें आवश्यकतानुसार व समयानुकूल परिष्कार व परिमार्जन करने हेतु भी अपने विषद ज्ञान संपदा के आधार पर बहुमूल्य सुझाव भी दिये हैं।

इतने बड़े ग्रन्थ में प्रसंग के अधिकारिक विश्लेषण व प्रतिपादन हेतु कई बार कुछ तथ्यों का पुनरावर्तन भी हुआ है पर वह प्रसंगानुकूल आवश्यक था ताकि विषय की व्याख्या व फलश्रुति को अपने अंजाम तक पहुँचाया जा सके। एक सेवा निवृत्त प्रशासनिक अधिकारी द्वारा धर्म के क्षेत्र में ऐसा सार्थक व समर्थ प्रयास बहुत कम देखने को मिलता है।

इस शोध ग्रन्थ के निर्माण में जैन धर्म के प्रकांड विद्वान डॉ. पी. सी. जैन साहब का जो कुशल एवं सटीक निर्देशन रहा है वह भी स्तुत्य एवं प्रशंसनीय है। जैन धर्म के समस्त अंगों चाहे वे दिगंबर हों अथवा श्वेतांबर सभी की परंपराओं व मान्यताओं का इस ग्रन्थ में पूरे सम्मान के साथ समावेश है। उनके इस ग्रंथ में मान्यताओं, परंपराओं, सिद्धान्तों व जैन विधि विधान के उद्‌गम श्रोतों व विकास के क्रम का भी यथा स्थान विषद विवेचन होना दृष्टिगोचर होता है।

कुल मिलाकर यह एक पूर्ण रूपेण सफल शोध प्रकल्प है जो न सिर्फ वर्तमान वरन् आने वाली जैन समाज की पीढ़ी के लिए भी जैन विधि विधान, नियमों व उपनियमों की जानकारी के बारे में एक निर्णायक व मार्गदर्शक ग्रंथ साबित होगा ऐसा मेरा अभिमत है। एक बार पुनः श्रीमान् पुखराजजी साहब की जीवट, प्रज्ञा व श्रम साधना का अभिवादन एवं अभिनंदन। वे शतायु हों एवं अपनी धर्म जिज्ञासा व ज्ञान पिपासा को भविष्य में भी इसी तरह मूर्त रूप प्रदान करते रहें इन्हीं मंगलकामनाओं के साथ,

ससम्मान

भवदीय

16.6.16

(जसराज चौपड़ा)
पूर्व न्यायाधिपति,
राजस्थान उच्च न्यायालय,
जोधपुर, जयपुर

आत्मकथ्य

जैन परम्परा में व्यक्ति, परिवार और समाज के व्यवस्थित संचालन के लिए धर्म पर आधारित अपनी विशिष्ट विधि व्यवस्था का विधान अर्थात कानून है, जिसके अस्तित्व के साक्ष्य आदि काल से उपलब्ध हैं। दत्तक विधि और पुत्र विभाग, विवाह, सम्पत्ति, दायभाग, स्त्रीधन, भरणपोषण, संरक्षण, रिवाज के बारे में जैन विधि के अपने नियम हैं।

आज देश में जो कानून व्यवस्था प्रचलित है उसका आधार अंग्रेजों से प्राप्त है। जब अंग्रेजों का भारत में शासन हुआ तब जैनियों ने अपने शास्त्रों को सरकारी न्यायालयों में प्रस्तुत करने का विरोध किया। इसका कारण यह था कि वहाँ बूट पहनकर मुकदमों को सुनते थे और कागज बदलने के लिये मुँह का थूक भी कागजों पर लगाते थे। ये बातें जैनियो को बहुत अशुद्ध और निम्न श्रेणी की लगती थी और अमान्य थी। इसी कारण अदालतों की दृष्टि में जैन विधि नीति शास्त्रों का अभाव होना ही स्थापित हो गया।

इस मान्यता का परिणाम यह हुआ कि न्यायालयों ने इस आधार पर निर्णय दिये कि जैनियों का कोई नीति शास्त्र ही नहीं है, (शिवसिंह राय बनाम् दाखो। इलाहाबाद पृष्ठ 688 से 700; हरनाम प्रसाद बनाम् मण्डलदास 27 कलकत्ता पृष्ठ 379) यद्यपि सन् 1833, 1873 ई. में कतिपय जैन नीति शास्त्रों का उल्लेख न्यायालयों में आया, (गोविन्द राय बनाम गुलाबचन्द 5 सलेक्टं रिपोर्ट सदर दीवानी अदालत कलकत्ता पृ. 276; भगवानदास तेजमल बनाम राजमल 10 बम्बई उच्च न्यायालय रिपोर्ट 249, पृ. 255–256)।

जैन नीति व विधि शास्त्रों को प्रकाश में लाने में जैनों ने ही व्यवधान और बाधा उत्पन्न की और इसलिए अदालतों को इनको नहीं मानने के लिये विवशता से बाध्य होना पड़ा। जैनियों की महासभा में कई बार यह मत व्यक्त किया गया कि जैन ग्रन्थों नीति और विधि शास्त्रों को छापना धर्म विरुद्ध है, जबकि वैदिक संस्कृति के मानने वाले हिन्दुओं ने अपने शास्त्रों और विधि नीति को छापने में कोई बाधा उत्पन्न नहीं की। इन सबके

परिणामस्वरूप जैन विधि का जो आधुनिक स्वरूप होना चाहिए था, वह नहीं बन पाया।

पूर्व में जैन विधि को प्रकाश में लाने के लिए रायबहादुर जुगमन्दरलाल जैनी, भूतपूर्व चीफ जज हाईकोर्ट इन्दौर, और श्री चम्पतराय जैन, बैरिस्टर एट लॉ विद्यावारिधि, और कुछ अन्य लोगों ने बहुत प्रयत्न किये। उनके प्रयासों का वर्तमान न्याय व्यवस्था पर तो कोई प्रभाव दिखाई नहीं देता पर शोध की दिशा में अवश्य ही एक महत्वपूर्ण योगदान रहा।

'जैनों का कोई अपना विधि, कानून या नीति शास्त्र नहीं है', इस प्रचलित मान्यता का आलोचना के रूप में मुझे अपने प्रशासनिक सेवा काल में कई बार सामना करना पडता था। तभी से मन में यह निश्चय घर कर गया था कि जब कभी समय और अवसर मिला इस विषय पर शोध करने का प्रयत्न करूंगा। सेवा निवृत्ति के बाद समय तो मिला ही साथ ही अवसर भी। मैं तत्काल ही इस कार्य में जुट गया।

जैन साहित्य के विशाल भंडार में जहाँ–तहाँ अव्यवस्थित रूप से बिखरे साक्ष्यों और सूचनाओं को खोज कर एकत्र करना और फिर उन्हें वर्तमान विधि के समानान्तर व्यवस्थित करना बडा परिश्रमसाध्य काम था। गुरुजनों, ज्येष्ठों और मित्रों के उत्साहवर्धन ने इस दौरान शिथिल होने से बचाए रखा और उन्हीं के निरन्तर सहयोग के सहारे यह वृहद शोध कार्य सफलतापूर्वक सम्पन्न हो सका।

शोध–ग्रन्थ तो बन गया, स्वीकृत भी हो गया और सार्थकता स्वरूप पीएच.डी की डिग्री भी मिल गई पर उस प्रचलित आलोचना (जैनों का कोई अपना विधि, कानून या नीति शास्त्र नहीं है) के आज भी बने रहने से कचोट का समाधन नहीं हुआ। उसी हेतु वृहद् शोध ग्रन्थ को पाठकोपयोगी पुस्तक का रूप देने की ठान ली और एक बार फिर पूरी लगन से कार्यारम्भ कर दिया। अपने इस प्रयास का फल पाठकों के समक्ष प्रस्तुत करते हुए आज संतोष और हर्ष का अनुभव कर रहा हूँ। आशा है शोधार्थी व सामान्य पाठक सभी इसे उपयोगी पाएंगे। भूल और त्रुटि के लिए ''मिच्छामि दुक्कडं''।

आभार

शोध कार्य में दिशानिर्देश और आवश्यकतानुसार सहयोग के लिये डॉ. पी. सी. जैन, भूतपूर्व विभागाध्यक्ष जैन अनुशीलन केन्द्र राजस्थान विश्वविद्यालय,

जयपुर; राजस्थान उच्च न्यायालय के पूर्व न्यायाधिपति न्यायमूर्ति श्री पानाचन्द जी जैन; राजस्थान उच्च न्यायालय के पूर्व न्यायाधिपति श्री जसराज जी चौपड़ा, महावीर विकलांग सहायता समिति और प्राकृत भारती अकादमी, जयपुर के संस्थापक और मुख्य संरक्षक श्री देवेन्द्रराज जी मेहता तथा अन्य सभी महानुभावों के प्रति हार्दिक आभार व्यक्त करता हूँ। पुस्तक प्रकाशन से जुडे सभी मित्रों व सहयोगियों को अनेकशः धन्यवाद।

– पुखराज सालेचा
पूर्व आई.ए.एस.
एल.एल.एम.
पीएच.डी (डॉक्टर ऑफ फिलोसोफी)

अध्याय - प्रथम

जैन धर्म का उद्भव और विकास

जैन विधि की व्याख्या, इसकी प्राचीनता, प्रासंगिकता और हिन्दू विधि से भिन्नता के सम्बन्ध में विवेचन से पूर्व, जैन धर्म के उद्भव और विकास तथा जैन धर्म की प्रचलित मान्यताओं को प्रारंभिक तौर से समझना अति आवश्यक है।

ऐसे व्यक्ति जो अपने आत्म विकारों को नियंत्रण कर उन पर विजय प्राप्त कर लें अथवा अपने ऊपर विजय प्राप्त कर लें, ऐसे व्यक्ति अत्यन्त न्यूनतम संख्या में होते हैं। ऐसे आत्मविजयी पुरुष 'जिन' कहलाते हैं। जिनदेव द्वारा उपदिष्ट मार्ग ही जैन धर्म है।

'जिन' को ही सम्मानसूचक अर्थ में 'जिनदेव' जिनेश्वर, जिनेन्द्र तीर्थंकर आदि शब्दों द्वारा व्यवहृत किया जाता है। इन्हीं को श्रद्धा की दृष्टि से अति पूज्य एवं आदरणीय अर्थ में अर्हत, अर्हन्त, अरिहन्त अथवा अरहन्त भी कहा जाता है।

भगवान महावीर अन्तर्द्रष्टा थे। उनके उत्तराधिकारी आचार्य अलौकिक प्रतिभा के धनी थे। आज का जैन दर्शन उन सभी के निरूपण का प्रतिफल है।

भगवान महावीर ने जमालि से कहा था– जमालि! इस जगत में कालचक्र गतिशील रहता है– अवसर्पिणी और उत्सर्पिणी का क्रम चालू रहता है। फलतः जगत का आंचलिक स्वरूप बदलता रहता है। यह परिवर्तन की दृष्टि से जगत की अशाश्वतता का प्रतिपादन है। ऐतिहासिक अध्ययन के लिये जगत का परिवर्तनशील रूप ही हमारे लिये उपयोगी है।

जैन धर्म में काल को दो भागों में विभक्त किया गया है– (1) व्यवहार काल और (2) निश्चय काल।

कालचक्र अर्थात् कल्प को दो समान भागों में विभक्त किया गया है –– एक अवसर्पिणी और दूसरा उत्सर्पिणी। अवसर्पिणी और उत्सर्पिणी की परिभाषा करते हुए कहा गया है "जिस कालचक्रार्ध में सभी शुभ भाव क्रमशः क्षीण होते हैं और अशुभ भाव क्रमशः वृद्धिगत होते हैं वह 'अवसर्पिणी' है। जिस काल चक्रार्ध में सभी शुभ भाव क्रमशः वृद्धि को प्राप्त करते हैं और अशुभ भाव क्रमशः क्षीण होते हैं वह उत्सर्पिणी है।" अवसर्पिणी में वर्ण, गन्ध, रस, स्पर्श, सहनशक्ति, आयुष्य, शरीर, सुख आदि पर्यायों की क्रमशः अवनति होती है। उत्सर्पिणी में उक्त पर्यायों की क्रमशः उन्नति होती है। वह अवनति और उन्नति सामूहिक होती है – वैयक्तिक नहीं होती।

यस्यां सर्वे शुभाभावाः क्षीयन्तेऽनुक्षण क्रमात।
अशुभाश्च प्रवर्धन्ते, सा भवत्यवसर्पिणी।।
शुभाभावा विवर्द्धन्ते क्रमाद्यस्यां प्रतिक्षण।
हीयन्ते चाशुभा भावा भवत्युत्सर्पिणीति सा।।

(लोकप्रकाश, 29–44, 45)

उपर्युक्त दो भागों के छः उपविभागों को भी दो भागों में विभक्त किया गया है यथा–

1. अवसर्पिणी काल के प्रथम तीन उपविभाग और उत्सर्पिणी काल के अंतिम तीन उपविभाग को भोगभूमि की संज्ञा दी गई है।
2. अवसर्पिणी काल के अंतिम तीन उपविभाग और उत्सर्पिणीय के प्रथम तीन उपविभाग जिन्हें कर्मभूमि की संज्ञा दी गई है।

भोगभूमि के अन्तर्गत आने वाले सुषमा–दुःषमा, सुषमा, सुषमा–दुःषमा तीन काल खण्ड भोग भूमि इसलिये कहलाते हैं क्योंकि इन काल खण्डों में उत्पन्न होने वाले मनुष्यादि प्राणियों का जीवन भोगप्रधान रहता है। इस समय प्रकृति ही स्वयं इतनी सम्पन्न होती है कि उस काल खण्ड के निवासियों को जीवन यापन के लिये किसी प्रकार के कृषि, व्यापार, उद्योग, शिल्प अथवा युद्ध आदि कर्म की आवश्यकता नहीं होती। केवल प्रकृति से सहज रूप से प्राप्त पदार्थों का भोग करना ही इनका कार्य रहता है। मनुष्यों को यह भोग सामग्री प्रकृति में स्वाभाविक रूप से पाये जाने वाले कल्पवृक्षों से संकल्प मात्र से प्राप्त हो जाती है। (भारतीय सृष्टि विद्या – डॉ. प्रकाश पृष्ठ 26)

कर्म भूमि के अन्तर्गत तीन काल विभाग दुःषमा–सुषमा, दुःषमा, दुःषमा–दुःषमा की गणना की जाती है। ये विभाग असि, मसि, कृषि तीन कर्म प्रधान होने के कारण कर्मभूमि के नाम सम्बोधित किये जाते हैं।

जैन दर्शन के अनुसार वर्तमान कल्पार्ध में कर्म भूमि की व्यवस्था के आद्य संस्थापक भगवान ऋषभदेव थे। उन्होंने ही सर्वप्रथम कृषि, वाणिज्य, राज्यशासन, उद्योग, शिल्प आदि जीविकोपार्जन के षडकर्मों का उपदेश भारतवासियों को दिया था। (भारतीय सृष्टि विद्या – डॉ. प्रकाश पृष्ठ 27)

अवसर्पिणी काल (भोगयुग)

1. **सुषमा–सुषमा काल (प्रथम आरा)**

   चार कोड़ा कोड़ी सागरोपम (**काल का काल्प**निक परिभाषा) का यह सुषमा–सुषमा एकान्त सुख वाला प्रथम आरा है। इसे भोग युग की संज्ञा दी जाती है। वह पाप और धर्म दोनों से निर्लिप्त था।

2. **सुषमा काल (दूसरा आरा)**

   तीन कोड़ा कोड़ी सागरोपम प्रमाण सुषमा काल में पहिले से ही उत्मेध, आयु, बल, ऋद्धि और तेज आदि उत्तरोत्तर हीन होते जाते हैं।

3. **सुषमा–दुःषमा काल (तीसरा आरा)**

   यह आरा शुभ और अशुभ सुषमा–दुःषमा अर्थात् सुख बहुत दुःख थोड़ा होता है। जैसे–जैसे इस आरे का समय व्यतीत होता जाता है, वैसे–वैसे ही मनुष्यों के सद्गुणों में भी कमी होती चली जाती है। लोभ का जन्म हो जाता है जिसके कारण मनुष्य दुःख उठाते हैं। मनुष्यों की मनोवृत्ति में भी परिवर्तन आ जाता है जिससे व्यवस्था स्थापित करने के लिये नियमों की आवश्यकता अनुभव की जाने लगती है। अब ऐसे मनुष्य की आवश्यकता भी प्रतीत होती है जिससे सब लोग डरते रहें और जो सबसे अधिक शक्तिशाली और सज्ञान भी हो, इतना ही नहीं वह बुरे और मलिन कार्य करने, समाज की शांति भंग करने वालों को समुचित दण्ड दे सकें।

   "इस आरे के तीन भाग होते हैं। पहले दो भागों का व्यवहार प्रायः पहले दूसरे आरे के समान ही चलता है। अंतिम तीसरे भाग में कर्मभूमि की नींव लगती है। यह कहा जा सकता है कि यह कर्मयुग के शैशवकाल की कहानी है। समाज संगठन अभी नहीं हुआ था।

कालान्तर में तीसरे आरे के अंतिम तीसरे भाग में उत्पन्न होने वाले व्यक्ति चारों ही गतियों में जाते हैं। सहज समृद्धि का क्रमिक ह्रास होने लगा। एक ओर आवश्यकता पूर्ति के साधन कम हुए और दूसरी ओर जनसंख्या और जीवन की आवश्यकता कुछ बढ़ी, ऐसी परिस्थिति में लोगों में संग्रह और अपहरण की भावना उभर आई। जब तक लोग स्वयं शासित थे, तब तक बाहर का शासन नहीं था। जैसे–जैसे स्वगत शासन टूटता गया, वैसे–वैसे बाह्य शासन बढ़ता गया। यह कार्य कारणवाद या एक के चले जाने पर दूसरे के विकसित होने की कहानी है।

राजाओं की उत्पत्ति और राज्यों की नींव इसी युग में पड़ती है। विभिन्न प्रकार के कानूनों की रचना भी होती है। अत्याचारी, अन्यायी और आततायी लोग भाँति–भाँति के राजदण्डों से समय–समय पर दण्डित किये जाते हैं। लोग पाप पुण्य से परिचित हो जाते हैं। विधि विधान के साथ विवाह प्रथा का प्रचलन भी इसी युग में होता है। तीसरे आरे के उत्तरार्द्ध में प्रथम तीर्थंकर भगवान ऋषभदेव ने जन्म लेकर उपरोक्त वर्णित व्यवस्था को प्रारंभ किया।

जैन ग्रन्थों के अनुसार उपर्युक्त भोग भूमि के अंतिम चरण में इस भूमि पर भयंकर एवं युगान्तकारी प्राकृतिक एवं जैविक परिवर्तन होते हैं। इन परिवर्तनों से अनभिज्ञ एवं भयभीत मानव जाति को इन परिवर्तनों के अनुकूल संगठित होने का उपदेश देने वाले कुछ महापुरुष भी जन्म लेते हैं। इन्हें जैन ग्रन्थों में व्यवस्था हेतु बनाये गये कुल के प्रमुख के रूप में कुलकर कहा गया है[1]।

4. दुःषमा–सुषमा काल (चौथा आरा)

दो करोड़ा करोड़ी सागरोपम के तीसरे आरे की ठीक समाप्ति के साथ ही इस चौथे आरे का प्रवर्तन होता है। इसमें दुःख अधिक और सुख कम होता है। इसकी अवधि एक करोड़ा करोड़ी में 42000 वर्ष कम होती है।

इस आरे में कल्पवृक्ष लुप्त हो जाते है। इस युग के मनुष्य भूख से सदैव त्रस्त रहते हैं। वे प्रतिदिन खाते हैं और पुनः–पुनः उन्हें भोजन की आवश्यकता प्रतीत होती है। इस युग में मनुष्य श्रमजीवी हो जाता है। भोजन अब साधारण फलों का रह जाता है। दुःख, रोग, शोक, संताप, भय, मोह, लोभ आदि में पूर्वापेक्षा अधिक वृद्धि हो जाती है।

लोगों में भय और चोरी छिपे पापकर्म करने की प्रवृत्ति में वृद्धि हो जाती है। स्वर्ग और नरक की भावना भी लोगों के मन में इसी समय बलवती होती है।

भगवान ऋषभदेव को छोड़कर शेष सभी 23 तीर्थंकर इसी आरे में अवतरित होते हैं।[2] इस प्रकार वर्तमान चौबीसी– चौबीसी तीर्थंकर प्रथम तीर्थंकर भगवान ऋषभदेव से लगाकर चौबीसवें तीर्थंकर विश्व ज्योति भगवान महावीर सभी तीर्थंकर तीसरे आरे सुषमा–दुःषमा और चौथे आरे दुःषमा–सुषमा काल में हुए।

5. वर्तमान आरा – दुःषमा काल (पाँचवाँ आरा)

"दुःषमा नाम का पंचम काल 21000 वर्ष का है जिसमें 683 वर्ष पर्यन्त आचारांगादि श्रुत की धारा क्रमशः क्षीण होती हुई प्रवाहित होती रही तत्पश्चात् 20317 वर्ष पर्यन्त श्रुततीर्थ का प्रवाह हीयमान रूप से प्रवाहित होता रहेगा, तत्पश्चात् धर्म प्रवर्तन करने वाले इस श्रुततीर्थ का सर्वथा व्युच्छेद हो जायेगा। इस अवधि में चातुर्वर्ण्य संघ जन्म लेता रहेगा किन्तु लोक प्रायः अविनीत, दुर्बुद्धि, ईर्ष्यालु, सात भयों, आठ मदों, तीन शल्यों एवं तीन गारवों सहित कलहप्रिय, रागिष्ट, क्रूर, क्रोधी होगा।[3]

वर्तमान में पाँचवां आरा चल रहा है। इस आरे के 2533 वर्ष हो चुके हैं और 18467 वर्ष अभी शेष हैं। जैसे–जैसे इस आरे का समय व्यतीत होता रहेगा, वैसे–वैसे ही प्रत्येक वस्तु की सुन्दरता, स्निग्धता, रूप–रंग आदि कम होते जायेंगे। इसी प्रकार जलवायु में भी भारी परिवर्तन आता जायेगा। कहीं अतिवृष्टि और कहीं अनावृष्टि होगी। आदमी इस युग में अपने जीवन यापन के लिये कमाने की दौड़ को ही जीवन का निहित उद्देश्य समझता है। यह आरा सब आरों से दुःखदाई और पाप–प्रवर्तक होता है।[4]

उपरोक्त वर्णित लक्षण आज की वर्तमान परिस्थिति में बहुत सटीक हैं जबकि अभी पाँचवा आरा की समाप्ति में बहुत समय शेष है। पाँचवें आरे के अन्त में जीव चार गति में जाते हैं, केवल एक पाँचवीं मोक्ष गति में नहीं जाते हैं।

6. दुःषमा–दुःषमा काल (छठा आरा)

इक्कीस हजार वर्ष अवधि वाले पाँचवें आरे की समाप्ति के साथ ही दुःख ही दुःख वाला छठा आरा प्रारंभ होता है। इस आरे की अवधि भी

इक्कीस हजार वर्ष ही होती है। यह आरा सब आरों में सबसे निकृष्ट और आदि से अन्त तक कलह, अशांति, पाप और तापों से परिपूर्ण होता है।[5]

उत्सर्पिणी काल

उत्सर्पिणी काल में अवसर्पिणी काल की भाँति कर्म भोग भूम्यात्मक छह विभाग होते हैं। इस काल के प्रारंभ में कर्मभूमि की निकृष्ट अवस्था काल के प्रभाव से निरन्तर उत्कर्ष को प्राप्त करते हुए अन्ततः भोग भूमि की उत्कृष्ट अवस्था उत्तम भोग भूमि में परिणत हो जाती है। इस विकास क्रम में विकास को गति देने वाले चौदह मनु और 63 श्लाकापुरुष भी अवसर्पिणी की भाँति उत्पन्न होते हैं।[6]

संसार अनादि–अनन्त

कर्मभूमि से भोगभूमि की स्थिति में सभी प्रकार के कष्ट और झगड़े स्वतः समाप्त हो जायेंगे। इस प्रकार जैन दर्शन के अनुसार संसार अनादि काल से सतत् गतिशील चलता आ रहा है, यह चक्र सदैव अनवरत चलता ही रहता है। इस दृष्टिकोण से जैन दर्शन का कथन है कि यह संसार अनादि अनन्त है, इसका न कभी आदि है और न कभी अन्त। न तो इसका किसी ने निर्माण किया है और न कभी नष्ट ही होता है, केवल इसके पर्यायों में परिवर्तन होता रहता है।

कुलकर व्यवस्था

तीसरे आरे सुषमा–दुःषमा काल के विवेचन में कुलकर व्यवस्था का संदर्भ दिया गया था, उसका संक्षिप्त में विवेचन किया जाना समीचीन होगा। यौगलिक व्यवस्था के अंतिम दिनों में असंख्य वर्षों के बाद नये युग का आरम्भ हुआ। यौगलिक व्यवस्था धीरे–धीरे टूटने लगी और दूसरी कोई व्यवस्था अभी जन्म नहीं पायी। संक्रांति काल चल रहा था। कल्प वृक्षों से प्राप्त होने वाली भोग्य सामग्री क्षीण होने से एक ओर आवश्यकता पूर्ति के साधन कम हुए और दूसरी ओर जनसंख्या और जीवन की आवश्यकताएं कुछ बढ़ीं। इस स्थिति में आपसी संघर्ष और लूट–खसोट होने लगी। परिस्थिति की विवशता ने क्षमा, शान्ति, सौम्य आदि सहज गुणों में परिवर्तन ला दिया। अपराधी मनोवृत्ति का बीज अंकुरित होने लगा।[7]

अपराध और अव्यवस्था ने एक नयी व्यवस्था के निर्माण की प्रेरणा दी। उसके फलस्वरूप "कुल" व्यवस्था का विकास हुआ। लोग कुल के रूप में संगठित होकर रहने लगे। कुलों का एक मुखिया होता था जो विशिष्ट बल, बुद्धि एवं प्रतिभा सम्पन्न व्यक्ति होता था जिसे कुलकर कहा जाता था। उसे दण्ड देने का अधिकार होता था। वह कुलों की व्यवस्था करता, उनकी सुख–सुविधाओं का ध्यान रखता था और लूट–खसोट पर नियन्त्रण रखता। यह शासन तंत्र का आदि रूप था।

ऐसे मुख्य कुलकरों के नाम इस प्रकार हैं–

(1) विमलवाहन (2) चक्षुष्मान (3) यशस्वी (4) अभिचन्द्र (5) प्रसेनजित (6) मरुदेव और (7) नाभि

तीसरे आरे में जब पल्योपम का अष्टम भाग शेष रहा तब क्रमशः सात कुलकर उत्पन्न हुए। प्रथम कुलकर विमलवाहन हुए। किसी समय वन प्रदेश में घूमते हुए एक मानव युगल को किसी श्वेतवर्ण सुन्दर हाथी ने देखा और पूर्व जन्म के स्नेह से उसने अपनी पीठ पर बैठा लिया तब लोगों ने उस युगल को गजारुढ़ देखकर सोचा "यह मनुष्य हमसे अधिक शक्तिशाली है।" उज्ज्वल वाहन होने के कारण लोग उसे विमलवाहन कहने लगे।[8,9]

हाकार नीति– विमलवाहन ने सबके लिये मर्यादा निश्चित की और मर्यादा के उल्लंघन करने पर दण्ड देने की घोषणा की। उन्होंने 'हाकार' दण्डनीति का प्रयोग किया। किसी व्यक्ति द्वारा मर्यादा का उल्लंघन करने पर उसे "हा" तूने क्या किया, ऐसा कहकर अपराधी को दण्डित किया जाता। उस समय का लज्जाशील और स्वाभाव से संकोचशील प्रकृति वाला मानव इस दण्ड को सर्वस्वहरण मृत्युदण्ड जैसा कठोर दण्ड मानता और ऐसा अपराधी दूसरी बार कभी पुनः अपराध नहीं करता। यह हाकार नीति प्रथम कुलकर विमलवाहन और दूसरे कुलकर चक्षुष्मान तक चलती रही।

माकार नीति– जब हाकार दण्डनीति अपराध रोकने में असफल होने लगी और अपराधों में वृद्धि होने लगी तब दूसरे कुलकर चक्षुष्मान के पुत्र यशस्वी ने नई नीति 'माकार दण्ड नीति' – अपराध भेदनीति प्रारंभ की। 'माकार' नीति का अर्थ है 'मत करो' यह एक निषेधात्मक महान दण्ड था। छोटे अपराधों के लिये माकार नीति का प्रयोग प्रारंभ किया। अगर कोई व्यक्ति इससे बड़ा अपराध करता था तब ऐसे अपराधियों को दोनों प्रकार

की नीतियों से दण्डित करना प्रारंभ किया। चौथे कुलकर अभिचन्द्र के समय यही दण्डनीति प्रचलित रही।[10]

धिक्कार दण्ड नीति– पाँचवें, छठे और सातवें प्रसन्नजित, मरुदेव और नाभि के समय में धिक्कार नीति प्रभावी रही। समाज में बढ़ते अभावों और असंतोष के फलस्वरूप लोगों में उच्छृंखलता और धृष्टता अधिक गति से बढ़ती गई जिससे माकार नीति बहुत कम प्रभावशील रही इसलिये धिक्कार नीति प्रारंभ हुई।[11] यह दण्ड नीति कुलकर प्रसेनजित से लेकर अंतिम कुलकर नाभि तक प्रचलित रही। इस धिक्कार नीति के अनुसार अपराधी को इतना कहा जाता था– धिक अर्थात् तुझे धिक्कार है, जो ऐसा कार्य किया।

इस प्रकार जघन्य अपराध वालों के लिये 'खेद' (हाकार नीति), मध्यम अपराध वालों के लिये 'निषेध' (माकार नीति), उत्कृष्ट बड़े अपराध वालों के लिये 'तिरस्कार' (धिक्कार नीति) का प्रयोग किया जाता था। उस समय के मनुष्य अतिमात्र ऋजु, मर्यादाप्रिय और स्वयंशासित थे। खेद प्रदर्शन, निषेध और तिरस्कार सूचक दण्ड–मृत्युदण्ड से भी अधिक प्रभावशाली थे।[12,13]

सातवें–अंतिम कुलकर नाभि।

अंतिम कुलकर नाभिराय थे। अन्य कुलकरों की तुलना में नाभिराय अधिक प्रतिभासम्पन्न, तेजस्वी, सुशासक, विचारक एवं प्रजावत्सल थे। उनका युग एक संक्रांति काल था। भोगभूमि समाप्त होकर कर्मभूमि का प्रारंभ हो चुका था। नये प्रश्न थे, नये हल चाहिये थे। नाभिराय ने उनका समाधान प्रदान किया। वे जन–जन के त्राणकर्ता बने, अतः उन्हें क्षत्रिय कहा गया। प्रकृति में अनेक परिवर्तनों, यथा बिजली का कड़कना, मूसलाधार वर्षा, नदियों में प्रथम बार पानी का बहना, नाना प्रकार के अनाजों का बिना बोये उगना, वृक्षों पर फल लगना, कल्पवृक्ष का नष्ट होना आदि से उदरपूर्ति की समस्या से पीड़ित भयभीत जनता को मिट्टी के बर्तन बनाना और उगे धान्यों और फलों से पेट भरने का ज्ञान भी उन्होंने ही दिया।

जैन धर्म के प्रथम तीर्थंकर भगवान ऋषभदेव का जन्म

तीर्थंकर असाधारण और लोकातिशयी महापुरुष होता है। जैन धर्म के प्रथम तीर्थंकर भगवान ऋषभदेव का समय वर्तमान इतिहास की कालगणना की परिधि में नहीं आता। वे प्रागैतिहासिक दिव्य पुरुष हैं।[14]

जम्बूद्वीप प्रज्ञप्ति सूत्र– 12 उपांगसूत्रों में पाँचवें सूत्र जम्बूद्वीप प्रज्ञप्ति में सात वक्षस्कारों के अन्तर्गत इतिहास और भूगोल सम्बन्धी वर्णन प्राप्त होता है। इस सूत्र में भगवान ऋषभदेव को पन्द्रहवां कुलकर माना गया है और इनके बारे में सर्वप्रथम विस्तृत तथ्य प्राप्त होते हैं। इसमें भगवान ऋषभदेव द्वारा बहत्तर कलाएँ पुरुषों के लिये और चौसठ कलाएं स्त्रियों के लिये प्रतिपादित करने का उल्लेख है।[15]

भगवान ऋषभदेव ने समस्त लौकिक क्रियाओं का संपादन किया। वे परम स्वतंत्र भौतिक आसक्ति से रहित, आनन्दस्वरूप साक्षात् ईश्वर थे। उन्होंने जनसामान्य में धर्माचरण और तत्वज्ञान का प्रचार किया। समता, शान्ति और करुणा के साथ धर्म, अर्थ, यश, सन्तानसुख, भोग और मोक्ष का उपदेश देते हुए गृहस्थाश्रम में लोगों को नियमित जीवन व्यतीत करने का उपदेश दिया।[16]

ऋषभदेव द्वारा स्थापित लोक व्यवस्था[17]

(क) वन्य संस्कृति से कृषि संस्कृति तक–भोगयुग के कल्पवृक्ष के शक्तिहीन होने से, अनाज के पहले जैसे अधिक नहीं पकने से कच्चे अन्न के खाने से उत्पन्न होने वाले रोगों की कठिनाइयों से लोगों को बचाने हेतु ऋषभ ने कृषि द्वारा अनाज उत्पन्न करने और उसे पकाकर खाने की विधि सिखाई।

(ख) वर्ण व्यवस्था– ऋषभ ने कर्म और व्यवहार के आधार पर लोगों को योग्यतानुसार कार्य देने के लिये तीन वर्ण क्षत्रिय, वैश्य और शूद्र की स्थापना की। इससे मनुष्यों की अपनी योग्यता अनुसार काम और व्यवसाय मिलने के साथ, जीवन उपार्जन का यह आधार बना।[18]

(ग) कबीलों से नगर व्यवस्था की ओर

वृक्षों की संख्या घटने से वृक्षों की अल्पता होने पर वृक्षों के सीमांकन ने कबीलों के रूप में पुरुष और स्त्रियों को रहने की विवशता दी। ऋषभ ने विचार करने के पश्चात् इन्द्र की सहायता से 52 जनपदों यथा मगध, विदर्भ, पंचाल, कलिंग, गान्धार आदि की रचना की और इन जनपदों को विभिन्न रूप से परिभाषित करते हुए ग्राम, नगर, खेट (नदी और पर्वत से घिरा हुआ नगर) खर्वट (केवल पर्वत से घिरा हुआ) वर्गीकृत किया और इनमें घर और भवनों का निर्माण करवाया। वृक्षों का

आवास छोड़कर मानव के भवनों में प्रवेश करने पर वन्य जीवन की समाप्ति के साथ नागरिक सभ्यता का प्रादुर्भाव किया।[19]

(घ) विवाह व्यवस्था– यौगलिक परम्परा में भाई और भगिनी ही पति और पत्नी के रूप में परिवर्तित हो जाया करते थे। सुनन्दा के यौगलिक भाई की अकाल मृत्यु हो जाने पर ऋषभदेव ने सुनन्दा और सहजात सुमंगला के साथ पाणिग्रहण कर नई विवाह व्यवस्था का सूत्रपात किया।[20] आचार्य श्री हेमचन्द्र ने त्रिषष्टि के पद्य 1/2/881 में कहा है कि श्री ऋषभदेव ने लोगों में विवाह प्रवृत्ति को चालू करने के लिये इन कन्याओं से विवाह किया।[21]

विवाह व्यवस्था– "शूद्रा शूद्रेण वोढव्या नान्या तां स्वां च नैगमः। बहेत् स्वां ते च राजन्यः स्वां छिजन्मा कचिच्च ताः।। 247।।

वर्णों की व्यवस्था तब तक सुरक्षित नहीं रह सकती जब तक विवाह सम्बन्धी व्यवस्था न की जाये इसलिये भगवान ऋषभ ने व्यवस्था इस प्रकार बनायी थी कि शूद्र शूद्रकन्या के साथ विवाह करे, वह ब्राह्मण, क्षत्रिय और वैश्य की कन्या के साथ विवाह नहीं कर सकता। वैश्य वैश्य कन्या तथा शूद्र कन्या के साथ विवाह करे; क्षत्रिय क्षत्रिय कन्या, वैश्य कन्या और शूद्र कन्या के साथ विवाह करे तथा ब्राह्मण ब्राह्मण कन्या के साथ ही विवाह करे परन्तु कभी किसी देश में वह क्षत्रिय, वैश्य और शूद्र कन्याओं के साथ भी विवाह कर सकता है।

सर्वप्रथम राजा

आचार्य जिनसेन ने ऋषभदेव को कुलकर और तीर्थंकर दोनों माना है और भरत को भी चक्रवर्ती और कुलकर माना है। नाभिराज आदि को लेकर जो बड़े–बड़े राजा थे, उन सभी ने सब राजाओं में श्रेष्ठ यह ऋषभदेव वास्तव में राजा के योग्य हैं, ऐसा मानकर उनका एक साथ अभिषेक किया गया था।[22]

महामुकुटबद्ध राजाओं के अधिपति भगवान ऋषभदेव ही हैं। यह कहते हुए महाराज नाभिराज ने अपने मस्तक का मुकुट अपने हाथ से उतारकर भगवान ऋषभदेव के मस्तक पर सुशोभित किया।[23]

कर्मभूमि– आचार्य जिनसेन ने आदिपुराण के षोडशं पर्व के श्लोक 179, 180 के अनुसार राजा ऋषभ ने छह कर्मों को जनता की आजीविका के

लिये उपयुक्त करने का उपदेश दिया और वे कर्म– (1) असि अर्थात् सैनिक वृत्ति (2) मषि अर्थात् लिपि विद्या लेखन कार्य (3) कृषि– खेती का कार्य (4) विद्या–शास्त्र अर्थात् पढ़ाकर या नृत्य गायन कार्य और (5) वाणिज्य, व्यापार, व्यवसाय करना (6) शिल्प–कला–कौशल[24]

शिल्प–कला कौशल, हस्त की कुशलता से जीविका करना जैसे चित्र खींचना, फूल–पत्ते काटना। इसी प्रकार सम्राट श्री ऋषभ ने अपने ज्येष्ठ पुत्र भरत को बहत्तर कलाओं यथा अर्थशास्त्र, नृत्यशास्त्र आदि की शिक्षा दी। अन्य पुत्र अनन्त विजय को चित्रकला, वास्तुशास्त्र और आर्युवेद की, और बाहुबली को कामनीति, धनुर्वेद, अश्वलक्षण गजलक्षण, रत्न परीक्षा एवं तंत्र–मंत्र की शिक्षा दी।

अग्नि और पाक कला का ज्ञान करवाना– भगवान ऋषभ केवल ज्ञानी होने से अग्नि के ज्ञानी थे। जब लकड़ियों की स्निग्धता कम हुई तब लकड़ियों को घिसकर अग्नि उत्पन्न की और लोगों को अग्नि और पाक कला का ज्ञान कराया।

नारी शिक्षा–लिपि, गणित– राजा ऋषभ ने अपने पुत्रों के समान ही अपनी दोनों पुत्रियों को शिक्षित कर नारी शिक्षा का संदेश समाज को दिया। राजा ऋषभ ने अपनी पुत्री ब्राह्मी को सुवर्णपट्ट पर अठारह लिपियों का अध्ययन कराया, वहीं सुन्दरी को गणित विद्या, मान (माप) उन्मान (तोला माशा आदि वजन) अवमान (गज, फीट, इंच आदि, प्रतिमान) छटाँक, सेर, मन आदि का ज्ञान कराया। आज की हिन्दी भाषा और गणित शास्त्र उसी शिक्षा का परिणाम है। इस प्रकार सम्राट श्री ऋषभदेव ने सामान्य जन के जीवन के विकास के लिये और उनकी उन्नति के लिये, पुरुषों को बहत्तर कलाएँ, स्त्रियों को चौंसठ कलाएँ और सौ प्रकार के शिल्पों का परिज्ञान कराया। कृषि सम्बन्धी सारा प्रशिक्षण दिया।

निष्कर्ष के तौर पर यह कहा जा सकता है कि भगवान श्री ऋषभ ने अपने नागरिकों को आजीविका के प्रमुख छः साधनों (1) असि (सैनिक वृत्ति), (2) मषि (लिपि विद्या), (3) कृषि–खेती, (4) विद्या–अध्यापन, (5) वाणिज्य–व्यापार और (6) शिल्प कला कौशल का ज्ञान कराया।

प्रथम तीर्थंकर जैन धर्म प्रवर्तक– भगवान की प्रथम देशना फाल्गुण कृष्णा एकादशी के दिन अपने भक्तों को आध्यात्मिक प्रवचन देते हुए अहिंसा, सत्य, अस्तेय, ब्रह्मचर्य की गंभीर मीमांसा करते हुए जीवन का लक्ष्य

त्याग, वैराग्य और साधना बताया। भगवान ऋषभ ने पांच सौ पौत्रों और ब्राह्मी आदि पांच सौ नारियों को दीक्षा देकर धर्मचक्र का प्रवर्तन कर संघ स्थापना की। इस प्रकार श्रमण, श्रमणी, श्रावक, श्राविका रूप चतुर्विध तीर्थ की संस्थापना कर वे सर्वप्रथम तीर्थंकर बने।

भगवान ऋषभ के पश्चात् हुए तीर्थंकरों के सम्बन्ध में महत्त्वपूर्ण तथ्य

भगवान ऋषभ के पश्चात् जैन धर्म के 23 तीर्थंकर विभिन्न समय में हुए। इन सभी तीर्थंकरों ने अपने समय में धर्म चक्र के रथ की गति को तीव्रता प्रदान की।

आधुनिक इतिहासज्ञ भगवान महावीर और भगवान पार्श्वनाथ को ही अब तक ऐतिहासिक पुरुष मान रहे थे, परन्तु कुछ वर्षों के तटस्थ एवं निष्पक्ष अनुसंधान से यह प्रमाणित हो गया कि अरिहन्त अरिष्टनेमी भी ऐतिहासिक पुरुष थे। प्रसिद्ध इतिहासज्ञ, कोशकार, पुरातत्वज्ञ डॉ. नरेन्द्रनाथ बसु (कोशकार) और अन्य यथा डॉ. फुहर्र, प्रोफेसर बारनेट, कर्नल जेम्स टॉड, प्रो. करवे, डॉ. हरिसन, डॉ. प्राणनाथ विद्यालंकार, डॉ. राधा.ष्णन्, डॉ. राय चौधरी आदि अनेक विज्ञों ने श्री कृष्ण और अरिष्टनेमी को चचेरे भाई स्वीकार करते हुए, भगवान श्री अरिष्टनेमी को एक ऐतिहासिक पुरुष के रूप में संदर्भित किया है। जैन साहित्य का विशाल भाग भगवान महावीर के पूर्व का नहीं है। एतदर्थ भगवान अरिष्टनेमि की परम्परा का साहित्य उपलब्ध नहीं है।[25]

तीर्थंकर पार्श्व– तेईसवें तीर्थंकर भगवान पार्श्व ऐतिहासिक पुरुष हैं। इस तथ्य को कई प्रसिद्ध इतिहासकारों यथा डॉ. चार्ल शार्पेटियर, डॉ. हर्मन जैकोबी मेजर जनरल फर्लांग, डॉ. वासम ने स्वीकार किया है। तीर्थंकर पार्श्व भगवान महावीर से दो सौ पचास वर्ष पूर्व हुए। डॉ हर्मन जैकोबी ने जैनागमों के साथ ही बौद्धपिटकों के प्रकाश में यह सिद्ध करने का प्रयास किया है कि पार्श्वनाथ ऐतिहासिक व्यक्ति थे।[26,27] भगवान पार्श्व के पिता वाराणसी के महाराजा अश्वसेन और माता महारानी वामा थीं। भगवान् पार्श्वनाथ ऐतिहासिक काल के दूसरे तीर्थंकर थे।

भगवान पार्श्वनाथ के धर्म को चातुर्याम धर्म कहा जाता है। भगवान पार्श्व ने धर्म की पालना में चार व्रत – यथा – सर्वथा (1) प्राणातिपात विरमण– अहिंसा का त्याग (2) सर्वथा मृषावाद विरमण – असत्य का त्याग

(3) सर्वथा अदत्तादान विरमण – चौर्य त्याग (4) सर्वथा बहिद्धादान विरमण अर्थात् परिग्रह त्याग के पालना का उपदेश दिया। जैन परम्परा के अनुसार चातुर्याम धर्म के प्रथम प्रवर्तक भगवान अजीतनाथ और अंतिम प्रवर्तक भगवान पार्श्व हैं। दूसरे तीर्थंकर से लेकर तेईसवें तीर्थंकर तक चातुर्याम धर्म का ही उपदेश चला। केवल भगवान ऋषभ और भगवान महावीर ने पांच महाव्रत धर्म का उपदेश दिया।[28]

विश्वज्योति तीर्थंकर भगवान महावीर

वर्तमान अवसर्पिणी काल में भरत क्षेत्र के चौबीसवें और अंतिम तीर्थंकर भगवान महावीर हुए। घोरातिघोर परीषहों को भी अतुल धैर्य, अलौकिक साहस, सुमेरुतुल्य अविचल दृढ़ता, अथाह सागरोपम गम्भीरता एवं अनुपम स्वभाव के साथ भगवान महावीर ने अभूतपूर्व सहनशीलता, क्षमा एवं अद्‌भुत घोर तपश्चर्या का संसार के समक्ष एक नवीन कीर्तिमान प्रतिष्ठापित किया।

भगवान महावीर न केवल एक महान धर्मसंस्थापक ही थे अपितु वे महान लोकनायक, धर्मनायक, क्रान्तिकारी सुधारक, सच्चे पथ प्रदर्शक, विश्वबन्धुत्व के प्रतीक, विश्व के कर्णधार और प्राणिमात्र के परमप्रिय हितचिन्तक भी थे।

"सव्वे जीवा वि इच्छंति जीवउं न मरीजिउं" इस दिव्यघोष के साथ इन्होंने न केवल मानव समाज को अपितु पशुओं तक को भी अहिंसा, दया और प्रेम का पाठ पढ़ाया। धर्म के नाम पर यज्ञों में खुलेआम दी जाने वाली क्रूर पशु बलि के विरुद्ध जनमत को आन्दोलित कर उन्होंने इस घोर पापपूर्ण कृत्य को सदा के लिये समाप्त कर असंख्य प्राणियों को अभयदान दिया।

यही नहीं भगवान महावीर ने रूढ़िवाद, पाखण्ड, मिथ्याभिमान और वर्णभेद के अन्धकार पूर्ण गहरे गर्त में गिरती हुई मानवता को ऊपर उठाने का अथक प्रयास भी किया। भगवान महावीर ने विश्व को सच्चे समतावाद, साम्यवाद, अहिंसा, सत्य, अस्तेय, ब्रह्मचर्य और अपरिग्रह का प्रशस्त मार्ग दिखाकर अमरत्व की ओर अग्रसर किया, जिसके लिये मानव समाज उनका सदा सर्वदा ऋणी रहेगा।

तीर्थंकर वाणी जैन संघ के लिये सर्वोपरि प्रमाण है। यह प्रत्यक्ष दर्शन है, इसलिये उसमें तर्क की कर्कशता नहीं है। वह तर्क से बाधित नहीं है।

यह सूत्र रूप में है। भाष्यकार और टीकाकार प्रत्यक्षदर्शी नहीं थे। उन्होंने सूत्र के आशय को परम्परा से समझा। कहीं समझ में नहीं आया, हृदयंगम नहीं हुआ तो अपनी युक्ति और जोड़ दी।[29]

आगम युग

जैन धर्म और सम्राट खारवेल– उड़ीसा प्रान्त का महाप्रभावी शासक खारवेल सुदृढ़ जैन उपासक था। जैनाचार्यों की और प्रभावी राजाओं की शृंखला में आचार्य सुधर्मा के साथ नरेश कोणिक (अजातशत्रु) का, आचार्य सुहस्ती के साथ सम्प्रति का, आचार्य सिद्धसेन के साथ विक्रमादित्य, कुमार नरेश देवपाल आदि के कई राजाओं का, आचार्य समन्तभद्र के नरेश शिवकोटि का, आचार्य पूज्यपाद (देवनन्दी) के साथ अविनित कोंकणी एवं दुर्विनीत कोंकणी का, आचार्य वीरसेन, जिनसेन और गुणचन्द्र के साथ नरेश अमोघ वर्ष, आचार्य वप्पभट्टी के साथ आम राजा का, आचार्य हेमचन्द्र के साथ सिद्धाराज जयसिंह और चालुक्य कुमारपाल का, आचार्य जिनप्रभसूरि के साथ बादशाह तुगलक का, आचार्य हीरविजयजी एवं जिनचन्द्रसूरि के साथ बादशाह अकबर का इतिहास, गौरवमय शब्दों में लिखा हुआ है पर महाराज खारवेल का उल्लेख इस लम्बी शृंखला में कहीं और किसी आचार्य के साथ जैन ग्रन्थों में नहीं है। इससे इतिहासकारों ने सम्राट खारवेल को पाश्वापित्थिक संघ का अनुयायी माना है। सम्राट खारवेल ने जैन धर्म के प्रचार–प्रसार के लिये अद्वितीय कार्य किया। सम्राट खारवेल ने कुमारी पर्वत पर महाश्रमण विराट श्रमण सम्मेलन आयोजित किया था। इस सम्मेलन में महागिरि परम्परा के बलिस्सह, बोद्धिलिंग, देवाचार्य, धर्मसेनाचार्य, नक्षत्राचार्य आदि 200 जिनकल्प तुल्य साधना करने वाले श्रमण एवं आर्य सुस्थित, आर्य सुप्रतिबुद्ध, उमास्वाती, श्यामाचार्य आदि 300 स्थविरकल्पी श्रमण थे। 300 साध्वियों, 700 श्रमणोपासक और 700 उपासिकाएं विद्यमान थी।

आचार्य श्यामाचार्य ने इस अवसर पर पन्नवणासूत्र की और आचार्य उमास्वाति ने तत्वार्थसूत्र की और स्थाविर आर्य बलिस्सह ने अंगविद्या प्रभृति की रचना की।

सम्राट खारवेल की प्रार्थना पर बलिस्सह, उमास्वाती, श्यामाचार्य आदि स्थाविरों ने आचार्य सुधर्मा रचित द्वादशांगी का संकलन किया और भोजपत्र,

ताड़पत्र और वल्कल पर उसे लिपिबद्ध कर आगम वाचना के ऐतिहासिक पृष्ठों में महत्त्वपूर्ण अध्याय जोड़ा। आगम वाचनाओं के इन ग्रन्थों की रचना संभवतया वि. नि. 300 से 330 के बीच हुई है।

आचार्य माणिक्यनन्दी– जैन न्याय के आद्य सूत्रकार, दार्शनिक प्रतिभा के धनी नन्दी संघ के प्रमुख आचार्य थे। उन्होंने कई ग्रन्थ लिखे परन्तु वर्तमान में केवल न्याय का आद्य परीक्षामुख ग्रन्थ ही उपलब्ध है जो आचार्य अकलंक के साहित्य महार्णव का मन्थन कर आचार्य माणिक्यनन्दी ने परीक्षामुख ग्रन्थ की रचना की जो न्यायसूत्र को सूत्रबद्ध करने वाला ग्रन्थ है।

संदर्भ

1. भारतीय सृष्टि विद्या डॉ. प्रकाश पृष्ठ 32–33
2. भगवान महावीर का आदर्श जीवन – जैन दिवाकर श्री चौथमल जी महाराज पृष्ठ 13
3. तिलोयपण्णती – पूर्ववत – गाथा 1505 से 1507 पृष्ठ 436
4. भगवान महावीर का आदर्श जीवन – पूर्ववत – पृष्ठ 14–15
5. जैनागम स्तोक संग्रह – पूर्ववत – पृष्ठ 156
6. भारतीय सृष्टि विद्या – पूर्ववत – पृष्ठ 46
7. जैन परम्परा का इतिहास – आचार्य महाप्रज्ञ जैन विश्व भारती, लाडनूँ 1967 पृष्ठ 4
8. आवश्यक निर्युक्ति, पूर्वभाग पृष्ठ 153 श्री आगमोदय समिति
   जैन धर्म का मौलिक इतिहास आचार्य श्री हस्तीमलजी महाराज
9. जैन इतिहास समिति चौड़ा रास्ता जयपुर 1981 पृष्ठ 5
   जम्बूद्वीप प्रज्ञप्ति – कालाधिकार – श्री अमोलक ऋषि जी महाराज पृष्ठ 76 देवचन्द लालचन्द भाई जैन पुस्तकोद्‌धार फण्ड, बम्बई
10. त्रिषष्टिकशलाका पुरुष चरित्र 1/2176–179 हेमचन्द्राचार्य विरचित, सं – मुनि चरणविजय जी, प्रकाशक आत्मानन्द सभा, भावनगर, सौराष्ट्र
11. जम्बूद्वीप प्रज्ञप्ति – पूर्ववत – श्री अमोलक ऋषिजी महाराज, सूत्र 14
12. जैन परम्परा का इतिहास – पूर्ववत – आचार्य महाप्रज्ञ, पृष्ठ 6

13. ऋषभदेव एक परिशीलन – श्री देवेन्द्रमुनि शास्त्री प्रकाशक श्री तारकगुरु जैन ग्रन्थालय शास्त्री सर्कल, उदयपुर सं. 2034 (सन् 1978)

14. ऋषभदेव एक परिशीलन – पूर्ववत – पृष्ठ 1

15. (1) जम्बूद्वीप प्रज्ञप्तिसूत्र सं. श्री अमोलक ऋषि जी, शान्तिचन्द्र विहित वृत्ति सहित – प्रकाशक देवचन्द्र लालभाई जैन पुस्तकोद्धारक फंड बम्बई सन् 1920

(2) ऋषभदेव एक अनुशीलन – पूर्ववत – पृष्ठ 9

16. तीर्थंकर महावीर और उनकी आचार्य परम्परा प्रथम खण्ड – पूर्ववत – पृष्ठ 9

17. जैन धर्म का प्राचीन इतिहास (प्रथम भाग) – बलभद्र जैन प्रकाशक जैन पब्लिकेशन, दिल्ली (द्वितीय संस्करण) पृष्ठ 41 से 45 पर आधारित

18. आदिपुराण प्रथम षोडशं पर्व पद्य 242 से 245, आचार्य जिनसेन विरचित, डॉ. पन्नालाल जैन साहित्याचार्य द्वारा सम्पादित प्रकार दसवाँ संस्करण : 2004, प्रकाशक भारतीय ज्ञानपीठ नयी दिल्ली

19. आदिपुराण – पूर्ववत – पद्य 164 से 171

20. आदिपुराण – पूर्ववत – पंचदश पर्व – श्लोक 60 से 68

21. त्रिषष्टिशलाका पुरुष चरित महाकाव्य – हमेचन्द्राचार्य विरचित – पूर्ववत

22. (क) महापुराण 3/213, 232 (ख) ऋषभदेव : एक परिशीलन – पूर्ववत – पृष्ठ 138

23. आदिपुराण – पूर्ववत – षोडशं पर्व श्लोक 225, 232

24. आदिपुराण – पूर्ववत – षोडशं पर्व श्लोक 179– असि, मषिः कृषि विद्या वाणिज्यं शिल्पमेव च। कर्माणीमानि षोढा स्युः प्रजा जीवनहेतव।
आदिपुराण – पूर्ववत – षोडषपर्व श्लोक 118 से 125

25. हिस्टोरिसिटी ऑफ जैन तीर्थंकर (अंग्रेजी) – लेखक श्री माँगीलाल भूतोड़िया प्रकाशन प्रियदर्शी प्रकाशन, कलकत्ता 2005–2006 पृष्ठ 15

26. जैन धर्म का मौलिक इतिहास – आचार्य श्री हस्तीमलजी महाराज – पूर्ववत – पृष्ठ 475, 476

27. दी सेक्रेड बुक्स ऑफ दी इस्ट खण्ड 17 – इन्ट्रोडक्शन पृष्ठ 21

28. पार्श्वनाथ का चातुर्याम धर्म – धर्मानन्द कौशम्बी पृष्ठ 17–18

29. जैन दर्शन – मनन और मीमांसा – आचार्य श्री महाप्रज्ञ – पूर्ववत – पृष्ठ 94

अध्याय - द्वितीय

जैन धर्म के सिद्धान्त और मौलिक विशेषताएँ

विश्व के सभी धर्मों में अधिकांश ईश्वरीय सत्ता के अस्तित्व में विश्वास करते हैं और वे मानते हैं कि वही ईश्वर जगत का कर्ता है, सर्जक है और नियंत्रण करने वाली शक्ति है। इसी ईश्वर की मर्जी सर्वोपरि है, उसकी स्वीकृति से ही जगत संचालित होता है और उसकी मर्जी के बिना कोई कार्य हो ही नहीं सकता है।

इन सब मान्यताओं को अस्वीकृत करते हुए जैन धर्म का स्पष्ट सिद्धान्त और मत है। ऐसी कोई ईश्वरीय सत्ता है ही नहीं इसलिये ऐसी किसी शक्ति द्वारा जगत को संचालित और नियंत्रित करने का प्रश्न ही नहीं उठता है। वैसे ही जगत को विनाश करने वाली भी कोई सत्ता, शक्ति नहीं है। जैन धर्म और दर्शन की यह एक उल्लेखनीय विशेषता है जो इसे अन्य दर्शनों से अलग और स्वतंत्र रूप से स्थापित करती है।

भगवान महावीर के ईश्वरीय सिद्धान्त की बहुत सुन्दर व्याख्या महान आचार्य हरिभद्रसूरि के द्वारा करते हुए महावीर के दर्शन की ईश्वरवादी दर्शनों से तुलना की गई। उन्होंने लिखा है–

"पारमैश्वर्ययुक्तत्वात्, आत्मैव मत ईश्वरः।
स च कर्तेति निर्दोषं, कृतवादी व्यवस्थितः।।

आत्मा परम ऐश्वर्य सम्पन्न है। अतः वह ईश्वर है। वह कर्ता है। इस दृष्टि से भगवान महावीर का दर्शन कर्तृवादी है।[1]

महावीर ने कर्तृत्व का निरसन नहीं किया। उन्होंने उस कर्तृ सत्ता का निरसन किया, जिसे समग्र जगत की निर्माण वेदिका पर प्रतिष्ठित किया जा रहा था।[2]

भगवान महावीर ने ईश्वरोपासना के स्थान पर श्रमणोपासना का प्रवर्तन किया। ईश्वर परोक्ष शक्ति है, वह अगम्य है। भगवान महावीर ने मनुष्य को ईश्वर के स्थान पर प्रतिष्ठित किया और यह उद्घोष किया कि ईश्वर कोई कल्पनातीत सत्ता नहीं है। वह मनुष्य का ही चरम विकास है। जो मनुष्य विकास की उच्च कक्षा तक पहुँच जाता है, वह परमात्मा या ईश्वर है।

जैन धर्म के मुख्य स्तंभ

सम्यक् दर्शन– आचार्य उमास्वाति ने सम्यक् दर्शन को इस प्रकार परिभाषित किया है 'तत्वार्थश्रद्धान सम्यकदर्शनम्'[3] तत्वों का सही श्रद्धान सम्यकदर्शन है। जड़ और चेतन में भेद करना ही सम्यक दर्शन है।

सम्यकदर्शन जैन आचार व्यवस्था का आधार है। उत्तराध्ययनसूत्र में कहा गया है कि सम्यग्दर्शन के बिना सम्यक् ज्ञान नहीं होता, सम्यग्ज्ञान के अभाव में सदाचार नहीं आता और सदाचार के अभाव में कर्मावरण से मुक्ति संभव नहीं। कर्मावरण से जकड़े हुए प्राणी का निर्वाण नहीं होता।[4]

सम्यक् ज्ञान – साधना–मार्ग के पथिक के लिए जैनऋषियों का चिर–संदेश है कि प्रथम ज्ञान और तत्पश्चात् अहिंसा का आचरण; संयमी साधक की साधना का यही क्रम है। **'पढमं नाण तयो दया एवं चिट्ठइ सव्वसंजए।'**[5] उत्तराध्ययनसूत्र में ज्ञान का महत्त्व बताते हुए कहा गया है कि ज्ञान, अज्ञान एवं मोहजन्य अंधकार को नष्ट कर सर्व तथ्यों (यथार्थता) को प्रकाशित करता है।[6] सत्य के स्वरूप को समझने का एकमेव साधन ज्ञान ही है। जैन साधना में सम्यग्ज्ञान को ही साधनत्रय में स्थान दिया गया है। जैनाचार्यों ने यह कहा है कि यदि व्यक्ति का दृष्टिकोण शुद्ध और सत्यान्वेषी है तो उसको जो भी ज्ञान प्राप्त होगा वह भी सम्यक् होगा।

सम्यक् चरित्र – आध्यात्मिक जीवन की पूर्णता के लिये केवल श्रद्धा और ज्ञान से काम नहीं चलता, उसके लिये आचरण अर्थात चरित्र का भी सम्यक् होना जरूरी है। सम्यक्दर्शन और सम्यग्ज्ञान का सम्यक् चरित्र से पूर्व होना आवश्यक है। यदि हम सम्यग्दर्शन को श्रद्धा के अर्थ में और सम्यग्ज्ञान को आत्मिक ज्ञान के रूप में ग्रहण करें, तब सम्यक्चरित्र का स्थान स्पष्ट हो जाता है। वस्तुतः इस रूप में सम्यक् चारित्र आध्यात्मिक पूर्णता की दिशा में उठाया गया अंतिम कदम है।

सम्यक् चारित्र का अर्थ है चित्त अथवा आत्मा की वासनाओं की मलिनता और अस्थिरता को समाप्त करना। सम्यक् आचरण या चरित्र का कार्य बाह्य संयोगों से आत्मा या चित्त को अलग रखकर स्वाभाविक समत्व की दिशा में ले जाना है।

सम्यक् तप – जैन परम्परा में सम्यग्ज्ञान, सम्यग्दर्शन और सम्यक्चरित्र के साथ ही सम्यक् तप का उल्लेख चौथे अंग की तरह है। तीर्थंकर महावीर का जीवन ही जैन साधना में तप का स्थान निर्धारण करने हेतु एक सबलतम साक्ष्य है। भवागन महावीर के साधनाकाल (साढ़े बारह वर्ष) में लगभग ग्यारह वर्ष तो निराहार गिने जा सकते हैं। महावीर का यह साधना–काल स्वाध्याय, आत्मचिन्तन, ध्यान और कायोत्सर्ग से भरा है। उनका तपोमय जीवन अतीत से वर्तमान तक जैन साधकों को तप साधना की प्रेरणा देता है।

जैन साधना का लक्ष्य शुद्ध आत्म तत्व की उपलब्धि है, आत्मा का शुद्धिकरण है और तप आत्मा के परिशोधन की प्रक्रिया है।[7]

सामाजिक–नैतिकता के केन्द्रीय तत्व

अहिंसा – अहिंसा जैन आचार–दर्शन का प्राण है। अहिंसा वह धुरी है जिस पर समग्र जैन आचार विधि घूमती है। जैनागमों में अहिंसा को भगवती कहा गया है। आचारांगसूत्र में कहा गया है– 'भूत, भविष्य और वर्तमान के सभी अर्हत यह उपदेश करते हैं कि किसी भी प्राण, भूत, जीव और सत्व को किसी प्रकार का परिताप, उद्वेग या दुःख नहीं देना चाहिए, न किसी का हनन करना चाहिए। यही शुद्ध, नित्य और शाश्वत धर्म है। समस्त लोक की पीड़ा को जानकर अर्हतों ने इसका प्रतिपादन किया है।[8]

जैन आगम साहित्य में हिंसा के दो प्रकार – द्रव्य हिंसा और भाव हिंसा बताये गये हैं। द्रव्य हिंसा उसे कहा जाता है जब कोई व्यक्ति किसी प्राणी को नष्ट करता है, उसे पीड़ा देता है, या उसका शोषण करता है। द्रव्य हिंसा का सम्बन्ध कायिक हिंसा के साथ है।

भाव हिंसा का सम्बन्ध विचारों से है। यह मन की एक अवस्था है। क्रोधादिक कषाय उन हिंसक विचारों के जनक बनते हैं। इसी बात को अर्थान्तर से यह कहा जा सकता है कि जहाँ प्रमाद है, वहाँ कषाय है और जहाँ कषाय है वह भाव हिंसा है। हिंसा का विचार मन में आते ही व्यक्ति

उसके फल का भागी हो जाता है, भले समय या परिस्थिति से वैसा कर सके या नहीं। भाव–हिंसा हिंसा का विचार है, यह मानसिक अवस्था है जो प्रमादजन्य है।

जैन आगम साहित्य और इतिहास को गहराई से देखने पर यह निष्कर्ष निकलता है कि आन्तरिक और बाह्य रूप से पूर्ण अहिंसा को आचरण में लाना जैन धर्म का मुख्य लक्ष्य होता है लेकिन व्यावहारिक क्षेत्र में यह लक्ष्य प्राप्त करना बहुत कठिन होता है। इस ओर बढ़ने के लिये जैन धर्म में विभिन्न स्तर बताये गये हैं –

(1) संकल्पना हिंसा (आक्रमणकारी हिंसा) न जीवन रक्षा और न निर्वाह के लिये और न जीवन रक्षा के लिये करना, अतः वह हर हालत में त्याज्य है। (2) विरोधता हिंसा (प्रत्याक्रमणात्मक हिंसा)– यह व्यक्ति के स्वयं, परिजनों और अन्य लोगों और उनके स्वत्व की रक्षा हेतु आवश्यक होने पर की जाने वाली हिंसा है। इसे पूर्णतया त्याग करना संभव नहीं परन्तु यथासम्भव न्यूनतम किये जाने का प्रयास वांछनीय है। (3) आरम्भजा हिंसा– आजीविकात्मक हिंसा। यह गृहस्थ के अपने और परिवार के भरण–पोषण के लिये और सामाजिक आवश्यकताओं के लिये की जाती है अतः अपरिहार्य हो जाती है। इसे भी पूर्णतया त्याज्य करना संभव नहीं अतः यथासम्भव न्यूनतम किये जाने का प्रयास वांछनीय है।

धर्म क्षेत्र के वीर, महावीर द्वारा प्रतिपादित सिद्धान्त मानव जीवन को सुपथ पर लाने के अमोघास्त्र है। वे गूढ़, गंभीर और सर्वग्राह्य हैं, उनके महान आदर्श अनेक हैं पर उनमें अहिंसा, सत्य, अचौर्य (अस्तेय) ब्रह्मचर्य और अपरिग्रह अति महत्त्वपूर्ण हैं। इन सिद्धान्तों और निर्देशों को यदि व्यक्ति शक्ति और योग्यतानुसार अपने जीवन में व्यावहारिक रूप से अपना लें तो निश्चय ही आत्मशान्ति के साथ विश्व शांति का मार्ग प्रशस्त होगा। इन सबमें अहिंसा का स्थान प्रथम है। भगवान महावीर ने इसे परम धर्म कहा है।

अनेकान्तवाद और स्यादवाद – जैन दर्शन के चिन्तन शैली को अनेकान्त दृष्टि से पुकारा जाता है। जैन दर्शन के चिन्तन शैली के प्रतिपादन दृष्टि को स्याद्वाद से पुकारा जाता है। भगवान महावीर के साधना की फलश्रुति उनका अनेकान्त और स्यादवाद का दर्शन है। अहिंसा आचार है तो अनेकान्त विचार है। इस अनेकान्त के पालने से अहिंसा

अपरिग्रह आदि का पालन स्वतः हो जाता है। ये शब्दतः भिन्न है, परन्तु भावार्थ एक है।

वस्तु में विद्यमान अनन्त धर्मों का युगपत स्वीकार अनेकान्त है। कलिकाल सर्वज्ञ हेमचन्द्राचार्य के अनुसार – 'अनन्त धर्मात्यकमेव तत्वमसूपपादम्', अर्थात् प्रत्येक पदार्थ में अनन्त धर्म है अतः पदार्थों में अनन्त धर्म जाने बिना वस्तु का ज्ञान नहीं होता। जैनाचार्यों के मत में अनेकान्त–दृष्टि ही सच्ची दृष्टि है तथा एकान्त मान्यताएँ असत सिद्ध होती हैं। विरोध में भी अविरोध की स्थापना अनेकान्तवाद की कृपादृष्टि के बिना संभव नहीं है।

परन्तु कठिनाई यह है कि एक ही पदार्थ के अनन्त धर्म हैं और संसार में अनन्त पदार्थ हैं और उनके भी अनन्त धर्म हैं, वाणी की अपनी सीमा है और वह एक समय में एक ही धर्म का निरूपण (कथन) कर सकती है, ऐसी स्थिति में पदार्थ का पूर्ण कथन और ज्ञान कैसे संभव है? इसके उत्तर में भगवान महावीर ने 'स्यात' शब्द दिया है। वह इतना सक्षम है जिसके भी आगे जोड़ दिया जाए वह समग्र अभिव्यक्त होने लगता है।

स्यादवाद के द्वारा वस्तु का समग्र ज्ञान संभव है। यह कथन की शैली है, वचन का प्रकार है, जिसे सप्तभंगी के द्वारा व्याख्यायित किया जाता है। मल्लिषेणसूरि ने इसका सरल और संक्षिप्त लक्षण किया, वह निम्न प्रकार है– किसी वस्तु में सापेक्ष रीति से विरुद्ध नाना धर्मों का स्वीकार ही 'स्याद्वाद' है, यह एकान्तवाद नहीं है। आग्रह बुद्धि को छोड़कर अनेकान्त दृष्टि या स्याद्वाद से वस्तु स्थिति को समझने का प्रयत्न किया जाय तब विवाद स्वतः ही हल हो जायेंगे।

अपरिग्रह – आम धारणा है कि जैनों ने अहिंसा को ही मूल रूप से धर्म माना है। जैन मान्यतानुसार व्रतों का आरंभ अहिंसा व्रत से होता है और उनका चरम आदर्श अपरिग्रह में समाहित है। इसकी परिपक्वता अपरिग्रह में पूर्ण होती है।

अपरिग्रह से तात्पर्य है– द्रव्यादि–संग्रह से विरत होना। अपरिग्रह का सरल अर्थ है परिग्रह को नकारना, परिग्रह को अस्वीकार करना तथा परिग्रह को परिसीमित करना। परिग्रह अर्थात् 'संग्रह करना' भगवान महावीर ने किसी वस्तु के प्रति ममत्व भाव को परिग्रह कहा है।[11]

परिग्रह को हिंसा का ही नहीं, अपितु सभी पापों का जनक माना गया है। ममत्व रूप 'भाव परिग्रह' वाला व्यक्ति अपने वांछित पदार्थों को पाने के

लिए हिंसा भी करता है, झूठ भी बोलता है, चोरी भी करता है, ब्रह्मचर्य से च्युत होता है, इस प्रकार सभी पाप–कर्मों में निःसंकोच प्रवृत्त होता है।

परिग्रह संसार का सबसे बड़ा पाप है। संसार के समक्ष जो जटिल समस्याएँ आज उपस्थित हैं, सर्वव्यापी वर्ग संघर्ष की जो दावाग्नि प्रज्वलित हो रही है, वह सब परिग्रह मूर्च्छा की देन है। जब तक मनुष्य के जीवन में अमर्यादित लोभ, लालच, तृष्णा, ममता या लालसा विद्यमान है तब तक वह शान्ति लाभ प्राप्त नहीं कर सकता। भगवान महावीर ने कहा है परिग्रह छोड़ो, परिग्रह दुःख का मूल कारण है। इसलिए जैन उपदेश यह है कि व्यक्ति न्यायोचित तरीके से कमाए, अपनी न्यायपूर्ण जीविका चलाए, दूसरे का शोषण न करे।

विसर्जन– अपरिग्रह से जुड़ा हुआ ही विसर्जन है। सबमें विसर्जन की भावना जागनी चाहिये। अर्जन के अनुपात विसर्जन होता है तब रचनात्मक दृष्टिकोण आगे बढ़ता है और समाज में समरसता आती है। अधिक आय–अधिक विसर्जन, थोड़ी आय–थोड़ा विसर्जन।

इस दृष्टि से भगवान महावीर के शासन में श्रावकों के लिए दान देना, एक प्रमुख कर्त्तव्य माना गया है (रयणसार – II)। अतिवृद्ध, बालक, मूक, अन्धे, बहरे, रोगी, गरीब–निर्धन प्राणियों को यथा योग्य दान देकर परिग्रह विसर्जन की प्रेरणा जैन शास्त्रों में अनेकानेक स्थलों पर दृष्टिगोचर होती है (वसुनन्दि श्रावकाचार 235, कार्तिकेयानुपेक्षा 12–13)।

संक्षेप में भगवान महावीर की अपरिग्रह सम्बन्धी शिक्षाओं को हम आज अपने जीवन में अपना लें तो विश्व में व्याप्त तनाव, अशान्ति, वैमनस्य परस्पर अविश्वास, आर्थिक विषमता आदि–आदि समस्याओं का समाधान संभव होगा और यही तथ्य भगवान महावीर के उपदेशों की वर्तमान में उपयोगिता को सत्यापित करता है।

जैन धर्म का सुविकसित कर्म सिद्धान्त

जैन दर्शन में लोक को पुद्गल परमाणुओं से व्याप्त माना गया है। उनमें से कुछ सूक्ष्मतम पुद्गल परमाणु कर्म परमाणुओं के रूप में होते हैं, उन्हें कर्म वर्गणा कहते हैं। कुछ शरीर रूप में परिणित होते हैं, वे नोकर्म वर्गणा कहलाते हैं। जीव (प्राणी) अपने मन, वचन और काया की प्रवृत्तियों से उन्हें ग्रहण करता है। मन, वचन, काया की प्रवृति तब ही होती है जब जीव

(आत्मा) के साथ कर्म सम्बद्ध हो और प्रत्येक जीव (प्राणी) के साथ कर्म सम्बद्ध होते हैं। इस प्रकार कर्म से प्रवृत्ति और प्रवृत्ति से कर्म की परम्परा अनादि से चली आ रही है। कर्म और प्रवृत्ति के इस कार्यकारण सम्बन्ध को दृष्टिगत रखते हुए पुद्गल परमाणुओं के पिण्ड रूप कर्म को द्रव्य–कर्म तथा रागद्वेषादि रूप प्रवृत्तियों को भावकर्म कहा गया है। जगत की विविधता का कारण यह द्रव्य कर्म ही है, तथा राग द्वेषादि मनोविकार रूप भाव कर्म ही जीवन में विषमता उत्पन्न करते हैं। जैनों का अपना निजी अनूठा कर्म सिद्धान्त है। इस सिद्धान्त का प्रभाव हिन्दू धर्म में इस मान्यता के रूप में हुआ कि पूर्व कर्म के पाप के भोगने के लिये जीव शरीर धारण करता है। मूल रूप से यह वैदिक सिद्धान्त नहीं, जैन धर्म की मान्यता वैदिक परम्परा में स्वीकार की गई।[12] इस प्रकार जैन धर्म का कर्म सिद्धान्त अत्यन्त वैज्ञानिक, तर्कपूर्ण और सरल है।

गुणस्थान– आत्मिक गुणों के अल्पतम विकास से लेकर सम्पूर्ण विकास (मोक्ष) तक की समस्त स्थितियों को 14 भागों में बाँटा गया है, जिनको गुण स्थान कहा जाता है। आत्मा के विकास में मुख्य बाधक मोहनीय कर्म है। गुणस्थान के आरोहण में मोहनीय कर्म का मंद, मंदतर, मंदतम और क्षय होना मूल आधार है। मिथ्यादृष्टि गुणस्थान से अयोगी केवल गुणस्थान तक आत्मशुद्धि के 14 स्तर अथवा गुणस्थान हैं।

श्रमण (जैन) धर्म और पंचमहाव्रत

जैन परम्परा में श्रमण जीवन की कुछ आवश्यक योग्यताएँ मानी गई हैं जिन्हें मूलगुणों के नाम से जाना जाता है। जैन ग्रन्थों के अनुसार श्वेताम्बर परम्परा में श्रमण के 27 और दिगम्बर परम्परा में 28 मूलगुण हैं।[13]

पंच महाव्रत

श्रमण जीवन में मूलभूत गुणों में सबसे अधिक महत्त्वपूर्ण होता है पंच महाव्रतों का पालन करना। ये पांच महाव्रत हैं – (1) अहिंसा, (2) सत्य, (3) अस्तेय, (4) ब्रह्मचर्य, (5) अपरिग्रह। ये पांचों व्रत इतने महत्त्वपूर्ण है कि इनकी पालना श्रमण और श्रावक (गृहस्थ) दोनों के लिये निर्धारित की गई है; अन्तर मात्र यह है कि श्रमण के लिये महाव्रतों की पूर्ण रूप से पालना के निर्देश हैं और गृहस्थ के लिये आंशिक रूप से पालना निर्देशित है। अतः

श्रमण के लिये 5 महाव्रत और गृहस्थ के लिये 5 अणुव्रतों की पालना आवश्यक है।

(1) अहिंसा महाव्रत –श्रमण को स्व और पर की हिंसा से विरत होना चाहिये। काम, क्रोध, लोभ, मोह आदि कषायों से आत्मा के स्वगुणों का नाश होता है, इसलिए इसे स्व हिंसा कहा जाता है। दूसरे प्राणियों को पीड़ा एवं हानि पहुँचाना परहिंसा है।[14] श्रमण के लिए त्रस और स्थावर सभी प्राणियों की सभी प्रकार की हिंसा का पूर्णतया त्याग होता है, वहीं गृहस्थ को केवल त्रस–प्राणियों की संकल्पी–हिंसा का त्याग होता है।

(2) सत्य महाव्रत – श्रमण के लिये दूसरा महाव्रत सत्य महाव्रत का पालन करने के निर्देश का है। श्रमण को मन, वचन, काय तथा कृत–कारित–अनुमोदित को नवकोटियों सहित असत्य से विरत होने का महाव्रत सत्य महाव्रत है।

श्रमण को केवल निर्दोष सत्य, अहिंसक और व्यावहारिक भाषा का प्रयोग करना चाहिये। श्रमण को सत्य भी कड़वी और अप्रिय भाषा में नहीं बोलना चाहिये, इससे वह सत्य भी अर्थहीन और विवेकरहित हो जाता है। सत्य को केवल पापरहित, अकर्कश और संदेह रहित होने पर मधुरता से विचार प्रकट करे, संभाषण करे। सत्य महाव्रत का जितना विषय विवेचन जैन धर्म में है, उतना अन्यत्र बहुत कम मिलता है।

(3) अस्तेय महाव्रत– श्रमण–साधक को एक छोटी से छोटी वस्तु, चाहे तिनका हो या सूई हो, उसके स्वामी की बिना आज्ञा के उसको भी नहीं उठाना है, ले लेने का तो प्रश्न ही नहीं उठता है।[15] श्रमण को अपने जीवन के निर्वाह के लिये आवश्यक वस्तुयें स्वामी की स्वीकृति से ही ग्रहण करनी हैं। श्रमण के अस्तेय महाव्रत का अर्थ है अदत्त वस्तु को नहीं लेना। जैन दृष्टिकोण के अनुसार चौर्यकर्म भी हिंसा ही है इसलिये अचौर्य महाव्रत का पालन करना चाहिये।

(4) ब्रह्मचर्य महाव्रत – यह श्रमण का चतुर्थ महाव्रत है। जैन आगमों में अहिंसा का सर्वप्रथम स्थान और महत्त्व है, उसके पश्चात् ब्रह्मचर्य का अगला स्थान है और ब्रह्मचर्य को अत्यधिक महत्त्वपूर्ण माना गया है। ब्रह्मचर्य महाव्रत के भंग होने के परिणामस्वरूप सभी अन्य महाव्रत स्वतः तत्काल भंग हो जाते हैं, खण्डित हो जाते हैं, वे नष्ट हो जाते हैं।[16] जैन आचार विधि में आचार पालन में ब्रह्मचर्य महाव्रत का सर्वोच्च महत्त्व देते

हुए उसे सुनिश्चित करने के लिए अनेक नियम, निर्देश मर्यादाएं बनाई गई हैं।

(5) अपरिग्रह महाव्रत – श्रमण, साधक के लिये पाँचवाँ, अन्तिम और महत्त्वपूर्ण महाव्रत अपरिग्रह है। साधक, श्रमण को सम्पूर्णतया अपरिग्रह महाव्रत को अपने श्रमण जीवन को पवित्रतम रखने के लिये मन, वचन और काय से पालना चाहिये।

जैन आगमों और महत्त्वपूर्ण ग्रन्थों में अपरिग्रह का अर्थ बताया गया है। तत्वार्थसूत्र में परिग्रह के अर्थ को इस प्रकार बताया गया है कि मूर्च्छा या आसक्ति ही परिग्रह है।[17] श्रमण–साधक को इस महाव्रत की पालना के लिये दोनों प्रकार के परिग्रहों यथा समस्त बाह्य (स्त्री, संपत्ति, पशु, रथ आदि) और आभ्यन्तर परिग्रह (क्रोध, मान आदि) परिग्रह को पूर्णतया त्याग कर देना चाहिए।

रात्रि भोजन विरमण व्रत – दशवैकालिक सूत्र में रात्रि–भोजन साधु के छठे व्रत के रूप में निर्दिष्ट है। सर्व प्राणातिपात–विरमण आदि पांच विरमणों का स्वरूप बताते हुए उन्हें महाव्रत और रात्रि–भोजन विरमण को केवल व्रत कहा है। रात्रि भोजन से प्राणातिपात आदि मूल गुणों की विराधना होती है। कंथु आदि सूक्ष्म प्राणी तथा फूलन आदि का शोधन अशक्य होता है। रात्रि में आहार की गवेषणा करने से कंटक आदि पैरों में लग जाते हैं, विषम स्थानों में गिरने का भय रहता है और एषणा समिति का पालन भी नहीं होता है। सूत्र और अर्थ की हानि होती है।[18]

गृहस्थ धर्म और अणुव्रत

जैन–साधन में धर्म के दो रूप माने गये हैं– (1) श्रुतधर्म (तत्वज्ञान) और दूसरा चारित्र धर्म (नैतिक आचार)।[19] श्रुतधर्म का अर्थ है– जीवादि नवतत्वों के स्वरूप का ज्ञान और उनमें श्रद्धा एवं चारित्र धर्म का अर्थ है– संयम और तप। जैन परम्परा में तत्वज्ञान को प्राप्त करने का श्रावक का कर्त्तव्य था।

स्थानांगसूत्र चारित्रधर्म के दो प्रकार बताये गये हैं– (1) अनगार धर्म – श्रमण धर्म अथवा मुनि धर्म और (2) सागार धर्म – गृहस्थ धर्म अथवा उपासक धर्म। जैन–विचारणा में गृहस्थ–धर्म को देशविरति–चारित्र और श्रमण धर्म को सर्वविरति–चारित्र अथवा विकलचारित्र कहते हैं। आगार शब्द गृह या आवास के अर्थ में प्रयुक्त होता है जिसका लाक्षणिक अर्थ है–

पारिवारिक जीवन में रहकर जो किया जा सके उसे सागार धर्म कहा जाता है।[20] जैन आगमों में गृहस्थ साधक को श्रावक के नाम से वर्णित किया गया है।

श्वेताम्बर परम्परा की बहुत स्पष्ट धारणा है कि गृहस्थ धर्म साधना की उत्कृष्टता को प्राप्त कर इच्छित वांछित लक्ष्य नैतिक आदर्श परिनिर्वाण अथवा मुक्ति प्राप्त की जा सकती है। इस मान्यता का आधार यह है कि गृहस्थ–साधक की साधना को विरत की श्रेणी में रखते हुए कहा गया गृहस्थ साधक में आंशिक रूप से प्रवृत्ति और निवृत्ति दोनों हैं। जैन साधना में आंशिक निवृत्तिमय–प्रवृत्ति का यह जीवन सम्यक् है और मोक्ष प्राप्ति का साधन है।

दिगम्बर परम्परा की मान्यता श्वेताम्बर परम्परा से भिन्न है। वहाँ यह दृढ़ मान्यता स्पष्ट है कि मोक्ष के अंतिम लक्ष्य की प्राप्ति के लिये गृहस्थ साधक सक्षम नहीं है चाहे वह कैसी भी उच्च स्तर की साधना कर ले। दिगम्बर परम्परा का सिद्धान्त है कि केवल श्रमण साधक को ही उच्चतम साधना से अंतिम लक्ष्य मोक्ष की प्राप्ति हो सकती है। एक श्रमण या सन्यासी अहिंसादि का परिपालन जिस पूर्णता से कर सकता है, उसी पूर्णता से एक गृहस्थ साधक के लिये अहिंसादि का परिपालन संभव नहीं है।

दशवैकालिकसूत्र में कहा गया है अपना मनोबल, शारीरिक शक्ति, श्रद्धा, स्वास्थ्य, स्थान और समय को ठीक तरह से परखकर ही अपने को किसी सद्कार्य में नियोजित करना चाहिए।[21] इसी परिप्रेक्ष्य को ध्यान में रखकर जैन धर्म में साधना–पथ पर आरूढ़ होने वाले साधक को यह स्पष्ट निर्देश है वह अपनी क्षमता को तोलकर ही साधना–पथ पर अग्रसर हो और साधना के नियमों को उतनी ही सीमा तक स्वीकार करे जिनका परिपालन वह प्रामाणिकतापूर्वक कर सके।

पांच अणुव्रत

अहिंसा अणुव्रत (पहला अणुव्रत) – गृहस्थ का पांच महाव्रतों में से प्रथम व्रत अहिंसा अणुव्रत है जिसमें गृहस्थ साधक स्थूल हिंसा से विरत होता है। जैनाचार दर्शन में गृहस्थ साधक के लिए स्थूल हिंसा का निषेध किया गया है और अहिंसा की मोटी–मोटी बातों के परिपालन का ही विधान है।

जैन ग्रन्थों के अनुसार आक्रमणकारी के प्रति की गई हिंसा को वर्जित नहीं किया है और न इससे गृहस्थ साधक का अहिंसा व्रत खण्डित होता है। इतना ही नहीं, अन्याय का प्रतिकार न करने वाला साधक स्वयं प्रायश्चित का भागी बनता है।

गृहस्थ साधक द्वारा जो हिंसा संकल्पयुक्त नहीं है, उद्योग और कृषि कार्य के दौरान होती है, वह अपरिहार्य है, संकल्पना नहीं है, इसलिये ऐसी हिंसा व्रत का भंग नहीं करती है। गृहस्थ साधक के लिए हिंसा–अहिंसा की विवक्षा में 'संकल्प' की ही प्रमुखता है। गृहस्थ साधक द्वारा गृहस्थ जीवन की दैनिक क्रियाओं जैसे भोजन पकाने में स्नान करने, घूमने, वाहन यात्रा आदि में भी सावधानी रखते हुए त्रस प्राणियों की हिंसा हो जाये तब भी व्रत भंग नहीं होता। आत्म रक्षा, शरीर रक्षा और आश्रितों व अन्यों की रक्षा हेतु न्यूनतम वांछित हिंसा से भी व्रत भंग नहीं होता।

इसे और स्पष्ट करते हुए उपासकदशांग[22] में गृहस्थ साधक के लिये कुछ हिंसक क्रियाओं का निषेध किया गया है –– बन्धन– प्राणियों को कठोर बन्धन से बांधना; वध– प्राणियों को मारना, पीटना या अन्य घातक मर्मान्तक चोट पहुँचाना; छविच्छेद– प्राणियों के अंग, प्रत्यंग काटना, छेदन करना, खस्सीकरण करना; अतिभार– प्राणियों पर शक्ति से अधिक बोझ डालना; और आहार का निरोध– प्राणियों को समुचित मात्रा में आहार आदि नहीं देना।

सत्य अणुव्रत (दूसरा अणुव्रत) – स्थूल असत्य से विरति जैन गृहस्थ का सत्याणुव्रत है। जिस असत्य को दुनिया असत्य मानती है, जो स्थूल असत्य है, श्रावक ऐसे स्थूल असत्य भाषण का त्याग करता है। झूठी साक्षी देना, झूठा दस्तावेज लिखना, किसी की गुप्त बात प्रकट करना, चुगली करना, गलत रास्ते पर ले जाना, आत्मप्रशंसा और परनिन्दा करना आदि स्थूल–मृषावाद में सम्मिलित हैं।[23]

अचौर्य अणुव्रत (तीसरा अणुव्रत) – गृहस्थ का तीसरा अणुव्रत स्थूल चोरी से विरति का है। इस अणुव्रत के अन्तर्गत गृहस्थ साधक यह प्रतिज्ञा करता है कि वह आजीवन स्थूल चोरी का परित्याग करता है। ऐसी चोरी जिसको करने से व्यक्ति चोर कहलाता है, जिसके कारण अदालत उसे दंडित कर देती है, गृहस्थ साधक को ऐसी चोरी का त्याग करना चाहिये। जैन–गृहस्थ के लिए इतना ही पर्याप्त नहीं है कि वह स्थूल चोरी से बचता

रहे, वरन् यह भी आवश्यक है कि वह उन कृत्यों के प्रति सतर्क और सावधान रहे, जो प्रकट में चोरी नहीं दिखते हुए भी चोरी के रूप हैं। अतः अस्तेय व्रत की सुरक्षा हेतु गृहस्थ–साधक को इन सबको छोड़ कर अपने अचौर्य अणुव्रत की रक्षा करनी चाहिये।

अचौर्य अणुव्रत की रक्षा करने हेतु पांच अतिचार महत्वपूर्ण हैं[24] – स्तेनाहृत– चोरी की वस्तु क्रय करना, अपने घर पर रखना; तस्कर प्रयोग– अपने आदमियों से चोरी करवाना, जेबकतरे का काम करवाना, डाका डलवाना, ठगी की क्रिया करवाना आदि; राजकीय नियमों का उल्लंघन करना; कूटतुला–कूटभान– मापतोल में बेईमानी करना; और तत्प्रतिरूपक व्यवहार – वस्तुओं में मिलावट करना, अच्छी वस्तु बताकर खराब वस्तु प्रदान करना आदि।

ब्रह्मचर्याणुव्रत (चौथा अणुव्रत) – इसे स्वदारसन्तोषव्रत भी कहते हैं। गृहस्थ के लिए यह आवश्यक माना गया है कि वह अपनी स्वाभाविक कामेच्छा को स्वपत्नी तक सीमित एवं मर्यादित रखे।

परिग्रह परिमाणव्रत (पाँचवां अणुव्रत) – गृहस्थ साधक के लिए सम्पूर्ण परिग्रह का परित्याग संभव नहीं है अतः गृहस्थ की परिग्रह से बचने के लिये परिग्रह की एक सीमा रेखा को तय करना होता है। यही व्रत गृहस्थ का परिग्रह परिमाणव्रत कहलाता है।

जैन आचार के अनुसार गृहस्थ साधक को नौ प्रकार के परिग्रह की मर्यादा निश्चित करनी होती है– क्षेत्र–कृषि भूमि अथवा अन्य खुला हुआ भूमि भाग; वास्तु– मकान आदि अचल सम्पत्ति; हिरण्य–चाँदी अथवा चांदी की मुद्राएँ; स्वर्ण– स्वर्ण अथवा स्वर्ण मुद्राएँ; द्विपद– दासदासी, नौकर, कर्मचारी इत्यादि; चतुष्पद– पशुधन; धन– चल सम्पत्ति; धान्य– अनाजादि; और कुप्य– घर गृहस्थी का अन्य सामान।

गृहस्थ साधक के तीन गुणव्रत, चार शिक्षाव्रत तथा षटकर्म

तीन गुणव्रत– (1) दिशा परिमाण व्रत अर्थात चारों दिशाओं और उनके कोणों में गमनागमन की मर्यादा, (2) उपभोग–परिभोगपरिमाणव्रत अर्थात उपभोग के अन्तर्गत एक बार प्रयोग आने वाली वस्तुएँ और परिभोग व्रत के अन्तर्गत बार–बार उपयोग में ली जाने वाली वस्तुएँ जैसे वस्त्र, शय्या आदि की मर्यादा, (3) अनर्थदण्ड–परित्याग अर्थात निरर्थक पापपूर्ण प्रवृत्तियों का परित्याग।

निष्प्रयोजन, निरर्थक पापपूर्ण प्रवृत्तियां चार प्रकार की हैं – अपध्यान (अशुभ चिन्तन), पापकर्मोपदेश (पाप कर्म की प्रेरणा), हिंसक उपकरणों को प्रदान करना और प्रमादाचरण (अहंकार, कषाय, विषय–चिन्तन, अधिक निद्रा, विकथा)।

चार शिक्षाव्रत – अणुव्रतों और गुणव्रतों की साधना आजीवन के लिये होती है। शिक्षाव्रतों की साधना एक विशेष समय तक के लिये की जाती है। चार शिक्षाव्रत हैं–(1) सामायिक व्रत, (2) देशावकाशिकव्रत, (3) पोषधोपवासव्रत, और (4) अतिथि – संविभागव्रत।

(1) सामायिक व्रत– सामायिक का अर्थ समत्व का अभ्यास। सामायिक सूत्र के अनुसार प्राणियों के प्रति समत्व, शुभमनोभाव, संयम और आर्तरौद्रध्यान का परित्याग ही सामायिक व्रत है।[25] सामायिक व्रत के लिए चार विशुद्धियां मानी गई हैं– काल विशुद्धि – सामायिक का कार्य समय पर ही करना चाहिए (उत्तराध्ययन)[26] सामायिक का साधनाकाल उभय संध्याकाल अर्थात् रात्रि एवं दोनों सन्धिवेलाएँ मानी गई हैं। आगम साहित्य में समयावधि का विधान नहीं है तथापि श्वेताम्बर और दिगम्बर सभी परवर्ती ग्रन्थों में सामायिक व्रत की समयावधि एक मुहूर्त या 48 मिनट मानी गई है।[27] क्षेत्र विशुद्धि सामायिक साधना का स्थान एकान्त, जिनालय, स्थानक साधना भवन आदि पवित्र स्थान, शान्त, ध्यान के अनुकूल वातावरण युक्त होना चाहिये भावशुद्धि – भावशुद्धि साधना का अन्तरंग तत्व है। मन की विशुद्धि ही सामायिक की साधना का सार सर्वस्व है। चित्त विशुद्धि– (1) अशुभ विचारों का परित्याग (2) शुभ विचारों का प्रश्रय देना।

सामायिक पाठ श्वेताम्बर, दिगम्बर दोनों परम्पराओं में भिन्नता है। श्वेताम्बर परम्परा में नमस्कार मंत्र, गुरुवन्दनासूत्र, ईयापथ आलोचनासूत्र, कायोत्सर्ग, आगारसूत्र, स्तुतिसूत्र, प्रतिज्ञासूत्र, प्रणिपातसूत्र और समाप्ति आलोचना सूत्र ये सामायिक पाठ हैं। दिगम्बर परम्परा में आचार्य अमितगति के द्वारा रचित बत्तीस श्लोकों का सामायिक पाठ प्रचलित है जिसमें आत्मालोचन, आत्मावलोकन तथा मैत्री, करुणा, प्रमोद एवं माध्यस्थ–भावनाओं का सुन्दरचित्र उपस्थित किया गया है।[28]

सामायिकव्रत का सम्यक्‌रूपेण परिपालन के लिए मन, वचन और शरीर के बत्तीस दोषों से बचना आवश्यक है।

(2) देशावकाशिकव्रत– गृहस्थ साधक का यह व्रत उपर्युक्त व्रतों की साधना को व्यापक एवं विराट बनाने के लिए है। देशावकाशिक व्रत के द्वारा

साधक गृहस्थ जीवन में रहकर ही साधुत्व की पूर्व तैयारी करता है। इस व्रत की साधना में साधक एक दो या अधिक दिनों के लिये प्रवृत्ति की क्षेत्र सीमा एवं उपभोग–परिभोग सामग्री की मात्रा और अधिक सीमित कर देता है। साधक उस निश्चित क्षेत्र सीमा के बाहर न तो स्वयं कोई प्रवृत्ति करता है और न करवाता है। उस निश्चित सीमा क्षेत्र में साधक त्रस और स्थावर सभी प्रकार की हिंसा का त्याग कर पूर्ण अहिंसक बन जाता है। नैतिक दृष्टि से इस व्रत का लक्ष्य अशुभ प्रवृत्तियों के सीमा क्षेत्र में कमी करके जीवन में अनुशासन लाना होता है। आज भी श्वेताम्बर स्थानकवासी परम्परा में 'दयाव्रत' के नाम से सामूहिक रूप से इस व्रत के पालन का अधिक प्रचलन है।

(3) पोषधोपवास व्रत– इसका विस्तृत विवेचन दर्शन और चिन्तन में पंडित सुखलाल जी ने किया है।[29] श्वेताम्बर परम्परा में शिक्षा व्रतों में तीसरा व्रत है। इन सभी शिक्षाव्रतों का उद्देश्य आत्मविक्षणा या स्वस्वरूप का बोध, धर्माराधना, और गृहस्थ जीवन की क्रियाओं से यथासंभव निवृत्ति का प्रयास है। पोषधोपवास व्रत की अवधि सम्पूर्ण दिवस है। गृहस्थ उपासक जीवन के झंझावातों से दूर हटकर सप्ताह में एक दिन या अधिक धर्माराधना करें, यह लक्ष्य इस व्रत का है। पोषध का अर्थ है– निकट वास करना अर्थात् पर स्वरूप से अलग स्व–स्वरूप में स्थित रहना, यही पोषध का सच्चा अर्थ है।

इस व्रत की आराधना पूरे दिन (24 घण्टे) जिसे आठ पहरिया पोषध कहते हैं और केवल रात्रि (12 घण्टे) जिसे चार पहरिया पोषध कहते हैं, की अवधि की है। इसमें इन बातों का त्याग होता है– (1) चारों आहारों का पूरे दिन का त्याग (2) कामभोग का त्याग–ब्रह्मचर्य पालन (3) बहुमूल्य आभूषणों का त्याग (4) माल्य–गंध धारण का त्याग (5) हिंसक उपकरणों एवं समस्त दोषपूर्ण प्रवृतियों का त्याग। श्वेताम्बर परम्परा में उपवास पूरे दिन का और पोषध पूरे दिन का अथवा केवल रात्रि का पोषध का प्रावधान है।

(4) अतिथि संविभाग व्रत– यह व्रत गृहस्थ एवं श्रमण संस्था के पारस्परिक सहयोग के रूप में गृहस्थ उपासक का महत्त्वपूर्ण कर्त्तव्य है। अतिथि वह होता है जिसके आगमन की कोई तिथि (समय) नहीं होती है और ऐसे अतिथि के निमित्त बनाई गई अपने अधिकार की वस्तुओं में समुचित विभाग (संविभाग) करके अतिथि अथवा अतिथिगण को उनके द्वारा अपेक्षित योग्य वस्तु का दान कर देना गृहस्थ का अतिथि–संविभाग

व्रत है।

इस व्रत के पीछे उद्देश्य यह है कि गृहस्थ केवल अपने और परिजनों की आवश्यकता पूर्ति तक ही सीमित नहीं रहे वरन् उसमें निःस्वार्थ भाव से समाजसेवा करने की वृत्ति भी जागृत हो। श्रावक प्रज्ञप्ति में श्रमण, श्रमणी, श्रावक और श्राविका चारों को अतिथि कहा गया है। गृहस्थ के द्वार पर उपस्थित होने पर उनका भक्तिपूर्वक सम्मान करके अपनी क्षमतानुसार उन्हें अन्न, पान, वस्त्र, औषध आदि प्रदान करना अतिथिसंविभाग है।[30] आचार्य हरिभद्र ने योगशतक में गुरु, देव, अतिथि आदि के पूजा सत्कार तथा दीनजनों को दान देने का विधान किया है।[31] आचार्य हरिभद्र ने ही अपने अन्य ग्रन्थ योग बिन्दु में गुरु की विस्तृत परिभाषा दी। उनका कथन है माता–पिता, कलाचार्य, उनके सम्बन्धी, वृद्धजन और धर्मोपदेशक सभी गुरुवर्ग में आते हैं।[32] गृहस्थ को इन सबकी सेवा करनी चाहिए।

श्रावक के दैनिक षट्कर्म– श्रावक जीवन के आवश्यक षट्कर्म इस प्रकार हैं– (1) देव पूजा– तीर्थंकरों की प्रतिमाओं का पूजन अथवा उनके आदर्श स्वरूप का चिन्तन (2) गुरुपूजा– भक्तिपूर्वक गुरु वन्दन, उपदेशों का श्रमण (3) स्वाध्याय– आत्मस्वरूप का चिन्तन, मनन (4) संयम– वासनाओं और तृष्णाओं में कमी करना (5) तप–यथाशक्य अनशन, रस–परित्याग (6) दान– श्रावक को प्रतिदिन श्रमण (मुनि), स्वधर्मी बन्धुओं, असहाय एवं दुःखी जनों को कुछ दान देना।

जैन धर्म तथा हिन्दू धर्म में अंतर के मुख्य बिंदु

वर्ण (जाति) व्यवस्था की मान्यता

हिन्दू धर्म ग्रन्थों में चार वर्ण व्यवस्था को स्वीकार किया गया है। हिन्दू धर्म में ऋग्वेद में जाति व्यवस्था के बारे में इस प्रकार कहा गया है– **"ब्राह्मणो मुखान्निर्गता ब्राह्मणाः, बाहुभ्यां क्षत्रियाः उरुभ्यां वैश्याः पद्भ्यां युद्धा अन्तये भवा आत्मजाः।"** अर्थात् "ब्रह्मा के मुँह से जन्मने वाला ब्राह्मण, बाहु से जन्मने वाला क्षत्रिय, उरु से जन्मने वाला वैश्य, पैरों से जन्मने वाला शूद्र और अन्त में पैदा होने वाला अन्त्यज" यह व्यवस्था थी।[33]

मनुस्मृति कहती है–

न तिष्ठति तु यः पूर्वा नो पास्ते यश्च पश्चिमाम्।
स शूद्रवद् बहिष्कार्य सर्वस्माद द्विजकर्मण।।

अर्थात् जो व्यक्ति न प्रातः काल की सन्ध्या का अनुष्ठान करता है, न सायंकाल की सन्ध्या करता है, वह व्यक्ति द्विज जाति के सभी कार्यों से शूद्र के समान बहिष्कार करने योग्य हैं।[34]

जैन शास्त्रों में जाति एवं वर्ण का पृथक–पृथक उल्लेख मिलता है। वर्ण व्यापक है और जाति व्याप्य है।[35] वर्ण का आधार आजीविका है और जाति का आधार है विवाह सम्बन्ध। इसलिये जिनसेनाचार्य ने जाति व्यवस्था के लिये विवाह सम्बन्धी नियमों का पालन आवश्यक माना है।[36]

जैन धर्म जन्मना वर्ण व्यवस्था को नहीं मानता। पद्मचरित में कहा गया है– ब्राह्मण, क्षत्रिय, वैश्य और शूद्र रूप में जाति के जो चार भेद कहे गये हैं, वे अहेतुक हैं।[37] अन्य जातीय पुरुष के द्वारा अन्य जातीय स्त्री में गर्भोत्पत्ति देखी जाती है। इससे यह स्पष्ट रूप से प्रकट होता है कि ब्राह्माणादि में जातिवैचिष्य नहीं है। कोई जाति निन्दनीय नहीं है, गुण ही कल्याण करने वाले हैं। यही कारण है कि व्रत धारण करने वाले चाण्डाल को भी गणधरदेव ब्राह्मण कहते हैं।[38]

नामधारी ब्राह्मण – जो सब प्रकार के आमोद में प्रवृत हैं, निरन्तर कुशील में लीन रहते हैं, वे केवल ब्राह्मण नामधारी ही हैं, वास्तविक ब्राह्मणत्व उनमें कुछ भी नहीं है।[39]

इस आरम्भिक विचार–विमर्श के अनुसार इस पर विस्तृत चर्चा करना समीचीन होगा। जातिवाद की तात्विकता ने मनुष्यों में हीनता के भाव पैदा किये हैं, वे अन्त में छुआछूत तक पहुँच गए। इसलिये जाति क्या है? यह तात्विक है या नहीं?

जाति तात्विक है?

भारतवर्ष में जाति की चर्चा प्रमुखतया कर्माश्रित रही है। जन्मना जाति मानने वाली ब्राह्मण परम्परा जाति–वर्ण व्यवस्था को तात्विक मानती है और कर्मणा जाति मानने वाली श्रमण परम्परा के मतानुसार ये अतात्विक हैं, अशाश्वत हैं। आदिपुराण में एक श्लोक में कहा गया है–

मनुष्यजातिरेकैव, जातिनामोद्भवा।
वृतिभेदाद्धि तद्भेदाः, चातुर्विर्ध्यामहाश्नुते।।

उपरोक्त श्लोक को यदि निश्चय दृष्टि से देखें तो तात्विक मनुष्य जाति है।[40]

इसी प्रकार पद्मपुराण में कहा गया कि 'मनुष्य आजीवन मनुष्य रहता है' पशु नहीं बनता। कर्मकृत जाति में तात्विकता का कोई लक्षण नहीं। कर्म के अनुसार जाति है। यह पद्य इस प्रकार है–

लक्षणंयस्य मल्लीके, स तेन परिकीत्यंते।
सेवक सेवया युक्तः कर्षकः कर्षणात्तथा।।
धानुष्को धनुषो योगाद धार्मिको धर्मसेवनात्।
क्षत्रियः क्षततस्त्राणाद् ब्राह्मणो ब्रह्मचर्यतः।।[41]

कर्म बदलता है जाति बदल जाती है। परम प्रभावी आचार्य रत्नप्रभ सूरिजी और आचार्य नानालालजी महाराज ने शूद्रों को भी जैन बनाया। कालान्तर में इनका कर्म व्यापार हो गया। उनकी संतानें आज कर्मणा वैश्य जाति में हैं। इतिहासज्ञ इस तथ्य को कई बार स्पष्ट कर चुके हैं कि भारत में शक, हूण आदि कितने ही विदेशी भारत में आये एवं भारतीय जातियों में समा गये।

वैदिक विचार के अनुसार चार वर्ण सृष्टिविधानसिद्ध है। किन्तु जैन दृष्टि के अनुसार नैसर्गिक नहीं है। इनका वर्गीकरण क्रिया भेद की भित्ति पर हुआ है। वरांगचरित्र में इसे इस प्रकार कहा गया है–

क्रियाविशेषाद् व्यवहारमात्राद् दयाभिरक्षाकृषिशिल्प भेदात्।
शिष्टाश्च वर्णाश्चतुरो वदान्ति, न चान्यथा वर्णचतुष्टयं स्यात।।[42]

जैन धर्म के अनुसार समता धर्म में जातिवाद का अनावकाश

जो सम्यक् दृष्टि है, जिन्हें देह और जीव में भेद–दर्शन की दृष्टि मिली है, वे देह–भेद के आधार पर जीव–भेद नहीं कर सकते। जीव के लक्षण ज्ञान, दर्शन और चरित्र हैं। इसलिये ब्राह्मण, क्षत्रिय, वैश्य और शूद्र के प्रति देह–भेद के आधार पर राग–द्वेष नहीं करना चाहिये। इसको परमात्मप्रकाश में इस प्रकार श्लोक के द्वारा कहा गया है–

देहविभेइय जो कुणइ जीवहं भेइ विचित।
सोण वि लक्खणु मुणइ तहं वंसणणाणु चरित।।[43]

जो व्यक्ति देह भेद के आधार पर जीवों में भेद मानते हैं, वे ज्ञान, दर्शन और चारित्र को जीव का लक्षण नहीं मानते।

जिसका आचरण पवित्र होता है, वह आदरणीय होता है। कोई व्यक्ति जाति से भले ही चाण्डाल हो, किन्तु वह व्रती है तो उसे देवता भी ब्राह्मण मानते हैं। इसके सम्बन्ध में पद्मपुराण में इस प्रकार श्लोक है–

व्रतस्थमपि चाण्डालं, तं देवा ब्राह्मणं विदुः।[44]

जाति के गर्व से गर्वित ब्राह्मण चाण्डाल मुनि के तपोबल से अभिभूत हो गए। इस दशा का वर्णन करते हुए भगवान महावीर ने कहा– यह आँखों के सामने है– तपस्या ही प्रधान है। जाति का कोई महत्त्व नहीं है। जिसकी योग–विभूति और सामर्थ्य अचम्भे में डालने वाली है, वह हरिकेश मुनि चाण्डाल के पुत्र हैं। इस सम्बन्ध में उत्तरज्झयणाणि में एक श्लोक है–

सक्खं खु दीसइ तवोविसेसो, न दीस ई जाइविसेस कोई।
सोवागयुते हरिएससाहू, जस्सेरिसा इड्ढिमहाणु मासा।।[45]

श्रमण का उपासक हर कोई बन सकता है। इसके लिये जाति का बन्धन नहीं है। श्रावक के सिर में मणि जड़ा हुआ नहीं होता। जो अहिंसा–सत्य का आचरण करता है, वही श्रावक है, भले फिर वह शूद्र हो या ब्राह्मण।

सभी मानव प्राणी चाहे वे शूद्र भी हों धर्म–पालन के अधिकारी

हिन्दू धर्म–पालन के बारे में चर्चा करते हुए मनुस्मृति में कहा गया है–

न शूद्राय मतिं दद्यान्नोच्छिष्टं न हविष्कृतम।
न चास्योपदिशेद्धर्मं न चास्य व्रतमादिशेत।।

अर्थात् शूद्र के लिये बुद्धि नहीं देना चाहिये, न झूठन और न हवि का शेष भाग ही देना चाहिये और न व्रत का उपदेश देना चाहिये।[46]

इस श्लोक से यह स्पष्ट होता है कि मनुस्मृति में हिन्दू धर्म का मत बताते हुए कहा गया है कि शूद्र को किसी प्रकार धर्म के बारे में ज्ञान नहीं देना चाहिये। न किसी भी प्रकार का धर्म पालन करने का विवेक कराना चाहिये।

जैन धर्म–पालन के बारे में चर्चा करते हुए आदिपुराण में स्पष्ट कहा गया है–

मनुष्यजातिरेकैव, जातिनामोदयोदभवा।
वृति में दाहितादभेदाच्यातुर्विध्यमिहाशनुते।।

ब्राह्मणाः व्रतसंस्कारात, क्षत्रिया शस्त्रधारणात।
वाणिज्योऽर्थाजैनान्नयाप्तायात् शूद्रा नयग्वृतिसंश्रयात।।[47]

अर्थात् जाति कर्म के उदय से मनुष्य जाति एक है परन्तु जीविका के भेद से भिन्न–भिन्न हो गई। व्रतों के अनुसार संस्कार से ब्राह्मण, शस्त्र धारण से क्षत्रिय, न्यायोपार्जित धन कमाने से वैश्य और नीच आजीविका करने से शूद्र कहलाते हैं।

जैन धर्म का जाति धर्म के साथ थोड़ा आधुनिक भी सम्बन्ध नहीं है, मूल जैन साहित्य इसका साक्षी है। मध्यकाल और आधुनिक काल में जाति धर्म का व्यापक प्रचार–प्रसार होने के कारण जैन धर्म भी इससे अछूता नहीं रहा। जिन जैन आचार्यों ने जाति, कुल गोत्र आदि की प्रथा को परिस्थितिवश धर्म का अंग बनाने का उपक्रम किया उन्होंने कभी भी इसे वीतराग भगवान की वाणी या आगम सम्मत नहीं बताया।

समता धर्म में जातिवाद को कोई स्थान नहीं है। धर्म का जाति से कोई सम्बन्ध नहीं है, परमात्मप्रकाश में इसे बड़े स्पष्ट रूप से कहा गया है–

देहविभेइयं जो कुणइ जीवहं भेद विचित।
सो ण कि लक्खणु मुणइतहं वसगुणाणुचरित।।[48]

अर्थात् जो सम्यक दृष्टि है जिन्हें देह और जीव में भेद दर्शन की दृष्टि मिली है, वे देहभेद के आधार पर जीव भेद नहीं कर सकते। जीव के लक्षण ज्ञान, दर्शन और चारित्र हैं। इसलिये ब्राह्मण, क्षत्रिय, वैश्य और शूद्र के प्रति देह भेद के आधार पर राग–द्वेष नहीं करना चाहिये।

जो व्यक्ति देहभेद के आधार पर जीवों में भेद मानते हैं, वे ज्ञान, दर्शन और चरित्र को जीव का लक्षण नहीं मानते।

पद्मपुराण में देह भेद की परिधि को सम्पूर्णतया तोड़ते हुए सम्पूर्ण मानव जाति चाहे वह ब्राह्मण हो, क्षत्रिय हो, वैश्य हो अथवा शूद्र हो सभी को धर्म पालन का समान अधिकारी माना है–

व्रतस्थमपि चाण्डाल तं देवा ब्राह्मणं विदु।[49]

अर्थात् जिसका आचरण पवित्र होता है, वह आदरणीय होता है। कोई भी व्यक्ति जाति से भले ही चाण्डाल हो, किन्तु यदि वह व्रती है तो उसे देवता भी ब्राह्मण मानते हैं।

जैन धर्म की मान्यता के अनुसार श्रमण का उपासक कोई भी व्यक्ति, किसी भी जाति का, किसी भी आयु का, किसी भी देश–प्रदेश का बन

सकता है, इसमें किसी प्रकार का बन्धन, सीमा आदि नहीं है। कोई भी व्यक्ति सात्विक जीवन तथा अहिंसा, सत्य, अचौर्य, अपरिग्रह और ब्रह्मचर्य की ओर अग्रसर होता है, वह जैन धर्म का अनुयायी, उपासक, श्रावक, श्राविका बन सकता है।

जाति के अभिमान का परित्याग करने का उपदेश देते हुए आचार्य अमितगति ने कहा है–

"चाण्डालोऽपिव्रतोपेतः पूजितः देवतार्दिभः।
शीलवन्तो गतो स्वर्ग नीचजातिवा अपि।
कुलीना नरक प्राप्ताः शील संयमनाथितः।।

आचार्य अमितगति ने धर्म परीक्षा में स्पष्ट रूप से कहा है कि सज्जनों को शील संयमादि गुणों से रहित जाति का अभिमान नहीं करना चाहिये। यह अभिमान नीच गति में प्रवेश कराने वाला है किन्तु इसके विपरीत उन्हें शील का अतिशय आदर करना चाहिये क्योंकि यह उच्च पद को प्राप्त कराने वाला है।[50]

जैन विचारणा का वर्ण व्यवस्था और धर्म पालन के बारे में निम्न दृष्टिकोण है– (1) वर्ण व्यवस्था जन्म के आधार पर स्वीकार नहीं गई है, वरन् उसका आधार कर्म है। (2) वर्ण परिवर्तनीय है। (3) श्रेष्ठत्व का आधार वर्ण या व्यवसाय नहीं वरन् नैतिक विकास है। (4) नैतिक साधना का द्वार सभी के लिये समान रूप से खुला है (5) चारों ही वर्ण श्रमण संस्था में प्रवेश पाने के अधिकारी हैं। प्राचीन समय में श्रमण संस्था में चारों ही वर्ण प्रवेश के अधिकारी थे यह आगमिक प्रमाणों से सिद्ध है।

परवर्ती जैन आचार्यों ने मातङ्ग, मछुआ, नट, पारधी आदि जातिगत लोगों को श्रमण–संस्था में प्रवेश के अयोग्य माना, लेकिन यह जैन विचारधारा का मौलिक मन्तव्य नहीं है, वरन् ब्राह्मण परम्परा का प्रभाव है। इस व्यवस्था का विधान करने वाले आचार्यों ने इसके लिये मात्र लोकापवाद का ही तर्क दिया है जो अपने आप में कोई ठोस तर्क नहीं, वरन् अन्य परम्परा के प्रभाव का द्योतक है।[51] इसी प्रकार, दक्षिण में विकसित जैन धर्म की दिगम्बर परम्परा में जो शूद्र के अन्न–जल ग्रहण का निषेध तथा शूद्र की मुक्ति निषेध की अवधारणाएँ विकसित हुईं, वे भी ब्राह्मण परम्परा का प्रभाव हैं।[52]

भगवान महावीर के उच्च नीच जाति, ब्राह्मण, क्षत्रिय, वैश्य और शूद्र जाति आदि को एक मानव जाति के बारे में इतना जोर देने पर और स्वयं

द्वारा उसे क्रियान्वित करने पर भी जातिवाद और छुआछूत की भावना सर्वथा निर्मूल नहीं हो सकी।

जैन धर्म में उत्तारवाद है, अवतारवाद नहीं

जैन संस्कृति का आदर्श ईश्वर का अवतार न होकर मनुष्य का उत्तरण है। अवतरण का अर्थ है– नीचे की ओर आना और उत्तरण का अर्थ है ऊपर की ओर जाना। जैन धर्म के अनुसार मनुष्य से बढ़कर कोई श्रेष्ठ प्राणी दूसरा नहीं है। मनुष्य अनन्त शक्तियों का पुंज है। जैसे–जैसे वह अपने वास्तविक स्वरूप को पहचानता है, वह पर परिणिति को त्यागकर स्वपरिणिति को अपनाता है, वैसे ही धीरे धीरे निर्मल, शुद्ध और स्वच्छ होता जाता है। इसकी ओर बढ़ता हुआ एक दिन अनन्त जगमगाती शक्तियों का पुंज बनकर शुद्ध, बुद्ध, परमात्मा, अरिहन्त, ब्रह्म, ईश्वर बन जाता है। श्रमण संस्कृति में आत्मा की चरम शुद्ध दशा का नाम ही ईश्वर है, परमात्मा है, इसके अतिरिक्त और कोई अनादि सिद्ध ईश्वर नहीं है।

इसके विपरीत हिन्दू धर्म, सनातन धर्म में ही अवतारवाद का सिद्धान्त माना जाता है। अन्य सभी धर्मों में इस प्रकार की धारणा का अभाव है। कहा गया है कि जब–जब धर्म की हानि और अधर्म की विजय होती है तब–तब भगवान अवतार लेते हैं। दुष्टों का संहार कर सज्जनों की पीड़ा का हरण करते हैं। इस सम्बन्ध में रामचरित मानस में बड़े उपयुक्त रूप से कहा गया है–

जब जब होई धर्म कै हानी। बाढहिं असुर अधम अभिमानी।।
करहिं अनीति जाइ नहीं बरनी। सीदहि विप्र धेनुसर धरनी।।
तब तब धरि प्रभु मनुज शरीरा। हरहिं कृपानिधि सज्जन पीरा।।
असुरमारि थापहिं सुरन्ह राखहिं निज सेतु।
जगविस्तारहं विषद जस, राम जन्म कर हेतु।।[53]

श्रीमद्भागवद्गीता में भगवान श्रीकृष्ण स्वयं अपने श्रीमुख से इसी सिद्धान्त का प्रतिपादन करते हैं–

यदा यदा हि धर्मस्य ग्लानिर्भवति भारत।
अभ्युत्थानमधर्मस्य तदात्मानं सृजाम्यहम्।।
परित्राणाय साधूनां विनाशाय च दुष्कृतां।
धर्म संस्थापनार्थाय संभवामि युगे युगे।।

अर्थात् हे भारत! जब–जब धर्म की हानि होने लगती है और अधर्म का उत्थान होने लगता है तब–तब मैं साधुओं की रक्षा के लिये और दुष्टों का विनाश करने के लिये युग–युग में जन्म धारण करता हूँ।

सनातन धर्म अवतारवाद को स्वीकार करता है और जैन धर्म आत्मा की चरम शुद्ध दशा को ही ईश्वर मानता है, इसके अतिरिक्त और कोई अनादि सिद्ध ईश्वर नहीं है, ऐसी श्रमण संस्कृति की मान्यता है।

जैन तीर्थंकरों की गृहस्थ जीवन की पत्नी की पूजा नहीं होती

हिन्दू धर्म की मान्यता अनुसार जिन्हें भगवान के रूप में पूजा जाता है, उनकी पत्नी की भी उनके साथ पूजा की जाती है। हिन्दू धर्म में जहाँ भगवान शिव की पूजा होती है वहाँ साथ ही पार्वती की भी पूजा होती है, भगवान विष्णु के साथ माता लक्ष्मी की पूजा होती है, भगवान राम के साथ माता सीता की पूजा की जाती है, जहाँ भगवान कृष्ण की पूजा की जाती है वहाँ उनके साथ रुक्मिणी की पूजा की जाती है। इस प्रकार ईश्वर के रूपों के साथ उनकी पत्नियों की भी पूजा की जाती है।

जैन धर्म की मान्यता इस प्रकार की पूजा को अस्वीकार करती है। जैन वीतरागता के उपासक हैं, उनके तीर्थंकर भगवान वीतरागी होते हैं। जैन धर्म के तीर्थंकर जब संसार छोड़ देते हैं, तब वे घर, चल–अचल सम्पत्तियों के साथ परिवार का त्याग करते हैं और अगर वे गृहस्थ जीवन में विवाहित होते हैं, तब इसके साथ अपनी पत्नी, संतान–बेटे, बेटियाँ, बहुएँ और अन्य परिजनों को छोड़ते हैं और इस अवस्था में पूर्ण वीतरागी हो जाते हैं।

जैन धर्म में केवल तीर्थंकरों, मोक्षगामियों और मोक्षमार्ग पर चलने वाले वीतरागी साधुओं की ही पूजा की जाती है और उनके साथ उनके गृहस्थ जीवन की पत्नी अगर वे विवाहित थे, की पूजा नहीं की जाती है। इन तीर्थंकर भगवानों की गृहस्थ जीवन की विवाहित पत्नी को जैन धर्म में कोई विशेष दर्जा, नहीं दिया जाता है।

जैन धर्म में मुक्त जीव का पुनः जन्म नहीं होता है

जैन धर्म जीव का कर्मबन्ध अनादि काल से मानता है और यह मानता है कि कालान्तर में जब जीव सभी आठों प्रकार के कर्मबन्धनों से रहित हो जाता

है तो वह सदा के लिये मुक्त हो जाता है और कभी आवागमन के चक्र में नहीं आता।[54]

मुक्त जीव ऊर्ध्वगमन कर सिद्ध शिला पर बिराजमान हो जाता है। इसे जैन अष्टम वसुधा कहते हैं।

मुक्त जीव की गति वक्रता रहित सीधी होती है। तत्वार्थसूत्र में कहा गया है। अविगुहा जीवस्य[55] वह समस्त कर्मों के क्षय होने पर लोक के अन्तभाग तक ऊपर जाता है।[56]

इसके विपरीत मुक्ति के सम्बन्ध में वैदिक परम्परा कहती है कि अनेक जन्मों के शुभकर्मजनित श्रेष्ठ संस्कारों से युक्त पवित्रात्मा होकर ब्रह्म में विचरता रहता है और ब्रह्म के आनन्द को पर्यन्तकाल पर्यन्त भोग पुनः अमैथुनी सृष्टि में (प्रारंभ सृष्टि में) मोक्षावधि की समाप्ति कर जन्म लेता है।[57]

जैन परम्परा में मुक्त जीव सिद्ध शिला पर जाकर आसीन हो जाते हैं और हमेशा वहीं रहते हैं, पुनः जन्म नहीं होता। सनातन परम्परा के अनुसार मोक्षावधि की समाप्ति पर जन्म होता है। इस प्रकार वैदिक परम्परा में मुक्त आत्मा का पुनः जन्म होता है, जबकि जैन परम्परा में मुक्त आत्मा का कभी भी पुनर्जन्म नहीं होता है, वह सदा मुक्त आत्मा रहती है।

जैन धर्म में दो आश्रम और सनातनी संस्कृति में चार

जैन धर्म में मुख्य रूप से दो आश्रम ही माने गये हैं। इस सम्बन्ध में आचार्य रविषेण ने पद्मचरित में बड़े उपयुक्त तरीके से कहा है–

आश्रमश्च समुत्पन्नः सागारेतरभेदतः।।[58]

जैन धर्म में प्रारंभ से ही केवल दो आश्रम रहे। सागार और अनगार के भेद से दो प्रकार के आश्रम भगवान ऋषभदेव के समय से प्रारंभ हुए। स्थानांगसूत्र में दो प्रकार का चरित्र धर्म वर्णित है। एक अनगार धर्म और दूसरा सागार धर्म। आगार शब्द गृह या आवास के अर्थ में प्रयुक्त होता है जिसका लाक्षणिक अर्थ है पारिवारिक जीवन, अतः जिस धर्म का परिपालन पारिवारिक जीवन में रहकर किया जा सके, उसे सागार धर्म कहा जाता है।[59] इसका अर्थ है– साधना का वह विशिष्ट स्वरूप, जिसमें साधक को साधना की दृष्टि से विशेष सुविधाएँ उपलब्ध हों। जैन विचारणा में गृहस्थ धर्म को देशविरति चारित्र और श्रमण धर्म को सर्वविरति चारित्र अथवा विकल चारित्र तथा सकल चारित्र भी कहा गया है।

जिस साधना में अहिंसादि व्रतों की साधना पूर्णरूपेण हो, वह सर्वविरति या सकल चरित्र है। गृहस्थ पारिवारिक जीवन के कारण अहिंसा, सत्यादि व्रतों की पूर्ण साधना नहीं कर पाता है, अतः उसकी साधना को देशचारित्र, अंशचारित्र या विकल चारित्र कहते हैं। जैनागमों में केवल गृहस्थ साधक के लिये 'श्रावक' शब्द का प्रयोग हुआ है।

वैदिक परम्परा चार आश्रम स्वीकार करती है। रघुवंश में कहा गया है–

"शैषवेऽभ्यस्तविद्यानां यौवने विषयेषिणाम।
वार्द्धक्ये मुनिवर्तीनां योगेनान्ते तनुत्यजाम्।।

रघुवंशी राजा शैशव काल में विद्याओं का अभ्यास करते थे, यौवन में विषयों की आकांक्षा करते थे, वृद्धावस्था में मुनिवृत्ति धारण करते थे और अन्त में योगपूर्वक शरीर का परित्याग करते थे।

ब्राह्मण परम्परा में उपनयन संस्कार हो जाने के बाद द्विजातियों का ब्रह्मचर्य आश्रम में प्रवेश होता है। इस आश्रम में ब्रह्मचारी गुरु के समीप रहकर वेदाध्ययन करता है। द्वारकर्म करके सन्तानोत्पत्ति के माध्यम से सृष्टि को निरन्तर रखने में व्यक्ति गृहस्थ आश्रम में महत्त्वपूर्ण भूमिका अदा करता है। वानप्रस्थ आश्रम में व्यक्ति घर का कार्य पुत्र को सौंपकर अकेला अथवा सपत्नीक प्रवेश करता था। वह पंच महायज्ञों को करता था तथा कन्द मूल आदि का सेवन करता था। जब वानप्रस्थी राग–द्वेष आदि पर विजय पा ले तो उसे संन्यास आश्रम का विधान किया गया है। संन्यास धारण करने के पूर्व व्यक्ति को ऋणत्रय को पूर्ण करके निवृत हो जाना आवश्यक माना गया है।[60]

जैन धर्म में आचार्य जिनसेन और अन्य ने चार आश्रम की मान्यता को भी स्वीकार किया है, किन्तु उनका स्वरूप हिन्दू धर्म के आश्रमों से सर्वथा भिन्न है। यहाँ वानप्रस्थ आश्रम नैष्ठिक श्रावक का साधक वाला रूप है, जिसमें घर छोड़कर क्षुल्लक, ऐलक और मुमुक्षु रूप में व्रतों द्वारा आत्मा की शुद्धि करते हैं। देश संयम की प्राप्ति हो जाने से प्रबुद्ध वानप्रस्थ अपनी आत्मसाधना में संलग्न रहता है। चतुर्थ आश्रम भिक्षुक संज्ञक है। इनमें मुनि दीक्षा सम्पन्न होती है और सांसारिक बन्धनों के साथ कर्मबन्धन को तोड़ने के लिए पूर्ण संयम का पालन किया जाता है।[61]

जहाँ वैदिक वानप्रस्थी रात या दिन में एक बार भोजन कर सकता है, वहाँ जैन वानप्रस्थी केवल दिन में एक बार भोजन कर सकता है, रात्रि भोजन निषेध है।

जैन धर्म में रात्रि भोजन का निषेध

त्रस जीवों की हिंसा– रात्रि भोजन का प्रत्येक जैन (स्त्री, पुरुष, बच्चे) को त्याग करना चाहिये। दिन में भोजन करने से त्रस हिंसा से बचा जा सकता है। रात्रि भोजन करने से त्रस हिंसा से बचना असंभव है। अतः अहिंसा पालन के लिये रात्रि भोजन का त्याग अनिवार्य है।

रात्रि भोजन स्वास्थ्य की दृष्टि से भी हानिकर है। चिकित्साशास्त्रियों का अभिमत है कि कम से कम सोने के तीन घंटे पूर्व तक भोजन कर लेना चाहिये। जो लोग रात्रि भोजन करते हैं और भोजन के तुरन्त बाद सो जाते हैं, वे अनेक रोगों के शिकार हो जाते हैं।

जैसे जैन धर्म ने रात्रि भोजन निषेध पर बल दिया, वैसे ही हिन्दू धर्म में भी रात्रि भोजन को त्याज्य ही कहा है। अतः दोनों धर्मों में रात्रि भोजन निषेध का निर्देश है। फिर भी जैन धर्म में इस पर अधिक बल देते हुए आध्यात्मिक नियम देते हुए श्रावकों को इसकी पालना को कहा जाता है।

जैन धर्म के साधुओं द्वारा केशलुंचन

जैन साधु : जैन साधु सिर और दाढ़ी–मूंछ के बालों का अपने हाथ से लुंचन करते हैं। जैन साधु किसी नाई से अपनी हजामत, दाढ़ी, मूंछ आदि नहीं बनवाते, वे स्वयं इस कार्य को करते हैं।

हिन्दू साधु : जैन साधुओं के केशलुंचन की विधि के विपरीत हिन्दू साधुओं की विधि सामान्य प्रकार की है। हिन्दू साधुओं के केशों को अपने हाथ से लुंचन का कोई विधान नहीं है।

जैन धर्म में जीव को स्वदेह परिमाण माना गया है

आत्मा के परिमाण के विषय में तीन पक्ष पाये जाते हैं– (1) विभुत्वावादी पक्ष, (2) अणुत्ववादी पक्ष और (3) मध्यम परिमाणवादी पक्ष। इनमें से प्रथम दो पक्ष वैदिक परम्परा में मान्य हैं। तीसरा पक्ष जैन परम्परा का है। जैन सिद्धान्त के अनुसार जीव (आत्मा) स्वदेह परिमाण है और शरीर के अनुसार आत्मा के प्रदेशों में भी संकोच–विस्तार होता है।

जैन धर्म में माँसाहार का पूर्ण निषेध है

जैन धर्म : हिन्दू धर्म में यज्ञ एवं अन्य विशेष परिस्थितियों में माँसाहार का निषेध नहीं है, इनमें माँसाहार की छूट दी गई है। इसके विपरीत जैन धर्म माँसाहार का पूर्ण निषेध करता है और यह कहा गया है कि माँसाहार अहिंसा महाव्रत की पालना नहीं करना है और अहिंसा महाव्रत का उल्लंघन है। जैन धर्म प्रारंभ से ही अहिंसा प्रधान रहा है। धर्म का मूल दया है और दया का मूल अहिंसा रूप परिणाम है।[62]

हिन्दू धर्म में यज्ञ, श्राद्ध आदि अनेक स्थितियों में मांसभक्षण को उचित ठहराया गया है। यह कहा जा सकता है कि वेद के नाम पर की गई सब प्रकार की हिंसा जायज थी और उस हिंसा को अहिंसा करने का साहस किया गया। वैदिक परम्परा ने पूर्ण तौर पर अहिंसा का प्रतिपादन नहीं किया, आंशिक रूप से हिंसा और मांस भक्षण की प्रथा को आगे बढ़ाया है।

जैन धर्म की मौलिक विशेषताओं का संक्षिप्त विवेचन

विश्व के जितने भी धर्म हैं उनमें से अधिकांश यह मानते हैं कि जगत में कोई एक ईश्वरीय सत्ता है, जिसने इस जगत को बनाया है और वही इस जगत का नियंत्रण भी करती है। इस सम्बन्ध में जैन धर्म की मान्यता स्पष्ट है कि ऐसी कोई सत्ता इस जगत में नहीं है जो इस जगत का नियंत्रण करती है, जिसने इसे बनाया हो या जो इसका विनाश कर सकती है। अतः जैन धर्म अनीश्वरवादी है।

श्रमण संस्कृति में आत्मा की चरम शुद्ध दशा का नाम ही ईश्वर है, परमात्मा है इसके अतिरिक्त और कोई अनादि सिद्ध ईश्वर नहीं है। जैनों के अनुसार कोई भी मनुष्य ज्ञानावरण कर्म का क्षय कर सर्वज्ञ हो सकता है। चौबीस तीर्थंकर तथा अरिहन्त पद को प्राप्त सभी पुरुष सर्वज्ञ थे।

जैन धर्म में मुक्त जीव का पुनः जन्म नहीं होता इसलिये वे कभी इस संसार में फिर नहीं आते हैं। जैन धर्म में मुक्त आत्मा को जिन कहा जाता है। मुक्ति से पूर्व जो महानात्मा मुक्तिमार्ग के दिग्दर्शन करा धर्मतीर्थ की स्थपना करते हैं उन्हें तीर्थंकर तथा अरिहन्त कहते हैं और वे ही उपासना के प्राथमिक पात्र हैं। जैन धर्म में तीर्थंकर की पूजा अवतार की तरह नहीं, उनकी पूजा मार्गदर्शन के लिए और अन्तःप्रेरणा के लिए ही की जाती है।

जैन दर्शन में कर्म को पुद्‌गल परमाणुओं का पिण्ड माना गया है जिन्हें कर्म वर्गणा कहते हैं। जीव अपने मन, वचन और काय की प्रवृत्तियों से उन्हें ग्रहण करता है। कर्म और प्रवृत्ति के इस कार्य कारण सम्बन्ध को दृष्टिगत रखते हुए पुद्‌गल परमाणुओं के पिण्ड रूप कर्म को द्रव्य कर्म तथा रागद्वेषादि रूप प्रवृत्तियों को भाव कर्म कहा गया है। जगत की विविधता और विषमता का कारण ये द्रव्य कर्म तथा भाव कर्म ही हैं।

अनेकान्तवाद और स्याद्वाद जैन धर्म का अनूठा सिद्धान्त है। अनेक का अर्थ एक से अधिक, नाना और अन्त का अर्थ है धर्म। जैन दर्शन के अनुसार वस्तु परस्पर विरोधी अनेक गुण धर्मों का पिण्ड है। वह सत भी है असत भी, एक भी है अनेक भी, नित्य भी है, अनित्य भी। इस प्रकार परस्पर विरोधी अनेक धर्म युगल वस्तु में अन्तर्गर्भित है। उसका परिज्ञान हमें एकान्त दृष्टि से नहीं हो सकता, उसके लिये अनेकांतात्मक दृष्टि चाहिए।

स्याद्वाद उसी भाषा शैली का नाम है जिससे अनेकान्तात्मक वस्तु तत्व का प्ररूपण होता है। स्याद या 'स्यात्' शब्द का अर्थ कदाचित किसी अपेक्षा से किसी दृष्टि विशेष से और वाद का अर्थ मान्यता, कथन, वचन अथवा प्रतिपादन। जो स्यात् का कथन अथवा प्रतिपादन करने वाला है वह स्याद्वाद है।[63]

वैदिक परम्परा और जैन परम्परा की मान्यताओं में अनेक मूलभूत और महत्त्वपूर्ण मतभेद है। वैदिक परम्परा (हिन्दू धर्म) और जैन धर्म दोनों स्वतंत्र धर्म है और अति प्राचीन काल से चलते आये हैं। जैन धर्म हिन्दू धर्म की न तो कोई शाखा है, न उसमें से निकला है।

संदर्भ

1. जैन दर्शन : मनन और मीमांसा – आचार्य महाप्रज्ञ – 1977 – पृ. 78
2. जैन दर्शन ' मनन और मीमांसा – आचार्य महाप्रज्ञ – पूर्ववत – पृ. 78
3. बनारस 2441 – पृ. 1787–90 तत्वार्थसूत्र – आचार्य उमास्वाति – वाराणसी 1920 सूत्र 1–2
4. उत्तराध्ययन, 28/30
5. दसवैकालिक 4/10 (पूर्वार्द्ध)
6. उत्तराध्ययनसूत्र 32/2 रतन ला डोसी – श्रमणोपासक जैन पुस्तकालय सैलाना वी सं. 2478

7. उत्तराध्ययन 28/35
8. आचारांग 1/4/1/127
9. राजवार्तिका अध्याय 1 सूत्र 6, 7 का वार्तिक 35
10. आवश्यक निर्युक्ति, 191–193
11. महावीर वाणी के आलोक में हिन्दी का संत काव्य – डॉ. पवन कुमार जैन पृ. 535
12. ईश्वर का साक्षात्कार – पंडित सातवेलकर – पृ. 278
13. मूलाचार, 1/2–3; तत्वार्थ 9/48
14. दसवैकालिक 6/10
15. मूलाचार – वेंकटाचार्य, जैन मंदिर शक्कर बाजार, इन्दौर 5/290
16. प्रश्नव्याकरणसूत्र – आचार्य हस्तिमलजी – पूर्ववत् 9
17. तत्वार्थसूत्र, 7/16
18. निशीथ पीठिका – पृ. 141, 142
19. स्थानांग 2/1
20. अभिधान राजेन्द्र कोश – श्री विजय राजेन्द्र सूरिजी, रतलाम, खण्ड 2 पृ. 106
21. दसवैकालिकसूत्र 8/35
22. आवश्यक निर्युक्ति, 191–193
23. जैन धर्म – मुनि सुशील कुमार – अखिल भारतीय जैन स्थानकवासी जैन कॉन्फ्रेस देहली, पृ. 187
24. उपासकदशांग 1/43
25. सामायिक सूत्र – व्याख्याताकार श्री अमर मुनि जी – सन्मतिज्ञानपीठ आगरा 1956 पृ. 37
26. उत्तराध्ययन 1/31
27. योगशास्त्र – 5/115–116
28. सामायिक पाठ – आचार्य अमितगति
29. दर्शन और चिन्तन – पंडित सुखलालजी, गुजरात विद्यासभा, अहमदाबाद 1957 – भाग 2 पृ. 100–107

30. श्रावक प्रज्ञप्ति – अभिधान राजेन्द्र खण्ड 7 पृ. 812
31. योगशतक – हरिभद्र – पृ. 25
32. योग बिन्दु – आचार्य हरिभद्र
33. ऋग्वेद 10/90/12 : ऋग्वेद पुरु षसूक्त 14
34. मनुस्मृति 2/103
35. आदिपुराण पर्व 16/186
36. आदिपुराण पर्व 16/247
37. पद्मचरित – पूर्ववत 11/194–195
38. पद्मचरित 11/203
39. पद्मचरित 109/82
40. आदिपुराण, 38
41. पद्मपुराण, 6/209, 210
42. वरांगचरित, 25/11
43. परमात्मप्रकाश, 102
44. पद्मपुराण 11/203
45. उत्तरज्झयणाणि 12/37
46. मनुस्मृति 4/80
47. आदिपुराण 38/45–46
48. परमात्मप्रकाश 102
49. पद्मपुराण पर्व 11 लोक 203
50. धर्म परीक्षा – आचार्य अमितगति 17/24–33
51. दशवैकालिक 8/35
52. भारतीय आचार दर्शन – डॉ. सागरमल जैन – पूर्ववत पभ. 208–209
53. रामचरित मानस, 1/6/120
54. जैन मत समीक्षा (द्वितीय संस्करण)– डॉ. श्रीराम आर्य – पृ. 42
55. तत्त्वार्थसूत्र 2/16

56. तत्वार्थसूत्र 10/6

57. जैनभूत समीक्षा (द्वितीय सरकार) – डॉ. श्रीराम आर्य – पृ. 51

58. पद्मचरित 5/196

59. अभिधान राजेन्द्र कोश (सात खण्ड) – श्री विजय राजेन्द्र सूरिजी – रतलाम – खण्ड 2 पृ. 106

60. मनुस्मृति – डॉ. जयकुमार जैन द्वारा लिखित प्रस्तावना पृ. 14

61. धर्मशास्त्र का इतिहास – (तीन भाग) – डॉ. पाण्डुरंग वामन काले – प्रकाशक – हिन्दी समिति, सूचना विभाग उत्तर प्रदेश – प्रथम भाग – पृ. 483

62. पद्मपुराण 6/286

63. समयसार स्याद्वाद अधिकार तात्पर्य वृति पृ. 381

अध्याय - तृतीय

जैन विधि के प्रमुख स्रोत

जैन विधि और समाज व्यवस्था – ऋषभदेव और भरत

जैन विधि (जैन लॉ) न्यायशास्त्र के सिद्धान्त का एक स्वतंत्र विभाग, है। जैन विधि के प्रथम सर्जक, रचनाकार, लेखक महाराजा भरत चक्रवर्ती हैं। भरत चक्रवर्ती जैन धर्म के प्रथम तीर्थंकर भगवान आदिनाथ स्वामी (ऋषभदेव) के ज्येष्ठ पुत्र थे। वैसे भी भगवान ऋषभदेव ने राज्य व्यवस्था के प्रथम राजा व समाज व्यवस्थापक के रूप में असि, मसि, कृषि का विधान किया था। उन्होंने ही असि (सैनिक कार्य) मसि (लेखन कार्य) और कृषि (खेती) के साथ विद्या (संगीत–नृत्य ज्ञान), शिल्प (विविध वस्तुओं का निर्माण) और वाणिज्य (व्यापार) इन छः कार्यों का उपदेश दिया था।

भरत चक्रवर्ती ने राज्य की सीमा का विस्तार करके आश्रित राजाओं को राज्य शासन की पद्धति सिखलायी थी। उन्होंने ही ब्राह्मण वर्ण की स्थापना करके चार वर्णों की नींव डाली थी। ब्राह्मण वर्ण की जो परिभाषित सरल प्रकृति है वह उस काल के सभी मनुष्यों में स्वाभविक रूप से ही थी अतः भगवान ऋषभदेव को मानसिकता के आधार पर सामाजिक विभाजन की आवश्यकता ही नहीं पडी थी।

न्यायाधीशलम्बित (जज मेड) नीति भी जैन नीति का एक आधार रहा है। बाद में चाहे सामाजिक आवश्यकताओं और मानवी सम्बन्धों के अनुसार समय–समय पर उसमें परिवर्तन किये जाते रहे होंगे।

वर्तमान जैन विधि के मूल स्रोत बिंदुओं संबंधी कुछ प्रमुख पुस्तकें निम्न प्रकार हैं–

चार आगम

(1) अनुत्तरोपपातिकदशांग सूत्र (उपांग)

अनुत्तरौपपातिक सूत्र तैंतीस महापुरुषों के वर्णन द्वारा प्राचीन समय की सामाजिक, राजनैतिक और आर्थिक स्थिति को प्रकट करता है। अनुत्तरोपपातिक सूत्र में भगवान महावीर कालीन उन तैंतीस साधकों का वर्णन है जिन्होंने उच्च स्तर का आदर्श जीवन जीया।

इस आगम में विवाह के अवसर पर कन्या को दहेज देने की प्रथा का विवरण है। विपुल सांसारिक ऋद्धि से सम्पन्न धन्य कुमार का विवाह 32 श्रेष्ठ कन्याओं के साथ सम्पन्न हुआ। दहेज में उन्हें 32–32 वस्तुएँ प्रदान की गईं। यथा– बतीस कोटि चांदी–सोने के सिक्के; बत्तीस मुकट–हार–रेशमी, वस्त्र–ध्वज–गोकुल गांव उत्तम यान–उत्तम दास–उत्तम दासियाँ थाल–कटोरे–चम्मच–छत्र, सोना–चांदी–रत्नजड़ित थाल, कटोरे, हार, घोड़े, दासदासियों आदि। इस वर्णन से उस काल की सामाजिक व्यवस्था का प्रतिपादन होता है कि उस समय भी दहेज प्रथा प्रचलित थी, किन्तु दहेज की मांग नहीं की जाती थी। इससे यह विदित होता है कि कन्या के माता–पिता स्वेच्छा से विवाह के समय अपनी पुत्री को दहेज देते थे।

इस आगम से उस समय की स्त्री जाति की उन्नत अवस्था का पता लगता है। उस काल में स्त्रियां पुरुष के समान अधिकार रखती थीं और स्वयं उनकी बराबरी में व्यापार आदि बड़े बड़े कार्य करती थीं। यहाँ भद्रा नाम की स्त्री सार्थवाही का काम स्वयं करती थी।

(2) उपासकदशांग (उवासगदशाओं)

उपासकदशा द्वादशांगों में से एक अंग है। उपासकदशांग में वर्णित सभी श्रावक प्रतिष्ठित, समृद्धिशाली एवं बुद्धिमान थे। उनका जीवन अनुशासित व्यवस्थित एवं धर्मनिष्ठ था। सभी श्रमणोपासकों के पास गोधन का भी प्राचुर्य था। इससे यह प्रकट होता है कि गो–पालन का उस समय प्रचलन था और जैन लोग भी खेती तथा गो–पालन के काम करते थे।

पितागृह से कन्याओं के विवाह के समय सम्पन्न घरानों से उपहार के रूप में चल–अचल सम्पत्ति देने का भी रिवाज था जिस पर पुत्रियों का

अधिकार रहता था जिसे आज स्त्रीधन कहा जाता है। वस्तुओं का लेन–देन स्वर्णमुद्राओं से होता था। दास–दासी रखने का भी रिवाज था।

(3) उत्तराध्ययनसूत्र

ऐसी मान्यता है कि भगवान महावीर ने पावापुरी में निर्वाण प्राप्त करते समय अंतिम प्रवचन के रूप में उत्तराध्ययनसूत्र का उपदेश दिया था। सर्वाधिक प्राचीन भाषा के तीन सूत्र हैं– (1) आचारांग (2) सूत्रकृतांग और (3) उत्तराध्ययन।

उत्तराध्ययन के प्रथम अध्ययन में विनय का विवेचन किया गया है। विनय से सभी क्लेश और कष्टों के मूल आठ प्रकार कर्मों का नाश होता है। विनय गुणों का आधार है। गुणों का दूषित करने वाला दुर्गण है अहंकार। इसलिये जैन गृहस्थ, साधक, साधु सभी को विनय का गुण स्वीकार करना चाहिए। दुःखों का एक मात्र कारण है अहंभाव और इसके कारण मानव स्वयं तो दुःखी बनता ही है, साथ में परिवार, समाज और विश्व तक को दुःखी बनाता है। इसलिए मनुष्य मात्र को अहंभाव को पूर्णतया छोड़ देना चाहिए।

भगवान महावीर का कथन है कि विनयशीलता, कृतज्ञता, शिष्टाचार और अनुशासन से न केवल व्यक्ति मानसिक, शारीरिक रूप से सुखी रहेगा वरन् अपने परिवार, समाज, देश, विश्व को सुखी रखेगा।

(4) ज्ञाताधर्मकथा

अंग ग्रन्थों में ज्ञाताधर्मकथा का विशिष्ट महत्व है। कथा और दर्शन का यह संगम ग्रन्थ है। इसमें भारतीय संस्कृति के विभिन्न पक्ष तथा भारतीय भाषाओं, काव्यात्मक प्रयोगों, विभिन्न कलाओं, विद्याओं, सामाजिक जीवन और वाणिज्य व्यापार आदि की जानकारी प्राप्त होती है। समुद्रयात्रा के प्रसंग में पोतपट्टन और जलपत्तन जैसे बन्दरगाहों का प्रयोग होता था। व्यापार के लिए विभिन्न प्रकार की वस्तुएँ जहाज में भरकर व्यापारी ले जाते थे और विदेश से रत्न कमाकर लाते थे। अश्वों का व्यापार होता था। इस ग्रन्थ में समाज सेवा और पर्यावरण संरक्षण के प्रति सम्पन्न परिवारों का रूझान देखने को मिलता है। इस ग्रन्थ से सामाजिक रीति–रिवाजों, खान–पान, वेशभूषा एवं धार्मिक तथा सामाजिक धारणाओं से सम्बन्धित

सामग्री भी एकत्र की जा सकती है जो विधि संबंधी सूचना के अन्वेषण मे सहायक होती है।

जैन विधि से सम्बन्धित पुराण

पूर्व में वर्णित चार आगमों के अतिरिक्त कुछ जैन पुराणों में भी जैन विधि की चर्चा प्राप्त होती है –

(5) आदिपुराण

भगवान ऋषभदेव ने अपनी भुजाओं में शस्त्र धारण कर लोगों को प्रेरित किया कि आततायियों से निर्बल मानवों की रक्षा करना बलवान मनुष्य का कर्त्तव्य है। जितने लोगों ने यह कार्य स्वीकार किया उन्हें क्षत्रिय नाम से पुकारा गया। (महापुराण 243/16/368)

वैश्य समाज के कुछ लोग उपयोगी वस्तुओं का संग्रह कर, यथासमय लोगों को प्रदान करें। भगवान ने उस समय दूर–दूर के प्रदेशों में पद यात्रा कर लोगों के मन में यह विचार उत्पन्न किया कि मनुष्य को सतत् गतिमान रहना चाहिये और एक स्थान से दूसरे स्थानों पर वस्तुओं का आयात–निर्यात कर प्रजा का जीवन सुखमय बनाने का प्रयास करना चाहिये। जिन व्यक्तियों ने इस कार्य के लिये अपने आपको प्रस्तुत किया वे वैश्य के नाम से सम्बोधित किये गये। (महापुराण 244/16/368)

श्री ऋषभदेव ने यह भी प्रेरणा दी कि कर्मयुग में एक दूसरे के सहयोग बिना कार्य नहीं चल सकता। इसके लिये ऐसे व्यक्तियों की आवश्यकता है जो बिना भेदभाव के सेवा कार्य कर सकें। जो व्यक्ति सेवा हेतु प्रस्तुत हुए उनको शूद्र कहा गया। (महापुराण 245/16/368)

सम्राट भरत चक्रवर्ती ने समाज के बहुत लोगों को अपने महल में बुलाया और मार्ग में हरी घास उगवा दी। सभी लोग घास पर चलकर अन्दर चले गये, कुछ ऐसे लोग भी थे जो हरित घास वाले मार्ग से अन्दर नहीं गये और पूछने पर उन लोगों ने बताया कि हरित घास के जीवों की हिंसा की संभावना के कारण वे अन्दर नहीं आये। सम्राट ने ऐसे दयावान और विवेकशील व्यक्तियों की प्रशंसा करते हुए उन्हें ब्राह्मण वर्ण की संज्ञा दी और उनका अध्ययन, अध्यापन, यजन, याजन आदि कार्य निश्चित किया। (महापुराण पर्व 16 पद्य 243–246)

विवाह संस्था की स्थापना

ऋषभदेव के पिता ने उनसे कहा कि समाज की रचना के विषय में भी विचार करना चाहिये जिससे सभी लोग उचित प्रवृत्ति करें। इस पर उन्होंने पिता के आदेश पर 'ओम' कहकर पिता के वचन स्वीकार कर लिये और विवाह संस्था की स्थापना कर प्रजा का उपकार किया। (आदिपुराण–पंचदश पर्व श्लोक 60 से 66)

राज व्यवस्था

युगलियों ने अपने दलों में अपराधों के बढ़ने पर अंतिम कुलकर नाभि से इस पर नियंत्रण हेतु उचित व्यवस्था के लिए प्रार्थना की। इस पर कुलकर नाभि ने ऋषभदेव से राजा बनने का अनुरोध किया। ऋषभदेव ने पिता के अनुरोध को आज्ञा रूप में स्वीकार किया और इस प्रकार राज्य व्यवस्था का प्रारंभ हुआ। (ऋषभदेव : एक परिशीलन पृष्ठ 135 से 137)

शासन व्यवस्था

राज्यभिषेक के पश्चात् श्री ऋषभदेव ने राज्य की सुव्यवस्था हेतु अंगरक्षक दल की स्थापना की जिसके अधिकारी 'उग्र' कहलाये। मंत्रिमंडल बनाया जिसके अधिकारी 'योग' नाम से प्रसिद्ध हुए। सम्राट के समीपस्थ जन जो परामर्शदाता थे, वे 'राजन्य' नाम से विख्यात हुए और अन्य राज्य कर्मचारी क्षत्रिय नाम से पहचाने गये। (आवश्यक निर्युक्ति मलयगिरी वृत्ति 198/195/1; ऋषभदेव : एक परिशीलन – प्रथम संस्करण 1967 – पृ. 142)

दण्डनीति

अपराधी को उचित दण्ड नहीं दिया जाय तो अपराधों की संख्या में निरन्तर वृद्धि होती रहेगी और बुराइयों से राष्ट्र की रक्षा नहीं हो सकेगी। अतः ऋषभदेव ने अपने काल की परिस्थिति के उपयुक्त चार प्रकार की दण्ड–व्यवस्था निर्मित की –– 1. परिभाषा – कुछ समय के लिए अपराधी व्यक्ति को आक्रोशपूर्ण शब्दों में नज़रबन्द करने का दण्ड देना। 2. मण्डलबन्ध – सीमित क्षेत्र में रहने का दण्ड देना। 3. चारक– बन्दीगृह में बन्द करने का दण्ड देना। 4. अविच्छेद– करादि अंगोपांगो के छेदन का दण्ड देना।

चार दण्डनीति के प्रारंभ होने के बारे में विद्वानों में मतभेद है। आचार्य अभयदेव के मन्तव्य के अनुसार ये चारों नीतियाँ भरत के समय प्रारंभ हुईं (स्थानांग वृत्ति 7/3/557)। आचार्य भद्रबाहु और आचार्य मलयगिरि के अभिमतानुसार बन्ध (बेड़ी का प्रयोग) और घात (डण्डे का प्रयोग) ऋषभदेव के समय में ही प्रारंभ हो गये थे (आवश्यक निर्युक्ति गाथा 217; आवश्यक मलयगिरि वृत्ति 199–202)। मृत्युदण्ड का प्रारंभ भरत के समय हुआ (आवश्यकनिर्युक्ति 218, 199/2)। आचार्य जिनसेनाचार्य के अनुसार बध–बन्धनादि शारीरिक दण्ड भरत के समय में चले (महापुराण 3/216/65)।

आजीविका के स्रोत

आचार्य जिनसेन के अनुसार भगवान ऋषभदेव के समय आजीविका के 6 प्रमुख साधन थे – (1) असि (सैनिक वृत्ति), (2) मसि – लिपि विद्या, (3) कृषि– खेती का कार्य, (4) विद्या– अध्यापन या शास्त्रोपदेश का कार्य, (5) वाणिज्य (व्यापार व्यवस्था) और (6) शिल्प–कला–कौशल। (आदिपुराण – 16/179, 39/143)

(6) हरिवंशपुराण

आचार्य जिनसेन का हरिवंश पुराण जैन धर्म के पुराण साहित्य में प्रमुख स्थान रखता है। यह विषय–विवेचना की दृष्टि से तो प्रमुख स्थान रखता ही है साथ ही प्राचीनता की दृष्टि से भी उपलब्ध और चर्चित जैन संस्कृत पुराणों में इसका दूसरा स्थान है। पहला स्थान रविषेणाचार्य के पद्मपुराण का है (हरिवंश का सांस्कृतिक अध्ययन – डॉकृ पीकृ सीकृ जैन – देवनगर प्रकाशन, जयपुर – 1983 पृष्ठ 17)

हरिवंश पुराणकार जिनसेन, आदिपुराण के कर्ता जिनसेन से भिन्न पुराणकार थे और दोनों प्रायः समकालीन थे। हरिवंशपुराण की रचना संस्कृत में की गई है, इसमें यादव कुल के दो शलाका पुरुषों, कृष्ण और नेमीनाथ, का चरित्र विशेष रूप से किया है परन्तु प्रसंगोत्पात अन्य कथानक भी इसमें लिखे गये हैं। हरिवंशपुराण में षट्षष्टि तय (सासढ़) सर्ग है। हरिवंशपुराण का रचनाकाल विकृ सं. 840 शंकसंवत् 705 है।

(7) पद्म पुराण

आचार्य रविसेन कृत पद्मपुराण की प्रासंगिकता को बताते हुए आचार्य ने स्वयं कहा है कि मैं उन पद्म (रामचन्द्र) का चरित्र कहूंगा जिनका कि वक्षःस्थल कमल के समान था, जो विशालपुण्य के धारक थे, बुद्धिमान थे, अनन्त गुणों के गृहस्वरूप थे और उदार–उत्कृष्ट चेष्टाओं के धारक थे (पंकृ पुकृ 1–16, 17)। राजनीति, धर्मनीति, समाजनीति, युद्धनीति, असहायों का संरक्षण, स्वपरोपकार, दान भावना, जिनभक्ति, उदारता, भातृ–प्रेम, पतिव्रत धर्म का पालन, भावनाओं का सम्मान, पुत्र प्रेम, पितृभक्ति, पुण्य–पाप, प्रतिज्ञापालन, बैर–निर्बैर, अहंकार से विनाश, पाप से बुराई पापी से नहीं, शील, सदाचार, कर्त्तव्यपराणयता, विश्वास, मिथ्यात्व निरसन, कुरीतिखण्डन, व्रत–निष्ठा आदि अनेक भावप्रवण सद्भावों का समावेश इस कृति में है और ये कभी अप्रासंगिक नहीं हो सकते।

पद्मपुराण से गृहस्थों को धर्मपालन की शिक्षा मिलती है। पद्मपुराण में बताया गया है कि महापुरुषों/राजाओं के लिए वैयक्तिक सुख ही सर्वोपरि नहीं है बल्कि समाज भी ध्यातव्य है (पंकृ पुकृ 96–46 से 50/65)।

आचार्य रविक्षेण के पद्मचरित में आगत सूक्तियों में मानव मूल्यों में अमृत के समान संजीवनी का कार्य किया है। इन सूक्तियों में जो अनुभव, चुने हुए शब्दों की कलात्मक योजना, हृदय तथा बुद्धि को स्पर्श करने वाली अभिव्यक्ति और प्रायः संक्षिप्तता का समावेश होता है, उसके कारण इनका प्रभाव चमत्कारी होता है।

यहाँ आचार्य रविषेण की सूक्तियों में गर्भित मानव मूल्यों को वर्णित किया जा रहा है।

काम– प्रेम और काम मानव जीवन की एक महत्त्वपूर्ण समस्या है। आचार्य रविषेण ने काम की प्रचण्ड शक्ति को पूर्ण रूप से स्वीकार किया है। बुद्धि को नष्ट करने वाला काम हजारों बीमारियों में से सबसे बड़ी बीमारी है क्योंकि उससे मनुष्यों का शरीर तो नष्ट होता नहीं पर वे दुःख पाते रहते हैं पकृ पुकृ 106/101।

स्नेह– मनुष्य के स्त्री और कुटुम्ब के प्रति स्नेह उसे सांसारिकता में जकड़े रहता है। बेड़ियों से बंधे हुए मनुष्य का अन्धे कुएं से छुटकारा हो सकता है, परन्तु स्नेहरूपी पाश से बंधा प्राणी बड़ी कठिनाई से छूट पाता है।

मृत्यु अनिवार्य है– पिता जिसका आलिंगन कर रहा है, जो धनी और अनन्त शूरवीर है वह भी मृत्यु को प्राप्त होता है, कोई दूसरा पुरुष उसकी रक्षा करने में समर्थ नहीं होता पकृ पुकृ 59–28।

स्त्रियों के लिए पति प्रमाण– कुलांगनायें पति के अभिप्राय के अनुसार ही चलती है पकृ पुकृ 8–11।

भाई का बहन के प्रति प्रेम– माता–पिता की अपेक्षा भाई का बहन पर अधिक प्रेम होता है पकृ पुकृ 7303।

बन्धु और शत्रु कौन – जो जिसके मन को अच्छे कार्यों में लगा देता है यथार्थ में वही उसका बान्धत्व है और जो जिसके मन को भोगोपभोग की वस्तुओं में लगाता है वही उसका वास्तविक शत्रु है पकृ पुकृ 19/178।

परस्त्री त्याग का उपदेश– चाहे विधवा हो, चाहे पति के सहित हो, चाहे कुलवती हो और रूप से युक्त वेश्या हो, परस्त्रीगमन का प्रयत्नपूर्वक त्याग करना चाहिए। यह कार्य इस लोक तथा परलोक दोनों ही जगह विरुद्ध है प. पु. 12–125–126।

बिना विचारे कार्य करने का निषेध– बिना विचारे कार्य करने वालों का कार्य निष्फल हो जाता है पकृ पुकृ 12–165।

इस प्रकार पद्मपुराण जीवन के सभी केन्द्रीय बिन्दुओं पर प्रकाश डालता है।

जैन विधि और न्याय के चार महान लेखक

(1) अमित प्रभावक आचार्य अमितगति

अमितगति (द्वितीय) दिगम्बर परम्परा के बहुश्रुत आचार्य थे, वे माथुर संघ के थे। मयूर पिच्छि न रखने के कारण इस संघ को निःपच्छिक भी कहा गया। इनका जन्म वीकृ निकृ 1490 (विकृ संकृ 1020) के पास अनुमानित है। आचार्य अमितगति का विशाल साहित्य और उनका उच्च कोटि का साहित्य उनके महान वैदुष्य का प्रतीक है। आचार्य अमितगति न्याय, काव्य, व्याकरण आदि विषयों के विशेषज्ञ विद्वान थे। जैन विधि पर इनकी सम्पादकीय रचना वर्धमान नीति का रचना काल लगभग संवत् 1068 या 1011 ई. है।

(2) जिनवाणी संगायक आचार्य जिनसेन

धवला एवं जयधवला के रचनाकार पंचस्तूपान्वायी दिगम्बर आचार्य वीरसेन के शिष्य आचार्य जिनसेन (द्वितीय) सिद्धान्तों के प्रकृष्ट ज्ञाता तथा कविमेधा

से सम्पन्न थे। इनकी रचनाओं में पार्श्वाभ्युदय काव्य (महाकवि कालिदास के मेघदूत की समस्या पूर्ति), जयधवला टीका (60 हजार श्लोकों की इन रचना में 20 हजार श्लोक इनके गुरु आचार्य वीरसेन ने और 40 हजार स्वयं रचित हैं), और महापुराण हैं। महापुराण जैन समाज का और विशेषतया दिगम्बर समाज का अति महत्त्वपूर्ण ग्रन्थ है। महापुराण के दो भाग हैं– (1) आदिपुराण और (2) उत्तरपुराण। आदिपुराण में भगवान आदिनाथ और उनके पुत्र भरत चक्रवर्ती का जीवन चरित्र और उत्तरपुराण में 23 तीर्थंकरों के जीवन चरित्र हैं। आचार्य जिनसेन का समय वीकृ निकृ 1364 (विकृ 894, इस्वी सन् 837) निश्चित है। आदिपुराण संस्कृत–साहित्य का एक अनुपम रत्न है। यह पुराण है, महाकाव्य है, धर्मकथा है, धर्मशास्त्र, राजनीति शास्त्र है, आचारशास्त्र है और युग की आद्यव्यवस्था को बतलाने वाला महान इतिहास है।

(3) स्वस्थ परम्परा–संपोषक आचार्य सोमदेव

यशस्तिलक काव्य और नीतिवाक्यामृत धार्मिक आख्यान और राजनीति के क्रमशः बहुत उत्तम ग्रन्थ हैं। दिगम्बर परम्परा के चार संघों में देव संघ के आचार्य सोमदेव थे। उनके गुरु आचार्य नेमिदेव थे। वे व्याकरण, ज्योतिष, न्याय, दर्शन, काव्य विद्याओं के धनी थे। आध्यात्म, धर्म, दर्शन के साथ ही उनका राजनीति का ज्ञान भी उत्कृष्ट कोटि का था। कौटिल्य अर्थशास्त्र की तुलना करने वाला उनका नीतिवाक्यामृत जैन साहित्य में राजनीति का अनूठा ग्रन्थ है। मनु भारद्वाज, शुक्र, बृहस्पति जैसे राजनीति विज्ञ प्राचीन आचार्यों के अभिमत भी इस कृति में उद्धृत है। यशस्तिलक के तृतीय अध्याय में राजनीति की विस्तृत चर्चा है। आपको राष्ट्रकूट राजवंश के प्रतापी नरेश कृष्णदेवराज (तृतीय) के शासन में बहुमुखी प्रगति करने का शानदार अवसर मिला था। आचार्य सोमदेव ने अपने काव्य ग्रन्थों में रूढ़ मान्यताओं का नहीं स्वस्थ परम्परा का समर्थन किया है।

(4) कलिकाल सर्वज्ञ आचार्य हेमचन्द्र

गुजरात नरेश सिद्धराज जयसिंह को अध्यात्म संदेश से प्रभावित कर एवं उनके उत्तराधिकारी नरेश कुमारपाल को व्रत दीक्षा प्रदान कर कलिकाल सर्वज्ञ आचार्य हेमचन्द्र ने जैन शासन के गौरव को सहस्त्र गुणित विस्तार प्रदान किया था। यह काल जैन धर्म के परम उत्कर्ष का काल था।

आचार्य हेमचन्द्र ने लगभग 20 विभिन्न विषयों व्याकरण, कोश, काव्यशास्त्र, छन्दशास्त्र, दर्शनशास्त्र, योग, स्तुति स्त्रोत, राजनीतिशास्त्र, नीतिशास्त्र, ज्योतिष, इतिहास के अनेक ग्रंथों की रचना की। इनकी लध्वर्हन्नीति (संक्षिप्त वृत्ति), हेमशब्दानुसान, अभिधान–चिन्तामणि, काव्यानुशासन, प्रमाणमीमांसा, योगशास्त्र आदि विशेष रूप से उल्लेखनीय हैं। जैन विधि के विषय में उनकी लध्वर्हन्नीतिशास्त्र विशेष रूप से उल्लेखनीय है; इसके चार अधिकारों के 8998 संस्कृत श्लोकों में भूपालगुणवर्णन, युद्ध तथा दण्डनीति, व्यवहार–अधिकार और प्रायश्चित जैसे विषयों की चर्चा है। आचार्य हेमचन्द्र का स्वर्गवास विकृ निकृ 1699 (विकृ 1229) में हुआ था।

उक्त चार आचार्यों अमिगति, जिनसेन, सोमदेव और हेमचन्द्र का राजनीतिक, नीति आदि के साथ जैन विधि संबंधी लेखन में अद्वितीय योगदान है। (स्रोत – जैन धर्म के प्रभावक आचार्य – साध्वी संघमित्रा – प्रकाशक – जैन विश्व भारती लाडनूँ – द्वितीय संस्करण – 1985)

जैन विधि की अन्य पुस्तकें

जैन नीति–विज्ञान उपासकाध्यन शास्त्र का अंग होता था जो अब उपलब्ध नहीं है। अतः उस ग्रन्थ के जैन विधि का बहुत ज्ञान नहीं मिल सका। वर्तमान जैन विधि के जो ग्रन्थ अब हैं, उनका विवरण निम्न प्रकार से है–

(8) भद्रबाहु संहिता

ग्रन्थ के नाम से ऐसा प्रकट होता है कि भद्रबाहु संहिता चतुर्दश पूर्वधर आचार्य भद्रबाहु द्वारा लिखी गई है जबकि यह वास्तविकता नहीं है। यह ग्रन्थ लगभग 2400 वर्ष पूर्व का नहीं है। इस ग्रन्थ की रचना आचार्य भद्रबाहु के बहुत वर्षों के पश्चात् हुई है। इस ग्रन्थ का लेखन सम्भवतः संवत् 1957–1665 विक्रमी अथवा 1601–1609 ई. के अन्तर में किया जाना पाया जाता है। इस पुस्तक का आधार उपासकाध्ययन ही है। इसके लेखक के नाम से सभी अनभिज्ञ हैं। भद्रबाहु संहिता के दशम परिच्छेद में जैन विधि–नीति है जो लगभग 119 पदों की है। इसमें दायभाग का विभाजन, ओरस पुत्र और दत्तक पुत्र, विवाहित पुत्री का अधिकार, स्त्रीधन आदि विषयों का ब्यौरा दिया हुआ है।

(10) अर्हन्नीति

यह श्वेताम्बर समाज का ग्रन्थ है। इस ग्रन्थ के सम्पादक का नाम ज्ञात नहीं है और न ही लेखन का समय पूर्णतया ज्ञात होता है। यह बहुत अधिक प्राचीन प्रतीत नहीं होता। दायभाग का अध्याय इसका महत्त्वपूर्ण अंग है। इस पुस्तक में सम्पादक ने यही लिखा है जैसा उन्होंने सुना है, उसी भाँति इसकी रचना की गई है।

(11) लध्वर्हन्नीति

इसके लेखक कलिकाल सर्वज्ञ महान जैनाचार्य श्री हेमचन्द्र (विक् सं. 1145–1129) हैं। भारतीय परम्परा में अनेक ऐसे आचार्य हुए हैं जिन्होंने अपनी बहुमुखी प्रतिभा और ज्ञान के द्वारा अनेक विषयों को समृद्ध बनाया है। ऐसे आचार्यों की परम्परा में आचार्य हेमचन्द्र का नाम अग्रगण्य है।

लध्वर्हन्नीति चार अधिकारों (1) भूमिका– भूपालवर्णन (2) युद्ध तथा दण्डनीति (3) व्यवहार अधिकार और (4) प्रायश्चित में 18 अध्यायों का 918 संस्कृत श्लोकों में विरचित है। यह कृति चालुक्य राजा कुमारपाल के आग्रह पर पूर्वविरचित किन्तु सम्प्रति अनुपलब्ध विशाल ग्रन्थ अर्हन्नीति शास्त्र का सार ग्रहण कर लिखा गया है। लध्वर्हन्नीति में अनेक ऐसी व्यवस्थाओं का वर्णन आचार्य हेमचन्द्र ने किया जिनको आज के प्रशासन में भी अपनाया जा सकता है। इस प्रकार शासक और नागरिक दोनों के लिये यह ग्रन्थ आज भी प्रासंगिक है।

(12) वर्धमान नीति

भद्रबाहु संहिता और वर्धमान नीति के बहुत श्लोक एक से है, इससे यही ज्ञात होता है कि भद्रबाहु संहिता और वर्धमान नीति दोनों पुस्तकों का आधार कोई अति प्राचीन पुस्तक जिसका लेखन आचार्य भद्रबाहु के समय (सम्राट चन्द्रगुप्त मौर्य का काल) हुआ होगा।

वर्धमान नीति का सम्पादन आचार्य अमितगति ने किया है जो राजा भुंज के समकालीन थे और राजा के गुरु थे। आचार्य अमितगति ने यह ग्रन्थ संवत् 1068 वि. या 1011 ई. में सम्पादित किया था।

(13) इन्द्रनन्दि जिन संहिता

यह ग्रन्थ भद्रबाहु संहिता व वर्धमान नीति की भाँति उपासकाध्ययन पर ही आधारित है। इससे यह पुष्ट होता है कि जैन नीति या विधि का मुख्य आधार और बहुत समय बाद लिखी गई जैन विधि की प्रायः सभी पुस्तकों का मुख्य स्रोत उपासकाध्ययन ही है। इस ग्रन्थ का मुख्य विषय द्वितीय परिच्छेद में दायभाग सम्बन्धी है। इस ग्रन्थ के लेखक आचार्य वसुनन्दि इन्द्रनन्दि स्वामी है जो जैन जगत में अति प्रसिद्ध थे।

(14) त्रिवर्णाचार

(त्रैवर्णिकाचार) त्रिवर्णाचार की रचना विकृ सकृ 1667 (ई. सं. 1611) में हुई थी। इसके लेखक मूल संघ की पुष्कर गच्छ के पट्टाधीश अति विद्वान भट्टारक सोमसेन स्वामी हैं जो अपने समय में प्रसिद्ध रहे हैं। इस ग्रन्थ का नवम परिच्छेद विवाह सम्बन्धित है जो जैन विधि का महत्त्वपूर्ण भाग है।

(15) कुवलयमाला कथा

इस ग्रन्थ के रचियता श्रीमद उद्योतनसूरि हैं और इसकी भाषा प्राकृत है। आठवीं शताब्दी के भारत के सांस्कृतिक जीवन का सम्पूर्ण चित्र इसमें उपलब्ध है। इस ग्रन्थ से ज्ञात होता है कि भारत का विदेशों से व्यापारिक सम्बन्ध था। जल एवं स्थल मार्गों द्वारा व्यापारी दूर–दूर की यात्रा करते थे। समाज द्वारा आयोजित विभिन्न आयोजनों का सजीव चित्रण भी इस ग्रन्थ में है।

कुवलयमाला–कथा में राजा द्वारा मंत्री को सत्रह तरह के संयम बताये हैं जिनमें दान, शील, तप भावना, पाँच आश्रवों से छुटकारा पाना, पाँच इन्द्रियों का निग्रह करना, क्रोध, मान, माया और लोभ पर नियंत्रण आदि का विस्तृत वर्णन है। इसमें भगवान के गुण हैं यथा दान, भोग, हास्य, रति, अरति, भय, घृणा, शोक काम विषयों पर नियंत्रण, अज्ञान, मिथ्यात्व, राग, द्वेष का स्मरण करते हुए मानव को इन्हें अपनाने का संदेश है जिससे मानव का जीवन सुख–शान्ति पूर्ण हो सके।

(16) उपमिति भव प्रपंच कथा

ऐतिहासिक और साहित्यिक दृष्टि से महत्वपूर्ण इस ग्रन्थ की रचना उद्भट विद्वान श्री सिद्धर्षि गणि द्वारा संस्कृत भाषा में 10वीं शताब्दी में की गई थी।

रूपक शैली में इतना बड़ा ग्रन्थ सम्भवतः पूर्व या पश्चात् काल में नहीं लिखा गया। जर्मन विद्वान डॉ. हर्मन याकोबी इस ग्रन्थ से इतने प्रभावित हुए कि उन्होंने इसका अनुवाद जर्मन भाषा में कर इसे प्रकाशित करवाया। उपमिति भव प्रपंच कथाकार विद्वत् शिरोमणि का जन्म भिन्नमाल में हुआ था।

इस ग्रन्थ में 8 प्रस्ताव है इसमें रूपक और कथानकों के माध्यम से मोक्ष प्राप्ति के साधन तथा अच्छा मानव बनने के गुण बताये गये हैं। इस कथा वर्णन में सिद्धर्षि ने नीतिवाक्यों, सूक्तियों का भी भरपूर प्रयोग किया है यथा– 'लक्षणहीन मनुष्यों को चिन्तामणिरत्न नहीं मिलता; सद्गुरु के सम्पर्क से कुविकल्प भाग लेते हैं, पहले जो दिया जाता है, वही मिलता है; धर्म के अतिरिक्त सुख पाने का कोई दूसरा साधन नहीं है; पति–पत्नी में परस्पर अनुकूल हो तभी प्रेम बना रहता है; जुआ से बचने के लिए कपड़ों का त्याग कौन बुद्धिमान करेगा; मानव मात्र को ऐसे कार्य सदैव करने चाहिए जिससे मन गोदुग्ध बर्फ के समान श्वेत एवं स्वच्छ हो जाये'; जैसी लगभग 280 सूक्तियों का इस ग्रन्थ में प्रयोग किया गया है।

इस प्रकार यह ग्रन्थ आध्यामिकता के साथ जीवन के सभी गुण अवगुणों को दिग्दर्शित कराता है।

अध्याय - चतुर्थ

जैन रीति-रिवाज-परम्पराएँ

सामान्य सर्वमान्य रीति–रिवाज

रीति रिवाज अनेक प्रकार के होते हैं– साधारण या विशेष अर्थात् जातीय, पारिवारिक और स्थानीय। जातीय रिवाज–जाति विशेष से सम्बन्धित होते हैं तथा इनमें परस्पर थोड़ा अन्तर अवश्य होता है।

हिन्दू धर्म में शिशु के गर्भ में आने के साथ ही संस्कार प्रारम्भ हो जाते हैं और इनकी परम्परा मृत्यु पर्यन्त चलती रहती है। प्रथम संस्कार गर्भाधान और अंतिम अन्त्येष्टि है।

गृहसूत्रों के आधार पर निम्नलिखित सोलह संस्कारों का प्रचलन हिन्दुओं के परिवार में हुआ है–

(1) गर्भाधान (2) पुंसवन (3) सीमन्तोन्नयन (4) जातकर्म (5) नामकर्म (6) निष्क्रमण (7) अन्नप्राशन (8) चूड़ाकर्म (9) कर्णवेध (10) उपनयन (11) वेदारम्भ (12) समावर्तन (13) विवाह (14) वानप्रस्थ (15) संन्यास (16) अन्त्येष्टि। ये संस्कार ब्राह्मणों, क्षत्रियों और वैश्यों के पुरुषवर्ग के लिये ही सीमित हैं। शूद्रों के लिए या तो संस्कारों की आवश्यकता ही नहीं समझी गई ना ही उनको मंत्र सहित धार्मिक अनुष्ठानों को सम्पन्न करने की सुविधा दी गई है।[1]

स्त्रियों के लिये यदि संस्कार करने हैं तो उनको वैदिक मंत्रों का उच्चारण किए बिना करना चाहिए।[2]

भारत की विविधतापूर्ण संस्कृति में ये सब तथा अन्य अनेक रीति रिवाज अलग–अलग धर्म और समाज में अलग–अलग रूप से प्रचलित हैं। इसलिए तत्संबंधी न्यायिक निर्णय लेने के लिए कानून में आवश्यक नियम भी बनाए गए हैं।

विधिक संदर्भ

जैसे अदालत में प्रत्येक वाद या मुकदमे में गवाहों के बयानात से सिद्ध करना पड़ता है। उसी प्रकार किसी परम्परा के कौटुम्बिक रिवाज को साबित करने के लिए बड़े ठोस साक्ष्य प्रस्तुत करने होते हैं। इस साक्ष्य से यह साबित करना पड़ता है कि परिवार उस परम्परा का है और उस परम्परा में इस प्रकार के रिवाज का प्रचलन था। आजकल कानून के अनुसार न्यायालयों में जैन परम्परा के लोगों के झगड़े या आपसी विवाद का निर्णय, परम्परा के विशेष रिवाजों के अनुसार किया जाता है। ऐसे प्रकरणों में विशेष रिवाज का अत्यधिक महत्त्व होता है। उसके आधार पर अदालत द्वारा निर्णय किया जाता है।[3]

जहाँ परिवार या जाति विशेष के रिवाज का मामला नहीं होता है या विशेष रिवाज नहीं होते हैं वहाँ हिन्दू विधि लागू होती है।[4]

हिन्दू विधि

भारतीय संविधान के अनुच्छेद 25 खण्ड (2) में बताया गया है कि हिन्दू विधि का वह भाग जो अन्य हिन्दुओं पर लागू है, वही जैनों पर भी लागू होगा, अगर कोई जैन विशेष जैन रिवाज का होना नहीं पाया जाता है।[5]

बम्बई प्रान्त के एक मुकदमे में एक मृतक पुरुष की बरसी के सम्बन्ध में हिन्दू विधि ही लागू की गई। यद्यपि बरसी का जैन जाति और धर्म में कोई रिवाज नहीं है और वह जैन सिद्धान्त के विरुद्ध है। इस मुकदमे में विधवा और उसका अवयस्क पुत्र था, सम्पत्ति प्रबन्धक के हाथ में थी और सब पक्षों ने हिन्दू विधि लागू होने को स्वीकार किया।[6]

एक ऐसे मुकदमे का संदर्भ आता है जो तन्जौर में घटित हुआ था वहाँ एक जैन विधवा ने जिनके परिजन किसी समय में हिन्दू हुआ करते थे अपने पति के जीवन काल में ही, उनकी बिना स्वीकृति अनुमोदन के पुत्र गोद ले लिया था, इस मामले में न्यायालय का निर्णय इस प्रकार हुआ कि प्रकरण पर हिन्दू विधि लागू होती है इसलिये यह दत्तक विधि के विरुद्ध है।[7]

बंगाल में एक पुराने मुकदमे में हिन्दू कानून का स्थानीय नियम जैनियों पर लागू किया गया था अर्थात् हिन्दू कानून की वह शाखा जिसका उस स्थान पर रिवाज के रूप में स्वीकृत हुआ था जहाँ वह सम्पत्ति स्थित थी इसलिये मुकदमे के निर्णय अनुसार हिन्दू विधि के स्थानीय रिवाज को लागू

किया गया।[8] इस मुकदमे के निर्णय के पश्चात् जुडीशियल कमिश्नर ने एक निर्णय दिया और उस फैसले में यह आदेश दिया कि स्थानीय नियम, रिवाज उसी अवस्था में लागू होगा जबकि अन्य किसी दूसरे नियम या कानून का होना सिद्ध प्रमाणित नहीं हो।[9]

ऐसे निर्णय भी विभिन्न अदालतों द्वारा दिये गये हैं जिनमें यह माना गया कि एक स्थान का रिवाज दूसरे स्थान के रिवाज को प्रमाणित करने के लिए साबित किया जा सकता है और प्रासंगिक विषय है।[10] अदालतों द्वारा यह भी निर्णय किये गये हैं कि हिन्दुओं की भाँति जैनी लोग भी एक स्थान से दूसरे स्थान को अपनी रीति–रिवाज साथ ले जा सकते हैं, जब तक कि यह न दिखाया जाय कि पुराने रिवाज छोड़कर स्थानीय रिवाज ग्रहण कर लिए गये हैं।[11]

रिवाज प्राचीन, निश्चित, व्यवहृत और उचित होने चाहिएं। सदाचार के प्रतिकूल, सरकारी कानून के विरुद्ध और सामाजिक नीति (Public Policy) के द्रोही रिवाज पूर्णतया अनुचित माने जायेंगे और उनको किसी भी स्थान पर स्वीकृत नहीं किया जायेगा। गवाहों की निजी सम्मत्ति की अपेक्षा उदाहरणों और झगड़े वाले मुकदमों के फैसलों का मूल्य रीति रिवाज को साबित करने के लिए अधिक है। ऐसा रिवाज जो बार–बार विभिन्न न्यायालयों के फैसले में प्रमाणित माने गये हैं, वे कानून का अंश बन जाते हैं और प्रत्येक मुकदमे में उसको साबित करने की आवश्यकता नहीं रहती है।[12]

जैन रीति रिवाज–परम्पराएँ–विशेषताएँ

जैन धर्म के कुछ रीति–रिवाज विशेष हैं जो हिन्दू धर्म के रीति–रिवाजों में विद्यमान नहीं हैं––

जैनों में हिन्दुओं के समान सोलह संस्कार नहीं

जैन धर्मावलम्बी हिन्दू पद्धति के अनुसार हिन्दू 16 संस्कार नहीं करते हैं। विवाह, संन्यास और अन्त्येष्टि विषयों में जैनों के अपने नियम हैं। जैन धर्म में शूद्रों के लिए शास्त्र अध्ययन का निषेध नहीं है, वे जैन धर्म के सभी विषयों में धर्म का पालन करने के लिये स्वतंत्र हैं। स्त्रियाँ जैन धर्म में पुरुषों के बराबर धर्म करने के लिए पूर्ण अधिकार रखती है।

हिन्दुओं में जन्म से जुडे गर्भाधान, पुंसवन, सीमत्तोन्नयन, नामकरण, निष्क्रमण, अन्न प्राशन, चूड़ाकर्म, कर्णवेध, उपनयन वेदारम्भ आदि संस्कार किये जाते हैं। जैन धर्म में इस प्रकार के जन्म के संस्कार नहीं किये जाते। जैनों में नामकरण संस्कार की अपनी विधि है। शिशु के जन्म का पंजीकरण ग्राम पंचायत या नगरपालिका में कराया जाता है।

नामकरण संस्कार का दिन और समय अपनी सुविधानुसार निश्चित किया जाता है। एक थाल में कुंकुम, गुड़, चावल, मौली, चँवले की फली, सिक्का, जल कलश आदि मंगल सामग्री को सजाया जाता है। जननी (जच्चा) को शिशु के साथ विशेष आसन पर पूर्वाभिमुख या उत्तराभिमुख बैठाया जाता है। औरतों द्वारा मंगल गीत, परमेष्ठी वन्दना आदि की जाती है। पीहर पक्ष की ओर से जननी को साड़ी आदि ओढ़ाई जाती है। शिशु का नक्षत्र और राशि के आधार पर जैन संस्कृति परक नाम का चयन किया जाता है।[13]

हिन्दू धर्म में पुत्र के लिये देव पूजा आदि की जाती है। इसी प्रकार हिन्दू धर्म में मोक्ष प्राप्ति के लिये पुत्र का होना आवश्यक है। मनुस्मृति में कहा गया है– विधिपूर्वक वेदों का अध्ययन करके धर्मानुसार पुत्रों को उत्पन्न करके तथा शक्ति के अनुसार यज्ञ को करके मोक्ष की आकांक्षा करनी चाहिये।[14]

जैन धर्म में पुत्र के लिये किसी प्रकार देव पूजा नहीं की जाती है। जैन धर्म में मोक्ष प्राप्ति हेतु पुत्रों का उत्पन्न करना आवश्यक नहीं है।

जैन धर्म में सारे मनुष्यों की एक जाति

हिन्दू धर्म ब्राह्मण, क्षत्रिय, वैश्य और शूद्र चार जातियों में विभाजित हैं। जैन धर्म में सारे मनुष्यों की एक ही जाति है– मनुष्य। जैनाचार्यों ने मनुष्यों के बीच कोई जातिभेद न मानकर स्पष्ट कहा है कि आजीविका के भेद से ब्राह्मण, क्षत्रिय, वैश्य और शूद्र जाति जातिपरक भेद हो गये हैं।[15]

श्रमण परम्परा में ब्राह्मण, क्षत्रिय, वैश्य और शूद्र अपने अपने कर्म (आचरण) या वृत्ति के अनुसार होते हैं।[16] जाति सामाजिक व्यवस्था मात्र है। शूद्र और ब्राह्मण में रंग और आकृति का भेद नहीं जान पड़ता। दोनों की गर्भाधान विधि और जन्म पद्धति भी एक है। गाय और भैंस जातिकृत भेद है वैसे शूद्र और ब्राह्मण में नहीं है, इसलिए मनुष्य–मनुष्य में जो जातिगत भेद है, वह परिकल्पित है।[17]

जाति के अभिमान का परित्याग करने का उपदेश देते हुए आचार्य अमितगति ने कहा है– जिन्हें नीच जाति में उत्पन्न कहा जाता है, वे शील को धारण करके स्वर्ग गए हैं और जिनके लिए उच्चकुलीन होने का मद किया जाता है, ऐसे दुराचारी मनुष्य नरक गए हैं।[18]

शूद्र भी धर्म पालन के अधिकारी

वैदिक संस्कृति में शूद्र को हीन, धर्मपालन का अधिकारी नहीं माना गया। शूद्र के लिये बुद्धि नहीं देनी चाहिए, न जूठन और न हवि का शेष भाग ही देना चाहिये। इसको न धर्म का उपदेश देना चाहिए और न व्रत का उपदेश देना चाहिए।[19]

उपकरण आचार और शरीर की पवित्रता से युक्त शूद्र भी ब्राह्मण, क्षत्रिय और वैश्य के समान जिन धर्म सुनने का अधिकारी है। वैदिक विचार के अनुसार चार वर्ण सृष्टि–विधानसिद्ध है। जैन दृष्टि के अनुसार ये नैसर्गिक नहीं हैं। इनका वर्गीकरण क्रिया–भेद की भित्ति पर हुआ है।[20]

हरिकेशबल मुनि (जन्म से चाण्डाल थे) ने ब्राह्मण कुमारों से कहा– जो व्यक्ति क्रोध, मान, वध, मृभा, अदत्त और परिग्रह से घिरे हुए हैं वे ब्राह्मण भी जाति और विद्या से हीन हैं।[21] जिसका आचरण पवित्र होता है, वह आदरणीय होता है। यदि कोई व्यक्ति जाति से भले ही चाण्डाल हो किन्तु वह व्रती है तो उसे देवता भी ब्राह्मण मानते हैं।[22]

श्रमण का उपासक हर कोई बन सकता है। उसके लिए जाति का बन्धन नहीं है। श्रावक के सिर में मणि जड़ा हुआ नहीं होता। जो अहिंसा, सत्य का आचरण करता है वही श्रावक है, भले ही वह शूद्र हो या ब्राह्मण। यही जैन धर्म का दर्शन है।[23]

जैन धर्म में माँसाहार का पूर्ण निषेध

जैन धर्म मांसाहार का पूर्ण निषेध करता है। हिन्दू धर्म में यज्ञ एवं अन्य स्थितियों में मांसाहार का निषेध नहीं है। मनुस्मृति में कहा गया है– मांस खाने में कोई दोष नहीं है, मदिरापान में कोई दोष नहीं है और मैथुन में भी कोई दोष नहीं है, क्योंकि यह प्राणियों की प्रवृत्ति है, किन्तु इनके त्याग से महान फल मिलता है।[24]

सूत्रकृतांग में कहा गया है सब जीवों को दुःख, अप्रिय है अतः सभी जीव अहिंस्य हैं इसलिए किसी जीव की हिंसा न करें। समता ही अहिंसा है।[25] किसी भी प्राणी की हिंसा न करना अहिंसा का निषेधात्मक पक्ष है। सब प्राणी सुख के इच्छुक व दुःख के विरोधी होते हैं, इसलिए कोई भी प्राणी हंतव्य नहीं है। यह आत्मतुला परनिश्रित समता है।

मनुस्मृति में आचार्य मनु ने कहा– जीवों की हिंसा के बिना मांस उपलब्ध नहीं होता और जीवों का वध कभी स्वर्ग प्रदान नहीं करता; अतः मांसभक्षण त्यागना चाहिए।[26]

डॉ. हेग का मन्तव्य है– मांस और शराब सेवन से मनुष्य इतने अधिक कमजोर हो जाते हैं कि वह जीवन से निराश होकर आत्महत्या करने को भी उतारू हो जाते हैं।[27]

इस प्रकार उपरोक्त विवेचन के अनुसार जैन धर्म में माँसाहार का निषेध है। इसे हेय माना जाता है।

रात्रि भोजन का निषेध

जैन धर्म में रात्रि भोजन का भी प्रत्येक गृहस्थ को त्याग करना चाहिए। रात्रि में भोजन करने से त्रस हिंसा का दोष लगता है। रात्रि भोजन से प्राणातिपात (जीव हिंसा) आदि मूल गुणों की विराधना होती है।

जैनों में यज्ञ का विधान नहीं

जैन परम्परा में किसी प्रकार का यज्ञ नहीं होता है। समस्त प्राणियों की कामना और कल्याण हेतु वे शान्तिपाठ करते हैं। इसके विपरीत हिन्दुओं में विभिन्न प्रकार के यज्ञ किये जाते हैं जिनमें पशु की बलि भी दी जाती है। जैन धर्म ऐसे किसी भी यज्ञ का घोर विरोध करता है।

स्त्रियों के पुरुषों के समान धर्म का अधिकार

जैन धर्म में नारियों को पुरुषों के बराबर धर्म करने का अधिकार है। धर्म को धारण करने के बारे में पुरुष और स्त्री में कोई अन्तर नहीं है। नारी भी पुरुष के अनुसार संन्यास धर्म ले सकती है जैसे साधु और साध्वी।

वैदिक धर्म में संन्यास किस वर्ण वाला ग्रहण कर सकता है, इस सम्बन्ध में मतभेद हैं।

बृहदारण्यकोपनिषद व मुण्कोपनिषद के अनुसार केवल ब्राह्मण ही सन्यासी हो सकता है। किन्तु सूत्रकार कात्यायन, जाबालोपनिषद, याज्ञवलक्य, कर्मपुराण, प्रभृति ग्रन्थों में ब्राह्मण, क्षत्रिय, वैश्य तीनों वर्ण वाले संन्यासी बन सकते हैं; किन्तु शूद्र सन्यास धारण नहीं कर सकता। पर कुछ शूद्र व्यक्तियों द्वारा अपवाद के रूप में सन्यास ग्रहण करने का उल्लेख मिलते हैं। शूद्रों की भाँति महिलाएँ भी संन्यास ग्रहण नहीं कर सकती हैं। अत्रि के अनुसार महिलाओं के लिये जप, तप, प्रवज्या, तीर्थयात्रा, मंत्रसाधना और देव आराधन वर्ज्य है।[28]

अन्त्येष्टि संस्कार

जैन धर्मावलम्बियों में व्यक्तियों के मृत्यु पर दाह क्रिया करते हैं, किन्तु वेद मंत्रों की आहुतियाँ इस समय नहीं दी जाती हैं। जैन व्यक्तियों के दाह में नवकार मंत्र जाप, मंगलपाठ, शान्ति पाठ आदि मंत्रों का जाप किया जाता है। जैन धर्म में अस्थियाँ संग्रह कर उनका जल में प्रवाह भी नहीं किया जाता और मृतक का पिण्डदान करने का विधान भी नहीं है। जैन धर्मावलम्बियों में दाह के तीसरे दिन स्मृति सभा, तीये की बैठक की जाती है। उसके बाद किसी भी प्रकार के मृत्यु के संस्कार नहीं होते हैं।

जैन पितरों को श्राद्ध अर्पित नहीं करते हैं क्योंकि इससे पितरों की तृप्ति नहीं होती।

संदर्भ

1. न शूद्रे पातकं किंचिन्न च संस्कारमर्हति। नास्याधिकारो धर्मेऽस्ति न धर्मात्पित्तिषेदनम्।। मनुस्मृति 10/123
   धर्मेप्सवस्तु धर्मज्ञाः सतां वृतमनुष्ठिताः। मन्त्रवर्जाः न दुष्यन्ति प्रशंसा प्राप्नुवन्ति च।। मनुस्मृति – श्लोक 10/134
2. अभंत्रिकातु कार्येयं स्त्रीणाम वृदशेषतः।
   संस्कारार्थ शरीरस्य यथा कालं यथाक्रमय।। मनुस्मृति 2/69
3. शिवसिंह राय बनाम् मु. दाखो। इलाहाबाद 688 प्री. कौ; माणकचन्द गुलेचा बनाम् जगत सेठानी प्राणकुमारी बी बी 17 कलकत्ता पृ. 514
4. अम्बाबाई बनाम् गोविन्द 23 बम्बई 257; छोटे लाल बनाम् छन्नूलाल 4 कलकत्ता 744 प्री. कौ.

5. अम्बाबाई बनाम् गोविन्द 23, बम्बई 257
6. सुन्दरजी दासीजी बनाम् दाही बाई 29, बम्बई 316
7. पेरिया अम्मानी बनाम् .ष्णास्वामी 16 मद्रास 182
8. महावीर प्रसाद बनाम् मु. कुन्दन कुअर 8 वीक्ली रिपोर्टर 176 प्री. कौ.
9. जनकुरी बनाम् बुद्धामल 57 इंडि. के. 252
10. हरनाम प्रसाद बनाम् मडिलदास 27 कलकत्ता 379; अम्बाबाई बनाम् गोविन्द 23 बम्बई 257
11. जनकुरी बनाम् बुद्धमल 57 इंडि. के. 252, अम्बाबाई बनाम् गोविन्द 23 बम्बई 257
12. मु साने व मु इन्द्राजी बहू 78; इन्डि. के. 461 नागपुर
13. जैन संस्कार – अखिल भारतीय तेरापंथ युवक परिषद लाडनूँ – पृ. 31
14. अधीत्य विधिवहोदान पुत्राश्चोत्पाद्य धर्मतः।
इष्टवा च शक्तितो यज्ञेर्मनो मोक्ष निवेशयेत्।। मनुस्मृति 6/36
15. नास्ति जाति.तो भेदो मनुष्याणां गावाश्ववत्।
भगवान महावीर स्मृति ग्रन्थ खण्ड 4 – पृ. 54–55
16. कम्मुणो वंभणो होई, खतिओ होई कम्मुण।
वइसो कम्मुणा होई सुद्धो हवइ कम्मुण।। उत्तरज्झयणाणि, 33/25
17. वर्णाकृत्यादि भेदानां देहेस्मिन्न च दर्शनात्।
ब्राह्माणादिषु शूद्राद्यः गर्भाधानप्रवर्तनात।।
नास्ति जाति.तो भेदो, मनुष्याणं गवश्ववत।।
आकृतिग्रहणातस्मात अन्यथा परिकल्पते। उत्तरपुराण
जैन दर्शन मनन और मीमांसा – आचार्य महाप्रज्ञ – पृ. 484, 485
18. चाण्डालोऽपि व्रतोपेतः पूजित देवतादिभिः।
शीलवंतो गतो स्वर्ग नीच जातिभवा अपि।
कुलीनां नरकं प्राप्ताः शील संयमनाशिनः।। आचार्य अमितगति
19. न शूद्राय मतिं दद्यान्नोच्छिष्टं न हविष्तम।
न चास्योपदिशेद्धर्म न चास्य व्रतमादिशेत्।। मनुस्मृति 4/80
20. क्रियाविशेषाद् व्यवहारमात्राद दयाभिरक्षाकृषिशिल्पभेदात्।
शिष्टाश्च वर्णाश्चतुरो वदन्ति, न चान्यथा वर्णचतुष्टयं स्यात।। वरांगचरित, 25/11

21. उत्तरज्झयणाणि, 12/14 जैन दर्शन मनन और मीमांसा पृ. 488
22. व्रतस्थमपि चाण्डाल, तं देवा ब्राह्मण विदुः। पद्मपुराण, 203
23. जैन दर्शन : मनन और मीमांसा – आचार्य महाप्रज्ञ – पृ. 491
24. न मांसभक्षणे दोषो न मद्ये न च मैथुने।
    प्रवृतिरेषा भूतानां निवृतिसतु महाफला।। मनुस्मृति – 5/56
25. सव्वे अंकनदुक्खाया अओ सव्वे अहिंसागा।
    एवं सु णाणियों सारं जण हिंसइ कंचण।
    अहिंसा समय चेव, एयावंतं वियाणिया।। आगम और त्रिपिटक – डॉ. मुनि नगराज सन 1993, जैन श्वेताम्बर तेरापंथी महासभा, कलकत्ता
26. नाऽकृत्वा प्राणिनां हिंसा, मांसमुत्पद्यते क्वचित।
    न च प्राणिवधः स्वर्गस्तस्मान्मांसं विवर्जयते।।
    समुत्पति च मांसरस वध बन्धो च देहिनाम्।
    प्रसमीक्ष्य निवर्तेत सर्वमांसस्य भक्षणात्।। मनुस्मृति – अ 5 श्लोक 48, 49
27. जैन आचार सिद्धान्त और स्वरूप – आचार्य देवेन्द्र मुनि शास्त्री 1982 – पृ. 272
28. बृहदारण्य क. 4/4/223, 51
    मुण्डकोपनिषद 1/1/12
    जाबालोपनिषद 4
    याज्ञवलक्य 3/32
    कर्मपुराण – उत्तरार्द्ध 28/2
    महाभारत – आश्रम वार्षिक पर्व 26/33
    अत्रि. 136–137
    जैन आचार सिद्धान्त और स्वरूप – आचार्य देवेन्द्र मुनि – तारक गुरु जैन ग्रन्थालय उदयपुरव – 1982 – पृ. 40, 41 पर आधारित

अध्याय - पंचम्

विवाह

जैन मान्यता के अनुसार विवाह व्यवस्था का प्रारम्भ

जैन धर्म मूलतः निवृत्ति प्रधान है, अतः आगम–ग्रन्थों में विवाह और पति–पत्नी के पारस्परिक दायित्वों की चर्चा नहीं मिलती है। जैन धर्म हिन्दू धर्म के समान न तो विवाह को अनिवार्य कर्त्तव्य मानता है और न सन्तान प्राप्ति को, किन्तु ईसा की पाँचवीं शती एवं परवर्ती कथा साहित्य में इन दायित्वों का उल्लेख है। जैन पौराणिक–साहित्य तो भगवान ऋषभदेव को विवाह संस्था का संस्थापक ही बताता है।[1] जैन कथा–साहित्य के अनुसार ऋषभदेव के पूर्व बहन ही यौवनावस्था में पत्नी बनती थी, उन्होंने ही इस प्रथा को समाप्त कर विवाह, संस्था की स्थापना की थी। यौगलिक परम्परा में भाई और भगिनी ही पति और पत्नी के रूप में परिवर्तित हो जाया करते थे।

सुनन्दा के भ्राता की अकाल मृत्यु हो जाने से ऋषभदेव ने सहजात सुमंगला के साथ विवाह के बाद सुनन्दा से विवाह कर के नई व्यवस्था का सूत्रपात किया।[2] आचार्य हेमचन्द्र ने विवाह के विषय में लिखते हुए कहा कि ऋषभदेव ने लोगों में विवाह प्रवृत्ति चालू करने के लिये विवाह किया।[3]

विवाह का आधार

सभी प्राणियों में भूख, प्यास, भय, काम वासना, अहंकार, सम्मान की भावना, आदि आवेग होते हैं।[4]

विवाह संस्था का आधार काम वासना को नियन्त्रित करना है। काम संवेग सभी प्राणियों में विद्यमान है, इसकी तीव्रता प्राणियों में असंग रूप से पाई जाती है। भिन्न–भिन्न तीव्रता के परिप्रेक्ष्य में काम वासना पर नियंत्रण करना व्यक्ति और समाज के हित में आवश्यक है। इस दृष्टि से जैन

धर्मावलम्बियों ने काम संवेग को नियंत्रित करने की बहुत प्रभावी व्यवस्था और पद्धति अपनाई है। विवाह समूह में रहने वाले व्यक्ति की काम भावना और इच्छा को नियन्त्रण करने का कार्य करता है।

गृहस्थ जीवन को सुखी बनाने के लिये चार पुरुषार्थ बताये गये हैं। उनमें प्रथम पुरुषार्थ है धर्म, जिसे जीवन मंदिर का शिखर कहा जा सकता है। नींव और शिखर के बीच मंदिर का जो भाग है, वही गृहस्थ जीवन का मध्य रूप है वह अर्थ एवं काममय है। गृहस्थ जीवन अर्थ और काम से मुक्त हो, तब वह गृहस्थ जीवन नहीं, साधु जीवन हो जाता है। अतः अर्थ–काम–युक्त जीवन को गृहस्थ जीवन माना गया है। किन्तु उस जीवन में अर्थ एवं काम का अनियंत्रित प्रसार न हो, इसलिये उसे धर्म के बंधन में बांधा गया है और मोक्ष का लक्ष्य समक्ष रखा गया है। ये तीनों धर्म, अर्थ और काम ही त्रिवर्ग कहे जाते है। उनका परस्पर अविरोध रूप ही त्रिवर्ग का अभीष्ट फल देने वाला हो सकता है।

विवाह का उद्देश्य

गृहस्थ विवाह का एकमात्र उद्देश्य जैन समाज में काम वासना की तृप्ति का नहीं है, यद्यपि आंशिक रूप से वह विवाह के उद्देश्य में विद्यमान है। विवाह के मुख्य उद्देश्य व आवश्यकता का अत्यन्त उपयुक्त विवेचन पंडित आशाधरजी ने निम्न प्रकार से किया है ––

धर्मसंततिमक्लिष्टांरति वृत कुलोन्नतिम्।
देवादिसत्कृति चेच्छन् सत्कन्यां यत्नतो वरेत।।[5]

भावार्थ– घर में अच्छी स्त्री के बिना धर्म स्वीकार करने वाली संतति, संक्लेशरहित रति, व्रत, कुल की उन्नति, देवपूजा, अतिथि सत्कार आदि नहीं हो सकते। इसलिये गृहस्थ के लिए धर्म की परम्परा चलाने के लिए संतति की, संक्लेश रहित रति की, व्रत, कुल आदि की उन्नति तथा देवपूजा, दान आदि की इच्छा से उत्तम कुल की कन्या के साथ विवाह करना उचित है।

महापंडित आशाधर जी ने सागार धर्मामृत में लिखा है '' जिसने सत् कन्या दे दी है'' उसने गृहस्थ को त्रिवर्ग दे दिया है। ''सत कन्या ददता दत्तः सत्रिवर्णों गृहाक्षम।[6] अर्थात् धर्म, अर्थ और काम तीनों पुरुषार्थ दे दिये हैं। अर्थ और काम पुरुषार्थ तब सार्थक होते हैं जब वे धर्म पुरुषार्थ से जुड़ते

हैं और धर्म, अर्थ और काम पुरुषार्थ तब बनते हैं जब व्यक्ति वैवाहिक जीवन अंगीकार करता है।

विवाह सामान्य काम तृप्ति के कार्य से बिल्कुल भिन्न है। विवाह रिवाज अथवा विधि से मान्य संस्था है और यह सामान्यतया रिश्तों में स्थायित्व प्रदान करता है। विवाह को सम्पन्न करने के लिये कुछ औपचारिकता करनी पड़ती है और साथ ही यह वर–वधू को कुछ अधिकार और कर्त्तव्य देने के साथ विवाह के फलस्वरूप उत्पन्न होने वाले बच्चों के प्रति दायित्व भी निर्देशित करता है।[7]

विवाह वर–वधू के विवाह बन्धन में बँधने के परिणामस्वरूप वर–वधू के यौन सम्बन्धों को न केवल नियंत्रित और निर्धारित करता है वरन् यह सम्बन्ध वंशक्रम उत्तराधिकार, सम्पत्ति दायभाग में प्राप्त करने आदि जो विवाह सम्बन्ध के परिणाम स्वरूप उत्पन्न होते हैं, उनको भी निर्धारित करता हैं। कभी–कभी यौन सम्बन्धों की तुलना में वंशक्रम, उत्तराधिकार, सम्पत्ति के अधिकार अधिक महत्त्वपूर्ण हो जाते हैं।[8]

एक व्यक्ति अगर वैध रूप से बच्चे रखने की इच्छा रखता है, निर्बाध रूप से काम वासना की संतुष्टि चाहता है, परिवार की वृद्धि, निरन्तरता और समृद्धि चाहता है, ईश्वर और अन्य पूजनीय, इन्द्रियातीत का सम्मान करना चाहे तब उसको सद्गुणों से सम्पन्न लड़की के साथ विवाह करना चाहिये। यहाँ यह नोट करने लायक है कि बच्चों के होने को सर्वप्रथम स्थान दिया गया है, जबकि काम वासना की संतुष्टि को उसके बाद का स्थान दिया गया है।[9]

आचार्य जिनसेन द्वारा रचित आदिपुराण में कहा गया है, 'संतानार्थभश्तावेव कामसेवां मिथो भजेत्' अर्थात् व्यक्ति को बच्चों को उत्पन्न करने के लिये सम्भोग करना चाहिये और वह भी तब जब स्त्री बच्चे पैदा करने की अवधि में हो।[10] आचार्य जिनसेन ने इसी बात पर आदिपुराण में संतान उत्पत्ति को अति महत्त्वपूर्ण बताया है और इस प्रकार वर्णित किया है–

"त्वामादिपुरुषं दृभटवा लोकोप्येव प्रवर्तताम्।
महतां मार्गवर्तिन्यः प्रजा सुप्रजसो ह्यूम।।
ततः कलेत्रमत्रेष्टं परिणेतु मनः कुरु।
प्रजासंत तिरेवं हि नोच्छेत्स्याति विदांरव।
प्रजासंत्यविच्छेद तनुते धर्मसंततिः।

मनु व मानवधर्म ततो देवेममच्युत।।
देवेमं गृहिणां धर्म विद्धि दारपरिग्रहम्।
संतानरक्षणे यत्नः कार्यों हि गृहमेधिनाम।।[11]

उपरोक्त श्लोकों से यह प्रकट होता है कि गृहस्थ का विवाह करना आवश्यक कर्त्तव्य है। गृहस्थ को बच्चों को पैदा करने के लिये आवश्यक मैथुन करना चाहिये और उनकी रक्षा करनी चाहिये। विवाह संस्कार से समाज की निरन्तरता बनी रहती है, इससे धर्म में प्रसार होता है। समाज व्यक्तियों के समूह से बनता है और समाज का विस्तार जब होगा जब व्यक्तियों की संख्या में निरन्तर वृद्धि होती रहे।

इसलिये विवाह का मुख्य उद्देश्य वैध रूप से गृहस्थ दम्पतियों द्वारा बच्चों की संख्या में वृद्धि करना, जिससे समाज की निरन्तरता वांछित रूप से बनी रहे।[12] साथ ही विवाह का यह उद्देश्य भी है कि जो व्यक्ति पूर्ण रूप से अपनी वासना पर विजय पाने में असमर्थ है वह अपनी वासना पर धीरे–धीरे विजय प्राप्त करके अन्त में पूर्ण ब्रह्मचारी बन सके। गृहस्थ धर्म का परिपालन करते हुए अपने आपको वारिषेण, सुदर्शन आदि के समान आदर्श जीवन जीने के लिये योग्य कन्या से धार्मिक विधि विधान से विवाह करना चाहिये।

आदिपुराण ग्रन्थ में जिनसेनाचार्य ने लिखा है कि "विवाह करना गृहस्थों का धर्म है, गृहस्थों को संतान उत्पन्न करने और उसकी रक्षा में यत्न करना चाहिए। विवाह के द्वारा प्रजा का सिलसिला बन्द न हो और धर्म का सिलसिला बराबर जारी रहे।[13]

जैनाचार्यों ने विवाह संस्था को यौन सम्बन्धों के नियन्त्रण एवं वैधीकरण के लिये आवश्यक माना था। गृहस्थ का स्वपत्नी–संतोषव्रत न केवल व्यक्ति की कामवासना को नियंत्रित करता है, अपितु सामाजिक जीवन में यौन व्यवहार को परिष्कृत भी बनाता है। अविवाहित स्त्री से यौन सम्बन्ध स्थापित करने, वेश्यागमन आदि का निषेध इस बात का सूचक है। जैन धर्म सामाजिक जीवन में यौन सम्बन्धों की शुद्धि को आवश्यक मानता है। विवाह के उद्देश्य पर प्रकाश डालते हुए आदिपुराण में बताया गया है कि जिस प्रकार ज्वर से पीड़ित व्यक्ति उसके उपशमनार्थ कटु औषधि का सेवन करता है, उसी प्रकार काम ज्वर से सन्तप्त हुआ प्राणी उसके उपशमनार्थ स्त्रीरूप औषधि का सेवन करता है।

समाज व्यक्तियों का समूह होता है और समाज में वृद्धि के लिये उस जाति, समाज को प्रजनन द्वारा संतति को उत्पन्न करना आवश्यक होता है इसलिये विवाह का मुख्य उद्देश्य विवाह संस्था को अपनाकर वैध संतानों द्वारा समाज में वृद्धि और विकास में सहयोग वांछित है।[14]

यहाँ जैन धर्म की निवृत्ति प्रधान दृष्टि को अक्षुण्ण रखते हुए वैवाहिक जीवन की आवश्यकता को प्रतिपादित किया गया है। आदिपुराण में यह भी उल्लेख है कि विवाह न करने से संतति का उच्छेद हो जाता है, संतति के उच्छेद से धर्म का उच्छेद हो जाता है अतः विवाह गृहस्थों का धार्मिक कर्त्तव्य है।[15,16]

ऊपर वर्णित किये गये उद्देश्य को आचार्य हरिभद्र ने अपने प्रसिद्ध ग्रन्थ समराइच्चकहा में उपयुक्त ढंग से वर्णित करते हुए कहा है –– 'कुसलेण अणुययियव्वो लोयधम्मो, कायव्वा कुसलसंतजी, जइयव्वं परोवयारे अणुयतियव्वो कुलकम्भो।' अर्थात् कुशल बन कर लोकधर्म सांसारिक कार्यों का अनुसरण करना, कुशल संतति उत्पन्न करना, परोपकार में संलग्न रहना, कुल परम्परा का निर्वाह करना, कटु–मधु अनुभवों द्वारा जीवन को विकसित करना विवाह का उद्देश्य है। इस प्रकार प्राकृत कथा ग्रन्थों में कुशल गृहस्थ जीवन के लिये विवाह को पवित्र और आवश्यक कृत्य के रूप में स्वीकार किया गया है।

हिन्दुओं और जैनों के बीच दृष्टिकोण और विश्वास का अन्तर

यद्यपि जैनों और हिन्दुओं में विवाह को पुरुष और स्त्री दोनों के लिये अनिवार्य माना गया है परन्तु दोनों के दृष्टिकोण में बहुत अन्तर है। जहाँ जैन धर्मावलम्बी विवाह को सामाजिक दृष्टिकोण से आवश्यक मानते हैं, वहीं हिन्दुओं में इसे धार्मिक दृष्टिकोण से अनिवार्य समझा जाता है।[17, 18]

भारत के महान समाजशास्त्री के. एम. कापड़िया ने कहा है 'हिन्दू विवाह एक संस्कार है, हिन्दू विवाह एक धार्मिक संस्कार है, विवाह प्राथमिक रूप से कर्त्तव्यों की पूर्ति के लिये होता है इसलिये मौलिक उद्देश्य धर्म था।' हिन्दू विवाह का उद्देश्य धर्म, प्रजा (संतान) तथा रति (आनंद) बतलाये गये हैं।[19]

हिन्दुओं में विवाह करना अनिवार्य है क्योंकि पुत्र जन्म से मोक्ष की प्राप्ति संभव है। हिन्दुओं में यह विश्वास है कि व्यक्ति का संतति का इस

दुनिया में और उसके बाद प्रसन्नता से सम्बन्ध है। इसके साथ ही हिन्दुओं में पुत्र का जन्म, पिता के अपने पूर्वजों के प्रति तीन दायित्वों में एक पूर्वजों के प्रति दायित्व को सम्पन्न करने में बहुत सहायक और आवश्यक माना जाता है। एक हिन्दू को विवाह करना इसलिये भी आवश्यक माना जाता है उससे उत्पन्न पुत्र जन्म से नर्क टल जाता है। हिन्दू धर्म में यह दृढ़ विश्वास है कि विवाह का अंतिम लक्ष्य मोक्ष प्राप्ति से गहरा सम्बन्ध है। इस प्रकार हिन्दू धर्मावलम्बियों में विवाह के सामाजिक सम्बन्ध का दृष्टिकोण इस परिप्रेक्ष्य में लुप्त हो जाता है और विवाह केवल धार्मिक कृत्य ही रह जाता है।

इसके विपरीत जैन धर्म में विवाह को धार्मिक कृत्य नहीं माना गया है, यह केवल सामाजिक कृत्य ही माना गया है। विवाह को जैन धर्म में एक सिविल संविदा माना जाता है, न कि कोई धार्मिक कृत्य।[20] जैन धर्म में आत्मा की मुक्ति के विवाह करने से कोई सम्बन्ध नहीं है। इसका उद्देश्य मानव जाति की निरन्तरता को बनाये रखना है।

भारतवर्ष में प्राचीन समय से ही विवाह संस्था का सम्मान और महत्त्व अधिक रहा है तथा आज भी है। आगम में विवाह स्त्री–पुरुष के बीच कोई सामाजिक या व्यावसायिक अनुबंध मात्र नहीं बल्कि एक आध्यात्मिक एकता है और एकता का वह पवित्र बन्धन है जो दैवी विधान से सम्पन्न होता है। इस प्रकार के विवाह का एक उद्देश्य यह भी था कि वंश की बेल जारी रहे।[21]

जैन आगम या धार्मिक साहित्य में जैन विधि से विवाह के कोई विस्तृत नियम या विधान नहीं हैं। विवाह पद्धति लोगों के उन सामाजिक रिवाजों पर निर्भर है जो व्यक्ति या समूह विशेष के स्थानीय परिवेश में प्रचलित है। रिवाज व्यक्ति के जीवन को इस दुनिया के साथ सांमजस्य को दृष्टिगत रखते हुए बनते है। अगर जैनों में विवाह का विषय जैन धर्म में सबसे उच्चस्थ स्थान रखने वाले आगमों में वर्णित होता तो पूरे भारत में जैन धर्म के अनुयायियों में विवाह पद्धति और व्यवस्था व्यावहारिक रूप से कई शताब्दियों तक एकसी होती और पूरे भारत में समस्त जैन समाज में विवाह के रिवाज और व्यवस्था भी एक समान होते, उनमें कोई आधारभूत भिन्नता नहीं होती।

इसके अभाव में आज जैन धर्मावलम्बियों के विवाह के रिवाजों में अलग अलग क्षेत्रों में काफी भिन्नता है, उससे यह प्रकट होता है कि विवाह पद्धति

और तरीके स्थानीय रिवाजों के अनुसार परिवर्तित होते हैं। किन्तु इससे यह निष्कर्ष नहीं निकालना चाहिये कि जैन धर्म की पवित्र पुस्तकें आगम आदि में विवाह का कोई संदर्भ नहीं आता। पवित्र ग्रन्थों में विवाह का संदर्भ अवश्य आता है। इस सम्बन्ध में इन पवित्र ग्रन्थों में मूल बल इस बात पर होता है कि एक व्यक्ति को वैध रूप से विवाहित पत्नी की इसलिये आवश्यकता है जिससे वह सद्गृहस्थ का दायित्व अच्छी तरह से निभा सके। ये ग्रन्थ ऐसा कोई नियम नहीं बताते जिसमें विवाह करने की आयु, योग्यता, गोत्र, जाति, वर्ण आदि वर्णित किया गया हो। यह सब स्थानीय रिवाजों पर निर्भर है।

व्यावहारिक रूप से जैन पवित्र ग्रन्थों का विवाह के रिवाजों से नगण्य सा सम्बन्ध है। यह सत्य है कि जैन ग्रन्थों में कोई विशेष घटना को बताते हुए, उस विशेष घटना से सम्बन्धित विवाह के संदर्भ में विवाह से जुडे तत्कालीन रिवाजों के बारे में वर्णन मिलते है। इन में चर्चित विचार और मत को प्रत्येक स्थान और काल में स्वीकार किया जाना चाहिये क्योंकि वे उस काल के विवाह संस्कारों को ध्यान में रखकर व्यक्त किए जाते हैं।[22,23] इसका अर्थ यह है कि जैन ग्रन्थों में वर्णित विवाह संस्कार विधि सभी जैनों पर समय और काल के अनुरूप लागू किये जाने चाहिएं क्योंकि जैन लोग स्थानीय परिस्थितियों के अनुसार अपने विवाह रिवाज बनाने और उन्हें लागू करने में स्वतंत्र है।

हिन्दू धर्म में विवाह और धर्म में सीधा सम्बन्ध है, जबकि जैन धर्म में विवाह का धर्म से अप्रत्यक्ष सम्बन्ध है, जैसा कि दूसरे रिवाजों में है। जैनों के लिए जीवन का अंतिम उद्देश्य मोक्ष की प्राप्ति अर्थात् सांसारिक बन्धनों से आत्मा को मुक्त करना है। जैन मान्यता के अनुसार विवाह चार पुरुषार्थों में से धर्म, अर्थ और काम की सिद्धि के लिये परमावश्यक है और इस कड़ी में वह परम्परा दृष्टि से मोक्ष प्राप्ति में साधक हो सकता है। उसका मोक्ष प्राप्ति से कोई सीधा सम्बन्ध नहीं है।

जैन धर्म में जीवन के इस उद्देश्य अथवा लक्ष्य की प्राप्ति के लिये सम्यक् ज्ञान और आचार के साथ सम्यक् क्रिया का किया जाना अनिवार्य है।[24] सम्यक् क्रिया में कामवासना का उचित संयम उस दृष्टि से करना है जिससे यह आत्मा की मुक्ति के लिये यह प्रथम सोपान बने। धर्म का आधार और इसकी वृद्धि उसके अनुयायियों की संख्या बल पर निर्भर करता

है।[25 26] किसी भी धर्म के अनुयायियों के संख्या बल को बनाये रखना और उसमें वृद्धि करना वैध रूप से अधिक संतानों की प्राप्ति पर ही निर्भर है।

इन सब उद्देश्यों, लक्ष्यों और दृष्टिकोणों को ध्यान में रखते हुए जैन धर्म में विवाह के उद्देश्य दो तरह से हैं– (1) कामवासना की उचित पूर्ति की वैधता देते हुए, यह प्रक्रिया अपनाई जाती है जिससे जैन धर्म के अनुयायी उपर्युक्त तरह से उपयोगी जीवन को अपनाते हुए धर्म, अर्थ और काम के सामंजस्य से महान लक्ष्य मोक्ष की प्राप्ति कर सकें। (2) जैन धर्मावलम्बी वैध रूप से योग्य पुत्रों और पुत्रियों को जन्म देकर धर्म की वृद्धि करने में योगदान करें। जैन गृहस्थ का यह कर्त्तव्य है कि वह अपने जीवन से संतुष्टि रखे और मानव जाति की निरन्तरता बनाये रखने में अपना दायित्व निभाये।[27 28]

गृहस्थ का विवाह द्वारा काम सेवन उद्देश्य नहीं होना चाहिये। काम तृभणा की असह्य वेदना उत्पन्न होने पर ही उसकी अल्पकालीन शांति के लिये संभोग करना चाहिये। विवाह के मुख्य उद्देश्य हैं काम को जीतने की स्वयं में शक्ति पैदा करना, काम की वेदना के उदय का शमन करना और काम तृष्णा के समूल नाश का प्रयत्न करना। इन उद्देश्यों हेतु धर्म, अर्थ और काम का यथा योग्य रीति से सम्पादन करना चाहिये। 'स्त्री का सेवन इस तरह करना चाहिये जिस तरह शरीर और मन का आताप मिटाने के लिये भोजन का सेवन किया जाता है अन्यथा अधिक स्त्री सेवन से उन्हें अपने धन, मन और शरीर तीनों की हानि उठानी पड़ेगी।' ऐसा महापंडित आशाधर जी ने सागारधर्मामृतम में कहा है। महापंडित आशाधरजी ने यह भी स्पष्ट कहा है कि पति और पत्नी को संतान उत्पन्न करने के लिये ऋतुकाल में ही परस्पर काम सेवन करना चाहिये अन्य काल में नही। शक्ति और काय की अपेक्षा रखने वाला यह क्रम केवल समर्थ लोगों के लिये कहा है।[29]

धर्म सन्ततिरनुपहता
रतिःगृहवातोसुविहितत्वमाभिजात्याचार विशुद्धिः
देवद्विजातिथि बान्धवसत्कारान्वद्यत्वं .... च दार कर्मणफल।
गृहिणी गृहमुच्यते, न पुनः कुड्यकटसंघातः।।[30]

अर्थात् धर्म परम्परा का अक्षुण्ण चलते रहते धार्मिक सज्जाति संतान का लाभ होना, कामोपभोग में बाधा न आना, गृह व्यवस्था का सुचारु रूप से

संचालन, कुलीनता व आचार शुद्धि देव अतिथि ब्राह्मण और बन्धुजनों का सम्मान उक्त प्रकार के लाभ धर्म पत्नी द्वारा सम्पन्न होते हैं। जहाँ स्त्री विद्यमान हो उसे गृह कहा जाता है न कि केवल लकड़ी, पाषाण व मिट्टी के संघात से बने हुए गृह को।

जैन धर्म में विवाह संतुलित दीवानी संविदा

परिवार निर्माण की प्रथम सीढ़ी विवाह है। जैन धर्म में इसे विशुद्ध सामाजिक नियम माना गया है। यह निःसंदेह है कि जैन दर्शन और विचारधारा त्याग और विसर्जन की नीति को अधिक महत्त्व देता है। जैन धर्म व्यक्ति के पूरे जीवन में ब्रह्मचर्य के पालन को अत्यधिक महत्त्व देता है जबकि सांसारिक आनन्द यथा काम तृप्ति को उसकी तुलना में कम महत्त्व देता है। इससे यह निष्कर्ष निकालना कि जैन धर्म विवाह के खिलाफ है, यह बहुत बड़ी भूल होगी। जो व्यक्ति सम्पूर्ण जीवन में ब्रह्मचर्य व्रत का पालन कर सकें, वे अत्यन्त सराहनीय और प्रशंसनीय हैं, लेकिन जो लोग ऐसा नहीं कर सकते, उनको भी किसी विपरीत दृष्टि से नहीं देखा जाता, न वे भर्त्सना के योग्य है।

वैसे समाज में बहुत व्यक्ति ऐसे हैं जो सम्पूर्ण त्यागी और पूर्ण ब्रह्मचर्य पालन में असमर्थ है। उन व्यक्तियों को विवाह करने की सलाह और निर्देश अच्छे गृहस्थ और विवाहित व्यक्ति के तौर पर जीवन जीने का द्वितीय अच्छा विकल्प है। इसलिये जैन धर्म में विवाह को शरीर संस्कार मानते हुए प्रत्येक व्यक्ति को उचित आयु और समय पर विवाह करने की सलाह और निर्देश दिये गये है। यह विवाह व्यवस्था जैन धर्म में, हिन्दू धर्म की भाँति मोक्ष प्राप्ति के लिये पुत्र होने की अनिवार्यता की तरह नहीं है।

हिन्दुओं में विवाह धार्मिक नियम माना जाता है। हिन्दुओं में पितृऋण, देवऋण आदि से मुक्ति के लिये पुत्रोत्पत्ति आवश्यक है, पुत्रोत्पत्ति इस लोक परलोक के सुख का साधन है। इससे पितरों को श्राद्ध दिया जा सकता है और नरक में जाने से बचा जा सकता है, इसलिये एक बड़ी धार्मिक विधि को पूरा करने के लिए विवाह आवश्यक है। जैन धर्म में विवाह का उद्देश्य वंश है अतः –– (1) स्वधर्म की परम्परा चलाने के लिये (2) भोगाकांक्षा की विघ्नबाधा रहित तृप्ति के लिये (3) चरित्र व कुल की उन्नति के लिये और देवगुरु तथा अन्य आदरणीय पुरुषों की सत्कृति के लिये अच्छे गुणों से

सम्पन्न कन्या से विवाह करना चाहिये। **'धर्म संतति माक्लिष्टो रति वृत कुलोन्नति। देवादिरात्कृति चेच्छन सत्कन्यां यत्नो चरेत।'**

आगम में विवाह स्त्री और पुरुष में केवल ठेका भर नहीं बल्कि एक आध्यात्मिक एकता है और एकता का वह पवित्र बन्धन है जो दैवीय विधान से सम्पन्न होता है। जैन गृहस्थ के लिये अपनी पुत्री को रजस्वला होने, मासिक धर्म के आरंभ होने के साथ इसका विवाह करने के निर्देश दिये गये है। इसके लिये 'जैन विवाह पद्धति' में पंडित फतेलालजी का मंतव्य निम्नानुसार कहा गया है–

कन्या स्याद्वै यावदज्ञातयौवना यावत् स्त्रीत्वधर्मानुमंत्री।
न स्यातावत्पूर्वमरयात् कुलस्येः तस्याः प्रीत्योद्वाहनं संप्राधार्यम।12।
यदा लोभादिनाकन्यागृहे रक्षेदजस्वलाभ।
नो द्वहंच्च कुलस्थानां धर्मभ्रष्टः पदे पदे।13।[31 32]

इसमें यह भी कहा गया है कि जो जैन गृहस्थ अपनी पुत्री को रजस्वला होने पर भी उसका विवाह नहीं करके, उसे अपने घर पर ही रखते हैं वे धर्मच्युत हो जाते हैं। उपरोक्त परिप्रेक्ष्य में जैन गृहस्थों में अपनी संतानों के शीघ्र विवाह करने के लिये तत्परता देखी जाती है, इसके फलस्वरूप जैन गृहस्थों में बाल विवाह बहुत ही अधिक संख्या में कुछ वर्षों पूर्व विद्यमान था।

विवाह के स्वरूप

जैन धर्म में भी हिन्दू धर्म की तरह विवाह के स्वरूप, विवाह करने के तरीके के अनुसार हैं। मनुस्मृति में आठ प्रकार के विवाह का वर्णन आता है। आगमों के अनुसार तीन प्रकार के विवाह बताये गये है।

हिंदू धर्म में

मनुस्मृति में आठ प्रकार के विवाह का वर्णन आता है ––

ब्राहमे देवस्त था आर्षः प्रजापत्यस्तथासुरः।
गान्धर्वो राक्षसोश्चैव पैषाचमश्ऽमोऽधमः।[33]

इसी प्रकार त्रैवर्णिकाचार – ग्यारहवें अध्याय के 70वें श्लोक –

ब्राह्मो देवस्तथा चार्षः प्राजापत्यथाऽऽसुरः।
गान्धर्वो राक्षसश्चैव पैशाश्चाष्टमोऽधम।।70।।

ब्रह्म विवाह, दैव विवाह, ऋषि विवाह और प्राजापात्य विवाह यह चार धर्म विवाह हैं; आसुर विवाह, गान्धर्व विवाह, राक्षस विवाह और पैशाच विवाह ये चार अधर्म विवाह हैं; यों विवाह के आठ भेद हैं।[34]

इन सबसे विदित है कि जैन आगमों, जैन ग्रन्थों और हिन्दू ग्रन्थों में आठ प्रकार के विवाह बताये गये हैं जिनमें से चार धर्म और चार अधर्म विवाह हैं। इस आधार पर विवाह के स्वरूप आठ प्रकार के माने गये – (1) ब्रह्म स्वरूप, (2) देव स्वरूप, (3) आर्ष स्वरूप, (4) प्राजापत्य स्वरूप, (5) असुर स्वरूप, (6) गान्धर्व स्वरूप, (7) राक्षस स्वरूप और (8) पैशाच स्वरूप।

विवरण

(1) ब्रह्म विवाह–

आच्छाद्य चार्हवित्वा च श्रुतशीलवते स्वयम्।
आहूय दानं कान्याया। ब्रह्मों धर्म प्रकीतत।। 7।।

विद्वान या सदाचारी वर को पिता द्वारा स्वयं बुलाकर उसको और कन्या को बहुमूल्य आभूषण पहनाकर कन्या देने को ब्रह्म विवाह कहते हैं।[35]

स ब्रह्मो विवाहो यत्र बरायालकृत्य कन्या प्रदीयते।[36]

बुद्धिमान वर को अपने घर पर बहुमूल्य आभूषणों आदि के साथ कन्या देना ब्रह्म विवाह है। जिस विवाह में कन्या के पिता आदि संरक्षक अपनी शक्ति अनुसार कन्या को वस्त्राभूषणों से अलंकृत करके वर के लिये कन्या प्रदान करते हैं वह ब्रह्म विवाह है।

भारद्वाज ने इस विवाह के लिये कहा है–

वरंणं युक्तितो यच्च बह्निब्राह्मण साक्षिकं।
विवाह प्रोच्यतो शुद्धो योऽन्यस्य स्याच्च विप्लव।।

उपरोक्त सभी बुद्धिमानों, विद्वानों और ग्रन्थों के अनुसार इस प्रकार के विवाह में वर के माता–पिता–संरक्षक के अनुसार कन्या वर को दी जाती है और कन्या को इनकी शक्तिनुसार वस्त्र, आभूषण, राशि अन्य घर–गृहस्थी की सामग्री विवाह में दी जाती थी। ये ही ब्रह्म विवाह के मुख्य लक्षण हैं।

2. दैव विवाह

यज्ञे तु वितते सम्यक् जिनार्चा कर्म कुर्वते।
अलंकृत्य सुतादानं दैवोधर्म प्रचक्ष्यते।। 72।।

व्यक्ति द्वारा बुद्ध पूजा के सम्पन्नता पर अथवा पवित्र तीर्थंकर की जिन पूजा महान अनुष्ठान की समाप्ति होने पर जिनार्चा कराने वाले साधर्मी पुरुष

को वस्त्र और आभूषणों से विभूषित करके पूजा निर्देशित करने वाले को अपनी कन्या को वस्त्र–आभूषणों से विभूषित करके देने को दैव विवाह कहते हैं। यहाँ वर को अपनी कन्या भेंट में देने को दैव विवाह कहते हैं।[37]

स दैवो विवाहः, यत्र यज्ञार्थमृत्विजे कन्याप्रदानमेव दक्षिणा।

जिसमें यज्ञ (कराने) के लिये ऋत्विज को कन्या के दान की ही दक्षिणा दी जाती है, वह "दैव" विवाह है।[38] इसके सम्बन्ध में कहा गया है–

कृत्वा यक्षविधानं तु यो ददाति च ऋत्विजः।
समाप्तौ दक्षिणकन्यां दैवं वैवाहिकं हि तत्।।

इसी प्रकार नीतिवाक्यामृत और त्रैवर्णिकाचार सभी को जिनपूजा के महान अनुष्ठान के सम्पन्न होने पर पूजा कराने वाले व्यक्ति को भेंट स्वरूप कन्या दी जाती है, वह दैव विवाह है।

आयोजित इन दोनों विवाहों में विवाह वाले वर, कन्या का विवाह इन दोनों के माता–पिता और घर के बुजुर्गों, अग्रजों द्वारा तय किया जाता है। विवाह के लिये सर्वोत्तम दिन निश्चित किया जाता है।[39] उस शुभ निश्चित दिन वर पक्ष वर और बरातियों को लेकर के गाजे–बाजे, धूमधाम के साथ वधूपक्ष के यहाँ पहुँचता है और वधू पक्ष द्वारा वर पक्ष के सदस्यों का बड़ा स्वागत और स्वादिष्ट भोजन का प्रबन्ध किया जाता है। अगर वर पक्ष वधू पक्ष के यहाँ दूसरे शहर, ग्राम से आता है तब उनके उचित ठहरने का प्रबन्ध किया जाता है। इन दोनों विवाहों में वधू पक्ष द्वारा वर पक्ष से कुछ नहीं लिया जाता है। वधू के घर वालों की ओर से वधू को आभूषणों, सुन्दर वस्त्रों के साथ वधू पक्ष के अनेक लोग परिवार वालों सहित वर पक्ष के यहाँ भेजा जाता है।

वासुदेव हिन्डी में वसुदेव द्वारा किये गये अधिकांश विवाह आयोजित विवाह की श्रेणी के ही थे। उन्हें अधिकांश कन्यायें माता–पिता द्वारा वस्त्राभूषण और अतुल धन के साथ प्रदान की थी। वसुदेव द्वारा किये गये ये सभी विवाह ब्रह्म एवं प्राजापत्य का मिला–जुला रूप प्रतीत होते हैं।

3. आर्ष विवाह

इस विवाह में वधू का विवाह के लिये वधू का पिता वधू के लिये एक जोड़ी कपड़ा, गाय या बैल, धर्म के अनुसार लेकर कन्या को विधिपूर्वक वर को भेंट करता है। तदुक्तं के अनुसार– 'कन्या दत्वा पुनर्दद्याद्यत्र गोमिथुन परं। बराम दीयते सोऽत्र विवाहश्चार्ष संज्ञितः।'

एकवस्त्रयुगं द्वे वा वरादादाय धर्मतः
कन्या प्रदान विधिवदार्षो धर्मः स उच्यते।।73

इस विवाह विधि में निर्धारित प्रक्रिया के अनुसार विवाह सम्पन्न किया जाता है।[40]

गोमिथुनपुरस्सरं कन्यादानादार्षः।

गायों और बैलों का जोड़ा भेंट करते हुए कन्या का दान करने पर आर्ष विवाह कहलाता है।[41]

आख्यानकमणिकोश के प्रथम अधिकार में उल्लेखित राजकुमार श्रेणिक तथा श्रेष्ठी पुत्री सुनन्दा का विवाह भी आयोजित विवाह की श्रेणी में आता है। सुनन्दा के पिता स्वप्नानुसार अपनी पुत्री का विवाह क्षत्रिय कुल के उत्तम लक्षणों को धारण करने वाले श्रेणिक से सम्पन्न कराते हैं। इसी प्रकार राजा श्रेणिक द्वारा अपने पुत्र अभयकुमार का विवाह अपनी बहन सुसेना की दोहित्री मदनसेना से करवाने का प्रसंग भी विधिवत विवाह का ही उदाहरण है।[42]

आयोजित विवाह में माता पिता द्वारा वरान्वेषण की प्रथा का उल्लेख मिलता है। विवाह के योग्य हो जाने पर कन्या के माता–पिता द्वारा विभिन्न गुण और कलाओं में निपुण वर की खोज हेतु प्रयत्न किये जाते थे। वसुदेवहिण्डी में वर अन्वेषण की प्रथा के संकेत मिलते हैं।[43] समराइच्चकहा में रानी कान्तिमती अपनी असाधारण कला कुशल पुत्री रत्नावली के लिये उसके रूप व विज्ञान के योग्य वर के अन्वेषण हेतु निपुण व्यक्तियों को भेजकर योग्य राजकुमारों के चित्र मँगवाती है।

4. प्राजापत्य विवाह

कन्याप्रदानमभ्यर्च्य प्राजापत्यो विधिः स्मृतः।। 74।।

कन्या के पिता के द्वारा केवल आशीर्वाद के साथ कन्या को वर को भेंट करता है और उस आशीर्वाद में यह कहा जाता है– 'तुम दोनों साथ–साथ रहकर स्वधर्म का आचरण करो। संभवतः इस विधि में वर अपनी इच्छा वधू के साथ विवाह करने की प्रकट करता है और संभवतः यह भी आवश्यक नहीं है वर–दूल्हा अविवाहित हो।[44,45]

'त्वं भवास्य महाभाग्य प्रेयसी सहधर्मचारिणी विनियोगेन कन्याप्रदानात् प्राजापत्यः।'

तुम इस सौभाग्यशाली की प्रिय और लोक कर्मों को सम्पन्न करने वाली धर्मपत्नी बनो, इस निर्देश के साथ कन्या का दान प्राजापत्य विवाह कहलाता है।[46]

तथा च गुरुः धनिनो धनिन यत्र विषये कन्यकामिह।
संतानय स विज्ञेय प्राजापत्यो मनीषिभीः।।

गुरु के अनुसार धनिक पुरुष द्वारा धनिक के लिये अपनी कन्या दी जाने को प्राजापत्य विवाह माना गया है। इससे यह लगता है कि यह विवाह धनी व्यक्तियों द्वारा धनी पुरुष को कन्या देने की विधि को कहते हैं।

ये चारों विवाह ब्रह्म विवाह, देवविवाह, आर्ष विवाह और प्राजापत्य विशेष गुण वाले धार्मिक हैं। इन सबमें एक ही बिन्दु है कि चारों विवाहों में वधू के माता–पिता, संरक्षक द्वारा कन्या को भेंट स्वरूप विवाह के लिये दिया जाता है। किसी विवाह में वस्त्र, आभूषण, गाय–बैलों का जोड़ा आदि वर को भेंट किया जाता है। किसी भी विवाह में कन्या को प्राप्त करने के लिये बल का उपयोग नहीं किया जाता है। केवल वर के माता–पिता संरक्षक कन्या की भी इच्छा ध्यान में रखते हुए कन्या को देते हैं। इस प्रकार ये चारों विवाह धार्मिक विवाहों की श्रेणी में आते हैं।

(5) असुर विवाह

ज्ञातिभ्यो द्रविणं दत्वा कन्यायै चैव शक्तितः।
कन्या–दानं यत्क्रियते चासुरो धर्म उच्यते।। 75।।

इसमें वर को कन्या के पिता आदि को कन्या के लिये यथाशक्ति धन देकर कन्या लेना असुर विवाह है।[47] मंत्री तेतालिपुत्र ने एक सुनार की लड़की को धन राशि देकर विवाह करना चाहा।

'पणबन्धेन कन्या प्रदानादासुरः।' ठहरावपूर्वक कन्या का दान आसुर (विवाह) है।[48]

'मूल्यसारं गृहीत्वा च पिता कन्यां च लोभतः।
सुरुपामय वृद्धाय विवाहरचासुरो मनः।।'

अर्थात् कन्या का पिता अत्यन्त निम्न श्रेणी का मनुष्य है जो बेटी का मूल्य वसूल करता है। इसमें कन्या का पिता पहले कन्या देने के लिये मूल्य जो तय किया जाता है वर या उसके परिवार से लेता है, फिर कन्या देता है।

(6) गान्धर्व विवाह – (प्रेम विवाह)

स्वेच्छयाऽन्योन्य संयोगः कन्यायाश्च वरस्य च।

गान्धर्वः स तु विज्ञेयो मैथुन्यः कामसम्भवः।। 76।।[49]

वर और कन्या को अपनी इच्छानुसार परस्पर आलिंगनादि रूप संयोग गान्धर्व विवाह है। यह विवाह कन्या और वर की अभिलाषा से होता है। अतः यह मैथुन्य – कामभोग के लिये होता है।

मातुः पितुर्बन्धूनां चा प्रामाणात् परस्परानुरागेण मिथं समवायाद्गान्धर्वः[50]

(अपने) माता, पिता और सम्बन्धियों (के अधिकार) को अमान्य कर परस्पर प्रेम के कारण आपस में मिल जाने से गान्धर्व (विवाह) होता है। इस विवाह में वर–वधू अपना विवाह बिना किसी रीति–रिवाज, विधि, समारोह के स्वयं ही कर लेते हैं। आख्यानकमणिकोश में उल्लेखित वच्छाधिपति उदयन का उज्जैनी की राजकुमारी वासवदत्ता से संगीत सीखने में गहरी प्रीति के कारण गान्धर्व विवाह सर्वविदित तथ्य है। इसी प्रकार राजा सिहारहा पुण्डावधना ने किसी कन्या से गान्धर्व विधि से विवाह किया था। इन दोनों का संदर्भ उत्तराध्ययन टीका में कुछ स्थानों पर आता है। इसी प्रकार कुछ जातक कथाओं में गान्धर्व विवाहों का संदर्भ आता है। बौधायन धर्मसूत्र में ऐसे प्रेम विवाहों को एक दूसरे के प्रति आकर्षण और अनुराग के आधार पर अत्यन्त प्रशंसनीय और अनुमोदनीय कहा गया है। एक दूसरी जगह कहा गया है यदि कामी पुरुष सकामा कुमारी के साथ एकान्त में संसर्ग करे तो यह मिलन ही गान्धर्व विवाह है। कुछ लोगों के मत में नयी रोशनी में पले नवयुवक – नवयुवतियाँ गन्धर्व विवाह की ओर उन्मुख हो रहे हैं जिसे प्रेम विवाह कहते हैं।

"पितरो समतिक्रम्य यत्कन्या भजते पतिं

सानुरागा सरंग च स गान्धर्व इति स्मृतः।"

अर्थात् कन्या अपनी इच्छा से वर पसन्द करती है, एक–दूसरे के प्रति कामवा़सना के आधीन जो प्रेम किया जाता है उसको स्वीकार करती हुई कन्या अपने आप ही विवाह कर लेती है, माता–पिता की अवज्ञा करती है। वर भी अपने माँ–बाप की अवज्ञा करता हुआ अपनी इच्छानुसार उस कन्या से प्रेमवश विवाह करता है। यह उन्मत्त युवा–युवती का विवाह है जो माता–पिता की न राय लेते हैं, न उनसे आज्ञा लेते हैं, और समाज की भी अवज्ञा करते हुए करते हैं।

(7) राक्षस विवाह

इत्वा भित्वा च क्रोशन्ती रुदन्ती गृहात।
प्रसह्य कन्याहरणं राक्षसो विधिरुच्यते।। 77।।

कन्या के पक्ष के लोगों को मारकर उनके अंगोंपांगों को छेदकर, उनके आकर (परकोटा) दुर्ग आदि को तोड़–फोड़कर चिल्लाती हुई और रोती हुई कन्या को जबर्दस्ती हरण करना राक्षस विवाह है।। 77।।[51]

कन्यायाः प्रसह्यादानात् (प्रसह्य हरणात्) राक्षसः।। 11।।

कन्या को बलपूर्वक ग्रहण करना (हरण करना) राक्षस (विवाह) है।। 11।।[52]

राक्षस विवाह के प्राचीन काल में अनेक उदाहरण कन्या के अपहरण कर बलपूर्वक विवाह के आते हैं। बश्हतकल्प भाषा टीका में ऐसे अनेकों राक्षस विवाहों का उल्लेख आता है, यथा (1) राजा पज्जोया द्वारा राजा उदयन की दासी सुवर्णगुलिका के साथ, (2) कान्हा द्वारा रुक्मणि के साथ (3) सागरचन्द द्वारा कमलबेला के साथ (4) राजा सेनिया द्वारा चेलना के साथ किये गये राक्षस विवाहों आदि का। जैन ग्रन्थों नाया धमकहा में अमरकावका के राजा पाउमानव द्वारा दोवल के साथ ऐसे राक्षस विवाह का संदर्भ आता है। जातकों में भी ऐसे विवाहों का कई बार जिक्र आता है। प्राचीन काल से योद्धा वर्ग में ऐसे विवाह प्रचलित थे। **"रुद्रता च बन्धुदर्गोणां हदादगुरुजनस्य च। गृह्याति यो वरो कन्यां स विवाहस्तु राक्षस"** अर्थात् कन्या को बलपूर्वक उठाकर, उसके साथ विवाह करना राक्षस विवाह की श्रेणी में आता है।

(8) पैशाच विवाह

सुप्तां मतां प्रमतां वा रहो यत्रोपमच्छति।
स पापिष्ठौ विवाहानां पैशाचः कथितोद्रष्टमः।। 78।।

सोई हुई, नशे से चूर, अपने शील की संरक्षा से रहित कन्या के साथ एकान्त में समागम करके विवाह करना पैशाच विवाह जो पाप का कारण है। यह आठवें प्रकार का विवाह है।। 78।।[53]

सुप्तप्रमतकन्याहरणात् पैशा चः ।। 11।।

सोई हुई (या) असावधान अथवा उन्मत कन्या को उठा ले जाना 'पैशाच' (विवाह) है।[54]

पैशाच विवाहों में प्रायः या तो कन्या को वर द्वारा अधिक शराब पिलाकर नशे से चूर कर या वर द्वारा कन्या पर अधिक बल प्रयोग कर विवश कर

समागम के उदाहरण मिलते हैं। इसमें कन्या को बलात्कार करने के पश्चात् उसका अपहरण किया जाता है, कन्या को बलात्कारपूर्वक जबरदस्ती ले जाया जाता है।

सुप्तां वाद्य प्रमतां वा यो मत्वाथ विवाहयेत्।
कन्यकां सोऽत्र पैशाचो विवाह परिकीर्तित।।

सोई हुई, उन्मत्त अवस्था की कन्या का बलात्कार कर उसको हठात् उठाकर विवाह करना पैशाच विवाह में ही रखा जाता है।

धर्म (आर्य) और पाप (अधर्म) प्रकार के विवाह

यद्यपि विवाहों को आठ प्रकार में विभाजित किया गया है, परन्तु सभी आठ प्रकार के विवाहों को उचित और स्वीकार्यता लोगों द्वारा नहीं दी गई है। प्रथम चार प्रकार के विवाहों को धर्म अथवा आर्य विवाहों में माना गया है और अंतिम चार प्रकार के विवाहों को अधर्म अथवा पाप विवाह माना गया है। इस क्रम में जैन धर्म में मान्य नीतिवाक्यामृतम् के अध्याय 31, श्लोक 8, 13 में कहा गया है–

'एते चत्वारो धर्म्या विवाहाः।। 8।।'

ये चार (ब्रह्म, दैव, आर्ष, प्राजापात्य) विवाह विशेष गुणवाले (धार्मिक) हैं।। 8।।

एते चत्वारः अधमा अपि नाधर्म्या, यद्यस्ति वधूवर योरनपवादं परस्परसंभाव्यत्वम्।। 13।।

यदि वर और कन्या की परस्पर में निर्दोष योग्यता (अथवा प्रेम) है तो ये चारों (गान्धर्व, आसुर, राक्षस, पैशाच) विवाह अति नीच होने पर भी अन्यायपूर्वक नहीं कहे जा सकते हैं।। 13।।[66]

धार्मिक (चार प्रकार के विवाहों) को इसलिये स्वीकार्यता, मान्यता दी गई है क्योंकि इन चारों विवाहों में वर वधु के माता पिता द्वारा विधि निश्चित की जाती है और वधू को निर्धारित विवाह पद्धति द्वारा वर को वधू के माता–पिता द्वारा भेंट के रूप में दी जाती है।

अधर्म विवाह (गान्धर्व, असुर, राक्षस और पैशाच) को निम्न कारणों से अमान्य किया गया है–

असुर विवाह– वधू के माता–पिता द्वारा वरपक्ष से धन राशि लेने के कारण।

गन्धर्व विवाह– वर–वधू द्वारा स्वयं ही विवाह बिना माता–पिता की स्वीकृति के कारण।

राक्षस विवाह– वधू को बलपूर्वक अपहरण करने के लिये और वधू पक्ष पर हिंसा का प्रयोग करने के लिये।

पैशाच विवाह– सोई हुई, नशे से चूर, अपने शील की संरक्षा से रहित कन्या के साथ एकान्त में समागम करने या अपहरण करने के कारण।

इन चारों अधर्म विवाहों में आचार्य द्वारा कोई निर्धारित पद्धति नहीं होती है।[66]

जैन धर्म में

जैन धर्म में प्राथमिक रूप से विवाह के स्वरूप, विवाह करने के तरीके के अनुसार हैं – (1) माँ–बाप द्वारा चयनित विवाह, (2) क्रय–विक्रय विधि द्वारा विवाह, (3) स्वयंवर विवाह।

जैनागमों यथा नायाधम्मकहाओ (1/5/58) और (1/1/28) तथा भगवतीसूत्र (11/11/16–17), (9/33, 11/11) आदि में वर्णित विवाहों को उपरोक्त तीन भागों में विभक्त किया जा सकता है– **माता–पिता द्वारा विहित विवाह** (बिना पैसे लिये)– इसमें लड़के, लड़की की अपेक्षा उनके माता–पिता ही प्रमुख निर्णायक होते थे। विवाह के पूर्व वर से न कोई विचार–विमर्श किया जाता था और न ही उसकी स्वीकृति ली जाती थी। किसी विशेष परिस्थिति यथा जिनदत्त ने अपने पुत्र से इसलिये स्वीकृति ली क्योंकि उसे विवाह पश्चात गृह जामाता के रूप में रहना था।[67]

क्रय–विक्रय विवाह– जिन विवाहों में शुल्क देकर कन्या प्राप्त की जाती थी या शुल्क लेकर कन्या दी जाती थी, उन्हें इस श्रेणी में रखा जाता था। प्राचीन काल में जैनों में शुल्क देकर कन्या को लेने की प्रथा दृष्टिगोचर होती है। कलाद ने अमात्य तेतालिपुत्र द्वारा लड़की माँगने पर कहा कि अमात्य द्वारा कन्या माँगना ही शुल्क है, ऐसा ही दत्त सार्थवाह ने भी शुल्क के विषय में कहा। इस से यह आशय निकलता है कि कन्या के बदले शुल्क लेने का प्रचलन था।[68]

इसी प्रकार किसी अत्यधिक सुन्दर कन्या के साथ विवाह करने के लिये इच्छुक राजपुत्रों या कुलपुत्रों द्वारा कन्या के पिता को अधिकाधिक धन

देने की इच्छा व्यक्त की जाती थी। अतः जब कभी वह अपने अन्तःपुर में स्थित स्त्रियों से अधिक सुन्दर कन्या के बारे में सूचना पाता था तभी उस कन्या को शुल्क देकर प्राप्त करने का प्रयास करता था।

तं अत्थियाइं ते कस्मइ रन्नो वा जाव एरिसए ओरोहे दिठ्ठपुव्वे जारिसए णं इमे मयं आरोहेकृकृ विदेहवर रायकन्नाए छिनस्स वि पायंगुट्ठगस्स इसे तव आरोहे सयसहस्सइंमपि कलं न अग्वइ। तए णं से जियसत्तू दूयं सदावेइकृकृकृजइ विय णं सा सयं रज्जसुक्का। — नायाधम्मकहाओ 1/8/79 [60]

इसका कारण यह था कि सुन्दरतम स्त्रियों से युक्त अन्तःपुर राज्य वैभव का आवश्यक चिह्न माना जाता था तथा राजा अपने को गौरवान्वित अनुभव करता था।[60]

स्वयंवर विवाह

स्वयंवर विवाह अर्थात marriage by self choice; election of a husband by princess or daughter of a kshatriya at a public assembly of suiters. —Sanskrit - English Dictionary p. 1278. जिन विवाहों में कन्या अपने पति का वरण करती थी, उन्हें स्वयंवर विवाह कहा गया है। यह प्रथा क्षत्रिय वर्ग में प्रचलित थी। इसमें क्षत्रिय कन्या या राजकुमारी चुनाव के लिये आये पुरुषों में से किसी को भी अपना पति चुन लेती थी। वैदिक–साहित्य में इस प्रकार के विवाहों से मिलते–जुलते रीति–रिवाजों का उल्लेख उपलब्ध होता है। उस समय पुरुष तथा स्त्रियों को अपने मन से जीवन साथी के वरण की स्वतंत्रता थी।

सूत्रकाल तक कन्याओं की यह स्वतंत्रता समाप्त हो गई तथा माता–पिता ही वर का चयन करने लगे। रामायण और महाभारत में स्वयंवर विवाह का विस्तृत वर्णन उपलब्ध होता है, किन्तु वहाँ स्वयंवर शब्द का रूढ़ अर्थ स्वतंत्र रूप से पति–वरण नहीं है। जो स्वयंवर में निश्चित शर्तों को पूरा कर लेता था, कन्या उसी के गले में वरमाला डालने को बाध्य होती थी। श्री जिनसेनाचार्य ने आदि पुराण में स्वयंवर की प्राचीनता के विषय में स्पष्ट किया कि 'विवाह विधि के सब भेदों में यह स्वयंवर ही श्रेष्ठ है और यही सनातन मार्ग है।[61]

जैनागम णायाधम्मकहाओ एवं जातक–अट्ठकथा में स्वयंवर विवाह के उल्लेख मिलते हैं। णायाधम्मकहाओ के अनुसार राजा द्रुपद एवं रानी चुलनी

देवी की द्रोपदी नामक सुन्दर कन्या थी। राजा द्रुपद ने द्रोपदी को कहा कि अगर मैं मेरी इच्छानुसार किसी राजकुमार को तुम्हारा पति चुनता हूँ तो तुम संभवतः सुखी या दुःखी रहोगी, तब तुम्हें दुःखी देखकर मुझ यावज्जीवन कष्ट होगा। अतः मैं स्वयंवर की रचना करता हूँ। उसमें तुम जिसको चाहो, अपना पति चुन लेना। द्रोपदी ने इस स्वयंवर में पांच पांडवों को अपना पति चुना। चुनाव के बाद राजा द्रुपद ने द्रोपदी एवं पाँच पाण्डवों को घर लाकर उनका सविधि पाणिग्रहण संस्कार सम्पन्न किया।

स्वयंवर के उपर्युक्त संक्षिप्त वर्णन से यह स्पष्ट हो जाता है कि महाभारत के कथानक को दूसरे ढंग से प्रस्तुत किया गया है। महाभारत के स्वयंवर में कन्या वर को चुनने के लिये स्वतंत्र नहीं थी। फलतः वह स्वयंवर का वास्तविक उपयोग करने में सर्वथा असमर्थ थी, जबकि जैनागम नायाधम्मकहाओ में वर्णित स्वयंवर में कन्या की इच्छा को प्रमुखता दी गई है।[62] उत्तराध्ययन टीका में अन्य स्वयंवर विवाह का संदर्भ राजकुमारी निवयूइ का प्राप्त होता है।[63]

जैन ग्रन्थों में विवाह के अन्य प्रकार

जैन ग्रन्थों में अन्य प्रकार विवाहों के उल्लेख भी मिलते हैं –

राक्षस विवाह– थेरी गाथा में एक स्थल पर एक धनिक द्वारा अधर्म की रोती–बिलखती कन्या को बलपूर्वक उसके माता पिता से छीन कर ले जाने की चर्चा आई है, यद्यपि धनिक द्वारा अपने पुत्र से उस कन्या के साथ विवाह कराने का उल्लेख आता है। अतः इस विवाह को आरंभिक रूप से हिन्दुओं द्वारा मान्य राक्षस विवाह के समान कहा जा सकता है।[64]

पैशाच विवाह– नायाधम्मकहाओ में एक स्थान पर पैशाच विवाह का जिक्र आता है। विवाह की इच्छा से विचलित दस्युराज द्वारा सुषमा कन्या का अपहरण हिन्दू विवाहों के पैशाच विवाह से समानता रखता हुआ है। नायाधम्मकहाओ में एक श्लोक इस प्रकार है–

"चिलाए चोरसेणावई धणस्स सत्थवाहस्स गिहं धाएइकृकृसुंसुमं च दरियं गेण्हइ..."[65]

उपरोक्त दोनों प्रकार के विवाहों से सम्बन्धित अन्य उल्लेखों का अभाव है, अतः इन्हें एक अपवाद ही कहा जा सकता है। इसका तात्पर्य यह है कि जैन धर्म में पूर्व में वर्णित तीन विवाह ही प्रचलित थे।

जैन धर्म में वर्तमान प्रचलित विवाह

जैन धर्म में वर्तमान काल में सबसे मान्य और स्वीकृत विवाह के बारे में मतभिन्नता विद्यमान है। श्वेताम्बर मान्यता के अधिकृत ग्रन्थ 'आचार दिनकर' के अनुसार वर्तमान में केवल एक 'प्रजापत्य' विवाह पद्धति ही विद्यमान है, अन्य तीन पूर्व से स्वीकृत विधियां (ब्रह्म, दैव्य और आर्ष) वर्तमान कलयुग में अस्वीकार्य है।[66] जैन विधियों के गहन चिन्तक एवं प्रसिद्ध विद्वान श्री सी. आर. जैन का मत इससे पूर्णतया भिन्न है। उनका मत है कि वर्तमान में 'ब्रह्म विवाह' जैन धर्मावलम्बियों में प्रचलित विवाह पद्धति है, अन्य सभी विवाह पद्धति प्रचलन से बाहर हैं।[67,68] वर्तमान में दैव और आर्ष विवाह पद्धति व्यवहार में प्रयोग में नहीं हैं। वर्तमान में ब्रह्म अथवा प्राजापत्य नाम से पुकारी जाने वाली विवाह पद्धति ही प्रचलन में है।

अगर हिन्दू विवाह पद्धतियों और जैन विवाह पद्धतियों की तुलना करें तब पायेंगे कि दोनों में न केवल संख्या और नाम में ही समानता है वरन् उनमें समाहित तत्व भी एक से हैं। इसके बावजूद दोनों विवाह पद्धतियों में वैध और अवैध विवाह पद्धतियों के दृष्टिकोण में भिन्नता है। हिन्दू दृष्टिकोण में छः विवाह पद्धतियों यथा ब्रह्म पद्धति, देव पद्धति, आर्ष विवाह, प्राजापात्य विवाह, गान्धर्व पद्धति और राक्षस पद्धति वैध हैं और शेष दो विवाह पद्धतियां – असुर पद्धति और पैशाच पद्धति – अवैध हैं। इसके विपरीत जैन दृष्टिकोण के अनुसार केवल चार विवाह पद्धतियां यथा ब्रह्म पद्धति, दैव पद्धति, आर्ष पद्धति और प्राजापत्य पद्धति ही मान्य और स्वीकार्य हैं।

मान्य और स्वीकार्य विवाह पद्धतियों में यह तथ्य महत्वपूर्ण है कि वधू के पिता द्वारा वधु वर को भेंट स्वरूप दी जाती है। वधु के पिता के नहीं होने की स्थिति में अथवा विशेष परिस्थिति में पिता का विधिवत कर्त्तव्य निभाने में असमर्थ होने पर पिता की अनुपस्थिति में किस व्यक्ति को पिता का कर्त्तव्य निभाने के लिये सक्षम और योग्य माना जाता है, इस सम्बन्ध में नजदीकी रिश्तेदारों का ढलता हुआ क्रम निश्चित है। इनका क्रम इस प्रकार से निर्धारित है– पिता, दादा, भाई, चाचा, उसी गोत्र का व्यक्ति, पिता द्वारा लिखित में दिये गये आदेश के अनुसार व्यक्ति, नाना और मामा। इसको आगे स्पष्ट किया गया है कि उपरोक्त वर्णित व्यक्तियों के नहीं होने की

स्थिति में वधू स्वयंवर पद्धति से अपनी इच्छा से वर का चयन करे परन्तु यह पद्धति अपवाद स्वरूप प्रयोग में ली जाती है।

इस कथन को त्रैवर्णिकार में निम्नांकित तरीके से कहा गया है–

पिता पितामहो भ्राता पितृव्यो गोत्रिणो गुरुः।
मातामहो मातुतो वा कन्याया बान्धवाः क्रमात।। 82।।

पिता, पितामह, भाई, पितृव्य (चाचा), गोत्रज मनुष्य, माता का पिता और मामा ये कन्या के क्रम से बन्धु (वली) हैं।। 82।।

पित्र्या ददात्रभावे तु कन्या कुर्यात्स्वंवरम्।
इत्येवं के चिदाचार्याः आहुर्महति संकटे।। 83।।

विवाह करने वाले पिता, पितामह आदि न हों तो ऐसी दशा में कन्या स्वयं अपना विवाह करे। ऐसा कोई–कोई आचार्य कहते हैं। यह विधि महासंकट के समय समझनी चाहिये।। 83।।[69]

जैन धर्मावलम्बियों में वर–वधू की योग्यताएं

जैनों में विवाह से पूर्व वर–वधू के प्रचलित और प्रयुक्त कई प्रकार की योग्यताएं और अयोग्यताएं हैं, ऐसे उल्लेख जैन ग्रन्थों में आते हैं।

वर की योग्यताएं

आदिपुराण में बेटी (वधू) को विवाह में देने से पूर्व वर की कन्या देने से पूर्व नौ तथ्यों पर ध्यान देने के निर्देश हैं–

स्वाभिजात्यमरोगत्वं वयः शीलं श्रुतं वपुः।
लक्ष्मीः पक्षः परिवारो वरे नव गुणाः स्मृता।। 62, 64

अर्थात वर की जाति, निरोगता, वय, चरित्र, शिक्षा, शारीरिक सुदृढ़ता, सम्पन्नता, माता–पिता और परिवार सदस्य, यह नौ तथ्यों की सकारता वर को वधू देने के योग्य बनाते हैं।[70]

पद्मपुराण, पाण्डवपुराण आदि पुराणों में ही अन्यत्र आया है कि जो लक्ष्मीवान हो, उच्चकुलीन हो, चतुर, सुन्दर और सज्जनों को मान्य हो वही श्रेष्ठ वर है। आदिपुराण में कहा गया है–

लक्ष्मीवापन कुलजौ दक्ष स्वरूपोअभिमत सताम्।
इत्यनेकोगुणस्त्रामः तस्मािच्चिसतवरोचित।।[71]

प्रायः विवाह समान स्थिति वालों में करना उपेक्षित है। आदिपुराण में कहा गया है– **स हितः समसम्बन्धस्तस्मै कन्यैतिदीयताम।**[72] साथ ही

आदिपुराण में यह भी कहा गया है– **किं च पुराविदः कनीयसोऽपि संबंधनेच्छन्तिज्यायसा सह।**

अर्थात छोटे लोगों का बड़ों के साथ सम्बन्ध होना अच्छा नहीं माना गया है।[73]

पद्मपुराण और महापुराण में वर की उच्चकुलीनता को विशेष बल दिया है।[74] विद्याओं तथा कलाओं में पारंगत होना, बुद्धिमान होना, रूप सौन्दर्ययुक्त होना, पराक्रमी होना आदिपूरक योग्यताएं थीं।[75] सागर धर्मामृत में पं. आशाधरजी का कथन है कि कन्या सदैव साधर्मी को ही देनी चाहिये।[76] **(साधनादि क्रिया मंत्र व्रतायच्छेदवाञ्छया। प्रदेयानिसधर्मेभ्य कन्यादीनीययोचितम्।।)**

आगमकालीन समाज में वर का शिल्प एवं कला का ज्ञान उसके वधू देने योग्य होने के लिये अत्यन्त महत्वपूर्ण माना जाता था। आगमों में पुत्र को कलाचार्य के पास भेजने का उल्लेख मिलता है यथा– **(नायाधम्मकहाओ में) 'तए णं तं......अम्मापियरो........ सोहणंसि तिहिकरणमुहुतंसि कलायरिस्स उवजेति।**[77,78] इसका प्रमुख कारण यह है कि शिल्पादि के शिक्षण का महत्त्व पुरुषों के लिये ही था स्त्रियों के लिये नहीं। उस समय स्त्री के भरण–पोषण को अत्यधिक महत्त्व दिया जाता था।

प्राकृत कथा ग्रन्थों में जीवन साथी के निर्वाचन में विज्ञान एवं कलाओं में प्रवीणता को एक प्रमुख योग्यता के रूप में स्वीकार किया जाता है। समराइच्चकथा में कहा गया है– **"को उण इन्नीए रूपविन्नणेहि उच्चिओ जओ आसन्नो से विवाहसमद्धो ति।"** इसमें रानी कांतिमती अपनी रूपमती एवं कलाओं में विलक्षण पुत्री के लिये वर चयन के रूप के साथ कला–कुशलता को प्राथमिकता देते हुए उसके लिये वर की खोज करवाती है।[79]

वसुदेवहिण्डी में कहा गया है: "चिंतेऊण कुस– रुप– विण्णाण–सरिसं से वर निद्दसह" समान कुल रूप के साथ विज्ञान की योग्यता को महत्त्व दिये जाने के उल्लेख प्राप्त होते हैं। स्वयंवर में लिपिकारियां स्वयंवरबाला को राजकुमारों के कुल, शील एवं रूप के साथ–साथ कला कुशलता का भी परिचय देती थी। उक्त प्रसंग तत्कालीन समाज में जीवन साथी के निर्वाचन में विज्ञान और विद्या दोनों के महत्त्व को दर्शाते हैं।[80]

नायाधम्मकहाओ के श्लोक 1/1/23 में इसे इस प्रकार कहा गया है **"तस्य मेहस्स अम्मपियरो मेहं कुमारं बावतरिकलापंडियं जाव वियाल चारो जायकृकृ।**[81]

सामान्यतया वर के लिये योग्य माने जाने के लिये उसमें शिष्टता और विनम्रता, स्वस्थ होना, कुलीन, दीर्घ आयु की संभावना, नैतिकता और सुन्दर होना आदि की विद्यमानता अपेक्षित थी। इसको त्रैवणिकाचार में इस प्रकार से कहा गया है–

वरोऽपि गुणवान् श्रेष्टो दीर्घायुर्व्याधिवजितः।
सुकुलो तु सदाचारो गृहतेऽसौ सुरुपकः।।[82]

ऐसे व्यक्ति को वर के रूप में नहीं स्वीकारना चाहिये जिसके किसी अंग में कमी हो, नपुंसक हो, अस्वस्थ हो, अच्छे परिवार का नहीं हो अर्थात बुरे परिवार से सम्बन्ध रखता हो, दुर्गुणी हो– अनेकों बुराइयों और व्यसनों से युक्त हो, हमेशा उदासीन रहने वाला हो और बहुत अधिक निम्न स्तर का हो।[83]

इसी प्रकार आगमकालीन युग में जुआरी होना वर की सबसे बड़ी अयोग्यता मानी जाती थी। जुआरी को कन्या न देने का प्रमुख कारण यह था कि उसमें पत्नी के भरण–पोषण की क्षमता नहीं रहती थी। इसके परिणामस्वरूप जुआरी को कन्या देने से कन्या के साथ–साथ जुआरी जामाता के भरण पोषण का भार भी कन्या के माता पिताओं को वहन करना पड़ता था।

वधू की योग्यताएं – अयोग्यताएं

प्रसिद्ध जैन आचार्य सोमदेवसूरि द्वारा रचित नीतिवाक्यामृतम के एक श्लोक में वधू की अयोग्यताएं बताई गई हैं, वह श्लोक इस प्रकार है–

उन्नत्वं कनीनयोः, लोभशत्वं जंघयोः अमांसलत्वमूर्वोः,
अचारुत्वं कटिनाभिजठरकुचयुगलेषु, सिरालुत्वम्
अशुभसंस्थानत्वं च ब्रह्मोः कृष्णत्वं तालुजिह्वाऽधरेषु,
विरलविषमभावो दशनेषु, सकूपत्वं ललाटे,
दुःसन्निवेशत्वं प्रवणयोः, स्थूलकपिलपरुषातिदीर्घभावः
केशेषु, अतिदीर्घातिलधुन्यूनाधिकता, विकटकुब्जवामनकिराताङ्गत्वं,
अन्मदे– हाभ्यो स्वेन समानता विकत्वं चेति कन्यादोषाः।[84]

(आँखों के) तारों की ऊँचाई, जंघाओं में बहुत बाल, रानों में मांस का अभाव, कमर, नाभि, उदर और स्तनों की असुन्दरता, भुजाओं में नसों का उभराव और अमंगल रचना, तालु, जीभ और होठों में कालापन, दान्तों की छीदी और असमान रचना, गालों में गड्ढे, आँखों में भूरापन, मस्तक का ऊँचा–नीचापन, कानों की भद्दी रचना, बालों का मोटापन, भूरापन, कर्कशता और अत्यधिक लम्बाई, बहुत लम्बी, बहुत छोटी, कम तथा अधिक मोटी, विकराल या कुरूप, कुबड़ों, बौनों और जंगलियों की–सी अंगरचना तथा (वर के) अपने से आयु और शरीर में समान या अधिक, ये कन्याओं के अवगुण हैं।

कुछ अन्य अवगुण – जिसकी दोनों भृकुटियाँ जुड़ी हुईं, जिसके कमर के पार्श्वभाग सम हों, जो वर के यहाँ से आये हुये दूत के समक्ष एकान्त में प्रकट होती है, जो बीमार हो, रोती हुई, पति का घात करने वाली, सोती हुई, क्षीण आयु वाली, अप्रसन्न, दुःखी, बाहर निकली (मर्यादा में न रहने वाली) व्यभिचारिणी, कलहप्रिय, कुटुम्बियों को उजाड़ने वाली, कुरूप और जिसका भाग्य फूटा हो।

इसी प्रकार ऐसी कन्या जो शीलवती नहीं हो, वे भी वधू के रूप में अस्वीकार्य मानी जाती थी। इसी क्रम में नायाधम्मकहाओ में कहा गया है–

"सिरिसियाणं सरिव्वयाणं सरितयाणं अविहवडूओवयाणमंगलसुजंपिएहि...."

अर्थात् कन्या को अविधवा होना वधू के लिये एक अनिवार्य स्थिति मानी जाती थी।[85] इसी प्रकार कन्या को वधू के रूप में स्वीकार करने के लिये सौन्दर्यमय होना आवश्यक माना गया था। ऐसी कन्या जिसमें सौन्दर्य का अभाव हो, असुन्दर हो, उसे वधू के रूप में नहीं स्वीकारे जाने के कारण वह अविवाहित रह जाती थी।

त्रैवर्णिकाचार में लड़के के गोत्र वाली कन्या से विवाह करने के अयोग्य माना गया है और कहा गया है कि–

अन्यगोत्रभवां कन्यामनातङ्का सुलक्षणाम्।
आयुष्मतींगुणाढ्यां च पितृदत्तां वरेश्वरः।। 3।।

अर्थात् जो अन्य गोत्र की हो, रोगरहित हो, उत्तम लक्षणों वाली हो, दीर्घ आयु वाली हो, उत्तम गुणों से भरी–पूरी हो और अपने पिता द्वारा दी जाये, ऐसी कन्या के साथ विवाह करे।। 3।।[86]

इसी प्रकार त्रैवर्णिकाचार में स्वजाति, भरा–पूरा परिवार की कन्या, आयु और शरीर में वर से छोटी आदि को लेकर इस प्रकार कहा गया है–

रुपवती स्वजातीया स्वतो लध्वन्यगोत्रज्ञा।
भोक्तुं भोजयितु योग्य कन्या बहुकुटुम्बिनी।। 36।।

जो रूपवती हो, अपनी जाति की हो, वर से आयु और शरीर में छोटी हो, दूसरे गोत्र की हो और जिसके कुटुम्ब में बहुत स्त्री–पुरुष हों, ऐसी कन्या विवाह करने योग्य है।। 36।।[87]

त्रैवर्णिकाचार में ऐसी कन्या जो दो पुरुषों के पास जायेगी, के बारे में यह कहा गया है–

"पादेऽपि मध्यमा यस्याः क्षिति न स्पश्शति अपि।
द्वौ पुरुषावतिक्रम्य सा तृतीय न गच्छाति।। 20।।

अर्थात् जिसके पैर की बिछली उँगली जमीन पर न टिकती हो तो समझना चाहिये कि वह दो पुरुषों को छोड़कर तीसरे के पास नहीं जाएगी।।20।। ऐसी कन्या से विवाह करना उचित नहीं होगा।[88]

इसी प्रकार कलहकारिणी और पतिहंता कन्या के लक्षण इस प्रकार बताये गये हैं–

यस्यास्त्वामीमिका ह्रस्वा तां विदुः कलहप्रियाम्।
भूमि न स्पश्शतेः खादते सा पतिद्वयम्।। 24।।

जिसके पैर की अनामिका उंगली छोटी हो उसे कलहकारिणी समझो और उसकी वह उँगली यदि जमीन पर न टिकती हो तो समझो वह कन्या दो पतियों को खायेगी।। 24।। अतः ऐसी कन्या से विवाह करने का प्रस्ताव नहीं करना चाहिये और कदाचित कन्या के परिवार से प्रस्ताव आ जाये तब उसे अस्वीकार करना ही अत्यन्त उचित होगा।[89]

इत्थ लक्षणसंयुक्तां भाडराशिवर्जिताम्।
वर्णविरुद्धासत्यक्तां सुभगां कन्याका वरेत।। 35।।[90]

वह कन्या जो उपरोक्त वर्णित शुभलक्षणों से युक्त हो, पति की जन्म–राशि से जिसकी जन्म–राशि छठवीं या आठवीं हो और जिसका वर्ण पति के वर्ण से विरुद्ध नहीं हो, ऐसी सुभगा कन्या के साथ विवाह करना श्रेष्ठ है।।35।।

सुतां पितृभवसुश्चैव निजमातुलकन्यकाम।
स्वसारं निजभर्यायाः परिणेता न पापयाक्।। 37।।

इस श्लोक में कहा गया है कि बुआ की लड़की, मामा की लड़की और अपनी साली के साथ विवाह करने वाला पातकी नहीं है।[91] व्यवहार में ऐसा

देखने में नहीं आता है। इस श्लोक के सम्बन्ध में जैन धर्मावलम्बियों में स्थानीय रिवाज और व्यवहार की पालना की जाती है, इस परिप्रेक्ष्य में यह लगभग व्यावहारिक हो जाता है।

त्रैवर्णिकाचार के एक श्लोक में कहा गया है–

पुत्री मातृर्भागन्याश्च स्वगोत्रजनिताऽपि वा।
श्वश्रूष्वसा तथैतासां वरीता पातकी स्मृतः।। 38।।

अर्थात् अपनी मौसी की लड़की, अपने गोत्र की लड़की, अपनी सास की बहन के साथ विवाह करने वाला पातकी माना गया है।[92] व्यवहार में इन रिश्तों जैसे मौसी की लड़की को बहन के समकक्ष माना जाता है, वैसे ही सास की बहन को मातृ तुल्य माना जाता है क्योंकि सासू माँ के रूप में है अतः उनकी बहन माँ समान ही समझी जाती है और इसी प्रकार स्वगोत्र की लड़की को रिश्ते में टाला जाता है। अतः इस श्लोक में दिये गये रिश्तों के साथ विवाह के बारे में सोचा नहीं जाता है।

इसी प्रकार कन्या की वधू के रूप में अयोग्यता के बारे में त्रैवर्णिकाचार के एक श्लोक में कहा गया है–

स्ववयसोऽधिकां वर्षैरुन्नता वा शरीरतः।
गुरुपुत्री वरेन्नैव मातृवत्परिकीर्तिता।। 40।।

अर्थात् जो कन्या वर से आयु में अधिक हो, वर के शरीर से ऊँची हो तथा गुरु की पुत्री हो तब इनके साथ विवाह नहीं करें क्योंकि ये मातृ तुल्य मानी गई हैं। इसमें गुरु की पुत्री को गुरु को पितृ तुल्य मानने के कारण गुरु की पुत्री से विवाह वर्जित है। वर्तमान काल में शालीन, शिष्ट और गुरु के प्रति समर्पण रखने वाले युवक गुरु पुत्री से विवाह करने का कभी विचार भी नहीं रखते हैं।

उपरोक्त विवेचन के निष्कर्ष से यही परिणाम निकलता है कि वर और वधू में योग्यताओं के बारे में विचार करते हुए उनका सामाजिक परिवेश में उनके परिवार के विशेष स्थान, स्थिति और उनके व्यक्तिगत चरित्र विशेषतया उनके विवाह पूर्व यौन व्यवहार और सम्बन्ध पर गंभीरता से विचार किया जाता था। वधू की योग्यता और चयन के लिये महत्त्वपूर्ण बिन्दु उसकी पवित्रता पर ध्यान दिया जाता था। इस संदर्भ में नीतिवाक्यामृतम में एक श्लोक विशेष रूप से उल्लेखनीय है–

वर वेश्यासंग्रहोऽपि, न त्वविशुद्धकन्यापरिग्रहः।। 24।।

वेश्या से विवाह भी अच्छा है परन्तु अपवित्र आचरण वाली (अपवित्र) कन्या से विवाह करना बहुत निकृष्ट और अस्वीकार्य है।[93]

हिन्दुओं में भी वधू के चयन में उसके कौमार्य, अक्षतयोनि, कुमारी होने को अनिवार्य माना जाता था। यही धारणा और विचारणीय बिन्दु अन्य धर्मावलम्बियों में पाया जाता है। जैसा कि वधू के कौमार्य पर जिस प्रकार बल दिया गया है, वैसा ही वर की पवित्रता, अक्षतवीर्य होने पर उतना ही बल दिया जाता है अन्यथा यह नैतिकता का दोहरा मापदण्ड होगा। यह बात बलपूर्वक कही गई है कि कन्या को चारित्रिक संदेह वाले परिवार में देने से यह अच्छा माना जायेगा कि वह कुँआरी ही मर जाये।

विवाह की वय

विवाह की आयु के सम्बन्ध में वहाँ के रीति–रिवाज, जलवायु, वर–वधू की स्वस्थता आदि को ध्यान में रखा जाता है। इस सम्बन्ध में जैन ग्रन्थों में कुछ संदर्भ प्राप्त होते हैं। विवाह की उपयुक्त वय के बारे में विभिन्न प्रकार के लोगों में भिन्नता पाई जाती है। यह स्वाभाविक है कि विवाह के लिये उपयुक्त आयु वही माननी चाहिये जिसमें वर–वधू सहवास या संभोग करने में सक्षम हो जायें। विवाह का मुख्य उद्देश्य विवाह करने वाले दम्पत्ति को वैध रूप से सहवास या संभोग का अनुभव प्रदान करना है।

इस सम्बन्ध में सोमदेव सूरिकृत नीतिवाक्यामृतम में एक श्लोक में कहा गया है कि– **'द्वादशवर्षा स्त्री, षोडशवर्ष पुभांश्च प्राप्तव्यवहारी भवतः।। 1।।** अर्थात बारह वर्ष की स्त्री सोलह वर्ष का पुरुष दम्पती कार्य के लिये सामर्थ्य युक्त होते हैं।[94]

इसका समर्थन राजपुत्र और जैमिनी ने भी बहुत बल के साथ किया है। राजपुत्र ने इस प्रकार कहा है–

यदा द्वादशवर्षा स्यान्नारी भोडसवार्षिकः।
पुरुषः स्यात दा रंगस्ताभ्यां मैथुनजः परः।।

अर्थात् बारह वर्ष की कन्या और सोलह वर्ष का पुरुष दम्पत्ति कर्म अर्थात मैथुन करने में पूर्णतया सक्षम है।

जैमिनी ने कहा है–

"सुवर्णकन्या यस्तु विवाहयति धर्मतः।

सन्तान तस्य शुद्धं स्यान्नाकृत्येप प्रवर्तते।।

इस प्रकार राजपुत्र और जैमिनी ने भी काम सेवन की योग्यता व कुलीन एवं शुद्धसन्तानोत्पत्ति ने पूर्ण रूप से सोमदेवसूरि का पूर्ण समर्थन किया है।

जैमिनी, सोमदेवसूरि, राजपुत्र इन सबके लेखन से यही लगता है कि जिस युग में उन्होंने लेखन किया था, उस समय सोलह वर्ष का बालक युवा और 12 वर्ष की बालिका युवती हो जाती है और दम्पति कर्म के योग्य और सक्षम हो जाते थे, इसीलिए इन लोगों के तत्कालीन समय के अनुसार वस्तुस्थिति का ही कथन किया है, ऐसा लगता है।

नीतिवाक्यामृतम् सोमदेव द्वारा दसवीं सदी में लिखा गया था। उस समय प्रायः इस आयु में अच्छे स्वास्थ्य के कारण और स्थानीय रीति–रिवाज के अनुसार वर–वधू का विवाह कर दिया जाता था। तब उस वय में वर–वधू सहवास या दम्पति–कर्म संभोग करने में सक्षम माने जाते थे। आज जैन धर्मावलम्बियों में यह श्लोक अव्यावहारिक और अस्वीकार्य हो गया है।

इसी क्रम में आदिपुराण में विवाह एवं पति–पत्नी के पारस्परिक और सामाजिक दायित्वों की चर्चा है, उसमें विवाह के दो उद्देश्य बताये गये हैं– कामवासना की तृप्ति और सन्तानोत्पत्ति। अतः कामवासना की तृप्ति की सक्षमता ही विवाह की आयु मानी जाती है।[95]

जैन साहित्य में गान्धर्व अथवा स्वयंवर प्रणाली से विवाह किये जाने के अनेक उदाहरण प्राप्त होते हैं जिससे यह निष्कर्ष निकाला जा सकता है कि विवाह करने वाले वर–वधू विवाह के समय पर्याप्त वयस्क होते थे।[96] जैन साहित्य में प्रयुक्त 'जोवणगमणमणुफ्ता' (यौवन प्राप्त) शब्द से यह स्पष्ट होता है विवाह की योग्यता पर्याप्त विकसित कन्या में पाई जाती थी।

जैन पुराणों के अनुशीलन करने पर यह दृष्टिगोचर होता है कि कन्या के माता–पिता उसके यौवनोन्मुख होते ही चिन्तित हो उठते थे अर्थात पुत्री के विवाह योग्य होने पर उन्हें ही चिन्ता होती थी।[97] इससे यह प्रकट होता है कि जैन धर्मावलम्बियों में सामान्य या प्रत्याशित समय के बाद, विलम्ब से विवाह करना अथवा बाल विवाह दोनों ही प्रचलन में नहीं थे। लड़के के वयस्क होने और लड़की के रजस्वला होने की आयु के सम्बन्ध में एक मत नहीं था।

एक मत, जैसा कि पूर्व में कहा गया है, नीतिवाक्यामृतम् का है जिसमें सोमदेवसूरि ने कहा है कि 12 वर्ष की लड़की और 16 वर्ष का लड़का

दाम्पत्य धर्म निर्वहन में सक्षम है और यह आयु जैनों में विवाह की उपयुक्त आयु मानी जा सकती है।[98] ''द्वादश वर्षा स्त्री षोडसवर्षः पुमान् प्राप्तव्यवहारो अर्थात् 12 वर्ष की स्त्री और 16 वर्ष का पुरुष ये दोनों विवाहोपरांत किये जाने वाले काम सेवन की योग्यता वाले होते हैं।

दूसरा मत यह है कि कन्या की विवाह की आयु सामान्यतया 18 वर्ष की होती थी और वर उससे बड़ा होता था जो प्रकटतः अठारह या बीस की आयु होती थी। विशाखा और कुण्डलकेसा ने जब दीक्षा ली तब वे सोलह वर्ष की थी और उस समय उनके विवाह के बारे में सोचा जा रहा था। बौद्ध ग्रन्थ धम्मपद में यह कहा गया है कि सोलह वर्ष की कन्या अपने मन और दिल से पति को मिलने के लिये तीव्र रूप से इच्छा करती है।[99] इसी प्रकार जातक में स्पष्ट रूप से कथित है कि सोलह वर्ष की आयु कन्या के विवाह के लिये उचित मानी जाती थी और इस वय में कन्या बहुत सुन्दर और सुगठित शरीर की लगती थी।[100] इन बौद्ध ग्रन्थों में कन्या के विवाह की आयु 16 वर्ष उपयुक्त मानी गई थी। भगवान बुद्ध और भगवान महावीर समकालीन थे, अतः जैनों में भी यही आयु उपयुक्त माना जाना प्रतीत होता है।

गृहसूत्रों की रचना इसी काल में ही की गई थी, उनमें वर्णित है कि विवाह के चार दिन बाद वर–वधू को सहवास अथवा संभोग कर विवाह को पूर्णता देनी चाहिये। कुछ गृहसूत्रों में यह कहा गया है कि कन्या वधू बनने से पूर्व रजस्वला हो जाती है और ऐसी अवस्था में कन्या का विवाह कर देना चाहिये। इन सबसे यह निष्कर्ष निकलता है कि कन्या के वयस्क और निश्चित आयु, जो 16 वर्ष की मानी गई है, पर ही विवाह किया जाना चाहिये।[101]

वैदिक काल में विवाह उस समय होते थे जब लड़का और लड़की दोनों ही जीवन साथी चुनने की सामर्थ्य प्राप्त कर लेते थे।

बौद्धागमों में एक ओर यदि छोटी उम्र की कन्याओं के विवाह के उल्लेख मिलते हैं, जैसा पाचितिय में कहा गया है[102], वहीं दूसरी ओर इसके विपरीत, संयुत निकाय में, पूर्ण यौवनावस्था को प्राप्त कन्याओं के भी विवाह की चर्चा उपलब्ध होती है।[103] कतिपय बौद्ध धर्म से प्रभावित परिवारों में कतिपय कन्याएँ विवाह के प्रस्ताव को ठुकरा देती थीं क्योंकि वे वयस्क वय में विवाह करना चाहती थीं।

जैनागम नायाधम्मकहाओ में बाल्यभाव से उन्मुक्त कुमार के समान वय की कन्या के विवाह के उल्लेख मिलते हैं।[104] इतना ही नहीं उस समय बाल्यावस्था में यदि किसी कन्या का वरण कर लिया जाता था तब उसे पतिकुल में तब तक कन्या के रूप में ही रखा जाता था जब तक कन्या यौवनावस्था को प्राप्त न कर ले। इससे स्पष्ट हो जाता है कि जैन युग में वर तो पर्याप्त वय के होते ही थे, कन्या की विवाह वय में पर्याप्त वृद्धि होने से कन्या भी पर्याप्त वय की हो जाती थी। पुरुष वर्ग अपने जीवन में प्रथम विवाह के अवसर पर बाल्यभाव को छोड़कर भोग करने की सामर्थ्य को प्राप्त कर लेता था। प्रथम विवाह के अनन्तर अन्य विवाह पुरुष वर्ग करता ही रहता था। अतः कन्या के समान वर की विवाह वय को निश्चित करना संभव नहीं था।[105]

हरिवंश पुराण में विवाहावस्था की निश्चित जानकारी नहीं मिलती। हाँ इतना अवश्य कहा गया है कि वर–वधू को समान वय होना चाहिये। ऐसा जान पड़ता है कि प्राचीन भारत में बड़ी अवस्था में विवाह होना हानिप्रद समझा जाता था। एक लोक श्रुति उद्धृत की गई है कि यदि कन्या रजस्वला हो जाय तब जितनी रुधिर की बूँदें गिरें उतनी ही बार उसकी माता को नरक का दुःख भोगना पड़ता है।[106]

परन्तु पुराण के परिशीलन से प्रतीत होता है कि विवाह दो विकसित व्यक्तियों का सम्बन्ध होता था। पिता के घर में ही युवा हो जाने वाली अथवा विवाह की इच्छा से अपने को अलंकृत रखने वाली ऐसी ही कन्याओं द्वारा यह बात सिद्ध होती है। पुराण में एक स्थल पर ऋतुमती होने का उल्लेख आया है। यह उल्लेख राजा शीला युद्ध के तापसी ऋषिदत्ता को उसके साथ इच्छानुसार क्रीड़ा करने के बाद तापसी ऋषिदत्ता के ऋतुमती का कहने के संदर्भ में है।[107] इसके अलावा पाणिग्रहण तथा सहवास हरिवंशपुराण के विवाह का अनिवार्य अंग था। इसी प्रकार ऋषभदेव के पूर्ण युवा होने पर सुन्दरी और श्रेष्ठ यौवनवती नन्दा के साथ विवाह का उल्लेख आया है।[108]

भारतीय सामाजिक जीवन और जैन समाज में बाल विवाह

भारतीय सामाजिक जीवन में विवाह को एक धार्मिक कृत्य के रूप में स्वीकार किया गया है, जिसके द्वारा धर्म, अर्थ, काम और मोक्ष जैसे उद्देश्यों की प्राप्ति करने का मुख्य ध्येय माना जाता रहा है। वर्तमान में विवाह का अर्थ दो जीवन साथियों के ऐसे मिलन से है जो वैवाहिक

उत्तरदायित्वों को निभाने में समर्थ हों क्योंकि विवाह पश्चात अनेक पारिवारिक, सामाजिक, आर्थिक उत्तरदायित्व उन्हें पूरे करने पड़ते हैं। यदि वे उत्तरदायित्वों का निर्वहन कुशलतापूर्वक नहीं कर पाते तो आगामी जीवन दुरुह हो जाता है। इनमें से बाल–विवाह एक प्रमुख समस्या है।

प्रायः माता–पिता विवाह को धार्मिक कृत्य मानकर बचपन में ही बालकों का विवाह सम्पन्न कर देते हैं जो बाद में बड़ा घातक रूप ले लेते हैं अतः यह निर्धारण करना आवश्यक है कि विवाह के समय वर–वधू की आयु क्या हो? वास्तव में पारिवारिक जीवन को कुशलतापूर्वक वहन करने में समर्थ होने के लिये विवाह की आयु पर विचार करना अभीष्ट है।

बाल विवाह से तात्पर्य ऐसे विवाह से है जिसमें कन्या का विवाह उस उम्र में कर दिया जाता है जब वह शारीरिक, मानसिक व सामाजिक दृष्टि से पूर्णतया परिपक्व नहीं हो पाती है। मनोवैज्ञानिक दृष्टिकोण से लड़कियों का विकास 18 वर्ष की आयु और लड़कों का पूर्ण विकास 21 वर्ष तक पूर्ण हो जाता है अतः वह उम्र विकास के लिये उपयुक्त मानी जा सकती है, इससे कम आयु वाले विवाह बाल विवाह की श्रेणी में रखे जा सकते हैं।

बाल–विवाह को प्रश्रय तीसरी–चौथी ईसा पूर्व से मिलने लगा, चूंकि भारत पर विदेशियों के आक्रमण शुरू हो गये थे। आक्रमणकारी असभ्य और शारीरिक दृष्टि से अधिक बलिष्ठ थे, उन्होंने स्त्रियों को आनन्द और उपयोग की वस्तु माना। इस पृष्ठभूमि में लड़कियों की सुरक्षा और आक्रमणकारियों की कुदृष्टि से बचने के लिये बाल विवाह की प्रथा प्रारंभ हुई और इसको प्रोत्साहन मिला। मध्ययुग में मुसलमानों, मुस्लिम शासक, ओहदेदार द्वारा स्त्री का शोषण किया जाने लगा "जेहि की कन्या सुन्दर देखी, तेहि पर जार धरे हथियार" की प्रवृत्ति से बचने के लिये बाल विवाह प्रथा का प्रारंभ हुआ। संयुक्त परिवार प्रथा भी बाल–विवाह के लिये उत्तरदायी रही, आज भी गाँवों में छोटी उम्र में विवाह किये जाते हैं। इसके साथ ही साथ धर्मशास्त्रों की स्वीकृति, ब्राह्मण साहित्य में विकृति, आक्रमणों का प्रभाव, अशिक्षा, कृषि, सती प्रथा, स्त्रियों की हीन स्थिति आदि अनेक कारण इस कुप्रथा के जिम्मेदार हैं।

भारत में अनेक प्रदेशों यथा राजस्थान, हरियाणा, मध्यप्रदेश, उत्तरप्रदेश आदि में अक्षय तृतीया के अचूक सावे के दिन बाल–विवाह सैकड़ों–हजारों

की संख्या में होते हैं। यद्यपि प्रशासन सतर्कता और सख्ती के प्रयास करता है, फिर भी उसकी आँखों में धूल झोंककर और उसके साथ सांठ–गांठ करके सैकड़ों ही नहीं हजारों की संख्या में बाल विवाह किये जाते हैं।

बाल विवाह व्यक्ति और समाज दोनों के लिये अहितकर है। इसके हानिकारक होने के आधार इस प्रकार हैं – (1) यह दोनों के व्यक्तित्व के विकास में बाधक है, (2) यह स्वास्थ्य की दृष्टि से हानिकारक है, (3) यह देश–विश्व की जनसंख्या वृद्धि का कारक है, (4) इसके परिणामस्वरूप मृत्यु दंर विशेषतया माँ और नवजात की मृत्यु की संख्या अधिक रहती है, (5) यह शिक्षा के अभाव का कारण है, (6) इसके कारण पारिवारिक विघटन होता है, (7) यह बाल विधवा की संख्या में वृद्धि का कारण है, (8) इसके परिणामस्वरूप योग्य जीवन साथी नहीं मिलता और (9) यह सामाजिक असंतुलन के लिये उत्तरदायी है।

जैन पुराणों का अवलोकन करने पर यह ज्ञात होता है बाल विवाह जैसी कोई प्रथा यहाँ नहीं थी। 'उग्मुक बाल भावे' इस कथन पर यदि दृष्टिपात करें तब ज्ञात होता है बाल विवाह का जैन परम्परा में बहुत पहले से निषेध किया गया है और कहा है जब कन्या बाल भाव का त्याग करे तभी उसकी शादी की जाये। बाल विवाह नहीं करे। वर और वधू की एक आयु सीमा निश्चित की गई है। वर को वधू से कम से कम एक वर्ष और अधिक से अधिक दस वर्ष बड़ा होना चाहिये। धार्मिक दृष्टि से यही उचित माना गया है।

हरिवंश पुराण में एक स्थान पर उल्लेख है कि दो नश्पतियों ने अपने बच्चों के जन्म के पूर्व ही पुत्र–पुत्री होने पर उनकी शादी की बात पक्की कर ली थी। किन्तु विवाह तो युवावस्था में ही किया इसलिये इससे बाल विवाह का संकेत नहीं मिलता है।[109]

उपरोक्त विवेचन और परिप्रेक्ष्य से यह प्रतीत होता है कि जैनों में बाल विवाह के प्रचलन की स्वीकृति धर्म द्वारा नहीं दी गई है। शारदा कानून के पारित होने से बाल विवाह की प्रथा प्रचलन से बाहर हो गई और आधुनिक शिक्षा के प्रचार और प्रसार से आई जन मानस में जागृति भी बाल विवाह को समाप्त करने में सहायक रही है।

वर और वधू की आयु में अन्तर

वैवाहिक मिलन और संयोग में वर–वधू में कितना अन्तर होना चाहिये, यह एक विचारणीय बिन्दु है। पंडित फतेहलालजी ने अपनी पुस्तक जैन विवाह और जिनसेन स्वामी विरचित जैन विवाह पद्धति में इस पर निम्न मार्गदर्शन दिया है–

कन्यावर्षप्रमाणेन द्विवार्षिक उत्तमः।
पंचवर्षाधिको मध्यो दशवर्षाधिकोऽधम।।

अर्थात् अगर वर–वधू से दो साल बड़ा है तब वह अति उत्तम वर है। अगर वर कन्या से पाँच वर्ष बड़ा है तब वह सहन या बर्दाश्त करने योग्य है। अगर वर–वधू से दस साल बड़ा है तब वह निकृष्ट अयोग्य वर है।[110]

समान गुण, समान शील और अवस्था, सम्पत्ति और यौवन वालों में प्रीति होती है अतः इनकी समानता देखी जानी चाहिये। वर कन्या से डेढ़ गुने वर्ष प्रमाण अथवा स्वरूपादि के कारण दुगुने वर्ष प्रमाण योग्य है इसके अतिरिक्त योग्य नहीं है इस प्रकार देशकाल के अनुसार वर्तमान समय को जानने वाले कहते हैं।[111]

मनोवैज्ञानिक दृष्टिकोण से यदि विश्लेषण किया जाये तो आयु का बहुत अधिक अन्तर होने पर एक का बुढ़ापे में प्रवेश और दूसरे साथी की जवानी का महत्त्वपूर्ण और सक्रिय भाग बहुत शेष रह जाता है। यदि आयु समान हो तो स्त्री शरीर से जल्दी क्षीण हो जाती है और पुरुष देर से। आयु के मध्य उचित अन्तर होने पर शारीरिक क्षमता और मानसिक चाह का उचित ढंग से नियमन होता है।

आयु का अन्तर एक गंभीर समस्या है। यदि इस पर ध्यान नहीं दिया जाये तो दाम्पत्य जीवन में दो में से किसी एक में तनाव, दबाव, कुण्ठायें उत्पन्न हो जाती हैं। जो वास्तविकता है वह कहीं न कहीं खरोंचती है। आयु मन और शरीर दोनों को प्रभावित करती है। मन और शरीर की क्षमता से प्रेरणायें नियंत्रित होती हैं और प्रेरणाओं के समान स्तरीय होने पर वैवाहिक जीवन सुखमय बनता है। हमारे महान आचार्यों ने और विद्वानों ने इसी लक्ष्य को ध्यान में रखकर विवाह हेतु वर–कन्या की आयु का निर्धारण समुचित प्रकार से किया है जो वर्तमान से ले कर भविष्य तक समाज और संस्कृति के लिये कल्याणकारी सिद्ध होगा।

त्रैवर्णिकाचार के श्लोक 40 में कहा गया है कि–

स्ववयसोऽधिकां वर्षैरुन्नता वा शरीरतः।
गुरुपुत्री वरेन्नैव मातृवत्परिकीर्तिता।। 40।।

अपने से उम्र में बड़ी हो, अपने शरीर से ऊँची हो तथा गुरु की पुत्री हो तो इनके साथ विवाह नहीं करें क्योंकि ये माता के समान मानी गई हैं।[112] यहाँ यह श्लोक आयु के सम्बन्ध में प्रासंगिक है। इस श्लोक में लड़के से लड़की बड़ी होने पर उससे विवाह नहीं करना चाहिये क्योंकि ऐसी कन्या मातृवत है।

हरिवंशपुराण में विवाहावस्था की निश्चित जानकारी नहीं मिलती। हाँ इतना अवश्य कहा गया है कि वर–वधू को समान वय होना चाहिये। जान पड़ता है कि प्राचीन भारत में बड़ी अवस्था में विवाह होना हानिप्रद समझा जाता था। एक लोक श्रुति उद्धृत की गई है कि कन्या रजस्वला हो जाय तो रुधिर की जितनी बूँदें गिरें उतनी ही बार उसकी माता को नरक का दुःख भोगना पड़ता है।[113]

हरिवंशपुराण में पाणिग्रहण तथा सहवास को विवाह का अनिवार्य अंग बताया गया है। जब भगवान ऋषभदेव पूर्ण युवा हुए तब तीन लोकों की अद्वितीय सुन्दरी पूर्ण यौवनवती नन्दा और सुनन्दा के साथ उनका विधिपूर्वक विवाह हुआ और वे उनके साथ क्रीड़ा करने लगे। इस प्रकार विवाह के लिये युवा वय को आवश्यक और अनिवार्य बताया गया है।[114]

जैन समाज में वर, वधू को जीवन साथी चुनने की स्वतंत्रता

विवाह संस्कार में जीवन साथी चुनने की युवक, युवती को प्राप्त स्वतंत्रता का बिन्दु अत्यन्त महत्त्वपूर्ण है। लड़के–लड़की को अपना जीवन साथी चुनने की पूर्ण स्वतंत्रता कभी भी किसी भी सभ्य माने जाने वाले समाज में प्रदान नहीं की गई। इस स्वतंत्रता को कम करने के लिये विवाह के सम्बन्ध में प्रत्येक समाज में कुछ नियम–कानून बनाये जाते रहे हैं। इसके लिये बहुत सफल और प्रयुक्त तरीका यह होता था कि समाज इस प्रकार के नियम बनाए कि समाज के किन समूहों के लड़का–लड़की परस्पर विवाह कर सकते हैं और किन समूहों के नहीं कर सकते।[115]

इस सम्बन्ध में अधिकतर नियम निषेधात्मक होते है। जैसे किसी समूह का कोई भी सदस्य उस व्यक्ति से विवाह नहीं कर सकता है जो उस समूह

का सदस्य नहीं है। यह सगोत्री विवाह का नियम है। जैसे पारसी समाज में विवाह सम्बन्ध केवल पारसी समाज के सदस्यों के बीच ही होते है। इसी का विलोम नियम है किसी समूह का कोई सदस्य उसी समूह के किसी सदस्य से विवाह नहीं कर सकता है। यह परगोत्री विवाह का नियम है। जैसे जैन समाज में सगोत्रीय विवाह का निषेध है। ये नियम परस्पर विरोधाभासी नहीं हैं क्योंकि वे भिन्न समूहों के अपने नियम हैं।[116] यह एक सामान्य नियम का उल्लेख है, अब जैन समाज के विशेष नियमों की चर्चा करेंगे।

प्रारंभ से ही जैन समाज में लड़का और लड़की को विवाह के लिये अपना जीवन साथी चुनने की पूर्ण स्वतंत्रता दी गई थी। जीवन साथी चुनने के लिये जाति, त्वचा के रंग, बालों के प्रकार, चेहरे आदि से निर्धारित मनु य वर्ग अथवा धर्म, मत, पंथ, सम्प्रदाय या धार्मिक मान्यता के आधार पर कोई प्रतिबन्ध या निषेध नहीं लगाया गया। कन्या या पुत्र की स्वतंत्र इच्छा पर ही बल दिया गया था। वास्तव में कन्या को अपना वर चुनने की स्वतंत्रता देने के लिये अति प्रचलित स्वयंवर प्रणाली ही अपनाई जाती थी। इसमें लड़की द्वारा चुने लड़के के परिवार का बहुत ऊँचा या नीचा होने का कोई महत्त्व नहीं था।

इसी बात को हरिवंशपुराण में इस प्रकार कहा गया है–

स्वयंवरगता कन्या वृणीते रुचिरं वरं।
कुलीनमकुलीनं वा क्रमो नास्ति स्वयंवरे।[117]

स्वयंवर प्रणाली में कन्या को अपनी पसन्द का वर चुनने की पूर्ण स्वतंत्रता होने के कारण इसके बारे में आदिपुराण में इस प्रकार कहा गया है–

सनातनोऽस्ति मार्गोऽयं श्रुतिस्मृतिषु भाषितः।
विवाहविधिभेदेषु वरिष्ठो हि स्वयंवरः।

अति प्राचीन प्रचलित स्वयंवर प्रणाली विवाह की अन्य प्रणालियों, विधियों में श्रेष्ठ है और अनेक धार्मिक ग्रन्थों में इसे अति प्राचीन माना गया है।[118]

स्वयंवर विधि अति प्राचीन होने के अलावा इसमें वर चुनने का क्षेत्र अधिक विस्तृत था। प्रारंभ में जैन समाज चार वर्णों में विभाजित था – ब्राह्मण, क्षत्रिय, वैश्य और शूद्र परन्तु जैन पुराणों से यह स्पष्ट हो जाता है

कि यह वर्ण व्यवस्था का यह विभाजन जीवन साथी के चयन में कोई बाधा या रुकावट नहीं बनता था। विभिन्न वर्ण के लड़का–लड़की के मध्य में होने वाले विवाह को दो श्रेणियों में विभक्त किया गया है– सवर्ण विवाह और असवर्ण विवाह। सवर्ण विवाह में एक वर्ण के सदस्य द्वारा उसी वर्ण के सदस्य से विवाह किया जाता है। असवर्ण विवाह वह होता है जब एक वर्ण के सदस्य द्वारा अपने वर्ण को छोड़कर दूसरे वर्ण से विवाह किया जाता है।

असवर्ण विवाह को भी दो श्रेणियों में विभक्त किया गया है– अनुलोम और प्रतिलोम विवाह। अनुलोम विवाह तब माना जाता है जब एक ऊँच वर्ण का वर, उस वर्ण से नीचे के वर्ण की वधू से शादी करता है। इसका अर्थ यह हुआ कि एक वर्ण वालों के विवाह उसी वर्ण में करने को अधिक श्रेष्ठ माना गया है। प्रतिलोम विवाह तब माना जाता है जब वर वधू के वर्ण से निम्न वर्ण का होता है। जैन–नीति के अनुसार असवर्ण विवाह को अच्छा तो नहीं माना गया है परन्तु जैन साहित्य में सवर्ण विवाह के साथ ही असवर्ण विवाह के बहुत संदर्भ और उदाहरण प्राप्त होते हैं।

असवर्ण विवाह की अनेक घटनाओं के कुछ उदाहरण यहाँ दिये जा रहे हैं। विवाह–क्षेत्र–प्रकाश में इस प्रकार के दृष्टान्त प्राप्त होते हैं। वासुदेव क्षत्रिय वर्ण के थे, लेकिन उन्होंने सोमश्री से विवाह किया जो कि ब्राह्मण वर्ण की थी। इसी प्रकार एक दूसरा दृष्टान्त जो बहुत ही उल्लेखनीय है, श्री कृष्ण क्षत्रिय वर्ण के थे, उन्होंने अपने भाई गजकुमार का विवाह शोभा नामक कन्या से किया जो ब्राह्मण वर्ण की थी। एक अन्य उदाहरण इस प्रकार मिलता है कि राजा श्रेणिक जो क्षत्रिय वंश के अत्यन्त श्रेष्ठ राजा थे और भगवान महावीर के श्रावक थे, ने अपनी कन्या गुणवती का विवाह धन्यकुमार से किया जो वैश्य वर्ण के थे और उज्जैन के निवासी थे।[119]

इसी क्रम में एक अन्य ग्रन्थ 'जैन आगमों में दिग्दर्शित प्राचीन भारत' में कुछ और दृष्टान्त दृष्टिगत होते हैं। तेयालीवुत्त जो एक राज्य में क्षत्रिय वर्ण का मंत्री था ने गयसुकुमाता नाम की कन्या से विवाह किया जो स्वर्णकार जाति की थी। इसी प्रकार राजा जयसत्तु ने रंगसाज की कन्या से विवाह किया। एक उदाहरण है भयभदत्त नाम के क्षत्रिय ने किसी ब्राह्मण कन्या से विवाह किया।[120]

विवाह का क्षेत्र केवल जैन धर्मावलम्बियों तक सीमित नहीं था। जैनों के अतिरिक्त अजैन समुदाय के योग्य लड़के–लड़कियों के बारे में भी विवाह के लिये विचार किया जाता था। उस समय विभिन्न धर्म के अनुयायियों के साथ सौहार्दपूर्ण सम्बन्ध रहते थे, कोई वैमनस्य नहीं होता था और इसलिये विवाह के संबंध में इनके बारे में उदारता से सोचा जाता था। ऐसे अनेकों उदाहरण मिलते हैं जहाँ विवाह अन्य धर्मावलम्बियों के साथ किया जाता था और कई बार कुछ को जैन धर्म का अनुयायी बना दिया जाता था। वैशाली के राजा चेतक जो जैन धर्म के अनुयायी थे, की पुत्री चेलना का विवाह राजा बिम्बिसार के साथ किया गया जबकि बिम्बिसार बौद्ध धर्म का अनुयायी था। इसी प्रकार कौसाम्बी के राजा धनसेन हिन्दू धर्म का अनुयायी था, जबकि उसकी रानी धनश्री जैन धर्म की अनुयायी थी। जैन कवि धनंजय की पत्नी बौद्ध थी।[121] इसी प्रकार प्रसिद्ध भाषा विशेषज्ञ अमासिहा जो बौद्ध धर्म का अनुयायी था, की धर्मपत्नी जैन थी।

प्राचीन काल में जैनों द्वारा उनसे भी विवाह किया जाता था, जो आर्य वर्ग के नहीं थे अथवा जो विदेश में निवास करते थे, इन्हें म्लेच्छ कहा जाता था। ऐसे विवाह जैनों में ऊँचे वर्ग के सदस्यों के द्वारा किए जाते थे और ऐसे विवाहों के अनेक उदाहरण जैन साहित्य में मिलते है। वासुदेव जैन धर्मावलम्बी थे, उन्होंने म्लेच्छ परिवार की कन्या से विवाह किया और उनके पुत्र जरतक कुमार ने जैन धर्म में दीक्षा ग्रहण की। राजगृह के राजा श्रेणिक के पिता राजा उपश्रेणिक ने तिलकसुन्दरी नाम की कन्या से विवाह किया था, जो मलेच्छ थी। प्रसिद्ध राजा चन्द्रगुप्त मौर्य, जो जैन आचार्य भद्रबाहु स्वामी का अत्यन्त श्राद्धनिष्ट श्रावक था, ने यूनानी राजा सेल्यूकस की लड़की के साथ विवाह किया था।

जैन धर्म के प्रथम तीर्थंकर भगवान आदिनाथ के पुत्र भरत की अनेक पत्नियाँ मलेच्छ थीं।[122] जैन धर्म को पालने वाला शालिभद्र जो एक प्रसिद्ध व्यवसायी था, विदेशों में अपने व्यवसाय के सम्बन्ध में जाता रहता था, ने अनेकों विदेशी कन्याओं से विवाह किया था। जिनदत्त, जो मैसूर के सन्तरा वर्ग का संस्थापक था, ने किसी नागा कन्या से विवाह किया था।[123] चोल वंश का एक महाराजा, जो जैन धर्म का अनुयायी था, ने नागा वंश की राजकुमारी से विवाह किया।[124]

इसके अलावा प्राचीन काल में जैन धर्मावलम्बियों ने यह भी स्वीकार किया कि अगर कोई कन्या अतिसुन्दर, निपुण और योग्य हो तो उससे भी विवाह किया जा सकता है चाहे किसी भी वर्ग की हो। जैन साहित्य में अनेक ऐसे उदाहरण प्राप्त होते हैं कि जैनों द्वारा वेश्याओं और अवैध संतानों से भी विवाह किया जाता था। सेठ चारुदत्त, जो एक अति प्रसिद्ध व्यवसायी था, ने प्रसिद्ध नर्तकी वसन्तसेना से विवाह किया था। राजा अमोघदर्शन के पुत्र युवराज चारुचन्द्र ने कामपटाका, जो एक वेश्या थी, से विवाह रचाया था। नागकुमार ने वेश्या पंचसुगन्धिनी की दो पुत्रियों किन्नरी और मनोहरी से विवाह किया था। वासुदेव ने सिलायुध और ऋषीदत्ता की अवैध संतान व अनिपुत्र की पुत्री प्रियनगुसुन्दरी से विवाह किया था।[125]

उपरोक्त दिये गये उदाहरणों से यह सुस्पष्ट है कि जैनों की प्रारंभिक अवस्था में अतिप्राचीन काल से ही उन्होंने विवाह का क्षेत्र अति विशाल रखा था जिसमें कोई प्रतिबन्ध नहीं था। यह सब जैन आचार्यों द्वारा समाज की उदार परिकल्पना से संभव हो पाया। उन्होंने समस्त मानव जाति को एक इकाई माना, चार वर्ण की व्यवस्था का आधार केवल व्यावसायिक क्षेत्र था, विवाह के सम्बन्ध में वर्ण व्यवस्था महत्त्वहीन थी।[126] जब मानव–मानव में कोई अन्तर या भेद नहीं था, तब जैन समाज द्वारा समस्त मानव जाति विवाह के लिये खुला और अबाधित क्षेत्र था।

विवाह के क्षेत्र में स्वतंत्रता पर रुकावटें

जैन समाज में सम्पूर्ण मानव वर्ग में इच्छानुसार विवाह की स्वतंत्रता निरन्तर नहीं रह सकी। पश्चातवर्ती समय में परिवर्तित परिस्थितियों के अनुसार समाज में आए परिवर्तनों के अनुरूप विवाह क्षेत्र को कुछ समूहों और वर्गों में सीमित करने के लिये नये सामाजिक नियम बनाये गये। प्रथम चरण में असवर्ण विवाह की मान्यता रखते हुए भी प्रतिलोम विवाह पद्धति को अमान्य किया गया और अनुलोम विवाह को ही मान्य किया गया। चूंकि आगमों में क्षत्रिय वर्ण को ब्राह्मण वर्ण से श्रेष्ठ बताया गया अतः क्षत्रियकुमार तथा ब्राह्मणकुमारी के विवाह को अनुलोम और ब्राह्मणकुमार एवं क्षत्रियकुमारी के विवाह को प्रतिलोम विवाह कहा गया है। जैनागमों में अनुलोम विवाह की प्रवृत्ति दृष्टिगत होती है। यह प्रवृत्ति इस कारण से होती थी कि विवाह हेतु पुत्री को समान या श्रेष्ठ कुल में देने की इच्छा रखी जाती थी।[127]

अनुलोम विवाह को विशिष्ट रूप से दिग्दर्शित करते हुए आदिपुराण में कहा--

शुद्रा शुद्रेण वोढव्यानान्या स्वां तां च नैगमः।
वहेत्स्वां ते न राजन्यः स्वां द्विजन्या कचिच्चताः।।

अर्थात् शूद्र वर्ण के सदस्य को केवल शूद्र वर्ण के पिता की लड़की से विवाह करना चाहिये, न कि अन्य वर्ण की कन्या से। इसी क्रम में वैश्य वर्ण के लड़के को वैश्य वर्ण की कन्या और शूद्र पिता की लड़की से विवाह करना चाहिये। क्षत्रिय वर्ण के लड़के को क्षत्रिय वर्ण, वैश्य वर्ण और शूद्र वर्ण की लड़की से विवाह करना चाहिये। ब्राह्मण वर्ण के लड़के को सभी वर्ण की कन्या अर्थात् ब्राह्मण, क्षत्रिय, वैश्य, शूद्र वर्ण की कन्या से विवाह का अधिकार है। इसका तात्पर्य यह हुआ कि ब्राह्मण वर्ण की श्रे ठता को स्वीकार करते हुए उस वर्ण के लड़के को किसी भी वर्ण की कन्या से विवाह करने की स्वतंत्रता दी गई है।[128]

आचार्य सोमदेवसूरि ने नीतिवाक्यामृतम् में अनुलोम विवाह के सम्बन्ध में कहा है-- **'आनुलोम्येन चतुस्त्रिद्विवर्णाः कन्याभाजनाः ब्राह्मण क्षत्रियविशः।'** इसका अर्थ है कि जाति की उच्चता के क्रम में ब्राह्मण, क्षत्रिय और वैश्य क्रम से चार, तीन और दो वर्णों की कन्याओं से विधिनुसार विवाह के पात्र हैं। इस प्रकार ब्राह्मण व्यक्ति किसी भी चार वर्ण की कन्या को पत्नी बना सकता है, क्षत्रिय तीन वर्ण में क्षत्रिय, वैश्य, शूद्र वर्ण की कन्या के साथ विवाह कर सकता है, वैश्य व्यक्ति दो वर्ण वैश्य और शूद्र वर्ण की कन्या को पत्नी बना सकता है और शूद्र केवल अपने वर्ण की कन्या को ही पत्नी बना सकता है। जैन धर्मावलम्बियों द्वारा विवाह सम्बन्धी नियमों की पालना बहुत गंभीरता से की जाती रही है, यह सब जैन विधि में विभिन्न वर्ण से उत्पन्न सन्तानों के बीच सम्पत्ति विभाजन की प्रणाली से स्पष्ट होता है।[129]

चार वर्ण की कन्याओं और लड़कों के विवाह की स्वतंत्रता जैनों में बहुत लम्बे समय तक अस्तित्व में नहीं रही। इस सबमें प्रथमतया तीन वर्ण ब्राह्मण, क्षत्रिय और वैश्य वर्ण द्वारा शूद्रों को इस विवाह प्रणाली और भोज व्यवस्था में अलग माना गया है और शूद्रों को यह कहा गया कि वे ये सब शूद्र वर्ण में ही करें।

शेष प्रथम तीन वर्ण ब्राह्मण, क्षत्रिय और वैश्य के व्यक्तियों को अपने वर्ण तक सीमित नहीं कर, तीनों वर्णों में वर्ण सीमा को नहीं मानकर, एक

वर्ण की भाँति विवाह और भोज व्यवस्था को क्रियान्वयन करने की स्वतंत्रता रही। इस सबको धर्मसंग्रह श्रावकाचार के इस श्लोक में निम्न प्रकार से वर्णित किया गया है–

"परस्पर त्रिवर्णानां विवाहः पंक्तिभोजनम्।
कर्त्तव्यं न च शूद्रैस्तु शुद्राणो शुद्रकेः सह।।[130]

पूर्व में स्पष्ट विवेचन किया गया है कि जैन धर्मावलम्बियों को प्रारंभ में मूल रूप से चार वर्ण में विभाजित किया गया था यथा– ब्राह्मण, क्षत्रिय, वैश्य और शूद्र और वर्तमान में प्रचलित जैन जातियाँ इन चार वर्णों में से विकसित हुई।[131] यह भी उल्लेखनीय है कि हिन्दू जाति व्यवस्था से जैन जाति व्यवस्था बहुत अधिक प्रभावित हुई है और आज भी जैन जाति व्यवस्था में यह तथ्य अभी भी गहराई से अवलोकन करने पर स्पष्ट हो जाता है।[132]

भारत में जाति व्यवस्था का गहराई से अध्ययन करने पर यह स्पष्ट होता है कि इसमें यह रिवाज विवाह के सम्बन्ध में रहा है जिसके अनुसार व्यक्ति की शादी अपने समूह अथवा जाति से बाहर नहीं की जा सकती है।[133] स्वाभाविक तौर पर जैन धर्मावलम्बियों ने इन विशेषताओं और निषेधात्मक निर्देशों को अपने समाज में अपना लिया। यद्यपि अपवादस्वरूप जैन समाज में अपने समाज से परे और बाहर कुछ विवाह करने के उदाहरण मिलते हैं।[134] ये केवल अपवाद रूप में कहा जा सकता है। सामान्य नियम यही रहा कि जैनों ने विवाह अपनी जाति या उपजाति में ही करने की प्रथा और प्रणाली अपनाई और वर्तमान में यही प्रणाली अति प्रचलित और स्वीकार्य है।

विवाह के क्षेत्र को सीमित करने के लिये विवाह को स्वजातीय रखने के लिये अनेकों नियमों, उपनियमों को इस प्रकार से अपनाया गया। इन नियमों का विवेचन इस प्रकार हैं–

(1) जाति अथवा उपजाति स्वजातीय निर्देश

प्रथम निषेधात्मक निर्देश यह है कि दोनों पक्ष जो विवाह करने को तैयार हैं, एक ही जाति के हों। इसे त्रैवर्णिकाचार में इस प्रकार कहा गया है–

रूपवती स्वजातीया स्वतो लघ्वन्यगोत्रया।
भोक्तं भोजयितं योग्या कन्याबहुकुटुम्बिनी।। 36।।

जो रूपवती हो, अपनी जाति की हो, वर से आयु और शरीर में छोटी हो, दूसरे गोत्र की हो और जिसके कुटुम्ब में बहुत से स्त्री–पुरुष हों, ऐसी कन्या विवाह करने योग्य होती है।[135]

विवाह के लिये उपजाति जाति की भाँति बन जाती है और उपजाति वास्तव में स्वजातीय विवाह के लिये एक समूह बन जाता है।[136] एतदर्थ कुछ जातिया, जैसे सैतावला, खण्डेलवाल, चतुर्थी आदि, जिनमें कोई उपविभाजन नहीं है उनमें जाति ही स्वजातीय विवाह की सीमा बन जाती है। श्रीमाली जाति जो गुजरात में है, उसमें उपविभाजन विद्यमान है, उसमें उपजाति ही स्वजातीय विवाह समूह बन जाती है।[137]

(2) धार्मिक अथवा खण्डीय स्वजातीय निर्देश

जैन समाज में ऐसी अनेक जातियाँ हैं जिनके समान अथवा प्रतिस्थानी जातियाँ अन्य समाज की जातियों में हैं यथा अग्रवाल, श्रीमाली, फेरवाल जो हिन्दुओं और जैनों दोनों में हैं और उनमें विवाह सम्बन्ध होते हैं। इसका स्पष्टीकरण यह दिया जाता है ये जातियां पूर्व में जैन धर्म की अनुयायी थीं, पर बाद में इन जातियों के कुछ सदस्यों ने अन्य धर्म को अपना लिया परन्तु विवाह सम्बन्ध आपस में परस्पर चलते रहे थे।

वर्तमान में जैन समाज के अत्यन्त महत्त्वपूर्ण संगठन जैसे अखिल भारतीय श्वेताम्बर जैन कॉन्फ्रेंस आदि ने जैन धर्मावलम्बियों को अपने धर्म के सदस्यों के साथ और उनके परिवार के योग्य कन्या–वर से विवाह करने की ही सलाह दी; अन्य धर्मावलम्बियों के परिवारों में शादियाँ करने को अच्छा और सम्मानीय नहीं बताया।[138] परवारा जाति में कुछ लोग तारनापन्थ और कुछ अन्य दिगम्बर पंथ और सम्प्रदाय के अनुयायी हैं। पूर्व में परवारा जाति में विवाह अपनी ही जाति के लोगों में किए जाते थे चाहे वे विभिन्न सम्प्रदाय के व्यक्ति हों।

इन दिनों में पूर्व में चल रही इस पद्धति को अपनाना समाप्त हो गया है, अब तारनपंथी और अन्य दिगम्बर सम्प्रदायों ने अपना समूह अलग बना लिया है और उसी समूह में ही आपस में विवाह करने लगे हैं। इसी प्रकार तारनपन्थी गोलालारे और अन्य गोलालारे सम्प्रदायों में विवाह प्रथा केवल अपने सम्प्रदायों में करने की अपनाई गई है। ऐसी ही केवल अपने सम्प्रदायों में सीमित करने की पद्धति दिगम्बर वर्ग के अन्य सम्प्रदायों में प्रचलित हो गई है।[139]

(3) स्थान अथवा स्थानीय स्वजातीय और स्वगोत्रीय विवाह

जब एक विशेष जाति के लोग अपने सीमित क्षेत्र से बाहर एक विस्तृत क्षेत्र में फैल जाते हैं, तब उनके अपनी जाति से सम्बन्ध कम और गौण हो जाते हैं तब वे विवाह के लिये अपने स्वजातीय और स्वगोत्रीय सम्बन्ध बनाने में सफल नहीं हो पाते हैं और ये स्वजातीय और स्वगोत्रीय में विवाह निर्देश शिथिल हो जाते है। हुम्मादस राजस्थान में फैल गये हैं और गुजरात, महाराष्ट्र में भी बस गये हैं इसलिये अब इन दोनों में कोई विवाह सम्बन्ध नहीं होते है। सैतवालस विदर्भ, मराठवाड़ा और पश्चिमी महाराष्ट्र में निवास कर रहे हैं इसलिये अब इनमें विवाह सम्बन्ध स्थापित हो रहे हैं और विवाह के लिये स्थानीय विवाह समूह बन गये है।

अहमदाबाद शहर में रहने वाले जैन अपनी पुत्री को अहमदाबाद में नहीं रहने वाले परिवारों में शादी के लिये नहीं देते।[140] सौराष्ट्र के जूनागढ़, धोरजी, वन्थली और जैतपुर तालुकों के वीसा श्रीमाली में विवाह सम्बन्ध में यह निर्देश है कि उनके विवाह केवल भावनगर, वैरावल, पोरबन्दर, जामनगर और मंगरोल के वीसा श्रीमाली परिवारों में ही किये जायें और इन क्षेत्रों के अलावा क्षेत्रों के वीसा श्रीमाली में भी नहीं किया जाये।[141]

परवार जाति के कुछ सदस्य तारनपंथ के अनुयायी हैं और अन्य दिगम्बर धर्म के प्रसंग विभिन्न पंथों के अनुयायी हैं। पूर्व में परवार जाति के सदस्य चाहे वे किसी भी पंथ के अनुयायी हों, पंथ की विभिन्नता को ध्यान में नहीं रखते हुए परवार जाति के किसी भी सदस्य के साथ विवाह सम्बन्ध कर लेते थे। अब यह विवाह व्यवस्था बन्द हो गई है और तारनपंथी और अन्य दिगम्बर परवार पंथ के सदस्यों ने अपने पंथ को ही स्वगोत्रीय विवाह के क्षेत्र में सीमित कर दिया है। यही विवाह सम्बन्ध को तारनपंथी गोलालारे और अन्य पंथ के गोलालारे चाहे वे सभी दिगम्बर हैं, ने अपने स्वगोत्र की सीमा में करने की पद्धति अपना ली है। यह सब उदाहरण, तथ्य, स्थान अथवा स्थानीय स्वजातीय और स्वगोत्रीय विवाह की विद्यमानता को सिद्ध करते हैं।[142]

(4) स्थानीय स्वगोत्रीय विवाह

जब एक विशेष जाति के लोग बहुत दूर के क्षेत्रों में विस्तृत विस्तार से फैल जाते हैं तब उनमें परस्पर सम्पर्क नगण्य–सा हो जाता है और इस परिस्थिति में उनका अपनी जाति में विवाह सम्बन्ध बहुत कठिन हो जाता

है। इन स्थितियों में केवल स्थानीय स्वजातीय और स्वगोत्रीय विवाह सम्बन्ध की प्रथा प्रचलन में आ जाती है। हुम्मादस गोत्र के परिवार राजस्थान, गुजरात और महाराष्ट्र में रहने लग गये हैं और उनका परस्पर सम्पर्क नगण्य ही नहीं, नहीं के बराबर हो गया है और इस कारण इनका आपस में एक राज्य से दूसरे राज्य के हुम्मादस से विवाह सम्बन्ध बन्द हो गये हैं। इसलिये इनमें विवाह सम्बन्ध स्थानीय क्षेत्र में सीमित हो गये हैं।

सैतवालस भी इसी प्रकार विदर्भ, मराठवाड़ा और पश्चिमी महाराष्ट्र क्षेत्रों में निवास करने लग गये हैं और इसके परिणामस्वरूप इनमें विवाह सम्बन्ध अपने–अपने क्षेत्रों तक ही सीमित हो गये हैं। अहमदाबाद में रहने वाले जैन धर्मावलम्बियों के परिवारों ने अपनी कन्याओं के विवाह अहमदाबाद शहर में रहने वाले जैन परिवारों के लड़कों में करने की विवाह पद्धति अपना ली है और अहमदाबाद के बाहर रहने वाले जैन परिवारों के लड़कों में कन्या का विवाह नहीं करते हैं।[143]

सौराष्ट्र में रहने वाले वीसा श्रीमाली जो मुख्य तौर पर जूनागढ़, धोरजी, वन्थली और जेतपुर तालुका में निवास करते हैं, के द्वारा बनाये गये निर्देश पुस्तिका जिसे सुनकर संविधान माना जाता है, में यह नियम लिखा गया है कि उनके सदस्य परिवार विवाह सम्बन्ध को भावनगर, वेरावल, पोरबन्दर, जामनगर और मंगरोल क्षेत्र के वीसा श्रीमाली समाज तक ही सीमित रखेंगे और इन क्षेत्रों के बाहर विवाह सम्बन्ध नहीं करेंगे चाहे वे परिवार वीसा श्रीमाली भी हों।[144]

गुटीय अथवा समूह स्वगोत्रीय विवाह सम्बन्ध

कई बार किसी जाति अथवा उपजाति में कुछ बिन्दुओं को लेकर कुछ ठोस या कड़ी विचारभिन्नता उत्पन्न हो जाती है और कई बार यह विचार विभिन्नता के आधार पर गुटीय अथवा समूह स्वगोत्रीय विवाह सम्बन्ध की स्थिति उत्पन्न हो जाती है। इस प्रकार की विवाह व्यवस्था को गुटीय अथवा समूह स्वगोत्रीय विवाह का आधार कहा जा सकता है। कुछ वर्ष पूर्व शोलापुर शहर के हुम्मदा जाति में दो समूह जो अलग–अलग महत्त्वपूर्ण व्यक्तियों के नेतृत्व में बन गये और इसके परिणामस्वरूप इन समूहों के हुम्मदा जाति में आपस में विवाह सम्बन्ध बन्द हो गये और प्रत्येक समूह के हुम्मदा जाति के परिवार अपने समूह के परिवारों में

विवाह करने लग गये थे और दूसरे समूह से विवाह सम्बन्ध विच्छेद हो गये।

इसी प्रकार भट्टारकों को गुरु स्वीकार करने को लेकर शैतवालों में दो समूह बन गये और प्रत्येक समूह के शैतवाल केवल अपने समूह में विवाह करने लग गये हैं। इसी भाँति कैरा जिले के श्वेताम्बर जैनों में मतभिन्नता और नेतृत्व के प्रश्न को लेकर अलग–अलग समूह विवाह का आधार बन गया।[145]

स्वगोत्र अथवा समूह में विवाह व्यवस्था पर निषेध

कई विवाह व्यवस्था ऐसी भी पाई जाती हैं जिनमें स्वगोत्र अथवा समूह के बाहर विवाह करने के बारे में ऐसे निर्देश होते हैं कि वे किसी विशेष समूह के सदस्यों में आपस में विवाह नहीं कर सकते हैं। ऐसी कई स्वगोत्रीय विवाह पद्धति हैं जिनमें स्वगोत्र के अलावा बाहर के अस्वगोत्रीय में विवाह पर निषेध होता है। जैन समाज में स्वगोत्र में लड़के और लड़की के परस्पर विवाह पर रोक है। इस सम्बन्ध में त्रैवर्णिकाचार में यह श्लोक कहा गया है–

अन्य गोत्रभवां कन्यामनातङ्का सुलक्षाम।
आयुष्मती गुणाढयां च पितृदत्ता वरेदरः।।

जो अन्य गोत्र की हो, रोग रहित है, उत्तम लक्षणों वाली हो, दीर्घ आयु वाली हो, उत्तम गुणों से भरी–पूरी हो और अपने पिता द्वारा दी जाए, ऐसी कन्या के साथ विवाह करे।[146] इससे स्पष्ट है कि केवल ऐसी कन्या से विवाह करना चाहिये जो स्वगोत्र की न हो और स्वगोत्र को छोड़कर अन्य गोत्र की हो।

इसी प्रकार त्रैवर्णिकाचार में एक श्लोक इस प्रकार विद्यमान है–

पुत्री मातृभगिन्याश्च स्वगोत्रजनिताऽतिवा।
श्वश्रूष्वसात तथैतासां वरीता पातकी स्मृत।।[147]

अपनी मौसी की लड़की, अपने गोत्र की लड़की, अपनी सास की बहन के साथ विवाह करने वाला पातकी माना गया है। इस श्लोक में अपने गोत्र की लड़की के साथ विवाह करने वालों को पापी कहा गया है। यह स्वगोत्र में विवाह पर रोक का स्पष्ट और बलपूर्वक दिया गया निर्देश है।

इसी तरह नीतिवाक्यामृतम् में एक श्लोक इस प्रकार आता है–

समविभावाभिजनयोः असमगोत्रीयविवाह सम्बन्धः।[148]

अर्थात् बराबर के ऐश्वर्य और कुल वाले भिन्न गोत्रीय (वर और कन्याओं) का वैवाहिक बन्धन उचित है।

इन सबका निर्देश यह है कि स्वगोत्रीय विवाह सम्बन्ध अर्थात् लड़का और लड़की के एक ही गोत्र का होने पर उनके विवाह पर निषेध है इसलिये विवाह सम्बन्ध में गोत्र एक महत्त्वपूर्ण विचारणीय बिन्दु है, इसलिये जैन समाज के गोत्रों के बारे में चर्चा किया जाना आवश्यक हो जाता है।

विवाह सम्बन्ध और गोत्रों के बारे में विवेचन

(1) गोत्र की संख्या के बारे में भिन्न भिन्न दृष्टिकोण

सर्वप्रथम यह कहना समीचीन होगा कि यद्यपि कुछ तथ्यों के आधार पर जैन धर्मावलम्बियों की गोत्रों की संख्या को बताया जाता है पर इनकी सही संख्या का ज्ञान नहीं है। सामान्यतया जैन समाज में गोत्रों की संख्या 84 कही गई है।[149] इस बारे में प्रकाशित और अन्य प्रकार से उपलब्ध सामग्री के आधार पर डॉ. ए. एन. उपाध्याय ने जैन समाज के गोत्रों की संख्या 140 बताई है।[150]

डॉ. उपाध्याय द्वारा संकलित गोत्रों की संख्या व्यापक अथवा विस्तृत नहीं कही जा सकती है। यह निष्कर्ष इस तथ्य से निकाला जा रहा है कि उन्होंने इन 140 गोत्रों के नाम नहीं बताये हैं और न ही वर्तमान में प्रचलित जैन गोत्रों के नाम भी वर्णित किये हैं। वर्तमान में जैन समाज के गोत्रों की संख्या बहुत अधिक है। वर्तमान में अग्रवाल जाति में साढ़े 17 गोत्र विद्यमान हैं। ओसवालों में गोत्रों की संख्या 1444 बताई गई है। खण्डेलवाल समाज में 84 गोत्र माने गये हैं। श्रीमालियों में गोत्रों की संख्या 135 है। पोरवालों में 24 गोत्र माने गये हैं। डुम्मदस में 18 गोत्र हैं और सैतवाल में गोत्रों की संख्या 44 है।[151] यह कहा जाता है कि मैसूर में जैन समाज में 130 गोत्र हैं परन्तु वर्तमान में मुख्य तौर पर 24 गोत्र प्रचलित हैं।[152]

(2) विवाह सम्बन्ध के लिये निषिद्ध गोत्रों की संख्या अनिश्चित

जैन समाज में विवाह सम्बन्ध करते समय कितने गोत्र को छोड़कर अर्थात् टालकर विवाह करना चाहिये, इसके सम्बन्ध में कोई सर्वमान्य नियम विद्यमान नहीं हैं। इस सम्बन्ध में विभिन्न जातियों में प्रचलित नियम ही

बाध्यकारी होते हैं। परवार जाति में कुछ स्थानों पर विवाह सम्बन्ध स्थापित करने के लिये 16 गोत्रों को छोड़ा जाता है। कुछ स्थानों पर 8 गोत्रों में सम्बन्ध नहीं किये जाते हैं, वहीं कुछ स्थानों पर 4 अथवा केवल 2 सुविधानुसार, परिवारों की इच्छानुसार गोत्र विवाह के लिये छोड़ दिये जाते हैं।[153]

सैतवाल जाति के सम्बन्ध में यह कहा जाता है कि उनमें गोत्रों की संख्या बहुत अधिक है परन्तु वर्तमान में 44 गोत्रों के बारे में ही जानकारी है, परन्तु इन गोत्रों में विवाह परम्परा इन परिवारों के कुलनाम के आधार पर निर्धारित होती है। इनमें केवल अपने कुलनाम के परिवारों में विवाह सम्बन्ध स्थापित नहीं किये जाते हैं।[154] हाँ पदमावती परिवार में कोई गोत्र ही नहीं है इसलिये इनमें विवाह सम्बन्ध स्थापित करने के लिये कोई गोत्र टालने का प्रश्न ही उत्पन्न नहीं होता है। वे विवाह सम्बन्ध सम्बन्धित परिवारों की सुविधा और परम्परा के अनुसार ही किये जाते हैं।[155]

(3) कर्म अथवा आचरण के आधार पर गोत्र निर्णय

गोत्र का प्रादुर्भाव किसी धार्मिक सूची के प्रसिद्ध पूर्वजों, व्यक्तियों के आधार पर होना प्रतीत होता है, यद्यपि जैन समाज में गोत्र का आधार पर्याप्त तकनीकी रूप से किया गया जान पड़ता है। सुस्थापित, सुप्रसिद्ध कर्म सिद्धान्त में गोत्र को प्रमुख स्थान दिया गया है और आध्यात्मिक ग्रन्थों में आठ कर्मों में एक कर्म के रूप में दिया गया है। इन ग्रन्थों के अनुसार विभिन्न जातियों में प्रचलित अलग–अलग प्रकार के रिवाजों का विशेष महत्त्व है। ग्रन्थों में यह सिद्धान्त बताया गया है कि अन्य जन्मान्तर और पीढ़ी दर पीढ़ी से आने वाले आत्मा के कार्य कलापों पर गोत्र का प्रभाव पड़ता है। उच्च या निम्न गोत्र का आधार किये गये आचरण और कार्यों के उच्च या निम्न होने का लिया गया है।

यह सिद्धान्त निश्चित है कि आत्मा के उच्च या निम्न कर्म आचरण के आधार पर उच्च या निम्न गोत्र का निर्णय होता है। यह कर्म ही आत्मा के उच्च या निम्न परिवार में जन्म का आधार बनता है।[156] जैन लेखकों द्वारा इस प्रकार तकनीकी रूप से इसकी व्याख्या की गई है। यह अत्यन्त आश्चर्यजनक है कि जैन समाज में विद्यमान सैकड़ों गोत्रों का आधार उपरोक्त कर्म सिद्धान्त के अनुसार नहीं है जिसके अनुसार जैनों में कोई उच्च या निम्न गोत्र नहीं होती। बल्कि वर्तमान समाज में परिवार

और व्यक्ति का उच्च या निम्न वर्ग में उनकी गोत्रों के अनुसार माना जाता है।[157]

गोत्रों के प्रादुर्भाव की घटनाओं को गहनता से अध्ययन करने पर ज्ञात होता है कि ये प्राचीनतम युग की, अति प्राचीन, पुरातन या आद्यकालिक नहीं हैं वरन् इनका जन्म विभिन्न कालों में विभिन्न कारणों से हुआ है और इसी प्रकार इनको भविष्य में किन्हीं विशेष कारणों से प्रयोग से बन्द किया जा सकता है। इसी प्रकार इन गोत्रों के बनने के पीछे भी कोई सिद्धान्त का होना प्रतीत नहीं होता है। अग्रवाल राजा अग्रसेन के वंशज हैं परन्तु इस जाति ने राजा अग्रसेन के गोत्र को स्वीकार नहीं किया वरन् इन्होंने विभिन्न राजकुमारों के नाम पर 18 नये गोत्रों को अपनाया।[158]

यहाँ यह भी उल्लेखनीय है कि जब 84 कस्बों के निवासियों को आचार्य जिनसेन ने जैन धर्म का अनुयायी बनाया तब उनको खण्डेलवाल नाम की जाति से पुकारा गया। इस खण्डेलवाल जाति में 84 नये गोत्रों का सृजन 84 कस्बों के आधार पर किया गया। कस्बों के आधार पर गोत्रों के सृजन से प्रत्येक कस्बे के खण्डेलवाल ने विवाह के लिये उस कस्बे के गोत्र को छोड़कर अन्य कस्बों के खण्डेलवाल जैनों में विवाह सम्बन्ध स्थापित किये।[159]

आचार्य रत्नप्रभ सूरिजी ने जब राजपूत समाज के लोगों को जैन धर्म का अनुयायी बनाया तब इन धर्मान्तरण करने वाले राजपूतों को अलग जाति ओसवाल के नाम से सम्बोन्धित किया गया। इन लोगों को 18 गोत्रों में विभक्त किया गया और इस प्रकार नए गोत्रों का निर्माण किया गया। तत्पश्चात् ओसवाल जाति में कुछ और जैन धर्म के अनुयायी बनाने पर इन्हें भी पुरानी गोत्रों में विभक्त कर नए गोत्रों का सृजन किया गया। इन सबके नए गोत्रों के नाम कुछ जानवरों और पक्षियों के नाम से, कुछ गोत्रों को निवास स्थान के आधार पर, कुछ गोत्रों को नाम व्यवसाय के आधार पर, कुछ गोत्रों को व्यक्तियों के नाम पर और कुछ को शौर्यता और बुद्धिमता के आधार पर बनाया गया।[160]

गोत्र से तात्पर्य

विवाह सम्बन्ध के लिये सगोत्रीय विवाह अगोत्रीय विवाह और निषेध नियम का मुख्य उद्देश्य नजदीकी रिश्तेदारों के विवाह सम्बन्धों पर निषेध और

प्रतिबन्ध का है। परिवार को नजदीकी रिश्तेदारों की इकाई माना गया है और यह निर्देशित किया गया कि परिवार के सदस्यों को विवाह सम्बन्ध परिवार से बाहर करने चाहिये।

गोत्र शब्द का शाब्दिक तात्पर्य गायों के लिये बनाये जाने वाले बाड़े से है परन्तु धीरे–धीरे इसका अर्थ विवाह सम्बन्ध के लिये परिवार से किया जाने लगा, इसलिये गोत्र की सीमा मानी गई जिसमें विवाह सम्बन्ध बनाना निषिद्ध क़िया गया। कुछ समय पश्चात गोत्र को एक भिन्न अर्थ दिया गया और कुछ नये नियम बनाये गये जिसमें एक गोत्र में विवाह निषेध के स्थान पर कई गोत्रों में विवाह निषेध किया गया। इसका परिणाम वर–वधू चुनने की स्वतंत्रता, इच्छा पर अतिक्रमण, नियमन के रूप में हुआ। विवाह सम्बन्ध तय करने पर आरोपित कई प्रकार के स्वगोत्रीय निषेध से विवाह सम्बन्ध की स्वायत्तता को संकुचित किया गया और अगोत्रीय विवाह सम्बन्ध को विस्तृत किया गया।

रिश्तेदारों से विवाह सम्बन्धी नियम

नजदीकी रिश्तेदारों से विवाह सम्बन्ध स्थापित करने के सम्बन्ध में जैन समाज में कुछ नियम व मार्गदर्शक सिद्धान्त बनाये गये हैं। त्रैवर्णिकाचार में इस बारे में एक श्लोक अति महत्त्वपूर्ण है जो इस प्रकार है–

सुतां पितृश्रसुश्रैव निजमातुलकन्यकाम्।
स्वसारं निजभार्यायः परिणेता न पापमाक।।
पुत्री मातृभगिन्याश्र स्वगोत्रजनिताऽपि वा।
श्रस्वसा तथैतासां वरीता पातकी स्मृतः।।[161]

अर्थात् वह जो बुआ की लड़की, मामा की लड़की, अथवा साली से विवाह करता है, वह कोई पाप नहीं करता है। इस प्रकार के विवाह जैन समाज में स्वीकार्य हैं। अगर कोई अपनी मौसी की लड़की, स्वगोत्रीय कन्या और अपनी सास की बहन से करता है तब वह पातकी कार्य करता है।

इसके विपरीत मामा की लड़की से विवाह करने का दृष्टान्त प्राचीन समय में प्रचलित होना पाया जाता है। कुछ शाही राजपरिवारों अर्थात् शासकीय परिवारों में यथा राजकुमार सिद्धार्थ ने अपने मामा की लड़की राहुलमता से विवाह किया था।[162] इससे यह भी प्रकट होता है कि प्राचीन काल के जैनों में इस प्रकार की विवाह पद्धति भी प्रचलित थी। पिता की

बहन की लड़की (बुआ की लड़की) से और माँ की बहन की लड़की (मौसी की लड़की) से विवाह की प्रथा का प्रचलित होना भी पाया जाता है। परन्तु पिता के भाई अर्थात् चाचा की लड़की स्वगोत्री होने के कारण विवाह किये जाने की छूट नहीं थी अर्थात् स्वगोत्री विवाह चाहे चाचा अथवा अन्य स्वगोत्री परिवारों में विवाह करने का पूर्णतया निषेध था। इससे यह निष्कर्ष निकलता है कि स्वगोत्री चाचा–चाची के लड़के–लड़की अर्थात् चचेरे भाई–बहन, स्वगोत्रीय लड़के–लड़की से विवाह निषेध था तब इसके विपरीत गोत्रीय मामा–मामी, मौसा–मौसी, बुआ–फूफा की संतानों अर्थात् फुफेरे, ममेरे, मौसेरे भाई–बहन से विवाह करने की छूट थी।

अब वास्तव में इस नियम की स्थानीय निर्देशों के अनुरूप पालना की जाती है। इसलिये यह निर्देशित किया गया कि मामा की लड़की से विवाह प्रचलित स्थानीय नियम के अन्तर्गत ही की जाती है। नीतिवाक्यामृतम् में एक श्लोक इस सम्बन्ध में कहा गया है वह इस प्रकार है– ''देशापेक्षों मातुलसम्बन्ध'' अर्थात् देश विशेष के आचार के अनुसार ही मामा से (भाँजी का) अथवा मामा की पुत्री से विवाह सम्बन्ध हो सकता है।[163]

उत्तर भारत में जैनों में चचेरे भाई बहन, मामा–मामी के लड़के–लड़की से, मौसा–मौसी के लड़के–लडकी, बुआ–फूफा के लड़के–लड़की से अर्थात चचेरे, फुफेरे, ममेरे, मौसेरे भाई–बहन से विवाह करने पर पूर्ण निषेध है जबकि दक्षिण भारत में, कर्नाटक आदि में, मामा–भांजी की शादी की प्रथा ही नहीं है वरन् इसे प्राथमिकता से किया जाता है। यह कर्नाटक में विवाह पद्धति का एक विशेष नियम है। यह न केवल जैनों में वरन् कर्नाटक में ब्राह्मणों में, लिंगायतों आदि में भी यह प्रथा प्रचलित है।[164]

इन सब सामान्य विवाह नियमों के प्रचलित होते हुए भी कुछ दृष्टान्त ऐसे भी हैं जो इनके विरुद्ध अपवादस्वरूप होते प्रतीत होते हैं जैसा कि बहुत नजदीकी रिश्तेदारों में विवाह होना ज्ञात होता है यथा देवकी का विवाह उसके पिता के चचेरे भाई से किया गया था। इससे भी अधिक और नजदीक रिश्तेदारों में विवाह का उदाहरण इतिहास में दृष्टिगोचर होता है, वह यह है कि राजा अग्रसेन के पौत्र और पौत्रियों के विवाह आपस में कर लिये गये और उनके वंशज अग्रवाल कहलाये।[165]

जैन आगमों में यह उल्लेख है कि यौगलिक परम्परा में भाई और भगिनी ही पति और पत्नी के रूप में परिवर्तित हो जाया करते थे।

आदिपुराण में इसका विवरण प्राप्त होता है कि भगवान ऋषभ ने स्वयं अपना विवाह अपनी सहजात सुमंगला के साथ किया था।[166] इसके अलावा बहन के साथ विवाह का एक अन्य उदाहरण प्राप्त होता है जब राजा पुष्पकेतु ने अपने पुत्र की शादी अपनी लड़की जो पुष्पकेतु की बहन थी, से की।[167] यह भी उल्लेख मिलता है कि भगवान ऋषभ ने अपनी पुत्री ब्राह्मी का विवाह अपने पुत्र बाहुबली और दूसरी पुत्री सुन्दरी का विवाह भरत के साथ किया था।[168]

विवाह सम्बन्धित प्रारंभिक चरण एवं समारोह

विवाह संस्था केवल वासना सम्बन्धी नियंत्रण की दृष्टि से ही महत्त्व नहीं रखती, इसका अधिकतम महत्त्व तो वंशक्रम, दायभाग और उत्तराधिकार के लिये है। समाज का समग्र हित इससे जुड़ा होता है। इस कारण पूरे समाज की दृष्टि गंभीरता से विवाह संस्था के सभी निहित बिन्दुओं पर होती है । इसलिये समाज न केवल वर–वधू के चयन के बारे में नियम प्रतिपादित करता है वरन् वधू प्राप्त करने के तरीकों के बारे में, वर–वधू के मिलने के बारे में, विवाह सम्बन्धी समारोह के बारे में और विवाह के विभिन्न बिन्दुओं के बारे में भी निर्देश और नियम बनाता है। कुछ महत्वपूर्ण बिंदुओं संबंधी विवेचन ––

(अ) वधू प्राप्त करने की विधियाँ – तरीके

वर के लिये वधू प्राप्त करने के कई प्रकार के तरीके हैं परन्तु उनमें से चार तरीके महत्त्वपूर्ण हैं– बलपूर्वक वधू प्राप्ति करना, वधू को क्रय कर प्राप्त करना अथवा अदला–बदली से प्राप्त करना, वर द्वारा वधू के परिवार की एक निश्चित अवधि तक सेवा कर वधू को प्राप्त करना और आपसी सहमति द्वारा वधू की प्राप्ति।[169]

(1) बलपूर्वक वधू की प्राप्ति– प्रारंभिक काल में नारी को अत्यन्त महत्त्व दिया जाता था क्योंकि वह कार्यशील शक्ति का रूप थी और वह बच्चों को जन्म देने वाली जननी के रूप में सेवा देती थी, अतः स्वाभाविक रूप से आर्थिक लाभ या यौन तृप्ति के लिये की जाने वाली बलपूर्वक कार्यवाही में वधू महत्त्वपूर्ण बहुमूल्य वस्तु रहती थी। इस प्रकार वधू प्राप्त करने के तरीके को बलपूर्वक वधू प्राप्त कर विवाह करना कहा जाता था।[170]

यद्यपि जैन समाज में भी विवाह की राक्षस विधि प्रचलित थी परन्तु हिन्दू समाज की भाँति जैन समाज इस वधू प्राप्त करने का इस विधि को उचित नहीं मानता था अतः इस विधि को हेय दृष्टि से देखा जाता था।

चूंकि राक्षस विवाह विधि–धर्म विरुद्ध और अनैतिक है अतः जैन आचार्यों ने इस विधि से वधू प्राप्ति की कोई विधि निर्धारित नहीं की।[171] अतः यह निश्चित तौर से कहा जा सकता है कि जैनों द्वारा प्रचलित प्राचीन विवाह विधियों में राक्षस विवाह विधि को कलान्तर में अमान्य और अस्वीकार्य ही माना गया।

(2) वधू को क्रय कर अथवा अदला–बदली से प्राप्त करने का तरीका दूसरा तरीका वधू को प्राप्त करने का यह है कि वधू की क्रय राशि उसके परिवार को अदा कर वधू को प्राप्त किया जाता है। इस विधि में दूसरा तरीका विनिमय या अदला–बदली पद्धति है जिसमें वधू प्राप्त करने के लिये वर का पिता अपनी कन्या अर्थात् वर की बहन को बदले में वधू के परिवार में उसके भाई को वधू के रूप में देता है। इस तरीके को जैन समाज में राक्षस विधि से अच्छा और स्वीकार्य माना गया। जैन धर्म के इतिहास में देवदत्ता के विवाह का संदर्भ आता है जिसने धनदत्ता की बहन को वधू के रूप में स्वीकार किया और उसके बदले में अपनी बहन धनदत्ता को वधू के रूप में दी, यह अदला–बदली विवाह पद्धति है।[172] अदला–बदली पद्धति से वधू प्राप्ति का तरीका जैन समाज में वर्तमान में नगण्य रूप से विद्यमान है क्योंकि यह विधि कन्या के हित के विरुद्ध है।[173]

क्रय पद्धति द्वारा वधू प्राप्ति के तरीके में वधू का क्रय मूल्य जो वर और वधू के परिवार द्वारा आपसी सहमति से तय किया जाता है, उस राशि का भुगतान वर के परिवार द्वारा वधू के पिता या परिवार को किया जाता है तब वधू प्राप्त की जाती है। इस क्रय विधि से वधू प्राप्त करने के अनेकों दृष्टान्त पाये जाते हैं। इस सम्बन्ध में त्रैवर्णिकाचार के एक श्लोक में इस विधि के बारे में बताया गया है जो इस प्रकार है–

ज्ञातिभ्यो द्रविणं दत्वा कन्यायै चैव शक्तितः।
कन्यादानं यत्क्रियते चासुरो धर्म उच्यते।।

कन्या के पिता आदि को कन्या के लिये यथाशक्ति धन देकर कन्या लेना आसुर विवाह है। इसे ही वधू को क्रय मूल्य देकर प्राप्त करना कहा जाता है।[174] नीतिवाक्यामृतम् में भी यही कहा गया है।[175]

जैन विधिवेत्ताओं ने इस क्रय द्वारा वधू की प्राप्ति को उचित और अच्छा तरीका नहीं माना है। वर्तमान में जैन समाज में वधू प्राप्त करने की यह विधि प्रचलन में अधिकांशतया नहीं है। जैन समाज के निम्न वर्ग में जहाँ वधू को सामान्य तरीके से प्राप्त करना कठिन है केवल वहाँ यह पद्धति प्रचलन में है । समयान्तर में धीरे धीरे वधू क्रय का रिवाज वर क्रय में परिवर्तित हुआ है। जो आज भी दहेज प्रथा के रूप में प्रचलित है; इसमें वर को वधू के साथ–साथ कुछ राशि तथा अन्य वस्तुएं दी जाती है।[176]

इस परिवर्तन के पीछे मान्यता यह थी कि वधू परिवार वाले वधू को देने के साथ वर और वर पक्ष को दहेज दें तो कन्या का विवाह बहुत उचित और सम्मानजनक हो जायेगा। जैन समाज में प्राचीन काल से ही दहेज देने के अनेकों उदाहरण पाये जाते हैं। वाराणसी के एक राजा द्वारा अपनी कन्या के विवाह में अपने दामाद को 100 ग्राम, 100 हाथी, बहुत खजाना, एक लाख पैदल सैनिक और दस हजार घोड़े दहेज में दिये थे।[177] यद्यपि जैन समाज में दहेज प्रथा के विरुद्ध निरन्तर प्रचार हो रहा है परन्तु अभी भी दहेज किसी न किसी रूप में वर पक्ष द्वारा लिया जाता है।

(3) वर द्वारा वधू के परिवार की सेवा कर वधू को प्राप्त करना – वर द्वारा वधू के परिवार की एक निश्चित अवधि तक सेवा करने के पश्चात् वधू प्राप्त करने की यह विधि समाज के निम्न स्तर के परिवारों में पाई जाती है। जैन साहित्य में अथवा जैन इतिहास में वर द्वारा सेवा कर वधू की प्राप्ति का कोई दृभटान्त दृष्टिगत नहीं होता है, अतः यह मानना न्यायसंगत होगा कि जैन समाज में सेवा द्वारा वधू की प्राप्ति की विधि कभी प्रचलन में नहीं रही होगी।

(4) आपसी सहमति से विवाह – आपसी सहमति से विवाह पद्धति में दोनों पक्ष अपने स्वतंत्र मत से विवाह की सहमति देते हैं। दोनों पक्षों को अपनी पसन्द का वर या वधू यथानुसार चयन की छूट होती है। स्वयंवर प्रथा में युवा कन्या अपने पसन्द का वर उन युवकों में से पसन्द करती है जो स्वयंवर में उपस्थित होते हैं और इसमे वधू पक्ष के वरिष्ठ परिजनों का कोई दखल नहीं होता है। स्वयंवर पद्धति में वधू को वर चुनने की स्वतंत्रता को दृष्टिगत रखते हुए जैन आचार्यों द्वारा इस पद्धति को अति प्राचीन और उपयुक्त माना गया था। इसमें जाति, धर्म, वंश आदि का कोई बन्धन नहीं था। पूर्व में जैसा वर्णित किया गया हरिवंशपुराण में इस प्रकार है–

स्वयंवरगता कन्या वृणीते रुचिरवर।
कुलीनमकुलीनं वा क्रमो नास्ति स्वयंवरे।।[178]

स्वयंवर पद्धति से वधू को वर चयन की इस स्वतंत्रता को देखते हुए प्राचीन साहित्य, पवित्र आध्यात्मिक ग्रन्थों में इसे अति प्राचीन और विवाह के विभिन्न तरीकों में इसे सर्वश्रेष्ठ माना गया। इसको आदिपुराण में इस भाँति प्रकट किया गया है–

सनातनोऽस्ति मार्गोऽयं श्रुतिस्मृतिषु भाषित।
विवाहविधि भेदेषु वरिष्टो हि स्वयंवर।।[179]

इससे यह प्रकट होता है कि जैन समाज में विवाह सहमति को अत्यधिक महत्त्व दिया गया था। व्यक्तिगत सहमति के साथ–साथ समूह सहमति को भी इतना ही महत्त्व दिया गया था। समाज का उनके सदस्यों के विवाह योग्य वर वधु के जोड़े तय कराने में व्यापक हित होता है इसलिये समूह की इस सम्बन्ध में सहमति को उनके कुछ प्रतिनिधियों की सहमति से माना जाता है।

जैन धर्म पंचायत का यह महत्त्वपूर्ण कार्य है कि वे अपने समाज के सदस्यों में विवाह योग्य वर–वधू के जोड़े को सहमति दें और इसलिये जैन जाति पंचायत में यह शक्तियाँ भी रहती हैं कि अगर उसकी सहमति के बिना कोई विवाह सम्बन्ध तय करता है तब उसे समाज से बाहर किये जाने की शास्ति आरोपित करने का अधिकार रहता है। आधुनिक युग में बदलते हुए परिवेश में जैन जाति पंचायत की सहमति का पूर्व काल जितना महत्त्व नहीं रहा। फिर भी बहुत स्थानों पर वर वधू के विवाह का निश्चित करने के प्रथम सोपान सगाई करने पर जैन जाति पंचायत में सहमति के प्रतीक के रूप में एक निश्चित राशि की रसीद कटवानी पड़ती है।

विवाह सम्बन्धी समारोह (जैन समाज में समारोह, रस्में, रिवाज और दस्तूर)

मनुष्य के जीवन की सभी महत्त्वपूर्ण घटनाओं में समारोहों का आयोजन किया जाता है। विवाह उन घटनाओं में एक महत्त्वपूर्ण घटना है, इसलिये विवाह के सम्बन्ध में अनेक समारोह और उल्लासपूर्ण प्रथायें प्रचलित हैं। वर्तमान में विवाह सम्बन्धी समारोहों और दस्तूर आदि पर प्रान्त विशेष जहाँ जैन गृहस्थ निवास करता है, उसका प्रभाव पड़ता है। फिर भी कुछ रिवाज–समारोह ऐसे कहे जा सकते हैं जो कि प्राचीन काल से चले आ रहे हैं।

ये रिवाज–समारोह यथा सगाई, वर द्वारा वधू के घर बरात लेकर जाना, जैन मंदिर में दर्शन के लिये जाना और सभी रिश्तेदारों द्वारा पूजा, प्रार्थना आदि करना, दूल्हा–दुल्हन द्वारा एक–दूसरे को वरमाला एक पूर्व में निश्चित किये गये शुभ समय पर पहनाना, इसके पश्चात फिर मंत्रोच्चार के साथ विवाह संस्कार सम्पन्न करना, ऐसे संस्कार में सामान्यतया हिन्दू पंडित और कभी–कभी जैन पंडितों द्वारा समारोहपूर्वक विवाह संस्कार सम्पन्न करवाना, और फिर उल्लासपूर्वक गीत–संगीत और स्वादिष्ट भोजन आदि है।[180]

इन सभी समारोह, रिवाजों के मुख्य बिन्दुओं, विशिष्टताओं के परिप्रेक्ष्य में विभिन्न समारोह, रिवाज प्रान्त विशेष के अनुसार विकसित हुए हैं, इसलिये समस्त जैन समाज में विवाह सम्बन्धी समारोह, रस्मों, रिवाजों और दस्तूरों में एकरूपता नहीं है।

श्वेताम्बर और दिगम्बर परम्परा

विभिन्नताओं के होते हुए भी श्वेताम्बर और दिगम्बर धर्म के आचार्यों ने अपने अनुयायियों का विवाह समारोह, रिवाजों, रस्मों में एकरूपता लाने के प्रयास किये हैं। श्वेताम्बर समाज में पूरे भारत में विवाह सम्बन्धी रिवाज, समारोह और दस्तूर एक निश्चित रूप में हैं और यही एकरूपता पूरे भारत के दिगम्बर धर्मावलम्बियों में भी है।

श्वेताम्बर जैन समाज की रस्में

सामान्यतया श्वेताम्बर जैन समाज में विवाह की कार्यवाही को सम्पन्न करने के लिये 16 मुख्य समारोह, गतिविधि, रिवाज स्वीकृत है। वे इस प्रकार हैं–

(1) मातृक स्थापना, (2) सप्तकुला कर स्थापना, (3) वड़घोड़ा – शान्तिमंत्र, (4) हस्तमेलाप, (5) अग्निस्थापना, (6) होम, (7) प्रथमाभिषेक, (8) गोत्रोच्चारा, (9) मण्डपवेदी प्रति ठा, (10) तोरण प्रति ठा, (11) अग्निप्रदक्षिणा, (12) कन्यादान, (13) वासक्षेप, (14) द्वितीयाभिषेक, (15) करमोचन, (16) आशीर्वाद[181]। ये सभी रस्में अपने नाम से ही स्पष्ट हैं।

तेरापंथ (श्वेताम्बर) सम्प्रदाय में विवाह पद्धति

जैन श्वेताम्बर आम्नाय में एक महत्त्वपूर्ण भाग तेरापंथ सम्प्रदाय है जिसने जैन धर्म के व्यवस्थित प्रसार, प्रचार के अलावा विश्व में नैतिकता, प्रामाणिकता

के लिये अणुव्रत जीवन विज्ञान और जैन धर्म शिक्षा के लिए सुप्रसिद्ध जैन विश्वविद्यालय, लाडनूँ आदि प्रदान किये है। इस सम्प्रदाय के दिवंगत आचार्य श्री तुलसी और महाप्रज्ञ अन्तर्राष्ट्रीय ख्याति प्राप्त व्यक्ति रहे है।

इस सम्प्रदाय ने अपने अनुयायियों के लिये विवाह संस्कार के लिये एक अत्यन्त उपयोगी, नवीन विवाह पद्धति और उससे सम्बन्धित समारोह पर विस्तृत निर्देश जारी किये हैं।[182] इन नियमों से तेरापंथ समाज (श्वेताम्बर) में और सम्पूर्ण जैन समाज में सकारात्मक दिशा निर्देश जाएगा अतः ये एक अनुकरणीय कदम है। इनमें महत्त्वपूर्ण नियम निम्न प्रकार हैं–

विवाह संस्कार

गृहस्थ जीवन का प्रथम चरण विवाह संस्कार है। यह दो भागों में सम्पन्न होता है– प्रथम सगाई, सम्बन्ध अथवा मँगनी और द्वितीय विवाह। इन दोनों चरणों के बारे में विस्तृत निर्देश जारी किये गये हैं।

सगाई, मँगनी या सम्बन्ध

नियम (1) सम्बन्ध करते समय पुत्र/पुत्री की योग्यता और इच्छा का विशेष ध्यान रखा जाये।

नियम (2) ठहराव नहीं किया जाये और लेनदेन को विशेष महत्त्व नहीं दिया जाये।

वर्तमान युग में सगाई, मँगनी के सम्बन्ध में सम्पूर्ण समाज में बहुत संख्या में माँ बाप जहाँ पुत्र की शादी में अधिकाधिक दहेज लड़की वालों से लेने की कोशिश करते हैं। सगाई करते समय पुत्र/पुत्री की इच्छा को अधिक महत्त्व नहीं दिया जाता। माँ–बाप पुत्र–पुत्री की इच्छा को नजरन्दाज कर अन्य तथ्य जैसे दूसरे पक्ष की आर्थिक, सामाजिक स्थिति, खानदान, अन्य मिलने वाले लाभों को ध्यान देते हैं। ऐसे में ये दोनों निर्देश अत्यन्त महत्त्वपूर्ण हैं और समाज में अच्छे चिन्तन को परिलक्षित करते हैं। इसी कारण जैन धर्म में तलाक अपेक्षाकृत कम होते हैं।

विवाह सम्बन्धी निर्देश

नियम 3 (अ) विवाह तिथि अबूझ सावे

जहाँ तक हो विवाह तिथि अबूझ सावों जो समाज द्वारा सूचीबद्ध उस निर्देश पुस्तक में किया गया है, में से तय किया जाये। यह सूची 30 की है

इसमें हिन्दू मास, पक्ष और तिथि जो प्रायः तीर्थंकर भगवान के कल्याणक पर आधारित हैं। ऐसे अबूझ सावे की तिथि पर दोनों पक्षों की सुविधा से विवाह करने से दोनों पक्षों और समाज को आर्थिक दृष्टि से, सामाजिक दृष्टि से और पारिवारिक दृष्टि से बहुत अधिक सुविधाजनक रहता है। अबूझ सावों में विवाह करने से हर सेवा, सामान आदि बहुत सस्ता होता है। इन दिनों में बेंड वाले बेकार होते हैं इसलिये नाम मात्र राशि में शादी में सेवा देने को तैयार हो जाते हैं। सामाजिक दृष्टि से भी इन अबूझ सावों में समाज के सदस्यों को इन दिनों में जैनेत्तर समाज की शादियों में जाने का दबाव बिल्कुल नहीं रहता है अतः वे इन विवाहों में भरपूर सहयोग प्रदान करते हैं जिससे आनन्द और उल्लास में वृद्धि होती है।

नियम 3 (ब) विवाह संस्कार दिन में करना

विवाह संस्कार दिन में (दिवा लग्न) सम्पन्न करने के प्रयास करें। यह नियम जैन धर्म के सिद्धान्तों की दृष्टि से बहुत उपयोगी है यथा दिन में शादी करने से, रात्रि में शादी करने में मरने वाले जीव जन्तुओं की हिंसा से निवृत्ति होती है। दिन में विवाह से इसमें भाग लेने वाले रात्रि भोजन के पाप और दोष से बच जाते हैं। आर्थिक दृष्टि से दिन में विवाह करने वाले दोनों पक्षों को, रोशनी के सजावट का व्यय जो बहुत अधिक होता है, को व्यय करने से मुक्ति मिल जाती है अतः विवाह व्यय में कमी आती है।

नियम 4 बरात का ठहरना

बरात वधू के यहाँ कम से कम ठहरे, ऐसा प्रयत्न करें। इस नियम की पालना में अब लड़की वाले के कस्बे, गाँव, शहर से नजदीक के कस्बों, गाँव, शहर से आने वाली बरातें वरघोड़ा में सम्मिलित होकर भोजनकर अपने घरों पर लौट जाती हैं। सुविधानुसार 100 किमी. से कम वाली बरातें इस नियम का पालन करती हैं। केवल दूल्हा, उसके कुछ मित्र और परिजन ही रुककर विवाह संस्कार सम्पन्न करवाते है। इससे लड़की वालों का बरात ठहराने में होने वाले होटल आदि के व्यय से बचाव हो जाता है।

नियम 5 बरात का आना–जाना – बरात में आने–जाने का खर्च एवं मार्गवर्ती भोजन व्यवस्था की जम्मेदारी वर पक्ष की ही रहे। इस नियम से पूर्व यह व्यवस्था लड़की वाले के जिम्मे रहती थी। उससे लड़की वाले को अत्यन्त तनाव, मानसिक अशान्ति और आर्थिक बोझ रहता था। अब इस नियम से लड़की वाले को मानसिक तनाव और आर्थिक दबाव से मुक्ति मिल गई है।

नियम 6 : शराब आदि मादक द्रव्य व अभक्ष्य पदार्थों का व्यवहार न किया जाये। आजकल आधुनिकता का चोला पहने कुछ जैन परिवारों में विवाहों में शराब आदि मादक द्रव्य और अभक्ष्य पदार्थों का सेवन होता है। इस नियम की पालना से जैन धर्म के सिद्धान्तों का पालन होगा, जैनों में सात्विकता आयेगी।

नियम 7 – विवाह मंच पर किसी प्रकार का लेन–देन न किया जाये। कभी–कभी लड़के वाले लड़की वालों से मंच पर ही लेन–देन करते हैं, यह अनुचित है। अतः इस नियम की पालना करना उचित है और समाज में पारदर्शिता लायेगी।

नियम 8 – सड़कों पर नश्त्य और आतिशबाजी के प्रयोग से बचा जाये। सड़कों पर नश्त्य और आतिशबाजी से सड़कों पर चारों ओर भीड़ जमा हो जाती है और इस कारण रास्ते में यातायात में रुकावट आती है, अतः इस नियम की पालना की जाये। सड़कों पर नश्त्य में कभी–कभी फूहड़ता भी आ जाती है और यदा कदा राहगीरों के औरतों से छेड़छाड़ के मामले भी हो जाते हैं, इसलिये भी इस नियम की पालना उपयोगी है।

नियम 9 – भेंट, उपहार देना चाहें तो सत साहित्य ही दें। ऐसा साहित्य देने से वर–वधू को जीवन जीने में एक सही मार्गदर्शन प्राप्त होता है। वर–वधू के सत साहित्य के अध्ययन से दाम्पत्य जीवन सुखमय हो जाता है। इससे बहुत कीमती भेंट देने की होड़ भी समाप्त होती है।

नियम 10 – वर–वधू की आयु, भारतीय संविधान में निर्दिष्ट सीमा के अन्तर्गत ही हो यह ध्यान रखें।

नियम 11 – अखिल भारतीय तेरापंथ युवक परिषद द्वारा प्रस्तुत वैवाहिक प्रमाणीकरण पत्रक का प्रयोग अवश्य करें और उससे सम्बन्धित व्यक्तियों के हस्ताक्षर करवाकर केन्द्रीय कार्यालय में भेजना न भूलें। यह एक औपचारिक नियम है और इससे जैन विधि से होने वाले विवाहों की संख्या ज्ञात हो जाती है।

वैवाहिक कार्यक्रम

(1) वैवाहिक स्थापना विवाह

वैवाहिक कार्यों का शुभारम्भ मंगल गीत जो जैन संस्कार पुस्तक में दिया गया है, के संगान से करें। इस कार्य को वर–वधू के घर एक ही दिन

एक ही समय पर सम्पन्न किया जाये। वर–वधू को पारिवारिकजनों के मध्य उच्चासन पर बिठायें।

(I) निवास स्थान के किसी पवित्र स्थान पर वर/वधू के हाथों से मंगल भावना पत्रक, मंगलाच्चारण के साथ स्थापित करवाएँ :

मंगल भगवान वीरो, मंगलं गौतम प्रभू:। ..... (निर्देशिका के अनुसार)

इस मंगल भावना में संसार में सर्वत्र सुखी होने की, परहित की भावना भगवान महावीर, गौतम प्रभू, स्थूल भद्र से मंगल कामना लेते हुए जैन धर्म हमारे लिये मंगलमय हो, कहा गया है।

(II) अभिभावक नमस्कार महामंत्र, मंगलपाठ के स्मरण के पश्चात घोषणा करें– मुझे आप परिजनों के बीच घोषणा करते हुए हर्ष होता है कि चिरंजीव। सौ........../पुत्री..........का युगविवाह, आगामी संवत्.......... मिति... .... वार........तद्नुसार दिनांक..........को .... निवासी श्रीमान् .... के पुत्र/पुत्री के साथ होना निश्चित हुआ है इसमें चिरंजीव .... व सौ. .. .. की पूर्ण स्वीकृति है।

इस लग्न–पत्र को यथा स्थान पहुँचाने की व्यवस्था भी आवश्यक है।

(III) बतीसी : वर/वधू की माता द्वारा पीहर पक्ष को आमन्त्रण– वर/वधू की माता पीहर पक्ष को विवाह में सम्मिलित होने के लिये आमन्त्रित करने जाये अथवा उनके प्रतिनिधि रूप में कोई निकट परिजन जाये तब गुड़, चावल आदि साथ ले जाये तथा आमन्त्रण सम्बन्धी गीत गाए। इस गीत के साथ पीहर पक्ष भाई, भतीजे आदि के तिलक कर आमंत्रित करे।

(IV) मायरा (भात) : वर–वधू के ननिहाल से (मामा द्वारा) भानजे/भानजी की शादी पर भेंट लाने को मायरा कहते हैं। इस अवसर पर वर/वधू (भानजा/भानजी) तथा अपने बहन/बहनोई के तिलक कर वस्त्र आदि भेंट करें। इस रस्म में अपने भानजा/भानजी की शादी में नाना, मामा तथा पीहर पक्ष की ओर से आशीर्वाद रूप में अपनी हैसियत अनुसार भेंट करने को मायरा/भात कहते हैं।

(V) विवाह संस्कार विधि : (क) बरात : संस्कारक अथवा परिवार के प्रमुख व्यक्ति द्वारा नमस्कार महामंत्र एवं मंगल पाठ के श्रवण के साथ पूज्यजनों को प्रणाम कर वर निकट सम्बन्धियों और मित्रों के साथ कन्या गृह की ओर प्रस्थान करे। समाज की इच्छा तो सदस्यों से यह है कि बरात

में अनावश्यक तड़क–भड़क नहीं हो। आतिशबाजी यथासंभव नहीं हो अथवा न्यूनतम हो जिससे जीव हिंसा नहीं हो या कम से कम हो।

(VI) कन्या गृह में प्रवेश : कन्या गृह में प्रवेश (ढुकाव) के अवसर पर वधू की माता अपने महिला परिजनों के साथ वर का तिलक कर स्वागत करे। उस समय परिवार की महिलायें, मित्रगण उल्लास के साथ तोरण गीत गाते हैं। पूरी बरात के सदस्यों का गर्मजोशी के साथ वधू पक्ष के सदस्यों द्वारा स्वागत, मान मनुहार किया जाता है और उल्लासपूर्वक उन्हें अच्छे पेय पदार्थ, मेवा आदि के प्रारम्भिक स्वागत के बाद बरात के सदस्यों को अत्यन्त स्वादिष्ट भोजन कराकर उन्हें विदा किया जाता है।

(VII) वर–वधू को विवाह मण्डप में बिठाना : विवाह–मण्डप में वर–वधू को पूर्वाभिमुख या उत्तराभिमुख बैठावें। आगन्तुक/परिजनों को मेधाभिमुख बैठायें।

(VIII) विवाह संस्कार की तैयारी : **संस्कारक–** संस्कारक वह व्यक्ति जो जैन विवाह पद्धति को बहुत अच्छी तरह जानते हैं। वह चाहे ब्राह्मण हो अथवा वैश्य, वह विवाह सम्बन्धों की औपचारिकताओं का पूरा ज्ञान रखता है। इस प्रकार वह जैन विवाह समारोह में संस्कारक की भूमिका निभाता है। संस्कारक उत्तराभिमुख या पूर्वाभिमुख बैठे। संस्कारक के सम्मुख आरती आदि के लिए विभिन्न सामग्री से युक्त थाल एवं दो मालायें रखें।

(IX) विवाह संस्कार प्रारंभ

मंगल गीत– विवाह संस्कार का प्रारंभ–मंगल गीत जो जैन संस्कार में दिये गये, उससे करे।

(च) वर–वधू के मस्तक पर तिलक और हाथ पर मौली : थाल के मध्य कुमकुम से 'अर्हम' या स्वास्तिक का अंकन करे एवं निम्न मन्त्रोच्चारण के साथ वर–वधू के मस्तक पर तिलक लगाए और हाथ पर मौली बांधे।

(X) मंत्रोच्चार : **धम्मो मंगल मुक्किट्ठ .....** (निर्देशिका के अनुसार)

(XI) इसके पश्चात् निम्न मंगल मंत्रों का दीर्घस्वर से उच्चारण करे : **नमस्कार महामंत्र** (निर्देशिका के अनुसार)

(XII) मंगल पाठ (निर्देशिका के अनुसार)

(XIII) प्रस्ताव एवं स्वीकृति : **मंगल भगवान वीरो मंगल गौतमप्रभुः। ....** (निर्देशिका के अनुसार) इस मंगल मंत्र के साथ वर–वधू के पिता या अभिभावक के मस्तक पर तिलक लगाकर एवं हाथ पर मौली बाँधकर उनसे

प्रस्ताव एवं स्वीकृतिसूचक शब्दावलि का स्वयं बोलकर सम्बन्धित व्यक्तियों से पुनः उच्चारण करवायें। (निर्देशिका के अनुसार)

(XIV) संस्कारक द्वारा मंगल आशीर्वाद : संस्कारक मंत्रों के समुच्चारण द्वारा वर–वधू के मंगल भविष्य की कामना करे। (निर्देशिका के अनुसार)

(XV) वर–वधू के सामने सप्तपदी का उच्चारण करें। वर–वधू उसे हृदयंगम करें। **सप्तपदी** (निर्देशिका के अनुसार)

(XVI) वर–वधू द्वारा सप्तपदी की स्वीकृति : संस्कारक वर–वधू को अपने स्थान पर खड़ा करके समवेत उच्चारण के साथ सप्तपदी को जीवन भर के लिये स्वीकार करवाये (निर्देशिका के अनुसार)

(XVII) माल्यार्पण एवं पाणिग्रहण : वर–वधू को संस्कारक परस्पराभिमुख (आमने–सामने) खड़ा करके एक दूसरे को माल्यार्पण करने का निर्देश दें।

संस्कारक पाणिग्रहण (हथलेवा) करवाये एवं वर–वधू को समवेत स्वर में उच्चारण करवायें– 'हम दोनों परिजन वर्ग की साक्षी से एक सूत्र में बँधे हैं अतः इस सम्बन्ध को आजीवन निभायेंगे।' वर–वधू को परस्पर स्थान परिवर्तन करने को कहें। वर–वधू के दायीं ओर बैठे।

(XVIII) **संस्कारक द्वारा आशीर्वाद : तुष्टिरस्तु।.......** (निर्देशिका के अनुसार)

इस प्रकार संस्कारक विवाह संस्कार सम्पन्न होने पर वर–वधू को सर्वकल्याणकारक आशीर्वाद यथा जीवन संतोषमय, शक्तिशाली, समृद्धि, यशमय, स्वस्थ जीवन, दीर्घ जीवन और दाम्पत्य जीवन, कार्य में और जीवन में सफल होने का सम्पत्तिशाली, पुण्यों में वृद्धिकारक परिवार की ख्याति में वृद्धि करने का, निर्विघ्न जीवन, दाम्पत्य जीवन का पूर्ण आशीर्वाद प्रदान करते हैं।

(XIX) वर वधु द्वारा परिजनों से आशीर्वाद लेना और विदाई : नव दम्पति अभिभावकों एवं समागत परिजनों का अभिवादन कर आशीर्वाद प्राप्त करें। आशीर्वाद प्रदान कार्यक्रम के पश्चात् वधू पक्ष की महिलायें अनेक प्रकार के विदाई गीत जो जैन संस्कार पुस्तक में परिशिष्ट में अंकित हैं, प्रस्तुत करें। (निर्देशिका के अनुसार)

(XX) चारित्र प्रसंगों से मंगलपाठ : सीख कार्यक्रम के पश्चात वर–वधू को चारित्र आत्माओं की उपलब्धता पर उनसे मंगलपाठ कर गृह प्रवेश करें।

(XXI) विदाई : वर–वधू को उसी समय या अनुकूलतानुसार दूसरे दिन विदाई दी जा सकती है।

पितृगृह से वधू को जो भी धन, जेवर अन्य उपयोगी सामान कपड़े आदि दें, उनका प्रदर्शन वर या वर पक्ष द्वारा नहीं किया जाये।

(XXII) वर पक्ष की महिलाओं द्वारा स्वागत गीत : वर–वधू के वर के घर में प्रवेश पर महिलायें स्वागत गीत द्वारा वर–वधू और वधू के साथ आई सखियों, परिजनों का स्वागत किया जाता है। स्वागत गीत से विवाह समारोह का अंतिम चरण आनन्दमय हो जाता है।

जैन विवाह विधि की उपयोगिता

श्वेताम्बर जैन समाज के अन्य सम्प्रदाय यथा स्थानकवासी और मूर्तिपूजक सम्प्रदाय द्वारा किसी प्रसंग से जैन विवाह पद्धति के निर्देश प्रयत्न करने पर भी कोई जारी किये गये, ऐसा तथ्य ज्ञात नहीं हो सका। ऐसा लगता है कि सभी श्वेताम्बर जैन सम्प्रदाय जैन पद्धति से विवाह करने पर इसी पद्धति को अपनाते हैं।

व्यवहार में उपयोग

इतनी वैज्ञानिक जैन विवाह पद्धति के होते हुए भी श्वेताम्बर जैन समाज द्वारा जैन विवाह पद्धति का उपयोग अपने सदस्यों के विवाह में नहीं अपनाया जाता है और वैदिक विधि से ही जैन समाज द्वारा विवाह किया जाता है। अतः जैन समाज को अब जागरूक होकर जैन विवाह पद्धति को अपने परिजनों के विवाह में अपनाना चाहिये।

दिगम्बर समाज में विवाह के लिये रस्में

दिगम्बर समाज में विवाह समारोह के सम्पन्न करने में आचार्यों द्वारा 20 रस्में निर्देशित की गई हैं। वे इस प्रकार हैं–

(1) वाग्दान, (2) विनायक विधान, (3) कांकण बन्धन, (4) गृह संस्कार, (5) तोरण विधि, (6) विवाह विधि, (7) परस्पर मुखावलोकन, (8) वरमाला, (9) वर प्रतिज्ञा, (10) कन्यादान, (11) देवशास्त्रगुरुपूजा, (12) होमाहुति, (13) ग्रन्थीबन्धन, (14) पाणिग्रहण, (15) सप्तपदी, (16) पुण्याहा वाचना, (17) शान्तिमंत्र, (18) आशीर्वाद, (19) स्वगृहगमन, (20) जिनगृहेधनार्पण[163] । विवाह

हेतु श्वेताम्बर जैन समाज की 16 रस्में और दिगम्बर समाज की 20 रस्मों में महत्त्वपूर्ण और आवश्यक रस्में समान–सी हैं केवल नामों में अन्तर है।

दिगम्बर विवाह विधि में मुख्य महत्त्वपूर्ण रस्में

दिगम्बर समाज में विवाह समारोह की वैसे तो 20 रस्में वर्णित की गई हैं लेकिन इनमें से 5 रस्में मुख्य हैं जो त्रैवर्णिकाचार में वर्णित हैं जो इस प्रकार है–

वाग्दानं च प्रदानं च वरणं पाणिपीड्नम।
सप्तदीप्ति पंचाग्ङो विवाहः पर कीर्तित।।[164]

(1) वाग्दान (2) प्रदान (3) वरण (4) पाणिग्रहण और (5) सप्तपदी, ये विवाह के पाँच अंग कहे गये हैं।

(1) वाग्दान (सगाई)– उस इकरार को कहते हैं जो विवाह के पूर्व दोनों पक्षों में विवाह के सम्बन्ध में होता है। यह रस्म विवाह से लगभग एक मास पूर्व दोनों पक्षों के रिश्तेदारों और मित्रों के सामने होती है। सगाई अर्थात् वाग्दान वर वधू के दोनों पक्षों द्वारा सार्वजनिक वचनबद्धता है।

(2) प्रदान– वर पक्ष की ओर से जेवर, कपड़ा, प्रसाधन सामग्री और अन्य सामान वर के पिता द्वारा विवाह से पूर्व कन्या को भेंट करने की रस्म।

(3) वर्ण– कन्यादान को कहते हैं जो कन्या के पिता द्वारा वधू को वर को भेंट स्वरूप देने की रस्म। विवाह के समय वर और वधू के पिता एकत्रित जनसमूह से दोनों के विवाह करने स्वीकृति माँगते हैं। समूह की सहमति पर वरन् की रस्म पूर्ण होती है।

(4) पाणिग्रहण (पाणिपिदान)– हाथ मिलाने अर्थात हस्तमिलाप को कहते हैं जो विवाह के समान होता है। इस रस्म में कन्या का पिता वधू का दाहिना हाथ वर के बायें हाथ में देता है और वधू के पिता वर से वधू के धर्म, अर्थ, काम की रक्षा का वचन लेता है और वर–वधू के इन सबकी रक्षा का वचन देता है।

(5) सप्तपदी– अर्थात पवित्र अग्नि के चारों ओर चक्कर काटना। विवाह सम्पन्न करने के लिये सप्तपदी का करना अत्यन्त आवश्यक है क्योंकि जब तक सप्तपदी नहीं की जाती तब तक विवाह समारोह सम्पन्न नहीं होता। त्रैवर्णिकाचार में भी इस भाँति वर्णित है–

तावद्विवाहो नैव स्याद्यावत्सप्तपदी भवेत।
तत्मात्सप्तपदी कार्या विवाहे मुनिभिःस्मृता।।

अर्थात् जब तक सप्तपदी (भाँवर) नहीं होती तब तक विवाह हुआ नहीं कहा जा सकता है इसलिये विवाह में सप्तपदी अवश्य होनी चाहिये, ऐसा मुनिगण का कथन है।[185]

सप्तपदी जिसका अर्थ सात पद या सात बार ग्रहण करने का है, यह पवित्र अग्नि के इर्द–गिर्द सात फेरे लेने को कहते हैं। अग्नि वैराग्य का रूपक है, इस कारण सप्तपदी का गूढ़ार्थ यही है कि जिससे दूल्हा–दूल्हन के हृदय पर यह बात सात बार यानी पूरे तौर से अंकित कर दी जाये कि विवाह का असली अभिप्राय धर्म–साधन है, न कि विषय सेवन।

सप्तपदी को विवाह समारोह में अत्यन्त आवश्यक और महत्त्वपूर्ण माना गया है क्योंकि जब तक सप्तपदी या सात फेरे अग्नि के गिर्द पूर्ण नहीं हो जाते तब तक कन्या को पत्नी का दर्जा प्राप्त नहीं होता है। इस कथन के साक्ष्य में पं. फतेहलालजी का कथन है–

यावत्प्रदिणा न स्यात् सप्तभीतावदुच्चताताम्।
कन्देतिनाम्ना पश्चाच्च जायेति नाम भागिनी।।[186]

सप्तपदी का विवाह रस्म में इतना अधिक महत्त्व है कि सप्तपदी को विवाह के अंतिम परिणाम, अंतिम परिणति, पराका ठा, प्रातिभ परिणाम तक पहुँचने का कदम बताया गया है, यह इस अर्थ में है, चाहे हस्तमिलाप यानी पाणिपिदान अर्थात् वर–वधू के हाथों के परस्पर जोड़ने के बाद और सप्तपदी करने से पूर्व वर में कोई दोष ज्ञात हो जाता है तब वधू के पिता अपनी इच्छा से अपनी कन्या का विवाह दूसरे वर से कर सकते हैं। इसे त्रैवर्णिकाचार में इस श्लोक में इस भाँति कहा गया है–

चतुर्थी मध्ये ज्ञायन्ते दोषायदि
दत्तामणि पुनर्दद्यात्पिताऽन्यस्मै विदुर्बुधा।।

अर्थात् चौथी में यदि कोई दोष वर में मालूम हो जाये तब दी हुई कन्या को भी उसका पिता किसी दूसरे वर को दे, ऐसा बुद्धिमानी का मत है।[187]

जब वर–वधू पवित्र अग्नि के गिर्द सप्तपदी करते हैं तब प्रत्येक पद यानी फेरे में वर–वधू को इस प्रकार इच्छा करनी चाहिये कि वे सप्तपश्यस्थान अर्थात दाम्पत्य जीवन में क्रमशः सात ऊँचे सोपान प्राप्त कर लेंगे– (1) सज्जातित्व – अच्छा सामाजिक सम्पर्क, (2) सद्गृहस्थ अच्छा गृहस्थ

जीवन, (3) साधुत्व वैराग्य भावनामय जीवन, (4) इन्द्रत्व इन्द्र अवस्था, (5) चक्रवार्तित्व राजा स्थिति, (6) जिनत्व भगवान जिनेश्वर की स्थिति अर्थात जिसने समस्त दोषों को जीत लिया और (7) निर्वाण – सम्पूर्ण मुक्त अवस्था।[188]

विवाह संस्कार पूर्ण होने से पूर्व वर को अपनी दुल्हन को इस प्रकार के वचन देने होते थे – (1) परायी स्त्री के साथ काम तृप्ति अथवा अन्य किसी प्रकार के आनन्द नहीं लूँगा। (2) वेश्यालय या अन्य स्थान पर काम वासना तृप्ति नहीं करूँगा। (3) जुआ नहीं खेलूंगा। (4) पर्याप्त धन कमाउंगा जिससे वधू को सम्मानजनक गृहस्थ जीवन और सभी प्रकार के सुख दे सकूं। (5) अपनी दुल्हन को इस प्रकार की छूट व सुविधा दूंगा कि वह धार्मिक और सामाजिक स्थान, यथा तीर्थ, मंदिर, रिश्तेदार के यहाँ प्रसन्नता से जा सके। (6) अपनी पत्नी से कोई भी बात, तथ्य या अपने सम्बन्धी कोई भेद नहीं छिपाउंगा। (7) पत्नी का कोई भी भेद किसी को नहीं बताऊंगा।

इसी प्रकार वधू को भी सात वादे करने होते थे–– (1) पत्नी पति के माँ–बाप और अन्य रिश्तेदारों को पूर्ण आदर और सम्मान देगी और पति के माँ–बाप की आवश्यकतानुसार सेवा करेगी। (2) पत्नी कभी भी पति की आज्ञा की अवहेलना नहीं करेगी। (3) वह कड़वे कठोर अनादरपूर्ण वचन नहीं बोलेगी। (4) घर पर साधु–साध्वी या अन्य चारित्रवानों के आगमन पर उनके विधान के अनुसार गौचरी प्रदान व अन्य सेवा करेगी। (5) कभी भी रात को किसी अन्य आदमी के घर नहीं जायेगी। (6) वह पुरुषों के समूह या झुंड में नहीं जायेगी और न उनसे कोई संभाषण करेगी। (7) वह शराबी, अनैतिक व्यक्तियों के यहाँ कभी भी नहीं जायेगी।[189]

विवाह की परिपूर्णता

जब विवाह के पीछे निहित उद्‌देश्य लोगों की यौन इच्छाओं को नियंत्रित और अनुशासित बनाने का है तब यह स्वाभाविक है कि विवाहित दम्पति के सहवास के व्यवहार के बारे में कुछ नियम बनाये जाएं। लड़के–लड़की की चाहे सगाई, वाग्दान हो गया हो, विवाह से पूर्व सहवास, काम वासना तृप्ति की स्वतंत्रता नहीं दी गई है। सामान्यतया विवाहित दम्पति को काम तृप्ति हेतु संभोग विवाह के एक सप्ताह के भीतर करने की परम्परा है।

हिन्दू शास्त्रों में नव दम्पतियों को विवाह के तीन दिन पश्चात ही सहवास, सम्भोग गतिविधि को करने का नियम है; उनसे तीन दिन तक इससे दूर रहने का निर्देश है। विवाह के तीन दिन पश्चात चौथे दिन कुछ भ्रूण स्थापना की रस्मों को सम्पन्न करने के पश्चात् ही सहवास करना चाहिये।

श्वेताम्बर सम्प्रदाय में विवाह की अंतिम रस्म आसिरखाचा या आशीर्वाद के पूर्ण होने के पश्चात् उसी दिन सुहागरात मनाने और यौन इच्छा की तृप्ति के लिये प्रस्थान कर देते हैं।[190] दिगम्बर समाज में नव वर–वधू को विवाह के सात दिन तक अपनी कौमार्य अवस्था को अक्षत रखना है, इसके पश्चात कोई पवित्र स्थान मंदिर, तीर्थ आदि में जाना है। इस सबके बाद सुहागरात अपने निवास पर ही आनन्दपूर्वक मनानी है।

जैन विवाह पद्धति की क्रियाओं में निहित गूढार्थ

जैन धर्म निवृत्ति प्रधान है। विवाह एक व्यक्तिगत तथा सामाजिक आवश्यकता है परन्तु विवाह का उद्देश्य एक मात्र कामवासना की तृप्ति नहीं है, वरन् संतानोत्पत्ति मुख्य है। आचार्य जिनसेन ने आदिपुराण में कहा है– 'संतानार्थमृतावेव काम सेवा मिथो भजेत्' अर्थात व्यक्ति को बच्चों को उत्पन्न करने के लिये संभोग करना चाहिये।[191] इस प्रकार जैन विवाह निर्बाध अनियंत्रित यौन सम्बन्धों के लिये नहीं होकर नियंत्रित यौन तृप्ति के उद्देश्य के साथ है। इसलिये जैन विवाह पद्धति की क्रियाओं के पीछे भी इसी भावना को जागृत करने का उद्देश्य है।

(III) क्षेत्रीय विवाह–विधियाँ

जैन महाकाव्यों में उपलब्ध होने वाले विवाह वर्णन ऐतिहासिक दृष्टि से अत्यन्त उपादेय कहे जा सकते हैं। विभिन्न जैन महाकाव्यों में कर्नाटक, गुजरात, राजस्थान आदि विविध प्रान्तों से प्रभावित विवाह वर्णनों का उल्लेख आया है। तत्कालीन एवं तद्देशीय विचार इनमें प्रतिबिम्बित हैं। विवाह मण्डप में होने वाले क्रिया–कलापों तथा धार्मिक एवं सामाजिक रीतियों के प्रतिपादन की दृष्टि से विविध महाकाव्यों में एकरूपता नहीं पाई जाती है। महाकाव्यों में वर्णित विविध प्रान्तों का प्रतिनिधित्व करने वाली विवाह विधियों का स्वरूप इस प्रकार है।

(i) वरांग चरित

वरांग चरित के अनुसार सर्वप्रथम वर एवं वधू को मालाओं आदि से सुसज्जित कर विवाह मण्डप में स्थित स्वर्ण सिंहासन पर बैठाया जाता था।[192] सिंहासन के समीप शीतल एवं सुगन्धित तीर्थ जल से परिपूर्ण स्वर्ण कलश कमलों से ढँके होते थे।[193] कन्या का पिता, मन्त्रिगण, राज्य के प्रधान तथा अन्य महत्त्वपूर्ण लोग इन कलशों को उठाकर वर–वधू का अभिषेक करते थे।[194] कभी–कभी विवाहोत्सव के साथ–साथ युवराज का राज्याभिषेक[195] संस्कार भी सम्पन्न होता था। इस अवसर पर राजा युवराज एवं वर के मस्तक पर पट्टा बाँधता था। वरांगचरित के दो स्थलों पर विस्तारपूर्वक राजकुमार वरांग के विवाहोत्सव का वर्णन आया है तथा दोनों ही अवसरों पर राज्याभिषेक की क्रियायें भी विवाह विधि के साथ अनुष्ठित हुई हैं।

अग्नि, धर्म और जल को साक्षी मानकर विवाह विधि सम्पन्न होती थी। विवाहोत्सव के बाद अभ्यागत अतिथि राजाओं को ससम्मान विदाई दी जाती थी। विदाई देने वालों में प्रायः राजा, पटरानी तथा पुत्र आदि होते थे। वरांग चरित महाकाव्य के विवाह वर्णन दक्षिण भारत स्थित कर्नाटक देश की प्रान्तीय चेतनाओं से प्रभावित जान पड़ते हैं।

(ii) पदमानन्द महाकाव्य [196]

पद्मानन्द महाकाव्य में वर्णित विवाह विधि के अनुसार कन्यापक्ष की स्त्रियाँ वधू को वस्त्राभूषण आदि पहनाती थीं। वर को भी स्नानादि करवाकर वस्त्राभूषण पहनाये जाते थे। उसके बाद वर को यान पर बैठाकर मण्डप तक ले जाया जाता था। मण्डप द्वार के समक्ष स्त्रियाँ अग्नि युक्त मिट्टी के पात्र में लवण डालकर मंगल सम्पादन करती थीं। इस विवाहानुष्ठान के अवसर पर कोई स्त्री दूब आदि मांगलिक वस्तुओं से युक्त चाँदी के थाल को लेकर वर के सामने खड़ी होती थी तो दूसरी स्त्री अर्घ्य देती हुई मन्थन दण्ड से वर के मस्तक का स्पर्श करती थी।

वर पादुका पहने हुए बाएँ पैर से अग्नि पात्र का स्पर्श करता था। तदनन्तर वर को मातृगृह में ले जाकर स्वर्णासन पर बिठा दिया जाता था। वर एवं वधू के हाथ में सूत्र बाँधा जाता था और वधू के हाथों में पिप्पल एवं शमी की त्वचा का भी लेप किया जाता था। इस समय 'तारामेलन पर्व' भी सम्पन्न होता था और वधू पक्ष की सभी स्त्रियां गीत गाती हुईं वर के

वस्त्रांचल से वधू के वस्त्रांचल को बांध देती थीं। वर–वधू का हाथ पकड़ कर अग्निवेदिका की आठ बार प्रदक्षिणा करता था। सबसे अन्त में 'पाणिमोक्षनपर्व' सम्पन्न होता था। पाणिमोक्षनपर्व के साथ ही वर मण्डप से यान द्वारा अपने स्थान पर चला जाता था। पद्मानन्द महाकाव्य के विवाह वर्णनों का सम्बन्ध गुजरात आदि प्रदेशों से जोड़ा जा सकता है।

(iii) सनत्कुमार चरित[197]

सनत्कुमार चरित में प्रतिपादित विवाह विधि के अवसर पर सनत्कुमार ने हाथी पर बैठकर मण्डप में प्रवेश किया। कन्याओं को मंगल स्नान कराने के बाद चार सध्वा स्त्रियों ने वर को वस्त्रादि पहनाये। गुरुजनों ने लाजा वृष्टि की। कन्या पक्ष की स्त्रियों ने वर के शरीर का संस्कार भी किया। तदनन्तर वधू, घृत अक्षतादि द्वारा वेदी को प्रदीप्त किया गया। वर एवं वधू द्वारा अग्नि की सप्त प्रदक्षिणाओं को पूरा किया गया। इस अवसर पर स्वर्णदान के अतिरिक्त पात्र वस्त्राभूषण आदि भी प्रदान किये गए। सनत्कुमार चरित में चित्रित विवाह विधियां राजस्थान आदि प्रदेशों से सम्बन्धित मानी जा सकती हैं।

(iv) प्रद्युम्न चरित[198]

प्रद्युम्न चरित में विवाह के अवसर पर जिनपतिद पूजा भी सम्पन्न होती थी। कन्या को वस्त्राभूषण से सुसज्जित कर मणिवापिका जल से स्नान कराया जाता था। तदनन्तर पुष्पों तथा सुगन्धित पदार्थों से मणि वापिका जल की पूजा की जाती थी। पुरोहितादि देवता स्तुति मंत्रों का उच्च कण्ठ से उच्चारण करते थे। इस प्रकार विवाह विधि सम्पन्न हो जाती थी। प्रद्युम्न चरित के विवाह वर्णन गुजरात एवं राजस्थान आदि प्रान्तों से सम्बन्धित हैं।

(v) द्वयाश्रय महाकाव्य [199]

इस महाकाव्य के अनुसार वधू के घर पहुँचने पर वर के माथे पर दही का तिलक लगाया जाता था। कन्या वर के गले में माल्यार्पण करती थी। तदनन्तर वर लवण युक्त अग्नि के पात्र को तोड़कर अन्दर प्रविष्ट होता था। वर एवं वधू मातृगृह में भी प्रवेश करते थे। ब्राह्मण मंत्रोच्चारण द्वारा विवाह संस्कार करवाते थे। इस अवसर पर 'सूत्रबन्धन' की क्रिया भी होती

थी। विवाह अवसर पर लवण युक्त अग्नि का उल्लेख 'द्वयाक्षय' एवं पद्मानन्द महाकाव्यों में समान रूप से होने के कारण ऐसा प्रतीत होता है कि गुजरात आदि प्रदेशों की विधियों में इस कर्मकाण्ड का विशेष प्रचलन रहा होगा।

(vi) शान्तिनाथ चरित[200]

इस महाकाव्यानुसार वर हाथी पर चढ़कर मण्डप द्वार की ओर आता था तथा उसके पीछे स्त्रियों का समूह भी मंगल गीत गाते हुए आता था। वर के मण्डप द्वार पर पहुँचने पर स्त्रियाँ अर्घ्य देकर उसे घर के भीतर ले जाती थीं। वर को मण्डप पर स्थित सिंहासन पर बैठा दिया जाता था। वधू वस्त्रालंकारों से विभूषित होकर अवगुण्ठन डालकर, मातृगृह में माताओं की पूजा कर वर के साथ आसन पर बैठ जाती थी। तदनन्तर वर–वधू का हस्तमेलन होता था। प्रायः वर द्वारा श्वसुर से इच्छित वस्तु मांगने का भी रिवाज था तथा इच्छा पूर्ति हो जाने पर ही वधू का हाथ छोड़ने की परिपाटी प्रचलित थी। इस अवसर पर मंगल कुम्भ ने पाँच अश्व लेने के बाद ही कन्या का हाथ छोड़ा था। इस प्रकार के विवाह अनुष्ठान दक्षिणात्य देशों में प्रचलित हैं।

2. शास्त्रीय विवाह विधि

जैन आगमों में मंगनी या तिलक जैसी किसी परम्परा का उल्लेख अप्राप्य है। महापुराण में विवाह क्रिया का वर्णन करते हुए लिखा है कि विवाह के योग्य कुल में उत्पन्न हुई कन्या के साथ जो विवाह करना चाहता है गुरु की आज्ञा से उसकी वैवाहिक क्रिया की जाती है। सबसे पहले अच्छी तरह सिद्ध भगवान का पूजन करना चाहिए और फिर तीनों अग्नियों की पूजा कर उनकी साक्षीपूर्वक उस विवाह क्रिया को करें। किसी पवित्र स्थान में बड़ी विभूति के साथ सिद्ध भगवान् की प्रतिमा के मानने वर–वधू का विवाहोत्सव करना चाहिए। वेदी में जो तीन, दो अथवा एक अग्नि उत्पन्न की थी उसकी प्रदक्षिणायें देकर वधू–वर को समीप ही बैठना चाहिए। विवाह की दीक्षा में नियुक्त हुए वधू–वर को अग्नि की साक्षीपूर्वक सात दिन तक ब्रह्मचर्य व्रत धारण करना चाहिए। फिर अपने योग्य किसी देश में भ्रमण कर अथवा तीर्थभूमि में विहारकर वर–वधू बड़ी विभूति के साथ अपने घर में प्रवेश करें।

तदनन्तर जिनका कंकण छोड़ दिया ऐसे वर और वधू अपने घर में समयानुसार भोगोपभोग के साधनों से सुशोभित शय्या पर केवल सन्तान उत्पन्न करने की इच्छा से ऋतुकाल में ही परस्पर काम सेवन करें। यह विवाह की धार्मिक विधि है। (आचार्य जिनसेन विरचित जैन विवाह पद्धति हेतु देखें परिशिष्ट–1)

जैन समाज द्वारा जैन विवाह विधि अपनाने पर चिन्तन की आवश्यकता

आगम कालीन व परवर्ती साहित्य में विवाह संबंधित वर्णन के आधार पर उत्कश्भट दिगम्बर विद्वान आचार्य जिनसेन स्वामी द्वारा बनाई व विस्तृत रूप से निर्देशित जैन विवाह पद्धति हमारे पास उपलब्ध है। वर्तमान में श्वेताम्बर तेरापंथी सम्प्रदाय द्वारा बनाई जैन विवाह पद्धति अब कहीं–कहीं प्रचलन में आ गई है। इतना होते हुए भी सम्पूर्ण जैन समाज (दिगम्बर और श्वेताम्बर) में अधिकतर विवाह वैदिक रीति से सम्पन्न होते हैं जो गंभीर विचारणीय बिन्दु है। इसलिये जैन समाज को नियम से जैन विवाह पद्धति को पूरे समाज में लागू करने के बारे गंभीरता से विचार करना चाहिये।

पाणिग्रहण में शिथिलता और उसके कुप्रभाव

नीतिवाक्यामृत, नारद और जैमिनी तीनों ने पाणिग्रहण में शिथिलता और उसके कुप्रभावों की चर्चा की है। इसमें विधि से संबद्ध बिंदु भी है जिनकी जानकारी समीचीन होगी।

नीतिवाक्यामृत के श्लोक 17 और 18 में यह बताया गया है कि यदि वर अपनी नव वधू के साथ जबर्दस्ती काम क्रीड़ा करने के लिए तत्पर होता है तो वह जन्मपर्यंन्त उससे द्वेष करती है।

श्लोक 20– भारतीय संस्कृति में यह माना गया है कि बराबर धन–सम्पत्ति वाले लोगों को अपने सम्बन्ध अपने समकक्ष धन–सम्पत्ति वाले वाले व्यक्तियों से करने चाहियें। ऐसे विवाह अच्छे दाम्पत्य जीवन के साथ अच्छे चलेंगे।

श्लोक 21– अगर अच्छे धन–सम्पत्ति वाले की कन्या का विवाह सामान्य या सामान्य से कम धन सम्पत्ति वाले से हो जाता है तब इसका परिणाम स्वाभाविक रूप से यही होता है कि पति हीन भावना से ग्रसित होजाता है और धन सम्पन्न कन्या कभी भी ऐसा मौका नहीं छोड़ती कि पति को हर बात पर अपमानित और दीन होने का अनुभव कराए। इससे दाम्पत्य

जीवन कभी भी सुखी नहीं रहेगा और इस बात की अधिक सम्भावना है कि ऐसे विवाह तलाक आदि में अंतिम रूप लेंगे।

इसी प्रकार जब दरिद्र घर की कन्या धनाढ्य परिवार में विवाह द्वारा प्रवेश करती है तब दरिद्र कन्या को धनी और अहंकारी पति द्वारा हर बात पर अपमानित और दया का पात्र बनना पड़ेगा। कुछ दिन भावनात्मक सम्बन्ध से दाम्पत्य जीवन ठीक चलता है लेकिन जल्दी ही वह लड़खड़ाने लगता है और अन्ततः तलाक में परिणिति लेते है।

श्लोक 24 – किसी भी परिस्थिति में अशुद्ध (व्यभिचारिणी या असज्जातीय) कन्या की अपेक्षा वेश्या के साथ विवाह करना अच्छा है।

जिस लड़की की पहले सगाई की जा चुकी हो, ऐसी कन्या का वर यदि विकश्त–लूला–लंगड़ा या कालकवलित हो गया हो तो उसका पुनर्विवाह अन्य वर के साथ करना योग्य है, ऐसा स्मृतिकार मानते है।

बहु पत्नीत्व

विवाह के सम्बन्ध में यह भी महत्त्वपूर्ण है कि एक विवाह आयोजन में जुड़ने वाले सहभागियों की संख्या कितनी है? विवाह केवल दो वयस्कों में हो, यह आवश्यक नहीं है, एक विवाह आयोजन में कई सहभागी हो सकते हैं। विवाह में सहभागियों की संख्या के आधार पर वर्गीकरण किया जाता है। समूह विवाह में कई पुरुष और कई स्त्रियाँ होती हैं, बहुपतित्व (पालिएन्ड्री) में एक स्त्री और अनेक पुरुष होते हैं, बहुपत्नीत्व प्रणाली में एक पुरुष और अनेक स्त्रियाँ होती हैं, एक विवाह प्रथा में एक पुरुष और एक स्त्री होते हैं। समूह विवाह प्रणाली जैन समाज में कभी प्रचलित नहीं रही।

प्राचीन काल में भारतीय आदर्श में साधारणतया लोग एक पत्नी से ही विवाह किया करते थे, सामान्यतया भारतीय आदर्श में एक पत्नीव्रत ही सर्वोपरि है। प्रायः धनी और शासक वर्ग में एक से अधिक पत्नियाँ रखते थे। राजा और राजकुमार अपने अन्तःपुर की रानियों की संख्या अधिकाधिक रखने में गौरव का अनुभव करते थे और यह अन्तःपुर अनेक राजाओं के साथ उनके मित्रतापूर्ण सम्बन्ध स्थापित हो जाने के कारण, उनको राजनीतिक शक्तिशाली बनाने में सहायक होता था।

इसी प्रकार राजकुमार वसुदेव के बारे में हरिवंशपुराण में उल्लेख है कि तिलवस्तु नगर में रूप और सौंदर्य को धारण करने वाली कुल और शील

से सुशोभित पांच सौ कन्याओं से विवाह कर बहुत आनन्द से रहने लगा।[201] हरिवंशपुराण में श्रीकृष्ण के अनेक कन्याओं के साथ विवाह के तथ्य आते हैं– यथा जम्बूपुर के जाम्बवन विद्याधर की अति सुन्दर लड़की जाम्बवती का हरण किया और बाद में जाम्बवन ने अपनी कन्या का विवाह ठाठबाट से श्री कृष्ण के साथ किया।[202] इसी प्रकार सिंहलद्वीप के राजा की अति सुन्दर पुत्री लक्ष्मणा को देख शादी के लिये उसका हरण कर लिया और द्वारिका में उससे विधिवत शादी कर ली।[203] सुराष्ट्र देश के राजा राष्ट्रवर्धन की लड़की सुभीमा का हरण कर उस से विवाह कर इच्छानुसार क्रीड़ा करने लगे।[204] सिन्धु देश के वीतभय नगर के राजा मेरु की लड़की गौरी से उसके पिता की इच्छानुसार विवाह किया।[205]

हरिवंशपुराण में श्रीकृष्ण के अनेक कन्याओं के साथ विवाह के यह विवरण उस समय बहुपत्नीत्व प्रथा के प्रचलन के अस्तित्व को सिद्ध करती है। बौद्ध आगमों में प्राप्त उल्लेखों के आधार पर यह कहा जा सकता है कि प्रारंभ में ब्राह्मण वर्ग अधिक पत्नियाँ रखता था। इसका संदर्भ दीघनिकाय बौद्ध ग्रन्थ में मिलता है।

पारस्कर गृहसूत्र में कहा गया है कि एक ब्राह्मण को तीन, एक क्षत्रिय को दो, एक वैश्य को एक पत्नी रखनी चाहिये। इससे विदित होता है कि प्रारंभ में ब्राह्मण–वर्ग अधिक पत्नियाँ रखता था और उसमें वे गौरव अनुभव करते थे। 'लार्ड महावीर एण्ड हिज टाइम्स' में ब्राह्मण वर्ग में अधिक पत्नियों का संदर्भ रत्थपाल–सूत्र में ऐसे आता है– रत्थपाल, जो एक ब्राह्मण गृहपति का पुत्र था, के अनेक पत्नियाँ थी।

कालान्तर में बहुपत्नीत्व प्रथा का प्रचलन मुख्य रूप से राजा एवं वैभव सम्पन्न श्रेष्ठि वर्ग तक ही सीमित हो गया। राजा न केवल बाल्यभाव से उन्मुक्त राजपुत्र की अवस्था में ही अनेक कन्याओं के साथ विवाह करता था अपितु उसके बाद भी सुन्दर कन्याओं को प्राप्त करने में सदैव प्रयत्नशील रहता था। इसके विपरीत श्रेष्ठिपुत्र प्रथम बार में अनेक कन्याओं के साथ विवाह करते थे और उनमें दूसरी बार विवाह नहीं किया जाता था।

शान्तिनाथ की 96 हजार रानियाँ होने का उल्लेख मिलता है। पदमपुराण में वर्णित लक्ष्मण की 16000 रानियाँ और आठ पटरानियाँ थीं। राम की 8000 रानियाँ एवं चार पटरानियाँ थीं। वरांग चरित में संदर्भ आता है रावण

की 18000 रानियाँ थीं। वरांग चरित में उल्लेख मिलता है कि भरत चक्रवर्ती के 96000 रानियाँ थीं।

अपभ्रंश काव्यों के अध्ययन से भी पता चलता है कि उस समय बहु पत्नीत्व प्रथा पर्याप्त रूप से प्रचलित थी। क्या पौराणिक पात्र क्या युगीन पात्र सभी में यह प्रवृत्ति देखी जाती है। इसमें इतना ही अन्तर है कि पौराणिक पात्र सहस्त्रों विवाह रचाते थे और युगीन पात्र दो–चार। सम्भवतः सामान्य जनसाधारण में बहुविवाह की प्रथा प्रचलन में नहीं थी।

जाति पंचायत उसके सदस्यों की स्वतंत्रता कई क्षेत्रों में सीमित की गई है परन्तु विवाह के क्षेत्र में बहुत अधिक स्वतंत्रता देकर एक सदस्य को अनेक पत्नियों के रखने की प्रथा पर कोई रोक नहीं लगाई।[206] साथ ही अधिक पत्नियाँ रखने पर कोई धार्मिक प्रतिबन्ध नहीं है। जैन विधि में एक व्यक्ति को पूर्व पत्नी के रहते हुए और कन्याओं से विवाह करने की स्वतंत्रता है।[207] ऐसा करने के लिये भी कई नियम बनाये गये हैं। इन नियमों के अनुसार अगर पहली पत्नी से शादी के 10 साल बाद तक बच्चा नहीं होता है तब दूसरा विवाह कर सकता है, अगर पहली पत्नी से केवल लड़कियाँ ही हैं तब बारह साल बाद दूसरा विवाह कर सकता है, अगर पहली पत्नी से बच्चे जन्म के बाद मर जाते हैं तब 15 साल बाद दूसरा विवाह कर सकता है, अगर पत्नी अप्रियवादिनी हो तब दूसरी शादी तुरन्त कर सकते हैं।

इसी प्रकार जैन विधि में प्रथम पत्नी के होते हुए दूसरी शादी करने से रोकने के नियम भी हैं–

सुरुपा सुप्रजां चैव सुभगामात्मन प्रियाम्।
धर्मानुचारिणी भार्या न त्यजेद् गृहसद्व्रती।।195।।

रूपवती, पुत्रवती, भाग्यशालिनी, अपने को प्रिय और धर्मानुचारिणी भार्या के होते हुए दूसरा विवाह नहीं करना चाहिये।[208] अगर समाज का कोई व्यक्ति फिर भी दूसरी बार विवाह करता था तो द्वितीय पत्नी को समाज से आदर नहीं मिलता था। इस दृष्टि से समाज का व्यक्ति एक पत्नी विवाह को ही प्राथमिकता देता है और इसकी तुलना में बहुपत्नी वाले विवाहों को कम महत्त्व देता है। वर्तमान में केन्द्रीय कानून के अनुसार जैनों और हिन्दुओं दोनों के लिये बहुपत्नीत्व विवाह पर निषेध है।

बहुपत्नीत्व पर हिन्दू समाज और जैन समाज के दृष्टिकोण में अन्तर

बहुपत्नीत्व पर हिन्दू समाज और जैन समाज के दृष्टिकोण में बहुत अन्तर है। हिन्दू दृष्टिकोण से हर हिन्दू का उद्देश्य मोक्ष–मुक्ति प्राप्त करना होता है वह तभी प्राप्त हो सकता है जब पुत्र और प्रपौत्र हों, उनके हाथों में मुखाग्नि से मोक्ष प्राप्त करना संभव हो सकता है, चाहे इसके लिये द्वितीय बार या अनेक बार विवाह करना पड़े जब तक उसकी पत्नी पुत्र की सौगात नहीं दे।[209]

जैन धर्म में हिन्दू दर्शन की भाँति वह दृष्टिकोण नहीं होता कि मोक्ष प्राप्ति के लिये पुत्र प्रपौत्र का होना आवश्यक है वरन् अपने सद्कर्मों से तप आदि के आधार पर मोक्ष प्राप्त किया जा सकता है न कि पुत्र प्रपौत्र के होने पर।[210] हिन्दू धर्म और दर्शन के अनुसार बहुपत्नीवाद के पीछे धार्मिक स्वीकृति अथवा निर्देश है जैसे मोक्ष के लिये पुत्र–प्रपौत्र आदि, वहीं जैन दर्शन में बहुपत्नीवाद पर वैसा नहीं है। हिन्दू धर्म में यह निर्देश इतना बलपूर्वक था कि पुत्र–प्रपौत्र के लिये गोद पुत्र को लेने के अलावा यह भी पद्धति थी कि किसी विधवा के पुत्रहीन होने पर किसी नजदीकी रिश्तेदार से सम्बन्धित कर विधवा के लिये पुत्र की प्राप्ति हो जिसे विधवा के दिवंगत पति को पुत्र की प्राप्ति होकर उसे मोक्ष प्राप्त हो सके।[211]

इसी प्रकार जब बिना पुत्र के अगर कोई पति दिवंगत हो जाता था तब दिवंगत पति के भाई अर्थात् विधवा के देवर का पवित्र दायित्व होता था कि विधवा भाभी से सम्बन्ध बनाकर दिवंगत भाई को पुत्र उसकी विधवा के जरिये दे जिससे उसके भाई की विरासत निरन्तर बनी रहे और उसके दिवंगत भाई अर्थात् विधवा के पति को मोक्ष प्राप्त हो सके।[212] इस प्रथा को नियोग कहा जाता था। इसके विपरीत जैन धर्म में मोक्ष–मुक्ति को प्राप्त करने के पुत्र प्रपौत्र का होना आवश्यक नहीं था, इसलिये जैन धर्म में नियोग प्रथा का कोई प्रावधान ही नहीं था।

बहुपतित्व प्रथा (पालिएन्ड्री)

जिस संस्कृति में पातिव्रत्य और सतीत्व स्त्री का श्रेष्ठतम आदर्श स्थापित हुआ और जिसमें यावज्जीवन ही नहीं मृत्यु के उपरान्त भी वह पति से परलोक में मिलने की आशा रखती है, उनके अनेक पति करने की कोई कल्पना नहीं की जा सकती। संस्कृति के प्रवर्तकों और संस्थापकों ने पतिव्रत की जिस उद्दात भावना को जन्म और प्रोत्साहन दिया उसे

भारतीय नारी ने इस प्रकार अनन्य निष्ठा से अपनाया कि एक पति के सिवाय दूसरे पति की कल्पना मात्र से उसे घृणा और विद्रोह करना आया है जिसका परिणाम यह हुआ कि सहस्त्रों वर्षों के इतिहास में बहुपतित्व को कभी प्रथा का रूप ही नहीं मिला।[213]

यौन क्रिया द्वारा विवाह को सम्पूर्ण करना

विवाह की संस्था का मुख्य उद्देश्य लोगों के यौन सम्बन्धों पर नियंत्रण और नियमित करने का है इसलिये विवाह के बाद विवाह के दोनों सदस्यों के द्वारा यौन सम्बन्ध बनाने के प्रावधानों को बनाना आवश्यक हो जाता है। यह भी पूर्ण स्थापित नियम है कि चाहे दोनों की सगाई हो गई हो, विवाह से पूर्व किसी प्रकार का यौन सम्बन्ध बनाने के लिये स्वतंत्र नहीं होंगे।

सामान्यतया विवाहित जोड़े को विवाह के एक सप्ताह के भीतर यौन सम्बन्ध बनाना उचित लगता है। हिन्दू शास्त्रों के अनुसार विवाह की अंतिम रस्म गृह प्रवेश के तीन दिन तक विवाहित जोड़े को ब्रह्मचर्य का पालन करना आवश्यक है और चौथे दिन विवाह की कुछ रस्म जिसे 'भ्रूण रखना' (foctus-laying) कहा जाता है, को मनाने के बाद यौन सम्बन्ध बनाना चाहिये।[214]

श्वेताम्बर जैन समाज में विवाहित जोड़े को विवाह समारोह की अंतिम रस्म आशीर्वाद के बाद वे यौन सम्बन्ध बनाने के लिये कहीं भी जाने के लिये विवाह की रात को ही स्वतंत्र हैं।[215] जैन दिगम्बर समाज में विवाह के बाद यौन सम्बन्ध के लिये आदिपुराण में इस प्रकार के प्रावधान बनाये गये हैं–

पाणिग्रहणदीक्षायां नियुक्त तद्वधूवरम।
आसप्ताहं धरेद्ब्रह्मव्रतं देवाग्निसाक्षिकम।
क्रान्त्वा स्वस्योचितां भूमिं तीर्थभूमीर्विहृयत्य च।
स्वगृहं प्रविशेत भूत्या परया तद्वधूवरम।।
विमुक्तकंकण पश्चात्स्वगृहे शयनीयकम।
अधिशय्य तथा कालं भोगाङ्गैरुपलामितम।।

आदिपुराण के उपरोक्त श्लोकों के अनुसार नवविवाहित जोड़े को विवाह के 7 दिन तक पूर्ण ब्रह्मचर्य का पालन करना चाहिये, इसके बाद

दोनों को पवित्र स्थल की तीर्थयात्रा करनी चाहिये और इसके बाद अपने घर पर यौन सम्बन्ध आनन्दपूर्वक बनाना चाहिये।[216]

तलाक–विवाह–विच्छेद

जब विवाह के दोनों पक्षों द्वारा विवाह संस्था में प्रवेश किया जाता है तब उन दोनों से यह आशा की जाती है कि वे इस बन्धन में बहुत लम्बी अवधि तक रहेंगे। भारत में विवाह संस्था का आदर्श यह है कि दोनों पक्षों द्वारा एक बार विवाह सम्बन्ध बनाये जाने पर वे उस बन्धन को स्थायित्व प्रदान करेंगे और दोनों पक्षों या दोनों में से एक द्वारा विवाह को निरस्त नहीं किया जायेगा।[217] विवाह संस्था के पीछे स्थायित्व का उद्देश्य समाज द्वारा निर्धारित किया गया है परन्तु कई बार व्यावहारिक रूप से ऐसा लगता है कि पति पत्नी एक साथ रहने में असमर्थ हैं तब विवाह सम्बन्ध को निरस्त करने का प्रावधान कुछ परिस्थितियों में रखना भी आवश्यक हो जाता है।

जैन विधि शास्त्रियों द्वारा यह नियम बताये गये हैं कि एक वधू, जाति पंचायत और सरकार की सहमति के पश्चात् इन पाँच परिस्थितियों में अन्य वर से विवाह कर सकती है जब (1) पति पापी बन जाता है (2) पति साधु बन जाता है (3) पति नपुंसक हो (4) पति की मृत्यु हो जाये (5) वर के कहीं होने के बारे में कोई सूचना उपलब्ध न हो।[218]

इसी को ए. एस. अल्टेकर द्वारा इस प्रकार कहा गया है कि हिन्दू विधि अनुसार पाँच विधि अनुसार परिस्थितियों में वधू दूसरा विवाह कर दूसरे पति को स्वीकार कर सकती है, यदि पति का पता ही नहीं लगे, मर जाये, साधु हो जाये, नपुंसक हो अथवा उसे जाति बाहर कर दिया जाये।[219]

वैवाहिक जीवन से सम्बन्धित अन्य समस्याओं, जैसे विवाह विच्छेद, विधवा विवाह, पुनर्विवाह आदि, के विधि निषेध के सम्बन्ध में हमें स्पष्ट उल्लेख तो प्राप्त नहीं होते किन्तु जैन कथा साहित्य में इन प्रवृत्तियों को सदैव ही अनैतिक माना जाता रहा है। अपवादस्वरूप कुछ उदाहरणों को छोड़कर जैन समाज में अभी तक इन प्रवृत्तियों का प्रचलन नहीं है और न ही ऐसी प्रवृत्तियों को अच्छी निगाह से देखा जाता है।[220]

दीघनिकाय में निवदन शब्द उपलब्ध होता है जिसका तात्पर्य है कि यदि अलग होना चाहते हैं तब आज ही हो जाये।[221] आज अलग होने से

फिर मिलाप नहीं होगा।[222] अतः इस 'निवदन' शब्द को 'तलाक' सूचक पद कहा जा सकता है।

पुनर्विवाह की तरह विवाह–विच्छेद का भी प्रचलन श्रेष्ठी अथवा निम्न वर्गों में दृष्टिगोचर होता था। श्रेष्ठी की पुत्री ऋषिदासी का तीन बार विवाह किया गया तथा तीनों ही बार उसे तलाक दिया गया।[223] इसी प्रकार सागर नामक जिनदत्त का पुत्र सुकुमालिका को छोड़कर अपने घर वापिस आ गया था। तत्पश्चात् सुकुमालिका के पति के रूप में एक कृपण को रखा गया किन्तु वह भी सुकुमालिका को त्यागकर भाग गया।[224]

तलाक देने पर गृहस्वामी अपनी पुत्रवधू को उसके पितृकुल में छोड़ आता था। गृह–जामाता के रूप में रहने वाला व्यक्ति अपनी पत्नी को छोड़कर अपने पितृकुल में चला जाता था।

जैसे पुरुष–वर्ग अपनी पत्नी को तलाक दे सकते थे, वैसे स्त्रियाँ अपने पति से विवाह सम्बन्ध विच्छिन्न करने में असमर्थ रहती थीं। इसका कारण तत्कालीन समाज में पत्नी पर पति का पूर्णाधिकार सा होना था। पत्नी एक प्रकार से पति की सम्पत्ति होती थी। अतः सामाजिक एवं राजनीतिक दृष्टि से पत्नी के लिये पति को छोड़ना सरल नहीं था।[225]

किन्तु यदि कोई स्त्री अपने पति से पूर्णतया असंतुष्ट होती थी तो वह पति को त्यागने के लिए भिक्षुणी–संघ में प्रविष्ट हो जाती थी। कारण, एक तो पत्नी को भिक्षुणी बनने के लिये सरलता से पति की स्वीकृति प्राप्त हो जाती थी, दूसरे भिक्षुणी बन जाने के बाद स्त्री पर पति का कोई अधिकार नहीं रहता था। मुक्ताथेरी अपने कुबड़े पति से असंतुष्ट होने के कारण भिक्षुणी बनी थी।[226] पोटिला पति के उपेक्षित व्यवहार से असंतुष्ट होकर प्रव्रजित हुई थी।[227]

वशिष्ठ के अनुसार एक पत्नी नए पति से विवाह कर सकती है अगर प्रथम पति नपुंसक है, नीच है, पागल है। बौद्ध जातक में ऐसे कई उदाहरणों का संदर्भ आता है। मज्झिमनिकाय के पियाजाटिकसूत में आता है कि एक महिला के रिश्तेदारों को उसका पति अच्छा नहीं लगा, पसन्द नहीं आया, इसलिये उन्होंने उस महिला को पति से अलग कर दूसरे पति से विवाह करा दिया।[228] इसी प्रकार एक जातक में वर्णन आता है भद्रा की राजकुमारी फुसति ने अपने भद्दे पति कुसावती के कंस से तलाक द्वारा पीछा छुड़वाकर दूसरे सुन्दर राजकुमार से विवाह किया।[229 230]

जब विवाह सम्बन्ध के दो सहयोगियों में से कोई एक या दोनों अपने अन्य सहयोगी को अपनी सोच या कल्पना के अनुरूप नहीं पाते तब विवाह सम्बन्ध को समाप्त कर विवाह विच्छेद की माँग तलाक के द्वारा की जाती है।[231] वैवाहिक सम्बन्धों में कटुता और तनाव आने की संभावना हमेशा रहती है अतः प्रत्येक व्यक्ति को वैवाहिक सुख अधिकतम मिले, इसके लिये कुछ परिस्थितियों में तलाक के प्रावधान बनाने होते हैं। यद्यपि प्रारंभिक काल में ईसाई, हिन्दू धर्म आदि ने विवाह को दीर्घ अवधि का मानकर तलाक का कोई प्रावधान नहीं किया, फिर भी अगर हम धर्मशास्त्रों और साहित्य का गहराई पूर्वक सावधानी से अध्ययन करें तब यह ज्ञात हो जाता है कि कुछ निश्चित परिस्थितियों में तलाक लिये जाने को मान्यता दे दी थी।

हिन्दू समाज में कुछ विधिक परिस्थितियों यथा पति के लम्बी अवधि तक अज्ञात रहना, मृत्यु पर, साधु होने पर, नपुंसक होने पर और उसके जाति निष्कासन पर उस पति से तलाक लेकर दूसरा विवाह दूसरे पति से कर सकती है।[232] जैन विधि विशेषज्ञों ने इन्हीं शर्तों पर विशेष परिस्थितियाँ मानकर जैन महिला को पहले पति से तलाक लेकर दूसरा विवाह करने की स्वीकृति दी है। जैन धर्म में विवाह को कोई धार्मिक संस्कार नहीं मानने के कारण तलाक की शर्तें किसी धार्मिक विधि से नियंत्रित नहीं होतीं वरन् स्थानीय रिवाजों से नियंत्रित और मार्गदर्शित होती हैं।

कुछ समय पूर्व तक जैन समाज में किसी भी परिस्थिति में दोनों पक्षों को या उनमें से किसी एक को तलाक की इजाजत नहीं दी जाती थी। केवल बोगार और सेतवाल जाति में तलाक के मामले होते थे। बोगार जाति में पत्नी के चरित्रहीन होने पर, निःसंतान रहने पर अथवा अति खराब और अप्रिय स्वभाव वाली होने पर ही तलाक देने की छूट दी जाती थी। तलाक प्राप्त करने वाली पत्नियाँ विधवा महिला की तरह पुनः सामान्य रिवाजों से विवाह कर सकती थी। सैतवाल में इन्हीं शर्तों पर तलाक दिया जाता था परन्तु पुनःविवाह सामान्य रिवाजों से काफी हल्के रिवाजों से किये जाते थे।[233]

आधुनिक काल में जैन समाज में भी सभी जातियों की तरह दोनों पक्षों द्वारा बहुत अधिक संख्या में तलाक लेने की प्रक्रिया प्रचलित हो गई है फिर भी तुलनात्मक संदर्भ में अब भी बहुत कम है।

पुनर्विवाह

विधुर विवाह– यदि किसी कारणवश कोई पुरुष अपनी स्त्री को भूल जाये, उसे घर से बाहर करे या कोई कारण उपस्थित होने पर वह स्वयं चली जाये तब ऐसी अवस्था में पुरुष को दूसरा विवाह करने की अनुमति प्राप्त है।[234] पत्नी की मृत्यु के उपरान्त पति को दूसरा विवाह करने की इजाजत होती है।

विधवा पुनर्विवाह– विधवा पुनर्विवाह स्मृतिकारों के मत में इन पाँच अवस्थाओं में विधवा विवाह को जायज बताया गया है– (1) यदि पूर्व पति का पता न लगता हो, (2) उसकी मृत्यु हो गई हो, (3) वह साधु हो गया हो, (4) वह नपुंसक हो, (5) या फिर उसे जाति से बहिष्कृत कर दिया हो[235] फिर भी जैन समाज में कुल मिलाकर विधवा विवाह को तिरस्कृत समझा जाता है।

आगमकालीन समाज में नारियों के पुनर्विवाह का प्रचलन आंशिक रूप से था। कारण क्षत्रिय एवं ब्राह्मण–वर्गों की स्त्रियाँ पति से विहीन होने पर द्वितीय पुरुष के पास जाती थीं। महागोविन्द ब्राह्मण ने प्रव्रज्या लेने के पूर्व अपनी चालीस पत्नियों में से प्रत्येक के लिए यह अधिकार दिया था कि यदि कोई पत्नी पर पुरुष को अपना पति बनाना चाहे तो उसे (पर पुरुष को) खोज ले, किन्तु एक भी पत्नी ने इस अधिकार का उपयोग नहीं किया।[236]

इस विषय पर जैनागम एवं थेरीगाथा की अट्ठकथा के आधार पर लिखे ग्रन्थ में उपलब्ध निम्नोक्त दो उल्लेख अधिक प्रकाश डालते हैं––

प्रथम उल्लेख के अनुसार गजसुकुमाल की दीक्षा से, उसके विवाह के निमित्त लाई गई ब्राह्मण कन्या सोना के वैवाहिक जीवन की समाप्ति हो गई। जिसका स्मरण कर सोमा के पिता सोमिल ब्राह्मण ने क्रुद्ध होकर राजा की गरिमा का ख्याल नहीं कर गजसुकुमाल की हत्या कर दी। द्वितीय उल्लेख के अनुसार नन्दा को उसकी इच्छा के विरुद्ध केवल इसलिये प्रव्रज्या लेने के लिये विवश किया गया क्योंकि शाक्यकुमार वरभूत जिसके साथ उसका विवाह होना था, मर गया था।[237]

उक्त उल्लेखों से यह स्पष्ट हो जाता है आगमकालीन क्षत्रिय एवं ब्राह्मण वर्गों में न केवल विवाहित स्त्रियों का ही पुनर्विवाह निषिद्ध था अपितु ऐसी कन्याओं का भी विवाह निषिद्ध था जिनकी मँगनी हो जाने के उपरान्त भावी पति संसार त्याग देता है। यही कारण है कि राजपुत्रों के साथ विवाह के लिये लाई गई, कन्याओं का अविधवा होना आवश्यक था।

विधवा विवाह के बारे में परस्पर विरोधाभावी दृष्टिकोण मिलते हैं। एक दृष्टिकोण यह भी है कि महिला कौमार्यता को विवाह के निर्णय के लिये अति महत्त्वपूर्ण माना जाता था, इसलिये पत्नी से पति के साथ यौन सम्बन्धों के अतिरिक्त सम्बन्धों में पवित्रता की पूर्ण अपेक्षा पति के जीवन तक तो की जाती थी और उसकी मृत्यु के बाद भी यही अपेक्षा रखी जाती है, इसलिये प्राचीन काल में विधवा विवाह को स्वीकार नहीं किया जाता था।[238] हिन्दू समाज की स्मृतियों में विधवा विवाह को स्वीकार नहीं किया गया।[239] इस पृष्ठभूमि में प्राचीन काल में विधवा विवाह हिन्दू समाज में लगभग समाप्त–सा हो गया।[240]

प्राचीन जैन ग्रन्थों में विधवा विवाह का कोई उदाहरण दृष्टिगत नहीं होता है। मध्यकालीन युग से दक्षिण भारत में विधवा विवाह की स्वीकार्यता जैन समाज में होने लगी।[241] इस सम्बन्ध में जैन धर्म और विधि के गहन अध्येता बैरिस्टर चम्पतराय जैन का मत है कि उन्होंने जैन पुराणों का गहन अध्ययन किया परन्तु विधवा विवाह की कोई घटना उनमें वर्णित नहीं है, फिर भी जैन ग्रन्थों में विधवा विवाह स्वीकार या अस्वीकार करने का किसी प्रकार का मत, निर्णय, निर्देश नहीं है।

त्रैवर्णिकाचार में कुछ ऐसे श्लोक प्राप्त होते हैं जिससे यह प्रकट होता है कि जैन समाज में विधवा विवाह का थोड़ा सा प्रचलन था।[242]

दिनांक 7 अप्रैल 1933 जैन धर्म के श्वेताम्बर स्थानकवासी साधुओं और विद्वानों के एक सम्मेलन में अथक गहन विचार–विमर्श के पश्चात् घोषणा की गई कि जैन धर्म का विधवा विवाह से कोई सरोकार, सम्बन्ध नहीं है, यह तो जाति विशेष के निर्देशों और रिवाजों से निर्णय होता है कि विधवा विवाह होने चाहिये अथवा नहीं।[243]

इस सब विवेचन से यह निष्कर्ष निकलता है कि जैन समाज में विधवा विवाह किये जाने की वैधता का निर्णय स्थानीय रिवाजों के अनुसार ही किया जाता है। वर्तमान में गुजरात के जैन समाज में विधवा विवाह को न तो स्वीकृति दी जाती है और न ही व्यवहार में विधवा विवाह किया जाता है। लेकिन ऐसा लगता है कि तेरहवीं शताब्दी में जैन धर्म और समाज में विधवा विवाह का प्रचलन रहा होगा जैसे कि राजा अश्वराज का विवाह बाल विधवा कुमारदेवी के साथ हुआ और इस विवाह से उनके दो पुत्र वास्तुपाल और कुमारपाल उत्पन्न हुए जिन्होंने आबू पर्वत (राजस्थान) पर देलवाड़ा का प्रसिद्ध जैन मंदिर बनवाया।[244]

मध्यप्रदेश के जैन वैश्य समाज में विधवा विवाह को सामान्यतया प्रतिबन्धित कर रखा है, परन्तु विधवा विवाह उनमें होते हैं और पुनर्विवाह करने वाली विधवाओं को किसी भी उपजाति में सामाजिक स्थिति में बहुत निम्न स्तर पर रखा जाता है।[245] पूर्व हैदराबाद प्रान्त में सैतवाल और बोगार जाति के कुछ सदस्यों द्वारा विधवा विवाह करने की छूट है परन्तु ऐसे विधवा विवाह कुछ हल्के समारोह द्वारा बहुत हल्के रिवाजों से सम्पन्न किये जाते हैं।[246]

ऐसा ज्ञात हुआ कि दक्षिण भारत में जैन धर्म के एक प्रमुख भट्टारक द्वारा कई विधवा विवाह को कराने में सहयोग और आशीर्वाद दिया गया और वर्तमान में बहुत जैनों द्वारा विधवा विवाह को बिना जाति–बाहर के भय के सम्पन्न करवाये जाते हैं।[247] दक्षिण भारत में चतुर्थ, पंचम, कासार और सैतवाल जाति के जैनों के गरीब सदस्यों में विधवा विवाह प्रचलित रिवाज है।[248] इसी प्रकार दक्षिण भारत के अन्य जैन समाज में जैन महिला का विवाह जीवन में केवल एक बार किया जाता है और अगर उसके पति की चाहे उसकी युवा अवस्था में ही मृत्यु हो जाती है तब भी उसे आजीवन विधवा ही रहना पड़ता है।[249]

जैन समाज में वर्तमान में तलाक और विधवा विवाह की स्थिति

उपरोक्त विवेचन से तो जैन समाज में लगभग 50 वर्षों पूर्व की स्थिति दिग्दर्शित की गई है। इन गत पचास वर्षों में जैन समाज में बहुत भारी परिवर्तन आधुनिक सभ्यता के परिप्रेक्ष्य में हुए हैं। इन परिवर्तनों का संक्षिप्त विवेचन वर्तमान स्थिति को स्पष्ट करेगा।

तलाक– पूर्व में जो सिद्धान्त और निर्देश तलाक के बारे में जैन समाज के बारे में बताये गये थे, उनको अब बहुत कम आधार बनाया जाता है। पूर्व में जैसा कि पति के नपुंसक होने पर, बिना पति के घर से लम्बे समय तक दूर रहने पर, जाति निष्कासित पर, साधु हो जाने पर के आधार पर तलाक दिया जाता था। वर्तमान में अब कई अन्य आधार पर तलाक लिये जाते हैं।

अहंकार और असहनशीलता– आज अन्य समाजों की भाँति जैन समाज के युवा लोग भी अन्तर्राष्ट्रीय व्यावसायिक संगठनों में, उच्च प्रशासनिक पदों पर और अन्य क्षेत्रों में ऊँचे और अच्छे पद पर कार्यरत हैं। इसके कारण

दोनों में आत्मसम्मान के स्थान पर अति अहंकार, असहनशीलता पनपती जा रही है और इसके फलस्वरूप तलाक लेने वालों की संख्या की जैन समाज में वृद्धि हुई है।

पति–पत्नी के लम्बे कार्य समय– दोनों आजकल विभिन्न क्षेत्रों में कार्यरत हैं और दोनों के कार्यालय में लम्बे समय तक कार्य करने से चिड़चिड़ापन, सामान्य यौन सम्बन्धों में अरुचि भी बढ़ते तलाक की संख्या के कारण बनते जा रहे हैं। संक्षेप में जैन समाज में भी पति–पत्नी में तलाक लेने के मुकदमों में वृद्धि हुई है।

विधवा और विधुर पुनर्विवाह

जैन समाज में वैवाहिक जीवन से सम्बन्धित अन्य समस्याओं में विवाह–विच्छेद, विधवा विवाह, पुनर्विवाह आदि के विधि निषेध के सम्बन्ध में हमें स्पष्ट उल्लेख तो प्राप्त नहीं होते हैं कि जैन कथा साहित्य में इन प्रवृत्तियों को सदैव अनैतिक माना जाता रहा है। अपवादस्वरूप कुछ उदाहरणों को छोड़कर जैन समाज में अभी तक इन प्रवृत्तियों का प्रचलन नहीं है और न ही ऐसी प्रवृत्तियों को अच्छी निगाह से देखा जाता है।[250]

जैन समाज में इस प्रकार की मान्यता कई शताब्दी तक चलती रही है। आधुनिक सभ्यता, संस्कृति का प्रभाव जैन समाज पर भी पड़ा है। गत 50 वर्षों में विधवा और विधुर पुनर्विवाह के बारे में बहुत भावनात्मक, विचारात्मक सकारात्मक परिवर्तन हुए। अब समाज ने, परिवारों ने इसको इस परिप्रेक्ष्य में स्वीकार किया है।

अब युवा विधुर और विधवा तो पुनर्विवाह कर ही रहे हैं परन्तु अब प्रौढ़ावस्था वाले जिनके बच्चे अपने कार्य व्यवसाय में कार्यरत हैं, अपने बच्चों और परिवार में व्यस्त होकर अकेले रह गये पिता या माता की ओर पूरा ध्यान और समय नहीं दे पा रहे हैं, ऐसे प्रौढ़ विधुर, विधवा अपने अकेलेपन को दूर करने के लिये और परस्पर सहयोग हेतु अपने बच्चों की सहमति से अथवा असहमति होने पर भी पुनर्विवाह कर जीवन को सुगम बनाने का प्रयत्न कर रहे हैं।

इस प्रकार समाज और परिवारों में विधवा विवाह और विधुर विवाह को बदली हुई परिस्थितियों में सामान्यतया स्वीकार कर लिया है। यद्यपि कभी–कभी ऐसे विवाहों का उन परिवारों के सदस्यों द्वारा हल्के तौर पर

विरोध भी प्रकट किया जाता है पर अन्ततोगत्वा वे भी ऐसे विवाहों को स्वीकार कर लेते हैं।

जैन समाज में अन्तर्जातीय विवाह

आज से 50 वर्ष पूर्व अन्तर्जातीय विवाह अस्वीकार्य था। अगर इतने बड़े समाज में एक–दो ऐसे विवाह हो भी जाते थे तब विवाह करने वाले युवा–युवती को ही नहीं उनके माता–पिता को भी जाति से नि कासित कर दिया जाता था।

गत 50 वर्षों में ऐसे अन्तजार्तीय विवाह करने वाले जैन युवा–युवतियों की संख्या में वृद्धि हुई है। आरम्भ में ऐसे विवाह समाज के धनाढ्य व प्रभावशाली परिवारों में हुए अतः जाति निष्कासन और दण्डित करने की समाज की कार्यवाही लगभग समाप्त हो गई। अब भी जब युवक–युवती अन्तर्जातीय विवाह का निर्णय लेते हैं तो उनके परिजन उन्हें ऐसा नहीं करने को समझाने का बहुत प्रभावी प्रयत्न करते हैं परन्तु युवक–युवती के नहीं मानने पर वे इसे स्वीकार कर लेते हैं।

ऐसे विवाह जैन समाज के युवक–युवती द्वारा न केवल वैश्य समाज में ही वरन् अन्य जातियों व धर्मों यथा कायस्थ, जाट, राजपूत आदि और ईसाई, मुसलमान आदि के युवक–युवतियों के साथ भी किये जाते है। समाज और परिजनों द्वारा अब विवशता से इसे स्वीकार कर इन रिश्तों, सगे–सम्बन्धियों से रिश्तों को स्वजातीय विवाह की तरह ही निभाया जाता है। हालांकि अब भी ऐसे विवाहों की समाज द्वारा स्वेच्छा से स्वीकृति नहीं है।

खाप पंचायतों द्वारा अन्तरजातीय विवाहों की सशर्त स्वीकृति

हरियाणा के हिसार जिले के सतरोल खाप और एक अन्य खाप सांगवान ने 650 वर्ष पुरानी परम्पराओं–जंजीरों को तोड़कर उनकी खाप के युवा सदस्यों ने गोत्र–गांव और पड़ोसी गांव को छोड़कर कहीं भी अन्तरजातीय विवाह करने की स्वतंत्रता और छूट प्रदान कर दी है। इनके निर्णय के अनुसार तीन तथ्यों को ध्यान में रखकर कोई भी युवक–युवती अन्तरजातीय विवाह कर सकता है– (1) युवक–युवती को खाप के क्षेत्र को छोड़कर भी स्वगोत्रीय विवाह नहीं करना है, अन्य गोत्र, जाति में कर सकते हैं। (2)

अपने गाँव के क्षेत्र में अन्तरजातीय विवाह नहीं करेंगे। (3) अपने गाँव के पड़ोसी गाँव में अन्तरजातीय विवाह नहीं कर सकते हैं।

इस निर्णय के पीछे खाप पंचायत ने ये कारण बताये हैं– (1) मौजूदा दौर में जिस तरह का बदलाव आ गया है, उसके हिसाब से अन्तरजातीय विवाह एक जरूरत हो गई है अतः अन्तरजातीय विवाह में कोई बुराई नहीं है। (2) सतरोल खाप का दायरा लगभग 250 वर्ग किमी. में फैला हुआ है। पर गांवों में फैली 36 से अधिक जातियाँ इसमें समाहित हैं। इतने बड़े दायरे की खाप के नाते–रिश्ते के लिये वर्तमान नियम छोटे पड़ गये हैं अतः दायरे का विस्तार खाप के लिये आवश्यक है। (3) सबसे बड़ा कारण सतरोल खाप में लड़कियों की संख्या की कमी के कारण अन्तर्जातीय विवाह की स्वतंत्रता देकर रिश्ते–नाते का दायरा बढ़ाने का है।

खाप ने दिनांक 21 अप्रेल, 2014 के अपने निर्णय में उपरोक्त परिस्थितियों में अन्तरजातीय विवाह का जोरदार स्वागत किया है। इस निर्णय का स्वागत जगमती सांगवान ऑल इण्डिया डेमोक्रेटिक वीमन एसोसिएशन, खाप नेता राकेश टिकैत, लेखिका मधु किश्वर आदि ने बलपूर्वक किया है।[251]

जैन समाज के लिये विचारणीय बिन्दु

सतरोल खाप और अन्य खाप द्वारा लिये गये अन्तर्जातीय विवाह निर्णय के परिप्रेक्ष्य में यह अत्यन्त प्रासंगिक है –– 'क्या जैन समाज को भी अब अन्तर्जातीय विवाह में उदारता के बिन्दु पर विचार नहीं करना चाहिये?'

वर्तमान में जैन समाज में विवाह के रिश्ते अधिकांशतया वैश्य समाज की जातियों में उनकी जातिगत दायरे तक ही सीमित हैं। अग्रवाल समाज के विवाह रिश्ते केवल अग्रवाल जाति की सीमा में, ओसवाल जाति के विवाह रिश्ते केवल ओसवाल जाति की सीमा में, पोरवाल समाज के रिश्ते केवल पोरवाल जाति की सीमा में ही किये जाते हैं। (ओसवाल जाति पूर्णतया, अग्रवाल जाति के बहुत परिवार और गाँव तथा पोरवाल जाति पूर्णतया, जैन धर्म के अनुयायी है)।

इन सभी जातियों के परिवार जैन धर्म की क्रियाओं की पालना, साधुजी के दर्शन व्याख्यान सुनना, मंदिर जाना आदि करते हैं। इसी प्रकार श्वेताम्बर जैन और दिगम्बर जैन दोनों जैन धर्म के पालन करने वाले,

भगवान महावीर के अनुयायी हैं, उनमें भी विवाह रिश्ते श्वेताम्बर समाज के श्वेताम्बर समाज की जाति अनुसार और दिगम्बर समाज के दिगम्बर समाज में ही किये जाते हैं। जैन धर्मावलम्बियों में भी अन्तरजातीय विवाह यथा अग्रवाल जैन की लड़की का ओसवाल जैन लड़के से विवाह का भी दोनों परिवारों द्वारा विरोध किया जाता है और समाज भी इसके विरुद्ध ही नजर आता है।

अब जैन समाज की कम से कम सभी वैश्य जातियाँ यथा दिगम्बर, ओसवाल, पोरवाल, अग्रवाल समाज को विवाह रिश्तों का दायरा वर्तमान जातिगत सीमा से बढ़ाकर जैन धर्म के सभी वैश्य समाज की जातियों तक विस्तृत कर देना चाहिये। यह अब बदलते समाज की माँग है। सम्पूर्ण जैन समाज की सभी जातियों के प्रतिनिधियों को आपस में मिलकर विचार–विमर्श कर इस सम्बन्ध में निर्णय लेना चाहिये। यह सही अर्थों में भगवान महावीर के सिद्धान्तों का अनुसरण होगा।

जैन धर्म में महिला का स्थान

जैन साहित्य में महिला के प्रति विरक्ति तथा प्रशंसा दोनों प्रकार का वर्णन आता है। सामान्य एवं विशेष परिस्थितियों में महिलाओं के व्यवहार को देखकर कोई निश्चित मत व्यक्त किया जाता है और उसी के आधार पर सामान्य दृष्टिकोण में महिला के अच्छे या बुरे आचरण के सम्बन्ध में और अपेक्षित स्वतंत्रता के विषय में निर्णय किया जाता है।

मनु के कथन के अनुसार ही जैन शास्त्र भी कहते हैं जब कन्या छोटी हो तो उसके पिता के नियंत्रण में, विवाहित युवती पति के नियंत्रण में, विधवा महिला अपने पुत्र के आधीन रहनी चाहिये अर्थात नारी कभी स्वतंत्र नहीं रहनी चाहिये।[252] इसी को भद्रदेवसूरी ने पार्श्वनाथ चरित्र में महिला के मन के विचार की गहराई के बारे में इस प्रकार कहा है कि बुद्धिमान व्यक्ति गंगा नदी की मिट्टी की तादाद के बारे में, समुद्र के पानी की मात्रा के बारे में, बड़े से बड़े पर्वत के आयाम के बारे में जान सकते हैं लेकिन महिला/नारी के मन के विचारों की गहराई और मन में चलने वाले विचारों के बारे में नहीं जान सकते हैं।[253]

इसी तरह के अनेक दृष्टिकोणों के विपरीत यह भी दृष्टिकोण मिलता है कि महिला चक्रवर्ती सम्राट के 14 रत्नों में से एक महत्त्वपूर्ण रत्न है।

अत्यन्त पतिव्रता और पवित्रता के गुणों से भरपूर पत्नियों की अनेक घटनायें दृष्टिगत होती हैं। नारी को उच्चतम सम्मान देते हुए यह भी कहा गया है कि मुसीबतों और कठिनाइयों में सर्वप्रथम महिला को संकटों से बचाकर बाहर लाना चाहिये।[254]

महिला और पुरुष की शारीरिक और मानसिक शक्तियों की तुलना करने पर महिला की मानसिक शक्तियाँ विद्वता और बुद्धिमत्ता पुरुष से अधिक पाई गई।[255] नारी के बारे में नीतिशास्त्र के उच्च विद्वान आचार्य सोमदेव सूरी ने नीतिवाक्यमृतम में व्यावहारिक दृष्टिकोण अपनाते हुए कहा कि–

सर्वास्त्रियः क्षीरोदवेला इव प्रायेण विषामृतस्थानम।

न स्त्रीणां सहजो गुणो दोषो वास्ति, किन्तु नद्य समुद्रमिव यादृशं पतिभाप्नुवन्ति तादृश्यो भवन्ति स्त्रिय।

अर्थात् नारी न अच्छी है, न बुरी है। प्रायः सभी स्त्रियाँ क्षीरसागर की लहर के समान विष और अमृत दोनों ही होती हैं। नारी में सहजात न बुराई, दोष, अवगुण होते हैं न अच्छाई, गुण होते हैं, वे तो अपने पति की तरह हो जाती हैं जैसे नदियाँ समुद्र में मिलकर समुद्र की भाँति हो जाती हैं।[256] सोमदेवसूरी का यह दृष्टिकोण बहुत व्यावहारिक है और समाज की सही स्थिति को दिग्दर्शित करता है। इन सब दृष्टिकोणों को ध्यान में रखकर नारी की धार्मिक, सामाजिक, राजनैतिक और विधिक स्थिति स्तर के बारे में विचार करना उचित होगा।

जैन महिलाओं की धार्मिक स्थिति– जैन धर्म के अनुयायियों को चार श्रेणी में विभाजित किया गया है– साधुगण, साध्वीगण, श्रावक वर्ग और श्राविका वर्ग। इससे यह प्रकट होता है कि महिला शक्ति को पूर्ण स्वतंत्रता थी वे साधुत्व का जीवन अपना सकती हैं। महिला होने से साधुत्व और त्याग अपनाने में कोई बाधा नहीं थी।[257,258] कल्पसूत्र में इस प्रकार का वर्णन आता है कि बाइसवें तीर्थंकर नेमिनाथजी के समय में 3000 साध्वियों ने दीक्षा लेकर मोक्ष प्राप्त किया और 23वें तीर्थंकर पार्श्वनाथजी के समय में 20000 साध्वियों ने दीक्षा लेकर मोक्ष प्राप्त किया जबकि केवल 1000 साधु ही मोक्ष प्राप्त कर सके। महिला साध्वियों की मोक्ष प्राप्त करने वालों की संख्या में वृद्धि निरन्तर होती रही, भगवान महावीर अंतिम और 24वें तीर्थंकर मोक्ष प्राप्त करने वाली साध्वियों की संख्या बढ़कर पूर्व के सभी तीर्थंकरों से अधिक 36000 तक पहुँच गई थी।[259]

जैन महिलाओं का सामाजिक स्थान

धर्म और समाज एक–दूसरे से बहुत गहराई से जुड़े हुए हैं और व्यक्ति के सामाजिक जीवन को प्रभावित करते हैं। जैन महिला को जो धार्मिक स्वतंत्रता दी गई है उससे जैन महिला के सामाजिक जीवन पर बहुत असर पड़ा है। जैन धर्म में महिला को पुरुष के समान अधिकार प्राप्त होने से, इसका प्रभाव उसके व्यक्तिगत और सामाजिक जीवन पर अत्यधिक रूप से पड़ा है।

जैन समाज में कन्या के प्रति लापरवाही का दृष्टिकोण नहीं पाया जाता है। अन्य जातियों की तुलना में जैन समाज में महिला की बेकद्री बहुत ही कम है। जैन विधि के अनुसार अविवाहित बेटियों और बहनों का भरण–पोषण, उनका विवाह परिवार की सम्पत्ति में से किया जाना चाहिये। परिवार में पिता मुखिया के निधन पर अविवाहित बहनों के संरक्षक बड़े भाई होते हैं।

जैन समाज में प्रारंभ से ही महिलाओं को शारीरिक, आध्यात्मिक और शिक्षा के क्षेत्र में पुरुषों के समकक्ष माना जाता था। जैन समाज के तीव्र विकास के समय में महिला शिक्षा को बढ़ाने में परिवार, मंदिर, जैन साधक, जैन विद्वान, जैन शिक्षण संस्थायें, राज्य शासक वर्ग ने बहुत रचनात्मक योगदान दिया। तीर्थंकर ऋषभदेव ने महिला शिक्षा को अत्यधिक महत्त्व दिया, उन्होंने अपनी दोनों लड़कियों ब्राह्मी और सुन्दरी को शिक्षा का महत्त्व बताते हुए यह कहा कि शिक्षित व्यक्ति ही उपयोगी और समाज में सकारात्मक योगदान करने वाला हो सकता है। जैसे कि पुरुष का शिक्षित होना आवश्यक है, वैसे ही महिला को शिक्षित कर समाज को आगे ले जाने के लिये तैयार करना आवश्यक है।

जैन महिलाओं ने कन्नड़ साहित्य में अति महत्त्वपूर्ण योगदान किया है। होयसल के राजा बल्ला (सन् 1100.–1106) के दरबार में प्रसिद्ध कवि अभिनव पम्पा के साथ ही अति योग्य विद्वान और कवि कान्ति भी थी और कान्ति ने बहुत योग्यता से कवि अभिनव की अधूरी कविताओं को कुशलतापूर्वक पूर्ण किया। इसी प्रकार एक प्रसिद्ध अति योग्य जैन महिला अव्वैयार को तमिल कवियों में बहुत श्रद्धा और सम्मान से देखा जाता था।

घर को चलाने के मामले में पत्नी ही लगभग पूर्ण निर्णायक होती है और एक तरह से घर की अध्यक्ष होती है। राजा–महाराजाओं के दरबार में रानी, महारानी जब पधारती थीं तब महापुराण, शान्तिपुराण, पद्मपुराण,

हरिवंशपुराण और अन्य पुराणों के अनुसार राजा, महाराजा स्वयं खड़े होकर रानी, महारानी का स्वागत करते थे और रानी, महारानी राजा के बगल में बैठती थी।

जैन ग्रन्थों में कभी भी जैन महिला के सती होने का संदर्भ नहीं आता है। जैन ग्रन्थों में केवल एक ऐसा उदाहरण महानिशिहा जो एक राजा की पुत्री थी और पति की मृत्यु होने पर पति की चिता के साथ सती होना चाहती थी परन्तु उसके पिता के खानदान में सती होने का कोई उदाहरण नहीं होने से सती नहीं हुई।

विभिन्न शिलालेखों के अध्ययन से ज्ञात होता है कि ईसवी सन् 1400 से 1600 की अवधि में भारत में कुल 41 महिलायें सती हुईं उनमें से केवल 2 महिलायें जैन समाज की थीं इससे यह प्रकट होता है कि हिन्दू समाज की सती प्रथा के अनुसरण की प्रवृत्ति आंशिक रूप से जैन समाज में भी आई। फिर भी महिला सतियों की संख्या जैन समाज में बहुत कम होने से यह स्पष्ट होता है कि समाज में सती प्रथा की सामान्य रूप से स्वीकृति नहीं थी।

जैन धर्म में धर्म की साधना करने में पुरुष और स्त्री में कोई अन्तर नहीं है अतः विधवा अध्यात्म के क्षेत्र में बहुत कुछ उपलब्धियाँ प्राप्त कर सकती थी और इससे परिवार और समाज में आवरणीय स्थान प्राप्त कर सकती थी। जैन विधि में विधवा महिला की स्थिति बहुत मजबूत थी, वह अपने पति की सम्पत्ति की वारिस बन जाती थी और अपना जीवन आर्थिक अच्छी स्थिति के आधार पर आराम से व्यतीत कर सकती थी। इसके अलावा जैन विधवा को हिन्दू विधवा की तरह सिर नहीं मुँडाना पड़ता था।

महिला की राजनैतिक स्थिति

जैन ग्रन्थों से यही प्रकट होता है कि जैन महिला सार्वजनिक रूप से निर्बाध विचरण कर सकती है। जैन महिला अपने मित्रों, रिश्तेदारों से जाकर बाहर मिल सकती है। बहुत सी जैन महिलायें मंदिर, साधु साध्वियों के स्थान पर पूजा और साधना के लिये जाती थीं और विभिन्न समारोहों में भाग लेती थीं।[200] प्राचीन काल में जैन महिलाओं में पर्दा प्रथा का प्रचलन नहीं था।[201]

प्रारंभ से ही महिलायें बहुत क्षेत्रों में यथा प्रशासनिक, राजनैतिक आदि क्षेत्रों में शीर्षस्थ पदों पर पहुँचीं। प्राचीन जैन ग्रन्थों में जैन महिलाओं के बारे

में ऐसे ही शीर्षस्थ पदों पर कार्य करने के संदर्भ आते हैं। प्राचीन जैन ग्रन्थों में ऐसे ही उल्लेख आते हैं कि महिलाओं ने पुरुष वेश में बहुत हथियारों को, वीर कमान आदि को रखते हुए बहुत सक्रियता से युद्ध कर, कई बार विजय भी प्राप्त की।[282]

जैन महिला की विधिक स्थिति

जैन विधि के अन्तर्गत केवल पुरुष को ही अधिकार नहीं है वरन् महिला को अपने रख–रखाव और सम्पत्ति का भी अधिकार है। एक महिला को अपनी विशेष सम्पत्ति जो स्त्रीधन से सम्बोधित की जाती है, को रखने का अधिकार है। स्त्रीधन से तात्पर्य यह है कि यह वह सम्पत्ति है जिस पर महिला को सम्पूर्ण अधिकार का हक प्राप्त होता है। स्त्रीधन का किसी भी परिस्थिति में विभाजन नहीं हो सकता है, और स्त्रीधन को पति भी नहीं प्राप्त कर सकता है।

बेटी के तौर पर भी जैन महिला को सम्पत्ति का अधिकार प्राप्त है। अगर एक व्यक्ति की संतान केवल कन्या है और कोई पुत्र नहीं है तब वह अपने पिता की पूरी सम्पत्ति का पूर्ण अधिकारी होगी। जैन विधि के अनुसार पति की मृत्यु होने पर उसकी विधवा जिसके पुत्र नहीं हो, पति की सम्पत्ति की पूर्ण अधिकारिणी होती थी।

संदर्भ

1. भारतीय आचार संहिता– भाग दो, डी. सागरमल जैन, प्राकृत भारती अकादमी, जयपुर, पृ. 281, वर्ष 2010
2. आवश्यक निर्युक्ति, 191–193
3. त्रिषष्टिशलाकापुरुष चरित महाकाव्य – हेमचन्द्राचार्य द्वारा विरचित सं. मुनि चरकविजयजी, प्रकाशक– आत्मानन्द सभा भावनगर, सौराष्ट्र
4. जैन कम्यूनिटी ऐ सोसयल सर्वे विलास ए संगवे पापुलर पब्लिकेशन, मुम्बई, 2001, पृ. 9
5. सागर धर्मामृतम् – महापंडित आशाधर विरचित अनुवादिका पूज्य गणिनी आर्यिका 105 सु. श्री सुपार्श्वमती माताजी सम्पादक संघस्थ बाल ब्रह्मचारिणी डॉ. प्रमिला जैन अर्थसहयोग श्री मदनलाल चान्दुवाड़, 2007 (चतुर्थ संस्करण), द्वितीयोऽध्याय श्लोक 60, पृ. 112

6. सागारधर्मामृता– महापंडित आशाधर विरचित श्लोक 59
7. Westermarck "History of Human"
8. Social organisation - W.H.R. Rivers - London - 1932, p. 37
9. जैन कम्यूनिटी एक सर्वेक्षण – विलास आदिनाथ संगवे, पापुलर पब्लिकेशन, बम्बई, 1980, पृ. 138
10. आदिपुराण – आचार्य जिनसेन 38.135
11. आदिपुराण – आचार्य जिनसेन – पूर्ववत, 15, 61–64.
12. आदिपुराण में प्रतियोगिता भारत – नेमी चन्द्र शास्त्री
13. आदिपुराण – पूर्ववत पर्व 15, 61 से 64 तक
14. आदिपुराण में प्रतिपादित भारत – श्री नेमीचन्द शास्त्री – 1968 पृ. 160–161
15. आदिपुराण – जिनसेन – पूर्ववत 15/61–64
16. भारतीय आचार दर्शन – भाग दो – डॉ. सागरमल जैन, प्राकृत भारती अकादमी, जयपुर 2010, पृ. 282
17. वर्ण, जाति और धर्म, फूलचन्द – पृ. 149–150
18. जैन कम्यूनिटी – विलास एं. संभवे पूर्ववत, पृ. 139
19. मेरिज एण्ड फेमिली इन इन्डिया के. एम. कापड़िया – 1958
20. Tribes and Castes of Central Provinces of India, vol 1, pp. 225-226 Russel K.V.
21. पुत्रार्था हि स्त्रियः – अर्थशास्त्र 3/2/59/53
22. विवाह के क्षेत्र में प्रकाश Vivahkshetra Prakasa जे. के. मुख्तार – दिल्ली – 1925 पृ. 6
23. जैन कम्यूनिटी – विलास ए संगवे – पूर्ववत, पृ. 140.141
24. सम्यक्दर्शनज्ञानचारित्राणि मोक्ष मार्गः – सेक्रेड बुक्स ऑफ दी जैन्स, vol II ततवर्थधिगम सूत्र I, I
25. न धर्मो धार्मिकैविना – Sacred Books of Jains, Vol II
26. जैन कम्यूनिटि – विलास ए संगवे पूर्ववत, पृ. 141
27. जैन साहित्य में विवाह – के. पी. जैन (K.P. Jain)
28. Marrige in Jain literature - Indian Historical Quarterly

29. सागारधर्मामृतम – पंडित आशाधर –पूर्ववत Vol. IV, p. 151
30. नीतिवाक्यामृत – अध्याय 31 श्लोक 30, 31
31. जैन विवाह पद्धति– पंडित फतेलालजी, बम्बई, 1901, पृ. 2
32. जैन कम्यूनिटि – विलास ए संगवे – पूर्ववत, पृ. 141–142
33. मनुस्मृति 3/21 – Sacred Books of Jains, Vol II
34. त्रेवर्णिकाचार – ग्यारहवाँ अध्याय – श्लोक 70
35. त्रेवर्णिकाचार – ग्यारहवाँ उपाध्याय – श्लोक 71
36. नीतिवाक्यामृतम् – सोमदेवसूरिकृत – अनुवादक डॉ. सुधीर कुमार गुप्ता, प्राकृत भारती अकादमी, जयपुर 1987, अध्याय 31 श्लोक 4
(ख) नीति वाक्यमृत – श्रीमत्सोमदेव सूरि विरचित – अनुवादक पं. सुन्दरलाल शास्त्री प्रकाशक आचार्य ज्ञानसागर वार्ग्थ विमर्श केन्द्र ब्यावर (राज.) 1996
37. त्रेवर्णिकाचार – ग्यारहवाँ अध्याय – श्लोक 72
38. नीतिवाक्यामृत – पूर्ववत – अध्याय 31 श्लोक 5
39. दिर्गनिकाय 1/11 जातक I , 258
40. त्रैवर्णिकाचार – ग्यारहवाँ अध्याय – श्लोक 73
41. नीतिवाक्यामृत – पूर्ववत – अध्याय 31 श्लोक 6
42. आख्यानमणिकोश, रचनाकार आचार्य नेमिचन्द्रसूरि, वशतिकार – आचार्य आम्रदेवसूरि – सम्पादक – मुनि पुण्यविजयजी, प्राकृत ग्रन्थ परिषद, वाराणसी, 1962 आ. क्र. 4 गाथा, 34.85, 161
43. वासुदेवहिण्डी : भारतीय जीवन और संस्कृति की वश्हत्कथा, डॉ. श्री रंजनसूरिदेव, प्राकृत जैन शास्त्र और अहिंसा शोध संस्थान – वैशाली 1993, पृ. 310
44. त्रैवर्णिकार – ग्यारहवाँ अध्याय – श्लोक 74
45. Jain Community - Vilas A sangave - page 143
46. नीतिवाक्यमृत – पूर्ववत – अध्याय 31, श्लोक 7
47. त्रैवर्णिकाचार – ग्यारहवां अध्याय श्लोक 75, नीतिवाक्यामृत – पूर्ववत अध्याय 31 श्लोक 10
48. त्रैवर्णिकाचार – ग्यारहवां अध्याय श्लोक 76

49. नीतिवाक्यामृत – पूर्ववत – अध्याय 31 श्लोक 9

50. Lord Mahavira and his times - kailash chand Jain Delhi 1974, p. 254

51. त्रैवर्णिकाचार – ग्यारहवां अध्याय श्लोक 77

52. सोमदेवसूरिकृत नीतिवाक्यामृतम् – पूर्ववत – अध्याय 31, श्लोक 11

53. त्रैवर्णिकाचार – ग्यारहवां अध्याय श्लोक 78

54. नीतिवाक्यमृतम् – पूर्ववत – अध्याय 31, श्लोक 11

55. नीतिवाक्यमृतम् – पूर्ववत – अध्याय 31, श्लोक 8, 13

56. त्रैवणिकाचार – पूर्ववत – ग्यारहवां अध्याय श्लोक 70

57. (i) बौद्ध और जैन आगमों में नारी जीवन – डॉ. कोमल चन्द्र जैन प्रकाशक – सोहनलाल जैन प्रचारक समिति अमृतसर – वर्ष 1967 पृ. 49–50।

(ii) नायाधम्मकहामो – 1/5/58, 1/11/28 (iii) भगवतीसूत्र 11/11/16–17, 9/33/11

58. (i) नायाधम्मकहाओ 1/14/101। (ii) विवागसुयं – सम्पादक श्री पी एल वैद्य, पूना 1935। 1/9/177। (iii) बौद्ध और जैन आगमों में नारी जीवन – पूर्ववत पृ. 50–51

59. नायाधम्मकहाओ 1/8/79

60. बौद्ध और जैन आगमों में नारी जीवन – डॉ. कोमलचन्द्र जैन – पूर्ववत पृ. 51–52

61. सनातनीऽस्ति मार्गेऽयिंश्रुति स्मृतिभाषितः। विवाह विधि भेदेषु वरिष्टोहि स्वयंवर। आदिपुराण 44/32

62. बौद्ध एवं जैन आगमों में नारी जीवन – पूर्ववत पृ. 56

63. उत्तराध्ययन – निर्युक्ति, भद्रबाहुचूर्णि –जिनदासगणी रतलाम, 1932

64. थेरीगाथा – 15/1/446 – बौद्ध और जेन आगमों में नारी जीवन – पूर्ववत – पृ. 57

65. नायाधम्मकहाओ 1/18/141 – सं. एन. वी. वैद्य, पूना, 1940

66. आचार दिनकर – लेखक वर्धमान सूरी – प्रकाशक श्री खरतारा (kharatara) गच्छ ग्रन्थमाला समिति, द्वितीय भाग, बम्बई 1932

67. जैन विधि – सी. आर. जैन, मद्रास 1926

68. जैन कम्यूनिटी – विलास एव संगवे – पूर्ववत पृ. 144
69. त्रैवर्णिकार – ग्यारहवां अध्याय श्लोक 83, 83
70. आदिपुराण – आचार्य जिनसेन – 62/64, 67/221
71. आदिपुराण 7/169
72. आदिपुराण 43/91
73. आदिपुराण
74. पद्मपुराण 101/14–15, महापुराण 43/183
75. व्यायाम विद्यासु कृत प्रयोगों नीतौ कुती सर्वकलाविधिशः।
वश्द्धोपरोवा मिरति हितात्मा सबा सबुद्धिमान पौरुषवान्कुमारः।। परांगचारित्र
76. सागरधर्मामृत – पं. आशाधरजी 2/57
77. बौद्ध और जैन आगमों में नारी जीवन – डॉ. कोमलचन्द जैन – पूर्ववत – पृ. 33
78. (क) नायाधम्मकहाओ 1/1/20, 1/5/58 (ख) भगवतीसूत्र 4/33
79. समराइच्चकहा (पूर्वाध और उत्तरार्ध) सम्पादन डॉ. रमेशचन्द जैन भारतीय ज्ञानपीठ प्रकाशन 1944 आठवां भव पृ. 669–670
80. वसुदेवहिण्डी – भारतीय जीवन और संस्कृति की बश्हत्कथा, डॉ. श्रीरंजन सूरिदेव, प्राकृत – जैनशास्त्र और अहिंसा शोध संस्थान, वैशाली 1993 केतुमतीलम्भ पृ. 310
81. बौद्ध और जैन आगमों में नारी जीवन – पूर्ववत – पृ. 84
82. त्रैवणिकाचार – पूर्ववत – अध्याय ग्यारह श्लोक 4
83. जैन विवाह पद्धति बम्बई 1901, फतेलालजी पृ. 36
84. नीतिवाक्यामृत – आचार्य सोमदेवसूरि विरचित – अध्याय 31 श्लोक 14, 15
85. नायाधम्मकहाओ – पूर्ववत – 1/1/24
86. त्रैवर्णिकाचार – पूर्ववत – अध्याय ग्यारह – श्लोक 3
87. त्रैवर्णिकाचार – पूर्ववत – अध्याय ग्यारह – श्लोक 36
88. त्रैवर्णिकाचार – पूर्ववत – अध्याय ग्यारह – श्लोक 24
89. त्रैवर्णिकाचार – पूर्ववत – अध्याय ग्यारह – श्लोक 24

90. त्रैवर्णिकाचार – पूर्ववत – अध्याय ग्यारह – श्लोक 35
91. त्रैवर्णिकाचार – पूर्ववत – अध्याय ग्यारह – श्लोक 37
92. त्रैवर्णिकाचार – पूर्ववत – अध्याय ग्यारह – श्लोक 38
93. नीतिवाक्यामृतम – पूर्ववत – अध्याय 31 श्लोक 24
94. नीतिवाक्यामृतम – पूर्ववत – अध्याय 31 श्लोक 24
95. भारतीय आचार – दर्शन – भाग दो – डॉ. सागरमल जैन – प्राकृत भारती अकादमी, जयपुर – 2010, पृ. 282
96. (क) Marriage in Jain literature I.H.Q. Vol. IV p. 151 (ख) Jain Community - Vilas A sanghave - 1980 p. 146
97. रुपेण केवलेनेयं भूषिता यौवनेन च। वर प्राथयते बाला संश्रिता कालदेवताम्।। उत्तरपुराण 63/7
98. नीतिवाक्यामृतम – श्री सोमदेवसूरि – पूर्ववत – अध्याय 31 श्लोक
99. (क) धम्मपद – सम्पादक राहुल सांकृत्यान रंगून 1937 (ख) Lord Mahaveer and His times - K. C. Jain - Motilal Banarasidas Delhi - 1974 p. 258
100. (क) जातक (Jatak) Ed. V. Fausboll - London 1877-97 (ख) Lord Mahaveer and His times - p. 258
101. Lord Mahavira and his times - K.C. Jain - p. 258
102. पाचितिय – नालन्दा – देवनागरी – पालि ग्रन्थमाला, बिहार 1958 पृ. 441
103. संयुत निकाय – नालन्दा – देवनागरी – पालि – ग्रन्थमाला, बिहार 1958, 3/212
104. बौद्ध और जैन आगमों में नारी जीवन – पूर्ववत – पृ. 60 नायाधम्मकहाओ – सं. एन. बी. वैद्य, पूना 1940, 1/1/24 बौद्ध एवं जैन आगमों में नारी जीवन – पूर्ववत, पृ. 61
105. बौद्ध एवं जैन आगमों में नारी जीवन – पूर्ववत, डॉ. कमलचन्द जैन, पृ. 61
106. हरिवंशपुराण का सांस्कृतिक अध्ययन – डॉ. पी. सी. जैन – पूर्ववत पृ. 66
107. हरिवंशपुराण 29/40
108. हरिवंशपुराण 9/18
109. दयाश्रय 8/108

110. (क) जैन विवाह पद्धति – पंडित फतेहलालजी – पूर्ववत – पृ. 2 (ख) जैन विवाह पद्धति – जिनसेन स्वामी – श्लोक सं. 8, 9

111. जैन विवाह पद्धति, जिनसेन स्वामी विरचित, जेठ कृष्णपक्ष 3, वि. सं. 1833 श्लोक 10, 11

112. त्रैवर्णिकाचार – ग्यारहवां अध्याय – पूर्ववत – श्लोक 40

113. हरिवंशपुराण – आचार्य जिनसेन – पूर्ववत – अध्याय 9 श्लोक 18

114. (क) पिण्डनिर्युक्ति टीका 509 (ख) हरिवंशपुराण का सांस्कृतिक अध्ययन – डॉ. पी. सी. जैन – देवनगर प्रकाशन जयपुर, 1983, पृ. 66 (ग) श्री मज्जिसेनाचार्य प्रणीत हरिवंशपुराण – सम्पादक पं. पन्नालाल जैन भारतीय ज्ञान पीठ काशी – 1962 – अष्टाविश सर्ग : श्लोक 36 से 40

115. (क) Science of Society - Summer & Keller - Yale - 1927 (ख) Jain Community - Vilas A Sangave - opp Cit. p. 147

116. (क) Social Organisation - Rivers, W.H.R. - London - 1932 (ख) Jain Community - Vilas A Sangave - opp. Cit. p. 147

117. हरिवंशपुराण 31, 52

118. आदिपुराण 44, 32

119. विवाह क्षेत्र प्रकाश – जे. के. मुख्यतार – दिल्ली 1925 जैन कम्यूनिटी – विलास ए संगवे – पूर्ववत पृ. 148

120. जैन आगमों में दिगदर्शित प्राचीन भारत में जीवन – बम्बई 1947 पृ. 155–156 Jain Community - A Social Survey - Vilas A Sangave - opp Cit. p. 148

121. Marriage in Jain literature - K.P. Jain - Indian Historical Quarterly Vol. IV p. 148

122. विंवाहकक्षेत्रप्रकाश – जे. के. मुख्यतार – पूर्ववत पृ. 95–122

123. विजातीय विवाह मीमांसा – पी. डी. जैन – पूर्ववत – पृ. 164 से 166

124. (क) Mysore & Coorg from inscription - B.L. Rice - London - 1921 (ख) Jain Community - Vilas A Sangave - opp. Cit. p. 149

125. विवाहकक्षेत्रप्रकाश – जे. के. मुखतार – पूर्ववत – पृ. 22, 25, 122 और 135 Jain Community - Vilas A Sanghave - opp. Cit. p. 149

126. विवाह क्षेत्र प्रकाश – जे. के. मुख्यतार – पूर्ववत पृ. 66 Jain Community - Vilas A Sangave - opp. Cit. p. 150

127. बौद्ध और जैन आगमों में नारी जीवन – डॉ. कोमलचन्द जैन – पूर्ववत पृ. 58
नायाधम्मकहाओ – सं. एन. बी. वैध – पूर्ववत – 1/14/101
विवागसूयं – सं. पी. एल. वैध, पूना 1935, 1/9/173
अन्तगहुदसाओ – डॉ. पी. एल. वैध, पूना 1932, 3/8/49

128. आदिपुराण – जिनसेनाचार्य 16, 247

129. Selection from the Jain Law - Barristor Champat Rai Jain - Jain Vidya Samsthana Sri Mahaviraji Rajasthan - 2004 - p 55 to 94

130. Jain Community a Social Survey - Vilas A Sanghave ibid p 151
धर्मसंग्रह श्रावकाचार – मेधवी – पृ. 256

131. Jain Community - A Social Survey - ibid p 151
धर्मसंग्रह श्रावकाचार – पूर्ववत – पृ. 68

132. Jain Community - ibid p 151
धर्मसंग्रह श्रावकाचार – पूर्ववत – पृ. 81

133. Hutton, J.H. Caste in India, Cambridge, 1946

134. विजातीय विवाह मीमांसा – पी. डी. जैन – पूर्ववत पृ. 168 से 170

135. त्रैवर्णिकाचार – पूर्ववत – अध्याय 11 श्लोक 3

136. Caste in India - Hutton J.H. Cambridge 1946 p. 56

137. (क) Jain Community - Social Survey - Vilas A. Sangave opp. Cit. p. 151 (ख) Tribes & Caste of Bombay, Bombay 1920-22 - Vol. III p. 438

138. जैन श्वेताम्बर डाइरेक्ट्री – खण्ड 1 और 2 पृ. 92 और 290–291

139. जैन कम्यूनिटि – विलास ए संगवे – पूर्ववत पृ. 152 J. H. Vol VIII p. 290

140. (क) जैन श्वेताम्बर डाइरेक्ट्री – खण्ड 1 और 2 पृ. 92 और 290–291 (ख) जैन कम्यूनिटि – विलास ए संगवे – पूर्ववत पृ. 152

141. (क) श्री सौराष्ट्र वीसा श्रीमालीनाज्नाटिनो धरो पृ. 39 (ख) जैन कम्यूनिटि – विलास ए संगवे – पूर्ववत पृ. 152

142. जैन कम्यूनिटि – विलास ए संगवे – पूर्ववत पृ. 152
जैन हितेषी – भाग आठ पृ. 290

143. जैन श्वेताम्बर डाइरेक्ट्री – खण्ड 1 और 2 पृ. 92 और 290–291

144. (क) श्री सौराष्ट्र वीसा श्रीमालीनाज्ञातिनो धरो पृ. 39 (गुजराती भाषा में मुद्रित) बम्बई 1910 पृ. 39 (ख) जैन कम्यूनिटि – विलास ए संगवे – पूर्ववत पृ. 152

145. (क) जैन श्वेताम्बर निदेशिका खण्ड 1 और 2 पृ. 327 (ख) जैन कम्यूनिटि – विलास ए संगवे – पूर्ववत – पृ. 153

146. त्रैवर्णिकाचार – ग्यारहवां अध्याय – श्लोक 3

147. त्रैवर्णिकाचार – भट्टारक सोमसेन स्वामी – ग्यारहवां अध्याय – श्लोक 38

148. नीतिवाक्यामृतम – अध्याय – ग्यारह – श्लोक 20

149. Tribes & Castes of North Western Provinces and oudh of (H.E. H. Nizam's Dominions Hyderabad) - Hasan

150. Studies in Jain Gotras "Jain Antiquary. Vol. II p. 69

151. Jain Community - Vilas A Sangave - P. 153

152. Mysore Tribes and Castes - Iyer L.K.A. Mysore 1930 P. 403-405

153. Jain Hitaishi (Journal) Vol VIII P. 107-112

154. Tribes and Caste of North Western Provinces and oudh (H.E.H. Nizam's Dominions Hyderabad) - Hasan

155. Jain Hitaishi (Journal) Vol VIII P. 107-112

156. Studies in Jaina Gotras "Jain Antiquary Vol. II, P. 61-62 - Uppadhye, A.N.

157. विवाह – क्षेत्र प्रकाश – दिल्ली 1925 जे. के. मुख्तायर – पृ. 149

158. विवाह – क्षेत्र प्रकाश – जे. के. मुख्तायर – पूर्ववत – पृ. 82

159. विवाह – क्षेत्र प्रकाश – जे. के. मुख्तायर – पूर्ववत – पृ. 82

160. विवाह – क्षेत्र प्रकाश – जे. के. मुख्तायर – पूर्ववत – पृ. 84 और पृ. 154–155

161. त्रैवर्णिकाचार – पूर्ववत – ग्यारहवां अध्याय – श्लोक 37, 38

162. Law, B.C. - India as described in early Tests of Budhism and Jainism, London, 1941, P. 168

163. नीतिवाक्यामृतम् – सोमदेवसूरिकृत – पूर्ववत – अध्याय 31 श्लोक 29

164. (क) Rural Karnataka - M.N. Desair - Poona, 1945, P. 196 (ख) Life in Ancient India as depicted in Jain canons J.C. Jain, Bombay 1947 P. 160

165. विवाहक्षेत्र प्रकाश – जे. के. मुखतार – पूर्ववत पृ. 94–95

166. आदिपुराण – पूर्ववत – पंचदश पर्व – श्लोक 60 से 68

167. Life in ancient India - J.C. Jain : op. cit. pp. 159-160

168. Trishashthisalakapurushacharitam (by Acharya Hemchandra Translated in English by H.M. Johanson Gaikwad Oriental Series No. 17, Baroda 1931

169. Morals in evolution - L.T. Hobhouse, Vol. pp. 152-158

170. Science of Society - Summar & Keller, Vol. III P. 1624-1625

171. श्री जैन संस्कार विधि पृ. 87

172. Life in ancient India - J.C. Jain : opp. Cit. P. 161

173. जैन श्वेताम्बर डाइरेक्ट्री भाग 1 और 2 पूर्ववत पृ. 132

174. त्रैवर्णिकाचार – ग्यारहवां अध्याय – पूर्ववत– श्लोक 75

175. नीतिवाक्यामृतम् – पूर्ववत – श्लोक 10

176. Summer & Keller : Op Cit. Vol. III P. 1658

177. Jain J.C. : op. Cit. P. 157

178. हरिवंशपुराण – पूर्ववत – अध्याय 31 श्लोक 53

179. आदिपुराण – पूर्ववत – अध्याय 44 श्लोक 32

180. Marriage in Jain literature - K.P. Jain, Indian Historical Quarterly, Vol. IV P. 151

181. श्री जैन संस्कार विधि – पूर्ववत – (1907) पृ. 89 से 97 – बम्बई से प्रकाशित

182. जैन संस्कार – प्रकाशक अखिल भारतीय तेरापंथ युवक परिषद, युवालोक लाडनूँ – चतुर्दश संस्करण, 1999 पृ. 34 से 82

183. जैन विवाह पद्धति – पं. फतेहलालजी – पूर्ववत – पृ. 3 से 18
184. त्रैवर्णिकाचार – पूर्ववत – अध्याय 11 श्लोक 41
185. त्रैवर्णिकाचार – पूर्ववत – श्लोक 105
186. जैन विवाह पद्धति – पं. फतेहलालजी – पूर्ववत – पृ. 31
187. त्रैवर्णिकाचार – पूर्ववत – अध्याय 11 श्लोक 174
188. जैन विवाह पद्धति और लोकाचार – बी.टी. काला – नन्दनगाँव 1940
189. Jain Culture - C.R. Jain Bijnor - P. 23
190. Hindu Social Institutions - Valvakar P.H. op. Cit. P. 172-173
191. आदिपुराण – आचार्य जिनसेन – 38 / 135
192. वरांग चरित 2 / 64–65.68
193. वरांग चरित 2 / 69; 19 / 18
194. वरांग चरित 21
195. (क) वरांग चरित 2 / 72 (ख) वरांग चरित सर्ग 2 तथा 19 (ग) वरांग चरित 19 / 20 (घ) वरांग चरित 2 / 64 और 19 / 8 (ङ) वरांग चरित 19 / 20
196. (क) पद्मानन्द महाकाव्य 9 / 26–35 (ख) पद्मानन्द महाकाव्य 9 / 66 (ग) पद्मानन्द महाकाव्य 7 / 90 (घ) पद्मानन्द महाकाव्य 9 / 71 (ङ) पद्मानन्द महाकाव्य 9 / 73, 9 / 77 (च) पद्मानन्द महाकाव्य 9 / 78 (छ) पद्मानन्द महाकाव्य 9 / 79 (ज) पद्मानन्द महाकाव्य 9 / 80, 82 (झ) पद्मानन्द महाकाव्य 9 / 86, 94 (न) पद्मानन्द महाकाव्य 9 / 95
197. (क) सनत्कुमार चरित 15 / 52 (ख) सनत्कुमार चरित 15 / 37–39 (ग) सनत्कुमार चरित 15 / 4 (घ) सनत्कुमार चरित 16 / 4 (ङ) सनत्कुमार चरित 16 / 15 (च) सनत्कुमार चरित 16 / 16 (छ) सनत्कुमार चरित 16 / 17–19
198. (क) प्रद्युम्न चरित 10 / 77 (ख) प्रद्युम्न चरित 3 / 64 (ग) प्रद्युम्न चरित 3 / 65
199. (क) द्रयाश्रय महाकाव्य 19 / 56 (ख) द्रयाश्रय महाकाव्य 81 / 108 (ग) द्रयाश्रय महाकाव्य 19 / 58 (घ) द्रयाश्रय महाकाव्य 19 / 63 (ङ) द्रयाश्रय महाकाव्य 19 / 71

200. (क) शान्तिनाथ चरित 4/115 का 18 (ख) शान्तिनाथ चरित 4/119 का 20
201. वही – 24/9
202. वही – 44/3 से 17
203. वही – 44/20 से 25
204. वही – 44/26 से 32
205. वही – 44/33 से 36
206. पोरवाड़ा वानिकोने इतिहास (गुजराती भाषा में), बम्बई, 1922 पृ. 42
207. जैन ला – सी. आर. जैन, मद्रास 1926 पृ. 45
208. त्रैवर्णिकाचार – ग्यारहवाँ अध्याय – श्लोक 199
209. Hindu Social Institution - P.H. Valvakar, P. 193
210. Hindu Social Institution - P.H. Valvakar, P. 193
211. HIndu Kinship - K.M. Kaparia, Bombay, 1947 P. 92
212. The position of woman in Hindu Civilisation, Banaras 1938, P. 169
213. हरिवंशपुराण का सांस्कृतिक अध्ययन – डॉ. पी. सी. जैन – पृ. 72
214. हिन्दू सोशियल इन्स्टीटयूशन – पी. एच. वालवलकर – पृ. 172–173
215. जैन संस्कार विधि – बम्बई 1907 पृ. 110–111
216. आदिपुराण – पूर्ववत अध्याय 38, 131 से 133
217. जैन संस्कार – पूर्ववत – पृ. 34 नियम 5
218. जैन विवाह पद्धति – पंडित फतेलाल जी, बम्बई, 1901, पृ. 3
219. दी पॉजिशन ऑफ विमेन इन हिन्दू सिविलाईजेशन, ए. एस. अल्टेकर – बनारस 1938 पृ. 99
220. भारतीय आचार दर्शन – भाग दो – डॉ. सागरमल जैन प्रकाशक – प्राकृत भारती अकादमी, जयपुर, वर्ष 2010, पृ. 282
221. दीघनिकाय (तीन भाग) – नालन्दा – देवनागरी पाली ग्रन्थमाला, बिहार 1959, 1/12 (बौद्ध ग्रन्थ)
222. सुमन्तपासदिका (रोमन लिपि) – पाली टेक्सट सोसाइटी, लन्दन, 1/96

223. थेरीगाथा (खुद्दकनिकाय, भाग 2) नालन्दा – देवनागरी – पालि – ग्रन्थमाला, बिहार 1959, 15/1/421 से 423

224. नायाधम्मकहाओ – सं – एन. वी. वैद्य, पूना, 1940, 1/16/116 (जैन ग्रन्थ)

225. बौद्ध और जैन आगमों में नारी जीवन – डॉ. कोमलचन्द्र जैन – सोहन लाल जैन धर्म प्रचारक समिति अमृतसर – 1967 – 68

226. थेरीगाथा – पूर्ववत – 15/1/339

227. नायाधम्मकहाओ – पूर्ववत – 1/16/120

228. Majjhima Nikaya - Ed. by V. Trenckner and R chalmers PTS, London 1888-1902 Eng. Trans (Further Dialogues of the Buddha by Ford Chalners, 2, Vol. SBE London, 1926-27

229. Jataka - Ed. V. Tausboll, 7, Vol. London, 1877-97 - No. 531 (कुरा जातक)

230. Lord Mahavira and His Times Kailash Chand Jain, Motilal Banarsidass, Delhi - 1974 - P. 260

231. Science of Society - Summer & Keller - Vol, Yale, 1927, Vol. III P. 1839

232. दी पॉजिशन ऑफ विमेन इन हिन्दू सिविलाइजेशन – पूर्ववत – पृ. 99

233. The Caste and Tribes of H.E.S. Nizams Dominions, Hyderabad, ibid - 256-272

234. हरिवंशपुराण का सांस्कृतिक अध्ययन, डॉ. पी. सी. जैन – देवनागर प्रकाशन जयपुर – 1983, पृ. 72

235. नारद स्मृति, 12/97

236. दीघनिकाय 2/185

237. बौद्ध और जैन आगमों में नारी जीवन – डॉ. कोमलचन्द जैन – पूर्ववत – पृ. 65, 66

238. Life in ancient - India - J.C. Jain - ibid P. 162

239. Hindu Social Institution - P.H. Valvakar - ibid - P. 190

240. Position of woman in Hindu Civilization - A.S. Altekar - ibid. P. 183

241. Marriage in Jain Literature - K.P. Jain ibid. P. 152

242. Jain Law - C. R. Jain, Madras, 1926, P. 43

243. जैन जगत रजत जयन्ती बम्बई, 1978, खण्ड 8, सं. 14 पृ. 1

244. जैन संस्कार – पूर्ववत – पृ. 34 नियम 5

245. पोरवाड़ वणिकों ने इतिहास (गुजराती भाषा में) बम्बई 1922 पृ. 42

246. Tribes & Castes of Central Provinces of India R.V. Russel, London, 1916 Vol. II, P. 123

247. Jain Community - Vilas A Sangave - ibid - P. 166

248. जैन जगत रजत जयन्ती बम्बई, 1978, खण्ड 8

249. Asiatic Researches (Journal) Vol. IX P. 251

250. भारतीय आचार दर्शन – भाग दो – डॉ. सागरमल जैन, प्राकृत भारती अकादमी, जयपुर – 1910, पृ. 282

251. राजस्थान पत्रिका जयपुर दिनांक 23 अप्रेल 2014

252. Life in ancient India - J.C. Jain - ibid P. 152

253. History of Indian literature, Calcutta 1933, खण्ड 2 पृ. 575

254. लाइफ इन एनसिएन्ट इन्डिया – जे. सी. जैन – पूर्ववत पृ. 154 (अंगेजी में)

255. यशस्तिलिक एन्ड इन्डियन कल्चर – इन्डिक्यूइ – पूर्ववत – पृ. 106

256. नीतिवाक्यामृतम – सोमदेवसूरी – पूर्ववत – श्लोक 10, 27 पृ. 193, 196

257. जैन सिस्टम ऑफ एजूकेशन – कलकत्ता, 1942, दासगुप्ता पृ. 43

258. बिहार थ्रो एजेज – सम्पादक आर. आर. दिवाकर, कलकत्ता 1959 पृ. 127

259. सेक्रेड बुक्स ऑफ इस्ट – एच. जेकोबी – XXII कल्पसूत्र

260. Life in ancient India as depicted in Jain London, Bombay, 1947 P. 163

261. जैन शोध और समीक्षा – प्रेमसुमन जैन, जयपुर 1970 पृ. 96

262. Life in ancient India as depicted in Jain Canons, Bombay, 1947 P. 163

अध्याय - षष्ठम

जैन विधि में संरक्षकता

संरक्षकता का अर्थ

संरक्षकता मूल रूप में सभी प्राचीन व्यवस्थाओं में पैतृक शक्तियों का विस्तरण है। आधुनिक विधि में संरक्षकता के पीछे रक्षा की भावना रही है।[1] एक अवयस्क को शारीरिक और मानसिक तौर पर अपूर्ण और अपरिपक्व माना जाता है। इसलिए उसकी किसी व्यक्ति द्वारा रक्षा की आवश्यकता है। अधिकांश देशों में आधुनिक कानून में एक अवयस्क के लिए कई तरह से रक्षा के प्रावधान रखे जाते हैं। ऐसे ही प्रावधान हिन्दू अवयस्कता और संरक्षता अधिनियम 1956 की धारा 4(बी) में भी हैं। उसमें अवयस्क और उसकी सम्पत्ति अथवा दोनों की रक्षा के तत्व विद्यमान है।

जैन विधि में प्राकृतिक संरक्षकता

जैन विधि में पिता को प्राकृतिक रूप से अपने बच्चों का संरक्षक माना गया है और पिता की मृत्यु के पश्चात सबसे बड़े भाई को ही संरक्षकता का दायित्व मिलता है। अविवाहित बहिन या बहिनें हों तब उनकी संरक्षता और विवाह आदि की जिम्मेवारी है। अर्हन्नीति और भद्रबाहु संहिता के अनुसार ज्येष्ठ पुत्र पिता का सब धन स्वाधीन करे और शेष भाई पिता समान समझकर उसकी आज्ञानुकूल चलते रहें।[2] बड़े पुत्र की सारी जिम्मेवारी पिता की भाँति ही रहेगी। बड़े पुत्र को पिता की तरह संयुक्त परिवार के सभी सदस्यों की संरक्षकता करनी होती है।

पिता का सम्पूर्ण धन ज्येष्ठ (बड़ा) पुत्र ही ग्रहण करता है, शेष छोटे पुत्र उस अपने बड़े भाई को पिता के समान मान उसकी आज्ञा में रहते हैं। ज्येष्ठ भाई को चाहिए कि अपने अविभक्त अर्थात् एकत्र रहने वाले भाइयों

का पिता के समान पालन करे और उन भाइयों को भी चाहिए कि ज्येष्ठ भाई को सदैव पिता के समान माने।[3] अलग रहते हों अथवा शामिल रहते हों, छोटे भाइयों को बड़े भाई को पिता के तुल्य मानकर उसकी सेवा करनी चाहिए और बडा भाई उनको पुत्र समझकर उनका पालन करे।[4]

अगर संयुक्त परिवार के विभाजन के पश्चात् एक भाई का जन्म होता है तब बड़े भाई द्वारा उसके विवाह की व्यवस्था भी करनी होगी। अगर विभाजन के पश्चात् पुत्र का जन्म होता है तब उसका अधिकार केवल अपने पिता की सम्पत्ति पर होगा। यदि वह बहुत ही अधिक छोटा है तब उसके विवाह का दायित्व सभी भाइयों पर होगा।[5]

पिता के नहीं होने पर अवयस्क बहिन के विवाह की सारी व्यवस्था और व्यय का भार उसके बड़े भाइयों पर होगा। अगर भाइयों के कई अवयस्क बहिनें हैं तब उनके विवाह हेतु प्रत्येक भाई की सम्पत्ति का चतुर्थ भाग एकत्रित होगा और बहनो का विवाह उस संग्रहित राशि में से होगा। यदि स्वर्गीय पिता के अवयस्क पुत्र पुत्रियों के विवाह व अन्य समारोह की व्यवस्था पिता की सम्पत्ति से नहीं हो सकती है तब ये आयोजित करने का दायित्व उसके भाइयों का होगा। भाइयों और बहिनों को सम्पत्ति का बराबर हिस्सा करना चाहिए। बड़े भाई को छोटे भाई और बहिनों की संरक्षता और रक्षा करनी होगी।[6]

अगर किसी विवाहित पुत्री, कन्या की सुरक्षा व्यवस्था के लिये कोई भी अन्य व्यक्ति नहीं हो तब उसके पिता के परिवार में से कोई व्यक्ति उसकी संरक्षकता का दायित्व निभायेगा। इसका अर्थ यह है कि यदि किसी विवाहित पुत्री के पति के कुटुम्ब में उसकी रक्षा और उसकी सम्पत्ति की देखभाल करने वाला कोई न हो तो उसके पिता के कुटुम्ब का कोई व्यक्ति उसका संरक्षक होगा।[7] जो द्रव्य कन्या को खुद दिया हो या उसको उसकी ससुराल से मिला हो उसको कन्या के मैके वालों को नहीं लेना चाहिए। किन्तु उसका कोई रक्षक न रहे तब उस समय उस पुत्री की तथा उसके धन की रक्षा करे और मरने पर उस धन को धर्म–मार्ग में लगा देवे।

अगर माता जीवित है, छोटे बच्चे पुत्र–पुत्रियाँ उसके साथ रहते हों और वे उनके अन्य भाई बहिनों से अलग रहते हों अथवा उनके कोई नहीं है तब उस परिस्थिति में माता ही उन बच्चों के संरक्षक का दायित्व निभायेगी। अगर वैध पुत्र चाहे वे वैध रूप से हों अथवा दत्तक हों, वे अध्ययनरत हों, माता के प्रति समर्पित हों, शान्त हों, माता के प्रति निष्ठावान हों, परिवार के

संस्कारों के अनुसार कार्य करते रहते हों तो उन को सभी महत्त्वपूर्ण और विशेष कार्य माता की अनुमति से ही करने चाहिएं।

वे पुत्र कितने भी बुद्धिमान, योग्य हों, माता के प्रति कर्त्तव्यनिष्ठ हों, शान्तचित्त हों आत्मविश्वासी हों, मातृभक्त हों, सत्यवक्ता हों, अन्य सभी गुण सम्पन्न हों तब भी कुलागत व्यवहार के अतिरिक्त विशेष कार्य माता की आज्ञा बिना नहीं कर सकते हैं। इनको चाहिए कि अपनी शक्त्यनुसार कुल के नियम के अनुकूल काम करें, परन्तु कोई कार्य माता की आज्ञा का उल्लंघन करके करने का अधिकार नहीं है।

हिंदू अवयस्कता और संरक्षकता अधिनियम

एक हिन्दू अवयस्क का प्राकृतिक–प्रकृत्या संरक्षक : धारा 6 हिन्दू अवयस्कता और संरक्षकता अधिनियम 1956 के अनुसार अव्यस्क का स्वयं का और उसकी सम्पत्ति का प्राकृतिक संरक्षक इस प्रकार है– (क) एक पुत्र या अविवाहित लड़की के प्राकृतिक संरक्षक पहले पिता और फिर माता होगी; पाँच वर्ष से छोटी वय के बच्चे की माता ही संरक्षक होगी। (ख) अधर्मज लड़के या अविवाहित लड़की की पहले माता होगी, माता के पश्चात् पिता होगा। (ग) विवाहित पुत्री का संरक्षक उसका पति होगा। कोई भी व्यक्ति जो हिन्दू नहीं रहा हो, वानप्रस्थ या संन्यासी हो गया हो तब वह संरक्षक का अधिकार नहीं रखेगा।

अगर पिता अवयस्क की संरक्षकता जिम्मेदारी नहीं निभाता है, लापरवाह है अथवा प्राकृतिक संरक्षक होने से इंकार करता है, तब भी पिता ही प्राकृतिक संरक्षक रहेगा और माता उस परिस्थिति में जब तक पिता जीवित है, संरक्षक का दायित्व नहीं निभा पायेगी।[8,9]

जैन विधि में संरक्षता का क्रम

जो पुत्र पुत्रियाँ अव्यस्क, वय प्राप्त नहीं हैं उनकी संरक्षता के अधिकारी निम्नलिखित व्यक्ति इस क्रम में होंगे– (1) पिता; (2) पितामह; (3) भाई; (4) चाचा; (5) पिता का गोत्रज; (6) धर्मगुरु; (7) नाना; (8) मामा। विवाह के सम्बन्ध में इस प्रकार का क्रम है –– पिता, पितामह, भाई पितृव्य (चाचा), गोत्रज मनुष्य, माता का पिता और मामा, ये कन्या के क्रम में से बन्धु (वली) है।[10]

जैन विधि में वसीयती संरक्षक

जैन विधि में यह व्यवस्था है कि एक व्यक्ति को यह अधिकार है कि वह अपनी सम्पत्ति और विधवा की सुरक्षा हेतु वसीयती विधि से न्यासी को नियुक्ति दे। विशेष तौर पर यह प्रावधान ऐसे व्यक्ति के लिए है जो मरणासन्न हो चाहे, उसका पुत्र हो या नहीं हो पर पत्नी हो, अपनी सम्पत्ति की सुरक्षा हेतु एक व्यवस्थापक अर्थात् ट्रस्टी, जो अच्छे वंश, खानदान से हो, आर्थिक दृष्टि से सम्पन्न हो, की लिखित में नियुक्ति करे जिस पर न्यूनतम दो साक्षियों के गवाह के रूप में हस्ताक्षर हों और जो राज्याज्ञा के पश्चात् मान्य होगी। ऐसा नियुक्ति पत्र साक्षियों द्वारा पंचों या सरकार से पंजीकृत कराना चाहिए।

संतान रहित अकेला पुरुष व्याधि आदि रोग से दुःखित होकर स्त्री के मोहवश (अर्थात् उसके इन्तजाम के लिए) यदि अपने धन के प्रबन्धार्थ किसी व्यक्ति को प्रबन्धकर्ता बनाना चाहे तो लिखित लेख द्वारा गवाहों के समक्ष ऐसे प्राणी को नियुक्त कर सकता है जो लिखने वाले की स्त्री का आज्ञा पालने वाला है, जो जाति और कुल की अपेक्षा उच्च है जो धनवान है और सबको मान्य है। यदि किसी व्यक्ति ने पुत्र गोद लिया है और उसकी अपनी जिन्दगी का भरोसा नहीं हो तो उसको चाहिए कि अपने खानदान की रक्षा की गरज से लेख द्वारा किसी व्यक्ति को अपनी जायदाद का प्रबन्धकर्ता नियत कर दे। बिरादरी के लोगों और राजा के समक्ष लेख लिख देने के पश्चात् अपनी जायदाद की आमदनी उसके सुपुर्द कर दे।[11]

यदि सिपुर्ददार सम्पत्ति के स्वामी की मृत्यु के पश्चात् विश्वासघाती हो जाये तब विधवा को अधिकार होगा कि अदालत द्वारा उसे पृथक करा दे और उसके स्थान पर अन्य व्यक्ति को नियुक्त करा दे। यदि सम्पत्ति के स्वामी की मृत्यु के पश्चात् वह रक्षक प्रबन्धक संरक्षक विधवा के हितों के प्रतिकूल व्यवहार करे, सम्पत्ति को हड़पने का प्रयत्न करे, सम्पत्ति की आय को अपने निजी कार्य में उपयोग ले, हर प्रकार से उसका व्यवहार सम्पत्ति और सम्पत्ति की आय को क्षति पहुँचाने का हो तब विधवा को यह हक प्राप्त है कि वह उस लेख के अनुसार सम्पत्ति का वंश, परिवार और सम्पत्ति और आय का अपने और परिवार के हित में अनुकूल उचित प्रबन्ध करे और अपने प्रयत्न से उसकी रक्षा करे। मृत व्यक्ति की विधवा अपने द्रव्य, सम्पत्ति, जायदाद के अधिकारी को कोमल वचनों से युक्तिपूर्ण और व्यावहारिक दृष्टि

से अच्छी तरह से समझाने का प्रयत्न करे। यदि वह इससे नहीं माने तो राजा, मंत्री, राज्याधिकारियों के प्रभाव से रक्षक, संरक्षक सिपुर्ददार को अच्छी तरह से समझाने का पूर्ण प्रयत्न करे तब अंतिम तौर पर मन्त्री की आज्ञा लेकर चाहे सिपुर्दगार, संरक्षक पुराना हो अथवा नया हो, उसे घर से निकाल दे।

सम्पत्ति के मालिक के देहावसान के पश्चात् यदि संरक्षक, प्रबन्धक उसके द्रव्य, सम्पत्ति को खुर्दबुर्द करने की कार्यवाही करें अथवा उसको नष्ट, समाप्त कर दें अथवा स्वामी की विधवा के हित के प्रतिकूल हो जाये तब उस बेवा को चाहिए कि तत्काल राजा की आज्ञा लेकर ऐसे कृतघ्न पुरुष को अधिकार विहीन कर दें अथवा उसे निकाल दें, उसके स्थान पर दूसरे मनुष्य से कुलरीत्यानुसार काम लेवे।[12]

अपने पति के समान कुलीन स्त्री को अपने द्रव्य का यत्नपूर्वक पूर्णबुद्धिमता से रक्षण करना चाहिए और कुलपरम्परा, कुलक्रम, वंश की मर्यादा के अनुसार अपने व्यवहार को भी दूसरे योग्य पुरुषों द्वारा चलाना चाहिए। इसी प्रकार से उसे चाहिए कि सर्वथा कुटुम्ब का निर्वाह करे जिससे लोक में कीर्ति और धन की वृद्धि हो।[13]

प्रबन्धक का कर्त्तव्य है कि वह सम्पत्ति की देखभाल सावधानी से करे जिससे सम्पत्ति सुरक्षित रहे और परिवार जनों का निर्वाह भलीभाँति हो सके। मृत पति की विधवा को द्रव्य सम्पत्ति को बड़े यत्नपूर्वक और सावधानी से रक्षा करना उचित है जिससे उस विधवा की चतुराई, निपुणता से परिवार के सब सदस्यों का भरण–पोषण और पालन हो सके।[14]

यदि विधवा ने प्रबन्ध–कार्य का दायित्व स्वयं अपने ऊपर ले लिया है तब उसको (नियुक्ति–पत्र या वसीयत के अनुसार) उस सम्पत्ति को दान करने, गिरवी रखने तथा विक्रय करने का आवश्यकतानुसार अधिकार होगा। औरस पुत्र हो अथवा विनयवान दत्तक पुत्र के होते हुए और पुत्र के अभाव में भी वह विधवा स्त्री आवश्यकता के समय पति के धन को दान कर सकती है या बेच सकती है।[15] यदि कोई औरस या दत्तक पुत्र हो तब उस विधवा के इस प्रकार सम्पत्ति को व्यय करने में बाधक नहीं हो सकता। (अर्हन्नीति – 52) विधवा को वे सब अधिकार हैं जो सिपुर्ददार के होते तथा उसको धार्मिक कार्यों अथवा व्यापार सम्बन्धी आवश्यकताओं में उस सम्पत्ति को दान कर देने, गिरवी रखने और बेचने का अधिकार प्राप्त है। धर्म–कार्य

और ज्ञाति–कार्यों के लिए विधवा स्त्री को अपने पति का धन व्यय करने, गिरवी रखने का और बेचने का अधिकार है।[16]

जैन विधि में न्यायालय द्वारा संरक्षक की नियुक्ति

उस मृत व्यक्ति की विधवा, पागल होने पर, असाधारण रूप से अस्वस्थ होने पर अथवा अन्य किसी कारण से अशक्त होने पर, अपने पति की सम्पत्ति को संभालने में असमर्थ हो तब उसकी सम्पत्ति को उसका देवर या पति का भतीजा या सगोत्री व्यक्ति और इन सबके नहीं होने पर निकटतम अच्छा पड़ौसी उस विधवा की सम्पत्ति के व्यवस्थापक का कार्य करेंगे। भारतीय पागलपन अधिनियिम, कोर्ट ऑफ वार्ड अधिनियम और अन्य सम्बन्धित अधिनियम ऐसे मामलों में लागू होंगे।

अपने पति के समकक्ष व्यवहार अपनाते हुए उसकी विधवा को शालीनतापूर्वक अपनी सम्पत्ति की पूर्ण सजगता, सतर्कता और सावधानी से रक्षा करनी चाहिए और आवश्यकतानुसार दूसरे रिश्तेदारों आदि की सहायता भी लेने में संकोच नहीं करना चाहिए। उस शालीन विधवा को सम्पत्ति की व्यवस्था इस तरह से करनी चाहिए कि अपने परिवार का निर्वाह हो सके जिससे उसकी समझदारी, योग्यता से पति, विधवा और परिवार की कीर्ति और धन में वृद्धि हो।[17] पति की जायदाद की व्यवस्था को उसकी विधवा को बड़ी योग्यता, दक्षता से प्रबन्ध करना चाहिए जिससे विधवा अपने परिवार का भलीभाँति निर्वाह कर सके।[18]

विधवा के चाहे तो स्वयं का पुत्र (औरस) हो अथवा शालीन, विनम्र और आज्ञाकारी दत्तक पुत्र हो अथवा किसी प्रकार का पुत्र ही नहीं हो तब भी उस विधवा इसके लिये पूर्ण स्वतंत्र है कि अपनी इच्छा से पति की सम्पत्ति में से दान कर सकती है अथवा विक्रय कर सकती है अथवा गिरवी रखने अथवा अन्य समाजोपयोगी कार्यों में लगा सकती है।[19]

संक्षेप में उस विधवा को निपुणतापूर्वक परिवार के पालन पोषण के अतिरिक्त सामाजिक, धार्मिक कार्यों और पारिवारिक कार्यों के लिए सम्पत्ति को विक्रय, गिरवी आदि रखने का पूर्ण अधिकार है।

अगर विधवा स्त्री भूत–प्रेत के प्रभाव के अन्तर्गत नासमझ हो, विक्षिप्त हो, जो असाधारण बीमारी से ग्रसित हो, मूकबधिर हो अंधी हो, जिसकी

बोली अस्पष्ट हो, जो मान के मद से उन्मत्त हो, जिसकी स्मरण शक्ति शून्य या बहुत ही कम हो गई हो और ऐसा कोई शारिरिक, मानसिक कारणों से सम्पत्ति जायदाद की रक्षा के लिए अक्षम हो चुकी हो, ऐसी विधवा स्त्री के धन की रक्षा की जिम्मेवारी क्रमपूर्वक उस विधवा के देवर, पति के भतीजे, सात पीढ़ी तक के वंशज और 14 पीढ़ी तक के वंशज और सजातीय बन्धुओं की उपरोक्त क्रमानुसार ही होगी।[20]

हिन्दू विधि और जैन विधि में माता की संरक्षकता का तुलनात्मक अध्ययन

माता–पिता की अवैध सन्तानों का माता को ही स्वाभाविक संरक्षता का दायित्व प्रदान किया गया है, चाहे पिता जीवित हों। जहाँ तक अवयस्क वैध सन्तानों की संरक्षता का प्रश्न है, वहाँ पिता को ही प्राकृतिक संरक्षता की जिम्मेवारी है, अगर पिता की मृत्यु हो चुकी हो अथवा वह शारिरिक या मानसिक रूप से संरक्षकता के दायित्व का निर्वहन करने में अक्षम हो तब धारा 6(ए) के अनुसार यही प्रावधान है कि लड़के या अविवाहित पुत्रियों की संरक्षकता प्राकृतिक रूप से पिता को ही मिलेगी, अपवादस्वरूप पांच वर्ष से कम आयु वाले अवयस्क की संरक्षकता का माता को ही दायित्व का निर्वहन करना होगा। इस प्रकार माता को पाँच वर्ष से कम आयु के बच्चे का संरक्षक बनाया गया है अगर जब तक ऐसे बच्चों के हित में अन्य प्रकार की स्थिति नहीं बनती है।[21]

इसका तात्पर्य यह नहीं है कि बच्चे की उम्र पाँच साल से अधिक हो जाने पर माता को बच्चे की संरक्षता नहीं रहेगी। जहाँ 15 वर्ष से अधिक का बच्चा माता के साथ रहना चाहता है, उस परिस्थिति में बच्चे का संरक्षक माता ही रहेगी।[22] जहाँ बच्चा दादा–दादी के पास रहता है तब भी यह निर्धारित किया गया कि वे संरक्षक नहीं हो सकते, इसलिये दादा–दादी विधवा माता की इच्छा के विरुद्ध बच्चे को अपने पास नहीं रख सकते क्योंकि माता ही प्राकृतिक संरक्षक है।[23]

एक बार अगर बच्चों को गोद दे दिया हो तब उसके प्राकृतिक माता–पिता संरक्षता नहीं कर सकेंगे और दत्तक माता–पिता ही संरक्षक होंगे। प्राकृतिक माता पिता तब ही संरक्षक रहेंगे, जब दत्तक माता–पिता ने ऐसा चाहा हो अथवा न्यायालय के आदेश से रह सकते हैं।[24]

प्राकृतिक संरक्षक की शक्तियाँ

धारा 8 हिन्दू अवयस्क और संरक्षक अधिनियम 1956 में प्राकृतिक संरक्षक के अधिकार बताये गये हैं। इस धारा में मुख्य तौर पर यही कहा गया है कि संरक्षक अवयस्क के लिए जो भी कार्यवाही करें, वह उसके हितों की रक्षा के उद्देश्य से की जानी चाहिए। धारा 8 (2) के अनुसार प्राकृतिक संरक्षक निम्नांकित कार्य अदालत की स्वीकृति के बिना नहीं करेंगे– (1) अवयस्क की अचल सम्पत्ति को गिरवी, विक्रय, बदला–बदली आदि कार्यवाही। (2) अवयस्क की अचल सम्पत्ति को पाँच वर्ष से अधिक अवधि के लिए किराये पर देने की कार्यवाही अवयस्क के व्यस्क होने तक एक वर्ष से कम समय हो तब एक वर्ष के किराये पर से अधिक किराये पर देना।

संरक्षक अचल सम्पत्ति के स्थानान्तरण के पश्चात् अदालत में स्थानान्तरण की इजाजत को जाने पर न्यायालय ने यह निर्णय दिया कि स्थानान्तरण के पश्चात् न्यायालय की स्वीकृति का प्रावधान नहीं है, अतः न्यायालय सम्पत्ति स्थानान्तरण की इजाजत नहीं देगा।[25]

वैसे प्राकृतिक संरक्षक को अवयस्क के बारे में निम्न अधिकार प्राप्त हैं– (1) अवयस्क की सिपुर्दगी का अधिकार। (2)बच्चे के धर्म का निश्चय करने का अधिकार। (3) बच्चे के शिक्षा का नियंत्रण का अधिकार। (4) अवयस्क के घूमने–फिरने पर नियंत्रण का अधिकार। (5) अवयस्क की गलती, भूल पर आलोचना, निन्दा करना, डाँटने का अधिकार।

इन सभी अधिकारों का सर्वोपरि उद्देश्य अवयस्क के हितों की रक्षा का है। जैन विधि के अनुसार पति की मृत्यु के पश्चात् उसकी विधवा परिवार की संरक्षक हो जाती है और उसकी मृत्यु के पश्चात् सबसे बड़ा लड़का संरक्षक का दायित्व का निर्वहन करेगा।

हिन्दू अवयस्क और संरक्षक अधिनियम 1956

हिन्दू अवयस्क और संरक्षक अधिनियम 1956 धारा 9 के अनुसार पिता–माता दोनों को वसीयती संरक्षक बनाने की शक्तियाँ प्रदान की गई हैं। इसी प्रकार हिन्दू अवयस्क और संरक्षण अधिनियम 1956 की धारा के अनुसार माता–पिता अवयस्क के संरक्षक बनने की योग्यता रखते हैं और सक्षम हैं, तब उन्हें वसीयती संरक्षक नियुक्त करने के अधिकार हैं। पिता ने अगर वसीयती संरक्षक नियुक्त कर रखा हो परन्तु माता पिता की मृत्यु के पश्चात् जीवित है,

तब पिता द्वारा वसीयती संरक्षक की निर्युक्त निरर्थक और प्रभावहीन हो जायेगी और पिता की मृत्यु के पश्चात् माता परिवार की प्राकृतिक संरक्षक बन जायेगी। अगर माता ने वसीयती संरक्षक नियुक्त किया हो तब वह प्रभावशील हो जायेगा और पिता द्वारा नियुक्त किया गया वसीयती संरक्षक प्रभावहीन हो जायेगा। अगर माता ने कोई वसीयती संरक्षक नियुक्त नहीं किया हो तब पिता द्वारा किया गया वसीयती संरक्षक प्रभावशील हो जायेगा।

हिन्दू अवयस्क और संरक्षक अधिनियम 1956 की धारा 9 (2) पिता के वसीयती संरक्षक नियुक्ति के अधिकार में कोई रुकावट नहीं है और पिता अपनी पत्नी अथवा बच्चों की माता को वसीयती संरक्षक अपनी वसीयत द्वारा कर सकता है।[26] जहाँ दादी ने माता को अव्यस्क का वसीयती संरक्षक नियुक्त उसको मिली सम्पत्ति की रक्षा के लिये किया हो और पिता जीवित हो तब माता को संरक्षक के अधिकार नहीं मिलेंगे क्योंकि दादी को वसीयती संरक्षक नियुक्त करने का अधिकार नहीं है।[27] धारा 9 हिन्दू अवयस्क और संरक्षक अधिनियम 1956 के अनुसार वसीयती संरक्षक की नियुक्ति इच्छा पत्र, वसीयत नामा द्वारा ही की जा सकती है।

वसीयती संरक्षक की स्वीकृति आवश्यक

वसीयती संरक्षक के लिये अपनी नियुक्ति की स्वीकृति आवश्यक है, स्वीकृति चाहे प्रत्यक्ष अभिव्यक्ति द्वारा अथवा परोक्ष अभिव्यक्ति द्वारा की जा सकती है। एक वसीयती संरक्षक अपनी नियुक्ति को अस्वीकार कर सकता है परन्तु एक बार अगर संरक्षक बनना स्वीकार कर लेता है तत्पश्चात् वह इसे अस्वीकृत नहीं कर सकता है अथवा त्यागपत्र नहीं दे सकता है क्योंकि इनके लिये अदालत की स्वीकृति परम आवश्यक है।

वसीयती संरक्षक की शक्तियाँ

वसीयत में दिये गये निर्देश और निषेध के अलावा धारा 9 (5) हिन्दू अवयस्क और संरक्षक अधिनियम 1956 वसीयती संरक्षक को प्राकृतिक संरक्षक की तरह अव्यस्क की सम्पत्ति और उसके व्यक्तिगत रूप से रक्षा करने के सब अधिकार हैं। वसीयती संरक्षण को अधिनियम के प्रावधान की भी पालना करनी चाहिए। एक वसीयती संरक्षक अदालत की स्वीकृति बिना अवयस्क की सम्पत्ति का विक्रय नहीं कर सकता है।[28]

सर्टिफिकेटेड (प्रमाण पत्रित) संरक्षक की शक्तियाँ

प्रमाणपत्रित संरक्षक की नियुक्ति अदालत द्वारा की जाती है और उसकी नियंत्रण व शक्तियाँ संरक्षक और प्रतिपाल्य अधिनियम (गार्जियन एण्ड वार्ड एक्ट) 1890 के अधीन होती हैं। अधिनियम की धारा 27 में सर्टिफिकेटेड संरक्षक की सम्पत्ति के बारे में शक्तियों और दायित्वों को बताया गया है। संरक्षक को अवयस्क की सम्पत्ति के बारे में वसूली, सुरक्षा और लाभ के सभी कार्य करने का अधिकार है, केवल उससे अपेक्षा की जाती है वह सामान्य मनुष्य की बुद्धि के अनुसार कार्य करेगा।

धारा 29 के अनुसार संरक्षक को सम्पत्ति के विक्रय, गिरवी, अदला–बदली या पांच साल से कम आयु होने तक एक वर्ष से अधिक किराये पर देने का अधिकार नहीं है, इन सबको न्यायालय की स्वीकृति के बाद ही किया जा सकता है। धारा 32 के अनुसार अदालत सम्पत्ति का किसी भी प्रकार से हस्तानान्तरण केवल अव्यस्क के लाभ और रक्षा हेतु होने पर ही इसकी स्वीकृति देगा। प्रमाणपत्रित संरक्षक की अदालत द्वारा नियुक्ति के समय, न्यायालय की शक्तियों का उपयोग और उन पर निषेध के निर्देश जारी करेगा। अगर न्यायालय किसी भी समय प्रमाणपत्रित संरक्षक के अधिकार और दायित्व के बारे में कोई परिवर्तन के आदेश देता है, तब संरक्षक को उन आदेशों का पालन करना होगा। धारा 33 के अनुसार संरक्षक स्वयं न्यायालय से उसकी शक्तियों और दायित्व के निर्देश, किसी विशेष बिन्दु पर न्यायालय द्वारा स्पष्टीकरण निर्देश और आदेश आदि की प्रार्थना कर सकता है। अगर न्यायालय प्रारंभ में या तत्पश्चात् कभी भी निर्देश देता है तब संरक्षक को उनकी पालना करनी होगी।

संरक्षक के अधिकार

संरक्षक को अव्यस्क की सम्पत्ति और उसकी आय के सम्बन्ध में सभी आवश्यक कदम उठाने होंगे। संरक्षक को सम्पत्ति के बारे में मध्यस्थता समझौता आदि के द्वारा अवयस्क के हितों की रक्षा करने का अधिकार है परन्तु इन सबमें न्यायालय की स्वीकृति की आवश्यकता रहेगी।

संरक्षक को अवयस्क की सम्पत्ति के बारे में जो भी आवश्यक व्यय करना पड़े तो उन सबको अवयस्क से वसूल करने का अधिकार है। सम्पत्ति की संरक्षकता समाप्त होने पर यदि कोई अग्रिम व्यय संरक्षक ने अपनी ओर

से किया हो तो अवयस्क से वाद द्वारा वसूल करने का अधिकार है। अगर न्यायालय किसी भी समय अवयस्क के हितों की रक्षा हेतु आवश्यकता समझे तो उस संरक्षक को कभी भी आदेश द्वारा हटा सकता है।[29]

संदर्भ

1. मॉडर्न हिन्दू विधि—पारस दीवान – सप्तम
2. ज्येष्ठ एव हि गृहणीयात पैष्यं धनमशेषतः।
   शेषास्तदनुसारित्वं भजेयुः पितरं यथा।। अर्हन्नीति – 24
   ज्येष्ठ एव हि गृहणीयात्पिष्यं धनमशेषतः।
   अन्ये तदनुसारित्वं भजेयुः पितरं यथा।। श्री भद्रबाहु संहिता – 5
3. वही, श्री भद्रबाहु संहिता – श्लोक 5
   ज्येष्ठोऽविभक्तभ्रातृन वै पितैव परिपालयेत्।
   तेऽपि तं भ्रातरं ज्येष्ठं जानीयुः पितृत्सदा।। श्री भद्रबाहु संहिता – 10
4. पितेव पालयेत्पुत्रा ज्येष्ठो भातृन तृयवीयसः।
   पुत्रवच्चापि वर्तेरज्ज्येष्ठे भ्रा भातृरि धर्मतः।। मनुस्मृति – अ. 9 श्लोक 8
   विभक्तान्नविभक्तान्चे भातृन् ज्येष्ठः पितेव सः।
   पालवेत्तेऽपि तज्जेष्ठ सेवन्ते पितरं यथा।। अर्हन्नीति – श्लोक 22
5. विभागोचर जातस्तु पैष्यमेव लभेद्धनम्।
   तदल्पं चेद्विवाह तु कारयन्ति सहोदराः।। श्री भद्रबाहु संहिता – श्लोक 109
6. भ्रातृणां यदि कन्या स्यादेका बाह्य सहोदरेः।
   स्वांशात्सवैस्तुरीयांशमेकी.त्य विवाह्यते।। श्री भद्रबाहु संहिता – श्लोक 19
   भाया भयणी देविय संभज्जा दायभाग दो सरिसा।
   भायरि सु पहाडेविय लहु भायर भायणी हु संरक्खा।। इन्द्रनन्दि जिन संहिता – श्लोक 28
   असंस्.ता येऽनुजास्तान संस्.ता भ्रातरः स्वयं।
   अवशिष्टं धन सर्वेविभजेयुः परस्परम्।। अर्हन्नीति – श्लोक 20
7. यच्च दत्तं स्वकन्यायै यज्जामातृकुलागतम्।
   तद्धनं नहीं गृह्णीयात् कोऽपि पितुकुलोद्भवः।।
   किन्तु त्राता न कोऽपि स्यात्तदा तातधनं तथा।
   रक्षेत्तस्या मृतौ तच्च धर्ममार्गे नियोजयेत्।। अर्हन्नीति – श्लोक 81, 82
8. सुन्दरा मूर्थी बनाम् शनमुगा नाउर, 1980 मद्रास 207

9. औरसो दत्तको वाऽपि कुर्यात्कर्म्म कुलागतम्।
विशेषं तु न कुर्याद्वै मातुराज्ञां बिना सुधीः।।
शक्तश्चैन्मातृभक्तोऽपि विनयी सत्यवाक्शमी।
सर्वस्वांतहरो मानी विद्याध्ययन तत्परः।। वर्द्धमान नीति – श्लोक 18, 19
आत्मजो दत्रिमादिश्च विद्याभ्यासैकतत्परः।
मातृभक्तियुतः शान्तः सत्यवक्ता जितेन्द्रिय।।
समर्थो व्यसनापेतः कुर्याद्रीतिं कुलागताम।
कर्तुं शक्तो विशेषं नो मातुराज्ञा विमुच्य वै।। अर्हन्नीति – श्लोक 83, 84

10. पिता पितामहो भ्राता पितृव्यो गोत्रिणो गुरुः।
मातामहो मातुलो वो कन्याया बान्धवाः क्रमात्।। त्रैवर्णिकाचार – नवम् परिच्छेद श्लोक 82

11. (i) योऽप्रजा व्याधिनिर्मग्नश्चैका की स्थ्यादिमोहित।
स्वकीय व्यवहारार्थं कल्पयेल्लेखपूर्वकम्।।16।।
अधिकारिणमन्यं वै ससाक्षिं स्त्रीमनोनुगम्।
कुल द्वयविशुद्धं च धनिनं सर्वसम्मतम्।।17।।
गृहीतदत्तकः स्वीयं जीवितप्राप्तसंशयः।
परो वा .तसल्लेखं दत्वा स्वगृहसाधने।।
आपौगंडदशं बन्धुभूपाधि.तिसाक्षिकम्।
स्वयं नियोजयेत्सद्यः प्रायाद्भूयः परासुतां।। वर्द्धमान नीति – श्लोक 16, 17, 20 और 21
(ii) जीवनाशाविनिर्मुक्त पुत्रयुक्तोऽथवा परः।
सपत्नीकः स्वरक्षार्थमधिकारपदे नरम्।।
दत्वा लेखं सनामांक् राजाज्ञासाक्षिसंयुतम्।
कुलीन धनिनं मान्यं स्थापयैत् स्त्रीमनोऽनुगम्।।
प्राप्याधिकारं पुरुषः परासौ गृहनायके।
स्वामिना स्थापितं द्रव्यं भक्षयेद्वा विनाशयेत्।। अर्हन्नीति – श्लोक 46, 47, 48

12. मृतवध्वाधिकारीशो बोधितव्यो मृदुक्तितः।
न मन्येत पुरा भूपामात्यादिभ्यः प्रबोधयेत्।।
भूयोऽपि तादृशः स्याच्चेदमात्याज्ञानुसारतः।
पुरातनो नूतनो वा निष्कास्यो गृहतः स्फुटम।। भद्रबाहु संहिता – श्लोक 71, 72

प्राप्ताधिकारः पुरुषः प्रतिकूले भवेद्यदि।
मृतपत्नी तदादाय लेखभृर्तुं.तुं ततः।।
स्वयंकुलागतं चान्यनरैः रीतिं प्रचालयेत्।
प्रतिस्थापित सर्वस्वं रक्षणीयं प्रयत्नतः।। वर्द्धमान नीति – श्लोक 22, 23
प्राप्याधिकारं पुरुषः परासौ गृहनायके।
स्वामिना स्थापितं द्रव्यं भक्षयेद्वा विनाशयेत्।।
भवेच्चेत्प्रतिकूलश्च मृतवध्वाः कथंचन।
तदा सा विधवा सद्यः .तघ्नं त मदाकुलम्।।
भूपाज्ञापूर्वकं .त्वा स्वाधिकारपदच्युतम।
नरैरन्यैः स्वविश्वस्तैः कुलरीतिं प्रचालयेत।। अर्हन्नीति – श्लोक 48, 49, 50

13. रक्षणीयं प्रयत्नेन भर्त्रिव स्वं कुलस्त्रिया।
कार्यतेऽन्यजनै र्योग्येव्यवहारः कुलागतः।।
कुर्यात् कुटुम्बनिर्वाहं तन्मिषेण च सर्वथा।
येन लोकेप्रशंसा स्याद्धनवृद्धिश्च जायते।। श्री भद्रबाहु संहिता – श्लोक 73, 74, (पपप) वर्द्धमान नीति – श्लोक 22, 23

14. तद्द्रव्यमतियत्नेन रक्षणीयं तया सदा।
कुटुम्बस्य च निर्वाहस्तन्मिषेण भवेद्यथा।। अर्हन्नीति – 51

15. सत्यौरसे तथा दत्ते सुविनीतेऽथवासति।
कार्ये सावश्यके प्राप्ते कुर्याद्दानं च विक्रयम्।। अर्हन्नीति – 52

16. तन्मिषेणैव निर्वाहं कुर्यात्सा स्वजनस्य हि।
कुर्याद्धर्मज्ञाति.त्ये स्वतूनामधिविक्रये।। श्री वर्द्धमान नीति – श्लोक 24

17. रक्षणीयं प्रयत्नेन भर्त्रिवं स्व कुलस्त्रिया।
कार्यतेऽन्यजनैर्योग्यैर्व्यवहारः कुलागतः।।
कुर्यात् कुटुम्बनिर्वाहं तन्मिषेण च सर्वथा।
येन लोके प्रशंसा स्याद्धनवृद्धिश्च जायते।। श्री भद्रबाहु संहिता – श्लोक 73, 74

18. तद्द्रव्यमतियत्नेन रक्षणीयं तया सदा।
कुटुम्बस्य च निर्वाहस्तन्मिषेण भवेद्यथा।। अर्हन्नीति – श्लोक 51

19. सत्यौरसे तथा दत्ते सुविनीतेऽथवासति।
कार्ये सावश्यके प्राप्ते कुर्याद्दानं च विक्रयम्।। अर्हन्नीति – श्लोक 52

तन्मिषेणैव निर्वाहं कुर्यात्सा स्वजनस्य हि।
कुर्याद्धर्भज्ञाति.त्ये स्वतूनामाधिविक्रये।। वर्द्धमान नीति – श्लोक 24

20. भूत वेशादिविक्षिप्तात्युप्रव्याधिसमन्विता।
वातादिदूषितांगा च मूकांधाऽस्पष्टभाषिणी।।
मदान्धा स्मृतिहीना च धनं स्वीयं कुटुम्बकम्।
त्रातुं नहि समर्था या सा पोष्या ज्येष्ठ देवरैः।।
भातृजैश्च सर्पिडैश्च बन्धभिर्गोत्रजैस्तथा।
ज्ञातिजे रक्षणीयं तद्धनं चातिप्रयत्नतः।। अर्हन्नीति – श्लोक 78, 79, 80

21. शान्थाकुमारी ब. नटराजन ए. आई. आर. (1973) 2 एम. एल. जे. 286
(1) जीजा भाई बनाम पठानखान 1971 (एस. सी.) 315
(2) रंगानाथा बनाम कुप्पुस्वामी (1977) (2) एम. एल. जे. 128
(3) मोहिनी बनाम वीरान्द्रा 1977 (एस. सी.) 1359

22. अशोक कुमार बनाम वीणा (1988)। एच. एल. आर. 229 (इलाहाबाद)

23. विनायक बनाम् प्रेमप्रकाश 1981 इला. डब्ल्यू. सी. 457

24. कुमारसु माणिक्यलाल रॉव बनाम् कुमारसु नागभूषणम् ए. आई. आर. 2001 आन्ध्रप्रदेश 531 (जी.)

25. शिवमूर्थि बनाम् विजय सिंह 1972 बम्बई 152

26. शोभा बनाम् जानकी (1988)। एच. एल. आर. 462 (म. प्र.)

27. सुन्दरामूर्थि बनाम् शन्भुगन्दर 1980 मद्रास 207

28. दुरैयास्वामी बनाम् बालासुब्रमानियम ए. आई. आर. 1977 (म. प्र.) 24

29. सखाराम बनाम् देवराय (1974) 76 बम्बई एल. आर. 267

अध्याय - सप्तम

संयुक्त परिवार और सहदायिकी (Coparcenary) सम्पत्ति की विभाजन विधि और सहदायिकी सम्पत्ति की व्यवस्था

संयुक्त परिवार

संयुक्त परिवार व्यवस्था प्राचीनकाल और मध्यकाल में भारतवर्ष में बहुप्रचलित व्यवस्था थी। हजारों वर्ष तक संयुक्त परिवार व्यवस्था सुदृढ़ रूप से भारत में चलती रही। अभी के कुछ दशकों से धीरे–धीरे इस संयुक्त परिवार व्यवस्था में ह्रास होता जा रहा है और उसके स्थान पर पृथक (व्यक्ति केन्द्रित) परिवार की व्यवस्था आ रही है। पृथक परिवार व्यवस्था संकीर्ण सोच के व्यक्ति द्वारा अपने केन्द्रित परिवार की आजादी, निरंकुशता और थोड़े से आर्थिक हित के लिए अपनाई जाती है।

किन्तु आज भी ऐसे संयुक्त परिवार विद्यमान हैं जिनके सदस्य दो तीन स्थानों अथवा अधिक स्थानों पर निवास करते हैं। ऐसे जैन संयुक्त परिवारों की बहुत संख्या है जिनके सदस्य अलग–अलग स्थानों पर, कई तो भारत से बाहर भी, व्यवसाय के कारण अपने छोटे परिवार के साथ रहते हैं, परन्तु वे एक संयुक्त परिवार के सदस्य हैं। इस प्रकार संयुक्त जैन परिवार के सदस्य अपने व्यावसायिक हितों की दृष्टि से विभिन्न स्थानों पर अपने छोटे परिवार के साथ रहते हैं परन्तु सामाजिक दृष्टि सम्पत्ति, लाभ आदि सभी दृष्टियों से वे एक संयुक्त परिवार व्यवस्था में हैं। राजस्थान, गुजरात, मध्यप्रदेश आदि प्रदेशों में ऐसे अनेक संयुक्त जैन परिवार हैं।

संयुक्त परिवार में एक संयुक्त पूर्वज और उसके पारंपरिक वंशज किसी भी पीढ़ी के अपनी पत्नी या पत्नियों या विधवा और संयुक्त पूर्वज की

और उसके पारम्परिक वंशज की अविवाहित पुत्रियाँ सम्मिलित होती हैं। संयुक्त परिवार के लिये एक संयुक्त पूर्वज का होना नितान्त आवश्यक है पर उसकी निरन्तरता के लिये संयुक्त पूर्वज का होना आवश्यक नहीं है। संयुक्त पूर्वज की मृत्यु का तात्पर्य यह नहीं है कि संयुक्त परिवार उससे समाप्त हो जायेगा। ऊपर की कड़ियां मिटती रहती हैं और नीचे की कड़ियां (संतानें) जुड़ती रहती हैं और इस तरह परम्परा बनी रहती है। वह जब तक समाप्त नहीं होती तब तक संयुक्त परिवार की निरन्तरता बनी रहती है और असीमित अवधि तक चलती रहती है। इसकी पीढ़ियों की कोई सीमा नहीं है।[1]

सहदायिकी (Coparcenary) – सहदायिकी संयुक्त परिवार में सीमित लोगों की इकाई है और वह पिता, पुत्र, पुत्र के पुत्र, पुत्र के पुत्र के पुत्र इत्यादि से बनती है। संयुक्त परिवार प्रारम्भ में पिता और उसके तीन पुरुष पारम्परिक वंशज की होती है परन्तु इसकी निरन्तरता के लिये पिता–पुत्र का सम्बन्ध होना आवश्यक नहीं है। सहदायिकी दादा और पोता, चाचा के भाइयों की और भतीजों आदि की हो सकती है।[2] इस प्रकार इन चार स्तरों की सीमा है।

सम्पत्ति के प्रकार– जैन विधि के अनुसार सम्पत्ति दो प्रकार की होती हैं– स्थावर और जंगम। वह पदार्थ जो अपनी जगह पर स्थिर है, एक स्थान पर ही रहता है, जो हिलता–डुलता नहीं है, वह स्थावर है जैसे गृह, बाग, खेत, फैक्टरी, सड़क इत्यादि। जो पदार्थ एक स्थान से दूसरे स्थान पर सुगमतापूर्वक ले जाया जा सकता है वह जंगम है जैसे कार, वायुयान, कपड़े, टाइपराइटर, टेलीविजन सेट, रेडियो, गोधन (गाय भैंस आदि चौपाये) और दास–दासी आदि। वह द्रव्य जिसका दायभाग किया जाता है वह उपरोक्त दो प्रकार का कहा गया है, एक स्थावर (गैरमनकूला) और दूसरा जंगम (मनकूला)।

सम्पत्ति का विभाजन– स्थावर और जंगम दोनों प्रकार की सम्पत्ति विभाजन करने योग्य है। यह विधिक स्थिति है। जहाँ तक स्थावर द्रव्य का विभाजन नहीं किया जाय वहाँ तक परिवार की प्रतिष्ठा अधिक बनी रहेगी। स्थावर सम्पत्ति जिस परिवार के पास अधिक हो, उसको समाज में बहुत अधिक आदर, सम्मान, प्रतिष्ठा मिलती है और उसकी गिनती समाज के अग्रणी परिवार में होती है।

जिसके कारण इस लोक में प्रतिष्ठा होती है ऐसे स्थावर धन को आपत्ति काल के अतिरिक्त किसी भी सूरत में बाँटना अथवा बेचना नहीं चाहिए।[3]

स्थावर सम्पत्ति का जहाँ तक संभव हो किसी भी परिस्थिति में विभाजन नहीं करना चाहिये क्योंकि इससे समाज में प्रतिष्ठा और सम्मान मिलता है। अगर भाई हो तो उस मकान, कोठी, बंगले में अनौपचारिक बँटवारा कर दें और अपना अपना हिस्सा तय कर लें और उसमें सुविधा से रहें। संयुक्त कूप, अलंकार, वस्त्र, गोधन तथा अन्य भी मंत्री दूत, पुरोहितादि विषय व द्रव्यों का विभाग विद्वानों को नहीं करना चाहिए।[4]

सुप्रतिबन्धित और अप्रतिबन्धित सम्पत्ति —दायभाग की अपेक्षा सुप्रतिबन्ध और अप्रतिबन्ध दो प्रकार की सम्पत्ति मानी गई है। सुप्रतिबन्धित सम्पत्ति वह है जो स्वामी के मरण पश्चात् उसके बेटे पोतों को संतान की सीधी रेखा में पहुँचती हैं। अप्रतिबन्ध सम्पत्ति वह है जो सीधी रेखा में न पहुँचे वरन् चाचा, ताऊ इत्यादि सम्बन्धियों से मिले। पुत्र पिता के धन को व्यवहार से इच्छानुसार बरतता है। पोता उसको प्राप्त करता है चाहे वह अप्रतिबन्ध हो चाहे सप्रतिबन्ध।[5] जिसके द्वारा सम्पत्ति में अधिकार का निर्णय हो वह दाय है। यह दो प्रकार का है। एक सप्रतिबन्ध दूसरा अप्रतिबन्ध।[6]

अविभाज्य सम्पत्ति – निम्न प्रकार की सम्पत्ति अविभाज्य है जिसका विभाजन नहीं होता है–

(1) जिसे पिता ने अपने निजी मुख्य गुणों या पराक्रम द्वारा प्राप्त किया हो, जैसे राज्य। गुणों से एकत्रित किया हुआ अविभाज्य जो पिता का द्रव्य है, उसे सब लड़के बांट नहीं सकते हैं। उसको केवल एक ही लड़का लेगा और वह अपने बाहुबल से इसकी वृद्धि करेगा।[7] (2) पैतृक सम्पत्ति की सहायता बिना जो द्रव्य किसी ने विद्या आदि गुणों द्वारा उपार्जन किया हो, जैसे विद्या–ज्ञान द्वारा आय आदि। (3) जो सम्पत्ति किसी ने अपने मित्रों अथवा अपनी स्त्री के बन्धुजनों से प्राप्त की हो। (4) जो खानों में जड़ी हुई उपलब्ध हो जाए अर्थात् दफीना आदि (श्री भद्रबाहु संहिता – श्लोक 102)। (5) जो युद्ध अथवा सेवा कार्य से प्राप्त हुई हो (वर्द्धमाननीति 37, 38 अर्हन्नीति – श्लोक 133, 134, 135)। (6) जो साधारण आभूषणादिक पिता ने अपनी जीवनावस्था में अपने पुत्रों और उनकी स्त्रियों को स्वयं दे दिया हो। जो आभूषण आदि माता–पिता ने किसी भाई को उसकी स्त्री के लिये दिये हों वह खास उसके होंगे।[8] जो जेवर, वस्त्र, अन्य कीमती वस्तुएँ माता–पिता ने किसी भाई को या भाई की स्त्री को दिये, वह उसका स्त्रीधन है तो उसका कोई दाय नहीं होता। (7) स्त्रीधन– जो भी आभूषण और धन

राशि पति द्वारा पत्नी को दी गई है उसका नरक से भयभीत दायादों (विभाग लेने वालों) को विभाग नहीं करना चाहिए।[9] उस स्त्रीधन में किसी दायाद का कुछ अधिकार नहीं है। जो आभूषण आदिक माता–पिता ने किसी भाई को उसकी स्त्री के लिये दिये हों, वह उस स्त्री के ही रहेंगे और उस पर किसी का अधिकार नहीं होगा (अर्हन्नीति – श्लोक 132)। (8) पिता के समय की डूबी हुई सम्पत्ति जिसको किसी भाई ने अविभाजित सम्पत्ति की सहायता बिना प्राप्त किया हो और स्थावर सम्पत्ति की दशा में उसे सामान्य भाग से चतुर्थ अंश अधिक पायेगा, शेष और दायाद पायेंगे। पिता के द्रव्य को निज द्रव्य समझ के और बिना उसको बाधा पहुँचाए या कम किये, जो रक्षा कर बचा ले ऐसी सम्पत्ति अन्य दायादों को न दे और जो विद्या से धन उपार्जन करे और जो आभूषण वस्त्रादि निज को मिला है और इसी प्रकार की वस्तुओं को भी न दे।[10]

विभाग– हिन्दू–लॉ के विरुद्ध जैन–लॉ विभाग को उत्तम बतलाता है क्योंकि उससे धर्म की वृद्धि होती है और प्रत्येक भाई को पृथक्–पृथक धर्मलाभ का शुभ अवसर प्राप्त होता है। विभक्त हुए भाई अपने–अपने परिवार के सहित भिन्न–भिन्न रहें क्योंकि दान, पूजा आदि कार्यों से विशेष पुण्य वृद्धि होती है।[11] जो सम्पत्ति विभाग योग्य नहीं है, उसे विभाज्य नहीं किया जा सकता है। इस सम्पत्ति को छोड़कर अन्य सब प्रकार की सम्पत्ति नीति और मुख्य रिवाज होने के अनुसार (अगर कोई रिवाज हो तो) दायादों में विभक्त की जा सकती है।

माता–पिता की मृत्यु के पश्चात् सभी भाई पैतृक सम्पत्ति को एकत्र करके बराबर–बराबर बाँट लें। पिता के जीवन काल में पिता के इच्छानुसार ही ग्रहण करें।[12] धन का भाग यथाकाल, यथाक्षेत्र, नियमानुकूल समभाग में कर देना चाहिए। जो सर्वथा सद्व्यवहार के प्रतिकूल चले वह व्यक्ति भाग का अधिकारी न होगा और जो माता–पिता के विरोधी हैं वह भी दाय के हकदार न होंगे।[13] गुणों से एकत्रित किया हुआ अविभाज्य जो पिता का द्रव्य है उसे केवल सबसे बड़ा पुत्र ही पायेगा और वह अपने बाहुबल से उसकी वृद्धि करेगा।[14] उसे सब लड़के बाँट नहीं सकते हैं।

वह पुत्र जो चोरी, विषयसेवन अथवा अन्य व्यसनों में लिप्त है और अत्यन्त दुराचारी है, अदालत के द्वारा अपने भाग से वंचित रखा जा सकता है। पाप के उदय से यदि पुत्र माता–पिता की आज्ञा न माने और कुल की

मर्यादा के खिलाफ चले या दुराचारी हो और समझाने पर भी बुरी आदतों को नहीं छोड़े तो राजा और कुटुम्ब के लोगों से फरियाद करके उनकी आज्ञा से उसको घर से निकाल देना चाहिए। फिर उसकी शिकायत कहीं नहीं सुनी जा सकेगी।

जो कोई भाई सप्त कुव्यसनों के विषयी हों वे दायभाग के भागी नहीं हो सकते क्योंकि वे सज्जनों द्वारा धर्मभ्रष्ट होने के कारण दण्ड के पात्र हैं।[15] पिता की उपार्जित सम्पत्ति जैसे राज्यादि जो ज्येष्ठ पुत्र को मिली है, उसमें छोटे भाइयों को, जो विद्याध्ययन में संलग्न हों, कुछ भाग गुजारे निमित्त मिलना चाहिए।[16] परन्तु शेष (विभाग योग्य) सम्पत्ति में अन्य सब भाई समान भाग के अधिकारी हैं जिससे वे व्यापार आदि व्यवसाय कर सकते हैं। विद्या रहित भाइयों को व्यापार से धन का उपार्जन करना चाहिए और पिता के अविभाज्य धन को छोड़कर शेष सम्पत्ति जो विभाग योग्य है में से शेष द्रव्य में सबका समान भाग होना चाहिए।[17]

पिता की जीवित–अवस्था में विभाग – दादा की सम्पत्ति में से पुत्रों को, उनकी माताओं का और पिता को समान भाग मिलने चाहिए। पिता को अपनी स्त्री को पुत्रों के समान भाग देना चाहिए। पितामह की जिन्दगी में स्थावर धन कोई नहीं ले सकता, सब लोग आभरण, वस्त्रादि में यथायोग्य पाएंगे।[18] परन्तु यदि सम्पत्ति दादा की नहीं और पिता की ही स्वयं उपार्जित है तो पुत्रों को विभाजित करने का कोई अधिकार नहीं है। जो भाग पिता प्रसन्नतापूर्वक पुत्र को पृथक करते समय दे, उसे उसी पर संतोष करना चाहिए। माता की जीवनावस्था में जिस द्रव्य की वह स्वामिनी है उसको भी पुत्र उसकी इच्छानुसार ही पा सकते हैं।

माता–पिता की मृत्यु के पश्चात् विभाग – माता–पिता की मृत्यु के बाद सब भाई पैतृक (पिता की) समान बाँट ले।[19] अगर माता–पिता में से एक जीवित हो तो विभाजन पीछे रहने वाले पिता या माता की इच्छानुसार होगा। अगर माता–पिता पर कोई ऋण राशि चुकाने से शेष है, तब पहले उस ऋण का भुगतान करना चाहिये, फिर सम्पत्ति का नियमानुसार विभाजन करना चाहिए। ऋण होने की दशा में पिता और पुत्र को परिश्रम से धनोपार्जन करना चाहिए। सम्पत्ति विभाजित हो या अविभाजित, सभी पुत्रों को पहले ऋण का भुगतान करना चाहिए, फिर विभक्त करना चाहिए।[20]

ज्येष्ठांसी – जैन–नीति में सबसे प्रथम उत्पन्न हुए पुत्र का अधिकार कुछ विशेष माना गया है। पिता का सम्पूर्ण धन ज्येष्ठ (बड़ा) पुत्र ही ग्रहण करता है, शेष छोटे पुत्र उस अपने बड़े भाई को पिता के समान मानकर उसकी आज्ञा में रहते हैं। प्रथम उत्पन्न हुई संतान से मनुष्य पुत्री अथवा पुत्रवान होता है, और पीछे से कितने ही पुत्र क्यों न पैदा हों परन्तु उन सबका अधिपति बड़ा पुत्र ही कहलाता है।[21] यह नियम राज्य अथवा बड़ी–बड़ी रियासतों पर लागू होता है। परन्तु राज्यादि की अवस्था में जो बड़े भाई की आज्ञा का पालन करते रहेंगे, उनके निर्वाह आदि का दायित्व बड़े भाई पर होगा।

विभाग के समय सम्पत्ति का कुछ भाग (जैसे दशांस) ज्येष्ठ भ्राता के निमित्त पृथक कर दिया जाये; शेष सम्पत्ति सब भाइयों में समानतः विभाजित की जाए। इस प्रकार ज्येष्ठ पुत्र अन्य भाइयों के समान भाग पाएगा और उनसे कुछ अधिक ज्येष्ठांसी के उपलक्ष्य में भी पायेगा।[22] यदि अन्य भाई वय प्राप्त नहीं है तो बड़े भाई की संरक्षता में रहेंगे और उनकी सम्पत्ति की देखभाल और सुव्यवस्था का भार भी ज्येष्ठ भाई पर होगा। छोटे भाई बालक हों तो बड़ा भाई पिता की सम्पूर्ण सम्पत्ति को निज हाथ में रखकर उनका पालन पोषण करे।[23] बाबा की सम्पत्ति का भाग सब भाइयों में बराबर–बराबर बँटना चाहिए। पितामह के द्रव्य का विभाग माता और भाइयों की आज्ञा के अनुकूल होता है। जो धन बँटा नहीं है वह इसी तौर पर समानांश बाँटने योग्य है।[24]

पितामह की सम्पत्ति का भाग पीढ़ियों की अपेक्षा से होगा अर्थात् पुत्रों की गणना के अनुसार। पौत्र अपने–अपने पिताओं के भाग को समानरूपेण बाँटेंगे। पितामह (दादा) के द्रव्य में लड़कों की संख्या पर पोतों को हिस्सा मिलता है और अपने–अपने पिता के द्रव्य में से पोते जितने हों समान भाग पाते हैं।[25]

यदि कोई मनुष्य विभाग के पश्चात् मर जाये और कोई अधिक करीब वारिस नहीं छोड़े तो उसका हिस्सा उसके भाई भतीजों में विभक्त हो जायेगा। यदि सब भाई मिलकर रहते हैं और उनका विभाग नहीं हुआ है और ऐसी दशा में यदि कोई भाई दीक्षा ले–ले तो विभाग करते समय उसके भाग की अधिकारिणी उसकी स्त्री होगी। जो पुरुष पुत्र या स्त्री को छोड़े बिना मर जाय अथवा साधु हो जाये तो उसका धन उसके भाई और भाई

के पुत्र बाँट लें। बाँट के पश्चात् यदि अनेक भाइयों में से बड़ा छोटा कोई एक मर जाय तो उनका धन उसके शेष सब भाई व भाइयों के पुत्र समान भाग में बाँट लें।[26]

यदि विभक्त हो जाने के पश्चात् पुनः सब भाई एकत्र हो जावें और एक बार फिर विभाजन हो तो ज्येष्ठांसी का हक नहीं माना जायेगा। वे पुत्र जिन्हें पिता ने कुछ–कुछ द्रव्य देकर अपनी इच्छा से अलग कर दिये हों पर जो द्रव्य को इकट्ठा कर साथ मिलकर ही जीविका करते हों तो अपने आप समान भाग से द्रव्य का विभाग करें। उसमें बड़े पुत्र को अधिक भाग नहीं मिल सकता।[27]

यदि दो संतान एक समय उत्पन्न हुए हों तो उनमें से जो प्रथम उत्पन्न हुई है वही ज्येष्ठ समझी जाएगी। पहले जन्मे हुए पुत्र से अपुत्र मनुष्य सपुत्र कहलाता है इसलिए दो पुत्र एक गर्भ से हों तो जो पुत्र प्रथम पैदा हो वही ज्येष्ठ पुत्र है, ऐसा जैन शासन का वचन है।[28] यदि प्रथमोत्पन्न पुत्री हो तत्पश्चात् पुत्री हो तत्पश्चात पुत्र हुआ तो पुत्र ही ज्येष्ठ माना जायेगा।[29]

गोधन अथवा गाय, भैंस, घोड़ा आदि विभाग योग्य है। गोधन (अर्थात् गाय महीषादि जानवरों) को अपने अपने इच्छानुसार बराबर भाग करके ले लें और यदि भागाधिकारियों से कोई धारण करने में समर्थ नहीं हो तो उस गोधन को दूसरा भागी बेखटके ग्रहण कर ले।[30] अनुमानतः इस नियम पर वर्तमान काल में जबकि गोधन का मूल्य अति अधिक हो गया है, व्यवहार में नहीं हो सकेगा।

इस प्रकार ज्येष्ठांसी के विशेष अधिकार को देखने से स्पष्ट हो जाता है ज्येष्ठांसी को जैन विधि में अति विशिष्ट दर्जा दिया गया है।

दायाद की अयोग्यता – निम्नलिखित मनुष्य दायभाग से वंचित माने गये हैं– (1) नपुंसकता, लाइलाज रोग से पीडित। बहुत पुत्रों को छोड़कर पिता के मर जाने पर यदि उन भाइयों में से कोई नपुंसकता आदि दोष सहित हो तो उसको पिता का द्रव्य में से समान भाग नहीं मिल सकता है। लंगड़े, अन्धे, रोगी, नपुंसक, पागल, अंगहीन भाई का पालन–पोषण शेष भाइयों को करना चाहिए। पतित, पंगु, बधिर, उन्मत्त, कुबड़ा, अन्धा, विषयी, पागल, क्रोधी, गूंगा, रोगी, बैरी, सप्तकुव्यवसनी, अभक्ष्यभोजी, ऐसा व्यक्ति भाग नहीं पाता। भोजन–वस्त्र से उनका भरण–पोषण करना चाहिए। यदि वे मन्त्रादि से अच्छे हो जायें तो उनमें दाय अधिकार की योग्यता होती है।[31]

(2) जो सब प्रकार से सदाचार का विरोधी हो। (3) जातिच्युत, अपाहिज, माता–पिता का घोर विरोधी, मृत्यु निकट, गूंगा, बहरा, अतीव क्रोधी, अंगहीन। जो सर्वथा सद्व्यवहार के प्रतिकूल चले वह भाग का अधिकारी नहीं होगा।[32] (4) यदि उपरोक्त बताये गये दूषणों वाले व्यक्ति के पुत्र तथा स्त्री दोष रहित हो तो उसका भाग उनको मिलेगा और यदि वह स्वयं दोष रहित हो गया हो तो भाग की योग्यता पैदा हो जाती है।[33]

यदि कोई व्यक्ति दुष्ट है या असाध्य रोग का रोगी है अर्थात् कोई वांछा रहित, कामी, द्यूत (जुआरी) वेश्यासक्त है तो अपनी जरूरतभर के लिये भाग पाएगा। पुत्र अज्ञानी, मूर्ख, अंगहीन, आचार भ्रष्ट भी हो तो भी अपनी रक्षा व गुजारे के लिए पिता के द्रव्य में भाग का अधिकारी है।[34] परन्तु यदि उनका रोग शान्त हो गया है तो अपने भाग के अधिकारी हो जायेंगे। अगर वे ठीक नहीं हो पावें तो उनका भाग उनकी पत्नियों या पुत्रों को यदि योग्य हों तो पहुँचेगा। करीबी दायादों के अभाव में पुत्री के पुत्र को मिलेगा लेकिन इसके साथ यह शर्त है वह सर्वगुण शुद्ध हों। इन सबको धर्म में संलग्न रहना चाहिये।[35]

दायभाग की अयोग्यता का यह भाव नहीं है कि मनुष्य अपनी निजी संपत्ति से भी वंचित कर दिया जाय। बहुत से अशक्त (अयोग्य) पुत्रों में से पिता के मर जाने पर जो किसी ने अपने पौरुष से धन एकत्रित किया हो तो उसमें भाग की कल्पना नहीं है।[36]

जिस पुरुष को दायभाग लेने की इच्छा न हो उसको भाग नहीं मिलेगा। जो पुरुष मांसादिक अभक्ष्य ग्रहण करता है वह भी भाग से वंचित रहेगा।[37] इस बात का अनुमानतः निर्णय न्यायालय से होगा और सम्भव है कि वर्तमान परिस्थितियों में यह नियम परामर्श रूप ही माना जाये।

साधु का भाग – यदि कोई पुरुष विभाजित होने से पूर्व साधु होकर चला गया हो तो स्त्रीधन को छोड़कर, सम्पत्ति के भाग उसी प्रकार करने चाहिएं, जैसे उसकी उपस्थिति में होते और उसका भाग उसकी पत्नी को देना चाहिए।[38] यदि उसके एक पुत्र ही है तो वह स्वभावतः अपने पिता के स्थान को ग्रहण करेगा।

जो पुरुष पुत्र या स्त्री को छोड़े बिना मर जाय अथवा साधु हो जाय तो उसका धन उसके शेष भाई व भाई के पुत्र सम बाँट ले।[39] यदि वह विभाग होने के पश्चात् मृत्यु को प्राप्त हो तो उसका भाग भाई–भतीजे समान रूप

से लेंगे। बाँट के पश्चात् यदि अनेक भाइयों में से बड़ा छोटा कोई एक मर जाय तो उसका धन उसके शेष भाई या भाइयों के पुत्र समान भाग में बांट लें।

भद्रबाहु संहिता के अनुसार बहन भी भाग की अधिकारिणी है। विभाग हो जाने पर बहुत पुत्रों में से यदि एक का मरण हो जाय तो भाई और बहन उसका समान भाग कर सकते हैं।[40] अनुमानतः इस श्लोक का अर्थ कुँवारी बहिन से है जिसका विवाह का दायित्व भाइयों पर ही है। बहुत संभव है यह माप उसके विवाह व्यय के निमित्त जो द्रव्य पृथक् किया जाए उसकी अन्तिम सीमा हो।

विद्याध्ययन एवं विवाह निमित लघु भ्राताओं के अधिकार – छोटे भाइयों का विवाह करके जो धन बचे उसे सब भाई समान बाँट लें। इस विषय में विवाह में विद्यापठन भी अर्हन्नीति के शब्दों के विस्तृत भावों की अपेक्षा में सम्मिलित है। भाइयों में जो भाई अविवाहित हो उसका विवाह करके पीछे अवशिष्ट धन का सब भाई समान भाग कर लें। पिता की सम्पत्ति में बच्चों (पिता के लड़के–लड़कियों) के संस्कारों के पश्चात् शेष को सब भाई बाँट लें। यहाँ पर 'संस्कार' शब्द में शिक्षा, विवाह आदि शामिल हैं।[41]

माता के अधिकार – यदि पिता की मृत्यु पश्चात् बाँट हो तो माता को पुत्र के समान भाग मिलना है। वास्तव में उल्लेख तो यह है कि उसे पुत्रों से कुछ अधिक मिलना चाहिए जिससे वह परिवार और कुटुम्ब की स्थिति को बनाये रखे। माता का भी भाइयों के साथ समान भाग कहा गया है और इसके अतिरिक्त व्यवहार साधन के लिए माता को कुछ अधिक और भी देना चाहिए। माता के मरने पर उसके धन के सब भाई समानांश भागी होते हैं।

पिता के पाँचवें आश्रम को चले जाने पर अर्थात् मर जाने पर, माता भी जायदाद में बराबर की हकदार हो जाती है। यदि पिता के मरने के पश्चात् बाँट हो तो पुत्रों को चाहिए कि अपनी माता को आधा भाग लोक व्यवहार के लिए है और उसके मरने के पीछे उस धन को सम भागों में बाँट लें।[42] इस प्रकार यदि दो पुत्र हों और एक उनकी विधवा माता है तब मृतक की सारी सम्पत्ति तीन भागों में विभक्त होगी इनमें से एक माता के लिए और शेष दो भाग दोनों भाइयों के लिए होंगे। माता को भाइयों से अधिक मिलना

चाहिए जिससे वे परिवार के अन्य व्यय कर सकें और परिवार की प्रतिष्ठा समाज में यथावत रख सकें।

माता को कितना भाग हिस्सा अधिक मिले इसपर ज्यादा उल्लेख नहीं मिलता है, प्रत्येक परिवार अपने स्वविवेक से यह तय कर ले कि माता को कितना अधिक मिलना चाहिए; इस सम्बन्ध में अर्हन्नीति के श्लोक 28 में उल्लेख किया गया है कि माता को प्रत्येक पुत्र अपने हिस्से में जो मिलता है, उसका आधा भाग माता को दे। इसका तात्पर्य यह हुआ कि उपरोक्त उदाहरण में माता को दोनों भाई अपने हिस्सा का आधा हिस्सा देना चाहिये अर्थात् तीनों के मध्य तीन हिस्से प्रत्येक को 33.33 हुए, दोनों भाई 16.5, 16.5 माता को देंगे, नतीजन माता को 66 प्रतिशत हिस्सा मिलेगा और दोनों भाइयों को 16.5, 16.5 मिलेंगे।

पिता के जीवन में अगर सम्पत्ति का विभाजन हो तो माता को भी एक हिस्सा मिलेगा। पिता को अपनी पत्नी या पत्नियों को अपने पुत्रों के समान ही हिस्सा देना चाहिए।[43] पुत्रोत्पत्ति होने से माता एक भाग की अधिकारिणी हो जाती है। पृथ्वी (और पितामह के और स्थावर धन) में पिता और पुत्र का अधिकार समान है; और यदि भाग ले चुकने के पश्चात् सवर्णा भार्या का पुत्र उत्पन्न हो तो वह भी पुनः सम्पूर्ण भ्राताओं के समान भाग लेने का अधिकारी होगा।[44] माता का वह भाग उसके मृत्यु के पश्चात् सब भाई परस्पर समानता से बाँट लें।[45]

बहिनों के अधिकार – विभाजित होने के पश्चात् जो सम्पत्ति पिता ने छोड़ी है उसमें भाई और कुँवारी बहिन को समान पाने का अधिकार है। यदि दो भाई और एक बहिन है तो सम्पत्ति तीन समान भागों में बँटेगी। बड़ा भाई छोटी बहन का, छोटे भाई के भाँति पालन करे और उचित दान देकर उसका विवाह करे। यदि ऐसी सम्पत्ति बचे जो बाँटने योग्य न हो तो उसे बड़ा भाई ले लेवे। (पिता के पाँचवें आश्रम को चल जाने पर अर्थात् मर जाने पर, माता भी जायदाद में बराबर की हकदार हो जाती है)।

बड़े भाई को उचित है कि छोटे भाई और बहिन की रक्षा करे। दहेज देकर बहिन का विवाह कर देना चाहिए। अगर दो लड़के और एक लड़की हों तो सम्पत्ति के तीन भाग करने चाहिए।[46] यह अनुमान होता है कि बहिन का भाग केवल विवाह एवं गुजारे निमित्त रखा गया है अन्यथा भाई की उपस्थिति में बहिन का कोई अधिकार नहीं हो सकता। यदि विभक्त होने के

पश्चात् कोई भाई मर जाय तो उसकी पैतृक सम्पत्ति को उसके भाई और बहिन समान बाँट लें। ऐसी उसी दशा में होगा जब मृतक ने कोई विधवा या पुत्र न छोड़ा हो। यहाँ भी बहिन का अर्थ कुँवारी बहिन का है जिसके विवाह और गुजारे का भार पैतृक सम्पत्ति पर पड़ता है। ऐसा प्रतीत होता है कि उसका यह दायित्व सप्रतिबन्धित दाय भाग की दशा में मान्य नहीं हो सकता अर्थात् उस सम्पत्ति से लागू नहीं हो सकता जो चाचा–ताऊ से मिली हो। विभाग हो जाने पर बहुत पुत्रों में यदि एक का मरण हो जाय तो भाई और बहन उसका समान भाग कर सकते हैं।[47] बहिन को यहाँ पर हिस्सा उसके विवाह के खर्च के लिए दिया गया है क्योंकि वह वारिस नहीं है।

विधवा भावज का अधिकार – विधवा अपने पति के भाग पाती है और उसको अपने पति के जीवित भाइयों से अपना भाग पृथक कर लेने का अधिकार है। भाई की विधवा को शेष भाई भाई के समान मानते रहें और उसके इच्छानुसार उसके लिए दत्तक पुत्र को मृतक भाई के पद पर स्थापित करें। यदि विधवा भावज वह कोई पुत्र गोद लेने चाहे तो ले सकती है।[48] ऐसे भाई की विधवा को जो पहिले ही अलग हो चुकी है, विभाग के समय कोई अधिकार नहीं है।

यदि कोई भाई साधु होकर अथवा संन्यास लेकर चला गया है तो उसका भाग विभाग के समय उसकी स्त्री पावेगी। यदि बांट के पूर्व भाइयों में से कोई भाई साधु हो गया है तो स्त्रीधन को छोड़कर और सब द्रव्य के समान भाग लगाये जावेंगे। जो पुरुष पुत्र या स्त्री को छोड़े बिना मर जाय अथवा साधु हो जाय तो उसका धन उसके शेष भाई व भाई के पुत्र सम भाग बाँट ले।[49]

विभाग एवं पुनः एकत्र होने पर नियम – विभाजित होने से पूर्व सब भाई सम्मिलित समझे जाते हैं। एक भागाधिकारी के पृथक हो जाने से सबकी पृथकता हो जाती है। बिना विभाग की हुई अवस्था में सब भाइयों का व्यवहार शामिल माना जाता है। यदि एक भाग अलग हो जाय तो सबका विभाग अलग–अलग हो जायेगा।[50] वे पुत्र जो पिता ने कुछ–कुछ द्रव्य देकर अपनी इच्छा से अलग–अलग कर दिये हों और वे जो द्रव्य को इकट्ठा कर साथ मिलकर ही जीविका करते हों अपने आप समान भाग से द्रव्य का विभाग करे। उसमें बड़े पुत्र को अधिक भाग नहीं मिल सकता।[51]

विभाग पश्चात यदि कोई भाई और पैदा हो जाय जो विभाग समय माता के गर्भ में था तो वह भी एक भाग का अधिकारी है और विभाग पश्चात् आय व्यय का हिसाब लगाकर उसका मान निर्धारित होगा। पुत्र उत्पन्न होने पर, उस जायदाद में जो उसके पैदा होने से पहले बँट गई है, हकदार हो जाता है। बांट के पश्चात् पिता मर जाए और फिर एक और भाई जन्मे जो बाँट के वक्त पेट में था तो वह जायदाद में आमदनी व खर्च का हिसाब लगाकर भाग पाता है।[52]

सामान्यतयाः उन पुत्रों को जो विभाग पश्चात् उत्पन्न हुए हों कोई अधिकार पुनः विभाग करने का नहीं है। वह केवल पिता का भाग पा सकते हैं। विभाग के पश्चात् जो पुत्र उत्पन्न हो वह पिता के भाग का द्रव्य ही ले सकता है, अधिक नहीं। यदि वह बहुत छोटा हो तो उसका विवाह उसके भाइयों को करना चाहिए। बाँट हो जाने के पश्चात् जो पुत्र उत्पन्न हो, वह पिता का हिस्सा पाता है और अपने ज्येष्ठ भाइयों से हिस्सा नहीं पा सकता है।[53] हिन्दू लॉ में विभाग समय यदि पिता ने कोई भाग नहीं लिया है और उसके पश्चात् पुत्र उत्पन्न होवे जिसके पालन पोषण का कोई आधार नहीं हो तो वह पुत्र अपने पृथक हुए भाइयों से भाग पाने का अधिकारी है।

अनुमानतः जैन नीति में भी इन्द्रनन्दि जिन संहिता के श्लोक 26 और 27 को एक साथ पढ़ने से यह प्रकट होता है कि इनका सम्बन्ध ऐसी दशा से है कि जब पिता ने अपनी सम्पत्ति कुछ अन्य लोगों को दे दी है और शेष अपने पुत्रों में विभक्त कर दी है।[54]

अन्याय वर्णों की स्त्रियों की संतान में विभाग – यदि ब्राह्मण पिता है और चारों वर्णों की उसकी स्त्रियाँ हैं तो शूद्रा के पुत्र को हिस्सा नहीं मिलेगा, परन्तु शेष तीन वर्णों की संतान में इस प्रकार विभाग होगा कि ब्राह्मणी के पुत्र को चार भाग, क्षत्राणी के पुत्र को तीन भाग और वेश्याणी के पुत्र को दो भाग मिलेंगे। ब्राह्मण, क्षत्रिय, वैश्यों की कन्याओं का यदि ब्राह्मण के साथ विवाह किया जाए तो उनमें पुत्रों के भाग पिता सम्बन्धी द्रव्य में इस प्रकार होगा, ऐसा बुद्धिमान पुरुषों ने कहा है– पिता के जंगम तथा गोधनादिक और स्थावर द्रव्य में दस भाग लगाकर भाइयों को इस प्रकार लेना चाहिए कि ब्राह्मणी से उत्पन्न हुए पुत्र को चार भाग, क्षत्रिया से उत्पन्न हुए को तीन भाग और वैश्य माँ से उत्पन्न हुए को दो भाग तथा अवशिष्ट एक भाग धर्मार्थ नियुक्त करें।

शूद्रा स्त्री का पुत्र रोटी–कपड़े के अतिरिक्त भाग नहीं पा सकता।[55] शूद्रों के प्रति हमेशा से नकारात्मक दृष्टिकोण रहा है और आज भी थोड़े से अन्तर के साथ वही दृष्टिकोण है।

यदि क्षत्रिय पिता हो और उसके क्षत्राणी और वैश्याणी तथा शूद्राणी तीन स्त्रियाँ हों तो शूद्राणी के पुत्र को कुछ भाग नहीं मिलेगा। क्षत्राणी के पुत्र को दो भाग और वैश्याणी के पुत्र को एक भाग मिलेगा। शूद्रा से उत्पन्न हुआ जो पुत्र है वह जो द्रव्य (अन्न–वस्त्रादिक) उसको पिता ने दिया है, उसी का स्वामी हो सकता है (अधिक नहीं)।

जैन–लॉ के अनुसार उच्च वर्ण के पुरुष द्वारा जो शूद्रा से पुत्र हो, उसे भाग नहीं मिलता है। जो कुछ उसको पिता ने अपनी जीवनास्था में उसको दे दिया हो वह उसको मिलेगा।[56] इन्द्रनन्दि जिन संहिता का इस विषय में कुछ मतभेद हैं संदर्भ श्लोक 30–31। वह ब्राह्मण पिता से जो पुत्र ब्राह्मणी, क्षत्राणी और वैश्याणी से हो उनके भागों के विषय में भद्रबाहु व अर्हन्नीति से सहमत है (संदर्भ श्लोक 30)। जबकि दूसरे श्लोक का यह उल्लेख है कि क्षत्रिय पिता के क्षत्राणी से उत्पन्न हुए पुत्र को तीन भाग और वैश्याणी के पुत्र को दो भाग मिलेंगे और यह भी उल्लेख है कि वैश्य माता–पिता की संतान भी भागाधिकारी कभी गिनी गई थी।

अन्याय वर्णों में पारस्परिक विवाह का कम हो जाना इस मतभेद का कारण हो सकता है या शूद्रों के जाति भेद के कारण हो सकता है, परन्तु जिन संहिता में शूद्र स्त्री की सन्तान का अन्ततः दाय से वंचित किया जाना 32 वें श्लोक में मिलता है। वैश्य पिता के पुत्र जो सवर्णा स्त्री से हो पिता की सब संपत्ति पाएंगे। (अर्हन्नीति श्लोक 41 और भद्रबाहु संहिता श्लोक 36 – पूर्व में विवेचित)। यदि शूद्रा से कोई पुत्र हो तो वह भागाधिकारी न होगा (अर्हन्नीति श्लोक 41, भद्रबाहु संहिता श्लोक 36 – पूर्व में विवेचित)।

शूद्र पिता और माता के पुत्र अपने पिता की सम्पत्ति बराबर–बराबर पाएंगे। शूद्र पिता के शूद्रा स्त्री से उत्पन्न हुए पुत्र एक, दो तथा शत भी हों तो वे समभाव के अधिकारी है। शूद्र पुरुष की स्त्री शूद्रा होती है, अन्य वर्ण की नहीं होती।[57]

दासी पुत्रों के अधिकार – जैन नीति में दासी पुत्रों का कोई अधिकार नहीं है। गृह में जो दासी से उत्पन्न हुए पुत्र हों तो उनका पालन छोटे भाई को करना चाहिए अथवा सब भाई मिलकर अन्न–वस्त्र का प्रबन्ध करें।[58] वे

गुजारे के अधिकारी हैं। पिता के मरने के पश्चात् दासी पुत्रों के निर्वाह के लिए बन्दोबस्त कर देना चाहिए जिससे कि पिता को याद रखें।[59] जो पिता ने उन्हें अपनी जीवनावस्था में दे दिया है वह उनका है।

तीन (उच्च) वर्णों के पुरुषों के पास बैठी हुई शूद्र वर्ण की स्त्री से जो पुत्र उत्पन्न हो उनको पिता अपने जीवन–काल में जो कुछ दे उसके यह निश्चय ही मालिक होंगे।[60] उच्च वर्ण वाले भाई को चाहे वह छोटा ही हो और यदि एक से अधिक हो सब उच्च वर्ण वाले भाइयों को मिलकर उनके पालन पोषण का प्रबन्ध करना चाहिए (श्री भद्रबाहु संहिता – श्लोक 34 पूर्व विवेचित)

यदि किसी शूद्र के दासी पुत्र उत्पन्न हो तो वह विवाहित स्त्री के पुत्र से अर्ध भाग पायेगा। शूद्र से दासी के पेट से जो पुत्र जन्मे उसको पिता के धन का पिता के इच्छानुसार भाग मिलता है। पिता के मरने के पश्चात् वह विवाहित पत्नी के पुत्र से आधा भाग पाने का अधिकारी होता है।[61] इससे यह अनुमान होता है कि विवाहित स्त्री के पुत्र के अभाव में शूद्रा का दासी पुत्र ही उसकी सर्वसम्मति का अधिकारी हो जायेगा। उच्च जातियों में दासी पुत्र का कोई भाग दाय में नहीं रखा है।[62]

अविभाजित सम्पत्ति में अधिकार – आभूषण, गोधन, अनाज और इसी प्रकार की सर्व जंगम सम्पत्ति का मुख्य स्वामी पिता है। सर्व रत्न, मवेशी धान्य आदि का स्वामी मुख्य पिता है, परन्तु सम्पूर्ण स्थावर धन का स्वामी पिता या पितामह नहीं हो सकता। सर्व प्रकार के द्रव्य का स्वामी पिता कहा जाता है परन्तु स्थावर द्रव्य का पूर्ण स्वामी न पिता होता है न पितामह ही हो सकता। इसका यही अर्थ है कि उनको बेचने का अधिकार नहीं है। इसका कारण यह है कि जिस मनुष्य ने संसार में खाने वाले पैदा किये हैं वह उनके पालन–पोषण के आधार से उनको वंचित नहीं कर सकता।[63]

पितामह के जीवन काल में उसकी स्थावर सम्पत्ति को कोई नहीं ले सकता परन्तु जंगम द्रव्य आवश्यकतानुसार कुटुम्ब का प्रत्येक व्यक्ति व्यय कर सकता है। पितामह (दादा या बाबा) के जीवन काल में स्थावर धन कोई नहीं ले सकता। सब लोग अपने अपने आभरण वस्त्र उसमें से यथा योग्य पायेंगे।[64] यदि कोई व्यक्ति अपनी पैतृक सम्पत्ति (अर्थात पितामह की सम्पत्ति) में से अपनी बहिन या भानज को कुछ देना चाहे तो उसका पुत्र उसका विरोध कर सकता है।[65]

पुत्र की बिना सहमति पिता को निश्चित तौर पर निःसंदेह रूप से सम्पत्ति को देने का कोई अधिकार नहीं है। पिता की मृत्यु के पश्चात् पुत्र सम्पत्ति का कुछ भी निर्णय कर सकता है, उसको किसी को देने पर कोई आपत्ति नहीं कर सकता। अपनी स्त्री, पुत्र, भ्राता के बिना पूछे कोई पिता, पुरुष दादा की सम्पत्ति देने का अधिकार नहीं रखता है।[66] बाबा (पितामह, दादा) की अविभाजित सम्पत्ति भ्रातवर्ग की सम्मति के बिना किसी को नहीं दी जा सकती है।

यदि किसी व्यक्ति के पुत्र न हो और अपनी सम्पत्ति को अपनी भागिनी, पुत्री, दोहित्रों, माता अथवा पत्नी के परिजनों को देना चाहते हो चाहे वह सम्पत्ति अविभाजित हो या विभाजित, इसमें उसके भाइयों को आपत्ति करने का अधिकार है, यदि ऐसे किसी व्यवहार से वे संतुष्ट न हों। यदि किसी के भाई न हो तो उसकी स्त्री भी उसको सम्पत्ति को अच्छे या बुरे कार्य, किसी भी कार्य के लिये देने से रोकने का अधिकार रखती है। न वह पुत्री, दोहित्र, बहन, माता अथवा स्त्री के किसी सम्बन्धी को ही दी जा सकती है।[67]

स्थावर सम्पत्ति और पशुधन भी किसी मनुष्य ने पुत्रोत्पत्ति के पूर्व प्राप्त किये हुए हो, पुत्र होने के पश्चात् उनको बेच या दे नहीं सकता है। पिता ने पुत्र के जन्म से पूर्व भी यदि स्थावर द्रव्य स्वयं उपार्जन किया हो उसको भी वह बेच नहीं सकता है। पुत्र यदि गर्भ में हो अथवा गोद में हो तो पिता अपना स्वयं उपार्जन किया हुआ स्थावर जंगम दोनों प्रकार के धन किसी को नहीं बेच सकता है।[68] इसका कारण यह है कि सब बालक जो उत्पन्न हुए हैं या गर्भस्थ हैं, वे सब सम्पत्ति को विभाजन कराने या नहीं कराने किसी भी स्थिति में हों इसका कोई महत्त्व नहीं है। वे अपने आप के लिए भरण पोषण का अधिकार रखते हैं। पुत्र अज्ञानी, मूर्ख, अंगहीन आचार भ्रष्ट भी हो तो भी अपने भरण पोषण और सुरक्षित रहने के अधिकार युक्त है। जो बालक उत्पन्न नहीं हुआ अथवा उत्पन्न हो गया है और जो बुद्धि रहित भी हो अथवा जो उत्पन्न होकर विवाह उपरान्त संतान वाला हो गया हो तथा मृत्यु को प्राप्त हो गया हो, वे सब अपनी अपनी जीविका के लिये उस धन के उत्तराधिकारी हैं।[69]

हिन्दू कानून के अनुसार जब पुत्र बालिग (वयस्क) हो जाय तो वह पिता की स्वयं उपार्जित सम्पत्ति में से भरण पोषण का अधिकार नहीं माँग सकता, यद्यपि पैतृक सम्पत्ति में उसे ऐसा अधिकार है।[70] इसी प्रकार का

मत जैन विधि में भी प्रकट होता है। यह इस आधार पर कि पिता की सम्पत्ति में भी उसकी मृत्यु पश्चात् पुत्र सदा ही अधिकारी नहीं होते, किन्तु विधवा माता और कभी कभी ज्येष्ठ भाई उसको पाता है।

परिवार की सब स्थावर सम्पत्ति जात या अजात पुत्रों के या दूसरे उन मनुष्यों के होते हुए जिनको अपना भरण–पोषण पाने का अधिकार है, धार्मिक कार्यों, तीर्थयात्रा और मित्रों के सहायतार्थ भी नहीं दी जा सकती है।[71] जात और अजात पुत्रों, नाबालिग और अयोग्य व्यक्तियों के होते हुए कोई भी यात्रा धर्म–कृत्य, मित्र जिनके वास्ते स्थावर धन को विक्रय अथवा दे नहीं सकता। माता, पिता, ज्येष्ठ भ्राता और अन्य कुटुम्बियों अर्थात् दायादों की सम्मति से विक्रय कर सकते हैं।

यदि पुत्र वयः प्राप्त न हो तो पिता योग्य आवश्यकता के लिए उसे (सम्पत्ति) को बेच सकता है या दे सकता है। पुत्र रोजगार न जानते हो (नाबालिग हो) तो उनके माता–पिता किसी आवश्यकता के समय अपनी स्थावर वस्तु को बेच सकते हैं और पृथक कर सकते हैं।[72] जो सम्पत्ति माता ने पिता से विरसे में पाई हो, उसमें भी ऐसा ही समझना चाहिए। संतान की नाबालिगी में माता को भी सम्पत्ति के पृथक करने में वही बाधाएँ पड़ती है जो पिता को होती है। (अर्हन्नीति – श्लोक 11 – पूर्व विवेचित)

विभाजित तथा अविभाजित दोनों प्रकार की सम्पत्तियों में से धार्मिक एवं कौटुम्बिक आवश्यकताओं के लिए पुत्रों की सहमति बिना भी पिता को व्यय करने का अधिकार है। पिता पुत्र की आज्ञा के बिना ही विभाग की हुई अथवा अविभक्त द्रव्य का व्यय मित्रादि सम्बन्धी जातिव्रादिकों में कर सकता है।[73]

पितामह की सम्पत्ति में चाहे वह जंगम हो या स्थावर, पिता और पुत्र समानाधिकारी है। पितामह के स्थावर धन जैसे भूमि, कारखाना आदि में पिता पुत्र दोनों का समान अधिकार है और यदि भाग ले चुकने के पश्चात् सवर्णा भार्या का पुत्र उत्पन्न हो तो वह भी पुनः सम्पूर्ण भ्राताओं के समान भाग लेने का अधिकारी होगा। जो द्रव्य पितामह (दादा, बाबा) का कमाया हुआ है वह चाहे जंगम हो स्थावर उस पर पिता और पुत्र का समान अधिकार है।[74] पिता की सम्पत्ति का, पौत्र के न होने पर पुत्र को पूर्ण अधिकार है वह जिस प्रकार से जिस कार्य हेतु उसे व्यय कर सकता है और पुत्र के यह अधिकार निरंकुश है इस पर कोई आपत्ति करने वाला नहीं है।

पुत्र पिता के धन को व्यवहार से इच्छानुसार बरतता है। पोता उसको प्राप्त करता है चाहे वह अप्रतिबन्ध हो चाहे सप्रतिबन्ध। पुत्र की सम्मति बिना पिता को निःसंदेह जायदाद को दे डालने का अधिकार नहीं है और पिता के मरने पर पुत्र को देते हुए किससे रोका जा सकता है।[75] जो जंगम द्रव्य माता ने पुत्र को व्यापार या प्रबन्ध करने के लिए दिया हो, उसे व्यय करने का पुत्र को अधिकार नहीं है। सम्पूर्ण द्रव्य का अधिकार व्यवहार करने का पुत्र को है परन्तु माता की उपस्थिति में खर्च करने का नहीं है।[76] माता–पिता के जीवन में दत्तक पुत्र को उनकी अथा पितामह (बाबा–दादा) की दोनों प्रकार की सम्पत्ति को पृथक करने का कोई अधिकार नहीं है।

माता–पिता के होते हुए दत्तक पुत्र को उनके स्थावर और जंगम द्रव्य को गिरवी रखने तथा बेचने का अधिकार नहीं है।[77] यही सिद्धान्त औरस पुत्र के सम्बन्ध में यथावत लागू होता है। पिता की सम्पत्ति, द्रव्य आदि पर माता के जीवन काल में पुत्र को उसे बेचने का कोई अधिकार नहीं है और न ही दान में देने का अधिकार है। माता के बेचने का सर्वथा अधिकार नहीं है। माता पिता के जीवन काल में पुत्र पिता के धन को दान नहीं कर सकता और न बेच सकता है।[78] पितामह (दादा, बाबा) की सम्पत्ति में पुत्रों को विभाग करने का अधिकार है। (इन्द्रनन्दि जिन संहिता – श्लोक 25 – पूर्व विवेचित, अर्हन्नीति – श्लोक 97 – पूर्व विवेचित)।

चाहे पुत्र हो अथवा नहीं पिता को अधिकार है कि अपनी मृत्यु के पश्चात् पत्नी जो विधवा हो जायेगी, के निमित्त तथा सुप्रबन्धार्थ किसी अन्य पुरुष द्वारा अपनी निजी सम्पत्ति का वसीयत के तौर पर प्रबन्ध कराए। यदि किसी व्यक्ति ने पुत्र गोद लिया है और उसको अपनी जिन्दगी पर भरोसा नहीं है तो उसको चाहिये कि अपनी पत्नी और खानदान की रक्षा के लिए लेख द्वारा किसी व्यक्ति को अपनी सम्पत्ति का प्रबन्धकर्ता नियत कर दे। बिरादरी के लोगों और राजा अथवा राज्य प्रतिनिधि के समक्ष लेख (दस्तावेज) लिख देने के पश्चात् अपनी सम्पत्ति की आमदनी उसके सुपुर्द कर दे जिससे पीछे विधवा का भरण–पोषण और अन्य कार्य हो सके।

ऐसा व्यक्ति जिसको रोग के बढ़ जाने पर जीने की आशा नहीं रही है, चाहे वह पुत्रहीन अथवा पुत्रवान हो परन्तु उसकी पत्नी होवे, तब वह अपने धन, सम्पत्ति आदि की रक्षा के लिए ऐसे व्यक्ति को जो कुलीन और

द्रव्यवान हो, एक लेख द्वारा जिस पर राजा अथवा राज्य के अधिकृत अधिकारी की आज्ञा हो और गवाहों के साक्ष्य में, रक्षक नियुक्त करे।[79]

विभाग के पश्चात् प्रत्येक भागी को अपने भाग को व्यय करने का पूर्ण अधिकार है। जो पुरुष सन्तान रहित मर जाय तो उसके समस्त सम्पत्ति का स्वामित्व उसकी पत्नी का होगा। विधवा स्त्री अपने विभाग में आई सम्पत्ति प्राप्त कर ले तो अब उसके हिस्से की सम्पत्ति, द्रव्य को अपनी इच्छानुसार व्यय कर सकती है, अन्य किसी दायाद को उसमें हस्तक्षेप करने और रोकने का कोई अधिकार नहीं बनता है।[80] विधवा भी उस सम्पत्ति को जो अपने पति से पाई हो चाहे जैसे व्यय कर सकती है, कोई उसको रोक नहीं सकता।[81] (अर्हन्नीति – श्लोक 125 पूर्व विवेचित) पति की मृत्यु के पश्चात् यदि सास या श्वसुर ने उसके लिए पुत्र को गोद ले लिया है तो जब तक दत्तक पुत्र वयस्क न हो उसके लिये आवश्यकतानुसार व्यय करने, धार्मिक कार्यों और पारिवारिक भरण–पोषण के लिये सम्पत्ति, द्रव्य को व्यय कर सकने का सम्पूर्ण अधिकार है। यदि पितामह (दादा, बाबा) के जीवन में पौत्र मर जाय तो उसकी विधवा को सास और श्वसुर के होते हुए कोई अधिकार नहीं है। (उसके) पुत्र के पिता के जीवन काल में ही मृत्यु को प्राप्त करने पर उसकी स्त्री को जायदाद से पृथक कर देने का अधिकार नहीं है। वह केवल भोजन वस्त्र के वास्ते उसकी हैसियत के अनुसार ले सकती है। माता–पिता के जीते ही पुत्र की मृत्यु हो जाय तो उसकी सुशीला स्त्री को पितामह के धन पर अधिकार नहीं हो सकता किन्तु पतिव्रता, भर्ता के शयन की रक्षण करती हुई अर्थात् चरित्रवान रहती हुई, धर्म तत्पर, विनय से मस्तक नीचा कर ससुर से पुत्र की याचना करे।[82] जिस विधवा की सास जीवित हो, उसको ससुर के धन में केवल भोजन वस्त्र का अधिकार है विशेष दाय का नहीं।[83] वह जायदाद के व्यय का अधिकार नहीं रखती है, केवल रोटी, कपड़ा ही पा सकती है।

स्वामी के भाग में आये पश्चात् स्त्री अपनी इच्छानुसार धर्मादिक और अन्य कार्यों में व्यय कर सकती है। यदि स्वामी भाग के पहिले ही मर गया हो तो वह केवल गुजारे मात्र के लिए सम्पत्ति की आय का अधिकार रखती है। व्यय करने के अधिकारी नहीं है, शेष द्रव्य का अधिकारी पुत्र ही है। यह नियम वहाँ लागू होता है जहाँ दादा (पितामह, बाबा) जीवित है और मृतक पुत्र का पुत्र भी जीवित है। इस बारे में स्पष्ट स्थिति इस प्रकार है अगर

दादा ने मृतक पुत्र को उसका हिस्सा देकर पृथक कर दिया था तब उस पुत्र की विधवा उसके हिस्से की सम्पत्ति की वारिस होगी। अगर मृतक पुत्र को हिस्सा देकर अलग नहीं किया हो तो चूंकि उसके पति का अपने जीवनकाल में किसी भी वस्तु पर स्वामित्व नहीं था, उस परिस्थिति में वह किसी वस्तु की अधिकारिणी नहीं होगी। इसका कारण यह है कि बाबा के होते हुए उसके पति का जायदाद में कोई अधिकार नहीं था।

जिस विधवा की सास जीवित हो उसके ससुर के धन में केवल भोजन वस्त्र का अधिकार है, विशेष दाय का नहीं है।[84] इस सबके होते हुए श्वसुर और सास चाहे तो पुत्रवधू को दत्तक लेने की आज्ञा दे सकते हैं। विधवा स्त्री यदि ससुर की आज्ञा से कोई लड़का गोद ले तो अपने वंश के अपने से छोटे, सर्वलक्षण, संयुत, ऐसे पुत्र को गोद ले सकती है। पुत्र को गोद लेकर विधवा बहू के लिए यह उपयुक्त रहेगा कि वह सब कार्य सास की आज्ञा के अनुकूल करे क्योंकि सास माता के समान होती है, सास को पूरा सम्मान देना चाहिए।[85] जिनेन्द्र के उत्सव, प्रतिष्ठादि, जाति सम्बन्धी धर्म–कर्मादि कुटुम्बपालन आदि कार्यों पर अपने दत्तक पुत्र को दत्तक लेने पर व्यय कर सकती है। दूसरे प्रकार के अधिकार नहीं हैं।

यहाँ यह प्रतीत होता है कि ऐसी विधवा बहू को दत्तक पुत्र लेने की आज्ञा, स्वीकृति उसकी सास ने दी है। आज्ञा का परिणाम यह है कि सम्पत्ति दादी की रहकर पोते की हो जाती है। व्यय के बारे में जो अनुमति है, उसका सम्बन्ध ऐसे समय से है, जबकि विधवा बहू अपने दत्तक पुत्र की व्यक्तिगत रूप से और उसकी सम्पत्ति की संरक्षिका उस दत्तक पुत्र के अव्यस्क समय के अवधि की है।[86] विधवा पुत्रवधू उस सम्पत्ति को जो उसके पति ने अपने जीवन काल में माता–पिता को दी है तब विधवा बहू का उन पर कोई अधिकार नहीं बनता है इसलिए वह वापिस उस सम्पत्ति को नहीं पा सकती है। उसका अधिकार तो केवल जो धन और सम्पत्ति उसके पति से प्राप्त सम्पत्ति पर ही है। पति के निजी धन पर उसका अधिकार है।[87] (श्री भद्रबाहु संहिता – श्लोक 115, व श्री वर्द्धमान नीति – श्लोक 55)।

इसके पीछे तर्क यह है कि जो सम्पत्ति को पति ने अपनी पत्नी को दी है, उसको वापिस लेने की कोई कायदा ही नहीं है। पुत्र उत्पन्न होने पर, उस सम्पत्ति में जो पैदा होने से पूर्व विभाजित कर दी गई हे, उसके भी अधिकार उत्पन्न हो जाते हैं। अपने जीवनकाल में पिता की सम्पूर्ण अधिकार

और इच्छा है कि वह अपनी सम्पत्ति जिसको चाहे उसको उतनी ही दे, इसमें किसी को उन्हें रोकने या बाधा उत्पन्न करने का कोई औचित्य नहीं है और न किसी को ऐसी सत्ता या अधिकार है। इसी प्रकार इसी को यह अधिकार भी नहीं है कि पिता द्वारा दी गई सम्पत्ति को वापिस ले सके। पिता की मृत्यु हो जाने पर माता भी सम्पत्ति में बराबर का अधिकार रखती है।[88]

यदि श्वसुर पहले मर जाय और पीछे पति मरे तो विधवा बहू अपनी सम्पत्ति की अधिकारिणी होगी। यह उसकी शिष्टता में आवश्यक है कि वह अपने सास–ससुर के बहुत अवधि तक विनयशीलता, आज्ञापालन करने वाली बहू की तरह रहे।[89] यद्यपि श्वसुर और पति की मृत्योपरान्त सारी सम्पत्ति की स्वामिनी वह विधवा ही होगी परन्तु उसको सास और परिवार को उचित और पर्याप्त भरण पोषण की व्यवस्था करनी होगी।

पुत्र की मृत्यु पर संपत्ति की मालिक उसकी पत्नी होगी परन्तु उसका यह दायित्व है कि अपनी सास का बहुत ध्यान रखे और आज्ञाकारिणी, विनयशील रहे। विधवा पुत्र–वधू का पूर्ण दायित्व है कि अपनी सासु माँ की उतनी सेवा और ध्यान रखे, जैसा कि उसका पति रखता था। अगर सास की इच्छा तीर्थयात्रा की हो तो उस इच्छा का सम्मान रखे, कोई धर्मार्थ कार्य कराने की सास की इच्छा है यथा किसी धर्मशाला के निर्माण में सहयोग, गरीबों के लिये मुफ्त खाना–पीना या अन्य किसी भी सद्भाव के कार्य करवाने की इच्छा हो तो वह कार्य करने में सास का पूर्ण सहयोग करे।[90]

विधवा खानदानी पुत्र–वधू की तरह किसी अच्छे व्यवहार वाले, मेहनती, समझदार, बहुत अच्छे गोत्र में उत्पन्न बालक को दत्तक लेकर दिवंगत पति के स्थान पर पुत्र सम नियुक्त करे। इस सम्बन्ध में जैन विधि और जैन व्यवहार, सिद्धान्त के अनुसार उसकी सास को दत्तक लेने का अधिकार नहीं है।[91]

श्वसुर की मृत्यु हो जाने पर उसकी उपार्जित सम्पत्ति अथवा वह सम्पत्ति जो श्वसुर के अधिकार में आई हो तो उसमें से विधवा पुत्र–वधू को कोई व्यय करने का अधिकार नहीं है। केवल उसके स्वर्गीय पति की सम्पत्ति में उसका व्यय का हक बनता है। स्वामी के भाग की सम्पत्ति का जैसा चाहे उपयोग, किसी भी कार्य और उद्देश्य हेतु किया जा सकता है;

विधवा बहू इस बारे में पूर्णतया स्वतंत्र है। अगर पति सम्पत्ति विभाजन से पूर्व मर गया हो, तब विधवा पत्नी सम्पत्ति में से दाय की अधिकारिणी नहीं है, केवल भरण पोषण पाने की हकदार है। विधवा का पुत्र ही दाय का अधिकारी है। यह नियम वहीं लागू होता है जहाँ मृत पुत्र का पुत्र जीवित है और उसका पितामह (दादा, बाबा) जीवित है। इसका सिद्धान्त है कि जिस सम्पत्ति का उसका पति का कोई स्वामिना अधिकार नहीं था, उसकी विधवा को भी कोई अधिकार नहीं मिलते हैं, केवल भरण–पोषण का अधिकारी है, (अर्हन्नीति के श्लोक 102, 103 पूर्व में विवेचित)।

इसलिए यदि अगर विधवा का पति की ससुर के जीवित अवस्था में मृत्यु को प्राप्त कर लिया हो तब उस मृतक पुत्र की विधवा को अपने श्वसुर की सम्पत्ति में से कुछ भी व्यय करने का अधिकार, अपने स्वयं के पुत्र के बिना स्वीकृति के नहीं है। परम्परा से चली आई ससुर की सम्पत्ति में किसी भी राशि को खर्च करने का हक नहीं है। इस प्रकार मृतक पुत्र की पत्नी के सम्पत्ति से व्यय करने के अधिकार पर आंशिक रूप से रोक है।[92]

भाइयों के समक्ष विवाहित कन्या का अपने पिता की सम्पत्ति में कुछ भी भाग नहीं है। पिता ने अपने जीवन काल में जो आभूषण, द्रव्य आदि उस पुत्री को दे दी हो तब केवल उस पर सम्पत्ति पर उसका अधिकार है।[93] यदि कोई विवाहित पुत्री हो तब वह अपनी माता के धन की स्वामी होगी और अगर पुत्री की मृत्यु हो जाय तब उसका पुत्र अधिकारी होगा। अगर बेटी स्वयं या उसका पुत्र दोनों नहीं हों तब माता की सम्पत्ति का उसका पुत्र ही अधिकारी होगा।[94]

यदि भाइयों की एक या अधिक अविवाहित भगिनी हो तब सब भाइयों को अपने अपने हिस्से का चतुर्थ भाग एकत्रित कर उन बहिनों का विवाह कर देना चाहिये। पिता की मृत्यु हो जाने पर उसके सभी पुत्रों को अपनी अपनी सम्पत्ति का चतुर्थांश को एकत्रित कर उस इकट्ठे हुए धन में से उनकी अविवाहित बहनों की विवाह की रस्में कर देनी चाहिए।[95]

जैन सिद्धातों में विभाग की विधि – सम्पत्ति के विभाजन पूर्व यह अनिवार्य हो जाता है कि समस्त अविभाजित सम्पत्ति का मूल्यांकन अनुमानतः समाज के कुछ प्रतिष्ठित व्यक्तियों के समक्ष कर दिया जाये जिससे विभाजन सरलता से हो सके। इस प्रकार मूल्यांकित समस्त सम्पत्तियों का पुत्रों में बराबर बराबर विभाजन कर दिया जाए।[96]

सब सम्पत्ति पुत्र समान भाग से लें और उनकी माता का पुत्रों के हिस्से के बराबर ही हिस्सा रहेगा। इस प्रकार इन सबमें समस्त सम्पत्ति का इन सब दायभाग के अधिकारियों में विभाजन करना ही न्यायोचित है। इन सिद्धान्तों का विभाजन में पालन करना चाहिए और इससे विपरीत किसी भी आधार पर चाहे अन्याय के कारण या और किसी अन्य अभिप्राय से दायाद किया जाएगा, तब वह विभाग सब जगह पर समाज में, परिवार में और राज्यव्यवस्था सब स्थान पर अनुचित और अन्यायपूर्ण ही ठहराया जाएगा।

इसी प्रकार यदि पिता ने स्वार्थवश या द्वेष भाव से अपनी पत्नियों के या अयोग्य दायादों के स्वत्वो की ओर ध्यान नहीं दिया हो अथवा किसी भी प्रकार से अन्यायपूर्ण, दुर्भावनापूर्वक या अन्य प्रकार विभाग किया हो तो वह विभाग किसी भी स्थान पर चाहे प्रतिष्ठितों लोगों में, परिजनों और राज्य के न्यायालय, कार्यालयों आदि में सर्व प्रकार से अमान्य होगा (इन्द्रनन्दि जिन संहिता – श्लोक 11, 12 पूर्व विवेचित)।

ऐसे पिता का किया हुआ विभाग अमान्य, अस्वीकृत होगा जो स्वयं अशान्त, अति क्रोधी, अतिवृद्ध, कामसेवी, व्यसनी, असाध्य रोगों से ग्रसित, पागल, जुआरी, शराबी आदि हो। इसका स्पष्ट अर्थ यह है कि अगर पिता की किसी भी प्रकार से अति व्यग्र चितवाला, अत्यन्त वृद्ध और अशक्त, व्यभिचारी, जुआरी, खोटे चाल–चलन वाला, पागल, महारोगी, क्रोध से भरा हुआ, पक्षपाती हो तब ऐसे पक्षपाती पिता का किया हुआ विभाग धर्म विपरीत होगा इसलिए वह पूर्णतया अमान्य है।[97]

अगर बड़ा भाई बुरी नियत से द्रव्य को छिपा ले, इसके परिणामस्वरूप छोटे भाई के साथ छल कपट करे, ठगे तब यह अत्यन्त जघन्य अपराध है और राज्य द्वारा कठोर रूप से दण्डनीय है। इसके फलस्वरूप वह अपना हिस्सा जो उसका बनता था, उससे भी वंचित हो जायेगा। भाग करने योग्य सम्पत्ति, धन से कोई भाई कुछ द्रव्य, सम्पत्ति को छिपा ले, तब उसे अपने विभाग में आनी वाली संपत्ति से भी हाथ धोना पड़ेगा तथा उसकी इस धर्मभ्रष्टता के नीच और जघन्य कार्य के कारण राज, समाज से दण्डित होगा।[98]

यदि लालच के वशीभूत भाइयों में क्लेश, कलह हो जाय तब सम्पत्ति, द्रव्य का विभाजन नियमानुसार, न्यायसंगत तरीके से करनी चाहिए। अगर

सभी भाई सम्पत्ति और द्रव्य के विभाजन के बारे में एकमत नहीं हों, आपस में झगड़े, टंटे आदि हो जायें तब उसका केवल न्यायालय अथवा ग्राम पंचायत से संपत्ति के विभाग के निर्णयानुसार ही बाँट होगी।[99] यदि विभाग करने में कोई संदेह हो तो उसका निर्णय किसी लेख से, भाइयों की तथा अन्य लोगों की गवाहियों से और अन्य तरीके से करना चाहिए। यदि विभाग के बारे में कोई भी शंका, असन्तोष, संदेह हो कि कौन कौन सी सम्पत्ति किस किसने प्राप्त की तब ऐसी परिस्थिति में यही उचित होगा कि समाज के प्रतिष्ठित लोगों, पंचायत या न्यायालय के समक्ष मौखिक, लिखित साक्षी या लेख द्वारा निर्णय प्राप्त कर लेना चाहिए।[100]

ऋण चुका कर जो शेष बचा हो, उसका यथाविधि विभाग करना कर्त्तव्य है, यदि शेष कुछ न बचे तो पिता और पुत्रों को साहसपूर्वक कमाना चाहिए। पृथक हो या शामिल सब पुत्र माता–पिता द्वारा लिए गये ऋण को बराबर–बराबर भाग में चुकाकर, फिर विभाग करना चाहिए। सर्वप्रथम जो भी परिवार पर, माता–पिता पर ऋण हो, उसकी अदायगी करनी चाहिए अथवा ऋण चुकाने के लिये पूरा प्रबन्ध करके, शेष सम्पत्ति का भाग कर लेना चाहिए। यह सिद्धान्त सुस्थापित है कि सर्वप्रथम माता–पिता का ऋण और दायित्व को अदा करना चाहिए अथवा उसको चुकाने की पूरी व्यवस्था कर देनी चाहिए, केवल उसके पश्चात् ही पुत्रों में विभाग करना चाहिए।[101]

वस्त्र, आभूषण, खत्तियाँ और इस प्रकार की दूसरी वस्तुएँ अविभाज्य नहीं है। कूप, अलंकार, वस्त्र, गोधन तथा अन्य भी मंत्री, दूत, पुरोहितादि विषय व द्रव्यों का विभाग विद्वानों को नहीं करना चाहिये। ये सब समाज में प्रतिष्ठा को बढ़ाने वाले हैं और इसलिए इन्हें अविभाजित ही रखना चाहिए। इसी दृष्टि से इन सामाजिक दृष्टि से महत्त्वपूर्ण वस्तुओं के विभाजन नहीं करने के निर्देश है।[102]

कुआँ, भूमि आदि का भी भाग नहीं करना चाहिए। किसी की अर्जित आभूषण, वस्त्रादि आदि धन को कोई दायाद नहीं ले सकता, जो लेगा वह नरक जाएगा। जो सम्पत्ति किसी ने स्वयं कूप, भूषण, वस्त्र बनाया हो और गोधन तथा इस तरह की अन्य सम्पत्ति जो किसी ने प्राप्त की हो वह स्वयं उसी की होती है।[103] पशुओं का पूरा–पूरा भाग करना चाहिए न कि टुकड़ों या हिस्सों में। ऐसा होना अव्यवाहारिक है और न ऐसा करना संभव है। ऐसा

श्री भद्रबाहु संहिता के श्लोक 112 में जो पूर्व में विवेचित किया है, में कहा गया है।

भाइयों में जो भाई अविवाहित हो, उसका विवाह करने का सब भाइयों का दायित्व है और उनका विवाह करके अथवा विवाह के लिए पूरे प्रावधान कर, जो सम्पत्ति शेष बची हुई है उसका ही सब भाइयों में विभाग करना चाहिए। यह एक पारिवारिक जिम्मेवारी है जिसको सब भाइयों को मिलकर निभाना चाहिए।[104] यदि एक या अधिक छोटी अविवाहित बहिनें हो तो प्रत्येक भाई का यह दायित्व है कि अपने हिस्से में प्राप्त सम्पत्ति के चतुर्थ भाग से उनकी भगिनियों के विवाह की व्यवस्था करनी चाहिए।

पिता की सम्पत्ति में पुत्रों को चाहिए कि अविवाहित भाई–बहिनों के शादी की पूर्ण व्यवस्था कर, फिर आपस में विभाग करे। यहाँ केवल विवाह ही नहीं वरन् इन अविवाहित भाई–बहिनों के समस्त संस्कार यथा शिक्षा, विवाह, जनेऊ का जिन परिवारों में रिवाज है और अन्य आवश्यक कार्यों के लिए पूर्ण व्यवस्था करनी चाहिए। इसका अर्थ यह है कि माता–पिता की मृत्यु के पश्चात् भाइयों की अगर छोटी अविवाहित भगिनी अथवा भगिनियां हैं तब सब अपने अपने हिस्सा का चतुर्थ भाग एकत्र करके उन सब कन्याओं का विवाह करना चाहिए या विवाह की पूर्ण व्यवस्था करनी चाहिए।[105] यह नियम वर्द्धमान नीति और अर्हन्नीति दोनों में वर्णित है। केवल अन्तर यह है कि भद्रबाहु संहिता में केवल बहिनों के लिए जो अविवाहित हो, उनके लिये विवाह, शिक्षा जीवनयापन जब तक उनका विवाह नहीं हो जाए आदि के लिये प्रावधान है।

यदि किसी पुत्र ने अपनी पिता की ऐसी स्थावर संपत्ति मिली है जो पिताजी के जीवन काल में दूसरों के कब्जों में चली गई हो तब उसे अपने उस सम्पत्ति में साधारण भाग से अधिक चतुर्थ भाग अधिक मिलेगा। शेष अन्य दायाद पाने के अधिकारी होंगे।[106] इस परिस्थिति में समस्त जंगम सम्पत्ति का वह पूर्णतया स्वामी होगा।

अनेक भाइयों में जो भी एक भाई पिता का द्रव्य, सम्पत्ति का उपयोग नहीं करता हुआ, स्वयं नौकरी या चाकरी, युद्धविद्या द्वारा धन अर्जित करे, विवाह के समय मित्रों, पारिवारिक सम्बन्धियों आदि से प्राप्त सम्पत्ति अथवा पिता के समय के डूबते हुए धन से अपने परिश्रम और बुद्धिमता से प्राप्त करे, वह सम्पूर्ण सम्पत्ति केवल उसी की होगी, किसी का भाग नहीं होगा।[107]

किसी हिस्सेदार के गहने, कपड़े और ऐसी ही दूसरी वस्तुएँ बाँटी नहीं जायेंगी जो पिता की सम्पत्ति को अपना समझकर उसको उसमें कोई बिना बाधा उत्पन्न किये या पिता की सम्पत्ति में से कुछ भी व्यय किये बिना, ऐसी सम्पत्ति जो दूसरों के आधिपत्य में हो या उसको रखना संदेहपूर्ण हो, उस सम्पत्ति को बचा ले, उसकी रक्षा कर दे, ऐसी सम्पत्ति केवल उसकी स्वयं की होगी और उसमें अन्य दायादों का कोई दावेदारी रही होगी।[108]

विभाग इस तरह न्यायोचित और उचित आधार पर करना चाहिये कि किसी भी दायाद पाने वाले में असंतोष अथवा शिकायत नहीं हो। बांट इस प्रकार से करना चाहिए जो सब दायादों को मंजूर हो और सबके हित और लाभप्रद हो। इन दायादों के नहीं होने पर संपत्ति राज्य की होगी परन्तु ब्राह्मण का धन इसका अपवाद है। यदि लालच के कारण भाई–भाई में झगड़ा, विवाद हो तब सम्पत्ति, द्रव्य का विभाजन पूर्ण न्यायोचित और धर्म अनुसार करना चाहिए।[109]

यदि कोई भाई सन्यासी बन जाये, संसार त्याग कर संन्यासी बन जाए तो उसके हिस्से का सारा भाग उसकी पत्नी को मिलेगा। यदि विभाग जब तक नहीं हो और उसके पूर्व ही कोई भाई संसार त्यागकर संन्यासी बन जाए तब स्त्रीधन को छोड़कर शेष जायदाद में दायादों के मध्य बराबर हिस्सा हो जाएगा। उस विभाजन में सम्पत्ति में साधु बने हुई भाई का हिस्सा भी अन्य सब भाइयों के बराबर होगा।[110]

अगर कोई गृहस्थ, मनुष्य विरक्त हो जाए और संसार, दुनियादारी को छोड़ने का निश्चित कर ले तब उसके लिये सबसे आवश्यक कदम तीर्थंकर देव का पूजन करना चाहिए। इसके पश्चात् समाज के अति प्रतिष्ठित के सदस्यों के समक्ष अपनी सारी जायदाद पुत्र या पुत्रों में विभाजित कर देनी चाहिए।

दूसरा विकल्प और तरीका इस प्रकार है कि वह अपनी समस्त जायदाद, सम्पत्ति को तीन हिस्सों में बांट ले, उनमें एक हिस्सा जायदाद का धार्मिक कार्य, किसी प्रकार का दान पुण्य कार्य हेतु, निश्चित कर दे, दूसरा हिस्सा परिवार वालों के भरण–पोषण, जीवन निर्वाह हेतु तय कर ले और अंतिम तीसरे हिस्से की सम्पत्ति को सारे पुत्रों में विभाजित कर दे। इसके साथ संन्यासी होने वाले पिता का यह आवश्यक कर्त्तव्य है कि वह सबसे

बड़े पुत्र को उससे छोटे सब पुत्रों का संरक्षक बना ले। इस प्रकार कथन त्रैवर्णिकाचार में वर्णित है।[111]

संयुक्त परिवार में कर्त्ता – संयुक्त परिवार में कर्त्ता, प्रबन्धक या प्रबन्धक सदस्य का अति महत्त्वपूर्ण दायित्व और अधिकार होता है। इस कर्त्ता, प्रबन्धक या प्रबन्धक सदस्य का एक ऐसा कार्य परिवार की व्यवस्था का होता है जिसकी तुलना किसी भी अन्य संगठन से नहीं की जा सकती है। यद्यपि उसकी शक्तियाँ सीमित होती हैं परन्तु उस सीमित शक्ति के क्षेत्र में उसके बहुत अधिक अधिकार होते हैं। ऐसे अधिकार परिवार में अन्य किसी सदस्य के पास नहीं होते।

कर्त्ता कौन हो सकता है? – जहाँ तक परिवार के सभी सदस्य अविभाजित होते हैं, वहाँ सामान्य नियम परिवार का पिता जब तक जीवित होता है, तब तक कर्त्ता होता है। पिता की मृत्यु के पश्चात परिवार का वरिष्ठ पुरुष सदस्य कर्त्ता होता है, ऐसी कानूनी मान्यता है, वह वरिष्ठ पुरुष सदस्य संयुक्त परिवार की सम्पत्ति की व्यवस्था देखता है।[112] परिवार के वरिष्ठतम पुरुष सदस्य कर्त्ता इसी कारण है कि वह परिवार का वरिष्ठतम पुरुष सदस्य है। कर्त्ता और अन्य पुरुष सदस्यों के मध्य संबंध प्रधान और अभिकर्त्ता का नहीं है। उनके सम्बन्ध न्यासी और न्यास लाभी (Cestui Que Trust) के मध्य जैसे हैं।[113]

ऐसे में पिता की मृत्यु उपरांत, अगर चाचा और भतीजों की सहदायिकी (Coparcenary) संयुक्त परिवार निरन्तर चल रहा है तब वरिष्ठतम चाचा कर्त्ता का पद भार संभालेंगे जो परिवार में सबसे वरिष्ठतम पुरुष सदस्य है। अगर सहदायिकी परिवार भाइयों का चल रहा है तब सबसे बड़ा भाई कर्त्ता का कार्य संभालेगा। कर्त्ता का पद जन्म से प्राप्त होता है और पुरुषों में वरिष्ठता से निर्धारित होती है और कर्त्ता का समय उसके जीवन काल तक निरन्तर चलता रहता है, जब तक वह स्वयं इस पद का त्याग कर दे अथवा छोड़ दे। परिवार के सब लोगों की सहमति से परिवार के सबसे बड़े पुरुष सदस्य के स्थान पर कोई कनिष्ठ परिवार के पुरुष सदस्य कर्त्ता का कार्य संभाल सकता है अथवा परिवार में एक से अधिक प्रबन्धक सदस्य हो सकते हैं।[114]

कर्त्ता का परिवार में स्थान – कर्त्ता का पद न्यासी और परिवार के सभी सदस्य न्यास लाभी हैं और इनमें सम्बन्ध प्रमुख या अभिकर्त्ता या

साझेदार का नहीं है।[115] उसका दायित्व जो रकम प्राप्त हुई है, उसका लेखा तैयार करने का है, न कि उस राशि का जो उसको प्राप्त हो सकती थी या यह राशि उसे प्राप्त करनी चाहिए थी। उसको परिवार की सम्पत्ति में व्यक्तिगत उपयोग नहीं लेना चाहिए परन्तु न्यासी रूप (fiduciary) से प्रत्यक्ष और पूर्ण सिद्ध साक्ष्य के आधार पर केवल आय के लेखे का पूर्ण हिसाब रखने का है।[116]

कर्त्ता परिवार का मुख्य प्रधान है और परिवार के अन्य सदस्यों के प्रतिनिधि की तरह कार्य करता है। वह संयुक्त परिवार की सभी गतिविधियों और व्यवसाय का प्रबन्ध करता है। वह परिवार का प्रमुख होने के नाते परिवार की व्यवस्था का सारा प्रबन्ध कुशलतापूर्वक करता है और उसको असीमित अधिकार प्राप्त हैं। इसके समक्ष व्यावसायिक कर्म का प्रबन्धन बहुत छोटा और महत्त्वहीन है। सामान्यतया वह किसी के प्रति जिम्मेवार नहीं है। जब तक उसका कोई राशि के दुरुपयोग, धोखाधड़ी अथवा व्यक्तिगत कार्यों के लिए उपयोग का प्रत्यक्ष साक्ष्य नहीं है, तब तक परिवार के लिए कोई राशि प्राप्त की और क्या राशि व्यय की वह पूर्णतया स्वतंत्र है और परिवार में किसी को भी उनसे कुछ पूछने का अधिकार नहीं है। उसका परिवार की राशि का परिवार के लिये उपयोग करने का दायित्व है और उसकी जिम्मेवारी परिवार के न्यासी या अभिकर्त्ता की नहीं है, जैसा कि प्रधान और अभिकर्त्ता की है।[117]

उसको कर्त्ता के तौर पर परिवार की धन राशि को बचत करने अथवा आर्थिक उपयोग करने की अथवा विनियोजन करने की नहीं है, संक्षिप्ततया उसकी सकारात्मक उपयोग नहीं करने पर यथा विनियोजन में असफलता, लेखों का संधारण करने या धन सम्पत्ति की बचत करने की जिम्मेवारी नहीं है। उसका परिवार के सब सदस्यों के साथ एक सा व्यवहार करने की आवश्यकता नहीं है, वह भेदभाव कर सकता है। परिवार के सदस्य कर्त्ता से लेखे का हिसाब नहीं माँग सकते, केवल संयुक्त परिवार के विभाजन की माँग कर सकते हैं।

जहाँ परिवार के दो भाई परिवार के व्यवस्था का दायित्व संभाल रहे थे तब यह न्यायिक निर्धारण किया गया कि एक प्रबन्धक को दूसरे प्रबन्धक को लेखा का हिसाब देने की आवश्यकता नहीं है।[118] कर्त्ता द्वारा परिवार की आय को निश्चित अनुपात में परिवार के सदस्यों को देने की आवश्यकता नहीं है और वह ऐसी व्यवस्था को मानने से अस्वीकार कर सकता है।

संयुक्त परिवार के प्रबन्धक को परिवार की सम्पत्ति अथवा आय को एक शाखा पर व्यय करने का अधिकार है, उसका किया हुआ कार्य अंतिम है। उसको परिवार के किसी भी सदस्य के भरण–पोषण पर व्यय करने का अधिकार है।[119]

कर्त्ता के दायित्व और जिम्मेदारी – कर्त्ता के दायित्व और जिम्मेदारियाँ अनेक और बहुत प्रकार की हैं। कर्त्ता की सबसे बड़ी जिम्मेदारी संयुक्त परिवार के सभी सदस्यों के भरण–पोषण की है उसमें सहदायिकी और अन्य सभी के बारे में है। उसकी सरकारी कर को चुकाने की जिम्मेदारी है और परिवार के मुख्य प्रतिनिधि की तरह बाहरी लोगों द्वारा परिवार के किसी मामले में उस पर वाद लाया जा सकता है। उसकी मुख्य जिम्मेदारी परिवार के सभी अविवाहित सदस्यों के विवाह तय करने, उनकी सारी व्यवस्थाएँ करने की है। कर्त्ता परिवार का प्रधान, मुखिया होता है और परिवार का किसी भी मामले में प्रतिनिधि होता है। राज्य सरकार और अन्य लोगों के समक्ष वह परिवार की नुमाइन्दगी करता है।

यह एक स्थापित सिद्धान्त है कि परिवार के कर्त्ता को परिवार के प्रतिनिधि की तरह संविदा करने का, रसीद जारी करने की, परिवार की ओर से करने का अधिकार है, इसी प्रकार परिवार को किसी दावेदारी के बारे में समझौता करने और दावेदारी को अन्य प्रकार से निस्तारित करने का अधिकार है। कर्त्ता को किसी व्यवसाय के मामलों में वाद प्रस्तुत करने अथवा उनके खिलाफ अन्य लोगों द्वारा वाद लाने का पूर्ण प्रावधान और व्यवस्था करने का अधिकार है। इसमें परिवार के अन्य सदस्यों को परिवार के संविदा और सौदों में वाद लाने या खिलाफ वाद में सम्मिलित करने की आवश्यकता नहीं है।[120]

कर्त्ता के अधिकार – कर्त्ता के अधिकार अनेक प्रकार के हैं। इसमें कर्त्ता का वैध पद महत्त्वपूर्ण है। उसके अधिकार बहुत ज्यादा और असीमित हैं और दायित्व को सीमित करने की कुछ व्यवस्था है। परिवार के मुखिया के अधिकारों को दो दृष्टिकोण से देखा जा सकता है– (1) परिवार की संयुक्त सम्पत्ति के विलगाव, विमुखता के अधिकार (2) अन्य अधिकार।

परिवार की सम्पत्ति के विलगाव, विमुखता के बारे में उसे बहुत सीमित अधिकार हैं। सामान्य नियम यह है कि वह संयुक्त परिवार की साझा सम्पत्ति का विलगाव या विमुख नहीं कर सकता है। कर्त्ता सम्पत्ति का

विलगाव बहुत अपवादस्वरूप मामलों में ही कर सकता है। अन्य अधिकारों के बारे में असीमित अधिकार हैं। परिवार पर ऋण करने के बारे में सीमित अधिकार हैं। किसी वाद में अगर परिवार के खिलाफ कर्त्ता के विरुद्ध डिक्री हो गई तब वह समस्त सहदायिकी का दायित्व बन जाता है चाहे वे वाद में पार्टी नहीं थे।[121] चाहे वह वयस्क हो या अवयस्क दायित्व से नहीं बच सकता। यह दलील भी लागू नहीं होती कि कर्त्ता के तौर पर उसने लापरवाही से वाद लड़ा।[122]

कभी कभी व्यवसाय की सुविधा के लिए परिवार का एक प्रबन्धक नहीं होता केवल परिवार के सब सदस्यों के बीच प्रबन्ध और व्यवस्था के लिए कई सदस्यों को बराबर की शक्तियाँ दे देते हैं। ऐसी परिस्थिति में एक सहदायिकी द्वारा की गई कार्यवाही से अन्य सब सदस्य बन्धे हुए होते हैं।[123]

व्यवस्था की शक्तियाँ – मुखिया के तौर पर कर्त्ता का व्यवस्था का अधिकार असीमित है। उसको परिवार की सम्पत्ति, व्यवसाय व अन्य पारिवारिक मामलों में अपने विवेक से सब कुछ करने का अधिकार है, चाहे वह व्यवस्थित ढंग से नहीं करे। उसका काम अव्यवस्थित हो तब भी कोई सदस्य कर्त्ता के अधिकार को चुनौती नहीं दे सकता है। वह चाहे तो सम्पत्ति को लीज पर दे सकता है और लीज पर नाम मात्र के किराये पर दे सकता है। वह चाहे सदस्यों के बीच भेद–भाव करता है, किसी को रहने के लिए बहुत बड़ी जगह और किसी को बहुत छोटा स्थान देता है, किसी सदस्य को उच्च शिक्षा की व्यवस्था करता है और किसी को प्राथमिक शिक्षा तक सीमित रखता है, ऐसे निर्णयों में उसको किसी सदस्य द्वारा चुनौती नहीं दी जा सकती है। कर्त्ता किसी भी सदस्य को भरण–पोषण और जीवन की आवश्यकताओं से वंचित नहीं रख सकता है। इस सबके पीछे सभी सदस्यों का कर्त्ता में पूर्ण विश्वास और निष्ठा रखने का भाव है।

आय का अधिकार – मिताक्षर संयुक्त परिवार का यह नियम है कि कोई भी सदस्य सम्पत्ति की आय में कुछ हिस्सा का अधिकार नहीं बता सकता है, यह आय तो समस्त परिवार की है और कर्त्ता जिस तरह चाहे उस तरह सदस्यों को दे। संयुक्त हिन्दू परिवार की सम्पत्ति का कर्त्ता ही प्रबन्धक है और परिवार की समस्त जायदाद की आय संयुक्त परिवार की है चाहे जो भी परिवार का कोई सदस्य, मैनेजर या अन्य प्रतिनिधि आय की

प्राप्ति करे, उसका कर्त्तव्य है कि वह परिवार के कर्त्ता को दे और परिवार का कर्त्ता जिस तरह भी उचित समझे, उस तरह व्यय, उपयोग करे। कर्त्ता चाहे जिस सदस्य को जितना दे, यह उसकी विवेक है और उसे चुनौती नहीं दी जा सकती।

जब परिवार ने कोई मैनेजिंग एजेन्सी परिवार की राशि और द्रव्य का उपयोग किये बिना ली हो, एक सदस्य उसकी व्यवस्था देख रहा हो और कमीशन के रूप में लाभ प्राप्त कर रहा हो, तब वह लाभ उस सदस्य का अकेला ही होगा। अगर मैनेजिंग एजेन्सी को लेने में संयुक्त परिवार का द्रव्य और राशि उपयोग में ली हो तब उस सदस्य को प्राप्त कमीशन या लाभ संयुक्त परिवार का रहेगा।[124] जहाँ भाइयों में से एक भाई ने गाँव छोड़ दिया और अपनी आय में से कुछ सम्पत्ति दूसरे गाँव में क्रय की जिसमें संयुक्त परिवार का द्रव्य या राशि नहीं लगी हो, तब वह सम्पत्ति उस भाई की ही रहेगी, न कि संयुक्त परिवार की।[125] जहाँ संयुक्त परिवार के समाप्त होने के पश्चात सम्पत्ति किसी सदस्य ने प्राप्त की हो तब वह जायदाद उस सदस्य की होगी, जिसने सम्पत्ति प्राप्त की हो।[126]

प्रबन्ध सदस्य को सभी सौदों में प्रतिनिधित्व करने का दायित्व – परिवार की सम्पत्ति का निगमित हैसियत के फलस्वरूप जब भी कोई संविदा संयुक्त परिवार की सम्पत्ति को प्रभावित करता है, तब परिवार के सभी सदस्यों के प्रत्यक्ष अथवा अप्रत्यक्ष रूप से प्रबन्ध सदस्य को प्रतिनिधित्व करने का दायित्व और अधिकार है, वह संविदा सबके लाभ के लिए होना चाहिए, न कि एक सदस्य के लाभ के लिए। कोई भी वाद वसूली के लिए वाद किसी भी सदस्य द्वारा संयुक्त हिन्दू परिवार के सभी सदस्यों के लिए होना चाहिये।[127] यह पूर्णतया स्थापित सिद्धान्त है कि प्रबन्ध सदस्य या एक से अधिक प्रबन्ध सदस्य हों, वहाँ एक से अधिक प्रबन्ध सदस्य को संविदा करने का अधिकार है। रसीद देने के लिए, समझौता करने के लिए, क्लेम को तय करने का जो परिवार के व्यवसाय से सम्बन्धित हो उनको अधिकार और दायित्व है।

प्रबन्ध सदस्य वाद प्रस्तुत करने या उसके विरुद्ध वाद के होने पर, सभी परिवार के संदस्यों को बिना उसमें सम्बन्धित किये और विशेष तौर पर उनके नाम पर संविदा और सौदों में, प्रबन्ध सदस्य कार्यवाही कर सकता है।[128] इस प्रकार प्रबन्ध सदस्य को परिवार के सभी संविदा में परिवार के

सारे सदस्यों का प्रतिनिधित्व करने का चाहे सम्पत्ति जंगम या स्थावर हो, दायित्व और अधिकार है।[129]

संयुक्त परिवार का कर्त्ता परिवार का सभी मामलों में विधिक, धार्मिक और सामाजिक आदि में परिवार का प्रतिनिधित्व करता है। वह परिवार के प्रतिनिधि के तौर पर समस्त कार्य करता है और उसके द्वारा किये गये सभी कार्य परिवार के समस्त सदस्यों पर पूर्णतया बंधनकारी और बाध्यकारी है। संयुक्त परिवार का कोई बड़ी व्यापारिक कॉरपोरेशन की तरह अस्तित्व नहीं है, यह सभी मामलों में कर्त्ता के माध्यम से कार्यवाही करते हैं।[130]

संयुक्त परिवार उसके या कर्त्ता के खिलाफ वैधिक कार्यवाही में किसी भी आदेश अथवा डिक्री से संयुक्त परिवार सदस्यों पर बाध्यकारी है। अगर कर्त्ता की लापरवाही और हल्केपन के कारण कोई केस में कर्त्ता या संयुक्त परिवार हार जाता है तब भी परिवार के किसी भी सदस्य या सभी सदस्यों के लिये यह पर्याप्त नहीं होगा कि इसके कारण अदालत द्वारा पारित आदेश को निरस्त कर दिया जाये।[131]

समझौता करने का अधिकार – परिवार कर्त्ता को पारिवारिक सम्पत्ति या उनकी व्यवस्था के लिए समझौता करने का पूर्ण अधिकार है। यह समझौता सद्भावपूर्ण होना चाहिए, न कि कर्त्ता के व्यक्तिगत लाभ के लिए। ऐसे समझौता से परिवार के सब सदस्य बंधित है।[132] किसी मामले में कर्त्ता द्वारा किया गया समझौता में कोई धोखाधड़ी नहीं है और कर्त्ता ने समझौता सद्भावी तरीके से किया हो और सद्विश्वास से किया हो तब उसे न्यायपूर्ण किया हुआ (res judicata) माना जायेगा।[133] अगर कर्त्ता द्वारा गया समझौता सद्भावी से नहीं किया गया है तब उसे न्यायालय में चुनौती दी जा सकती है।[134] न्यायिक समिति ने गणेश राव बनाम् तुलजाराम रॉ में अपने निर्णय में टिप्पणी दी है।

निस्संदेह रूप से संयुक्त परिवार में पिता या व्यवस्थापक सदस्य कुछ परिस्थितियों के अन्तर्गत कुछ शर्तों के साथ कोई समझौता कर सकता है जिससे परिवार के अव्यस्क सदस्य भी बन्धे हुए होते हैं। परन्तु कोई अवयस्क वाद में पार्टी है और उसके मित्र या संरक्षक की नियुक्ति की हुई है जो अवयस्क के अधिकार और हित को पूरी तरह देख रहे हो तब उसके निर्णय न्यायालय के नियंत्रण में होंगे।[135] इसी तरह जब पिता या व्यवस्थापक सदस्य अव्यस्क के मित्र या संरक्षक हो, तब अव्यस्क की तरफ से समझौता *आदेश 32 नियम 7* के अन्तर्गत न्यायालय की स्वीकृति आवश्यक है।[136]

संयुक्त परिवार के व्यवस्थापक का ऐसा कोई अधिकार नहीं कि ऋणी के लिये दान की भावना से अथवा ऋणी के प्रति सहानुभूति के कारण ऋण का बहुत महत्त्वपूर्ण भाग छोड़ दे।[137] कुछ विशेष परिस्थितियों में कर्त्ता को यह अधिकार अवश्य है कि ऋणी द्वारा ऋण भुगतान का समझौता करने पर सद्भावी तौर पर मूल रकम या ब्याज में कुछ छूट दे सके।[138] मिताक्षरा कानून के पिता जो कर्त्ता है, को पारिवारिक सम्पत्ति की व्यवस्था के लिये दूसरे कर्त्ताओं से अधिक व्यापक अधिकार है।[139]

मध्यस्थता – कर्त्ता को परिवार के आपसी मनमुटाव के किसी मामले को मध्यस्थ को संदर्भित करने का अधिकार है और दूसरे पहलुओं पर वह वैध है तब मध्यस्थ का निर्णय परिवार के सब सदस्यों पर बन्धकारी होगा।[140] व्यवस्थापक सदस्य को परिवार की सम्पत्ति को कोई विवाद, परिवार के हित की रक्षा करते हुए, मध्यस्थ को सौंपने का पूर्ण अधिकार है।[141] परिवार के सभी सदस्य जिनमें अव्यस्क भी सम्मिलित है, अगर दूसरे बिन्दुओं पर बाध्य है, तब सब सदस्यों पर बाध्यकारी होगा।[142]

परिवार की ओर सहमति का अधिकार– कर्त्ता को परिवार पर कोई ऋण शेष हो तब उसे स्वीकार करने का पूर्ण अधिकार है। कर्त्ता को ऋण का ब्याज अदा करने का या ऋण का कोई अंश चुकाने का अधिकार है जिससे लिमिटेशन की नई अवधि शुरू हो सके, ऐसा *धारा 21 लिमिटेशन कानून 1963* का किया जा सकता है।[143] कर्त्ता को अवधि समाप्ति के बाद का ऋण को स्वीकार करने का *धारा 25(3) भारतीय संविदा अधिनियम* के अनुसार कोई अधिकार नहीं है।[144]

जहाँ संयुक्त परिवार के पक्ष में संयुक्त डिक्री का आदेश न्यायालय द्वारा पारित किया गया हो, वहाँ संयुक्त परिवार के किसी सदस्य को किया गया भुगतान संयुक्त परिवार की संयुक्त डिक्री के विरुद्ध नहीं माना जा सकता।[145]

कर्त्ता के ऋण संविदा को स्वीकार करने का अधिकार – कर्त्ता को इस बात का पूर्ण अधिकार है कि वह परिवार के व्यवसाय ऋण और परिवार की सम्पत्ति को गिरवी रखने को संविदा करें। इन ऋणों से परिवार के सब लोग बंधित है।[146] इसी प्रकार अव्यवसायी संयुक्त परिवार का कर्त्ता को पारिवारिक उद्देश्यों के लिए ऋण लेने का अधिकार है। ऐसे ऋण परिवार के सब सदस्यों पर बन्धनकारी हैं। जब एक ऋणदाता ऋण के लिए समस्त

परिवार के सदस्यों को जिम्मेदार ठहराते हुए वाद लाता है तब उसे यह सिद्ध करना होगा कि ऋण पारिवारिक उद्देश्यों के लिए गया था या व्यवसाय के सामान्य तरीके से और उसने परिवार की आवश्यकताओं के बारे में तथ्यों की जाँच करते हुए सद्भावी तरीके से ऋण दिया था।[147] पारिवारिक उद्देश्य को वैध आवश्यकताओं के अनुरूप माना गया है और उसमें परिवार की सम्पत्ति के लाभ के लिए या अपरिहार्य पवित्र कर्त्तव्यों के पालन इत्यादि अन्य उद्देश्य सम्मिलित है।

जहाँ परिवार के लाभ हेतु ऋण संविदा की गई हो और कर्त्ता व्यवस्थापक की मृत्यु हो जाती है तब ऋणदाता द्वारा सभी शेष सदस्यों से चाहे वयस्क हो या अवयस्क, ऋण वसूली की कार्रवाई की जा सकती है। इस दृष्टि से कर्त्ता द्वारा परिवार के लिए लिये गये ऋण के लिये समस्त परिवार के सदस्य जिम्मेदार है, चाहे कर्त्ता जीवित हो या मृत हो।[148]

प्रोमिजरी नोट के अन्तर्गत ऋण (वचन पत्र) – जब संयुक्त परिवार के कर्त्ता द्वारा वचन पत्र ऋणदाता के पक्ष में लिखकर दिया हो और यह ऋण पारिवारिक उद्देश्यों या परिवार के व्यवसाय के लिये लिया गया हो तब परिवार के सभी सदस्यों पर वसूली के लिये वाद किया जा सकता है, चाहे अन्य परिवार के सदस्यों ने वचन पत्र हस्ताक्षर नहीं किये हो, प्रत्येक सदस्य का दायित्व उनका संयुक्त परिवार में हिस्से तक सीमित होगा; परन्तु कर्त्ता व्यक्तिगत रूप से वचन पत्र के प्रति जिम्मेदार होगा। परिवार के अन्य सदस्य वचन पत्र के आधार पर लिये ऋण पर केवल वचन पत्र के आधार पर उत्तरदायी नहीं होते वरन् ऋण के उद्देश्यों के आधार पर होते हैं।

परिवार के अन्य सदस्यों की जिम्मेदारी संयुक्त परिवार में उनके हिस्से तक सीमित होती है, जबकि कर्त्ता पर जिसने वचन पत्र लिखकर दिया हो, ऋण अदायगी का पूर्ण दायित्व और जिम्मेदारी होगी।[149] अलाहाबाद, पटना, नागपुर ने इस प्रकार दृष्टिकोण अपनाया है कि संयुक्त हिन्दू परिवार हिन्दू विधि के अनुसार वैधिक व्यक्ति है और विधिपूर्वक कर्त्ता के माध्यम से कार्य करता है। इसलिये सभी सदस्य वचन पत्र से बंधित है।[150]

मद्रास उच्च न्यायालय की फुल बेंच ने भी यही निर्णय दिया है कि यदि वचन पत्र संयुक्त हिंदु परिवार के कर्त्ता द्वारा निष्पादित किया जाता है तो अंतिम कानूनी राहत निष्पादित वचन पत्र तक ही सीमित है। यदि वचन पत्र

की भाषा ऋण का पूर्ण पृष्ठांकन करती हो, और स्टाम्प ड्यूटी पूरी जमा कराई गई हो, तब ही उस संयुक्त हिन्दू परिवार के सभी सदस्यों को बाधित किया जा सकता है अन्यथा साधारण पृष्ठांकन के आधार पर वचन पत्र निष्पादित सदस्यों को जिम्मेदार नहीं ठहराया जा सकता है।[151]

इस प्रकार जैन विधि में संयुक्त परिवार और सहदायिकी (coparcenary) में सम्पत्ति की विभाजन विधि और सहदायिकी सम्पत्ति की व्यवस्था में पिता की स्वयं द्वारा अर्जित सम्पत्ति में पुत्रों का कोई अधिकार पिता के जीवन काल में नहीं है। अविभाज्य सम्पत्ति ज्येष्ठ पुत्र ही प्राप्त करता है। पिता द्वारा विभाजन न्यायोचित तरीके से करना चाहिए। अगर पिता द्वारा विभाजन अन्यायपूर्ण तरीके से किया गया हो या दुर्भावनापूर्वक किया हो तो उसे समाज में प्रतिष्ठित व्यक्तियों द्वारा, परिजनों द्वारा अन्यथा न्यायालयों द्वारा निरस्त कर दिया जायेगा। सब तरह से जैन विधि संयुक्त परिवार और सहदायिकी सम्पत्ति का विभाजन और सहदायिकी सम्पत्ति की व्यवस्था बहुत तर्कसंगत और न्यायोचित है।

संदर्भ

1. मॉडर्न हिन्दू लॉ – पारस दीवान – (17वां संस्करण) – पृ. 268
2. मॉडर्न हिन्दू लॉ – पारस दीवान – (17वां संस्करण) – पृ. 271
3. न विभज्यं न विक्रेयं स्थावरं च कदापि हि।
   प्रतिष्ठाजनकं लोके आपदाकालमन्तरा।। अर्हन्नीति – श्लोक 5
4. कूपालंकारवासांसि न विभज्यानि कोविदैः।
   गोधन विषमं चैव मन्त्रिदूत पुरोहिताः।। श्री भद्रबाहु संहिता दायभाग – श्लोक 112
5. पुत्तो पित्त घणेहिं ववहारे जं जहाय कप्पेई।
   पोतो दायविभागो अप्पडि बंहोस पडिवं हो।। इन्द्रनन्दि जिनसंहिता – श्लोक 2
6. स्वस्वत्वापादनं दायः स तु दैविध्यमुश्नुते।
   आद्यः सप्रतिबन्धश्च द्वितियोऽप्रतिबन्धकः।। अर्हन्नीति – श्लोक 2
7. पितृद्रव्यं न गृह्णीयात्पुत्रेष्वेक उपार्जयेत्।
   भुजाभ्यां यन्न भाज्यं स्यादागतं गुणवत्तया।। श्री भद्रबाहु संहिता दायभाग – श्लोक 100

8. यत्किंचिद्वस्तुजातं हि स्वारामाभूषणादिकम।
यस्मे दत्तं च पितृभ्यां तत्स्यैव सदा भवेत्।।

9. पत्याङनाये यद्दत्तमलंकारादि वा धनम्।
तद्विभाज्यं न दायादेः। प्रान्ते नरकभीरुभिः।। श्री भद्रबाहुसंहिता – श्लोक 101

10. बूढं वा अब्बूढे गिणाहिया पंचजण सक्खी।
जो एगुद्धरेहिय कमदो भूमिदु पुब्बणट्ठाई।।
तुरियं भायं दिण्णय लहदिय अण्णो हु सब्बस्स।
णिय जणय धण ज बिहु णियबदब्बमघादए इतं इब्बं।।
दायादेउ ण दिज्जई, विज्जलहद्धं धणं जंहि।
जइ दिण्ण धणं जं बिहु भूषणवत्थादियं व जं अण्णं।। इन्द्रनन्दि जिन संहिता – श्लोक 19, 20, 21

11. विभक्ता भ्रातरो भिन्नस्तिष्ठन्तु सपरिच्छदाः।
दानपूजादिना पुण्यं वृद्धिः संजायतेतराम्।। श्री भद्रबाहु संहिता दायभाग परिच्छेद – श्लोक 13

12. पित्रोरुद्र्ध्यं भ्रातरस्ते समेत्य वसु पैतृकम।
विभजेरन् समं सर्वे जीवतो पितुरिच्छया। श्री भद्रबाहु संहिता – श्लोक 4

13. जहकालं जहाखेतं जहाबिहि तेसिं समभाऊ।
बिबरीया णिव्वस्स पडिउलाये तहेव वोढव्वा।। इन्द्रनन्दि जिन संहिता – श्लोक 45

14. पितृद्रव्यं न गृहणीात्पुत्रेष्वेक उपार्जयते।
भुजाभ्यां यन्न भाज्यं स्यादागतं गुणवत्तया।। श्री भद्रबाहु संहिता – श्लोक 100

15. पितृभ्यां प्रतिकूलः स्यातपुत्रो दुष्कर्म योगतः।
जाति धर्माचारभश्भटोऽथवा व्यसनतत्परः।। 86।।
स बोधितोऽपि सद्वाक्यैर्न त्यजेद्दुर्मतिंयदि।
तदा तद्वृतमाख्याय ज्ञातिराज्याधिकार।। 87।।
तदीयाज्ञां गृहीत्वा च सर्वैः कार्य्यो गृहाद्विहः।
तस्याभियोगः कुत्रापि श्रोतुं योग्यो न कर्हिचित।। 88।।
सप्तव्यसनसंसक्ताः सोदरा भागभागिनः।
न भवंति च तो दण्डया धर्म्मभ्रंशेन सज्जनैः।। अर्हन्नीति – श्लोक 86, 87, 88, 120

16. प्रेते पितरि यत्किंचित धनं ज्येष्ठकरागतम्।
न पितृभ्रातृज्जानामधिकारोऽत्र सर्वत्र।। श्री भद्रबाहु संहिता – श्लोक 98

17. अविद्यानां तु भ्रातृणां व्यापारेण धनार्जनम्।
पैत्र्यं धनं परितज्याऽप्यत्र सर्वे समांशिनः।। श्री भद्रबाहु संहिता – श्लोक 99

18. (i) यावतांशेन तनया विभक्ता जनकेन तु।
तावतैव विभागेन युक्ताः कार्या निजस्त्रियः।। अर्हन्नीति – श्लोक 27,

(ii) संदे पितामहे जे थावर वत्थूण कोवि संदिट्ठू।
जं आभरणं वत्थं जहेत्थु तं विभायरिहा।। श्री इन्द्रनन्दि जिन संहिता – 5

19. पित्रोरूध्वं तु पुत्राणां भागः सम उदाहृतः।
तयोरन्यतमे नूनं भवेद्भागस्तदिच्छया।। अर्हन्नीति – श्लोक 15

20. ॠण दत्वाऽवशिष्टं तु विभजेरन् यथाविधिः।
अन्यथोपार्ज्यते द्रव्य पितृपुत्रैः ससाहसेः।। श्री भद्रबाहु संहिता – श्लोक 111
विभक्ता आवेभक्ता वा सर्वे पुत्रा समांशत।
पित्रो ॠणं प्रदत्वैव भवेयामार्ग भागिन।। अर्हन्नीति – श्लोक 16

21. ज्येष्ठ एब हि गृहणीयात्पित्रयां धनमशेषतः।
अन्ये तदनुसारित्वं भजेयुः पितर यथा।।
प्रथमोत्पन्न पुत्रेण पुत्री भवति मानवः।
पुनर्भवन्तु कतिचितार्वस्याधिपतिर्महान।। श्री भद्रबाहु संहिता – श्लोक 5, 6

22. सर्वेपि भ्रातरो ज्येष्ठं विभक्ताज्जंगया तथा।
किंचिदंश च ज्येष्ठाय दत्वा कुर्यः समांशकम्।। श्री भद्रबाहु संहिता 17

23. अनुजानां लघुत्वे तु सर्वथाप्यग्रजो धनम्।
सर्वं गृहणति तत्पैत्र्यं तदा तान्पालयेत्सदा।। अर्हन्नीति – श्लोक 21

24. णिय पिउमहे जे दब्बे भाउजण णी छिया सुहवे।
धण्णं जं अविहतं तहेव तं समं सम णेय।। इन्द्रनन्दि जिन संहिता – श्लोक 24

25. पैतामहे च पौत्राणां भागाः स्यु पितृसंख्यया।
पितुर्द्रव्यस्य तेषां तु संख्या भागकल्पना।। अर्हन्नीति – श्लोक 99

26. पारिव्रज्या गृहीतैकेना विभक्तेषु।
विभाग काले तद्भागं तत्पत्नी लातुमर्हति।।
पुत्रस्त्रीवर्जितः कोऽपि मृतः प्रव्रजितोऽथवा।
सर्वे तद्भ्रातरस्तस्य गृहणीयुहस्तद्धनं समम्।। अर्हन्नीति – श्लोक 90, 91

27. येषां विभक्तद्रव्याणां मृते ज्येष्ठे कनिष्ठके।
भ्रातरस्तत्सुताश्चैव सोदरास्तत्समांशिन।। वर्द्धमान नीति – श्लोक 52
पित्रा सर्वे यथाद्रव्यं विभक्तास्ते निजेच्छया।
एकत्रीकृत्य तद्द्रव्यं सहकुर्वन्ति जीविकाम्।।
विभजेरन् पुनर्द्रव्यं समाशैर्भ्रातर स्वयम।
न तत्र ज्येष्ठांगस्यापि भागः स्याद्विषमो यतः।। श्री भद्रबाहु संहिता – श्लोक 104, 105

28. एक काले युगोत्पत्तो पूर्वजस्य हि ज्येष्ठता।
विभागसमये प्रोक्तं प्राधान्यं तस्य सूरिभि।।
पुत्रयुग्मे समुत्पन्ने यस्य प्रथम निर्गमः।
तस्यैव ज्येष्ठता ज्ञेया इत्युक्तं जिनशासने।। अर्हन्नीति – श्लोक 29

29. यदि पूर्व सुता जाता पश्चात्पुत्रश्च जायते।
तत्र पुत्रस्य ज्येष्ठत्वं न कन्याया जिनागमे।। श्री भद्रबाहु संहिता – श्लोक 23
दुहितापूर्वमुत्पन्ना सुतः पश्चाद्भवेद्यादि।
पुत्रस्य ज्येष्ठता तत्र कन्याया न कदाचन।। अर्हन्नीति – श्लोक 30

30. गोधनं तु समं विभक्त्वा गृहणीयुस्ते निजेच्छया।
काश्चिदद्धतुं न शक्तश्चेदन्यो गृहणात्यसंशयम्।। श्री भद्रबाहु संहिता – श्लोक 18

31. बहुपुत्रयुते प्रेते भ्रातृभु क्लीवतादियुक्।
सयाच्चेत्सर्वे समान्भागान्नदद्युः पैतृकाद्धनात्।। श्री भद्रबाहु संहिता – श्लोक 69
पंगुरंधाश्चित्स्यश्च पतितक्लीवरोगिणः।
जड़ोन्मतौ च त्रस्तांगः पोषणीयो हि भ्रातृभिः।। वर्द्धमान नीति – 53

सोयरबन्धु बग्गो गेहणदु तेसिं धणं कमसो।
पडिदो पंगू वहिरो उन्मत्तो सदं कुज्ज अंधोय।।
बिसई जड़ो य कोही गूँगो रुग्गो य पयडूलो।
विसणी अभक्खभोई एदेसिं भाग जुग्गदो णत्थि।।
भुत्ति बसण जणिता परंदु जस्सा विकस्सावि।
मंतो सहाई शुद्धा एदेसिं भाग जोगदा अत्थि।। इन्द्रनन्दि जिन संहिता – श्लोक 41, 42, 43
उन्मुत्तोः व्याधितः पंगुः भांढोऽन्धः पतितो जड़ः।
स्रस्तांगाः पितृविद्वेषी मुमूर्षवधिरस्तथा।।

मूकश्च मातृविद्वेषी महाक्रोधी निरिन्द्रियः।
दोषत्वेन न भागार्हाः पोषणीयाः स्वभ्रातृभिः अर्हन्नीति – श्लोक 92, 93

32. जहकालं जहखेतं जहाबिहिं तेसिं समभाऊ।
बिवरिया णिव्वसा पडिउलाये तहेव बोढव्व।। इन्द्रनन्दि जिन संहिता – श्लोक 45

33. ऐषां तु पुत्राः पत्नेयश्चेछुद्धाभागमवाप्नुयुः।
दोषस्यापगमे त्वेषां भागार्हत्वं प्रजायते।। श्री अर्हन्नीति – श्लोक 94

34. (i) गिणूहादी लंबडोविहुबुत्थो रुग्नोरु गयछहो कामी।
दूदो वेस्सासत्तो गिण्इभायं जहोचियं तथ्य।। इन्द्रनन्दि जिन संहिता – श्लोक 10
(ii) अज्ञाता अथवा हीनाः पितुः पुत्राः सदा मुनि।
सर्वे स्वाजी विकार्थ हि तस्मिन्नशहराः स्मृतः।। अर्हन्नीति – श्लोक 9

35. भुत्ति बसण जणिता परं दु जस्सा विकस्साविं।
मंतो सहाई शुद्धा एदेसिं भाग जोगदा अत्थि।। इन्द्रनन्दि जिन संहिता – श्लोक 43
एषां तु पुत्राः पत्न्यश्चेच्छुद्धा भागमवाप्नुमु।
दोषस्यापगमे त्वेषां भागार्हत्वं प्रजायते।। अर्हन्नीति – श्लोक 94
एदसिं बि सुदा अवि दुहिरा जो सब्ब गुण सुद्धोय।
होइहु भाय सु जुग्गा णियधम्मरदा जणाहु सब्बेसिं।। इन्द्रनन्दि जिन संहिता – श्लोक 44

36. बहुपुत्रेष्वशक्तेषु प्रेते पितरिः यद्धनम्।
येन प्राप्तं स्वशक्त्या नो तत्र स्यादाभागकल्पना।। श्री भद्रबाहु संहिता – श्लोक 103

37. इन्द्रनन्दि जिन संहिता – श्लोक 42 (पूर्व में विवेचित)

38. मुक्तयुपायोद्यतश्चैकोऽविभक्तेषु च भ्रातृभु।
स्त्रीधनं तु परित्यज्य विभजेरन् समं धनम।। वर्द्धमान नीति – श्लोक 48, श्री भद्रबाहु संहिता – श्लोक 84
पारिव्रज्या गृहीतैकेनाविभक्तेषु बन्धुषु।
विभागकाले तदभागं तत्पत्नी लातुमर्हति।। अर्हन्नीति – श्लोक 90

39. पुत्रस्त्रीवर्जितः कोऽपि मृतः प्रव्रजितोऽथवा।
सर्वेतद्भ्रातरस्तस्य गृह्णीयुस्तद्धनं समम्।। अर्हन्नीति – श्लोक 91

40. येषां विभक्तद्रव्याणं मृते ज्येष्ठे कनिष्ठके।
भ्रातरस्तत्सुताश्चैव सोदरास्तत्समांशिन।। वर्द्धमान नीति – श्लोक 52
जाते विभागे बहुषु पुत्रेष्वेको मृतो यदि।
विभजरेन् सम रिक्थं समागिन्यः सहोदराः।। श्री भद्रबाहु संहिता – श्लोक 106

41. (i) असंस्कृतं तु संस्कृत्य भ्रातरो भ्रातरं पुनः।
शेषं विभज्य गृहणीयुः समं तत्पैतृकं धनम्।। वर्द्धमान नीति – श्लोक 7
(ii) असंस्कृता येऽनुजास्तान् संस्कृत्य भ्रातरः स्वयं।
अवशिष्टं धनं सर्वे विभजेयुः परस्परम्।। अहन्नीति – श्लोक 20

42. सहोदरैर्निजाम्बाया भगस्सम उदाहृतः।
साधिको व्यवहारार्थमृतौ सर्वेऽशभागिन।। श्री भद्रबाहु संहिता – श्लोक 21
सहोदरैर्निजाम्बाया भागः सम उदाहृतः।
साधिकं व्यवहारार्थ मृतौ सर्वेंऽशभागिनः।। वर्द्धमान नीति – श्लोक 10
णेह विसादो तत्थहु गिण्ह जहुणावरेण एतत्थ।
पंचत्तगये जणये भाया समभाइणी हवेतत्त्थ।। इन्द्रनन्दि जिन संहिता – 27
पितुरुर्ध्वं निजाम्बायाः पुत्रैर्भागश्च सार्थकः।
लौकिक व्यवहारार्थं तन्मृतौ ते समांशिन।। अर्हन्नीति – श्लोक 28

43. यावतांशेन तनया विभक्ता जनकेन तु।
तावतैव विभागेन युक्ताः कार्या निजस्त्रियः।। अर्हन्नीति 27

44. धाइणिवं द्वावर सामित दुण्ह लत्य सरसम्मि।
जोद सुद बिमाउ णेउहि सवणजणिय बहु सरिसो।। इन्द्रनन्दि जिन संहिता – श्लोक 25

45. (i) श्री भद्रबाहु संहिता – श्लोक 21 (पूर्व विवेचित)
(ii) वर्द्धमान नीति – श्लोक 10 (पूर्व विवेचित)
(iii) अर्हन्नीति – श्लोक 28 (पूर्व विवेचित)

46. णेह विसादो तत्थहु गिण्ह जहुणावरेण एतत्थ।
पंचत्तगये जणये भाया समभाइणी हवेतत्त्थ।।
भाया भयणी दोबिय संभज्जा दायभाग दो सरिसा।
भायरि पहाडेबिय लहु भायर भायणो हु संरक्खा।।
दत्तादाण विसेसं भइणीउ पारिणे दब्बा।
दो पुत्ता एयं सुदा धणं विभज्जंति हा तहाभाये।।
सेसं जेट्ठो लादिहु जहारिण णो तहा गिण्हे।

सद्धाहु वंभजा जे चउ तिय दुगुणप्पभाइणो णेया।। इन्द्रनन्दि जिन संहिता – श्लोक 27, 28, 29, 30

47. जाते विभागे बहुषु पुत्रेष्वेको मृतो यदि।
विभजेरन् सम रिक्थं समगिन्यः सहोदराः।। श्री भद्रबाहु संहिता – श्लोक 106

48. (i) भातृवद्विवा मान्या भ्रातृ जाया स्वबन्धुभिः।
तदिच्छया सतुस्तस्य स्थापयेद्भ्रातृके पदे।। अर्हन्नीति – श्लोक 131। (ii) धीसनमल बनाम् हर्षचन्द (अवध) सेलेक्ट केसेज न. 43 पृ. 34

49. मुक्तत्युपाद्योद्यतश्चैको विभक्तेषु च भ्रातृभु।
स्त्रीधनं तु परित्यज्य विभजेससमं धनम्।। वर्द्धमान नीति – श्लोक 48
परिव्रज्या गृहीतैकेनाविभक्तेषु बन्धुषु।
विभागकाले तद्भागं तत्पत्नीं लातुमर्हति।।
भातृवद्विवा मान्या भ्रातृ जाया स्वबन्धुभिः।
तदिच्छया सुतस्तस्य स्थापयेद्भ्रातृके पदे।। अर्हन्नीति – श्लोक 90, 131

50. अविभागे तु भ्रातृणां व्यवहार उदाहृतः।
एक एव विभागे तु सर्वः संजायते पृथक्।। अर्हन्नीति – श्लोक 130

51. पित्रा सर्वे यथाद्रव्य विभक्तास्ते निजेच्छया।
एकत्रीकृत्य तद्द्रव्यं सह कुर्वन्ति जीविकाम्।
विभजेरन् पुनर्द्रव्यं समांशैर्भ्रातरः स्वयम/।
न तत्र ज्येष्ठांगस्यापि भागः स्याद्विषमो यतः।। श्री भद्रबाहु संहिता – श्लोक 104, 105

52. पुब्बं पच्छाजादे विभक्त जो सब्ब संगाही।
जीवदु पिच्चधणोवि हु जाम्हि जहातहादिण्णं।। इन्द्रनन्दि जिन संहिता – श्लोक 26
पितुरुर्ध्वं विभक्तेषु पुत्रेषु यदि सोदरः।
जायते तद्विभागः स्यादायव्यय विशोधितात्।। अर्हन्नीति – श्लोक 37

53. विभागोत्तरजातस्तु पैत्र्यमेव लभेद्धनम्।
तदल्पं चेदिवाहं तु कारयन्ति सहोदरा। श्री भद्रबाहु संहिता – श्लोक 109
पितुरुर्ध्वं विभक्तेषु पुत्रेषु यदि सोदरः।
जायते तद्विभागः स्यादायव्य विशोधितात्।। अर्हन्नीति – 37

54. (i) हिन्दू कोड – हिन्दू – द्वितीय वृत्ति – पृ. 52 गणपत बनाम् गोपालराव 23 बम्बई 636;

(ii) चेंगामा बनाम् मुन्नी स्वामी 20 मद्रास 75,
(iii) बिशनचन्द बनाम् असभेदा 6 इलो 560 पृ. 574, 575 (इस सम्मति को पुष्टि का निर्णय) प्रीवी काउन्सिल

55. ब्राह्मणक्षत्रियविशां ब्राह्मणेन विवाहिता।
कन्यासंज्जातपुत्राणां विभागोऽयं बुधैः स्मृतः।।
पितृद्रव्यं जंगमं वा स्थावरं गोधनं तथा।
विभज्य दशधा सर्व गृहणीयुः सर्व एकतः।।
विप्राजस्तुर्यभागान्वै त्रीन्भागान् क्षत्रिया सुतः।
द्वौ भागो वैश्य जो गृह्यादेकं धर्मे नियोजयेत्।। श्री भद्रबाहु संहिता – श्लोक 31 से 33
दत्तादाण विसेसं भइणीउ पारिणे दब्बा।
दो पुत्ता एय सुदा धणं विभज्जंति हा तहाभाये।।
सेसं जेट्ठो लादिहु जहा रिण णो तहा गिण्हे।
सुद्दाहु वंभजा जे चउ तिय दुगुणप्पयभाइणो णेया।। श्री इन्दनन्दि जिन संहिता – श्लोक 29, 30
ब्राह्मणस्य चतुवर्णः स्त्रियः संति तदा वसु।
विभज्य दशधा तज्ज न् चतुस्त्रिद्धयंश भागिनः।।
कुर्यात्पिता वशिष्ठं तु भाग धर्मे नियोजयेत्।
शूद्राजातो न भागार्हो भोजनांशुकमंतरा भोजनवाससाम्।। अर्हन्नीति – श्लोक 38, 39

56. क्षत्रियस्य सवर्णाजोऽर्द्धभागी वैश्यजोद्भवः।
तुर्याशभागी शूद्राजः पितृदत्तांशुकादिभृत।।
वैश्यस्य हि सवर्णजः सर्वस्वामी भवेत्सुतः।
शूद्रापुत्रोऽन्नवासोर्ह इति वर्णत्रये विधि।। श्री भद्रबाहु संहिता – श्लोक 35, 36
तिय वण्णज जादोविहु शुद्दो वित्तण लहइ सब्बत्थ।
उरस णिये पयणीउ दत्तो भाइज्ज दोहिया पुत्तो। इन्द्रनन्दि जिन संहिता – श्लोक 32
क्षत्राज्जातः सवर्णायामर्धभागी विशात्मजात्।
जातस्तुर्यांशभागी स्याच्छूद्रोत्पन्नोऽन्नवस्त्रभाक्।।
वैश्याज्जातः सवर्णायां पुत्रः सर्वपतिर्भवेत्।
शूद्राजातो न दायादो योग्यो भोजनवाससाम्।। अर्हन्नीति 40–41

57. शूद्रस्येक्सवर्णाजा एको द्वौ वाऽधिका अपि।

समांश भागिनः सर्वे शतपुत्रो भवन्त्यपि।।
शूद्रस्य स्त्री भवेच्छूद्रा नान्या तज्जातसूनवः।
यावन्तस्तेऽखिला नूनं भवेयुः समभागिन।। अर्हन्नीति – श्लोक 44

58. यद्‌गेहे दासदास्यादिः पालनीयो यवीयसा।
सर्वे मिलित्वा वा कुयुस्नांशुक निबन्धनम्।। श्री भद्रबाहु संहिता – श्लोक 34
अम्बाबाई बनाम गोविन्द 23 बम्बई 257
ने पुत्ता पुत्तकप्पा दायादा पिण्डदाणेवं।
सुद्‌दा उ दासीं विहु जादो णिय जणय इच्छिया भागी।। इन्द्रनन्दि जिन संहिता – श्लोक 34

59. मृते पितरि तत्पुत्रैः कार्यं तेषां ही पालनम्।
निबंधश्च तथा कार्यस्तातं येन स्मरेद्धि सः। अर्हन्नीति 43

60. वर्णत्रये कदा दासीवर्ण शूद्रात्मजो भवेत्।
जीवत्तातेन यतस्मे दत्तं तत्तस्य निश्चतम्।। अर्हन्नीति – श्लोक 42

61. दास्यां जातोऽपि शूद्रेण भागभाक् पितुरिच्छया।
मृते तातेऽर्धभागी स्यादूढाजो भ्रातृभागतः।। अर्हन्नीति 45

62. अम्बाबाई बनाम् गोविन्द 23 बम्बई 257

63. रयण धण धण्ण जाई स्व्वस्स हवे पदू पिदा मुक्खो।
थावर धणस्स सव्वस्स इत्थि पिदा पिदा महाणवि।। इन्द्रनन्दि जिन संहिता – श्लोक 4
सर्वेषां द्रव्य जातानां पिता स्वामी निगद्यते।
स्थावरस्य तु सर्वस्य न पिता पितामह।। अर्हन्नीति – श्लोक 6

64. संदे पितामहे जे थावर वत्थूण कोवि संदिट्‌ठूं।
जे आभरणं वत्थं जहेत्थु त विभायरिहा।। इन्द्रनन्दि जिन संहिता – श्लोक 5

65. पैता महधनात्किंचितदातु वांछति सप्रजाः।
भगिनीभागिनेयादिभ्यः पुत्रस्तु निषेधति।। श्री भद्रबाहु संहिता – श्लोक 91

66. बिना पुत्रानुमत्या वै दातुं शक्तो न वै पिता।
मृते पितरि पुत्रस्तु ददत्केन निरुध्यते।। श्री भद्रबाहु संहिता – श्लोक 92
पैतामहं वस्तुजातः दातुं शक्तो न कोऽपि हि।
अनापितच्छय निजां पत्नी पुमान् भातृगण च व।। अर्हन्नीति – श्लोक 96

67. अप्रजाश्चेस्वद्रव्याद्यद्भगिनीपुत्रितत्सुतात्।
मातृबंधुजनांश्चैव तथा स्त्रीपक्षजानमि।।

विभक्ता दविभक्ताद्वि द्रव्यात्किंचिवच्च दित्सति।
तद्भ्रातरो निषेद्धारो भवेयुरतिकोपिताः।।
यस्यैतेषु न कोऽप्यस्तिस द्रव्यं च यथेच्छया।
सुपथे कुपथे वापि दित्सन्वध्वा निवार्यते।। वर्द्धमाननीति – श्लोक 49, 50, 51, अर्हन्नीति – श्लोक 96 (पूर्व विवेचित)

68. पुत्ताभावेपि पिदा उवाजिय ज धणं त्वविक्केदुं।
सक्को णावि यदुपदंवा थावर धणं तहा णेयं।। इन्द्रनन्दि जिन संहिता – श्लोक 6
पिता स्वोपार्जितं द्रव्यं स्थावरं जंगम तथा।
दातुं शक्तो न विक्रेतुं गर्भस्थेऽपि स्तनंधये।। अर्हन्नीति – श्लोक 8

69. अज्ञाता अथवा हीनः पितुपुत्रा सदा भुवि।
सर्वे स्वाजीविकार्थ हि तस्मिन्नंशहराः स्मृता।।
बाला जातास्तथाऽजाता अज्ञानाश्च शवा अपि।
सर्वे स्वाजीविकार्थ हि तस्मिन्नशहराः स्मृताः।। अर्हन्नीति – श्लोक 9, 10

70. अम्मा कन्नू बनाम अप्पू 11 मद्रास 91
गोड का हिन्दू कोड द्वितीय वृति पश्भठ 472

71. जादा वा वि अजादा बाला अणाणिणो वा पिसुणा वा।
इत्थ कुडुम्बवग्गो जत्तायां धम्म किचाम् तजणे।।
एयो विवक्कियं वा कुज्जादाणं हि थावर सुवत्थु।
माता पिददा हु भावय जेट्ठं भाय गदुगं पुणो अण्णे।
सब्बे सम सग्गा हुय तण्हं कलहो नस होई।
मादा सुदव्यछयावा विग्गा भागं सु भाय णामितं।। इन्द्रनन्दि जिन संहिता – श्लोक 7, 8, 9

72. अप्राप्त व्यवहारेषु तेषु माता पिता तथा।
कार्ये त्वावश्यके कुर्यात्तस्य दानं च विक्रयम्।। अर्हन्नीति – श्लोक 11

73. सुताज्ञया बिना भक्तेऽभक्ते तु धर्मकर्मणि।
मैत्रज्ञातिव्रतादौ तु व्ययं कुर्याद्यथोचितम्।। श्री भद्रबाहु संहिता – श्लोक 62

74. धाइणिवं इावर सामित दुण्ह लत्य सरसम्मि।
जोद सुद बिमाउ णेउहि सवणजणिय बहु सरिसो।। इन्द्रनन्दि जिन संहिता – श्लोक 25
पितामहार्जिते द्रव्ये निबन्धे च तथा भुवि।
पितुः पुत्रस्य स्वामित्वं स्मृतं साधारणं यतः।। अर्हन्नीति – श्लोक 97

75. पुत्तो पित्त धिणेहि ववहारे जं जहाय कप्पेई।
पातो दायविभागो अप्पडि बंहोस पडिवं हो।। इन्द्रनन्दि जिन संहिता – श्लोक 2
सुताज्ञया बिना भक्तेऽभक्ते तु धर्म कर्मणि।
मैत्रज्ञातिव्रतादौ तु व्ययं कुर्याद्यथाचितम्।। श्री भद्रबाहु संहिता – 62

76. सर्वद्रव्याधिकारस्तु व्यवहारे सुतस्य वै।
न व्ययीकरणे रिक्थस्य हि मातृसमक्षकम्।। श्री भद्रबाहु संहिता – श्लोक 64

77. पित्रोः सत्वे न शक्तः स्यात् स्थावरं जंगमं तथा।
विविक्रयं गृहींतु वा कर्तु पैतामहं च सः।। श्री भद्रबाहु संहिता – श्लोक 60
श्लोक उपरोक्त अनुसार – वर्द्धमान नीति – श्लोक 47

78. पितृद्रव्यादिवस्तूनां मातृसत्वे सुतस्य हि।
सर्वथा नाधिकारोऽस्ति दानविक्रयकर्मणि।। वर्द्धमान नीति – श्लोक 15
पितुर्मातुद्वयो सत्वे पुत्रैः कर्तुं न शक्यते।
पित्रादिवस्तु जातानां सर्वथा दान विक्रये।। अर्हन्नीति – श्लोक 85

79. गृहीतदत्तकः स्वीयं जीवित प्राप्तसंशयः।
परो वा कृतसल्लेखं दत्वा स्वगृह साधने।।
आपौगंऽदशं बन्धुभूपाधिकृतिसाक्षिकम्।
स्वयं नियोजयेत्सद्यः प्रायाद्भूयः परासुतां।। वर्द्धमान नीति – श्लोक 20, 21
जीवनाशाविनिर्मुक्तः पुत्रयोक्तोऽथवा परः।
सपत्नीकः स्वरक्षार्थमधिकार पदे नरम।।
दत्वा लेख सनामाङ्कं राजाज्ञासाक्षिसंयुतम।
कुलीनं धनिनं मान्यं स्थापयेत स्त्रीमनोऽनुगम्।।
प्राप्याधिकारं पुरुष परासौगृहनायके।
स्वामिना स्थापितं द्रव्यं भक्षयेद्धा विनाश येत।। अर्हन्नीति – श्लोक 46, 47, 48

80. अनपत्ये मृते पत्यौ सर्वस्य स्वामिनी वधूः।
सापि दत्तमनादाय स्वपुत्रीप्रेमपाशतः।।
विधवा हि विभक्ता चेद्व्ययं कुर्याद्यथेच्छया।
प्रतिषेद्धा न कोऽप्यत्र दायादश्च कथंचन।। अहन्नीति – श्लोक 115, 125

81. अर्हन्नीति – श्लोक 125 (पूर्व विवेचित)

82. तन्मृतौ तु स्त्रियश्चापि व्ययं कर्तुमशक्तता।
भोजनांशुकमात्रं तु गृहणीयाद् वित्वमासतः।।

पुत्तश्चेज्जीवतोः पित्रोर्मृतस्तनमहिलावसौ।
पैतामहे नाधिकृता भर्तृवच्च पतिव्रता।।
भर्तृमंचकरक्षायां नियता धर्म तत्परा।
सुतं याचेत श्वश्रुं कि विनयानतमस्तका।। भद्रबाहु संहिता – श्लोक 63, 113, 114

83. श्वशुरस्थापिते द्रव्य श्वश्रूसत्वेऽथवा वधूः।
नाधिकारमवाप्नोति भुक्त्याच्छादनमंतरा।।
दत्तगृहादिकं कार्य सर्व श्वश्रूमनोनुगम्।
करणीयं सदा वध्वा श्वश्रूमातृसमा यतः।। वर्द्धमान नीति – श्लोक 35, 36, अर्हन्नीति – श्लोक 108 जनकुरी बनाम् बुधमल 57 ई. केसेज 257

84. विभक्ते तु व्यय कुर्याद्धर्मादिषु यथारुचि।
तत्पल्यपि मृतौ तस्य कर्तु शक्ता तद्व्ययम।
निर्वाहमात्रं गृह्वीयात्तद्द्रव्यस्य चामिषतः।
प्राप्तेऽधिकारं सर्वत्र द्रव्यं व्यवहृतौ पुतः।। अहन्नीति – श्लोक 102, 103, अर्हन्नीति – श्लोक 108 (पूर्व विवेचित)

85. प्राप्नुयाद्विधवा पुत्रं चेदगृह्वीयात्तदाज्ञया।
तद्वंशजच्छ स्वलघुं सर्वलक्षणसंयुतम्।। भद्रबाहु संहिता – श्लोक 116
दत्तगृहादिकं कार्य सर्व श्वश्रूमनोनुगम्।
करणीयं सदा वध्वा श्वश्रुमातृसमा यतः।। वर्द्धमान नीति – श्लोक 36

86. जिनोत्सवे प्रतिष्ठादौ सौहृदे धर्मकर्मणि।
कुटुम्बपालने शक्ता नान्यथा साऽधिकारिणी।। श्री भद्रबाहु संहिता – श्लोक 117

87. स्वभर्तुद्रव्यं श्वसुरश्वश्रूभ्यां स्वकरे सदा।
स्थापित चेत्र शक्ताप्तुं पतिदत्तेऽधिकारिणी।। श्री भद्रबाहु संहिता – श्लोक 115
स्वभर्तृद्रव्यं श्वशुरश्वश्रूभ्यां त्वकरे यदा।
स्थापितं चेन्न शक्ताप्तुं पतिदत्तेऽधिकारिणी।। वर्द्धमान नीति – श्लोक 55
स्वभर्त्रोपार्जितं द्रव्यं श्वश्रूश्वशुर हस्तगम्।
विधवाप्तुं न शक्ता तत्स्वामिहत्ताधिपैव हि।। अर्हन्नीति – श्लोक 111

88. पुब्बं पच्छाजादे विभक्त जो सब्ब संगाही।
जीवदु पिच्चधणोवि हु जाम्हि जहातहादिण्णं।।
णेह विसादो तत्थहु गिण्ह जहुणावरेण एतत्थ।
पंचत्तगये जणये भाया समभाइणी हवेतत्थ।। इन्द्रनन्दि जिन संहिता – 26, 27

89. सुते प्रेते सुतवधूर्भर्तृसर्वस्वहारिणी।
श्वश्र्वा सह कियत्कालं माध्यथ्येन हि स्थीयते।। श्री भद्रबाहु संहिता – श्लोक 65

90. श्लोक – 65 पूर्व विवेचित (श्री भद्रबाहु संहिता)
कुर्यात्पुत्रवधूः सेवाश्वश्र्वोः पतिरिव स्वयम्।
सापि धर्मे व्ययं त्विच्छेद्दद्यात्पुत्रवधूर्वसु।। श्री भद्रबाहु संहिता – श्लोक 77

91. शक्ता पुत्रवधूरेव व्ययं कुर्तु च सर्वथा। न श्वश्र्वाश्चाधिकारोऽत्र जैन शास्त्रानुसारतः।। श्री भद्रबाहु संहिता – श्लोक 76

92. अविभक्तं क्रमायातं श्वशुस्वं न हि प्रभूः।
कृत्ये निजे व्ययीकर्तु सुत सम्मतिमंजरा।। अर्हन्नीति – श्लोक 101

93. उदायास्तु न भागोऽस्ति किंचिद् भ्रातृसमक्षतः।
विवाहकाले यत्पित्रा दत्तं तस्यास्तदेव हि।। श्री भद्रबाहु संहिता – श्लोक 20
विवाहिता च या कन्या तस्या भागो न कर्हिचित।
पित्रा प्रीत्या च यद्धतं तदेवास्या धनं भवेत्। अर्हन्नीति – श्लोक 26

94. रक्खेइ तं कुडुंबो जह पितरौ तह समग्गाई।
उठाहु जादुहिदरो णिय णिय मायं स धणस्स मायरिहा।।
तहभावे तस्स सुया तहभावे णियसु उ बाबि।
अविभत्त विभत्त घण मुक्खे सा होइ भामिणी तत्थ।। इन्द्रनन्दि जिन संहिता – श्लोक 14, 15

95. भातृणां यदि कन्या स्यादेक बह्यः सहोदरैः।
स्वांशात्सर्वैस्तुरीयांशमेकीकृत्य विवाह्यते।। श्री भद्रबाहु संहिता – श्लोक 19
अनूढा यदि कन्या स्यादेकाबह्वीः सहोदरैः।
स्वांशात्सर्वे तुरीयांशमेकीकृत्वा विवाहयेत्।। श्री वर्द्धमान नीति – श्लोक 9
एकानेका च चेत्कन्या पित्रोरुर्ध्वं स्थिता तदा।
स्वांशात्पुत्रस्तुरीयांशं दत्वाऽवश्यं विवाहयेत्।। अहन्नीति – श्लोक 25

96. त्रैवर्णिकाचार – अध्याय 12 – श्लोक 6
अन्नय सव्व समंसा सवंसिया अंगणाहु संकुज्जा।
जणये णणो विभाऊ अरम्मदे कज्जये ककाकुत्थ।।
जइचेदु करिज्ज तहा अपभाण होइ सब्बत्थ।
सत्त विसणा सेवी विसयी कुट्टो हु वादि उ विमुहो।। इन्द्रनन्दि जिन संहिता – श्लोक 11, 12

97. व्यग्रचित्तोऽतिवृद्धश्च व्यभिचाररतस्तु य।
द्यूतादिव्यसनासक्तो महारोगसमन्वितः।।
उन्मत्तश्च तथा क्रुद्धः पक्षपातयुतः पिता।
नाधिकारी भवेद् भागकरणे धर्म्मवर्जितः।। अहन्नीति – श्लोक 18, 19

98. निह्नुते लोभतो ज्येष्ठो द्रव्यं भातृन् यवीयस।
वन्चते, राजदण्डयः स्यात स भागार्हो न जातुचित्।। श्री भद्रबाहु संहिता – श्लोक 107
साधारणं च यद्द्रव्य तद्भूता कोऽपि गोपयेत्।
भागयोग्यः स नास्त्येव दण्डनीयो नश्पस्य हि।। अर्हन्नीति – श्लोक 119

99. लोभादिकारणाज्जाते कलौ तेषां परस्परम्।
न्यायानुसारिभिः कार्या दायभाग विचारणा। अर्हन्नीति – श्लोक 14

100. निह्नुते कोऽपि चेज्जाते विभागे तस्य निर्णयः।
लेख्येन बन्धुलोकादिसाक्षिभिर्भिन्नकर्मभिः।। अर्हन्नीति – श्लोक 129

101. ऋणं दत्वाऽवशिष्ट तु विभरेजन यथाविधि।
अन्यथोप्राज्येते द्रव्यं पितृपुत्रैः ससाहसेः।। श्री भद्रबाहु संहिता – श्लोक 111
विभक्ता अविभक्ता वा सर्वे पुत्राः समांशत।
पित्रोर्ऋणं प्रदत्वैव भवेयुर्भाभागिनः।। अहन्नीति – श्लोक 16

102. कूपालंकारवासांसि न विभाज्यानि कोविदेः।
गोधनं विषमं चैव मन्त्रिदूतपुरोहिताः।। श्री भद्रबाहु संहिता – 112

103. गिण्हेदि ण दायादा पडति णरये ण हा चावि।
णियकारिय कूबाइय भूषण वत्थुय घणोवि।। इन्द्रनन्दि जिन संहिता – श्लोक 22

104. असंस्कृतं तु संस्कृत्यं भ्रातरो भ्रातरं पुनः।
शेषं विभज्य ग्रहे युः समं तत्पैतृकं धनम्।। श्री वर्द्धमान नीति – श्लोक 7

105. असंस्कृता येऽनुजास्तान् संस्कृत्य भ्रातरः स्वयं।
अवशिष्टं धनं सर्वे विभजेयुः परस्परम्।। अर्हन्नीति – 20
एकानेका च चेत्कन्या पित्रोरुर्ध्व स्थिता तदा।
स्वांशात्पुत्रस्तुरीयांशं दत्त्वाऽश्यं विवाहयेत।। अर्हन्नीति – 25
अनूढा यदि कन्या स्यादेकाबह्वोः सहोदरैः।
श्वांशारत्सर्वे तुरीयांशमेकीकृत्वा विवाहयेत।। वर्द्धमान नीति – श्लोक 9

106. बूढं वा अब्बूढे गिणाहिया पंचजण सक्खी।

जो एगुद्धरेहिय कमदो भूमिदु पुब्बणट्ठाई।। इन्द्रनन्दि जिन संहिता – श्लोक 19

107. पितृद्रव्याविनाशेन यदन्यत्स्वयमर्जितम्।
मैत्रमौद्वाहिकं चैवान्यद्भ्रातृणां न तद्भवेत।।
पितृक्रमागतं द्रव्य हृतमप्यानयेत्परै।
दाकादेभ्यो न तद्दद्याद्विधया लब्धमेव च।। वर्द्धमान नीति 37, 38
तदुद्धश्त्य समानीतं लब्धं विद्याबलेन च।
प्राप्तं मित्राद्विवाहे वा तथा शौर्यण सेवया।।
अर्जितं येन यत्किंचित्तत्तस्यै वा चितं भवेत्।
तत्र भागहरा न स्युरन्ये केऽपि च भ्रातरः।।
विवाहकाले वा पश्चात्पित्रा माता च बन्धुभिः।
पितृव्यैश्च बश्हत्स्वस्त्रा पितृभवस्रा तथा परैः।। अर्हन्नीति – श्लोक 134, 135, 136

108. दायादेउ ण दिज्जई विज्जालद्धं धणं जंहि।
जइ दिण्ण धणं जं विहु भूसणवत्था दियं व जं अण्ण।। इन्द्रनन्दि जिन संहिता – श्लोक 21

109. सब्बं सब्बस मदं जहा तहा दाय भायम्मि।
सब्बेसिं हि अहावेपुह्वणणिवो वित्त दंभ विणा।। इन्द्रनन्दि जिन संहिता – श्लोक 39
लोभादिकारणज्जाते कलौ तेषां परस्परम्।
न्यायानुसारिभिः कार्यादायभागविचारणा।। अर्हन्नीति – 14

110. मुक्त्युपायोद्यतश्चैको विभक्तेषु च भ्रातृभु।
स्त्रीधनं तु परित्यज्य विभजेरन्समं धनम्।। श्री भद्रबाहु संहिता – श्लोक 84, वर्द्धमान नीति – श्लोक 48
परिव्रज्या गृहीतैकैनाविभक्तेषु बन्धुषु।
विभागकाले तद्भागं तत्पत्नी लातुमर्हति।। अहन्नीति – श्लोक 90

111. त्रैवर्णिकाचार – अध्याय 12 – श्लोक 13 से 19

112. कुंजीपोक्करु कुट्टी बनाम् ए रेवुन्नि 1973 केरल लॉ रिपोर्टर पृ. 350
लाला सुरजप्रसाद बनाम् गुलाबचन्द 1990 27 कलकत्ता पृ. 724, 743

113. रामचन्द्र बनाम् चेन्नाभाई ए. आइ. आर. 1944 बम्बई 76, 79

114. भारत सरकार बनाम् श्री राम 1965 उच्चतम न्यायालय पृ. 1531 (1966) : एस. सी. जे. 494 (1965) 2 एस. सी. आर. 830

115. अन्नामलाई चेट्टी बनाम् मुरुगसा चेट्टी (1903) 30 आई. ए. 220 : 26 मद्रास 544, 553

116. कन्हैया लाल बनाम् जुम्मादेवी ए. आई. आर. 1973 दिल्ली 160

117. भवानी बनाम् जगन्नाथ (1909) 13 – सी. डब्लू. एच. 309 पृ. 309, 313

118. दामोदर मिश्रा बनाम् सनामती मिश्रा ए. आई. आर. 1967 उड़ीसा 61 (62)

119. रामभाया बनाम् कालन्डा, आई. एल. आर. 1940 मद्रास पृ. 22

120. गेंदालाल बनाम् नानालाल 1956 मध्यभारत 58 (डी. बी.)

121. संकरलिंगम बनाम् मनी 1975 मद्रास

122. कृष्णामूर्थि बनाम् चिदम्बरम आई. एल. आर. (1946) मद्रास 670

123. वीरय्या बनाम् रामाराव 1969 मर्केन्टाइल लॉ रिपोर्टर 101 सुप्रीम कोर्ट

124. (1) इन्कमटेक्स कमिश्नर बनाम् संकर लिंगा 1950 मद्रास 610 (2) मुरुगप्पा बनाम् इन्कमटेक्स कमीशनर 1952 (2) एम. एल. जे. पृ. 17

125. दत्तेरया बनाम् शकुन्तलाबाई 1956 नागपुर 95

126. रघुनाथ बनाम् राधाकृष्ण 1975 उड़ीसा जे. बी. 14 (215)

127. गंगाधर राव (ए) बनाम् गंगाराव (जी) 1968 आन्ध्रप्रदेश 291

128. गेंदालाल बनाम् नानालाल 1956 मध्यभारत 58 (डी. बी.)

129. बिजयकुमार बनाम् लाहोरीराम 1973 कलकत्ता 465 (473)

130. राधाकृष्ण दास बनाम् कालूराम 1967 एस. सी. 574

131. अमृत बनाम् सुरेश ए. आई. आर. 1970 एस. सी. 5

132. (1) पीतमसिंह बनाम् उजागर सिंह (1879)। इलाहाबाद पृ. 651
(2) रामसेवक बनाम् रामप्रसाद (1947) 26 पटियाला 1

133. नालाथाम्बी बनाम् राघवन (1972) 2 मद्रास लॉ जर्नल 535

134. नाथाथाम्बी बनाम् विजय ए. आई. आर. (1972) 2 एम. एल. जे. 535

135. गणेश रॉव बनाम् तुलराराम रॉव (1913) 40 आइ. ए. पृ. 213

136. अभयकुमार बनाम् कीर्ति नारायण 1951 पटियाला 584

137. कोन्दुरु दसरथ रामा बनाम् इन्दूर नरसा (1928) 51 मद्रास 484

138. त्रिम्बक बनाम् भागबाई आइ. एल. आर. (1941) नागपुर पृ. 437

139. सुरेन्द्रनाथ बनाम् शम्भूनाथ (1927) 55 कलकत्ता पृ. 217, 218

140. जगन्नाथ बनाम् मन्नुलाल, ए. आई. आर. (1864) 16 इलाहाबाद 231
141. लख्मीचन्द्र बनाम् कालूलाल आइ. एल. आर. (1956) नागपुर 783
142. दत्तामल बनाम् अमरनाथ ए. आई. आर. 1938 इलाहाबाद 414
143. नागरमल बनाम् बजरंगलाल (1950) 77 आई. ए. 22, 29 पटना 272
144. दासप्पा बनाम् वेदारधाम्मा, ए. आई. आर. 1972 मैसूर 288
काशीराम बनाम् भगा भौसेट 1945 बम्बई 511
145. कुमैद कुमार बनाम् अमरनाथ (1942) पटना 22, 328
146. पेन्डाला बनाम् पेन्डाला ए. आई. आर. (1972) आन्ध्रा; ब्लू. आर. 353
147. मौली बनाम् ब्रजलाल ए. आई. आर. (1943) लन. 345
148. वैंकटेश्वर अैयर बनाम् रमन नम्बुद्री (1916) 3 मद्रास लॉ वीकली 435
नारायण चेट्टी बनाम् मुथैया चेट्टी (1924) 47 मद्रास 692
149. जीवनदास बनाम् पीपल बेंक ए. आई. आर. 1937, लाहौर 927
150. ठाकुर प्रसाद बनाम् अयोध्या प्रसाद ए. आई. आर. 1939 पटना 490
शंकरराव बनाम् विनायक आई. एल. आर. (1950) नागपुर 806
151. बवानी अम्मल बनाम् नटराजन अय्यर (1945) एम. एल. जे. पृ. 165
बुग्गा रेड्डी बनाम् येरीकला रेड्डी (1946) एम. एल. जे. 307

अध्याय - अष्टम

दाय भाग प्रकरण

(पैतृक सम्पत्ति का अधिकार)

दाय भाग का प्रश्न तब उठता है जब किसी व्यक्ति की मृत्यु हो जाती है और उसकी सम्पत्ति का बँटवारा उत्तराधिकारियों में होना होता है। वह सम्पत्ति उस समय के कानून के अनुसार उत्तराधिकारियों में विभाजित की जाती है।[1] दाय भाग को दो प्रकार से विभाजित किया जा सकता है– (1) वसीयत के अनुसार दाय भाग और (2) उत्तराधिकार के अनुसार दाय भाग

वसीयतनामा के अनुसार विभाजन तो वसीयत के आधार पर वसीयत करने वाले व्यक्ति की इच्छानुसार किया जाता है। इसके अनुसार वसीयतनामा की सही व्याख्या करके, उसके अनुसार ही आपस में विभाजन किया जाता है। उत्तराधिकार के अनुसार दाय भाग किया जाना होता है और उसमें मृतक व्यक्ति के उन सभी से सम्बन्ध रिश्तेदारी के अनुसार तय करके दाय किया जाता है।[2]

जैन लॉ के अनुसार दायाद का क्रम इस प्रकार है — (1) विधवा। (2) पुत्र। (3) भ्राता। (4) भतीजा। (5) सात पीढ़ियों में सबसे निकट सपिण्ड।[3] (6) पुत्री। (7) पुत्री का पुत्र (दोहिता)। (8) निकटवर्ती बन्धु। (9) निकटवर्ती गोत्रज (14 पीढ़ियों तक का)। (10) ज्ञात्या। (11) राजा।

इन्द्रनन्दि जिन संहिता में कहा गया है–

पितु गये परलोकये अद्धं अद्धं सहणहुते सव्वे।
दायादा के के विद्दु पदभं भज्जा तदो दुपुत्ते हि।।
पच्छादु भायराते पच्छातह तद्धस्सुदाणेया।
पच्छा तहा स पिंडा तहा सुपुती तहा सुतज्जेय।36।

अर्थात्– यदि पिता मर जाये तो वह (दासीपुत्र) आधा भाग लेगा और दायाद कौन हो सकते हैं? सर्वप्रथम धर्मपत्नी, फिर पुत्र। उसके पश्चात् भाई, फिर भतीजे, फिर सपिन्ड, तत्पश्चात् पुत्री और उसके बाद पुत्री का पुत्र।

इन सब हिस्सों के बाद आगे की हिस्सेदारी इस प्रकार है–

अण्णो इकोविबंधुवि सुग्गोयेजा जाइ जो हु दब्बेण।
तस्सवि लोय पमाणं सयट्टवाण हवेइ जो पत्त ।37।

अर्थात् इसके पश्चात् कोई बन्धु, फिर कोई गोत्रीय, फिर कोई जातीय मृतक के धन का स्वामी, लोक अर्थात् राज्य–नियमानुकूल से हो सकता है।

दत्ते तम्मिण कलहो सुसिच्छदो धम्मसूरिहि णिच्चं।
दिण्णम परायपेत ससरिकयं णो केवेइ कलहो च ।38।

अर्थात् उक्त प्रकार दाय अधिकार में झगड़ा, फसाद, कलह न होगा, ऐसा धर्माचार्यों ने सदा के लिये निश्चय किया है। राजनीति व लोक व्यवहार के अनुसार दाय के निर्णय करने में विवाद न होगा।

सब्ब सब्बस मदं जहा तहा दाय भायाम्मि।
सब्बेसिं हि अहावे पुह्णणिवो वित वमं विणा ।39।

अर्थात् बाँट इस प्रकार से करनी चाहिये जो सबको स्वीकृत हो और जो सबके फायदे के लिये हो। इन उपर्युक्त दायादों के अभाव में धन का स्वामी राजा होगा। केवल ब्राह्मण के धन पर राज अधिकार नहीं होगा।

वर्द्धमान नीति में यही क्रम कुछ संक्षिप्त में दिया गया है –

पत्नी पुत्रो भातृजाश्च सपिन्डस्तत्सुता सुतः।
बान्धवो गोत्रजा ज्ञात्या द्रव्येथा ह्यरोत्तरम् ।11।
तदभावे नश्भाो द्रव्यं धर्मकार्ये प्रवर्त्तयेत्।
निष्पुत्रस्य मृतस्यैव सर्ववर्णेष्वयं क्रमक्रमः ।12।

अर्थात् कोई पुरुष मर जाय तो उसके धन के मालिक इस क्रम से होते हैं-- स्त्री, पुत्र, भतीजा, सपिण्ड, पुत्री का पुत्र, बन्धु, गोत्रज, ज्ञात्या। इन सबके अभाव में राजा उस धन को धर्म कार्य में लगा दे। यह नियम सबके लिए है।

इन्दिनन्दि जिन संहिता में बन्धु गोत्रज ज्ञात्या[4] और राजा के लौकिक रिवाज के अनुसार दायाद माना है। इन्द्रनन्दि जिन संहिता के अन्य श्लोक में भी दायाद का क्रम थोड़े से हेर–फेर और संक्षेप में बताया गया है।

जेट्ठा–भायरिहा सा सा या कुटुम्ब सुपालेई।
पुत्र कुडुंबजो बा मज्जोलाः दुसुसंकिड बण्णो।17।
तहवि अभावे दोहिद तस्स अहावे हि गोदीय।
तस्स अहावे दे उर सत्वारिस प्प माणयं खेयं।18।

अर्थात् जब कोई मनुष्य लापता हो जाय या मर जाय या वातादि रोग से ग्रस्त (पागल) हो जाय तब क्षेत्र, मकान, धन, धान्य, द्विपद, चतुष्पद की मालिक उसकी ज्येष्ठ भार्या, जो कुटुम्ब का पालन करेगी, होगी। उसके अभाव में पुत्र, फिर सवर्ण माता–पिता से उत्पन्न भतीजा, इनके भी अभाव में दोहिता, उसके अभाव में गोत्री (यह भी नहीं तो) भर्ता का छोटा भाई सात वर्ष की वय का हो। यहाँ भर्ता के सात वर्ष की उम्र के छोटे भाई का भाव ऐसे बच्चे से है जो पति का छोटे भाई के सदृश है और जिसको मृतक पुत्र की वधू दत्तक बनावे।

अर्हन्नीति इस क्रम से पूर्णतया सहमत है। अर्हन्नीति में दाय का क्रम इस प्रकार है–

पत्नी पुत्रश्व भ्रातृव्याः सपिन्डश्व द्रुहितजः।
बन्धुजो गोत्रजश्चैव स्वामी स्थावुत्तरोत्तरम्।74।
तदभावे च ज्ञातीयास्पदभावे महीभुजा।
तद्धनं सफलं कार्य धर्म्ममार्गे प्रदाय च।75।

अर्थात् स्त्री, पुत्र, भाई का पुत्र, सात पीढ़ी तक का वंशज, दोहिता, बन्धु का पुत्र, गोत्रज और इनके अभाव में ज्ञात्या यह क्रमशः एक दूसरे के अभाव में उत्तरोत्तर दायभागी होंगे। इन सबके अभाव में राजा मृतक के धन को किसी धर्म कार्य में लगाकर सफल बना दे।

लध्वर्हन्नीति[5] में बताया गया है कि पिता की मृत्यु के पश्चात् पुत्रों द्वारा किये गये सम्पत्ति का विभाजन के समय माता का क्या हिस्सा होगा? स्वामी की मृत्यु के पश्चात् उसके धन की स्वामी कौन होगा, इसका कथन–

पितरुर्ध्वे निजाम्बायाः पुत्रैर्भाग श्व सार्धकः।
लौकिकव्यवहारार्थ तन्मृतो ते समां शिज।27।

अर्थात् पिता की मृत्यु के पश्चात् पुत्रों द्वारा अपनी सम्पत्ति का आधा हिस्सा देना चाहिये। इसका कारण कि समस्त लोक व्यवहार माता ही सम्पन्न करती है। उस (माता) की मृत्यु के पश्चात् वे सभी पुत्र समान अंश के भागी है। **(वृ.) पितृमरणान्तर विभागकरणोद्यतैः सवर्णादा**

ज्येष्टमातुर्विशेषाधिको भागः कार्यो यतः पूज्यत्वेन ज्ञातिव्यवहारादिकार्ये तस्या एवाधिकारस्तमन्मरणे च दुहितृदोहिक्तकस्य चाभावे तद्द्रव्यसमांश भागिनः पुत्रा भवन्तीति।

अर्थात् पिता की मृत्यु के पश्चात् विभाजन के लिए उत्सुक पुत्रों को चाहिए कि वे स्वजातीय ज्येष्ठ माता का विशेष अधिक भाग करें क्योंकि पूज्य होने के कारण जाति व्यवहार आदि कार्यों में उसका ही एकाधिकार है। उसके मरने पर पुत्री या दोहित्र (पुत्री का पुत्र) के अभाव में उसकी सम्पत्ति में पुत्र बराबर के हिस्सेदार होते हैं।

ननु युग्मजातयोः पुत्रयोः कस्य ज्येष्ठत्वमिति दर्शयन्ना ह–

जुड़वाँ पुत्र उत्पन्न होने पर किस शिशु की ज्येष्ठता हो, यह कथन–

पुत्रयुग्मे समुत्पन्ने यस्य प्रथमनिर्गमः।
तस्यैव ज्येष्ठता ज्ञेया इत्युक्तं जिनशासने।28।

अर्थात् जुड़वाँ पुत्र उत्पन्न होने पर जिस शिशु का पहले जन्म हुआ हो उसकी ही ज्येष्ठता जाननी चाहिये, ऐसा जिनशासन में कहा गया है। यह स्वाभाविक नियम है कि जो शिशु पहले उत्पन्न हो वही बड़ा समझा जायेगा।

पुत्री होने के पश्चात् पुत्र उत्पन्न हुआ हो वहाँ किसका ज्येष्ठत्व यह सूचित करते हुए कथन–

दुहिता पूर्वमुत्पन्ना सुतः पश्चाद्भवेद्यादि।
पुत्रस्य ज्येष्ठता तत्र कन्यायाः न कदाचन।29।

यदि पहले पुत्री उत्पन्न हुई हो पश्चात् पुत्र उत्पन्न हुआ हो तो सदैव पुत्र की ज्येष्ठता होगी कभी कन्या की नहीं। यह आज भी विद्यमान नियम है, पुत्र का नाम ही पिता के साथ जुड़ता है, न कि कन्या का। इसका कारण संभवतः यही है कि कन्या तो बड़ी होकर विवाह कर दूसरे घर जायेगी, पुत्र तो अपने घर पर ही रहेगा।

(वृ.) ननु यस्यैकैव कन्या नापरा संतातिस्तद्द्रव्य स्वामी कः स्यादित्यावेदयन्नाह

यदि जिसकी एक ही कन्या हो दूसरी संतान न हो उसकी सम्पत्ति का स्वामी कौन हो यह बताते हुए यह कथन–

यस्यैकायां तु कन्यायं जातायां नान्यसन्ततिः।
प्राप्तं तस्याधिपत्य तु सुतायास्तत्सुतस्य।30।

जिसके अकेली कन्या उत्पन्न हो अन्य संतान न हो उसकी सम्पत्ति का स्वामित्व पुत्री और उस पुत्री के पुत्र (दोहित्र) को प्राप्त होता है।

(वृ.) तदाधिपत्यप्रतिबन्ध की भूतपत्नादीनाम भाव आत्मजसम्बन्धित्वेन पुत्रिकाः दोहित्रकाश्व दाये समा एवातस्तत्सत्वे न ह्यन्यो धनहरणे शक्तः स्यात यदुक्तम्–

स्वामी की मृत्यु के पश्चात् उसकी सम्पत्ति के स्वामित्व में प्रीतिबन्धक होने वाली पत्नी आदि न होने पर स्वयं से उत्पन्न होने के कारण पुत्रियाँ तथा दोहित्र (पुत्री का पुत्र) सम्पत्ति के बराबर के भागी हैं। उनके रहने पर दूसरे लोग धनहरण करने में समर्थ नहीं है, जैसा कि कहा गया है–

आत्मा वै जायते पुत्र पुत्रेण दुहिता समा।
तस्यामात्मनि तिष्ठत्यां कथमन्यो धनहरेत् ।31।

आत्मा ही पुत्र रूप में उत्पन्न होता है। पुत्र के समान पुत्री होती है। उस आत्मा रूप पुत्री के रहने पर दूसरा धन का हरण कैसे कर सकता है?

(वृ.) नन्वपुत्रपित्रोर्मरणे तद्द्रव्यस्वामित्वं सामान्यतो दुहितु – दौहित्रस्य चोक्तं तत्रापि मातृद्रव्यस्य क स्वामी पितृद्रव्यस्य च क इति विशेषजिज्ञासा या माह–

पुत्र रहित माता–पिता के मरने पर सामान्यतया पुत्री तथा पुत्री के पुत्र (दोहित्र) का उनकी सम्पत्ति पर स्वामित्व कहा गया है। माता की सम्पत्ति का स्वामी कौन होगा और पिता की सम्पत्ति का स्वामी कौन होगा, इस जिज्ञासा के विषय में यह कथन–

गृह्याति जननीद्रव्यमूढा च यदि कन्या का।
पितृद्रव्यमदेषं हि दोहित्र सुतरां हरेत् ।32।

और यदि माता की सम्पत्ति विवाहित कन्या ग्रहण करती है तो पिता की समस्त सम्पत्ति पुत्री का पुत्र सुखपूर्वक ग्रहण करे।

पौत्रदोहित्रयोर्मध्ये भेदोऽस्ति न हि कश्चन।
तयोर्देहि हि सम्बन्ध पित्रोदेहस्य सर्वथा ।33।

पौत्र (पुत्र के पुत्र) और दोहित्र (पुत्री के पुत्र) के मध्य कोई भेद नहीं है क्योंकि दोनों (पौत्र और दोहित्र) के शरीर से सब प्रकार से माता पिता का सम्बन्ध है।

(वृ.) ननु परिणीत पुत्रीमरणे पुत्री भावे तद्धनाधिपति कस्यादित्याह–

विवाहित पुत्री के मरने के बाद पुत्र के अभाव में उसके धन का स्वामी कौन होगा? यह कथन–

विवाहिता च या कन्या चेन्मृतापत्यवर्जिता।
तदा तद्द्युम्वजातस्याधिपतिस्तत्पतिर्भवेत् ।34।

यदि विवाहिता पुत्री की सन्तानरहित मृत्यु हो जाये तो समस्त स्त्रीधन का स्वामी उसका पति हो।

(वृ.) ननु पितृविहितविभागोत्तरकालजातपुत्रः कस्याशं प्राप्नोतीत्याह–

पिता द्वारा किये गये विभाजन के बाद उत्पन्न पुत्र कौनसा हिस्सा प्राप्त करेगा, यह कथन–

विभागोत्तरजातस्यु पुत्र पित्रंशभाग् भवेत।
नापरेभ्यस्तु भातृभ्यो विभक्तेभ्योऽशमाप्नुयात ।35।

पिता द्वारा पुत्रों में सम्पत्ति का विभाजन करने के पश्चात् उत्पन्न पुत्र पिता के हिस्से का अधिकारी होता है परन्तु पहले विभाजित अन्य भाइयों की सम्पत्ति में उसका हिस्सा नहीं होगा।

(वृ.) यदि विभागात्पूर्व उत्पन्नस्तदातु सर्वसोदरसमभागग्राही सम्भवत्येवेति फलितार्थः।

यदि विभाजन से पहले उत्पन्न हुआ है तब वह सभी सगे भाइयों के बराबर का हिस्सा ग्रहण करने वाला होगा– यह फलितार्थ है।

ननु पितृभरणानन्तरं विभक्तेषु पुत्रेषु समुत्पन्नपुत्रस्य कथं भागः इत्याह–

पिता के मरने के बाद उत्पन्न पुत्र का बँटवारा हो चुके भाइयों में किस प्रकार हिस्सा होगा? यह कथन–

पितुरुर्ध्वे विभक्तेषु पुत्रेषु यदि सोदरः।
जायते तद्विभागः स्यादायध्यय विशोधितात् ।36।

पुत्रों में सम्पत्ति का बँटवारा हो जाने पर पिता की मृत्यु के पश्चात् यदि भाई उत्पन्न होता है तो आय–व्यय का आकलन करने के पश्चात् उसका हिस्सा होता है।

(वृ.) स्वा शदिति शेषः

अपने–अपने अंश में से व्यय को निकाल कर जो शेष रहे उसमें से पिता की मृत्यु के पश्चात् उत्पन्न पुत्र को हिस्सा देना चाहिये।

विभागकालेऽस्पष्टगर्भायां मातरि विभक्तभ्रातृभिः पश्चादुत्पन्पुत्रायाव्यये विशोध्य स्वांशेषम्यः स्वसमानभागो देयः स्पष्टगर्भयां तु प्रसव प्रतीक्ष्य भागो कार्य इति तत्वम्।।

सम्पत्ति–विभाजन के समय माता का गर्भ स्पष्ट न होने पर विभाजन के पश्चात् उत्पन्न पुत्र के लिये भाइयों द्वारा आय और व्यय की गणना कर अपने अपने हिस्सों से अपने हिस्से के बराबर हिस्सा देना चाहिये। गर्भ स्पष्ट होने पर प्रसव की प्रतीक्षा कर विभाजन करना चाहिये।

दायादों में स्त्री का प्रथम स्थान पुत्र के पहले से है।

पुत्रास्याप्रजा सो द्रव्यं गृहणीयातद्वधू स्वयम।
तस्यामपि मृतायां तु सतमाता धन हरेत।।[6]

अर्थात् स्वपुत्रोत्पत्ति के बिना ही यदि पुत्र मर जाये तो उसके द्रव्य को उसकी स्त्री ले। उसके मर जाने पर पुत्र की माता ले।

इसको अर्हन्नीति में इस प्रकार कहा गया है कि–

अपुत्रपुत्रमरणे तद्द्रव्य लाति तद्वधूः।
तनमृतौ तस्य द्रव्यस्य श्वश्वुः स्यादधिकारिणी।112।

अर्थात् जो पुत्र सन्तान बिना मरे उसका द्रव्य उसकी विधवा को मिले और उस विधवा बहू की मृत्यु हो जाय तब उसका द्रव्य सासू लेवे।

स्त्री की सम्पत्ति का जो स्त्री धन न हो, प्रथम दायाद उसका पति फिर पुत्र होता है। श्रीभद्रबाहु संहिता में कहा गया है–

तन्मृतो तत्पतिः स्वामी तन्मृतौ तत्सुत्तादिकाः।
न पितृभातृज्जानामधिकारोऽत्र सर्वत्र।।[7]

इसी को अर्हन्नीति में इस प्रकार कहा गया है–

अनपत्ये मृते पत्यो सर्वस्य स्वामिनी वधू।
सापिदत्तमनादाय श्वपुत्रीप्रेम पाश्ता।।
ज्येष्ठादि पुत्रदायादभावे पंचत्वमागता।
चेतदा स्वामिनी पुत्री भवेत्सवर्धनस्य च।।
तन्मृतो तद्धवः स्वामी तन्मृतौ तत्सुतादयः।
पितृपक्षीय लोकानां न हि तत्राधिकारिता।।[8]

जो पुरुष संतान रहित मर जाये तो उसके समस्त द्रव्य की उसकी स्त्री मालिक होगी। यदि वह स्त्री अपनी पुत्री के प्रेमवश किसी को दत्तकपुत्र न बनावे और वह स्त्री मृत्यु पावे तो उसका धन उसके पति के भतीजे आदि की उपस्थिति में भी उसकी पुत्री को मिलेगा। उस कन्या के मरने के बाद उसका पति वारिस होगा। उसके पति पक्ष के लोगों को कुछ अधिकार नहीं रहता है।

भद्रबाहु संहिता और अर्हन्नीति दोनों में एकमत से यह मत प्रकट किया गया है कि उत्तराधिकारी, हिस्से में दायादों में सर्वप्रथम स्थान पति की मृत्यु के पश्चात् पत्नी का होता है और अगर स्त्री की पहले मृत्यु हो जाती है तो उसकी सम्पत्ति की दायाद सर्वप्रथम पति ही होगा। अगर पति भी न रहे तो उसका दायाद उसका पुत्र होता है।

पुत्र के पश्चात् उसके पति से भाई भतीजे (स्वयं उसके नहीं) क्रम से दायाद होते हैं। विधवा स्त्री यदि श्वसुर की आज्ञा से कोई लड़का गोद ले तो अपने वंश के, अपने से छोटे, सर्वलक्षण, संयुक्त ऐसे पुत्र को ले सकती है। इसका श्लोक श्री भद्रबाहु संहिता में–

प्राप्नुयाद्विधवा पुत्रं चेद्गृह्णीयात्तदाज्ञया।
तद्वंशजच्छ स्वलघुं सर्वलक्षणसंयुतम्।।[9]

जिनेन्द्र के उत्सव प्रतिष्ठादि, जाति सम्बन्धी, धर्म–कर्मोंदि, कुटुम्ब पालन आदि कार्यों में विधवा व्यय कर सकती है। दूसरे प्रकार में अधिकार नहीं है। इसका श्री भद्रबाहु संहिता में श्लोक इस प्रकार है–

जिनोत्सवे प्रतिष्ठादौ सोद्भदे धर्मकर्मणि।
कुटुम्बपालने शक्ता नान्यथा साऽधिकारिणी।।[10]

इसी के समान अर्थ अर्हन्नीति में इस प्रकार कहा गया है–

"भातृत्यं तदभावे तु स्वकुटुम्बात्मज तथा।
असंस्कृत संस्कृतं च चदसत्वे सुतासुतम्।।"
"बंधुजं तद्भावे तु तस्मिन्नसति गोत्रजम्।
तस्यासत्त्वे लघुं सप्तवर्षसंस्थ तु देवरम्।।"
"विधवा खौरसाभावे गृहीत्वा दत्तरीतितः।
अधिकारपदे भर्तुः स्थापतेत्पंचसाक्षित।।"
"यद्यसौ दत्तकः पुत्रः प्रीत्या सेवासुतत्परः।
विनयाद्भक्तिनिष्ठश्च भवेदौरसवत्तदा।।"[11]

अर्थात् औरस पुत्र के अभाव में विधवा को चाहिये कि वह पांच साक्षियों के समक्ष दत्तक विधि के अनुसार दत्तक पुत्र गोद लेकर उसको अपने धन का स्वामी बनाये। प्रथम भर्त्ता के भाई का पुत्र, यदि वह न हो तो पति के कुटुम्ब का बालक चाहे उसके संस्कार हुए हों, चाहे नहीं, यह भी न हो निज कन्या का पुत्र (दोहिता), फिर किसी बन्धु का पुत्र, इसके बाद पति के गोत्र का कोई लड़का, उसके अभाव में सात वर्ष की उम्र का देवर दत्तक पुत्र

बनाया जा सकता है। दत्तक पुत्र गोद लेने वाले माता–पिता की सेवा में तत्पर हो और भक्तियुक्त विनयवान हो तो औरस के समान समझा जाता है।

श्रीभद्रबाहुसंहिता और अर्हन्नीति के इन सम्बन्धित श्लोकों में गोद का उसके पति के सम्बन्धियों में से यथा क्रमशः पति के भतीजे, कुटुम्ब के बालक, दोहिता, किसी बन्धु का पुत्र, स्वगोत्रीय बालक, सात वर्ष के देवर आदि को गोद ले सकती है। श्री भद्रबाहु संहिता के श्लोक 116 व 117 में ऐसी विधवा बहू की ओर संकेत है जिसको लड़का गोद लेने की आज्ञा उसकी सास ने दे दी है। आज्ञा का परिणाम यह है कि सम्पत्ति दादी की न रहकर पोते की हो जाती है। खर्च के बारे में जो हिदायत कानून के इस श्लोक में है उसका सम्बन्ध ऐसे समय से है जबकि विधवा बहू अपने दत्तक पुत्र की जायदाद की वलिया (संरक्षिका) उसकी नाबालगी में हो।

निकटवर्ती दायाद के होते हुए दूरवर्ती को अधिकार नहीं है।

"पितु गये परलोये अद्धं अद्धं सहणहुते सब्बे।
दायादा के के विहु पठमं भज्जा तदो दुपुतो हि।।"[12]

अर्थात् यदि पिता मर जाय तो वह (दासी पुत्र) आधा भाग लेगा और दायाद कौन हो सकते हैं? सर्वप्रथम धर्मपत्नी, फिर पुत्र।

"पच्छादु भायराते पच्छातह तस्सुदाणेया।
पच्छा तहा स पिंडा तहा सुपुती तहा सुतज्जेय।।"[13]

अर्थात्– फिर भाई, फिर भतीजे, फिर सपिण्ड, तत्पश्चात् पुत्री और उसके बाद पुत्री का पुत्र।

"अण्णो इकोविबंधुवि सुग्गयेजा जाइ जो हु दब्बेण,
तस्सवि लोय पमाणं रायपमाणं हवेइ जं पत्तं"[14]

अर्थात् इनके पश्चात् कोई बन्धु, फिर कोई गोत्रीय, फिर कोई जातीय मृतक के धन का स्वामी, लोक अथवा राज्य नियमानुकूल से हो सकता है।

इसी प्रकार इन्द्रनन्दि जिन संहिता दायभाग प्रकरण में विवेचित किया गया है। इस नीति से मृतक का पिता भाई से पहले दाय का अधिकारी होगा। ऐसा ही प्रावधान हिन्दू लॉ में भी है। पुत्र शब्द में कानूनी परिभाषा के अनुसार पौत्र और परपौत्र भी अन्तर्गत हैं। ऐसा ही विधान हिन्दू लॉ में भी है।[15] यदि पुत्र अपने पिता के शरीक है और सम्पत्ति बाबा की है तो

उसका अधिकार है। विभाग के पश्चात् विभाजित पिता की सम्पत्ति का माता के होते हुए वह स्वामी नहीं हो सकता। इस परिस्थिति में उसकी माता ही उसकी अधिकारिणी होगी। यदि माता–पिता दोनों मर जाते हैं तो औरस या दत्तक जैसा पुत्र हो वह उत्तराधिकारी होगा।

इसका श्लोक भद्रबाहुसंहिता में इस प्रकार है–

"त्योरभावे तत्पुत्रो दत्तको गोत्रिय सति।
पितृद्रव्याधिपः स्यादै गुणवान पितृभक्तिमान।।"[16]

किसी मनुष्य के बिना पुत्र के मर जाने पर उसकी विधवा उसकी सम्पत्ति की अधिकारिणी होगी। किसी अन्य दायाद को उसको रोकने का अधिकार नहीं है। इसका श्लोक इस प्रकार है–

"विधवा हि विभक्ता चेदव्ययं कुर्याद्ययेच्छया।
प्रतिषेद्धा न कोऽप्यत्र दायादश्य कथंचन।।"[17]

जो पुरुष संतान रहित मर जाये तो उसके समस्त द्रव्य की मालिक उसकी स्त्री होगी।[18]

"अनपत्ये मृते पत्यौ सर्वसय स्वामिनी वधु।
सापि दत्तमनादाय स्व पुत्री प्रेम पाश्ता।।[19] [20] [21] [22] [23] [24] [25] [26] [27] [28]

चाहे सम्पत्ति विभाजित हो, अविभाजित हो। इसे इन्द्रनन्दि जिनसंहिता में इस प्रकार कहा गया–

"तह भावे तस्स सुया तहभावेतियं सु उ बाबि।
अविभत विभत धण मुक्खे सा होइ भामिणी।।"[29]

अर्थात् जो धन बँटा हो या न बँटा हो उस धन की मुख्य अधिकारिणी धर्मभार्या होती है।

पति के भाग की पुत्र की उपस्थिति में वह पूर्ण स्वामिनी होती है। इसे अर्हन्नीति में इस प्रकार कहा गया है–

"कुटुम्ब पालने शक्ता ज्येष्टा या च कुलाङ्गना।
पुत्रस्य सत्वेऽसत्वे च भ्रातृवत्साधिकारिणी।।[30]

अर्थात् कुटुम्ब का पालन करने में समर्थ बड़ी विधवा, पुत्र हो या न हो दोनों परिस्थिति में पति के धन की उसके तुल्य ही अधिकारिणी होती है।

यदि श्वसुर पहले मर जाय और पति का पीछे कालान्त भी हो तब अपने पति की सम्पूर्ण सम्पत्ति की अधिकारिणी विधवा होगी। इसे भद्रबाहु संहिता में इस श्लोक में कहा गया है–

"सुते प्रेते सुतवधू भर्तृसर्वस्वहारिणी।
श्रश्रूवा सह कियत्कालं माध्यस्थेन हि स्थीयते।।"[31]

अर्थात् पुत्र के मर जाने पर भर्ता की सम्पूर्ण द्रव्य की मालिक पुत्र की स्त्री होती है परन्तु उसको चाहिए कि वह अपनी सास के साथ कुछ काल पर्यन्त विनयपूर्वक रहे।

यदि वह पुत्री के प्रेमवश पुत्र को गोद न ले और पुत्री को अपनी दायाद नियुक्त करे तो उसके मरने पर उसकी सम्पत्ति की अधिकारिणी उसकी पुत्री होगी न कि उस (विधवा) के पति के कुटुम्बीजन। उस पुत्री की मृत्यु के पश्चात् भी वह सम्पत्ति उसके कुटुम्बीजनों को नहीं पहुँचेगी किन्तु उसके पुत्र को मिलेगी, यदि पुत्र न हो तो उसके पति को।

इसे अर्हन्नीति के इन श्लोकों में इस प्रकार कहा गया है कि–

"अनपत्ये मृतो पत्यो सर्वस्य स्वामिनी वधुः।
सापि दत्तमनादाय स्वपुत्री प्रेमपाशत।।"
"ज्येष्ठादि पुत्र दायादा भावे पंचत्वभागता।
चेतदा स्वामिनी पुत्री भवेत्सवर्धनस्य च।।"
"तन्मृतौ तद्धव स्वामी, तन्मृतौ तत्सुप्तादयेः।
पितृपक्षीय लोकानां नहि तत्राधिकारिता।।"[32]

अर्थात् जो पुरुष संतान रहित मर जाय तो उसके समस्त द्रव्य की मालिक उसकी स्त्री होगी। यदि वह स्त्री अपनी पुत्री के प्रेमवश किसी को दत्तक पुत्र नहीं बनाये और उस स्त्री की मृत्यु हो जाये तो उसका धन उसके पति के भतीजे आदि की उपस्थिति में भी उसकी पुत्री को मिलेगा। उस कन्या के मरणोपरांत उसका पति सम्पत्ति का अधिकारी होगा और उसकी मृत्यु हो जाए तो उसके पुत्रादिक वारिस होंगे। उसके पितृ पक्ष के लोगों का कुछ अधिकार नहीं रहता है।

इसी कथन को श्री भद्रबाहु संहिता में इस प्रकार कहा गया है–

पतेरप्रजसो मृत्यौ तदद्रव्याधिपति वधूः।
दुहितृप्रेमतः पुत्र न गृहणीयात्कदाचन।।
म ज्येष्ठ देवर सुता दायभागाधिकारिणः।
तन्मृतौ तत्सुता मुख्या सर्वद्रव्याधिकारिणी।।
तन्मृतौ तत्पतिः स्वामी तन्मृतौ तत्सुतादिकः।
न पितृमातृज्जानामधिकारोऽत्र सर्वत्र।।[33]

अर्थात् मर्द के निःसंतान मर जाने पर उसकी विधवा उसकी सम्पत्ति की स्वामिनी होती है। यदि वह अपनी पुत्री के विशेष प्रेम के कारण कोई लड़का गोद न ले तो उसके मरने पर उसके जेठ देवरों के पुत्र उसके मालिक नहीं हो सकते हैं किन्तु उसकी मुख्य पुत्री ही अधिकारिणी होती है।

यहाँ यह उल्लेखनीय है कि यह मौखिक वसीयत है और इस वसीयत के द्वारा माता अपनी पुत्री को वारिस नियुक्त कर करती है।

उसी पुत्री के मरने पर उसका पति उसका वारिस होगा। उसके भी मरने पर उसके पुत्रादि मालिक होंगे। परन्तु उसके पिता के भाई आदि की संतान का कुछ भी अधिकार नहीं है। इसका कारण यह है कि पुत्री भी पूर्ण अधिकारिणी ही होती है; भावार्थ– जब वह मरती है तब उत्तराधिकार उससे प्रारंभ होता है और सम्पत्ति उसके कुटुम्ब में रहती है, अर्थात् जिस कुटुम्ब से वह ब्याही है, पुनः उसके माता–पिता के कुटुम्बियों को संपत्ति नहीं लौटती।[34]

जमाई, भान्जा और सास जैन लॉ में अधिकारिणी नहीं हैं क्योंकि ये सब भिन्न गोत्र के होते हैं। इस सम्बन्ध में अर्हन्नीति में श्लोक इस प्रकार है–

"जामाता भाग्नियश्च श्वश्रूश्चैव कथंचन।
नैवेतेऽत्र हि दायादाः परगोत्रत्वभावत।।[35]

अर्थात् जमाई, भान्जा, सास यह तीनों ही भिन्न गोत्र के होने के कारण जैन लॉ में उत्तराधिकारी के योग्य नहीं हैं।

व्यभिचारिणी विधवा (पत्नी) दायाद नहीं होती केवल गुजारा पा सकती है। अगर विधवा कुशील है और खराब चरित्र की है तब उसको पति के भाइयों और लड़कों को परिवार से अलग करना चाहिये, केवल उसका गुजारा–भत्ता तय करना चाहिये। इस सम्बन्ध में अर्हन्नीति में सम्बन्धित श्लोक इस प्रकार है–

"प्रतिकूला कुशीला च निर्वास्या विधवापि सा।
ज्येष्ठदेवरतत्पुत्रैः कृत्वान्नादिनिबन्धनम्।।"[36]

अर्थात् यदि विधवा कुलाम्नाय के प्रतिकूल चलने वाली और कुशीला है तो उसके पति के भाई, भतीजों को चाहिए कि उसके गुजारे का प्रबन्ध करके उसको घर से निकाल दे।

जैन लॉ में श्वसुर की सम्पत्ति में लड़के बहू भी दायाद नहीं है। इस सम्बन्ध में श्री वर्धमान नीति में सम्बन्धित श्लोक इस प्रकार है–

"श्वशुरस्थापिते द्रव्ये श्वश्रुसत्वेऽथवा वधूः।
नाधिकारमावाप्तोति भुक्त्याच्छा दनमंतरा।।[37]

सास के होते हुए मृत पुत्र की वधू को श्वसुर के द्रव्य में भोजन–वस्त्रादिक के अतिरिक्त और कुछ अधिकार नहीं है।

अर्हन्नीति में इस विषय के बारे में कुछ इस प्रकार से कहा गया है–

"श्वशुरास्थापिते द्रव्ये श्रू श्रू सत्वेऽथवा वधूः।
नाधिकारवाप्नोति भुक्तयाच्छादनमंतरा।।[38]

अर्थात् जिस विधवा की सास जीवित हो उसे ससुर के धन में केवल भोजन वस्त्र का अधिकार है, विशेष दाय का नहीं।

इस सम्बन्ध में सम्बन्धित केस भी है।[39]

लध्वर्हन्नीति में दत्तक पुत्र के सम्बन्ध में विवेचन इस प्रकार है––– वैध पुत्र या पति से उत्पन्न पुत्र के अभाव में विधवा द्वारा किसे दत्तक पुत्र के रूप में ग्रहण करना चाहिए, इसका कथन–

"भ्रातृव्यं तद्भावे तु स्वकुटुम्बात्मजं तथा।
असंस्कृत संस्कृत च चदसत्वे सुतासुतम्।।
बन्धुजं तदभावे तु तस्मिन्नसति गोत्रजम्।
तस्यासत्वे लघुं सप्तवर्षसंस्थं च देवरम्।।
विधवा स्वौरसाभावे गृहीत्वा दत्तरीतितः।
अधिकारपदे भर्तुः स्थापयेत्पंच साक्षितः।।
यदि स दत्तकः पित्रो प्रीत्या सेवासु तत्परः।
विनयी भक्तिनिष्ठश्च भवेदौरसवत्तदा।।[40]

अर्थात् भतीजे को दत्तक पुत्र बनाये; उस के न होने पर अपने परिवार की संतान, चाहे उसका संस्कार हुआ हो या न हुआ हो और उसके भी न होने पर पुत्री के पुत्र (दोहित्र) को दत्तक बनाये। उस (पुत्री के पुत्र) के अभाव में (अपने) भाई के पुत्र, भाई के पुत्र न होने पर अपने गोत्र में उत्पन्न और उसके न होने पर अपने सात वर्षीय कनिष्ठ देवर को विधवा अपनी कोख से उत्पन्न पुत्र के अभाव में दत्तक बनाएी और उसे अपने पति के अधिकार स्थान पर पाँच साक्षियों के समक्ष स्थापित करे। यदि वह दत्तक पुत्र विनयी और भक्तिनिष्ठ है और प्रीतिपूर्वक माता पिता की सेवा में तत्पर है तो वह औरस (अपनी कोख से उत्पन्न) के समान ही है।

(वृ.) ननु दत्तपुत्रग्रहणे का रीतिरित्याह–
दत्तक पुत्र ग्रहण करने की क्या रीति है? यह कथन–
" अग्रजा मनुजः स्त्री वा गृह्जीयाद्यदि दत्तकम्।
तदा तन्मातृपित्रादेलेख्य बन्धवादि साक्षियुक्।।
राजमुद्राङ्किते सम्यक्कारयित्वा कुटुम्बजान्।
ततो ज्ञातिजनांश्चबाहूय भक्तिसमन्वितः।।
सधवागीततूर्यादिमङ्गलाचारपूर्वकम्
नत्वा दत्वा च सद्दानं व्याहुघुष्य निजमंदिर।।
आगत्य सर्वलोकेभ्यस्ताम्बूल श्री फलादिकम।
दत्वा सत्कार्य स्वस्रादीने वस्त्रालंकरणादिकम्।।
आहूत गृह्यगुरुणा कारयेज्जातकर्म सः।
ततो जातोऽस्यपुत्रोऽयमिति लौकेर्निगद्यते।।
तदैवापणभूवास्तु ग्राम प्रभशतिकर्मसु।
अधिकारमवाप्नोति राज्यकार्येष्वयं पुनः।।[41]

अर्थात् कोई निःसन्तान पुरुष या स्त्री यदि दत्तक पुत्र ग्रहण करे तो उसके माता–पिता आदि से बन्धु आदि साक्षी सहित राजमुद्रा से अंकित दस्तावेज भली भांति कराकर पारिवारिक जनों और जातीय बन्धुओं को बुलाकर, भक्ति से पूर्ण होकर सौभाग्यवती स्त्रियों के साथ गीत, वाद्य आदि मंगलाचारपूर्वक जिन मंदिर जाकर, जिन प्रतिमा के आगे स्वास्तिक बनाकर, अपनी सामर्थ्य के अनुसार उपहार देकर, सद्गुरु की वन्दना कर और दान देकर अपने घर वापिस लौटकर सभी लोगों को ताम्बूल, श्रीफल आदि देकर, सास आदि को वस्त्र और आभूषण से सम्मानित कर, कुलगुरु को बुलाकर जात कर्म सम्पन्न करना चाहिये। तत्पश्चात् लोगों द्वारा 'यह पुत्र हो गया' ऐसा कहा जाता है। इसके बाद वही पुत्र, बाजार, भूमि, वास्तु, ग्राम आदि कर्मों में और राज्यकर्मों में भी अधिकार प्राप्त करता है।

लघ्वर्हन्नीति में गोद लेने की विस्तृत प्रक्रिया निर्धारित की गई है। यह प्रक्रिया इस प्रकार है– (1) कोई निःसन्तान पुरुष या स्त्री गोद लेने का निश्चय करें। (2) उस बच्चे के माता–पिता से सहमति उस बच्चे को गोद लेने की प्राप्त करें। (3) उस बच्चे के माता–पिता और जातीय स्वजन बन्धुओं के समक्ष प्रक्रिया करें। (4) उस बच्चे को गोद लेने का गोद पत्र तैयार कर उस पर स्वयं के हस्ताक्षर करे और धर्मपत्नी के भी हस्ताक्षर

कराये। उस गोदपत्र पर उस बच्चे के माता–पिता के हस्ताक्षर करवाये। साक्षी रूप में समाज के दो प्रतिष्ठित व्यक्तियों के हस्ताक्षर कराये। (5) उस गोदपत्र पर राजकीय कार्यालय से तस्दीक करवाये। (6) उसके पश्चात् परिवारजनों, उस बच्चे के माता–पिता, रिश्तेदारों के साथ, समाज के प्रतिष्ठित लोगों आदि के साथ जिनालय प्रस्थान करें। (7) सौभाग्य स्त्रियों के गीत वाद्य आदि के साथ जिनालय प्रस्थान करें। (8) जिनालय में जिन प्रतिमा का वन्दन करें, प्रतिमा के आगे स्वास्तिक आदि का चिह्न अंकित करें। (9) जिनालय में जिन प्रतिमा के समक्ष, अपनी क्षमता अनुसार पूजा, उपहार, प्राभशत भेंट, समर्पण करें। (10) उसके पश्चात् सद्गुरु की वन्दना करें और उनको भेंट पूजा प्रस्तुत करें। (11) इसके पश्चात् घर जाकर अतिथियों का सत्कार करें, ताम्बूल, श्रीफल आदि भी दें। (12) उस व्यक्ति के माता–पिता का सम्मान करें, माता को स्वर्ण आभूषण, वस्त्र आदि भेंट करें। (13) इसके पश्चात् कुलधार को बुलाकर उनके द्वारा रखे जाने वाली वंशावलियों में उस बच्चे का नाम पुत्र के रूप में दर्ज करवायें। (14) उपाश्रित अतिथियों, बन्धुओं आदि के द्वारा यह उद्घोषणा करें कि यह बच्चा आज से आपका पुत्र हो गया। (15) इन सब प्रक्रियाओं के बाद वह बच्चा उस व्यक्ति का विधिवत पुत्र हो जाता है। वह उसके पुत्र के नाते बाजार, भूमि, वस्तु आदि खरीदने में सक्षम होता है और राज्यकार्य आदि करने में योग्यता प्राप्त कर लेता है।

(वृ.) नन्वौरसोत्पत्तौ पूर्वात्तदत्तकस्य का भागयोग्यतेत्याह–

वैध पुत्र के उत्पन्न होने से पहले से लिये गये दत्तक पुत्र के भाग का क्या अधिकार है? यह कथन–

सवर्णा स्त्र्यौरसौत्पतो तुर्याशाहो भवत्यपि।
भोजनांशुक्रदाना ही असवर्णा स्तनन्धयाः।।[42]

(दत्तक पुत्र बनाने के पश्चात्) सवर्णा अर्थात् स्वजातीय विवाहिता स्त्री से पुत्र उत्पन्न हो तो वह दत्तक पुत्र चतुर्थ अंश का स्वामी होगा। यदि विजातीय स्त्री से पुत्र उत्पन्न हो तो (उत्पन्न पुत्र) मात्र अन्न–वस्त्र के दान का पात्र है।

(वृ.) ननु दत्तकग्रहणान्तरमौरसोत्पत्तावुणीष बन्धयोश्रता कस्येत्याशङ्–कायामाह–

दत्तक ग्रहण करने के पश्चात् वैध पुत्र के उत्पन्न होने पर पगड़ी बाँधने का अधिकार किसका है इस आशंका के विषय में कथन–

गृहीते दत्तके जात औरसस्तर्हि बन्धनम्।
उष्णीषस्य भवेत्तस्य न हि दत्तस्य सर्वथा।
तुरीयांश प्रदाप्यैव दत्तः कार्य प्रथक्तदा।
पूर्वमेवोष्णीबन्धे यो जातः स समांशभाक्।।[43]

दत्तक ग्रहण करने के पश्चात् औरस (वैध या विवाहिता स्त्री से उत्पन्न) पुत्र हो तो उसी (पुत्र) को पगड़ी (मुकुट) बाँधा जाये, किसी भी रूप में दत्तक को नहीं। चौथा अंश देकर ही तब उसे पृथक कर देना चाहिए। लेकिन पहले ही यदि दत्तक पुत्र को पगड़ी बाँध दी गई है तो उत्पन्न पुत्र बराबर के हिस्से का अधिकारी होगा।

जिस व्यक्ति के कोई और दायाद न हो; केवल एक पुत्री को छोड़कर उस आदमी की मृत्यु हो जाये तो उसके पिता की सम्पत्ति की पूर्ण वह स्वामिनी होगी।

"यस्येकपुत्री निष्पन्ना पर संतत्यभावता।
ता तत्सुतो बाऽधिपतिः पितृद्रव्यस्व सर्वतः।।[44]

अर्थात् जिसके केवल एक पुत्री ही उत्पन्न हो और अन्य संतान का अभाव हो तो वह पुत्री और उस पुत्री का पुत्र (अर्थात् दोहित्र) उस पिता के द्रव्य का सर्वतः स्वामी होते हैं। निकटवर्ती दायादों के अभाव में लड़की और उसका लड़का वारिस होते हैं।

इसके सम्बन्ध में अर्हन्नीति में यह श्लोक है–

"यस्येकस्या तुकन्यायां जातांया नान्यसंतति।
प्राप्त तस्याश्चाधिपत्य सुतायास्तु सुतस्य च।।[45]

अर्थात् जिस मनुष्य के केवल एक कन्या हो और कोई सन्तान न हो तो उसकी मृत्यु के पश्चात् उसके धन के मालिक पुत्री–दोहिते होंगे।

इसी को श्री भद्रबाहु संहिता में इस प्रकार कहा गया है–

"आत्मा वै जायते पुत्रः पुत्रेण दुहिता समा।
तस्यामात्मनि निष्ठतयां कथमन्यो धनं हरेत्।।[46]

अर्थात् आत्म स्वरूप पुत्र होता है और पुत्र के समान पुत्री है तो फिर उस आत्मरूप पुत्री की उपस्थिति में दूसरा कोई धन का हरण कैसे कर सकता है। उसके मरने पर उसके अधिकारी, उसके पुत्रादि, उस सम्पत्ति के अधिकारी होंगे।[47] यदि किसी मनुष्य का कोई निकट अधिकारी नहीं है

केवल दोहिता हो तो उसकी पूर्ण सम्पत्ति का अधिकारी दोहिता होगा क्योंकि नाना और दोहितों में आनुवांशिक सम्बन्ध है। इसको श्री भद्रबाहु संहिता में इन श्लोकों में कहा गया है–

"ऊढानूढाऽथवा कन्या मातृद्रव्यस्य भागिनी।
अपुत्रपितृद्रव्यस्याधिपो दौहित्रको भवेत्।।[48]

अर्थात् माता के द्रव्य की भागिनी कन्या होती है, चाहे वह विवाहित हो अथवा अविवाहित और पुत्र रहित पिता के द्रव्य का अधिकारी दोहित्र होता है। एक अन्य श्लोक में–

"न विशेषोऽस्मिन् पौत्रदोहित्रयोः स्मृतः।
पित्रोरेकत्रसम्बन्धाज्जात योरेक देहतः।।[49]

अर्थात् इसका कारण यह है कि इस लोक में माता–पिता के एकत्र सम्बन्ध से उत्पन्न हुए एक देह रूप जो पुत्र और पुत्री है, उनसे उत्पन्न हुए पौत्र और दोहित्र में कुछ भेद नहीं जानना चाहिये।

इसी विषय के सम्बन्ध में अर्हन्नीति में इस प्रकार कहा गया है–

"गृहणाति जननी द्रव्यं मृता च यदि कन्यका।
पितृद्रव्यमशेषं हि दोहित्रः सुतरा हरेत्।।[50]

अर्थात् ब्याही हुई कन्या माता का द्रव्य पाती है, इसलिए उसका पुत्र (अर्थात् दोहिता) उसके पिता का द्रव्य लेता है।

इसी का अन्य श्लोक अर्हन्नीति का इस प्रकार है–

"पौत्रदोहित्रयोर्मध्ये भेदोऽस्ति न ही कश्चन।
तयोर्देहेन सम्बन्ध पित्रोर्देहस्य सर्वथा।।[51]

अर्थात् पौत्र और दोहिता (कन्या का पुत्र) में कुछ भेद नहीं है। इन दोनों के शरीर में माता पिता के शरीर का सम्बन्ध है।

माता का स्त्री धन पुत्री को मिलता है चाहे अविवाहित हो या विवाहित। इस सम्बन्ध में श्री भद्रबाहु संहिता में श्लोक इस प्रकार है–

"ऊढानूढाऽथवा कन्या मातृद्रव्यस्य भागिनी।
अपुत्रपितृद्रव्यस्याधिपो दौहित्रको भवेत्।।[52]

इस विषय में भद्रबाहु संहिता और अर्हन्नीति में कोई मतभेद नहीं माना जा सकता है क्योंकि अर्हन्नीति की नियत अविवाहित पुत्रों को वंचित रखने की नहीं हो सकती है जबकि अविवाहित पुत्री को विवाहित पुत्री के मुकाबले में सब जगह प्रथम स्थान दिया गया है।

यहाँ कोई अन्तर एक व्यक्ति के पुत्रों या पुत्र में नहीं हो सकता है क्योंकि ये दोनों एक ही पुरुष और महिला के सम्पर्क का परिणामस्वरूप है। इसके सम्बन्ध में श्री भद्रबाहुसंहिता में श्लोक इस प्रकार है–

"न विशेषोऽस्मिन पौत्रदोहित्रयोः स्मृतः।
पित्रोरेकत्र सम्बन्धाज्जातयोरेक देहत।।[63]

अर्थात् क्योंकि इस लोक में माता पिता के एकत्र सम्बन्ध से उत्पन्न हुए एक देह रूप जो पुत्र और पुत्री हैं उनसे उत्पन्न हुए पौत्र और दोहित्र में कुछ भेद नहीं जानना चाहिये। अविवाहित पुत्री का स्त्रीधन उसकी मृत्यु होने पर भाई को मिलता है।

"कन्यामृतौ व्ययं शोध्य देध्यं पश्चच्व तद्धनम।
मातामहादिभिर्दतं तद्ग्रहणन्ति सहोदराः।।[64]

अर्थात् यदि सगाई किये पीछे (विवाह से प्रथम) कन्या मर जाये तो जो कुछ उसको दिया गया हो वह खर्च काटकर (उसके भावी पति को) लौटा देवें। जो कुछ कन्या के पास नाना आदि का दिया हुआ द्रव्य हो, वह कन्या के सहोदर भाइयों को दिया जायेगा। विवाहित पुत्रियाँ अपनी माताओं का स्त्रीधन पाती हैं। इसको इन्द्रनन्दि जिन संहिता में इस प्रकार कहा गया है–

"रक्खेइ तं कुडंवो जह पितरौ तह समग्गाई।
उठाहु जादुहिदरो णिय जिय मायं स धणस्स मायरिहा।।[65]

अर्थात् यदि कोई विवाहिता पुत्री हो तो वह अपने माता के धन की अधिकारिणी होगी। यदि कोई पुत्री जीवित नहीं हो तो उसकी पुत्री और उसके अभाव में मृतक स्त्री का पुत्र अधिकारी होगा।

"तहभावे तस्स सुया तहभावे णिय सु उ बाबि।
अविभत विभत घण मुक्खे सा होइ भामिणी तत्थ।।[66]

यदि उसका (पुत्री का) अभाव हो तो उसका पुत्र, उसका भी अभाव हो तो स्वयं अपना पुत्र अधिकारी होगा। जो धन बँटा हो या न बँटा हो, उस धन की मुख्य अधिकारिणी धर्मभार्या होती है।

एक विवाहित लड़की का कोई पुत्र नहीं हो और उसकी मृत्यु हो जाये तब उसके स्त्रीधन, सम्पत्ति का स्वामी उसका पति ही होगा, कोई और नहीं होगा। इसके सम्बन्ध में श्री भद्रबाहु संहिता, वर्धमान नीति और अर्हन्नीति में विभिन्न श्लोक हैं। श्री भद्रबाहु संहिता में संदर्भित श्लोक इस प्रकार है–

"उद्‌पुत्र्यां परेतायामपुत्रायां च तत्पतिः।
स स्त्री धनस्य द्रव्यस्याधिपतिस्तत्पतिः सदा।।[57]

अर्थात् यदि विवाहिता पुत्री निःसन्तान मर जाए तो उसके द्रव्य का मालिक उसका पति ही होगा।

इसी प्रकार का श्लोक श्री वर्द्धमान संहिता में है वह इस प्रकार है–

"उद्‌पुत्र्यां परेतायामपुत्रायां च तत्पतिः।
स स्त्री धनाय द्रव्यस्याधिपतिश्व भवेत्सदा।।[58]

इसी को अर्हन्नीति में श्लोक में ऐसे कहा गया है–

"विवाहिता च या कन्या चेन्मृताऽपत्यवर्जिता।
तदा तद्ध तद्‌द्युम्नजातस्याधिपतिस्तत्पतिर्भवेत्।।[59]

अर्थात् ब्याही हुई कन्या जिसकी सन्तान मर जाए तो उसके धन का मालिक उसका पति होता है।

स्त्री धन के अतिरिक्त विधवा की अन्य सम्पत्ति का अधिकारी उसका पुत्र होगा। जब पिता की मृत्यु के पश्चात् सम्पत्ति का विभाजन हो तब माता को पति की सम्पत्ति का आधा हिस्सा मिलेगा जिससे सब व्यवहार निभाकर गृहस्थी के मुखिया का दायित्व पूरा कर सके। जब माता की मृत्यु हो जाये तब उसके पुत्रों में सम्पत्ति का समान वितरण हो जायेगा। इसको अर्हन्नीति में इस प्रकार कहा गया है–

पितुरुर्ध्वं निजाम्बायाः पुत्रैर्मार्गश्च सार्थकः।
लौकिकव्यवहारार्थ तन्मृतौ ते समाशिन।।[60]

अर्थात् यदि पिता के मरने के पश्चात् बांट हो तो पुत्रों को चाहिए कि अपनी माता को आधा–आधा भाग लोक व्यवहार के लिये दें और उसके मरने के पीछे उस धन को सम भाग में बांट लें।

इसी को श्री भद्रबाहु संहिता में इस तरीके से कहा गया है–

सहोदरैर्निजाम्बाया भगस्सम उदाहृतः।
साधिको व्यवहारार्थं मृतो सर्वेऽशभागिनः।।[61]

अर्थात् माता का भी भाइयों के साथ समान भाग कहा गया है और इसके अतिरिक्त व्यवहार साधन के लिए माता को कुछ अधिक और भी देना चाहिए। माता के मरने पर उसके धन के सब भाई समानांश भागी होते हैं। इसको श्री वर्धमान नीति में इस प्रकार बताया गया है–

"सहोदरैनिर्जाबाया भागः सम उदाहृतः।
साधिक व्यवहारार्थ मृतो सर्वेऽशभागिन।।[62]

यदि एक से अधिक विधवाएँ हों तो उन सबकी सम्पत्ति का अधिकारी (उनके पति का) पुत्र होगा। इसको श्री भद्रबाहु संहिता में इस श्लोक में कहा गया है–

"तासां मृतौ सर्वधनं गृहणीयात्सुत एव हि।
एको भगिन्यभावे चेत्केन्यैकस्या पतिर्व सो।।[63]

अर्थात् उन सब स्त्रियों के मरने पर उनका धन वह पुत्र लेता है और जब एक भी स्त्री उसके पिता की न रहे तो वह पिता का कुल धन लेता है।

पूर्व कथन है कि यदि विधवा अपनी प्रिय पुत्री के स्नेहवश दत्तक न ले तो उसकी सम्पत्ति की अधिकारिणी वह पुत्री होगी न कि उसके पति के भाई–भतीजे। इसे अर्हन्नीति में इस प्रकार श्लोक में कहा गया है–

"अनपत्ये मृते पत्यौ सर्वस्य स्वामिनी वधूः।
सापि दत्तमनादाय स्वपुत्री प्रेमपाशत।।
ज्येष्ठादि पुत्रदायादाभावे पंचत्वमागता।
चेतदा स्वामिनी पुत्री भवेत्सर्वधनस्य च।।
तन्मृतौ तद्धवः स्वामी तन्मृतौ तत्सुतादयः।
पितृपक्षीय लोकानां नहि तत्राधिकारिता।।"[64]

अर्थात्, जो पुरुष सन्तान रहित मर जाय तो उसके समस्त द्रव्य की उसकी स्त्री मालिक होगी। यदि वह स्त्री अपनी पुत्री के प्रेमवश किसी को दत्तक पुत्र न बनाये और उस स्त्री की मृत्यु हो जाए तो उसका धन इसके पति के भतीजे आदि की उपस्थिति में उसकी पुत्री को मिलेगा। उस कन्या की मृत्यु के पश्चात् उसका पति, उस पति की मृत्यु उसके पुत्रादि वारिस होंगे। उसके पितृपक्ष के लोगों का कुछ अधिकार नहीं रहता है।

इसको श्री भद्रबाहुसंहिता में इन श्लोकों में कहा गया है–

"सुते प्रेते सुतवधूभूर्तसर्व स्वहारिणी।
श्वश्रवासह कियत्कालं माध्यश्येन हि स्त्रीयते।।[65]

अर्थात् पुत्र के मर जाने पर भर्ता के सम्पूर्ण द्रव्य की मालिक पुत्र की स्त्री होती है, परन्तु उसको चाहिये कि वह अपनी सास के साथ कुल काल पर्यन्त विनयपूर्वक रहे।

"रक्षन्ती शयन भर्तुः पालयन्ती कुटुम्बकम्।
स्वधर्मनिरता पुत्रं भशतस्थाने नियोजयेत।।[66]

अर्थात् ब्रह्मचर्यव्रत को धारण करती हुई तथा अपने धर्म में तत्पर, कुटुम्ब का पालन करती हुई अपने पुत्र को भर्ता के स्थान पर अर्थात् भर्ता के द्रव्य का अधिकारी नियुक्त करे।

"न तत्र श्वश्रूर्यीत्कांचिद्वदेदनधिकारतः।
नापि पित्रादिलोकानाभधिकारोऽस्ति सर्वथा।।[67]

अर्थात् पुत्र को भर्ता की जगह पर नियोजित करने में उसकी सास को रोकने का कुछ अधिकार नहीं है और उसके माता–पिता आदि को भी कुछ अधिकार नहीं है।

"दत्तं चतुर्विधं द्रव्य नैव गृह्णान्ति चौत्तमाः।
अन्यथा सकुटुम्बास्ते प्रमान्ति नरक ततः।।[68]

अर्थात् उत्तम पुरुष चारों प्रकार के दिये हुए द्रव्य को फिर ग्रहण नहीं करते। ऐसा करने से वे कुटुम्ब के साथ नरक के पात्र होते हैं।

"प्रेते पितरि यत्किांश्चिवद्धनं ज्येष्ठरागतम्।
विद्याध्यनशीलानां भागस्तत्र यवीसयम्।।[69]

अर्थात् पिता के मरने पर बड़े भाई के हाथ में जो द्रव्य आया है उसमें विद्या पठन में संलग्न छोटे भाइयों का भी भाग है।

यह अधिकार वसीयत के रूप में है जिसके अनुसार विधवा अपनी सम्पत्ति की अधिकारिणी किसी पुत्री विशेष को बनाती है। इसका कारण यह है कि विधवा जैन कानून के अनुसार पति की सम्पत्ति की पूर्ण अधिकारिणी होती है और वह अपनी सम्पत्ति चाहे जिसको अपने जीवन काल में तथा मृत्यु पश्चात् के लिये दे सकती है। जैन कानून के अनुसार स्त्री धन के अतिरिक्त स्त्री की सम्पत्ति पति के भाई–भतीजों या उनके सम्बन्धियों को नहीं मिलती है किन्तु उसके अपने भाई–भतीजों को मिलती है। इसके सम्बन्ध में अर्हन्नीति में इस प्रकार श्लोक है–

"यच्च दत्तं स्वकन्याये जज्जाभातृकुलागतम्।
तद्धनं नहीं गृह्जीयाल कोऽपि पितृकुलोद्भव।।
किन्तु त्राता न कोऽपि स्यातदा तातधनं तथा।
रक्षेत्तस्या मृतौ तच्च धर्ममार्गे नियोजयेत।।[70]

अर्थात् जो द्रव्य कन्या को खुद दिया हो या जो उसकी ससुराल से मिला हो, उसको कन्या के मैके वालों को नहीं लेना चाहिये। किन्तु यदि उसका कोई रक्षक न रहे तो उस समय उस पुत्री की तथा उसके धन की रक्षा करें और मरने पर उस धन को धर्म मार्ग में लगा देवें। यह नियम भद्रबाहु संहिता के अध्ययन करने से स्पष्ट हो जाता है कि जिसके अनुसार पुत्री के दायाद नियुक्त किये जाने पर पति के भाई–भतीजे दाय से वंचित हो जाते हैं।

भद्रबाहु संहिता के अनंसार (विधवा) ब्रह्मचर्य व्रत को धारण करती हुई तथा अपने धर्म में तत्पर, कुटुम्ब का पालन करती हुई अपने पुत्र को भर्ता के स्थान पर अर्थात् भर्ता के द्रव्य का अधिकारी नियुक्त करे। पुत्र को भर्ता की जगह में नियोजित करने में उसकी सास को रोकने का कुछ अधिकार नहीं है और उसके माता–पिता आदि को भी कुछ अधिकार नहीं है।

विभाजित होने के बाद किसी भाई के मरने पर उसकी विधवा अथवा पुत्र के अभाव में उसके सम्पत्ति उसके शेष भाइयों में बराबर बाँट ली जाएगी। इन्द्रनन्दि जिनसंहिता में कहा गया है–

"बंभस्य ज धणं विहु तस्सहु भज्जाहि विभणा अण्णे।
जिट्ठठे गयेहु मायरि तहियं काणिट्ठे विभत स दब्बे।।"[1]

अर्थात् यह निश्चय है कि ब्राह्मण के धन की अधिकारिणी उसकी स्त्री होगी और उसके अभाव में कोई ब्राह्मण ही स्वामी होगा और ज्येष्ठ भाई की मृत्यु पर उसके छोटे भाई उसका धन बाँट लें।

इस श्लोक में दो बातें स्पष्ट हो गई– प्रथम तो ब्राह्मण के धन का अधिकारी प्रत्येक परिस्थिति में ब्राह्मण ही होगा। सर्वप्रथम तो ब्राह्मण व्यक्ति की मृत्यु पर उसकी धर्मपत्नी उसकी सम्पत्ति की अधिकारिणी होगी, फिर कोई रिश्तेदार, पुत्र, भाई, भतीजा आदि और आखिर में कोई भी ब्राह्मण ही उसका अधिकारी होगा। दूसरी बात यह स्पष्ट हुई कि अगर ज्येष्ठ भाई की मृत्यु हो जाये तो उसकी सम्पत्ति उसके छोटे भाइयों के बीच बराबर विभाजित होगी।

परन्तु उसका पुत्र होगा तब उस व्यक्ति के भाइयों की अपेक्षा उसका पुत्र ही उसका अधिकारी होगा। इन्द्रनन्दि जिनसंहिता में इसके सम्बन्ध में श्लोक इस प्रकार है–

"पितु गये परलोये अद्धं अद्धं सहणद्धुते सब्बे।
दायादा के के विहु पठमं भज्जा तदो दुपुत्तो हि।।"[2]

अर्थात् यदि पिता मर जाय तो वह (दासी पुत्र) आधा भाग लेगा और दायाद कौन हो सकता है? प्रथम धर्मपत्नी, फिर पुत्र।

इसको वर्द्धमान नीति में इस श्लोक में कहा गया है–

"पत्नीपुत्रौ भ्रातृजाश्च सपिण्डस्तत्सुतासुतः।
बान्धवो गोत्रजा ज्ञात्या द्रव्येशाह्यरोतरम्।।[73]

अर्थात् कोई पुरुष मर जाय तो उसके धन के मालिक इस क्रम से होते हैं– स्त्री, पुत्र, भतीजा, सपिण्ड, पुत्री का पुत्र, बन्धु, गोत्रजः ज्ञात्या।

अर्हन्नीति में इसके सम्बन्ध में श्लोक इस प्रकार है–

"पत्नी पुत्रश्च भ्रातृव्याः सपिण्डश्व दुहितृजः।
बन्धुजो गोत्रजश्र्चैव स्वामी स्यावुत्तरोत्तरम्।।[74]

अर्थात् स्त्री, पुत्र, भाई का पुत्र, सात पीढ़ी तक का वंशज, दोहिता, बन्धु का पुत्र, गोत्रज और इनके अभाव में ज्ञात्या यह क्रमशः एक–दूसरे के अभाव में उत्तरोत्तर दायभागी होंगे।

यदि उसके कोई निकट सम्बन्धी नहीं है तो उसकी सम्पत्ति का अधिकार पूर्वोक्त क्रमानुसार होगा। इन्द्रनन्दि जिन संहिता में इस सम्बन्ध में सम्बन्धित श्लोक इस प्रकार है–

"सोदरबन्धु बग्गो गेंहणदुतेसि धणं कयद्धो।
पडिदो पंजू वहिरो उन्मन्ती संद कुज्ज ऊंधो यटा।।
बिसई जडो य कोई गूँगो रुग्गोय पयड्लो।
बिसजी अभक्खमेई एदसिभाग जुग्ग दोणत्थि।।
भुति बसण जणिता परंदु जस्या विकस्सावि।
मंतो सहाई शुद्धा एदेसिं भाग जो गदा अत्थि।।[75]

अर्थात् यदि उसके कोई भाई, बन्धुजन (वारिस) नहीं है तो उसके उपर्युक्त क्रमानुसार होंगे। पतित, पंगु, बधिर, उन्मत, नपुंसक, कुबड़ा, अन्धा, विषयी पागल, क्रोधी, गूंगा, रोगी, बैरी, सप्तकुव्यसनी, अभक्ष्यभोगी, ऐसा व्यक्ति भाग नहीं पाता। भोजन वस्त्र से उनका भरण–पोषण करना चाहिए। यदि वे मंत्रादि से अच्छे हो जायें तो उनमें दाय अधिकार की योग्यता होती है।

यदि किसी मनुष्य के पुत्र नहीं है तो जायदाद प्रथम उसकी विधवा को, पुनः मृतक की माता को (यदि जीवित हो) मिलेगी। इसका अर्थ यह है कि पुत्र के पश्चात् माता अधिकार क्रमानुसार दूसरी उत्तराधिकारिणी है। अर्थात्

विधवा और पुत्र दोनों के अभाव में सम्पत्ति मृतक की माता को मिलेगी। भद्रबाहु संहिता में इसे इस प्रकार कहा गया है–

"पुत्रास्याप्रजसो द्रव्यं ग्रहणीयातद्वधू स्वयम्।
तस्यामपि मृतायां तु सुतमाता धन हरेत्।।"[76]

अर्थात् स्वपुत्रोत्पत्ति के बिना ही यदि पुत्र मर जाय तो उसके द्रव्य उसके भी मर जाने पर पुत्र की माता ले।

इसे अर्हन्नीति में इस प्रकार श्लोक में कहा गया है–

"अपुत्रपुत्रमरणे तद्द्रव्यं लाति तद्वधूः।
तन्मृतो तस्य द्रव्यस्य श्वश्रु स्यादधिकारिणी।।"[77]

अर्थात् जो पुत्र संतान बिना मरे उसका द्रव्य उसकी विधवा को मिले और उस विधवा बहू की मृत्यु हो जाय तब उसका द्रव्य सास लेवे। इसका अर्थ यह है कि पुत्र के बाद उसकी माता अगली उत्तराधिकारिणी होगी।

यदि विधवा शीलवती हो तो उसके पुत्र हो या न हो, वह अपने पति की सम्पत्ति की पूर्ण अधिकारिणी होगी। इसके सम्बन्ध में वर्द्धमान नीति का यह श्लोक विशेष रूप से वर्णनीय है–

"पत्युर्धनहरी पत्नी या स्याच्चेद्वरवर्णिनी।
सर्वाधिकारं पतिवत् सति पुत्रेऽथवाऽसति।।"[78]

अर्थात्– विधवा स्त्री पतिव्रता हो तो पति के सम्पूर्ण धन की स्वामिनी होगी। उसको पति की भाँति पूरा अधिकार प्राप्त होता है चाहे लड़का हो या न हो।

अर्हन्नीति में इसके सम्बन्ध में श्लोक इस प्रकार है–

"कुटुम्बपालने शक्ता ज्येष्ठा या च कुलाङ्गना।
पुत्रस्य सत्वेऽसत्वे च भ्रातृवत्साधिकारिणी।।"[79]

अर्थात् कुटुम्ब का पालन करने में समर्थ बड़ी विधवा, पुत्र हो तब भी और न हो तब भी पति के धन की उसके तुल्य अधिकारिणी होती है।

इन सब श्लोकों का अर्थ यह है कि पत्नी अगर चरित्रवान हो तब उसके पति की मृत्यु पर वह पति की सम्पत्ति की पूर्ण स्वामिनी होगी चाहे उसके पुत्र हो अथवा नहीं हो।

जैन विधि में दायभाग की नीति जो किसी व्यक्ति की मृत्यु पर लागू होती है, वही मनुष्य के लापता, पागल और संसार विरक्त होने पर लागू होती है। अर्हन्नीति में इस सम्बन्ध में श्लोक इस प्रकार है–

"भ्रष्टे नष्टे च विक्षिप्ते पत्यौ प्रव्रजिते मृते।
तस्य निःशेषवित्तस्याधिपा स्याद्वरवर्णिनी।।[80]

अर्थात्– पति लापता हो जाय या मर जाय या बावला हो जाय या दीक्षा लेकर त्यागी हो जाय तो उसके धन की स्वामिनी उसकी स्त्री होगी। इसी प्रकार अर्हन्नीति के एक अन्य श्लोक में इस प्रकार कहा गया है–

"पुत्रस्त्रीवर्जितः कोऽपि मृतः प्रव्रजितोऽथवा।
सर्वे तद्भ्रातरस्यस्य गृह्णीयुस्तद्धनं सयम।।[81]

अर्थात् जो पुरुष पुत्र या स्त्री को छोड़े बिना मर जाय अथवा साधु हो जाय तो इन सबका अर्थ यही है कि पति की किसी भी परिस्थिति में चाहे– (1) उसकी मृत्यु हो जाये; (2) वह लापता हो जाये; (3) वह पागल हो जाये; (4) वह संसार विरक्त हो अर्थात् साधु–संन्यासी बन जाये तब उसकी सम्पत्ति की मालिक उसकी स्त्री ही होगी। इसी प्रकार अगर कोई व्यक्ति जिसके कोई पत्नी या पुत्र नहीं हो और उस व्यक्ति की मृत्यु हो जाये या साधु हो जाय तब उसकी सम्पत्ति उसके सभी भाई और उनके पुत्रों के बीच समान रूप से बाँट दी जायेगी।

जहाँ तक कानून का प्रश्न है, जब एक व्यक्ति लापता हो जाय तब उसकी सम्पत्ति के निस्तारण के सम्बन्ध में भारतीय साक्ष्य अधिनियम लागू होगा जहाँ यह प्रावधान है कि जब कोई व्यक्ति का सात वर्ष तक पता नहीं लगे तब उसे मृतक मानकर उसके अनुसार उसकी सम्पत्ति का निस्तारण होगा। केवल असाध्य पागलपन की दशा में ही अधिकार का प्रश्न उत्पन्न हो सकता है, किन्तु पागल की व्यवस्था पागलपन कानून एक्ट नं. 4 सन् 1912 के अनुसार ही होगी और पागल के जीवन काल में दाय अधिकार प्राप्त करने का प्रश्न नहीं उठेगा।

दाय सम्बन्धी सर्व वाद–विवाद स्थानीय रिवाज के अनुसार (अगर कोई हो) अथवा कानून के अनुसार न्यायालयों द्वारा निर्णित कर लेने चाहिए। इससे आगे किसी झगड़े की संभावना नहीं रहती है। इस सम्बन्ध में इन्द्रनन्दि जिन संहिता के एक श्लोक में कहा गया है–

दत्ते तम्मिण कलहो सुसिच्छदो धम्मसूरिहिं णिच्चं।
दिण्णम पराययेत ससरिकयं णो केवेइ कलहो च।।[82]

अर्थात् उक्त प्रकार दाय अधिकार में कलह न होना, ऐसा धर्माचार्यों ने सदा के लिए निश्चय किया है। राज्यनीति व लोकव्यवहार के अनुसार दाय के निर्णय करने में विवाद न होगा।

यदि किसी पुरुष के एक से अधिक स्त्रियाँ हों तो सबसे बड़ी विधवा अधिकार पाती है और कुटुम्ब का भरण–पोषण करती है। इन्द्रनन्दि जिन संहिता में दो श्लोक इस संदर्भ में उल्लेखनीय हैं–

"भतरि णट्ठडे विमदे बायाइ सुरुग्गा गहले वा।
खेत बत्थु धणं वा धणु दुपय चढपयं चावि।।
जेट्ठा भायरिहा सासा या कुदुम्ब सुपानेई।
पुत्रकुडंवजो वा मज्जोलाः दुसुसंकिउ बण्णो।।[83]

अर्थात् जब कोई मनुष्य लापता हो जाय या मर जाय या वातादि रोग से ग्रस्त (बावला) हो जाये तब क्षेत्र, मकान, धन, धान्य, द्विपद, चतुष्पद की मालिक उसकी ज्येष्ठ भार्या, जो कुटुम्ब का पालन करेगी, होगी। उसके अभाव में पुत्र, फिर सवर्ण माता–पिता से उत्पन्न भतीजा, दायभाग का अधिकारी परन्तु यह नियम स्पष्ट नहीं है, अनुमानतः यह नियम राज्य और अन्य विभाज्य सम्बन्धी प्रतीत होता है कि सब विधवाएँ अधिकारी हों और प्रबन्ध कम से कम उस समय तक बड़ी विधवा करे जब तक वह सब एक–दूसरे से राजी हों।

यदि किसी की अनेक स्त्रियों में से किसी के पुत्र हो तो वह सबका अधिकारी होगा। श्री भद्रबाहु संहिता में कहा गया है–

"कस्यचिद्बहुपत्नीषु ह्योका प्रजनयेत्सुतम।
तेन पुत्रेण महिलाः पुत्रवत्यः स्मृता बुधैः।।
तासां मृतो सर्वधन गृहणीयात्सुत एक हि।
एको भगिन्यभावे चेत्कन्यैकस्याः पतिर्वरणेः।।[84]

यदि किसी पुरुष की बहुत स्त्रियों में से एक के पुत्र हो तो वे सभी स्त्रियाँ उस पुत्र के कारण पुत्रवती समझनी चाहिए, बुद्धिमानों की ऐसी आज्ञा है। उन सब स्त्रियों के मरने पर उनका धन वह पुत्र लेता है और जब एक भी स्त्री उसके पिता की न रहे तो वह पिता का कुल धन लेता है। इसे अर्हन्नीति में इस श्लोक में कहा गया है–

"जातेनैकेन पुत्रेण पुत्रवत्योऽखिलाः स्त्रियः।
अन्यतस्या अपुत्राया मृतौ स तद्धनं हरेत।।[85]

अर्थात् एक स्त्री के पुत्र के जन्म होने से (एक पुरुष की) सम्पूर्ण स्त्रियां पुत्रवती समझी जाती है। अतएव उनमें से यदि कोई स्त्री मर जाय तो उसके पुत्र न हो तो उसका द्रव्य वही पुत्र ले। वह पुत्र अपनी माता अथवा सौतेली सब माताओं की सम्पत्ति को जब वह मरेंगी, पायेगा।

राजा का कर्त्तव्य

यदि किसी मनुष्य का उत्तराधिकारी ज्ञात न हो तो राजा को तीन वर्ष पर्यन्त उसकी सम्पत्ति सुरक्षित रखनी चाहिये और इस बीच में कोई व्यक्ति उसको आकर न माँगे तो उसे स्वयं ले लेना चाहिए। इसके सम्बन्ध में श्री वर्द्धमान नीति में कहा गया है–

"राजा निस्वामिकं रिक्थं मात्र्यब्दं सुनिधापयेत।
स्वामृयासुत्तत्रशक्तस्तत्परस्तु नश्पः प्रभुः।।[86]

अर्थात् जिस धन का कोई स्वामी निश्चय न हो उसको राजा तीन वर्ष तक सुरक्षित रखे; यदि तीन अवधि समाप्ति के पश्चात् कोई भी स्वामी आये तब उसको सम्पत्ति मिलेगी और तीन वर्ष की अवधि समाप्ति पर उसको राजा स्वयं ग्रहण करे। इस राज्यगृहीत धन को धार्मिक कार्यों में खर्च कर देना चाहिए। इस सम्बन्ध में श्री वर्द्धमान नीति का श्लोक इस प्रकार है–

"पत्नीपुत्रौ भ्रातृजाश्च सपिण्डस्तत्सुतासुतः।
बान्धवो गोत्रजा ज्ञात्या द्रव्येशा ह्यत्तरोत्तरम्।।
तदभावे नश्पो द्रव्यं धर्मकार्ये प्रवर्तयेत्।
निष्पुत्रस्य मृतस्यैव सर्ववार्णेष्वयं क्रमः।।[87]

अर्थात् कोई पुरुष मर जाय तो उसके धन के मालिक इस क्रम से होते हैं– स्त्री, पुत्र, भतीजा, सपिण्ड, पुत्र का पुत्र, बन्धु, गोत्रज ज्ञात्या। इन सबके अभाव में राजा उस धन को धर्म कार्य में लगा दे। यह नियम सब बच्चों के लिए है। अर्हन्नीति में इसके सम्बन्ध में कहा गया है–

पत्नी पुत्रश्च भ्रातृव्याः सपिण्डश्च द्रुहितृजः।
बन्धुजो गोत्रजश्चैव स्वामी स्यादुत्तरोत्तरम्।।
तदभावे च ज्ञातीयास्तदभावे महीभुजा।
तद्धनं सफल कार्यं धर्मामार्गे प्रदाय च।।[88]

अर्थात् स्त्री, पुत्र, भाई का पुत्र, सात पीढ़ी तक का वंशज, दोहिता, बन्धु का पुत्र, गोत्रज और इनके अभाव में ज्ञात्या यह क्रमशः एक–दूसरे के अभाव में उत्तरोत्तर दायभागी होंगे। इन सबके अभाव में राजा मृतक के धन को किसी धर्म कार्य में लगातार सफल बना दे। इस प्रकार श्री वर्द्धमान नीति और श्री अर्हन्नीति में एक ही बात कही गई है।

इन्द्रनन्दि जिन संहिता में यह नियम ब्राह्मणीय सम्पत्ति के सम्बन्ध में उल्लेखित है क्योंकि ब्राह्मण सम्पत्ति को राजा ग्रहण नहीं कर सकता है। इन्द्रनन्दि जिन संहिता में इस सम्बन्ध में एक श्लोक में कहा गया है–

"दत्ते तम्मिण कलहो सुसिच्छदो धम्मसूरिहिं णच्चं।
दिण्णम परायपेत ससरिकयं णो केवई कलहो य।।
सब्बं सब्बस मदं जहा तहा दाय भायम्मि।
बंभस्स ज धणं विहु तस्सहु भज्जाहि विंभणा अण्णे।
जिट्ठठे गयेहु मायरि तद्धियं कणिट्ठे विभत स दब्बे।।"[90]

अर्थात् उपरोक्त अनुसार दाय के अधिकार में कोई कलह न होगा, ऐसा धर्माचार्यों ने सदा के लिये निश्चय किया है। राज्यनीति व लोक व्यवहार के अनुसार दाय के निर्णय करने में विवाद न होगा। बाँट इस प्रकार से करनी चाहिए जो सबको फायदे के लिए हो। इन उपर्युक्त दायादों के अभाव में धन का स्वामी राजा होगा परन्तु ब्राह्मण के धन का नहीं। यह निश्चय है कि ब्राह्मण के धन की अधिकारिणी उसकी स्त्री होगी और उसके अभाव में कोई ब्राह्मण ही स्वामी होगा। ज्येष्ठ भाई की मृत्यु पर उसके छोटे भाई उसका धन बाँट ले। ब्राह्मण की सम्पत्ति को राजा ग्रहण नहीं कर सकता है।

ब्राह्मण वर्ण की संतानों में दाय

ब्राह्मण आदि तीन वर्णों अर्थात् ब्राह्मण, क्षत्रिय और वैश्य के समान वर्ण और असमान वर्ण से उत्पन्न पुत्रों का हिस्सा किस प्रकार का होना चाहिये? यह बताने की इच्छा से कथन लध्वर्हन्नीति में कहा गया है–

ब्राह्मणस्य चतुर्वर्णस्त्रियः सन्ति सदा वसु।
विभय्य दशधा तज्जान् चतुस्त्रिद्वयंशभाजिनः।।
कुर्यात्पितावशष्टिं तु भागं धर्मे नियोजयेत्।
शुद्राजातो न भागार्हो भोजनांशुकमन्तरा।।[90]

ब्राह्मण की चार (ब्राह्मण, क्षत्रिय, वैश्य, शूद्र) वर्ण वाली पत्नीयाँ हों तो पिता सम्पत्ति को दस भागों में बाँटकर उनसे उत्पन्न पुत्र क्रमशः चार (ब्राह्मणी से उत्पन्न), तीन (क्षत्राणि से उत्पन्न) और दो (वैश्य स्त्री से उत्पन्न) हिस्से का अधिकारी बनाये। शेष भाग को धर्म कार्य में लगाये। शूद्र से उत्पन्न पुत्र भोजन और वस्त्र के अतिरिक्त सम्पत्ति में किसी हिस्से का

अधिकारी नहीं है। इसे श्री भद्रबाहु संहिता के श्लोकों में इस प्रकार वर्णित किया गया है–

"ब्राह्मण, क्षत्रियविशां ब्राह्णेन विवाहिता।
कन्यासज्जातपुत्राणां विभागोऽय बुधैः स्मृतः।।
पितृद्रव्यं जंगम वा स्थावरं गोधनं तथा।
विभज्य दशधा सर्व गृह्णीयुः सर्व एकतः।
विप्राजस्तुर्यभागन्वैः त्रीन्भागान् क्षत्रियासुतः।
द्वौ भागो वैश्यजो गृह्यादेकं धर्मे नियोजयेत।।"[91]

अर्थात् ब्राह्मण, क्षत्रिय, वैश्यों की कन्याओं का विवाह यदि ब्राह्मण के साथ किया जाये तो उनके पैदा हुए पुत्रों का भाग पिता सम्बन्धी द्रव्य में इस प्रकार बुद्धिमान पुरुषों ने कहा है कि पिता के जंगम तथा गोधनादिक और स्थावर द्रव्य में दस भाग लगाकर भाइयों को इस प्रकार होना चाहिए कि ब्राह्मणी से उत्पन्न हुए पुत्र के चार भाग, क्षत्रियों से उत्पन्न हुए को तीन भाग और वैश्य माँ से उत्पन्न हुए को दो भाग तथा अवशिष्ट एक भाग धर्मार्थ नियुक्त करें। इन्द्रनन्दि जिन संहिता में कहा गया है–

"दत्ता दाण विसेसं भइणीउ पारिणे दब्बा।
दो पुत्ता एय सुवा धणं विभज्जंति हा तहाभाये।।
सेसं जेट्ठो लादिहु जहा रिण णे तहा गिण्हे।
सुद्दा हु वंभजा जे चउ तिय दुगणप्पभाइणो णेया।।"[92]

अर्थात् दहेज देकर बहन का विवाह कर देना चाहिए। अगर दो लड़के और एक लड़की हों तो सम्पत्ति के तीन भाग करने चाहिए। उससे जो बचे उसको बड़ा भाई ले, जिससे ऋण न लेना पड़े। यह जान लेना चाहिए कि ब्राह्मण पिता के पुत्र शूद्राणी माता की संतान के अतिरिक्त जो ब्राह्मणी, क्षत्राणी, वैश्याणी माताओं से उत्पन्न हुए हों वह क्रमशः 4, 3, 2 भाग के अधिकारी होते हैं। इसी सम्बन्ध में अर्हन्नीति में इस प्रकार वर्णित किया गया है–

"ब्राह्मणस्य चतुर्वर्ण स्त्रियः सन्ति तदा वसु।
विभज्य दशधा तज्जान् चतुस्त्रिद्वयंशभागिन।।
कुर्यात्पिता वशिष्ठं तु भागं धर्मे नियोजयेत्।
शूद्राजातो न भागा र्हो भोजनांशुकसंतरा।।"[93]

अर्थात् यदि किसी ब्राह्मण की स्त्री चार वर्ण की हो तो उसके धन के दस भाग करने चाहिए और उनमें से ब्राह्मणी के पुत्र के चार भाग, क्षत्रियों के पुत्र के तीन भाग, वैश्याणी के पुत्र को दो भाग देने चाहिए। शेष का एक भाग धर्म कार्य में लगा देना चाहिए। शूद्रा स्त्री का पुत्र रोटी–कपड़े के अतिरिक्त भाग नहीं पा सकता है।

लर्ध्वर्हन्नीति, श्री भद्रबाहु संहिता, इन्द्रनन्दि जिन संहिता और अर्हन्नीति चारों में एक बात ही दृष्टिगत होती है कि अगर ब्राह्मण पति के चारों वर्णों ब्राह्मण, क्षत्रिय, वैश्य और शूद्र वर्ण की पत्नीयाँ हों तो उनकी संतानों में विभाजन इस प्रकार होगा। ब्राह्मणी के पुत्र को चार भाग, क्षत्रियाणी के पुत्र को तीन भाग, वैश्याणी के पुत्र को दो भाग, इस तरह नौ भागों में पिता की सम्पत्ति का विभाजन करना चाहिए। शूद्रा स्त्री का पुत्र केवल रोटी, कपड़े के अतिरिक्त कुछ नहीं पा सकता है।

क्षत्रिय पिता का सवर्ण उत्पन्न पुत्र

"क्षत्राज्जातः सवर्णायामर्धभागी विशात्मजा।
जातस्तुर्यांश भागी स्याच्छूदात्पन्नोऽन्नवस्त्रमाक्।।[94]

अर्थात् क्षत्रिय पिता के क्षत्रिय स्त्री को पिता का आधा और वैश्य स्त्री के पुत्र को चौथाई धन मिलेगा। उसका शूद्रा स्त्री से उत्पन्न हुआ पुत्र केवल भोजन और वस्त्र का अधिकारी है। इन्द्रनन्दि जिन संहिता में इसके सम्बन्ध में श्लोक इस प्रकार है–

"खत्तिय सुद्दाणेया तिय दुगुणाप्प भाइणो णेया।
सुद्दनु सुद्दा दुगदुग भायरिहा वैस्स सुद्दजा इक्कं।।[95]

अर्थात् क्षत्रिय (पिता) 3; वैश्य पिता के 2 और शूद्र के एक भाग के अधिकारी, माता के वर्ण की अपेक्षा से होंगे। श्री भद्रबाहु संहिता में कहा गया है–

"क्षत्रियस्य सवर्णाजोऽर्द्ध भागी वैश्योजोद्भवः।
तुर्यांशभागी शूद्राजः पितृदत्तांशुकादिभृत्।।[96]

अर्थात् क्षत्रिय पिता से सवर्ण स्त्री (क्षत्रिया) से उत्पन्न हुए पुत्र के पिता के द्रव्य का अर्धांश तथा वैश्या के पुत्र को चतुर्थांश मिलना चाहिए और शूद्रा से उत्पन्न हुआ जो पुत्र है वह जो द्रव्य (अन्न वस्त्रादिक) उसको उसके पिता ने दिया है, उसी का स्वामी हो सकता है (अधिक नहीं)। लध्वर्हन्नीति में इसके सम्बन्ध में श्लोक इस प्रकार है–

"क्षत्राज्जातृः सवर्णायामर्धभागी विशात्मजा।
जास्तुर्यांशभागी स्याच्छूद्रात्पन्नोऽन्नवस्त्रभाक्।।[97]

क्षत्रिय पिता की सवर्णा अर्थात् क्षत्राणी से उत्पन्न पुत्र सम्पत्ति के आधे भाग का अधिकारी है, वैश्य स्त्री से उत्पन्न चतुर्थ भाग का अधिकारी है, शूद्रा स्त्री से उत्पन्न पुत्र मात्र अन्न, वस्त्र का अधिकारी है। इस प्रकार अर्हन्नीति, लध्वर्हन्नीति, इन्द्रनन्दि, जिन संहिता, श्री भद्रबाहु संहिता इन नीतियों में एक–सा ही निर्देश है।

वैश्य पिता के पुत्रों के मध्य सम्पत्ति विभाजन

लध्वर्हन्नीति में कहा गया है–

"वैश्याज्जातः सवर्णाया पुत्रः सर्वपतिर्भवेत्।
शूद्राजातो न दायादो योग्योभोजनवाससाम्।।[98]

वैश्य पिता की सवर्ण अर्थात् वैश्य स्त्री से उत्पन्न पुत्र सम्पूर्ण सम्पत्ति का स्वामी हो और शूद्रा स्त्री से उत्पन्न पुत्र सम्पत्ति का भागीदार नहीं है, वह केवल भोजन और वस्त्र का अधिकारी है। इस सम्बन्ध में श्री भद्रबाहु संहिता में इस प्रकार से श्लोक है–

"वैश्यस्य हि सवर्णाज सर्वस्वामी भवेत्सुतः।
शूद्रापुत्रोऽन्नवासोई इति वर्णत्रये विधि।।[99]

अर्थात् वैश्य का वैश्य स्त्री से उत्पन्न हुआ पुत्र ही सर्वसम्पत्ति का अधिकारी हो सकता है, शूद्रा से उत्पन्न हुआ लड़का केवल अन्न–वस्त्र का ही अधिकारी है। इस सम्बन्ध में अर्हन्नीति का श्लोक इस प्रकार है–

"वैश्याज्जात सवर्णयां पुत्रः सर्वपतिर्भवेत्।
शूद्राजातो न दायादो योग्यो भोजनवाससाम्।।[100]

अर्थात् वैश्य पिता का सवर्ण स्त्री का पुत्र पिता का सर्वधन लेता है। उसका शूद्रा स्त्री का पुत्र वारिस नहीं है अस्तु वह केवल भोजन–वस्त्र का अधिकारी है। इस संबंध में लघ्वर्हन्नीति, श्री भद्रबाहु संहिता और अर्हन्नीति एकमत है।

शूद्रा पत्नी के लड़कों का दाय ब्राह्मण, क्षत्रिय और वैश्य पतियों से चाहे ब्राह्मण पति हो, चाहे क्षत्रिय पति हो, चाहे वैश्य पति हो, इन तीनों में से किसी के शूद्रा पत्नी हो और उसका पुत्र हो तो उसे केवल कपड़ों और भोजन की व्यवस्था का ही निर्देश है। इसका कारण यही नजर आता है शूद्र

जाति को हेय समझा गया है। इसलिये शूद्रा पत्नी के लड़के को भोजन और वस्त्र का निर्देश है। यह तत्कालीन समाज व्यवस्था को ही दर्शाता है।

शूद्र पुरुष की स्त्री

श्री भद्रबाहु संहिता में लिखा गया है–

"शूद्रस्यैकसवर्णाजा एको द्वौ वाऽधिका अपि।
समांशभागिनः सर्वे शतपुत्रा भवन्त्यपि।।[101]

अर्थात् शूद्र पिता के शूद्रा स्त्री से उत्पन्न हुए पुत्र एक, दो तथा शत भी हों तो वे समभाग के अधिकारी हैं। अर्हन्नीति में कहा गया है कि–

"शूद्रस्य स्त्री भवेच्छूद्रा नान्या तज्जातसूनवः।
यावन्स्तेऽखिला नूनं भवेयुः समभागिनः।।[102]

अर्थात् शूद्र पुरुष की स्त्री शूद्रा होती है, अन्य वर्ण की नहीं होती। उस स्त्री के पुत्र पिता के धन में बराबर भाग के अधिकारी होंगे। लध्वर्हन्नीति में कहा गया है–

"शूद्रस्य स्त्री भवेच्छूद्री नान्या तज्जातसूनवः।
यावन्तस्तेऽखिला नूनं भवेयुः समभागिनः।।

अर्थात् शूद्र की पत्नी शूद्र वर्ण की होती है उससे पुत्र अन्य वर्ण के नहीं होते वे जितने भी हैं निश्चित रूप से समान भाग होने चाहिए। श्री भद्रबाहु संहिता, अर्हन्नीति और लध्वर्हन्नीति एक मत से वह व्यक्त किया गया है कि शूद्र पति की पत्नी शूद्र ही होगी अन्य वर्ण की नहीं। इससे उस वक्त भी सामाजिक पृष्ठभूमि को समझा जाय तो शूद्र व्यक्ति केवल शूद्रा से ही विवाह करता था, अन्य वर्ण वाली स्त्रियों की कल्पना नहीं की गई। इसका कारण उस समय की समाज व्यवस्था है कि ब्राह्मण स्त्री, क्षत्रिय स्त्री और ब्राह्मण स्त्री इन तीनों में से कोई भी वर्ण की कन्या को शूद्र को नहीं देते। इसका अर्थ स्पष्ट है कि उस जमाने में ऐसी विवाह की कल्पना नहीं थी। इसलिये शूद्र स्त्री को शूद्र पति ही मिलता था। वर्तमान युग में यह बात असंगत हो गई है यद्यपि अधिकांशतया जातीय व्यवस्था में विवाह होते हैं परन्तु अब अन्तर्जातीय विवाह कुछ प्रतिशत होते हैं परन्तु शूद्र व्यक्ति के अब भी अन्तर्जातीय विवाह नगण्य से इक्के–दुक्के होते हैं।

दासी पुत्र

दासी पुत्र के बारे में कुछ विवेचन करना उचित होगा। श्री भद्रबाहु संहिता में इस सम्बन्ध में इस प्रकार कहा गया है–

यदगेहे दासदास्यादिः पालनीयो यवीयसा।
सर्वे मिलित्वा वा कुर्युरन्नाशुकनिबन्धनम्।।[103]

अर्थात् गृह में जो दासी से उत्पन्न हुए पुत्र हों तो उनका पालन छोटे भाई की तरह करना चाहिये अथवा सब भाई मिलकर अन्न–वस्त्र का प्रबन्ध करें। इसका तात्पर्य यह है कि गृहस्वामी से या अन्य किसी वयस्क व्यक्ति से दासी का पुत्र हो तब उसको क्या मिलेगा? उसको केवल अन्न, भोजन, कपड़े, वस्त्र आदि की व्यवस्था शेष भाइयों को करनी होगी। इन्द्रनन्दि जिन संहिता इस सम्बन्ध में दो श्लोक सम्बन्धित हैं–

"ने पुत्रा पुत्रकम्पा दायादापिण्डदाणेवं।
सुद्दा 3 दासीं विहु जादोणिय जणयइच्छिया भागे।।
"पितु गये परलोये अद्धं अद्धं सहणहुते सब्बे।
दायादा के के विहु पठमं भज्जा तदो दुपुत्तोहि।।[104]

अर्थात् कुँवारी का पुत्र या ऐसी औरत का पुत्र जिसका दूसरा विवाह हुआ है और छोड़ दिया, बच्चा जो पुत्र की भाँति रखा गया है। यह पुत्र तुल्य है। यह दायाद या पिण्ड दाता नहीं है। शूद्रा दासी से जो पुत्र उत्पन्न हो उसका पिता के धन में पिता की इच्छानुसार ही भाग होता है। यदि पिता मर जाय तो वह (दासी पुत्र) आधा भाग लेगा और दायाद कौन हो सकते हैं? प्रथम धर्म पत्नी, फिर पुत्र।

इस प्रकार दासी पुत्र के बारे में भद्रबाहु संहिता में दासी पुत्र को केवल वस्त्र और भोजन देने का ही कहा है। वहाँ इन्द्रनन्दि संहिता में पिता की मृत्यु पर दासी पुत्र को आधा धन देने का निर्देश है। दोनों नीतियों में भिन्नता है।

लध्वर्हन्नीति में शूद्रा द्वारा अविवाहित दासी से उत्पन्न के सम्बन्ध में कहा गया है–

"ननु शूद्रेणा विवाहितदास्याभुतपन्नस्य कीदृशो भाग स्यादि त्याद"–

अब शूद्र द्वारा अविवाहित दासी से उत्पन्न पुत्र का किस प्रकार हो यह बताया–

"दास्या जातोऽपि शूद्रेण भागभाक् पितुरिच्छया।
मृतेताते़ऽर्द्धभागी स्यादूढाजाभ्रातृ भागतः।।[105]

अर्थात् शूद्र पिता से दासी से उत्पन्न पुत्र भी पिता के जीवित रहने पर पिता की इच्छा से सम्पत्ति में हिस्से का अधिकारी होता है, पिता की मृत्यु हो जाने पर विवाहित स्त्री से उत्पन्न हुए पुत्र के भाग में से उसे आधा भाग प्राप्त हो।

(वृ.) पितरि जीवति तदिच्छया भाजो मृते च विवाहित पत्नीपुत्रपेक्षया दासरोऽर्धमभाग प्राप्नोति। सर्वदायादाभावे दोहित्राद्यभावे स एव सर्वस्वामीत्यर्थः।

पिता के जीवित होने पर उसकी इच्छा से हिस्सा मिलना चाहिए और मृत्यु हो जाने पर विवाहित पत्नी से उत्पन्न पुत्र की तुलना में दासी पुत्र को आधा भाग मिलना चाहिए। सभी सम्बन्धियों तथा दोहित्र आदि के अभाव होने पर दासी पुत्र ही समस्त सम्पत्ति का स्वामी होता है।

लध्वर्हन्नीति और इन्द्रनन्दि जिन संहिता दोनों में दासी पुत्र को जायन्दा लड़के के बराबर हिस्सा मिलता है।

जीवन की आशा से क्षीण व्यक्ति

लध्वर्हन्नीति में इस सम्बन्ध में कहा गया है—

"ननु कश्चित् सवधूकस्सपुत्रोऽपुत्रो वात्युग्रव्याधिग्रसितः स्वजीवनांशा विमुच्य स्वीकायधनरक्षार्थं चेदन्यमधिकारिणं करोति स कीदृशो योऽय स्यादित्याह—

कोई पत्नी युक्त व्यक्ति पुत्र सहित अथवा पुत्र रहित, भयंकर व्याधि से पीड़ित अपने जीवन की आशा छोड़कर, अपने धन की रक्षा के लिए दूसरे को अधिकारी बनाता है वह किस प्रकार अधिकारी है, इसका कथन—

"जीवनाशाविनिर्मुक्तः पुत्र युक्तोऽथवा परः।
सपत्नीकः स्वरक्षार्थमधिकारिपदे नरम्।।
दत्वा लेख स्वनामाङ्कं राजाज्ञासाक्षिसंयुतम।
कुलीन धनिनं मान्यं स्थापयेत्स्त्रीमनोनुगम।।[106]

अर्थात् जीवन की आशा क्षीण हो जाने पर पुत्रवान अथवा पुत्ररहित स्वामी, पत्नी जीवित होने सम्पत्ति की रक्षा के लिए कुलीन, धनवान, सम्मानित और स्त्री के मनोनुकूल व्यवहार करने वाले पुरुष को अधिकारी पद पर स्थापित करावे, राजाज्ञा के साक्ष्य से युक्त अपने नाम का लेख उसे सौंपे।

(वृ.) अत्र नर इति जातिविशिष्टशब्दोक्त्याधिकारबाहुल्यमपि सूचितम्।

इस श्लोक में 'नर' इस जाति विशिष्ट एकवचनात्मक शब्द से अनेक अधिकारियों का भी अभिप्राय सूचित किया गया है।

इस प्रकार वह व्यक्ति जिसके जीवन की आशा शून्य हो गई हो, तब अपनी पत्नी की सम्पत्ति की रक्षा के लिये इस प्रकार प्रावधान करना चाहिये। उस पत्नी के सम्मान और सम्पत्ति की रक्षा के लिये ऐसा व्यक्ति एक अधिकारी की नियुक्ति की जाये जो अत्यन्त कुलीन, धनवान, सम्मानित, व्यावहारिक हो और पत्नी के मनोनुकूल हो। उसका लिखित पत्र तैयार हो और राजाज्ञा से उसे प्रमाणित करायें। वह अधिकारी उस विधवा की सम्पत्ति का पूरा ध्यान रखकर ब्याज, किराया उस विधवा को दे जिससे वह अपना जीवन सम्मानपूर्वक व्यतीत कर सके। लध्वर्हन्नीति में इसके आगे इस बारे में इस प्रकार कहा गया है–

"ननु स्वामिनी मृते स पुरुषोऽधिकार प्राप्य धन विनाशयेदभक्षये द्वाथवा विधवायाः प्रतिकूलतां भजेत् तदा किं कर्त्तव्यमित्याह–

स्वामी के मरने पर वह पुरुष अधिकार प्राप्त धन विनष्ट कर दे अथवा खा डाले अथवा स्वामिनी विधवा के प्रतिकूल आचरण करे तब क्या करना चाहिए, इसका कथन–

"प्राप्याधिकारं पुरुषः परासौ गृहनायके।
स्वामिना स्थापितं द्रव्यं भक्षयेद्वा विनाशयेत्।।
भवेच्चेत्प्रतिकूलश्च मृतवध्वा कथच्चन।
तदा सा विधवा सद्यः कृतघ्नं तं मदाकुलम।।
भूपाज्ञापूर्वकं कृत्वा स्वाधिकारपदच्युतम्।
नरेरन्यैः स्वविश्वस्तैः कुलरीतिं प्रचालयेत।।
तदद्रव्यमतियत्नेन रक्षणीयं तया सदा।
कुटुम्बस्य च निर्वाहस्तन्मिषेण भवेद्यथा।।[107]

अर्थात् गृहस्वामी की मृत्यु हो जाने पर अधिकार प्राप्त कर वह पुरुष स्वामी द्वारा स्थापित धन को खा जाय अथवा विनष्ट कर दे और कभी मृतक की विधवा के विपरीत हो जाय तब वह विधवा शीघ्र ही उस मदान्ध कृतघ्न को राजा की आज्ञापूर्वक उस अधिकारी को हटाकर अपने दूसरे विश्वस्त पुरुषों द्वारा, कुलरीति का संचालन करे। उस विधवा द्वारा यह धन बहुत यत्नपूर्वक रक्षणीय है जिससे उस धन के ब्याज से कुटुम्ब का पालन हो सके। यह सब इसलिए किया गया है जिससे राशि का ब्याज और सम्पत्ति का किराया अधिकारी द्वारा सही ढंग से वसूला जाय और उस प्राप्त राशि जिसकी वह विधवा अधिकारिणी हो, उसे सौंपेगा जिससे वह विधवा सम्मानपूर्वक जीवनयापन कर सके।

जैन विधि और हिन्दू विधि का दायभाग का तुलनात्मक विवेचन

हिन्दू शास्त्रीय विधि मूल रूप से उत्तराधिकार के दो सिद्धान्तों पर आधारित है– (1) मिताक्षर सिद्धान्त और (2) दायभाग सिद्धान्त। मिताक्षर सिद्धान्त में एक मृतक व्यक्ति की सम्पत्ति का न्यागमन (क्मअवसनजपवद) के दो सिद्धान्त के आधार हैं – (1) संयुक्त हिन्दू परिवार की सम्पत्ति के मामले उत्तरजीवी सदस्य और (2) अलग सम्पत्ति के बारे में उत्तराधिकार।

संयुक्त परिवार फिर भी लगातार उत्तरजीवी द्वारा हिन्दू कुटुम्ब के सह्दायिक (Coparcener) द्वारा चलता रहता है। उत्तराधिकार व्यवस्था के अनुसार मिताक्षर सह्दायिक एक सदस्य अपनी अलग सम्पत्ति का उसकी मृत्यु पर उसके उत्तराधिकारों में सहभागिता के आधार पर बाँटी जाती है। उत्तराधिकार अर्थात् विरासत में महिला सदस्यों को अलग रखा जाता है। बन्धु सजातीय के स्थान पर गोत्रज को प्राथमिकता दी जाती है। दायभाग सिद्धान्त में एक ही पद्धति उत्तराधिकार के नियम की प्रचलित है, चाहे मृतक की संयुक्त सम्पत्ति या अलग सम्पत्ति हो परन्तु स्त्रियों को उत्तराधिकार से अलग नहीं किया जाता है और गोत्रज को बन्धु के स्थान पर प्राथमिकता भी नहीं रहती है।

वर्तमान में समस्त हिन्दुओं पर उत्तराधिकार का एक ही कानून है। पुरानी हिन्दू विधि और उत्तराधिकार का विरासती रस्मी विधि सभी निरस्त हो चुके हैं।[108] यद्यपि हिन्दू उत्तराधिकार अधिनियम 1956 में मिताक्षर विधि के अन्तर्गत सम्पत्ति के उत्तराधिकार के दोनों प्रकार यथावत हैं। हिन्दू उत्तराधिकार अधिनियम धारा 2 के अन्तर्गत जैन समाज पर हिन्दुओं की भाँति लागू है।

हिन्दू उत्तराधिकार अधिनियम 1956 में मिताक्षर सिद्धान्त के अन्तर्गत उत्तराधिकार सम्बन्ध सामीप्य अर्थात् प्रत्यासत्ति के आधार पर आधारित है। इसके अन्तर्गत उत्तराधिकारियों को मृतक से सामीप्य के आधार पर प्राथमिकता दी जाती है।[109] सामीप्य का अर्थ मृतक मिताक्षर के हिन्दू सह्दायिक के खून के रिश्ते से नजदीकी का है। इस प्रकार हिन्दू उत्तराधिकार अधिनियम 1956 के अन्तर्गत मिताक्षर सिद्धान्त में मृतक से सामीप्य का ही आधार है।

उत्तराधिकार का क्रम

हिन्दू उत्तराधिकार अधिनियम 1956 की धारा 8 के अन्तर्गत हिन्दू पुरुष के उत्तराधिकारियों का क्रम निम्न शीर्षक के अनुसार है– (1) प्रथम वर्ग के

उत्तराधिकारी, (2) द्वितीय वर्ग के उत्तराधिकारी, (3) गोत्रज, (4) सजातीय बन्धु और (5) राज्य सरकार।[110]

प्रथम वर्ग और द्वितीय वर्ग के उत्तराधिकारियों को प्रमाणित (मदनउमत. जमक) उत्तराधिकारी कहा जाता है क्योंकि अधिनियम में ही उत्तराधिकारियों के क्रम बताये हुए हैं। प्रथम वर्ग के उत्तराधिकारियों को प्राथमिकता वाले कहा जाता है क्योंकि इनकी उपस्थिति में अन्य वर्ग के उत्तराधिकारियों का कोई अधिकार नहीं रहता है। इनको समसामयिक (पउनसजंदमवने) उत्तराधिकारी कहा जाता है क्योंकि प्रथम वर्ग के उत्तराधिकारी समसामयिक रूप से सम्पत्ति का उत्तराधिकार प्राप्त करते हैं, एक–दूसरे को अलग नहीं करता।

यह अत्यन्त महत्त्वपूर्ण है कि एक हिन्दू पुरुष की मृत्यु पर उसकी निर्वसीयत सम्पत्ति प्रथम वर्ग के उत्तराधिकारियों में विभाजित होती है। अगर उस मृतक हिन्दू पुरुष के प्रथम वर्ग के उत्तराधिकारी नहीं हों, उस परिस्थिति में द्वितीय वर्ग के उत्तराधिकारियों में मृतक व्यक्ति की सम्पत्ति विभाजित होती है। अगर मृतक पुरुष के प्रथम द्वितीय श्रेणी के उत्तराधिकारी नहीं हों तब उसकी सम्पत्ति उस व्यक्ति के गोत्रज को जाती है और इन सबके उत्तराधिकारियों के अभाव में सजातीय बन्धु को सम्पत्ति जाती है।

प्रथम वर्ग के वारिसान

इस वर्ग के निम्नलिखित वारिसान हैं–– (1) माता, (2) विधवा पत्नी, (3) पुत्री, (4) पुत्र, (5) पूर्व में मृत्यु प्राप्त लड़के की विधवा, (6) पूर्व में मृत्यु प्राप्त लड़के के पुत्र, (7) पूर्व में मृत्यु प्राप्त लड़के के पुत्री, (8) पौत्र की मृत्यु होने पर उसकी विधवा, (9) मृत्यु प्राप्त पौत्र की लड़की, (10) मृत्यु प्राप्त पौत्र का लड़का, (11) पूर्व में मृत्यु प्राप्त पुत्री का पुत्री, और (12) पूर्व में मृत्यु प्राप्त पुत्री का पुत्र।

हिन्दू उत्तराधिकार अधिनियम 1956 के अन्तर्गत ठीक आचरण वाली विधवा भी वारिस है। अगर ऐसी विधवा पुनर्विवाह करे तब भी उसका सम्पत्ति का अधिकार यथावत रहेगा।[111] ऐसे पुत्र की विधवा और विधवा पौत्रवधू उत्तराधिकार का क्रम चलने से पूर्व पुनर्विवाह कर लिया हो, उनको उत्तराधिकार का लाभ नहीं मिलेगा। ऐसी विधवा पुत्र वधू और विधवा पौत्रवधू ठीक आचरण वाली नहीं होने पर भी इनके उत्तराधिकार में कोई अन्तर नहीं आयेगा।

जैन विधि में अगर विधवा ठीक आचरण वाली नहीं है, बुरे आचरण वाली हो तब मृतक पति के भाई और उनके पुत्रों के जुगुप्सा अनुभव करने, बहुत बुरे लगने पर तब उस विधवा के भरण पोषण की व्यवस्था कर सारे मामले को समाप्त करना ही उचित है।[112]

हिन्दू उत्तराधिकार अधिनियम 1956 के अन्तर्गत माता तो हमेशा माता ही रहती है। वह माता चाहे अच्छे आचरण वाली न हो अथवा पुनर्विवाह कर दिया गया हो, उसके अधिकार में कोई अन्तर नहीं पड़ेगा। उस माता ने चाहे तलाक लिया हो तब भी वह भी माता ही रहेगी और उसके उत्तराधिकार में कोई अन्तर नहीं पड़ेगा परन्तु सौतेली माँ उस माता में सम्मिलित नहीं है।[113] वह सौतेली माता प्रथम वर्ग के उत्तराधिकारियों में शामिल नहीं है, वह द्वितीय श्रेणी की उत्तराधिकारी होगी।

जैन विधि में पुत्र की मृत्यु पर उसकी विधवा अपने पति की सारी सम्पत्ति की स्वामित्व वाली होगी। उसको अपने सासू के साथ आदरपूर्वक रहना चाहिए। इसके सम्बन्ध में श्री भद्रबाहु संहिता में कहा गया है–

"सुते प्रेते सुतवधूर्यर्तृसर्वस्वहारिणी।
श्वश्चवा सह कियत्कालं माध्यम्येव हि स्त्रीयते।।[114]

अर्थात् पुत्र के मर जाने पर भर्ता के सम्पूर्ण द्रव्य की मालिक पुत्र की स्त्री होती है परन्तु उसको चाहिए कि वह अपनी स्वश्रु (सारा) के साथ कुछ काल पर्यन्त विनयपूर्वक रहे। इसे अर्हन्नीति में इस प्रकार कहा गया है–

"अनपत्ये मृते पत्यौ सर्वस्व स्वामिनी वधूः।
सपि दत्तमनादाय स्व पुत्री प्रेमपाश्व।।[115]

अर्थात् जो पुरुष संतान रहित मर जाये तो उसके समस्त द्रव्य की मालिक उसकी पत्नी होगी।

प्रथम वर्ग के वारिसान के हिस्से

हिन्दू उत्तराधिकार अधिनियम 1956 की धारा 10 में मृतक की समस्त सम्पत्ति प्रथम वर्ग के वारिसान में हिस्से में बाँटी जायेगी। इनके नियम इस प्रकार हैं।

नियम – 1 मृतक के पुत्रों, बेटियों और माता सबके हिस्से में एक एक हिस्सा

नियम – 2 विधवा के हिस्से में एक हिस्सा। अगर एक से अधिक विधवा हो तब सभी विधवाओं का एक हिस्सा मिलेगा और उस हिस्से को समस्त

विधवाओं में समान रूप से विभाजन होगा। यह नये कानून से पूर्व अनेक पत्नीयों का रिवाज था। हिन्दू विवाह अधिनियम के प्रचलन में आने के बाद एक पत्नी के रहते हुए कोई हिन्दू दूसरा विवाह करता है तो वह विवाह कानून की दृष्टि में अमान्य हैं, शून्य है और वह हिन्दू व्यक्ति दूसरी पत्नी को छोड़कर मर जाता है तब वह दूसरी पत्नी उस मरने वाले हिन्दू व्यक्ति की विधवा नहीं होगी और इसलिये उस महिला को सम्पत्ति में कोई हिस्सा नहीं मिलेगा।[116]

नियम – 3 पूर्व में मृत पुत्र के प्रत्येक पुत्र अथवा प्रत्येक पुत्री सभी का एक हिस्सा।

नियम – 4 नियम 3 में वर्णित मामलों में सम्पत्ति का वितरण इस प्रकार हो पूर्व में मृत प्रत्येक पुत्र के वारिसान में उसकी विधवा या विधवायें, प्रत्येक पुत्र– पुत्रियों को बराबर हिस्सा मिले और प्रत्येक मृत पुत्र की शाखा बराबर का हिस्सा मिले। नियम 4 (11) पूर्व में मृतक प्रत्येक पुत्री के पुत्रों पुत्रियों को बराबर हिस्सा मिले।

द्वितीय वर्ग के वारिसान

(1) पिता, (2.क) पुत्र की लड़की का पुत्र, (2.ख) पुत्र की लड़की की लड़की, (2.ग) भाई, (2.घ) बहन, (3.क) पुत्रियों के पुत्रों के पुत्र, (3.ख) पुत्रियों के पुत्रों की पुत्री, (3.ग) पुत्रियों की पुत्रियों के लड़के, (3.घ) पुत्रियों के पुत्रियों की लड़की, (4.क) भाई के पुत्र, (4.ख) भाई की पुत्रियाँ, (4.ग) बहन का लड़का, (4.घ) बहन की पुत्रियाँ, (5.क) दादा, (5.ख) दादी, (6.क) पिता की विधवा, (6.ख) भाई की विधवा, (7.क) चाचा, (7.ख) बुआ, (8.क) नाना, (8.ख) नानी, (9.क) मामा, और (9.ख) मौसी।

द्वितीय वर्ग के वारिसान के हिस्से

द्वितीय वर्ग के वारिसान में हिस्से इस प्रकार हैं–

धारा 11 हिन्दू उत्तराधिकार अधिनियम 1956 के अनुसार सभी वारिसान एक श्रेणी एक साथ हिस्सा लेंगे और प्रति व्यक्ति बराबर का हिस्सा होगा।

गोत्रज– जब एक व्यक्ति दूसरे व्यक्ति से रिश्तेदारी उस पुरुष से गिनी जाती है, वे सब चाहे पुरुष हों या महिला हों, गोत्रज हैं। उदाहरण के लिये भाई, भाई का पुत्र, पुत्र का पुत्र, पुत्र का पुत्र का पुत्र, पिता, पिता के पिता, माता, पुत्र की पुत्री, पुत्र के पुत्र की लड़की आदि सभी गोत्रज हैं।

धारा 3 (1) हिन्दू उत्तराधिकार अधिनियम 1956 के अनुसार एक व्यक्ति दूसरे व्यक्ति का गोत्रज कहा जायेगा जब दोनों खून से या दत्तक विधि से पुरुषों से सम्बन्धित हैं।

बन्धुज – जब एक पुरुष की दूसरी महिला या महिलायें, जब एक शाखा से सम्बन्धित हों तब वे एक दूसरे के बन्धुज कहलायेंगे। बन्धुज की संख्या गोत्रज से ज्यादा संख्या में होती है।[117] उदाहरण के लिए बहनों के लड़के और लड़कियों, पुत्री के पुत्र की लड़कियों, माता की माता, माता के पिता की माता, पिता, मामा, बुआ सभी बन्धुज कहलाते हैं। हिन्दू उत्तराधिकार की धारा 3(1)(ब) के अनुसार एक व्यक्ति दूसरे व्यक्ति का बन्धुज है अगर दोनों खून से अथवा दत्तक विधि से रिश्ते में हैं परन्तु केवल पुरुषों से ही सम्बन्धित होना जरूरी नहीं है।

एक गोत्रज और एक बन्धुज का वर्गीकरण क्रम से ऊपर चढ़ते हुए, क्रम से नीचे उतरते हुए अथवा बराबरी से की जाती है। गोत्रज और बन्धुज अगणित उत्तराधिकारियों में नहीं हैं इसलिये कोई विस्तृत गणना नहीं की जाती है। बन्धुज और गोत्रज को समझने और गिनने का नियम एक ही है इसलिये इनमें सम्पत्ति के हिस्सेदारी का नियम भी एक ही है। यद्यपि गोत्रज की बन्धुज की तुलना में प्राथमिकता है, चाहे गोत्रज कितना भी दूर का हो वह बन्धुज से ऊपर ही रखा जाता है। यहाँ गोत्रज की प्रथम श्रेणी और बन्धुज की द्वितीय को छोड़कर बचे हुए गोत्रज और बन्धुज इस श्रेणी में हैं। प्रथम श्रेणी के गोत्रज और द्वितीय श्रेणी के बन्धुज तो सम्पत्ति में हिस्सेदार उसके नियमों के अनुसार पा लेते हैं।

धारा 12 में प्राथमिकता के और सम्पत्ति में हिस्सेदारी के नियम बताये हुए हैं जिसके अनुसार गोत्रज और बन्धुज में वितरण होता है।

नियम – 1. दो उत्तराधिकारी में इसको प्राथमिकता है जो थोड़ी या नहीं चलने वाली ऊँचाई के क्रम में हो।

नियम – 2. जहाँ ऊँचाई का क्रम वही या नहीं है तब उस उत्तराधिकारी को प्राथमिकता है जिसका नीचाई के क्रम में थोड़ी या कम नहीं श्रेणी रहती हो।

नियम – 3. नियम 1 और नियम 2 के अनुसार कोई गोत्रज या बन्धुज की प्राथमिकता नहीं हो तब सब बराबर हिस्से में सम्पत्ति को बाँटेंगे।

सरकार–राज्य – राजगायित्व राजगामी सम्पत्ति (मेबीमंज) अगर किसी हिन्दू पुरुष के पूर्व के चारों श्रेणी के कोई वारिस या वारिसान नहीं है तब सरकार उस सम्पत्ति को वारिस के नाते स्वामित्व ले लेती है। जब सरकार उस पुरुष की सारी सम्पत्ति लेती है तो मृतक के सारे सिविल दायित्व, बाध्यता (obligation) के साथ लेती है। यह राजगायित्व अर्थात् राजगामी सम्पत्ति कहलाती है।

जैन विधि के अन्तर्गत राजा को किसी के दावा नहीं की हुई सम्पत्ति अर्थात् अदावाकृत सम्पत्ति (नदबसंपउमक चतवचमतजल) को अपने अधिकार में लेने से पूर्व 3 साल तक प्रतीक्षा करनी होगी। इस अवधि में अगर कोई वारिस नहीं पाया जाता है तब राज्य इस सम्पत्ति को अपने अधिकार में लेगी। इस सम्बन्ध में वर्द्धमान नीति में एक सम्बन्धित श्लोक इस प्रकार है–

"राजा निस्वामिकं रिक्थं मात्रब्दं सुनिधापयेत्।
स्वामृयासुतत्रशक्त स्तत्परस्तु नश्प प्रभू।।[118]

अर्थात् जिस धन का कोई स्वामी निश्चय न हो उसको राजा तीन वर्ष तक सुरक्षित रखे, यदि उस अवधि में कोई स्वामित्व का अधिकार प्रस्तुत नहीं करता है, तब राजा उसको स्वयं ग्रहण करे। अर्हन्नीति में इस सम्बन्ध में कहा गया है–

"तदभावे च ज्ञातीया स्तदभावे महीभुजा।
तद्धनं सफल कार्य धर्म्ममार्गे पदाय च।।[119]

अर्थात् किसी की सम्पत्ति नहीं होने की परिस्थिति में राजा मृतक के धन किसी में लगाकर धन का सदुपयोग करे।

इस प्रकार अर्हन्नीति और वर्द्धमान नीति दोनों के अनुसार किसी व्यक्ति के सम्पत्ति का कोई स्वामी नहीं होने पर, राज्य उस सम्पत्ति को अपने अधिकार में लेकर धर्म कार्य में लगाये। यही जैन विधि है।

महिला वारिसान

हिन्दू उत्तराधिकार अधिनियम 1956 की धारा में महिला की सम्पत्ति के बारे में बहुत मुख्य परिवर्तन किये गये हैं। जब तक महिला जीवित है, तब तक वह सभी प्रकार की सम्पत्ति की स्वामी है और उसको सम्पत्ति पर सारे अधिकार हैं– चाहे तो वह सम्पत्ति को बेच सकती है। फिर भी निर्वसीयत (intestate) उत्तराधिकार के लिये सम्पत्ति का स्रोत महत्त्वपूर्ण है। वर्तमान

हिन्दू उत्तराधिकार अधिनियम हिन्दू महिला की सम्पत्ति के बारे में बहुत सरल है पूर्व का हिन्दू अधिनियम अतिक्लिष्ट था।

उत्तराधिकार के उद्देश्य के लिये किसी हिन्दू महिला की सम्पत्ति तीन मुख्य शीर्षकों में बाँटी जा सकती है– (क) महिला को उसके पिता या माता से उत्तराधिकार प्राप्त सम्पत्ति, (ख) महिला को उसके पति या ससुर से उत्तराधिकार में मिली सम्पत्ति, (ग) अन्य किसी स्रोत चाहे उत्तराधिकार में या अन्य प्रकार से मिली हुई सम्पत्ति।

उपरोक्त में (क) और (ख) की सम्पत्ति तब प्रभाव में आयेगी जब महिला निःसंतान मृत्यु प्राप्त करती है। अगर उस महिला के संतान हो तब सम्पत्ति का स्रोत कोई अर्थ नहीं है। महिला की वह सम्पत्ति जो उसको माता पिता अथवा पति या सुसर से नहीं मिली हो तब उस सम्पत्ति पर धारा 15(1) लागू होगी न कि धारा 15(2)। अगर महिला को उसके भाई से सम्पत्ति मिली हो तब सम्पत्ति का उत्तराधिकार पर धारा 15(1) लागू होगी।[120] धारा 15(1) हिन्दू महिला के वारिसान को 5 श्रेणी में विभाजित किया गया है, इन श्रेणियों को प्रविष्टि (मदजमतपमे) कहा जाता है। अगर इन पाँच प्रविष्टियों में कोई वारिसान नहीं हो तब सम्पत्ति राजगामित्व अर्थात् राजगामी सम्पत्ति हो जायेगी। सामान्य नियम यह है कि पूर्व की प्रविष्टि पश्चात् वाली प्रविष्टि के तुलना उत्तराधिकार में प्राथमिकता रखती है।

प्रविष्टि (क)– इस प्रविष्टि में वारिसान इस प्रकार हैं– (1) पुत्रों (2) पुत्रियों (3) पति (4) पूर्व मृत पुत्र के पुत्र और पुत्रियाँ (5) पूर्व में मृत पुत्री के पुत्र और पुत्रियाँ।

इस प्रविष्टि में यह भी लिखा है कि (क) श्रेणी के वारिसान के उपलब्ध नहीं होने पर सम्पत्ति इस प्रकार न्यागत (devolve) हो जायेगी जैसे कि वह उसके पति की सम्पत्ति हो। इस प्रविष्टि में पति से तात्पर्य उस वैध अंतिम पति से हो जो उस महिला की मृत्यु के समय था। चूंकि सम्पत्ति को उस अंतिम पति की मानी गई है इसलिये वारिसान के अधिकार, कानून में दिये गये प्रावधानों के अनुसार जो हिन्दू पुरुष के उत्तराधिकार के सम्बन्ध में है, के अनुसार होंगे।

प्रविष्टि (ख)– प्रविष्टि (क) की श्रेणी विरासत कोई नहीं होने पर सम्पत्ति (ख) श्रेणी के वारिसान को मिलने की संभावना तलाशी जाती है। (ख) श्रेणी की प्रविष्टि इस प्रकार है– पति का वारिसाना हक : (ख) प्रविष्टि

में प्रावधान इसलिये कि यदि प्रविष्टि (क) श्रेणी के वारिसान कोई नहीं पाया गया है, सम्पत्ति अब पति की ओर जायेगी जैसे पति ही उस सम्पत्ति का स्वामी हो। इस प्रविष्टि में पति का अर्थ है मृतका महिला के समय जो अंतिम वैध पति था, वही सम्पत्ति का स्वामी होगा। सम्पत्ति अब पति की है, इसलिए हिन्दू पुरुष का उत्तराधिकार हिन्दू उत्तराधिकार अधिनियम के प्रावधान लागू होंगे।

इस प्रकार उत्तराधिकार का क्रम इस प्रकार है– सर्वप्रथम प्रथम श्रेणी के वारिसान सम्पत्ति के अधिकारी होंगे। अगर प्रथम श्रेणी के वारिसान नहीं हैं तब द्वितीय श्रेणी के वारिसान उत्तराधिकार के अधिकारी होंगे। प्रथम श्रेणी और द्वितीय श्रेणी के वारिसान नहीं होने पर तृतीय श्रेणी के गोत्रज अधिकारी होंगे और गोत्रज के भी नहीं होने पर बन्धुज को सम्पत्ति के अधिकार प्राप्त होंगे।[121] बन्धुज के भी नहीं होने पर सम्पत्ति (ग) श्रेणी के वारिसान को जायेगी।

प्रविष्टि (ग)– इस श्रेणी में केवल दो ही वारिस हैं– मृतका के पिता और माता। माता से यहाँ तात्पर्य है चाहे असली माता या और जिसे गोद ली है वह माँ अर्थात् असली माता या दत्तक लेने वाली माता। अगर मृतका अवैध अर्थात् जारज पुत्री थी अर्थात् माँ की अवैध पुत्री थी, तब भी माता वैध वारिस होगी। माता में सौतेली माँ शामिल नहीं है। जब मृतका के माँ और पिता दोनों वारिस हैं तब वे साथ ही सम्पत्ति का अधिकार प्राप्त कर लेंगे और इनके बीच में दोनों बराबरी का हिस्सा प्राप्त करेंगे।

प्रविष्टि (घ) – (क) (ख) और आखिरी (ग) श्रेणी के वारिसान भी नहीं हों, तब उस महिला की सम्पत्ति पिता के वारिसान के अधिकार में जायेगी। इस पर भी हिन्दू पुरुष के वारिसान प्रथम श्रेणी के वारिस द्वितीय श्रेणी के वारिस, गोत्रज और बन्धुज में क्रम अनुसार सम्पत्ति विभाजित होगी।

प्रविष्टि (ङ) – प्रविष्टि (घ) श्रेणी के वारिसान नहीं होने पर सम्पत्ति प्रविष्टि (ङ) की श्रेणी की अधिकारिणी अर्थात् 'माता के वारिसान' को जायेगी। इस सम्पत्ति की अधिकारिणी माता के वारिसान इस प्रकार होंगे जैसे कि माता की वह सम्पत्ति हो। इसका अर्थ है हिन्दू महिला की सम्पत्ति के वारिसान प्रविष्टि (क) से प्रविष्टि (ङ) तक उत्तराधिकारी है।

सम्पत्ति जो पिता या माता से वारिस के रूप में मिली हो

धारा 15(2)(क) के अन्तर्गत वह सम्पत्ति जो एक महिला को उसके पिता या माता से मिलती है, वह सम्पत्ति इसके अन्तर्गत आती है। एक महिला को जो सम्पत्ति विवाह के समय पिता या माता से भेंट में मिलती है, वह सम्पत्ति इसमें सम्मिलित नहीं है। ऐसी सम्पत्ति उस महिला का स्त्रीधन है और उस सम्पत्ति का उत्तराधिकार धारा 15(1) हिन्दू उत्तराधिकार अधिनियम से शासित होता है।[122] इसी तरह अगर माता–पिता से प्राप्त सम्पत्ति को दूसरी तरीके से बदल दिया गया हो अर्थात् उसका परिवर्तित रूप हो गया, तब उत्तराधिकार धारा 15(2) से शासित नहीं होगा।

जब मृतका को उसके पिता या माता से विरासत में जो सम्पत्ति मिली है तब उसके वारिसान को दो श्रेणी में रखा जा सकता है–

प्रथम वर्ग– पुत्र, पुत्रियां, पूर्व में मृत पुत्र के पुत्र और पुत्रिया और पूर्व में मृत पुत्री के लड़के और लड़किया।[123] इस वर्ग में पति वारिस की श्रेणी में नहीं आता है।[124] इस वर्ग के वारिसान के मध्य सम्पत्ति का बँटवारा वैसे होगा जैसे 'सम्पत्ति के वारिसान' की (क) के अन्तर्गत ऊपर बताया गया है।

दूसरा वर्ग– मृतका के पिता के वारिसान इस वर्ग में हैं।[125] इस वर्ग में सम्पत्ति ऐसे ही उत्तराधिकार में मिलेगी जैसे वह पिता की सम्पत्ति हो। इसमें पति से यह अर्थ है कि मृतका की मृत्यु के समय जो वैधानिक रूप से अंतिम पति था। जब एक हिन्दू महिला को सम्पत्ति उसकी माता की मृत्यु पर विरासत में मिली हो तब वह सम्पत्ति उस मृतक हिन्दू महिला की बहन को धारा 15(2) के अन्तर्गत मिलेगी, न कि उसके मृतक पति के वारिसान को।[126]

सम्पत्ति जो पति या ससुर से मिली हो

जब मृतका को वारिस के तौर पर उसके पिता अथवा ससुर से मिली हो, तब उसके वारिसान दो श्रेणी में आते हैं[127] –

श्रेणी (1) – पुत्र, पुत्रियां, पूर्व में मृत पुत्र के पुत्र और पुत्रिया और पूर्व में मृत पुत्री के लड़के और लड़किया।[128]

श्रेणी (2) – प्रथम श्रेणी के वारिसान के सम्पत्ति का अधिकारी नहीं होने पर, सम्पत्ति पति को वारिस के अधिकार से मिलती है जैसा कि वह पति की ही सम्पत्ति हो अर्थात् हिन्दू पुरुष के वारिसान की भाँति सम्पत्ति मिलती

है। यहाँ यह प्रश्न महत्त्वपूर्ण है कि हिन्दू उत्तराधिकार अधिनियम 1956 के अन्तर्गत ससुर सम्पत्ति तब ही मिलता है जब वह विधवा हो अर्थात् जब पति जिन्दा हो तब ससुर की सम्पत्ति हिन्दू महिला को नहीं मिलेगी।

सरकार – राज्य – राजगामित्व – राजगामी सम्पत्ति (escheat)

जैसे कि हिन्दू पुरुष की सम्पत्ति सरकार में जाती है, वैसे ही हिन्दू महिला की मृत्यु पर उसकी सम्पत्ति का कोई रिश्तेदार अधिकार नहीं बताता है तब वह राजगामी सम्पत्ति, उस महिला के सारे सिविल दायित्व, बाध्यता (वइसपहंजपवद) के साथ, हो जायेगी।

पुनर्विवाह की अयोग्यताएँ (धारा 24)[129]– तीन विधवाओं का पुनः विवाह उत्तराधिकार प्रारंभ से पूर्व उनको वारिसान के हक से वंचित कर देती है। ये तीन विधवायें हैं।– पुत्र की विधवा, पौत्र की विधवा और भाई की विधवा जो सम्पत्ति के अधिकार से उत्तराधिकार प्रारंभ होने से पूर्व पुनः विवाह पर वारिस के अधिकार से वंचित कर देती हैं। अगर पति के जीवन काल में ही पत्नी ने पुनः विवाह कर लिया हो तो वह दूसरा विवाह शून्य, अवैधानिक है इसलिए उसका पुनः विवाह करना नहीं माना जायेगा। अगर हिन्दू महिला ने पति से तलाक लेने के पश्चात् पुनः विवाह किया हो तब वह उसकी पत्नी नहीं रहेगी; इसलिये पति के मरने पर वह पति की विधवा में नहीं आयेगी।[130]

हत्यारा – धारा 25 हिन्दू उत्तराधिकार अधिनियम के अन्तर्गत दो तरह के हत्यारों के सम्पत्ति से अयोग्य ठहराते हैं– (क) अगर वारिस स्वयं मृतका का हत्यारा हो या हत्या का दुष्प्रेरक हो जिससे उत्तराधिकार की कार्यवाही प्रारंभ हो सके (ख) अगर वारिस ने महिला के अलावा किसी और की हत्या की हो या हत्या का दुष्प्रेरक हो और वह हत्या उत्तराधिकार की कार्यवाही की शीघ्रता के लिये की गई हो। वह पुराना हिन्दू अधिनियम था। यह सामान्य नीति का सिद्धान्त है।[131] ऐसे मामलों में हत्यारे को ऐस माना जाना चाहिये जैसे वह है ही नहीं और विरासत की श्रेणी में नहीं आयेगा।[132] यह वही जैसा धारा 27 में प्रावधित है– अगर कोई वारिस को धारा 302 में सजा नहीं मिलती है, उसे संदेह का लाभ मिलता है और उसे धारा 324 में सजा हो जाती है तब भी अयोग्यता यथावत रहेगी।[133] अगर वह हत्या के अपराध से बरी हो जाता है चाहे संदेह का लाभ ही दिया गया हो तब उसके साथ में अयोग्यता नहीं रहेगी।[134]

धारा 26 – वारिस का धर्म परिवर्तन– वारिस का धर्म परिवर्तन उत्तराधिकार में कोई बाधा नहीं डालता है। लेकिन अगर हिन्दू के बच्चे, गैर हिन्दू धर्म में परिवर्तन कर देते हैं तो वह उत्तराधिकार के लिए अयोग्य हो जायेगा। इसी तरह के हिन्दू के बच्चों के बच्चे उत्तराधिकार के अधिकार से वंचित हो जायें अगर उत्तराधिकार के प्रारंभ होने पर वे हिन्दू नहीं हैं, यह धारा 26 के प्रावधान के अनुसार है। अगर एक हिन्दू पुरुष या महिला धर्म परिवर्तन कर लेती है तब उसकी सम्पत्ति पर जिस धर्म में परिवर्तन किया है, उसके उत्तराधिकार नियम लागू होंगे।[135] उदाहरण के लिये कोई हिन्दू इस्लाम धर्म में परिवर्तन कर लेता है तब उसकी सम्पत्ति का उत्तराधिकार पर मुस्लिम कानून लागू होगा। धारा 26 धर्म परिवर्तन के बारे में बताती है। बच्चे और उनके बच्चे जिन्होंने धर्म परिवर्तन कर लिया है तब वे उत्तराधिकार के अधिकार से वंचित हो जायेंगे।

धारा 27 : हिन्दू उत्तराधिकार अधिनियम के अनुसार कोई व्यक्ति सम्पत्ति के उत्तराधिकार से वंचित हो जाता है, तब उसे ऐसे माना जायेगा जैसे उत्तराधिकार से पूर्व वह मर चुका हो। इसका अर्थ यही है कि उत्तराधिकार अधिकार से वंचित व्यक्ति का कोई अधिकार नहीं रहता है।

धारा 28 हिन्दू उत्तराधिकार अधिनियम – इस धारा के अनुसार बीमारी, शारीरिक अपंगता या कोई कमी और आचरणहीनता उत्तराधिकार से वंचित नहीं करते हैं।[136] धारा 28 इस प्रकार है "कोई व्यक्ति उत्तराधिकार से अयोग्य इस आधार पर नहीं होगा कि उसको बीमारी है, शारीरिक अपंगता या कमी है या आचरणहीनता है जबकि हिन्दू उत्तराधिकार अधिनियम में अन्य प्रकार से बताया गया हो।

निष्कर्ष– उपरोक्त विचार–विमर्श से यही प्रकट होता है कि जैन कानून में महिला के प्रति कोई पक्षपातपूर्ण नहीं था जबकि स्मृति कानून के अनुसार हिन्दू महिला के प्रति पक्षपातपूर्ण था। जैन विधि में महिला को पुरुष के बराबरी के ही अधिकार थे जहाँ तक उत्तराधिकार का सम्बन्ध है। मिताक्षर कानून महिला को उत्तराधिकार से अलग कर देता था और गोत्रज को बन्धुज की तुलना में प्राथमिकता देता था। जैन विधि दायभाग कानून के अनुसार ही था जिसके अनुसार उत्तराधिकार के अधिकार में महिला और पुरुष को बराबरी का दर्जा था। हिन्दू उत्तराधिकार अधिनियम 1956 और हिन्दू उत्तराधिकार संशोधन अधिनियम 2005 जैन विधि और दायभाग विधि

के अनुसार ही है जिसमें महिला और पुरुष को समान अधिकार दिये गये हैं। इस प्रकार हिन्दू उत्तराधिकार अधिनियम जो हिन्दुओं के अलावा जैनों पर ही लागू है, बहुत उत्तरोत्तर अधिनियम है जिसके अन्तर्गत महिलाओं के अधिकार पूर्णतया सुरक्षित हैं और महिलाओं को बिल्कुल समान अधिकार दिये गये हैं जो पुरुषों को दिये हैं, इसलिये हिन्दू उत्तराधिकार अधिनियम एक न्यायपरक विधि है।

संदर्भ

1. मॉडर्न हिन्दू लॉ – पारस दीवान – पृ. 385
2. मॉडर्न हिन्दू लॉ – पारस दीवान – पृ. 385
3. सपिण्ड का अर्थ सात पीढ़ियों तक के सम्बन्धी से है।
4. ज्ञात्या (जातवाले) का भाव अनुमानतः ऐसे पुरुष का भी हो सकता है जो माता द्वारा सम्बन्ध रखता हो। इसका कारण यह है कि प्रारम्भ में ज्ञाति का अर्थ माता के पक्ष का था जैसा कि कुल का अर्थ पिता के कुटुम्ब का था।
5. लध्वर्हन्नीति – कलिकाल सर्वज्ञ आचार्य हेमचन्द्र विरचित – (सम्पादक – अशोक कुमार सिंह) – राष्ट्रीय पाण्डुलिपि मिशन नयी दिल्ली – 2013
6. श्रीभद्रबाहु संहिता – दशम परिच्छेद – दायभाग श्लोक 110
7. श्रीभद्रबाहु संहिता – दशम परिच्छेद – दायभाग श्लोक 97
8. अर्हन्नीति – दायभाग – श्लोक 115 से 117
9. श्रीभद्रबाहु संहिता – दशम परिच्छेद – दायभाग श्लोक 116
10. श्रीभद्रबाहु संहिता – दशम परिच्छेद – दायभाग श्लोक 117
11. अर्हन्नीति – द्वितीय परिच्छेद – दायभाग – श्लोक 55, 56, 57, 58
12. इन्द्रनन्दि जिनसंहिता – द्वितीय परिच्छेद – दायभाग प्रकरण – श्लोक 35
13. इन्द्रनन्दि जिनसंहिता – द्वितीय परिच्छेद – दायभाग प्रकरण – श्लोक 36
14. इन्द्रनन्दि जिनसंहिता – द्वितीय परिच्छेद – दायभाग प्रकरण – श्लोक 37
15. सुन्दरजी दायजी बनाम् दाही बाई 29, बम्बई 316
16. श्री भद्रबाहु संहिता 30
17. अर्हन्नीति 125

18. संदर्भित नजीरे – श्री अर्हन्नीति 115
19. मदनजी देव चन्द्र ब त्रिभुवन वीर चन्द 12 इ. के. 892 बम्बई लॉ रिपोर्टर 13 पृ. 112
20. मदनजी ब त्रिभुवन 36 बम्बई 396
21. शिम्भूनाथ ब ज्ञानचन्द 16 इला. 379 परन्तु इस मुकदमे में अपने पति की सम्पत्ति की सम्पूर्ण स्वामिनी करार दी गई थी न कि बाबा की सम्पत्ति की। इस मुकदमे का उल्लेख 96, इ. के. पृ. 639, 24 इ. लॉ ज. पृ. 75 पर आया है।
22. श्री सनमल व हर्षचन्द सन् 1881 सेलेक्ट केसेज 43 अवध
23. बिहारी लाल ब सुखवासीलाल (सन् 1865 का अप्रकाशित फैसला) उल्लखित सेलेक्ट केसेज अवध पृ. 34 व 6 एन. डब्ल्यू. पी. हाई कोर्ट रिपोर्ट 392–398। इसमें यह निर्णय हुआ है कि विधवा को पति की अविभाजित मौरुसी (बाबा की) सम्पत्ति के पाति के भाईयों के विरोध में भी बेचने का अधिकार है।
24. हूलनराय व भवानी (सन् 1864 में अप्रकाशित) से. के. अवध पृ. 34 में इसका उल्लेख है। इसमें करार दिया गया है कि पुराने रिवाज और बिरादरी के व्यवहार के अनुसार विधवा का मौरुसी (अविभाजित) स्थावर धन पर अपने पति की जंगम सम्पत्ति के अनुसार ही पति के समान पूर्ण अधिकार होता है।
25. शिवसिंह राय ब. मु. दारवो 6 एन. डब्ल्यू. पी. हा. रि. 382 और अपील का फैसला 1 इसा. पृ. 688 प्रीवि काउन्सिल जिसमें सम्बन्धित पति की निजी संपत्ति है।
26. हरनाभराय मण्डलदास 27 कलकत्ता 371, इसमें पति की निजी सम्पत्ति का सम्बन्ध है। अदालत ने पति की निजी संपत्ति और मौरुसी जायदाद में भेद मानना अस्वीकार किया।
27. सोमचन्द साहू ब. मोतीलाल साहू इन्दौर हाइकोर्ट इब्तदाई मु. न. सन् 1914 गो मि. जुगमन्दरलाल जैनी के जैन लॉ में छपा है।
28. मौजीलाल ब गोरी बहू, अप्रकाशित, उल्लखित 78 इण्डिया के 461–462 किन्तु इसमें बेवा को पति की निजी सम्पत्ति का पूर्ण स्वामिनी माना है।
29. इन्द्रनन्दि जिन संहिता – द्वितीय परिच्छेद – दायभाग प्रकरण – श्लोक 15
30. अर्हन्नीति – द्वितीय परिच्छेद – दायभाग – श्लोक 54

31. श्री भद्रबाहु संहिता – दशम परिच्छेद – दायभाग – श्लोक 65
32. अर्हन्नीति – द्वितीय परिच्छेद – दायभाग – श्लोक 115, 116, 117
33. श्री भद्रबाहु संहिता – दशम परिच्छेद – दायभाग – श्लोक 94, 95, 96
34. छोटे लाल बनाम् छन्नूलाल आइ. एल. आर. 4, कल. 744
35. अर्हन्नीति – द्वितीय परिच्छेद – दायभाग – श्लोक 118
36. अर्हन्नीति – द्वितीय परिच्छेद – दायभाग – श्लोक 76
37. श्री वर्धमान नीति – द्वितीय – दायभाग – 35
38. अर्हन्नीति – द्वितीय – दायभाग – 108
39. जनकुरी ब बुद्धमल 57 इण्डिया के. 252
40. लध्वर्हन्नीति कलिकाल सर्वज्ञ आचार्य हेमचन्द्र विरचित – राष्ट्रीय पाण्डुलिपि मिशन नयी दिल्ली – प्रथम संस्करण – 2013 – श्लोक 54, 55, 56 और 57
41. लध्वर्हन्नीति – पूर्ववत – श्लोक 58, 59, 60, 61, 62, 63, 64
42. लध्वर्हन्नीति – दायभाग प्रकरणम् – श्लोक 65
43. लध्वर्हन्नीति – दायभाग प्रकरणम् – श्लोक 66, 67
44. श्री भद्रबाहु संहिता – दायभाग – श्लोक 24
45. अर्हन्नीति – दायभाग – श्लोक 31
46. श्री भद्रबाहु संहिता – दायभाग – श्लोक 24
47. श्री भद्रबाहु संहिता – दायभाग – श्लोक 24 और श्री अर्हन्नीति – श्लोक 32
48. श्री भद्रबाहु संहिता – दायभाग – श्लोक 27
49. श्री भद्रबाहु संहिता – दायभाग – श्लोक 28
50. अर्हन्नीति – दायभाग – श्लोक 33
51. अर्हन्नीति – दायभाग – श्लोक 27
52. श्री भद्रबाहु संहिता – दायभाग – श्लोक 27
53. श्री भद्रबाहु संहिता – दायभाग – श्लोक 28
54. अर्हन्नीति – दायभाग – श्लोक 28

55. इन्द्रनन्दि जिनसंहिता – द्वितीय परिच्छेद – श्लोक 14
56. इन्द्रनन्दि जिनसंहिता – द्वितीय परिच्छेद – श्लोक 15
57. श्रीभद्रबाहु संहिता – दशम परिच्छेद – दायभाग – श्लोक 29
58. श्री वर्धमान नीति – द्वितीय परिच्छेद – दायभाग – श्लोक 13
59. अर्हन्नीति – द्वितीय परिच्छेद – दायभाग – श्लोक 35
60. अर्हन्नीति – द्वितीय परिच्छेद – दायभाग – श्लोक 28
61. श्री भद्रबाहु संहिता – दशम परिच्छेद – दायभाग – श्लोक 21
62. श्री वर्धमान नीति – द्वितीय परिच्छेद – दायभाग – श्लोक 10
63. श्री भद्रबाहु संहिता – दशम परिच्छेद – दायभाग – श्लोक 40
64. अर्हन्नीति – द्वितीय परिच्छेद – दायभाग – श्लोक 115, 116, 117
65. श्री भद्रबाहु संहिता – दशम परिच्छेद – दायभाग – श्लोक 65
66. श्री भद्रबाहु संहिता – दशम परिच्छेद – दायभाग – श्लोक 66
67. श्री भद्रबाहु संहिता – दशम परिच्छेद – दायभाग – श्लोक 67
68. श्री भद्रबाहु संहिता – दशम परिच्छेद – दायभाग – श्लोक 68
69. अर्हन्नीति – द्वितीय परिच्छेद – दायभाग – श्लोक 81, 82
70. आवश्यक निर्युक्ति, 191–193
71. इन्द्रनन्दि जिनसंहिता – द्वितीय परिच्छेद – दायभाग – श्लोक 40
72. इन्द्रनन्दि जिनसंहिता – द्वितीय परिच्छेद – दायभाग – श्लोक 35
73. श्री वर्धमान नीति – द्वितीय परिच्छेद – दायभाग – श्लोक 11
74. अर्हन्नीति – द्वितीय परिच्छेद – दायभाग – श्लोक 74
75. इन्द्रनन्दि संहिता – द्वितीय दायभाग – श्लोक 41, 42, 43
76. भद्रबाहु संहिता – दशम परिच्छेद – दायभाग – श्लोक 110
77. अर्हन्नीति – द्वितीय परिच्छेद – दायभाग – श्लोक 112
78. वर्द्धमान नीति – द्वितीय परिच्छेद – दायभाग – श्लोक 14
79. अर्हन्नीति – द्वितीय परिच्छेद – दायभाग – श्लोक 54
80. अर्हन्नीति – द्वितीय परिच्छेद – दायभाग – श्लोक 53

81. अर्हन्नीति – द्वितीय परिच्छेद – दायभाग – श्लोक 95
82. इन्द्रनन्दि जिनसंहिता – द्वितीय परिच्छेद – दायभाग – श्लोक 38
83. इन्द्रनन्दि जिन संहिता – द्वितीय परिच्छेद – दायभाग – श्लोक 16, 17
84. श्री भद्रबाहु संहिता – दशम परिच्छेद – दायभाग – श्लोक 39, 40
85. श्री अर्हन्नीति – द्वितीय परिच्छेद – दायभाग – श्लोक 98
86. श्री वर्द्धमान नीति – द्वितीय दायभाग – श्लोक 57
87. श्री वर्द्धमान नीति – द्वितीय परिच्छेद – दायभाग – श्लोक 11, 12
88. अर्हन्नीति – द्वितीय परिच्छेद – दायभाग – श्लोक 74, 75
89. इन्द्रनन्दि जिस संहिता – द्वितीय परिच्छेद – दायभाग 38, 39, 40
90. लध्वर्हन्नीति कलिकालसर्वज्ञ आचार्य हेमचन्द्र – राष्ट्रीय पाण्डुलिपि मिशन नई दिल्ली श्लोक 37, 38
91. श्री भद्रबाहु संहिता – दशम परिच्छेद – दायभाग – श्लोक 31, 32, 33
92. इन्द्रनन्दि जिन संहिता – द्वितीय परिच्छेद – दायभाग – श्लोक 29, 30
93. अर्हन्नीति – द्वितीय परिच्छेद – दायभाग – श्लोक 38, 39
94. अर्हन्नीति – द्वितीय परिच्छेद – दायभाग – श्लोक 40
95. इन्द्रनन्दि जिन संहिता – द्वितीय परिच्छेद – दायभाग – श्लोक 31
96. श्री भद्रबाहु संहिता – दशम परिच्छेद – दायभाग – श्लोक 35
97. लध्वर्हन्नीति – 3.5 – दायभागप्रकरणम् – श्लोक 39
98. लध्वर्हन्नीति – 3.5 – दायभागप्रकरणम् – श्लोक 40
99. श्री भद्रबाहु संहिता – दायभाग – श्लोक 36
100. अर्हन्नीति – द्वितीय परिच्छेद – दायभाग – श्लोक 41
101. श्री भद्रबाहु संहिता – दशम परिच्छेद – दायभाग – श्लोक 37
102. अर्हन्नीति – द्वितीय परिच्छेद – दायभाग प्रकरणम – श्लोक 44
103. श्री भद्रबाहु संहिता – दशम परिच्छेद – दायभाग – श्लोक 34
104. इन्द्रनन्दि जिन संहिता – द्वितीय परिच्छेद – दायभाग – श्लोक 34, 35
105. लध्वर्हन्नीति – कलिकालसर्वज्ञ आचार्य हेमचन्द्र विरचित – 3.5 – दायभाग प्रकरणम – श्लोक 44

106. लध्वर्हन्नीति – कलिकालसर्वज्ञ आचार्य हेमचन्द्र विरचित – 3.5 – दायभाग प्रकरणम – श्लोक 45, 46

107. लध्वर्हन्नीति – कलिकालसर्वज्ञ आचार्य हेमचन्द्र विरचित – 3.5 – दायभाग प्रकरणम – श्लोक 47, 48, 49, 50

108. धारा 4, कस्तूर बाई बनाम् महाराष्ट्र राज्य आल इण्डिया रिपार्टर 1981 बम्बई, 115

109. मॉडर्न हिन्दू लॉ – पारस दीवान – पृ. 384

110. पूर्व में राज्य से पूर्व एक और श्रेणी आध्यात्मिक गुरु की थी परन्तु वह अधिनियम 1956 से हटा दिया गया है।

111. जयलक्ष्मी बनाम गनेवरा ए. आई. आर. 1972 2 एम. एल. जे. पृ. 50

112. प्रतिकूला कुशीला च निर्वास्या विधवापि सा।

ज्येष्ठदेवरतत्पुत्रैः कृत्यान्नादि निबंधनम्।।

113. सत्यनारायण बनाम् रामेश्वर, ए. आई. आर. 1982 पटना 44

114. श्री भद्रबाहु संहिता – दशम परिच्छेद – दायभाग – श्लोक 65

115. अर्हन्नीति – द्वितीय परिच्छेद – दायभाग – श्लोक 115

116. शान्ता देवी बनाम् बिहार राज्य ए. आई. आर. 1977 पटना 168

117. प्रभूदयाल बनाम् सुवर्या ए. आई. आर. 1994 राजस्थान 149

118. वर्द्धमान संहिता – द्वितीय परिच्छेद – दायभाग – श्लोक 57

119. अर्हन्नीति – द्वितीय परिच्छेद – दायभाग – श्लोक 75

120. बाला साहेब बनाम् जयमाला ए. आर. आई. 1978 बम्बई 44

121. कृश्ना बनाम् निशामर्ण ए. आई. आर. 1987 उड़ीसा 109

122. भगतराम बनाम तेजासिंह ए. आई. आर. 1999 उच्चतम न्यायालय 1944

123. बैया बनाम गोपिका बाई, ए. आई. आर. 1978 उच्चतम न्यायालय 793

124. रघुवन बनाम जानकी प्रसाद ए. आई. आर. 1981, मध्यप्रदेश 39

125. महादेवप्पा बनाम् गौरअम्मा ए. आई. आर. 1973 मैसूर 142

126. भगतराम बनाम तेजासिंह ए. आई. आर. 1999 उच्चतम न्यायालय 1444

127. बैया बनाम गोपिका बाई, ए. आई. आर. 1978 उच्चतम न्यायालय 793

128. बैया बनाम गोपिका बाई, ए. आई. आर. 1978 उच्चतम न्यायालय 793
129. धारा 24 हिन्दू उत्तराधिकार (संशोधन) कानून 2005 के द्वारा हटा दी गई है
130. कस्तूरी देवी बनाम् उप विकास आयुक्त, 1976 उच्चतम न्यायालय 2595
131. बिसे बनाम् बन्ता सिंह ए. आई. आर. 1980 पंजाब और हरियाणा 164
132. केंचवे बनाम् गिरिमल्लाप्पा (1924) 51 ए. आर. आई. 368
133. नाना पुनेनी बनाम् नाना पुनेजी ए. आई. आर. 1970 आन्धप्रदेश 407
134. चमनलाल बनाम् मोहनलाल ए. आई. आर. 1977 दिल्ली 97
135. पी. परत्रकह बनाम् सुबिह ए. आई. आर. 1981 केरल 1980
136. चांदी बनाम् भाग्यधर ए. आई. आर. 1976 कलकत्ता 366

अध्याय - नवम

पुत्र विभाग और दत्तक विधि

पुत्र कितने प्रकार के ?

शास्त्रीय–क्लासिकी हिन्दू विधि में बारह प्रकार के पुत्र बताये गये हैं जबकि जैन विधि में केवल दो प्रकार के ही पुत्र (1) औरस (2) दूसरा दत्तक बताये गये हैं। औरस पुत्र विवाहित स्त्री से उत्पन्न हुए पुत्र को कहा जाता है और दत्तक जो गोद लिया हो वह कहलाता है।[1] हिन्दू विधि में पुत्र के प्रकार जैन विधि से अधिक विस्तृत हैं।

वैसे कहने को लोग बहुत प्रकार के सम्बन्धियों को 'पुत्र' से सम्बोधित करते हैं। इस सम्बन्ध में भद्रबाहु संहिता में कहा गया है–

"द्रव्यं दत्वा गृहीतो यः स क्रीतः प्रोच्यते बुधैः।
सौतश्च पुत्रतनुजो लघुभ्राता सहोदरः।।
मातृपितृपरित्यक्तो दुखितोऽस्मितरां तव।
पुत्रो भवामीति वदन् विज्ञैरुपनतः स्मृतः।।
मृतपित्रादिकः पुत्रः समः कृत्रिम ईरितः।
पुत्रभेदा इमे प्रोक्ताः मुख्यगौणेतरादिका।
तत्राद्यो हि स्मृतौ मुख्यौ गोणः क्रीतादयस्त्रयः
तथैवोपनताद्याश्च पुत्रकल्पा न पिण्डदाः।।"[2]

अर्थात् जिसको रुपया देकर गोद लिया हो वह क्रीत है, ऐसा बुद्धिमानों का कथन है। जो लड़के का लड़का अर्थात् पोता है वह सौत है, और माँ जाये छोटे भाई का नाम सहोदर है। जिसको माँ बाप ने छोड़ दिया हो जो दुखी फिरता हुआ आकर यह कहे कि "मैं पुत्र होता हूँ" उसको बुद्धिमान उपनत बताते हैं। कृत्रिम वह पुत्र होता है जिसके माता–पिता मर गये हों जो अपने पुत्र के सदृश हो। इस प्रकार मुख्य, गौण और अन्य पुत्रों की श्रेणी

है। इनमें से प्रथम के दो अर्थात् औरस और दत्तक मुख्य हैं और फिर तीन अर्थात् क्रीत सौत और सहोदर गौण हैं और उपनत और कृत्रिम की गिनती लड़के में होती है परन्तु वे नस्ल (वंश) नहीं चला सकते हैं।

इस प्रकार भद्रबाहु संहिता के अनुसार नस्ल चलाने वाले केवल दो पुत्र औरस और दत्तक ही हैं जो वास्तव में पुत्र की श्रेणी में गिने जाते हैं, वे ही वंश चलाने में समर्थ हैं। शेष क्रीत सौत और सहोदर मुँह बोले पुत्र हैं, पुत्र के समान हैं परन्तु वैध रूप से पुत्र नहीं हैं। श्री वर्द्धमान–नीति में इस सम्बन्ध में कहा गया है–

"औरसौ निज पत्नीजस्तत्समो दत्तकः स्मृतः।
इमौ मुख्यौ पुनर्दत्त क्रीतसौतसहोदराः।।
इमे गौणाश्च विज्ञेया जैनशास्त्रानुसारतः।
इतरे नैव दायदाः पिण्डदाने कदाचन।।
उत्पन्ने त्वौरसे पुत्रे चतुर्थांशहराः सुताः।
सर्वणा असवर्णास्ते भुक्तयाच्छादनभागिनः।।[5]

अर्थात् निज पत्नी से उत्पन्न लड़का औरस पुत्र है और इसी की भाँति दत्तक (अर्थात् लिया हुआ, गोद लिया हुआ) लड़का होता है। ये दोनों पुत्र मुख्य हैं। फिर दत्त, क्रीत और सहोदर जैन शास्त्र के अनुसार गौण पुत्र हैं। इनके अतिरिक्त कोई पुत्र दायाद नहीं हैं और न पिण्डदान कर सकते हैं, अर्थात् नस्ल नहीं चला सकते हैं। औरस पुत्र के उत्पन्न होने पर यदि वह पिता के वर्ण की माता से उत्पन्न हुआ है ऐसे पुत्र को चौथाई भाग दिया जाता है। यदि औरस पुत्र अन्य वर्ण की माता से उत्पन्न हुआ है तो केवल रोटी कपड़ा पाता है।

ऐसे में वर्द्धमान नीति के अनुसार निज पत्नी से उत्पन्न लड़का औरस पुत्र ही सबसे ज्यादा अधिकार सम्पन्न पुत्र है। वह इसलिये महत्त्वपूर्ण है कि औरस पुत्र दत्तक लिये गये पुत्र के पश्चात् उत्पन्न हुआ हो तब भी वह मुख्य पुत्र का दायित्व निभाता है क्योंकि दत्तक पुत्र अगर वह पिता के वर्ण की माता से उत्पन्न हुआ हो तो उसमें चौथाई सम्पत्ति का अधिकार है अर्थात् मुख्य पुत्र की भूमिका तो औरस पुत्र की है। अगर वह दत्तक पुत्र शूद्राणी से उत्पन्न हुआ हो तो वह केवल रोटी कपड़ा का अधिकारी ही है। इस प्रकार शूद्रों के प्रति सामाजिक भेदभाव बहुत अधिक रहा था। मुख्य तो केवल औरस पुत्र और दत्तक पुत्र हैं जो वंश चलाने में समर्थ हैं, नस्ल को

आगे बढ़ाते हैं। इस सम्बन्ध में इन्द्रनन्दि जिन संहिता में इस प्रकार कहा गया है–

"तिय वण्णज जादोविहु सुद्दो वित्तं ण लहइ सुब्बत्थ।
उरस णिये पयणीउ दत्तो भाइज्ज दोहिया पुत्तो।।
गोदज वा खेतुब्भव पुत्तारा देहु दायादा।
कण्णी णोपच्छण्णे पच्छण्णो वाणे पुणब्भवोथुतो।
ने पुत्ता पुत्तकप्पा दायादा पिण्डदाणेवं।
सुद्दा उ दासीं विहु जादो णिय जणय इच्छिया भागी।।[4]

अर्थात् चाहे तीनों वर्णों के पिता से ही क्यों न उत्पन्न हों तो भी शूद्राणी माता के पुत्र पिता की सम्पत्ति को सर्वथा ही नहीं पाते हैं। औरस (जो धर्मपत्नी से उत्पन्न हुआ हो), गोद लिया हुआ पुत्र, दोहिता, गोत्रज, क्षेत्रज (जो उसी कुल में पैदा हुआ हो) ये लड़के निःसंदेह दायाद हैं। कुँवारी का पुत्र, निज पत्नी का पुत्र जो छिपी रीति से पैदा हुआ हो, जो लेकर पाला गया हो, ऐसी औरत का पुत्र जिसका दूसरा विवाह हुआ है, और छोड़ दिया हुआ बच्चा जो पुत्र की भाँति रखा गया हो, ये पुत्र तुल्य हैं। परन्तु यह दायाद या पिंडदाता नहीं है। शूद्रा दासी से जो पुत्र उत्पन्न हो उसका धन में पिता की इच्छानुसार ही भाग होता है।

इन्द्रनन्दि संहिता में भी मुख्य बात यही है कि जो पुत्र धर्मपत्नी से उत्पन्न हुआ है, वह ही दायाद है। शूद्राणी माता के पुत्र किसी भी सम्पत्ति का हकदार नहीं है, अगर पिता चाहे तो उसे सम्पत्ति में से जो हिस्सा देना चाहे, वह दे सकता है परन्तु वह अधिकार पूर्वक नहीं ले सकता। इसी प्रकार कुँआरी माँ का पुत्र, निज पत्नी से छिपे सम्बन्ध बनाये हो उससे उत्पन्न पुत्र, पाला हुआ पुत्र, कोई माँ बाप से छोड़ा हुआ बच्चा ये सब पुत्र तुल्य हैं लेकिन दायाद नहीं हैं। अर्हन्नीति में इस सम्बन्ध में जो कहा है वह इस प्रकार है–

"औरसो दत्तकश्चैव मुख्यौ क्रीतः सहोदरः।
दोहित्रश्चेति कथिताः पन्च पुत्रा जिनागमे।।
धर्मपत्नियां समुत्पन्न औरसो दत्तकस्तु सः।
यो दत्तो मातृपितृभ्यां प्रीत्या यदि कुटुम्बजः।।
क्रयक्रीतो भवेत्क्रीतो लघुभ्राता च सहोदरः।
सौतः सुतोद्भवश्चेमे पुत्रा दायहराः स्मृताः।

पौनर्भवश्च कानीनः प्रच्छन्नः क्षेत्रजस्तथा।
कृत्रिमश्चोपविद्धश्च दत्तश्चैव सहोटजः।।
अष्टावमी पुत्र कल्पा जैने दायहरा नहि।
मतान्तरीयशास्त्रेषु कल्पिताः स्वार्थसिद्धये।।[5]

औरस और दत्तक ये ही दोनों मुख्य पुत्र होते हैं, मोल का लिया हुआ, सहोदर, दोहिता ये गौण हैं ये ही पांच प्रकार के पुत्र हैं जो जिनागम में कहे गये हैं। जो अपनी धर्म पत्नी से उत्पन्न हुआ हो वह औरस कहलाता है; और जो अपने कुटुम्ब में उत्पन्न हुआ हो और उसके माता पिता ने प्रेमपूर्वक दे दिया हो वह दत्तक पुत्र कहलाता है। जो मूल्य देकर लिया हो वह क्रीत है। छोटा भाई सहोदर है। पुत्र का पुत्र सौत (दौहित्र) है। ये पाँच प्रकार के पुत्र उत्तराधिकारी (धन के भागीदार) कहाते हैं। ऐसी स्त्री का पुत्र जिसका दूसरा विवाह हुआ हो, कन्या का पुत्र, छिनाले का पुत्र, नियोग से पैदा हुआ पुत्र (क्षेत्रज) जिसे लेकर पाला हो (कृत्रिम) त्यागा हुआ बालक जो स्वयं आ गया हो, माता के साथ (विवाह के पहले के गर्भ के फलस्वरूप) आया हुआ पुत्र, इनमें से कोई भी जैन शास्त्रानुसार दाय के अधिकारी नहीं हैं। अन्य मत के शास्त्रों में इनको स्वार्थवश पुत्र माना है।

अर्हन्नीति में औरस और दत्तक दोनों ही मुख्य पुत्र माने गये हैं। इसका अर्थ यह हुआ कि भद्रबाहु संहिता, श्री वर्द्धमान नीति, इन्द्रनन्द्रि जिन संहिता और अर्हन्नीति सभी में मुख्य पुत्र दो ही माने गये हैं– (1) औरस पुत्र (2) दत्तक पुत्र। इन दोनों में भी औरस पुत्र सबसे ज्यादा महत्त्वपूर्ण है क्योंकि दत्तक लेने के बाद भी औरस पुत्र हो जाये तो दत्तक को 1/4 हिस्सेदारी, अगर वह पिता की वर्ण की माता का हो तो मिलेगी और अगर शूद्राणी से है तो केवल भोजन और कपड़े की व्यवस्था ही मिलेगी। इन सबमें पाँचों पुत्र बताये गये हैं लेकिन दूसरे अन्य सहोदर ऐसे ही आया पुत्र, कन्या का पुत्र, छिनाले का पुत्र, नियोग से पैदा हुआ पुत्र, दोहित्र आदि सभी कहलाने के पुत्र हैं परन्तु इनमें से कोई भी दायाद नहीं है।

गोत्र पुत्र जब गोद लिये जायें तभी पुत्रों की भाँति दायाद हो सकते हैं अन्यथा वह अपने वास्तविक सम्बन्ध से यदि वह अधिकारी हो तो दायाद होते हैं जैसे लघुभ्राता। औरस और दत्तक दोनों सपिण्ड गिने जाते हैं और इसलिये पिण्डदान करने वाले अर्थात् वंश चलाने वाले माने गये हैं। शेष पुत्र यदि अपने वास्तविक सम्बन्ध से सपिण्ड हैं तो सपिण्ड होंगे अन्यथा नहीं।

दत्तक पुत्र में वह पुत्र भी सम्मिलित है जो क्रीत कहलाता है जिसका अर्थ यह है कि जो मोल लेकर गोद लिया गया हो। जिस शास्त्र में क्रीत को अनाधिकारी माना है वहाँ तात्पर्य केवल मोल लिये हुए बालक से है जो गोद नहीं लिया गया।[6] नीतिवाक्यामृत में जो पुत्र गुप्त राशि से उत्पन्न हुआ हो अथवा जो फेंका हुआ हो वह भी अधिकारी तथा पिण्डदान के योग्य (कुल के चलाने वाले) माने गये हैं, परन्तु वास्तव में वे औरस पुत्र ही हैं। किसी कारण से उनकी उत्पत्ति को छिपाया गया या जन्म के पश्चात् किसी हेतु विशेष से उनको पृथक कर दिया गया था।[7]

एक पुत्र होने पर सब पत्नियाँ संतानवती– चारों वर्णों में एक पिता की संतान यदि कई भाई एकत्र (शामिल) रहते हों और उनमें से एक के ही पुत्र हो तो सभी भाई पुत्र वाले कहलायेंगे। श्री भद्रबाहु संहिता में इस सम्बन्ध में इस प्रकार कथन है–

"एक पितृजभ्रातृणां पुत्रश्चैकस्य जायते।
तेन पुत्रेण ते सर्वे बुधैः पुत्रिण ईरिताः।।[8]

अर्थात् एक ही पिता के उत्पन्न हुए पुत्रों में से किसी एक के पुत्र हो तो उस पुत्र से सभी पुत्र वाले समझे जाते हैं, ऐसा बुद्धिमानों का कथन है। इसे अर्हन्नीति में श्लोक संख्या 100 में इस प्रकार कहा गया है–

"पुत्रस्त्वेकस्य संजातः सोदरेषु च भूरिषु।
तदा तेनैव पुत्रेण ते सर्वे पुत्रिणः स्मृताः।।

अर्थात् एक से अधिक भाइयों में से यदि कोई एक भाई के भी पुत्र उत्पन्न हो तो उसके कारण सकल भाई पुत्रवान होते हैं।

अर्हन्नीति और श्री भद्रबाहु संहिता के इन श्लोकों से यही प्रकट होता है कि एक पिता के कई पुत्र हों और इन भाइयों में और किसी के पुत्र न हो, केवल एक पुत्र के ही पुत्र हों तो वे सब भाई इस एक पुत्र के बदौलत सभी भाई पुत्र वाले कहलायेंगे। यह व्यवहारिक दृष्टि से भी बहुत उपयुक्त लगता है जब सब भाइयों से केवल एक भाई के पुत्र हो तो सभी पुत्र वाले कहलायेंगे।

इस प्रश्न का कि क्या अन्य भाई अपने लिए पुत्र गोद ले सकते हैं इसका कोई उत्तर नहीं दिया गया है परन्तु यह स्पष्ट है कि यदि वह एकत्र नहीं हों तो उनको गोद पुत्र लेने में कोई बाधा नहीं है। इस कारण से शास्त्रों में मनाही नहीं है और जब वह चाहे तब अलग–अलग हो सकते हैं,

इसका परिणाम निकलता है कि उनको गोद लेने की मनाही नहीं है। हिन्दू लॉ में भी ऐसा ही नियम था। ऐसा मनुस्मृति 9/182 में था परन्तु इसका कुछ व्यवहार नहीं है। यदि कोई व्यक्ति बिना गोद लिये मर जाय तो दूसरे भाई का पुत्र उस मृतक के पुत्र की भाँति अधिकारी होगा।

यदि किसी पुरुष के एक से अधिक स्त्रियाँ हों और उनमें से किसी एक के पुत्र हो वह सब स्त्रियाँ पुत्रवती समझी जायेंगी। इस सम्बन्ध में श्री भद्रबाहु संहिता में इस प्रकार कहा गया है–

"कस्यचिद्बहुपत्नीषु ह्येका प्रजनयेत्सुतम्।
तेन पुत्रेण महिलाः पुत्रवत्यः स्मृताः बुधैः।।[9]

अर्थात् यदि किसी पुरुष की बहु स्त्रियों में से किसी एक के पुत्र हो तो वे सभी स्त्रियाँ उस पुत्र के कारण पुत्रवती समझनी चाहिए, बुद्धिमानों का यही कथन है। अर्हन्नीति में कहा गया है–

"जातेनैकेन पुत्रेण पुत्रवत्योऽखिलाः स्त्रियः।
अन्यतरस्या अपुत्राया मृतौ स तद्धनं हरेत्।।[10]

अर्थात् एक स्त्री के पुत्र का जन्म होने से (एक पुरुष की) सम्पूर्ण स्त्रियाँ पुत्रवती समझी जाती हैं। अतएव उनमें से यदि कोई स्त्री मर जाय और उसको पुत्र न हो तो उसका द्रव्य वही पुत्र ले।

श्री भद्रबाहु संहिता और अर्हन्नीति दोनों इस बात पर एक मत हैं कि एक पुरुष के कई पत्नियाँ हों और केवल एक पत्नी के पुत्र हो तो सभी संतान वाली कहलाती हैं। इसलिये उस पति को गोद लेने की आवश्यकता नहीं है। इन पत्नियों की सम्पत्ति उनकी मृत्यु के बाद एक मात्र पुत्र को ही जायेगी। वे पत्नियां जिनके संतान नहीं है किसी लड़के या लड़की को गोद नहीं ले सकतीं। इस सम्बन्ध में श्री भद्रबाहु संहिता में कहा गया है–

तासां मृतौ सर्वधनं गृहणीयात्सुत एव हि।
एको भगिन्यभावे चेत्कन्यैकस्याः पतिर्वसो।।[11]

अर्थात् उन सब स्त्रियों के मरने पर उनका धन वही पुत्र लेता है और जब एक भी स्त्री और उसके पिता भी नहीं रहे तो वह पिता का कुल धन लेता है।

इस सम्बन्ध में अर्हन्नीति का उपरोक्त श्लोक 98 से सम्बन्धित है। इसके अनुसार एक पुरुष के कई पत्नियाँ हैं और किसी एक के पुत्र हो जाये तब सभी पत्नियाँ पुत्रवती कहलायेंगी।

इस प्रकार अर्हन्नीति और श्री भद्रबाहु संहिता में एक मत से यह प्रकट

होता है कि किसी भी पुरुष के एक से ज्यादा स्त्रियाँ (पत्नियाँ) हों और केवल एक पत्नी के संतान लड़का हो तो सभी पत्नियाँ पुत्रवती कहलायेंगी। वह एक स्त्री का लड़का उन सब पत्नियों के धन का अधिकारी होगा। इसलिये जैसा ऊपर विवेचन किया गया है कि स्त्रियाँ (पत्नियाँ) अपने निमित्त गोद नहीं ले सकती हैं, केवल अपने स्वर्गीय पति के लिए ही ले सकती हैं। यह गोद इसी परिस्थिति में लिया जा सकता है जब वह मृतक पुत्रवान् न हो।

दत्तक लेने का उद्देश्य

परम्परावादी (ब्राह्मणी कुल) हिन्दू लॉ के अनुसार दत्तक लेने के दो उद्देश्य हैं– (1) पिंडदान– किसी पुरुष के दाह संस्कार में सब विधान करने वाला पुत्र (2) वंश की निरन्तरता को बनाये रखना। दत्तक एक पुत्रहीन पिता को पुत्र के पिता होने का बहुत बड़ा संतोष और शकुन दिलाने वाला है। इस दत्तक विधि प्रक्रिया के द्वारा एक पुत्रहीन व्यक्ति, दूसरे व्यक्ति के लड़के को अपना पुत्र बना देता है। एक दत्तक पुत्र न केवल गोद लेने वाले परिवार से ही पुत्र की भाँति जुड़ जाता है वरन् पिता के समस्त रिश्तेदारों से और माँ के समस्त रिश्तेदारों से (ननिहाल) से मूल पुत्र की तरह जुड़ता है। वर्तमान हिन्दू दत्तक और अनुरक्षण विधि 1956 (The Hindu Adoptions and Maintenance Act 1956) के अनुसार दत्तक से दत्तक पुत्र को अपने मूल परिवार से दत्तक लेने वाले परिवार में स्थानान्तरण होने की प्रक्रिया की सम्पूर्णता है और इसके द्वारा दत्तक पुत्र को मूल पुत्र के सभी अधिकार और सुविधाएँ दत्तक लेने वाले परिवार में मिल जाती हैं।[12]

कौन गोद ले सकता है?

एक व्यक्ति तब गोद ले सकता है– (1) यदि उसका औरस पुत्र नहीं हो। इस सम्बन्ध में श्री भद्रबाहु संहिता का यह श्लोक उपयुक्त है–

"औरसेऽसति पितृभ्यां ग्राह्यौ वै दत्तकः सुतः।
सौऽप्यौरस इव प्रीत्या सेवां पित्रोः करोत्यसौ।।[13]

अर्थात् अपने अंग से उत्पन्न हुआ पुत्र यदि न हो तो माता पिता को दत्तक पुत्र लेना चाहिए क्योंकि दत्तक पुत्र भी माता पिता की सेवा प्रीतिपूर्वक करता है।

"तदीयाता गृहीत्वा च सर्वैः कार्य्यो गृहाद्बहिः।

तस्याभियोः कुत्रापि श्रोतुं योग्यो न कर्हिचित्।।
"पुत्रीकृत्य स्थापनीयोऽन्यो डिम्भः सुकुलोद्भवः।
विधीयते सुश्वार्थं हियतुर्वर्णेषु सन्ततिः।।[14]

औरस पुत्र हो चाहे दत्तक पुत्र हो वह आज्ञाकारी न हो, कुल की मर्यादा के खिलाफ चले या दुराचारी हो और समझाने से अच्छे आचरण वाला नहीं बने तब राज्याज्ञा से उसे निकाल देना चाहिए। उसके स्थान पर किसी अच्छे कुल के बालक को स्थापित करना चाहिए, क्योंकि सब वर्णों में सन्तान सुख के लिये ही होती है। श्री वर्द्धमान संहिता में इस सम्बन्ध में ये श्लोक हैं–

"पुत्र सो दत्तक काललब्धिं प्राप्त मृतो यदि।
भर्तृद्रव्यादि यत्नेन रक्षयेत् स्तैन्यकर्म्मतः।।
न तत्पदे कुमारोऽन्यः स्थापनीयो भवेत्पुनः।
प्रेतेऽनूढे न पुत्रस्याज्ञाऽस्ति श्री जैनशासने।।
सुतासुतसुतात्मीय भगिनेयेभ्य इच्छया।
देयाद्धर्मेऽपि जामात्रे अन्यस्मै वा ज्ञातिभोजने।।
स्वयं निजास्पदे पुत्रं स्थापयेच्चेन्मृतप्रजाः।
युक्तं परमनूढस्य पदे स्थापयितुं न हि।।[15]

अर्थात् पुनः काललब्धि के वश यदि वह पुत्र बिना विवाह ही मर जाए तो भर्ता के द्रव्य की चोरी आदि से रक्षा करनी चाहिए। उस पुत्र के मरण हो जाने पर पुनः उस कुमार के पद पर दूसरे किसी को स्थापित करने की श्री जिनशासन में आज्ञा नहीं है, यदि वह कुँआरा मर जाए तो उस (मृतक पुत्र) के द्रव्य को दोहिता, दोहिती, भानजा, जमाई किसी अन्य को दे सकते हैं तथा जाति के भोजन अथवा धर्म–कार्यों में लगा सकते हैं। यदि पुत्र मर गया हो तो उसकी जगह पर पुत्र स्थापन की आज्ञा है परन्तु अविवाहित पुत्र के स्थान पर स्थापन नहीं कर सकते हैं।

इस प्रकार के ही श्लोक भद्रबाहु संहिता में कहे गये हैं।[16] अर्हन्नीति, श्री वर्द्धमान संहिता और भद्रबाहु संहिता में औरस पुत्र या दत्तक पुत्र की निर्योग्यता पर दत्तक पुत्र लेने का अधिकार है परन्तु अविवाहित पुत्र के मर जाने पर दत्तक पुत्र लेने का प्रावधान नहीं है।

(2) औरस पुत्र मर गया हो– इसके सम्बन्ध में श्री भद्रबाहु संहिता में और वर्द्धमान नीति में कहा गया है–

"स्वयं निजास्पदे पुत्रं स्थापयेच्चेन्मृतप्रजाः।

युक्तः परमनूढस्य पदे स्थायपितुं न हि।।[17]

अर्थात् पुत्र मर गया हो तो उसकी जगह पर पुत्र स्थापना करने की आज्ञा है परन्तु अविवाहित पुत्र के स्थान पर स्थापन नहीं कर सकते हैं।

वर्द्धमान नीति और भद्रबाहु संहिता में एक ही बात कही गई है कि अगर विवाहित पुत्र मर गया हो तो उसके दत्तक पुत्र लेने की कार्यवाही की जा सकती है, अविवाहित पुत्र की मृत्यु पर दत्तक पुत्र लेने की इजाजत नहीं है। इन दोनों परिस्थितियों में हिन्दू पुरुष अपने निमित्त गोद लिया जा सकता है। इसके अतिरिक्त औरस पुत्र को उसके दुराचरण के कारण निकाल दिया हो और पुत्रत्व तोड़ दिया गया हो तो भी गोद लिया जा सकता है। अर्हन्नीति के श्लोक 88, 89 के अनुसार यदि पुत्र अविवाहित मर गया हो तो उसके लिये गोद नहीं लिया जा सकता है

वर्द्धमान नीति के अनुसार दत्तक पुत्र को चरित्र्यभ्रष्टता के कारण निकाल दिया गया हो तो भी उसके बजाय दूसरा लड़का गोद लिया जा सकता है। इनको निम्न श्लोकों में इस प्रकार कहा गया है–

"प्रतिकूलो भवेत्पुत्रः पितृभ्यां यदि सर्वथा।
तत्पित्रादीन्समाहूय बोधयेच्च मृदुक्तितः।।
पुनश्चापि स्वयं दर्पाद्दुर्जनोक्त्या हि तादृशः।
तापयित्वा सुतोद्धातं बन्धुभूषाधिकारिणः।।
तदाज्ञां पुनरादाय निष्कास्यो गृहतो ध्रुवम्।
न तत्पूत्कारसंवाद श्रोतव्यो राजपंचभिः।।
पुनश्चान्य शिशुं भर्तुः स्थाने संयोजयेद्वधूः।
सर्ववर्णेषु पुत्रो वै सुखाय गृह्यते यतः।।
विपरीतो भवेद्वत्सः पित्रा नि सार्यते ध्रुवम।
विवाहितोऽपि भूपाज्ञापूर्वकं जानसाक्षितः।।[18]

अर्थात् दत्तक पुत्र यदि माता–पिता से प्रतिकूल हो जाये तो उसके असली माता–पिता को बुलाकर उसको नर्मी के साथ समझावे। फिर भी वह दुष्टता अथवा गरूर के कारण न समझे तो उससे नाता तोड़कर भाई–बन्धुओं और राजा और राजकर्मचारियों की आज्ञा लेकर उसको घर से निकाल दे। फिर राजा और पंच लोग उसकी फरियाद ही सुन सकते। इसके पश्चात् वह और दत्तक पुत्र की माता दूसरा पुत्र गोद ले सकते हैं क्योंकि सब वर्णों में पुत्र सुख के लिये ही लिया जाता है। गोद का पुत्र यदि प्रतिकूल हो जाय

तो चाहे वह विवाहित हो, चाहे वह अविवाहित हो, राजा और बन्धुजन की साक्षी से निःसंदेह पिता उसको घर से निकाल सकता है।

जैन पुरुष द्वारा दत्तक पुत्र लेना

एक जैन पुरुष जो एक वयस्क है और स्वस्थ मस्तिष्क का है, चाहे वह विधुर है या विवाहित है, पुत्रहीन हो तब वह दत्तक पुत्र ले सकता है। एक पुत्र का होना अति प्रसन्नता का विषय है और पुत्र के अभाव में जीवन निरर्थक, आनन्द रहित है इसलिये वह पुरुष दत्तक पुत्र को गोद लेता है।

जैन महिला द्वारा दत्तक पुत्र लेना

एक व्यक्ति की मृत्यु पर उसकी जैन विधवा दत्तक पुत्र गोद ले सकती है, वह दत्तक पुत्र कोई बन्धु का लड़का हो सकता है। अगर कोई बन्धु का लड़का नहीं हो तो उसी गोत्र का लड़का गोद लिया जा सकता है। अगर कोई बन्धु का लड़का, गोत्र का लड़का नहीं हो तो पति के छोटे भाई, सहोदर, को गोद लिया जा सकता है, केवल एक शर्त है कि वह सात साल से छोटा होना चाहिए। इस सम्बन्ध में अर्हन्नीति में कहा गया है–

"बंन्धुजं तदभावे तु तस्मिन्नसति गोत्रजम्।
तस्यासत्वे लघु सप्रवर्षसंस्थ तु देवरम्।।
विधवा स्वौरसाभावे गृहीत्वा दत्तरीतित।
अधिकारपदे भत्तुस्थापपयेत्पंच साक्षितः।।[19]

औरस पुत्र के अभाव में विधवा प्रथम भाई का पुत्र गोद ले, यदि भाई का पुत्र नहीं हो तो पति के कुटुम्ब का बालक चाहे उसके संस्कार हुए हों चाहे नहीं, वह कुटुम्ब का बालक दत्तक पुत्र की भाँति लिया जा सकता है। ये दोनों नहीं हों तब निज कन्या का पुत्र (दोहिता) लिया जा सकता है। ये तीनों नहीं हो, फिर किसी का बन्धु का लड़का लिया जा सकता है। ये चारों भी नहीं हो तब पति के गोत्र का लड़का दत्तक पुत्र की तरह लिया जा सकता है। ये पाँचों नहीं हो तब सात वर्ष तक की आयु के देवर को पुत्र लिया जा सकता है। इस प्रकार दत्तक लेने में और किसी अधिकार या किसी के अधिकार पत्र की, किसी आदेश की, अनुमति की आवश्यकता नहीं है।[20]

अगर सास भी विधवा और बहू भी विधवा हो तब विधवा बहू दत्तक लेने की अधिकारिणी है। विधवा बहू अपने गोत्र के अच्छे लड़के को दत्तक पुत्र बनाकर अपने पति की सम्पत्ति का वारिस बनाएगी। विधवा सास अपने लड़के की सम्पत्ति को छेड़ने की अधिकारिणी नहीं है, इसकी अधिकारिणी केवल बहू ही है। एक विधवा बहू अपने पति के नाम के लिये दत्तक पुत्र गोद ले सकती है, विधवा सास को अपने पति के नाम के लिए गोद नहीं ले सकती क्योंकि उनका तो अपना लड़का था।[21] इस सम्बन्ध में भद्रबाहु संहिता में एक श्लोक इस प्रकार है–

"ग्राह्म्यः सद्गोत्रजः पुत्रो भर्ता इव कुलस्त्रिया।
भतृर्स्थाने नियोक्तव्यो न श्व श्रवा स्वपतेः पदे।।

अर्थात् भर्ता के समान वह कुलीन स्त्री किसी श्रेष्ठ गोत्र में पैदा हुए पुत्र को लेकर पति की गद्दी पर नियुक्ति करे। उसके पति के लिए उसकी सास को गोद लेने की आज्ञा नहीं है। अर्हन्नीति में इस सम्बन्ध में एक श्लोक इस प्रकार है–

"गृह्णीयाद्दत्तकं पुत्र प्रतिवद्विधवा वधूः।
न शक्ता स्थापितुं त च श्वश्रूर्निजपतेः पदेः।।[22]

अर्थात् विधवा बहू को दत्तक पुत्र अपने पति की तरह लेना चाहिए। सास अपने पति के स्थान पर किसी को दत्तक स्थापना नहीं कर सकती है। इस प्रकार भद्रबाहु संहिता और अर्हन्नीति दोनों में सास–बहू दोनों के विधवा होने पर सिर्फ बहू ही अपने पति के स्थान पर दत्तक लेने की अधिकारिणी है, सास नहीं है। यह सब तब होता है जब बहू को सम्पत्ति का अधिकार प्राप्त हो गया है। इस सम्बन्ध में यह स्पष्ट होता है जो जायदाद का अधिकार प्राप्त करता है, वही दत्तक लेने का अधिकार रखता है।

जिसको जायदाद का अधिकार नहीं है वह सम्पत्ति के वैध दायाद को नहीं रोक सकता है। इस सबके लिए विधवा बहू को सास की स्वीकृति से ही दत्तक लेने का अधिकार है। यदि दो विधवा हों तो बड़ी विधवा को छोटी विधवा के बिना दत्तक लेने का अधिकार है।[23] सास–बहू दोनों विधवा हों तब बशर्ते कि दाय बहू ने पाया हो जो उस दशा में सम्भव है जब पुत्र पिता के पश्चात् मरा हो। अभिप्राय यह है कि जायदाद जिसने पाई हो वही गोद ले सकता है। इस सम्बन्ध में भद्रबाहु संहिता में कहा गया है–

"प्राप्नुयाद्विधवा पुत्रं चेद्गृहणीयातदाज्ञया।
तद्वंशजच्छ स्वलघुं सर्वलक्षणसंयुतम।।"[24]

अर्थात् विधवा स्त्री यदि सासू की आज्ञा से कोई लड़का गोद ले तो अपने वंश के, अपने से छोटे, सर्वलक्षण संयुक्त पुत्र को ले सकती है। इसका तात्पर्य यह है विधवा स्त्री सासू की आज्ञा से दत्तक ले सकती है लेकिन इसके लिये निर्धारित शर्तें पूरी होनी चाहिये कि वह लड़का अपने वंश का हो, आयु में दत्तक पुत्र दत्तक लेने वाली विधवा से छोटा हो और वह सर्वलक्षण गुण सम्पन्न हो। लेकिन यह एक नैतिक बन्धन है, अनिवार्य शर्त नहीं है और केवल उस दशा में ही है जब सास जायदाद की अधिकारिणी है। ऐसी दशा में उसकी अनुमति का यह अभिप्राय होगा कि बहू का अधिकार दत्तक लेने का सास की आज्ञा के अन्तर्गत है और दत्तक पुत्र वह जायदाद पायेगा।

दत्तक पुत्र के अविवाहित मर जाने पर उसके लिये कोई पुत्र गोद नहीं ले सकता है। इस सम्बन्ध में भद्रबाहु संहिता में यह कथन है–

"स्वयं निजास्पदे पुत्रं स्थापयेच्चेन्मृतप्रजाः।
युक्तः परमनूढस्य पदे स्थापयितुं न हि।।"[25]

अर्थात् पुत्र मर गया हो तो उसकी जगह पुत्र स्थापन करने की आज्ञा है परन्तु अविवाहित पुत्र के स्थान पर स्थापन नहीं कर सकते। ऐसा ही वर्द्धमान नीति में कहा गया है–

"दत्तपुत्रं गृहीत्वा यः स्वाधिकारं प्रदत्तवान्।
जंगमे स्थावरे वाऽपि स्वातुं स्वं धर्म्मवर्त्मनि।।
पुनः सो दत्तकः काललब्धिं प्राप्य मृतो यदि।
भर्तृद्रव्यादि यत्नेन रक्षयेत् स्तैन्यकर्म्मतः।।
न तत्पदे कुमारोऽन्यः स्थापनीयो भवेत्पुनः।
प्रेतेऽनूढे न पुत्र स्याज्ञाऽस्ति श्री जैनशासने।।"[26]

अर्थात् स्त्री दत्तक पुत्र को लेकर और उसके सम्पूर्ण अधिकार देकर आप धर्म कार्य में संलग्न होने के निमित्त जंगम तथा स्थावर द्रव्य उसको सौंप देती हैं। पुनः काललब्धि के वश यदि वह पुत्र बिना विवाह ही मर जावे तो भर्ता के द्रव्य की चोरी आदि से रक्षा करनी चाहिए। उस पुत्र का मरण हो जाने पर पुनः उन कुमार के पद पर दूसरे किसी को स्थापित करने की आज्ञा श्री जिनशासन में नहीं है, यदि वह कुँवारा मर जावे। अर्हन्नीति में कहा गया है–

"गृहीत्वा दत्तकं पुत्रं स्वाधिकारं प्रदाय च।
तस्मादात्मीयवितेषु स्थिता स्वे धर्म्मकर्म्मणि।।
काल चक्रेण सोऽनूढश्चेन्मृतो दत्तकस्ततः।
न शक्ता स्थापितुं सा हि तत्पदे चान्यदत्तकम्।।
युक्तं स्थापयितुं पुत्रं स्वीयभर्तृपदे तया।
कुमारस्य पदे नैव स्थापनाज्ञा जिनागमे।।"[27]

अर्थात् यदि किसी विधवा स्त्री ने दत्तक पुत्र लिया हो और उसको अपना सम्पूर्ण द्रव्य देकर खुद धर्मकार्य में लीन हुई हो और देवयोग से वह दत्तक मर जाय तो उक्त विधवा स्त्री दूसरा दत्तक पुत्र उसके पद पर नहीं बिठा सकती है। अपने पति के स्थान पर पुत्र गोद लेने का उसको अधिकार है, कुमार के स्थान पर दत्तक स्थापित करने की जिनागम में आज्ञा नहीं है। इस प्रकार भद्रबाहु संहिता, अर्हन्नीति और वर्द्धमान नीति तीनों में एक मत प्रकट किया गया है।

उपरोक्त परिस्थिति में उसकी विधवा माता उसका धन जामाता को दे दे और बिरादरी के भोजन तथा धर्म कार्य में स्वेच्छानुसार लगावे। इस सम्बन्ध में श्री भद्रबाहु संहिता में कहा गया है–

"सुतासुतसुतात्मीय भागिनेयेभ्य इच्छया।
देहाद्धर्मेऽपि जामात्रेऽन्यस्मै वा ज्ञातिभोजने।।"[28]

अर्थात् उस मृतक पुत्र के द्रव्य को दोहिता, दोहिती, भानजा, जमाई, तथा अन्य को दे सकते हैं तथा जाति के भोजन अथवा धर्म–कार्यों में लगा सकते हैं। वर्द्धमान नीति में इस सम्बन्ध में जो कथन है, वह इस प्रकार है–

"सुतासुत सुतात्मीयभागिनेयेभ्य इच्छया।
देयाद्धर्मेऽपि जामात्रेऽन्यस्मै वा ज्ञातिभोजने।।
स्वयं निजास्पदे पुत्रं स्थापयेच्चेन्मृतप्रजा।
युक्तं परमनूढस्य पदे स्थापयितुं न हि।।"[29]

अर्थात् उस मृतक पुत्र के द्रव्य को दोहिता, भानजा, जमाई तथा किसी अन्य को दे सकते हैं तथा जाति के भोजन अथवा धर्म–कार्यों में लगा सकते हैं। यदि पुत्र मर गया हो तो उसकी जगह पुत्र स्थापना करने की आज्ञा है परन्तु अविवाहित पुत्र के स्थान पर स्थापन नहीं कर सकते हैं। अर्हन्नीति में इसके विषय में यह कहा गया है–

"जामातृभागिनेयेभ्यः सुतायै ज्ञाति भोजने।
अन्यस्मिन धर्मकार्य्ये वा दद्यात्स्वं स्वं यथारुचि।।[30]

अर्थात् वह मृतक पुत्र की माता चाहे तो मृतक के धन को अपने जमाई, भानजा या पुत्री को दे दे या जाति भोजन तथा धर्म कार्य में इच्छानुकूल लगा दे।

वह विधवा अपने निमित्त दूसरा पुत्र भी गोद ले सकती है अर्थात् अपने पति के लिए परन्तु उस मृतक पुत्र के लिये नहीं ले सकती। वर्द्धमान नीति में जैसे ऊपर कहा गया है, श्लोक 34 के अनुसार यदि पुत्र मर गया हो तो उसकी जगह पुत्र स्थापना करने की आज्ञा है परन्तु अविवाहित पुत्र के स्थान पर स्थापन नहीं कर सकती है।[31] इस सम्बन्ध में अर्हन्नीति का श्लोक पुनः लिखने का औचित्य है, इसके अनुसार

"युक्तं स्थापयितुं पुत्रं स्वीयभतृपदे तथा।
कुमारस्य पदे नैव स्थापनाज्ञा जिनागमे।।[32]

अर्थात् अपने पति के स्थान पर पुत्र गोद लेने का उसका अधिकार है, कुमार के स्थान पर दत्तक स्थापित करने की जिनागम में आज्ञा नहीं है।

एक दीवानी वाद में वादी ने दत्तक पुत्र के अधिकार का वाद किया था और दत्तक लेने वाली माता की वसीयत के अन्तर्गत लाभ के अधिकारी का वादी का कथन था। यह प्रकट हुआ है कि विधवा द्वारा पति की अनुमति या अधिकार के बिना दत्तक लिया गया था। वादी को साक्ष्य द्वारा यह प्रस्तुत करना था कि वादी का दत्तक पुत्र का अधिकार वैध था और परिवार को निर्देशित करने वाले रिवाज के अन्तर्गत ऐसी वसीयत वैध थी। वादी यह सिद्ध करने में असफल रहा इसलिये वाद अस्वीकृत किया गया।

यह प्रकट हुआ कि जैन परम्परावादी हिन्दूत्व से दूर थे और उनके सिद्धान्त बौद्ध के सन्निकट थे। जैन वेदों को स्वीकार नहीं करते। इसी प्रकार शव को जलाने के बाद कोई श्राद्ध आदि नहीं करते हैं। जैनों में मृतक को जलाने के तीन के दिन बाद उस मृतक का कोई संदर्भ नहीं दिया जाता है।[33] जैनों का विश्वास है कि वर्तमान के कार्य कलापों के अनुसार अगला जन्म होता है।[34]

जैन कुछ मामलों में पुरातनपंथी हिन्दू के रिवाज भी मानते हैं। छोटेलाल बनाम् चुन्नो लाल के मामले यह तय किया गया है कि अगर कोई जैन रिवाज साधारण हिन्दू लॉ से भिन्न बताकर कोई अधिकार या दायित्व आदि

की बात करता है तो इस बात को उसी जैन को सिद्ध करना होता है जो यह कहता है अन्यथा साधारण हिन्दू विधि ही लागू होगी। न्यायालय के समक्ष जो साक्ष्य उस जैन द्वारा प्रस्तुत किए जाते हैं उसका कड़ाई से परीक्षण किया जायेगा और जैन को पूरी तरह ही यह प्रमाण देना होगा कि दत्तक का मामला पूर्व निर्णयों के अनुसरण में है अन्यथा साधारण हिन्दू विधि ही लागू होगी।

जस्टिस होसोवी जे के लाला बनाम् सुजुनमल लल्ला के केस को अधीनस्थ न्यायालय द्वारा संदर्भित किया गया कि वाद के दोनों पक्षों के नाम से यह प्रकट होता है कि दोनों पक्ष उत्तर भारत से आये हुए हैं और यह संभव है कि उनके पूर्वज परम्परावादी हिन्दू धर्म से वशिष्ठ के ग्रन्थों से पूर्व अलग हुए होंगे। उनका सिद्धान्त कि 'एक महिला बिना पति की सहमति के न तो गोद दे सकती है और न ही गोद ले सकती है वह हिन्दू विधि का हिस्सा बन गया। वाद के दोनों पक्ष दक्षिण भारत के निवासियों से भिन्न हैं और इनके पूर्वज कई सौ साल पहले जैन धर्म में परिवर्तित हो गये, ऐसा नहीं मानने का कोई कारण नहीं है। प्रतिवादी के साक्षियों से यह प्रमाणित होता है कि वादी जैन कई हिन्दू रिवाज जैसे विवाह में होम और उपनयन आदि अपनाये हुए हैं यद्यपि विलसन ने कहा जैनों के लिये होम बाह्य रिवाज ही है। वहाँ गोत्र भी है जो दत्तक पर या विवाह पर बदले जाते हैं। कुछ साक्षी चारों जातियों का अग्रिम विभाजन नहीं मानते हैं, कुछ साक्षी मानते हैं। इसी प्रकार जैनों में मृत्यु पर कई रिवाज मनाये जाते हैं जो परम्परावादी हिन्दुओं द्वारा मनाये जाते हैं। वादी के 18वें साक्षी के अनुसार जैनों में मृत्यु पर पिण्डदान और मासियम अर्थात् हर महीने का आयोजन और तिथि अर्थात् वार्षिक समारोह आदि मनाये जाते हैं।

इसी प्रकार कोलब्रुक ने अपनी "ऑब्जर्वशेन ऑन दी सेक्टस ऑफ जैन्स" एसेटेस्टिक रिसर्चेज, में कहा गया है कि जैन परम्परावादी हिन्दुओं से अलग हुए ग्रुप हैं, यद्यपि वे हिन्दुओं की एक शाखा हैं जो हिन्दुओं के कई रिवाजों से भिन्नता है, कुछ रिवाजों को मानते हैं और अन्य शाखाओं में भी मानते हैं जैसे राय और विश्वास आदि। इसी प्रकार जैसा वेस्ट और बुहलर ने "ऑन दी इण्डियन सेक्ट ऑफ जैनाज"[35] के अनुसार सामान्यतया जैन हिन्दू दत्तक लॉ के ही आधार पर दत्तक लेते हैं यद्यपि वे महत्त्वपूर्ण सिद्धान्त को नहीं मानते इसलिये सामान्य नियमों से निर्देशित होते हैं।

पंजाब की कस्टोमेरी लॉ खण्ड द्वितीय पृ. 154 के अनुसार जो जैन धर्म का महत्त्वपूर्ण स्थान है, दत्तक लेने के लिये पति या निकटतम रिश्तेदारों की सहमति विधवा के लिये आवश्यक है। केवल कुछ आदिवासियों की जाति को छोड़कर।

मोनियर विलियम के बुद्धिज्म के बारे में सारे लेखन में यह कहा है कि भारतीय जैन धीरे–धीरे पुरातनवादी हिन्दू संस्कारों की तरफ जा रहे हैं क्योंकि चारों तरह ये लोग हिन्दुत्व से घिरे हुए हैं। (बुद्धिज्म पृ. 536)। इसलिये यह प्रश्न खुला है कि दोनों वादी प्रतिवादी जैन हैं और जैनिज्म में हिन्दुत्व से निकले हुए हैं और इसलिये सम्पत्ति का विरासत में हिन्दू लॉ की ओर से देखते है तथा विधवा की सम्पत्ति की दायित्व बिना पति या निकटतम रिश्तेदारों की सहमति से दे सकती है, यह अपील में निर्णयात्मक बिन्दु है। सम्पूर्ण साक्ष्य जो वादी ने प्रस्तुत किए हैं, उसके आधार पर वादी जैनों के विशेष रिवाज सिद्ध करने में असफल हुआ है। लेटिन शब्द "CESSANTE RATIONE LEGIS CESSATIPSA LEX" अर्थात् विधि का औचित्य समाप्त हो जाने पर विधि भी समाप्त हो जाती है" के लागू करने से वादी के वाद में कोई मजबूती नहीं आती। इसलिये परम्परावादी हिन्दू में दत्तक लेने का उद्देश्य पुत्र के द्वारा पिता की मृत्यु पर क्रियाकर्म करने के दायित्व का निर्वहन का है और जैनों द्वारा इस उद्देश्य का कोई महत्त्व नहीं है इसलिये जैन दम्पति या जैन व्यक्ति अथवा विधवा पुत्र केवल विरासत के लिये लेते हैं। यदि वास्तव में जैन विधवा अपने पति की सम्पत्ति को विरासत पूर्ण अधिकार से पाती है और उस सम्पत्ति का सम्पत्ति को किसी प्रकार से विक्रय का अधिकार प्राप्त होता है। लेकिन वादी विधवा के गवाह स्वयं विधवा के सम्पत्ति के अधिकार को अस्वीकार करते हैं और प्रतिवादी के गवाह सब इस पर एक मत हैं। इसलिये यह अपील स्वीकृत की जाती है।

पति के स्थान पर पति का पुत्र हो और दत्तक पुत्र नहीं हो। इस मामले में हिन्दू विधि जैन पक्षों पर लागू होगी। प्रथम दत्तक पुत्र की मृत्यु पर विधवा का अधिकार दूसरा दत्तक पुत्र लेने का होगा। यह वैध था।

न्यायाधीश के सामने वादी लखमीचन्द बनाम् प्रतिवादी गट्‌टोबाई के मामले में दोनों पक्ष जैन थे, इसमें वादी इस बात की घोषणा चाहता था कि वह प्रतिवादी के मृतक पति का दत्तक पुत्र था। इसलिये पति के देहावसान पर उसकी सम्पत्ति का अधिकारी था। इसमें यह प्रकट हुआ है पति की मृत्यु

पर उसकी विधवा ने दूसरे पुत्र को दत्तक वादी से पहले से लिया और वादी के दत्तक पुत्र लेने से पूर्व बिना विधवा या बच्चे के मर गया।[36]

इसमें यह तय किया गया जैन विधवा को अपने पति की बिना सहमति और उसके वारिसान की सहमति दत्तक लेने का अधिकार है और अपनी पुत्री के पुत्र से बिना कोई औपचारिक समारोह के ले लिया और यह जैन समाज है या उत्तर–पश्चिम प्रान्त के हिन्दुओं में मान्य है। ऐसा माना गया है कि विधवा को दूसरा दत्तक पुत्र अपने पति के लिये लेने का अधिकार था। इसलिये यह निर्णय किया गया कि वादी का दत्तक पुत्र होने का वाद सही और प्रभावी है।

इसमें आगे यह तय किया गया है कि दूसरे दत्तक पुत्र लेने का प्रभाव यह है कि पति की मौजूदगी में पुत्र ने जन्म लिया हो और उसका अधिकार वादी के बड़े भाई की बिना विधवा और पुत्र के मृत्यु हो गई और वह छोटे भाई को बिना किसी अधिकार के वह द्वितीय दत्तक पुत्र को पिता के स्थान पर सभी अधिकार प्राप्त होंगे।

यह दृष्टिकोण आवश्यक और उचित है और विधवा के दत्तक पुत्र लेकर स्वर्गीय पति को पुत्र के अधिकार प्राप्त थे। यह प्रिवी कॉउन्सिल शिवसिंह राय बनाम् दाखो के मामले में लिये निर्णय के अनुरूप था। यह सही है कि इसमें विशेषज्ञ गवाह भी थे परन्तु प्रिवी कॉउन्सिल की राय में साधारण गवाहों का अधिक महत्त्व है। इसलिये यह निर्णय लिया गया था प्रतिवादी को दूसरी बार दत्तक पुत्र लेने का अधिकार था और वादी का दत्तक पुत्र वैध प्रभावी है।

इस प्रकार उपरोक्त निर्णय उचित था कि वह विधवा अपने निमित्त दूसरा पुत्र भी गोद ले सकती है अर्थात् अपने मृतक पति के लिये ले सकती है और उस मृतक पुत्र के लिये दत्तक नहीं ले सकती है। लक्ष्मीचन्द बनाम् गट्टोबाई के ऊपर विवेचित मामले में निर्णय हिन्दू लॉ के अनुसार हुआ, जैन विधवा का पहला दत्तक पुत्र के मर जाने पर दूसरा पुत्र गोद लेने का अधिकार को पूर्ण रूप से उचित माना गया।

दत्तक लेने की सब वर्णों को आज्ञा है। इस सम्बन्ध में अर्हन्नीति का यह श्लोक महत्त्वपूर्ण है। इसके अनुसार–

"पुत्री कृत्य स्थापनीयोऽन्यो डिम्भेः सकुलीद्भवः।
विधियते सुखार्थं हि चतुर्वर्णेषु सन्ततिः।।[37]"

अर्थात् गलत आचरण वाले दत्तक को हटाने के बाद उसके स्थान में किसी अच्छे कुल के बालक को स्थापित करना चाहिए क्योंकि सब वर्णों में संतान सुख के लिये होती है।

बम्बई प्रान्त के एक मुकदमे में जिसका निर्णय रिवाज के अनुसार 1866 ई. में हुआ जिसे पिता की जीवन अवस्था में पुत्र के मर जाने से सर्व सम्पत्ति उस मृतक पुत्र की विधवाओं ने पाई परन्तु बड़ी विधवा ने पुत्र गोद ले लिया, इसे न्यायालय ने उचित ठहराया यद्यपि छोटी विधवा की बिना सम्मति यह कार्य हुआ था।[38]

कौन दत्तक हो सकता है?

मनुष्य प्रथम पुत्र से पुत्रवाला (पिता) कहा जाता है। इस सम्बन्ध में श्री भद्रबाहु संहिता के ये श्लोक उल्लेखनीय हैं–

"ज्येष्ठ एव हि गृह्णीयात्पित्र्यं धनमशेषतः।
अन्येतदनुसारित्वं भजेयुः पितरं यथा।
"प्रथमोत्पन्नपुत्रेण पुत्री भवति मानवः।
पुनर्भवन्तु कतिचित्सर्वस्याधिपतिर्महान्।।[39]

अर्थात् पिता का सम्पूर्ण धन ज्येष्ठ (बड़ा) पुत्र ही ग्रहण करता है, शेष छोटे पुत्र अपने बड़े भाई को पिता के समान मान के उसकी आज्ञा में रहते हैं। प्रथम उत्पन्न हुए पुत्र से मनुष्य पुत्रवान होता है, और पीछे से कितने ही पुत्र पैदा हों परन्तु उनका सबका अधिपति वह बड़ा पुत्र ही कहलाता है। अर्हन्नीति में इस सम्बन्ध में कहा गया है–

"पूर्वजेन तु पुत्रेण अपुत्रः पुत्रवान भवेत्।
ततो न देयः सोऽन्यस्मै कुटुम्बाधिपतिर्यत।।[40]

अर्थात प्रथम जन्मे हुए पुत्र से अपुत्र मनुष्य सपुत्र कहलाता है। इसलिये ज्येष्ठ पुत्र किसी को दत्तक (देना) उचित नहीं क्योंकि वह कुटुम्ब का अधिपति होता है। इसको मनुस्मृति में इस प्रकार से कहा गया है–

"ज्येष्ठेन जातमात्रेण पुत्री भवति मानवः।

इस प्रकार भद्रबाहु संहिता, अर्हन्नीति दोनों में यही कहा गया है कि प्रथम पुत्र से पिता पुत्रवान कहलाता है इसलिए बड़े पुत्र को गोद नहीं देना चाहिए। यही बात हिन्दुओं के पवित्र शास्त्र मनुस्मृति में ही कही गई है।

संसार में पुत्र का होना बड़ा आनन्ददायक समझा जाता है। इसके सम्बन्ध में श्री भद्रबाहु संहिता में कहा गया है–

"सैसश्ती पुत्रसद्भावो भवेदानन्दकारकः।
यदभावे वश्था जन्म गृह्यते दत्तत्तो नरैः।।[41]

अर्थात् संसार में पुत्र का सद्भाव ऐसा आनन्ददायक है जिसके अभाव में जन्म व्यर्थ। इसलिए औरस पुत्र के अभाव में मनुष्य दत्तक पुत्र ग्रहण करते हैं। इसे अर्हन्नीति में इस प्रकार कहा गया है–

"दुःखागारे हि संसारे पुत्रो विश्रामदायकः।
यस्मादृते मनुष्याणां गार्हस्थ्यं च निरर्थकम्।।
यस्य पुण्यं बलिष्ठ स्यात्तस्य पुत्रा अनेकशः।
संभूयैकत्र तिष्ठन्ति पित्रोस्सेवासु तत्पराः।।[42]

अर्थात् दुःख के स्थान रूपी इस संसार में पुत्र विश्राम को देने वाला है। बिना पुत्र का घर निरर्थक है। जिस मनुष्य का पुण्य बलवान् है उसके बहु पुत्र होते हैं और सब आपस में शामिल रहकर सहर्ष माता–पिता की सेवा करते हैं। हिन्दू लॉ की भाँति अनुमानतः यह मनाही आवश्यक नहीं है और रिवाज भी इसके अनुसार नहीं है।[43]

दत्तक लिया जाने वाला पुत्र गोद लेने वाली माता की उम्र से बड़ी उम्र का नहीं होना चाहिए। इस सम्बन्ध में पंजाब का मानकचन्द बनाम् मुन्नालाल का केस इस पर उपयुक्त है।[44] इसके सम्बन्ध में भद्रबाहु संहिता का यह श्लोक इस प्रकार है–

"प्राप्नुयाद्विधवा पुत्रं चेद्गृह्णीयात्तदात्तदाज्ञया।
त द्वंशजच्छ स्वलघुं सर्वलक्षणसंयुतम।।[45]

अर्थात् विधवा स्त्री यदि श्वसुर की आज्ञा से कोई लड़का गोद ले तो अपने वंश का, अपने से छोटे, सर्वलक्षण संयुक्त पुत्र को ले सकती है।

इसका तात्पर्य यह है विधवा बहू दत्तक पुत्र लेने की अधिकारिणी है परन्तु उसको सास की स्वीकृति प्राप्त करनी चाहिये। ऐसी सास की स्वीकृति के बाद जो लड़का ले, वह उसके पति के वंश का होना चाहिये। सबसे बड़ी बात यह है कि दत्तक पुत्र दत्तक माता से छोटा होना चाहिये यथासंभव छोटे बच्चे को गोद लेना चाहिए। जहाँ तक संभव हो विधवा बहू को लड़का लेते समय अच्छा, गुणवान, विवेकशील, विनीत लड़के को गोद लेना चाहिये, अधिक से अधिक सर्वलक्षण युक्त लड़के लेने की कोशिश करनी चाहिये।

जैन विधि में विवाहित लड़के को दत्तक लेने में कोई बाधा नहीं है। जैन कानून में विधवा बहू के दत्तक लेने में लड़के विवाहित अथवा अविवाहित होने का कोई प्रभाव नहीं है, केवल लड़का गुणवान होना चाहिए। दत्तक लेने वाली माता द्वारा दत्तक ग्रहण पंचों की उपस्थिति में और उनकी साक्षी से होती है। इस सम्बन्ध में इन्द्रनन्दि जिन संहिता का यह श्लोक इस विषय पर उपयुक्त है–

"बूढं वा अब्बूढे गिणाहिया पंचजण सक्खी।
जो एगद्धरेहिय कमदो भूमिदु पब्बणट्ठाई।।[46]

अर्थात् विवाहित हो अथवा अविवाहित कैसा ही हो उसको पंचजनों की साक्षी से गोद लेना चाहिए।

दत्तक लेने वाली माता को अपना देवर, भतीजा, पति के कुटुम्ब का बालक या दोहिता गोद लिये जा सकते हैं। देवर को गोद लेने के बारे में माणकचन्द का फैसला अहम् महत्त्व वाला है।[47]

इसी प्रकार दोहित्र लेने के बारे में हेमा बाई और शिवसिंह राय का फैसला भी अवलोकनीय है।[48]

गोद का क्या क्रम बच्चों का होना चाहिये, इस सम्बन्ध में अर्हन्नीति के ये श्लोक महत्त्वपूर्ण हैं–

"भ्रातृव्यं तदभावे तु स्वकुटुम्बात्मजं तथा।
असंस्कृतं संस्कृतं च तदसत्वे सुतासुतम्।।
बंधुज तदभावे तु तस्मिन्नसति गोत्रजम्।
तस्यासत्वे लघु सप्तवर्षसंस्थं तु देवरम्।।
विधवा स्वौरसाभावे गृहीत्वा दत्तरीतितः।
अधिकारपदे भर्तुः स्थापयेत्पंचसाक्षितः।।
अप्रजा मनुजः स्त्री वा गृह्णोयःद्यदि दत्तकम्।
तदा तन्मातृपित्रदेर्लेख्यं वध्वादिसाक्षियुक्।।[49]

अर्थात् औरस पुत्र के अभाव में विधवा को चाहिये कि वह पाँच साक्षियों के समक्ष दत्तक विधि के अनुसार दत्तक पुत्र गोद लेकर उसको अपने धन का स्वामी बनाए। प्रथम भर्त्ता के भाई का पुत्र, यदि वह न हो पति के कुटुम्ब का बालक चाहे उसके संस्कार हुए हों चाहे नहीं, यह भी न हो तो पुत्री का पुत्र (दोहिता), फिर किसी बन्धु का पुत्र, इसके बाद पति के गोत्र का कोई लड़का, उसके अभाव में सात वर्ष की उम्र का देवर दत्तक पुत्र बनाया जा

सकता है। निःसंतान (अपुत्र) पुरुष या स्त्री किसी बालक को दत्तक पुत्र बनावे तो उसके कुटुम्बीजनों की गवाही करावे और राजा की मुहर करा ले और भक्तिपूर्वक बन्धुजन तथा अन्य सम्बन्धियों को बुलाए।

अर्हन्नीति में भी दत्तक पुत्र लेने का क्रम बताया गया है। इस क्रम के अनुसार निःसंतान पुरुष या महिला को दत्तक पुत्र लेने का क्रम इस प्रकार है– (1) भतीजा (पति के भाई का पुत्र), (2) पति के कुटुम्ब का बालक, (3) दोहिता, (4) किसी बन्धु का पुत्र, (5) पति के गोत्र का कोई लड़का, (6) सात वर्ष की आयु का देवर। निःसंतान पुरुष या स्त्री जो भी दत्तक पुत्र ले, उसके लेखपत्र पर उनके परिवारजनों की साक्ष्य करवाये और अन्त में राज मोहर अर्थात् राजा अथवा उसके प्रतिनिधि के दस्तखत और मोहर लगाकर दत्तक कार्यवाही को पूर्ण करे।

दत्तक में एक विशेष बात उल्लेखनीय है कि बड़ी आयु का विवाहित पुरुष तथा संतान वाले पुरुष को भी गोद लिया जा सकता है। इस सम्बन्ध में कई निर्णय उल्लेखनीय है जिनका संदर्भ नीचे दिया जा रहा है।[60] लड़की के पुत्र (दोहिता) और बहन के पुत्र (भाणजा) को भी गोद लेने में कोई बाधा नहीं है।[61]

इलाहाबाद के मामले में मुख्य न्यायाधीश रोबर्ट स्टूमार और न्यायाधीश ओल्डफिल्ड ने हसन अली के मामले में एक महत्त्वपूर्ण निर्णय दिया।[62] इस मामले में दोनों पक्ष जैन धर्म के मानने वाले थे और दत्तक पुत्र का विवाद था। इस प्रकरण में निर्णय जैन विधि के अनुसार शिवसिंह राय बनाम् दाखो के निर्णय के अनुसरण में किया गया, न कि हिन्दू विधि के आधार पर।

जैन विधि के अनुसार बहन के लड़के (भाणजे) का दत्तक लेना वैध है।

इस मामले में वादी ने वाद में यह प्रस्तुत किया है कि कुछ भवनों के हिस्सों का विभाजन या हिस्सों का विभक्तीकरण के आधार पर किया। उसने एक मृतक चुन्नासिंह के दत्तक पुत्र के आधार पर वाद प्रस्तुत किया। दोनों पक्ष सरावगी (जैन) थे। प्रतिवादी ने यह केस प्रस्तुत किया कि वादी को दत्तक पुत्र लेने की कार्यवाही हिन्दू विधि के अनुसार अवैध थी। वादी अपने प्राकृतिक पिता का एक मात्र पुत्र था और मृतक चूनासिंह के बहन का लड़का था। दोनों अधीनस्थ न्यायालयों ने यह निर्णय दिया कि वादी का गोदनामा जैन विधि और रिवाज के अनुसार वैध था और यह तय किया कि जैन रिवाज इस मामले में लागू होते हैं, न कि हिन्दू विधि। उच्च न्यायालय

में विशेष अपील में प्रतिवादी ने यह तर्क प्रस्तुत किया कि वादी के गोद लेने की कार्यवाही की वैधता हिन्दू विधि के अनुसार तय की जाये।

प्रतिवादी के गोद की कार्यवाही हिन्दू विधि अनुसार निर्णय करने के मामले में उच्च न्यायालय ने निम्न निर्णय दिया –

वादी मृतक चुन्नासिंह का गोद लिया हुआ पुत्र था और वादी मृतक चुन्नासिंह के बहन का लड़का था। इसमें महत्त्वपूर्ण बिन्दु जो निर्णय के लिये था वह यह था कि दोनों पक्ष जैन धर्मानुलम्बी और जैन विधि के अनुसार क्या बहन का लड़के का दत्तक पुत्र की वैध थी या नहीं। नीचे की अदालत और अपीलीय अदालत में इस प्रकार का साक्ष्य प्रस्तुत हुआ कि वादी के गोद लेने की कार्यवाही जैन रिवाज और विधि के अनुसार वैध थी। हम दोनों अधीनस्थ न्यायालयों के निर्णय कि वादी की दत्तक लेने की कार्यवाही जैन रिवाज और कानून के वैध है, से असहमत होने के कोई कारण और आधार नहीं पाते हैं। दोनों अधीनस्थ न्यायालयों ने इस न्यायालय (उच्च न्यायालय) के शिवसिंह राय बनाम् दाखो के निर्णय जिससे माननीय उच्च न्यायालय ने पूर्व के निर्णयों का विवेचन करने के बाद बहुत विचार के बाद निर्णय दिया था, का अनुसरण किया। शिवसिंह राय बनाम् दाखो के प्रकरण में यह निर्णय दिया था कि दोनों पक्ष जैन मत के मानने वाले हैं इसलिये जैन विधि और रिवाज को माना जाये चाहे वह हिन्दू विधि से भिन्न हों। शिवसिंह राय बनाम् दाखो के मामले में विद्वान न्यायाधीशों ने यह निर्णय दिया था कि दोनों पक्ष जैन थे और जैन रिवाज के अनुसार बहन का लड़का (भाणजा) को दत्तक पुत्र के तौर पर लिया जा सकता है। हमारे सामने बहन के लड़के को गोद लेने की कार्यवाही का वैधता ही विचारणीय है और हिन्दू विधि के अनुसार यह वैध नहीं है, मान्य नहीं है क्योंकि जैन रिवाज और विधि के अनुसार बहन का लड़का गोद लिया जा सकता है अतः प्रतिवादी का तर्क अमान्य किया जाता है। अगर यही मामला दोहिता (बेटी के बेटे) का होता तो हिन्दू विधि में चाहे विचारणीय होता, इसलिये प्रतिवादी का कथन अमान्य करते हुए वादी के दत्तक कार्यवाही को वैध करार किया जाता है। इस मामले में निम्न लिखित निर्णय भी इस बात को मजबूती से बताते हैं।[53]

अपनी बेटी के लड़के (दोहिते) और बहन के बेटे (भाणजे) को जैन विधि में स्वीकृति है यद्यपि परम्परावादी हिन्दू विधि में इस बात की स्वीकृति नहीं है।[54]

गोद लेने की विधि समारोह

गोद लेने के लिए वास्तव में गोद देने वाले माता–पिता और उनके नहीं होने पर अन्य नजदीकी रिश्तेदारों द्वारा लड़के को देना आवश्यक है। इसके सम्बन्ध में भद्रबाहु संहिता में ये श्लोक है–

"व्यवहारानुसारेण दानं ग्रहणमेव च।
एतत्कर्मणि संजातेऽयं पुत्रोऽस्येति कथ्यते।।
तदैव राज्यकर्मादि व्यापारेषु प्रधानताम्।
प्राप्नोति भूमिग्रामादिवस्तुष्वपि कृतिं पराम्।।
स्वामित्वं च तदा लोकव्यवहारे च मान्यताम्।
तत्संस्कारे कृते चैव पुत्रिणौ पितरौ स्मृतौ।।[55]

अर्थात् बालक के पिता दूसरे भाई आदि मुकट, श्रीफलादिक आदि मुद्रा ले और इस प्रकार अपने कुलादि व्यवहार के उचित देना लेना जब हो जाए तब "इसका यह पुत्र" ऐसा कहा जाता है। उसी समय उस पुत्र को राज्यकर्मादि व्यापारों में प्रधानता तथा भूमिग्रामादि वस्तुओं का अधिकार मिलता है। तभी लोक के व्यवहार में स्वामित्व तथा मान्यता होती है और पुत्र के जन्म–संस्कार करने पर माता–पिता दोनों पुत्र वाले कहे जाते हैं। इस सम्बन्ध में हिन्दू कोड में बताया गया है।[56] इस सम्बन्ध में अर्हन्नीति में कुछ इस प्रकार श्लोक कहे जाते हैं–

"अग्रजा मनुज स्त्री वा गृह्णेयाद्यदि दत्तकम्।
तदा तन्मातृपित्रादेर्लेख्यं वध्वादिसाक्षियुक्।।
राजा मुद्रांकितं सम्यक् कारियत्वा कुटुम्बजान्।
ततो ज्ञातिजनांश्चैवाहूय भक्तिसमन्वितम्।।
सधवा गीततूर्यादि मंगलाचारपूर्वकम्।
सत्वा जिनालये कृत्वा जिनाग्रे स्वस्तिकं पुनः।।
प्राभश्तं च यथाशक्ति विधाय स्वगुरुं तथा।
गत्वा दत्वा च सद्दानं व्याघुदृय निजमंदिरम्।।
आगत्य सर्वलोकेभ्यस्तांबूल श्री फलादिकम्।
दत्वा सत्कार्यस्वस्त्रादीन् वस्त्रालंकरणादिभिः।।
आहूत स्वीयगुरुणा कारयेऽज्जातकर्म सः।
ततो जातोऽस्य पुत्रोऽयमिति लौकेनिंगद्यते।।

तदेवापणभूवास्तुग्रामप्रभशतिकर्मसु।
अधिकारमवाप्नोति राजकार्येष्वयं पुनः।।[57]

अर्थात् निःसंतान (अपुत्र) पुरुष वा स्त्री किसी बालक को दत्तक पुत्र बनाए तो उसके कुटुम्बीजनों की गवाही करावे और राजा की मुहर करा ले और भक्तिपूर्वक बन्धुजन तथा अन्य सम्बन्धियों को बुलावे। सुहागिनी स्त्रियाँ मंगलगान करें तथा अन्य प्रकार के मंगल कार्य हों, बाजा बजाते गाते जिनालय में जायें और भगवान के सम्मुख स्वस्तिक रखकर यथाशक्ति द्रव्य भेंट चढ़ा स्वगुरु की वन्दना सुपात्रों को दान दें। फिर घर आये एकत्रित हुए बन्धुजनों के सम्मानार्थ ताम्बूल और श्रीफल तथा निज भगिनियों को वस्त्राभूषण दें, सत्कार करें। अपने गुरु को बुलाकर विधिपूर्वक जातकर्म कराएँ। फिर यह पुत्र इनका है। इस पर दत्तक पुत्र मकान, दुकान, पृथ्वी आदि के कामों में अधिकार प्राप्त करता है।

भद्रबाहु संहिता और अर्हन्नीति दोनों में दत्तक पुत्र लेने की प्रक्रिया बताई गई है। इसका लेख भी यथासंभव होना चाहिए और रजिस्ट्री होनी चाहिए। प्रातःकाल दत्तक लेने वाला पिता मंदिर में जाकर द्वारोद्घाटन करके श्री तीर्थंकर देव की पूजा करे और दिन में कुटुम्ब एवं बिरादरी के लोगों को इकट्ठा करके उनके सामने पुत्र जन्म का उत्सव मनाए और सब आवश्यक संस्कार पुत्र जन्म की भाँति करे। इससे प्रकट होता है कि श्री तीर्थंकर देव की पूजा और वास्तव में गोद में दे देना आवश्यक बातें हैं। परन्तु रिवाज के अनुसार यदि वास्तव में गोद दे दिया गया है तो वह अनुमानतः यथेष्ट माना जाय।

यदि गोद में देना असंभव हो तो किसी अन्य प्रकार से देना भी यथेष्ट होगा।[58] हर हालत में गोद में देना आवश्यक है।[59] हिन्दू लॉ के अनुसार पुत्र माता–पिता के अतिरिक्त कोई सम्बन्धी गोद दे सकता है। परन्तु जैन लॉ में ऐसा कोई प्रतिबन्धक नियम नहीं है। जैन नीति और रिवाज के अनुसार कोई अनाथ भी गोद लिया जा सकता है।[60] यदि पुत्र वयस्क (बालिग) हो तो उसकी सम्मति व छोटी अवस्था में उसके किसी सम्बन्धी की सम्मति पर्याप्त होगी।[61] यदि माता और कुटुम्बीजन सहमत हों तो पुत्र गोद दिया जा सकता है।[62]

यदि कोई विधवा गोद ले तो उस विधवा को चाहिए कि सर्वसम्पत्ति का भार अपने दत्तक पुत्र को सौंप दे और स्वयं धर्म कार्य में संलग्न हो

जाय। इस सम्बन्ध में भद्रबाहु संहिता के ये श्लोक उपयुक्त है। इनके अनुसार–

"दत्तपुत्रं गृहीत्वा या स्वाधिकारं प्रदाय च।
जंगमे स्थावरे वाऽपि स्थातुं स्वं धर्मवर्त्मनि।।
रक्षन्ती शयनं भर्तुः पालयन्ती कुटुम्बकम्।
स्वधर्मनिरता पुत्रं भर्तश्स्थाने नियोजयेत्।।[63]

अर्थात् स्त्री दत्तक पुत्र के लेकर और उसके सम्पूर्ण अधिकार देकर आप धर्म–कार्य में संलग्न होने के निमित्त जंगम तथा स्थावर द्रव्य उसको सौंप देती है। ब्रह्मचर्य व्रत को धारण करती हुई तथा अपने धर्म में तत्पर कुटुम्ब का पालन करती हुई, अपने पुत्र को भर्ता के स्थान पर भर्ता के द्रव्य का अधिकारी नियुक्त करे। इससे उसका आत्मा का कल्याण होगा और दत्तक पुत्र सही अर्थ में पिता के स्थान पर सारे अधिकार और दायित्व निभा पायेगा।

दत्तक लेने का परिणाम

दत्तक पुत्र औरस पुत्र के समान ही होता है। अगर दत्तक पुत्र दत्तक लेने वाले माता पिता की आदर के साथ सेवा करता है, वह विनम्र और आदर व्यवहार का है तब वह सम्पूर्णतया दत्तक माता पिता का ऐसा ही पुत्र हो जाता है जैसे औरस पुत्र होता है। इस सम्बन्ध में अर्हन्नीति का यह श्लोक सटीक है जिसके अनुसार–

"यद्यसौ दत्तकः पुत्रः प्रीत्या सेवासु तत्परः।
विनयाद्भक्ति निष्ठश्च भवेदौरसवत्तदा।।[64]

अर्थात् दत्तक पुत्र गोद लेने वाले माता पिता की सेवा में तत्पर हो और भक्तियुक्त विनयवान हो तब औरस पुत्र के समान समझा जाता है।

माता–पिता के जीवन पर्यन्त दत्तक पुत्र को कोई अधिकार उनकी और पैतामहिक (मौरुसी अर्थात् बाबा की) सम्पत्ति को बेचने या गिरवी रखने का नहीं है। इस सम्बन्ध में श्री भद्रबाहु संहिता का यह श्लोक प्रासंगिक है–

"पित्रोः सत्वे न शक्तः स्यात् स्थावरं जंगम तथा।
विविक्रियं गृहीतुं वा कर्तुं पैतामहं च सः।।[65]

अर्थात् माता–पिता के होते हुए दत्तक पुत्र को उनके स्थावर व जंगम द्रव्य सम्पत्ति को गिरवी रखने और बेचने का अधिकार नहीं है। इस प्रकार

दत्तक पुत्र पर यह रोक इसलिए है कि वह माता पिता की मौजूदगी में किसी भी प्रकार की सम्पत्ति को उसको अधिकार को नहीं रखता है, इससे वह आज्ञाकारी और विनीत रहता है।

यदि दत्तक पुत्र अयोग्य अच्छे चाल चलन का नहीं हो या सदाचार के नियमों के विरुद्ध कार्य करने लगे या धर्म विरुद्ध हो जाय और किसी प्रकार न माने तो उसे न्यायालय द्वारा चाहे वह विवाहित हो अविवाहित हो घर से निकाल दे और न्यायालय द्वारा उससे पुत्रत्व सम्बन्ध तोड़ दे। इस सम्बन्ध में श्री भद्रबाहु संहिता के ये श्लोक उपयुक्त हैं–

"दत्तकः प्रतिकूलः स्यात् पितृभ्यां प्राग्मृदूक्तितः।
बोधयेतं पुनर्दर्पात् तादृशो जनक स्त्वरम्।।
तत्पित्रादीन् तदुद्वान्तं ज्ञापयित्वा प्रबोधयेत्।
भूयोऽपि तादृशश्चैव बन्धुभूपाधिकारिणाम्।।
आज्ञामादाय गृहतो निष्कास्यो ह्यर्भकस्त्वरम्।
न तन्नियोगं भूपाद्यां श्रण्वन्ति हि कदाचन।।"[66]

अर्थात् यदि दत्तक पुत्र माता–पिता की आज्ञा से प्रतिकूल हो जाए तो उसको कोमल वचनों द्वारा समझाए। इस पर यदि वह न समझे उसके पूर्व माता–पिता से उसका अपराध कहकर समझाएँ। यदि फिर भी जैसा का तैसा रहे तो अपने कुटुम्बीजनों की तथा राजा के अधिकारियों की आज्ञा लेकर उसे घर से निकाल देना चाहिए। इसके पश्चात् उसके अधिकार की प्रार्थना राजा स्वीकार नहीं कर सकता। इस सम्बन्ध में वर्द्धमान नीति में कहा गया है–

"प्रतिकूलो भवेत्पुत्रः पितृभ्यां यदि सर्वथा।
तत्पित्रादीन्समाहूय बोधयेच्च मृदक्तितः।।
पुनश्चापि स्वयं दर्पाद्दुर्जनोक्त्या हि तादृशः।
तापयित्वा सुतोद्धातं बन्धुभूपाधिकारिणः।।
तदाज्ञां पुनरादाय निष्कास्यो गृहतो ध्रुवम।
न तत्पूत्कारसंवादः श्रोतव्यो राजपंचभिः।।
पुनश्चान्यशिशुं भर्तुः स्थाने संयोजये द्वधूः।
सर्ववर्णेषु पुत्रो वै सुखाय गृह्यते यतः।।
विपरीतो भवेद्वत्सः पित्रा निः सार्यते ध्रुवम्।
विवाहितोऽपि भूपाज्ञापूर्वकं जन साक्षितः।।"[67]

अर्थात् दत्तक पुत्र यदि माता–पिता से प्रतिकूल हो जाय जो उसके असली माता–पिता को बुलाकर उसको नर्मी के साथ समझाए। फिर भी यदि वह दुष्टता अथवा गुरूर के कारण न समझे तो उससे नाता तोड़कर भाई बन्धुओं और राजा और राजकर्मचारियों की आज्ञा लेकर उसको घर से निकाल दे। फिर राजा और पंच लोग उसकी फरयाद नहीं सुन सकते। इसके पश्चात् दत्तक लेने वाले माता–पिता दूसरा पुत्र गोद ले सकते हैं क्योंकि सब वर्णों में पुत्र सुख के लिए ही लिया जाता है। इसके सम्बन्ध में अर्हन्नीति में ये श्लोक उपयुक्त है–

"पितृभ्यां प्रतिकूलः स्यात्पुत्रो दुष्कर्मयोगतः।
जाति धर्माचारभ्रश्भटोऽथवा व्यसनतत्परः।।
स बोधितोऽपि सद्वाक्यै न त्यजेद्दुर्मतिं यदि।
तदा तद्वश्तमाख्याय ज्ञातिराज्याधिकारिणम्।।
तदीयाज्ञां गृहीत्वा च सर्वैः कार्य्यो गृहाद्बहिः।
तस्याभियोः कुत्रापि श्रौतुं योग्यो न कर्हिचित्।।
पुत्रीकृत्य स्थापनीयोऽन्यो डिम्भः सुकुलोद्भवः।
विधीयते सुखार्थं हि चतुर्वर्णेषु सन्ततिः।।[88]

अर्थात् पाप के उदय से यदि पुत्र माता–पिता क आज्ञा न माने और कुल की मर्यादा के खिलाफ चले या दुराचारी हो और रास्ते से समझने पर बुरी आदतों को नहीं छोड़े तो राजा और कुटुम्ब के लोगों से फरयाद करके उनकी आज्ञा से उसको घर से निकाल देना चाहिए। फिर उसकी शिकायत कहीं नहीं सुनी जा सकेगी। उसके स्थान से किसी अच्छे कुल के बालक को स्थापित करना चाहिए क्योंकि सब वर्णों में सन्तान सुख के लिए ही होती है। इस प्रकार श्री भद्रबाहु संहिता, वर्द्धमान नीति और अर्हन्नीति तीनों में एक ही दृष्टिकोण प्रकट किया है।

इससे यह भी स्पष्ट होता है कि जैन कानून में पुत्रत्व तोड़ने का घोषणात्मक वाद कर डिक्री प्राप्त की जा सकती है। अर्हन्नीति के शब्द इस विषय में इतने स्पष्ट हैं कि उसमें औरस पुत्र भी सम्मिलित हो जाता है।[89]

यदि दत्तक पुत्र माता–पिता की प्रेमपूर्वक सेवा करता है और उनका आज्ञाकारी है तो वह औरस के समतुल्य ही समझा जायेगा। अर्हन्नीति का श्लोक इस बारे में बहुत उपयुक्त है–

"यद्यसौ दत्तकः पुत्र प्रीत्या सेवासु तत्परः।
विनयाद्भक्तिनिष्ठश्च भवेदौरसवत्तदा।।[70]

अर्थात् दत्तक पुत्र गोद लेने वाले माता की सेवा में तत्पर हो और भक्तियुक्त विनयवान हो तो औरस के समान समझा जाता है।

जैन विधि इस बारे में बहुत स्पष्ट है कि अगर दत्तक पुत्र लेने के पश्चात् औरस पुत्र उत्पन्न हो जाय तो दत्तक को चतुर्थ भाग सम्पत्ति का देकर पृथक कर देना चाहिए। परन्तु यह नियम तब ही लागू होता है जब वह पुत्र पिता की सवर्णा स्त्री से उत्पन्न हो। पगड़ी बाँधने के योग्य औरस पुत्र ही होता है। इस सम्बन्ध में श्री भद्रबाहु संहिता में इस बारे में ये श्लोक अवलोकनीय है–

"गृहीते दत्तके पुत्रो धर्मपत्नयां प्रजायते।
स एवोष्णीषबन्धस्य योग्यः सयाद्दत्तकस्तु सः।।
चतुर्थांश प्रदाप्यैव भिन्नः कार्योऽन्यसाक्षितः।
प्रागेवोष्णीषबन्धे तु जातोऽपि समभाग्भवेत्।।[71]

अर्थात् दत्तक पुत्र लेने के पश्चात् यदि औरस पैदा हो तो वही शिरोपाह बन्धन के योग्य है। दत्तक को चतुर्थ भाग देकर गवाहों के सम्मुख अलग कर देना चाहिए। यदि औरस पुत्र उत्पन्न होने से पूर्व शिरोपाट बन्ध गया हो तो दत्तक समान भाग का भोक्ता होता है। इस बारे में अर्हन्नीति के ये श्लोक प्रासंगिक है–

"सवर्ण स्त्यौरसोत्पत्तौ तुर्यांशार्हो भवत्यपि।
भोजनांशुकदानार्हा असवर्णास्तनंधयौ।।
गृहीते दत्तके जाते औरसवर्हिबन्धनम्।
उष्णीषस्य भवेत्तस्य नहि दत्तस्य सर्वथा।।
तूर्यमंशं प्रदाप्यैव दत्तः कार्यः पृथक तदा।
पूर्वमेवोष्णीषबन्धे यो जातः स समांशभाक्।।[72]

अर्थात् दत्तक पुत्र लिये पश्चात् सवर्णा स्त्री से औरस पुत्र उत्पन्न हो तो दत्तक को चौथाई भाग मिले परन्तु अन्य वर्ण की स्त्री से पुनः जन्मे तो वह केवल भोजन वस्त्र का ही अधिकारी होता है। यहाँ जैन विधि की मन्शा केवल उस दशा से विदित होती है जबकि वैश्य पिता के वैश्य और शूद्रा दो वर्णों की स्त्रियाँ हैं। अब यदि वैश्याणी से पुत्र उत्पन्न हो तो दत्तक को 1/4 भाग (चौथाई भाग) कुल धन का मिलेगा। शेष सब औरस पुत्र पावेगा। अगर शूद्रा से हो वह भोजन वस्त्र का अधिकारी होगा। यदि किसी

ने दत्तक पुत्र ले लिया हो और फिर औरस पुत्र उत्पन्न हो तो पगड़ी बाँधने का अधिकारी औरस पुत्र ही होगा। दत्तक पुत्र को पगड़ी बाँधने का सर्वथा अधिकार नहीं है।

श्री वर्द्धमान नीति में एक श्लोक विशेष उल्लेखनीय है–

"उत्पन्नेत्वौरसे पुत्रे चतुर्थांशहराः सुताः।
सवर्णा असवर्णास्ते भुक्तयाच्छादनभागिनः।।[73]

शेष श्री वर्द्धमान नीति के श्लोक 5 और 6 श्री भद्रबाहु संहिता के श्लोक 63, 64 के समकक्ष है। श्लोक 74 का अर्थ है कि औरस पुत्र के उत्पन्न होने पर यदि गोद का पुत्र पिता की वर्ण की माता से उत्पन्न हुआ है तो उस दत्तक पुत्र को चौथाई भाग (1/4) हिस्सा दिया जाता है। यदि औरस पुत्र शूद्राणी से पैदा होता है तब वह केवल रोटी, कपड़ा पाता है। ऐसा ही बम्बई उच्च न्यायालय का एक निर्णय है।[74]

इस प्रकार श्री भद्रबाहु संहिता, अर्हन्नीति और वर्द्धमान नीति सभी में स्थिति पूर्ण स्पष्ट है– (1) अगर वैश्य दम्पति संतानी हीन पुत्र विहीन है; (2) वह वैश्य दम्पति दत्तक पुत्र गोद ले लेता है; (3) दत्तक पुत्र गोद लेने के पश्चात् स्वयं के वर्ण की पत्नी से औरस पुत्र उत्पन्न हो जाय; (4) ऐसी स्थिति में औरस पुत्र ही असली पुत्र होगा वही पिण्डदान करेगा और शिरोपाह बन्धन के योग्य है अर्थात् पगड़ी बाँधने के योग्य है; (5) इस परिस्थिति में स्वर्ण के वर्ण का दत्तक पुत्र चौथाई भाग (1/4) सम्पत्ति का अधिकारी होगा; (6) अगर दत्तक पुत्र का शिरोपाह बन्धन अथवा पगड़ी बाँध दी गई और इसके पश्चात् औरस पुत्र उत्पन्न होता है तो सम्पत्ति के आधे हिस्से का अधिकारी दत्तक पुत्र भी होगा। (7) अगर औरस पुत्र शूद्राणी से उत्पन्न हुआ है तब वह भोजन–वस्त्र का ही अधिकारी होगा और दत्तक पुत्र (सवर्ण) सारी सम्पत्ति का स्वामी होगा। असवर्णा स्त्री की संतान को केवल गुजारे की अधिकारी है, दायभाग का नहीं।

औरस और दत्तक दोनों प्रकार के पुत्र यदि माता की आज्ञा के पालन में तत्पर, विनीत एवं अन्य प्रकार गुणवान हों और विद्योपार्जन में संलग्न रहे तो भी वे साधारण कुल व्यवहार के अतिरिक्त कोई विशेष कार्य माता की इच्छा तथा सम्मति के बिना नहीं कर सकते। इस सम्बन्ध में वर्द्धमान नीति और अर्हन्नीति के श्लोक अवलोकनीय हैं। वर्द्धमान नीति के ये श्लोक प्रासंगिक हैं–

"औरसो दत्तको वाऽपि कुर्यात्कर्म्म कुलागतम्।
विशेषं तु न कुर्याद्वै मातुराज्ञां बिना सुधीः।।
शक्तश्चैन्मातृभक्तोऽपि विनयी सत्यवाक्शमी।
सर्वस्वांतहरो मानी विद्याध्ययनतत्पर।।
तथापीशोव्ययं कर्त्तु न ह्यं वानुमतिं बिना।
सुते परासो तत्पत्नी भर्तुर्धनहरी स्मृता।।[76]

अर्थात् औरस और दत्तक पुत्र माता की आज्ञा के अनुकूल चलने वाला, योग्य, शान्तिवान, सत्यवक्ता, विनयवान, मातृभक्त, विद्याध्ययन–तत्पर इत्यादि गुण युक्त हो तो कुलागत व्यवहार के अतिरिक्त विशेष कार्य माता की आज्ञा बिना नहीं कर सकता है। इसी प्रकार पुत्र को माता उसके मरने पर उसकी पत्नी धन की स्वामिनी होगी। अर्हन्नीति में इसी विषय पर ये श्लोक प्रासंगिक हैं–

"आत्मजो दत्रिमादिश्च विद्याभ्यासैकतत्परः।
मातृभक्तियुतः शान्तः सत्यवक्ता जितेन्द्रियः।।
समर्थो व्यसनोपेतः कुर्याद्रीतिं कुलागतम्।
कर्तु शक्तो विशेषं नो मातुराज्ञा विमुच्य वै।।[78]

अर्थात् औरस हों चाहे दत्तक पुत्र हों जो विद्याभ्यास में तत्पर हों, माता की भक्ति करने वाले हों, शांतिचित हो, सत्य बोलने वाले जितेन्द्रिय हो, इनको चाहिए कि अपनी शक्त्यनुसार कुलाम्नाय के अनुकूल काम करें परन्तु उनको विशेष कार्य माता की आज्ञा का उल्लंघन करके करने का अधिकार नहीं है।

वर्द्धमान नीति और अर्हन्नीति दोनों में एक ही बात स्पष्ट होती है औरस और दत्तक मातृ आज्ञाकारी हो, योग्य, शान्तचित्त, सत्यवक्ता, विद्यार्थी विनयवान, शांतचित्त हो, जितेन्द्र आदि गुण सम्पन्न हो परन्तु वह कुलगत व्यवहार के अतिरिक्त कोई विशेष कार्य बिना माता की अनुमति नहीं करेंगे। जैन विधि में माता की स्थिति बहुत शक्तिशाली है चाहे दत्तक पुत्र या औरस पुत्र हो, किसी भी परिस्थिति में माता के बिना पूछे कोई विशेष कार्य नहीं करेंगे।

ऐसा प्रतीत होता है कि माता की आज्ञानुसार कार्य वाला उपरोक्त नियम पुत्र की अव्यस्कता के सम्बन्ध में लागू होता है अथवा उस सम्पत्ति से लागू है जो माता को दायभाग में मिली है जिसके प्रबन्ध करने में पुत्र

स्वतंत्र नहीं है। अन्य अवस्थाओं में यह नियम परामर्श तुल्य ही है, ऐसा अर्हन्नीति के श्लोक से प्रतीत होता है–

"तथापीशो व्यय कर्तुं न ह्यंबानुमतिं विना।
सुते परासौ तत्पत्नी भर्तुर्धनहरी स्मृता।।"

अर्थात् तो भी पुत्र की सम्मति बिना खर्च करना उचित नहीं हैं परन्तु उसके मरने पर उसकी स्त्री पति के धन की स्वामिनी होगी। जैन कानून में माता को दत्तक पुत्र या औरस पुत्र की तुलना में बहुत शक्तिशाली और निर्णायक स्थिति में रखा गया है।

दत्तक पुत्र के लेने के बारे में जैन लॉ और हिन्दू लॉ का तुलनात्मक अध्ययन

हिन्दू दत्तक और भरण पोषण कानून 1956 के अन्तर्गत दो तरह के दत्तक नहीं हो सकते, एक शुद्ध धर्मनिरपेक्ष दत्तक और दूसरा धार्मिक आधार पर। हिन्दू दत्तक और भरण–पोषण कानून 1956 के अन्तर्गत सभी दत्तक पुत्र की कार्यवाही पूर्णतया धर्मनिरपेक्ष और विधि सम्मत होने के लिए इस कानून के अनुसार सारी आवश्यक बातें पूर्ण कर दी गई है। इस बात का उल्लेख करना आवश्यक है कि एक व्यक्ति का गोद लेने का अर्थ चाहे धर्मनिरपेक्ष हो या आध्यात्मिक हो, गोद का कार्य इस अधिनियम के अन्तर्गत धर्म निरपेक्ष होगा।[78]

दत्तक लेने का कार्य विधिक कल्पना है जो एक व्यक्ति के हित को आगे बढ़ाने का कार्य करता है। हिन्दू कानून के अन्तर्गत गोद लेने का कार्य आवश्यक रूप से धार्मिक कार्य है परन्तु वह वर्तमान में धारा 15 हिन्दू दत्तक और भरण–पोषण अधिनियम के अन्तर्गत है। गोद लेने की कार्यवाही पूरी तरह से विधि के अनुसार है और एक बार गोद लेने के बाद वह कार्यवाही गोद लेने वाले माता पिता, प्राकृतिक माता पिता या अन्य किसी के द्वारा निरस्त नहीं कर सकती है।[79]

एक निःसंतान दम्पति (माता–पिता) एक बार दत्तक पुत्र ले लेता है, वह किसी भी परिस्थिति में उस दत्तक पुत्र से पीछा नहीं छुड़ा सकता है चाहे कैसा हो यथा बदचलन हो, अवज्ञाकारी हो, धर्म और मर्यादा के खिलाफ आचरण वाला आदि हो। एक दत्तक पुत्र का दुबारा गोद लेने की कार्यवाही नहीं हो सकती है, प्रथम दत्तक पुत्र की कार्यवाही अन्तिम है।[80]

दूसरी तरफ जैन विधि में बिलकुल भिन्न स्थिति है। इस विषय में जैन विधि की तीनों महत्त्वपूर्ण नीतियों कानून श्री भद्रबाहु संहिता, श्री वर्द्धमान नीति और अर्हन्नीति में एक मत से यह प्रकट किया गया है कि अगर दत्तक पुत्र माता पिता के आज्ञा निर्देशों से विपरीत चलने वाला हो, कुल की मर्यादा के खिलाफ चले, दुराचारी हो, धर्म और मर्यादा के खिलाफ आचरण करने वाला हो, तब उसको पहले प्राकृतिक माता–पिता से समझायें, उसका असर नहीं होने पर राज्याज्ञा और कुटुम्बीजन के सामने उसको निकाल सकते हैं।

दत्तक कौन ले सकता है

हिन्दू दत्तक अधिनियम 1956 के अन्तर्गत, पुरुष और महिला दोनों ही गोद ले सकते हैं। दत्तक के उद्देश्य में कोई भी बिन्दु पर जाँच आवश्यक है।[81] यह जैन विधि के पूर्णरूप से अनुरूप है। उच्चतम न्यायालय ने सावनराम बनाम् कलावती 1967 एस. सी. 1761 में यह कहा कि जहाँ पति–पत्नी की सहमति से दत्तक लेता है। ऐसे मामलों में वास्तविक दत्तक न केवल पति का होगा वरन् उसकी पत्नी का भी होगा।

गोद लेने की क्षमता

गोद लेने के लिये किसी भी पुरुष या महिला को वयस्क होना चाहिये और स्वस्थ दिमाग का होना चाहिए। किसी व्यक्ति के वयस्क होने के लिये 18 वर्ष की आयु का पूर्ण होना आवश्यक है। जैन विधि में वयस्क पुरुष या महिला, विवाहित या विधवा कोई भी गाद ले सकता है।

अच्छे दिमाग मस्तिष्क सामान्य स्थिति को बताता है। पागलपन की घोषणा न्यायालय की होना आवश्यक नहीं है। पागल की सभी परिस्थिति जिनमें मिर्गी का रोगी, बेवकूफ व्यक्ति और पागलपन सभी विकृतिचित्त, अस्वस्थ दिमाग में सम्मिलित है।[82]

निःसंतान हिन्दू महिला अथवा पुरुष के विधवा बहू के होने पर सभी शर्तें पूरी करने पर दत्तक लेने में कोई बाधा नहीं है।[83]

हिन्दू पुरुष द्वारा दत्तक लेना

एक स्वस्थ दिमाग वाला हिन्दू पुरुष चाहे वह अविवाहित हो, विधुर हो, तलाकशुदा या विवाहित है। दत्तक ले सकता है। विवाहित पुरुष के दत्तक

लेने से पूर्व अपनी पत्नी की सहमति आवश्यक है। अगर एक पुरुष के एक से अधिक पत्नियाँ हों तो सभी पत्नियों की सहमति आवश्यक है।[84] पत्नी की सहमति के बिना दत्तक लेने की कार्यवाही शून्य अर्थात् अस्तित्वहीन है।[85] एक पति की जो पत्नी साथ में रहती है उसकी सहमति दत्तक के लिये प्राप्त कर ली जाय परन्तु जो पत्नी अलग रहती है उसकी सहमति नहीं ली गई तब दत्तक की कार्यवाही शून्य अर्थात् अस्तित्वहीन होगी।[86]

जैन विधि में पत्नि की सहमति नैतिक सिद्धान्त पर होनी चाहिए परन्तु यह अनिवार्य शर्त नहीं है। माता–पिता के जीवित रहने तक दत्तक पुत्र को दादा, माता–पिता की चल और अचल सम्पत्ति बेचने का अधिकार नहीं है। जैन विधि में इस प्रकार का प्रावधान है।

पत्नी की सहमति अभिव्यक्त, स्पष्ट से अथवा विवक्षित सम्मति हो सकती है। उदाहरण के लिये पत्नी दत्तक लेने के समारोह में भाग लेती है, सभी कार्यवाहियों में हिस्सा लेती है तब दत्तक लेने में उसकी विवक्षित सहमति है, केवल अगर वह धोखा या बलपूर्वक सहमति का तर्क देती है। हिन्दू दत्तक और भरण पोषण अधिनियम 1956 के धारा 7 के प्रोविजनों के अनुसार एक या एक से अधिक पत्नियाँ होने पर इन मामलों में किसी एक भी मामले में होने पर उनकी सहमति की आवश्यकता नहीं होगी[87] ––

(क) अगर पत्नी ने हिन्दू धर्म छोड़ दिया है, त्याग कर दिया है, धर्म परिवर्तन कर दिया है। (ख) अगर उसने संन्यास ले लिया हो संसार को अंतिम और सम्पूर्ण रूप से त्यागकर दिया हो। (ग) अगर न्यायालय, जिसका क्षेत्राधिकार हो, उसने पत्नी को विक्षिप्त, अस्वस्थ मस्तिष्क का घोषित कर दिया हो। इन मामलों के अतिरिक्त किसी भी अन्य मामलों में पत्नी की सहमति आवश्यक है।

अगर एक हिन्दू पुरुष किसी बच्ची को दत्तक लेता है तब उस लड़की और उस हिन्दू पुरुष के मध्य कम से कम 21 वर्ष का अन्तर होना चाहिये ऐसा हिन्दू दत्तक और भरण–पोषण अधिनियम 1956 की धारा 11(11) में प्रावधित है। जैन विधि में दत्तक लिया जाने वाला लड़का या लड़की दत्तक लेने वाले माता–पिता से बड़ा नहीं होना चाहिए।

दत्तक लेने में पत्नी की सहमति हिन्दू दत्तक और भरण पोषण अधिनियम 1956 के लागू होने के बाद वाले प्रकरणों पर आवश्यक है, इसके पहले वालों पर नहीं। दत्तक लेते समय पत्नी अवयस्क थी, महत्त्वहीन है क्योंकि

गोद लेने के तथ्य गोद लेने के समारोह में, गवाहों के साक्ष्य से, दत्तक लेख पत्र लिखित में बनाया गया और रजिस्ट्रीकृत करवाया हुआ है, इसलिये दत्तक लेने की कार्यवाही वैध है।[88]

धारा 8 हिन्दू दत्तक और भरण पोषण अधिनियम 1956 के अन्तर्गत एक हिन्दू अविवाहित स्त्री हो अथवा तलाकशुदा हो अथवा विधवा हो, वैध तरीके से दत्तक ले सकती है, ऐसा ही जैन विधि में प्रावधित है।

एक पति की कई पत्नियाँ हों और उसकी मृत्यु हो जाये तब एक विधवा अपनी स्वयं की हैसियत से दत्तक पुत्र ले सकती है, उसे अन्य विधवाओं की सहमति की आवश्यकता नहीं है। ऐसा विजयलक्ष्मी बनाम् बी. टी. शंकर के निर्णय में कहा गया है।[89] एक बुरे चरित्र वाली शीलभ्रष्टा महिला चाहे वह अविवाहित हो अथवा विधवा हो, वह दत्तक पुत्र ले सकती है। लेकिन एक विवाहित स्त्री दत्तक लेने की क्षमता नहीं रखती है। वह अपनी पति की सहमति से भी गोद नहीं ले सकती है। इस प्रकार धारा 11(2) हिन्दू दत्तक और भरण पोषण अधिनियम 1956 के अनुसार एक विवाहित महिला किसी प्रकार से गोद लेने की क्षमता नहीं रखती है, वह केवल तीन अपवाद स्वरूप मामलों में गोद ले सकती है। उसका पति (1) ने हिन्दू धर्म का त्याग कर अन्य धर्म अपना लिया हो। (2) संसार का सम्पूर्ण रूप से त्यागकर संन्यासी बन गया हो (3) पति को सक्षम न्यायालय द्वारा विक्षिप्त चित्त का घोषित कर दिया गया हो। धारा 11(5) हिन्दू दत्तक और भरण पोषण अधिनियम 1956 के अनुसार अगर महिला ने किसी पुरुष बालक को गोद लिया हो तो वह महिला दत्तक पुत्र से 21 वर्ष बड़ी होनी चाहिये। जैन विधि में दत्तक पुत्र दत्तक लेने वाली माँ से बड़ा नहीं होना चाहिए।

अगर कोई हिन्दू एक से अधिक पत्नियों को छोड़कर मर गया हो तो प्रत्येक विधवा अपने बालक के नहीं होने पर दत्तक पुत्र ले सकती है। धारा 96(4) हिन्दू दत्तक और भरण पोषण अधिनियम 1956 के अनुसार एक संरक्षक जिसने किसी अनाथ बच्चे, माँ बाप द्वारा छोड़े गये बच्चे को, ऐसा बच्चे जिसके माँ बाप को सक्षम न्यायालय द्वारा विक्षिप्त चित्त घोषित कर दिया गया हो, ऐसे बच्चे को वह स्वयं दत्तक ले सकता है।

धारा 9 हिन्दू दत्तक एवं भरण पोषण अधिनियम 1956 के अनुसार कोई नैसर्गिक पिता, माता और संरक्षक, अपने बच्चे को गोद देने का अधिकार रखता है।

धारा 7 हिन्दू दत्तक एवं भरण पोषण के परन्तुक के अनुसार पिता बच्चे की माता की सहमति बिना गोद नहीं दे सकता है। बच्चे के माता की सहमति की पिता को इन तीन मामलों में आवश्यकता नहीं है – (क) अगर माता ने सम्पूर्णतया संसार का त्याग कर दिया हो। संसार का त्याग का अर्थ है सिविल मृत्यु अर्थात् समस्त सम्पत्ति का त्याग और सारे सांसारिक मामलों से पूर्णतया अपने को अलग कर दिया हो।[90] (ख) अगर माता ने हिन्दू धर्म छोड़ दिया हो अथवा (ग) सक्षम न्यायालय द्वारा माता को विक्षिप्त चित्त घोषित कर दिया हो। इन मामलों के अलावा किसी भी परिस्थिति में पिता बिना माता की सहमति के दत्तक नहीं दे सकता है चाहे माता–पिता का विवाह समाप्त हो गया हो। माता की सहमति के बिना दत्तक की कार्यवाही शून्य है, अस्तित्वहीन है।

अधर्मज बच्चे की माँ अपने बच्चे को गोद दे सकती है, यह उसके अधिकार में है और इस दत्तक पुत्र को देने में उसके ख्यात (putative) पिता की सहमति का प्रश्न ही नहीं है। इसके विपरीत धर्मज बच्चे की माँ को बच्चे के पिता के जीवन काल में बच्चे को गोद देने का अधिकार नहीं है, चाहे इसमें पिता की सहमति हो। कानून के अनुसार पिता के जीवन काल में भी माता को इन तीन स्थितियों में दत्तक देने का अधिकार है – (1) अगर बच्चे के पिता ने हिन्दू धर्म का त्याग कर दिया है अर्थात् अन्य धर्म को अपना लिया हो (2) यदि बच्चे के बाप ने संसार का सर्वथा त्यागकर दिया हो अर्थात् संन्यास की ओर चला गया हो (3) सक्षम न्यायालय ने पिता को विक्षिप्त चित्त का घोषित कर दिया हो। इन मामलों में पिता की सहमति की आवश्यकता नहीं है।

बच्चे का वास्तविक वस्तुतः संरक्षक अथवा विधि सम्मत संरक्षक बच्चे को गोद दे सकता है। इसी तरह अनाथालय का प्रबन्धक, सचिव अथवा प्रभारी जिसने बच्चे को बड़ा किया हो अथवा जिसके पास बच्चा रहता हो, बच्चे को गोद दे सकता है।[91]

एक बच्चे का संरक्षक केवल इन परिस्थितियों में दत्तक देने का अधिकार रखता है (क) अगर बच्चे के माता–पिता दोनों मर गये हों, (ख) अगर बच्चे के माता–पिता दोनों ने संसार छोड़ दिया हो अर्थात् संन्यास की ओर बढ़ गये हों, (ग) अगर बच्चे के माता–पिता ज्ञात नहीं हों जैसे बच्चा कहीं पड़ा मिला हो या शरणार्थी बच्चा हो। माता–पिता द्वारा छोड़ा गया

बच्चा किशोर बोर्ड के कब्जे में माना जाता है। न्यायालय किशोर बोर्ड को बच्चे को गोद देने की स्वीकृति दे सकता है।[92]

परम्परागत हिन्दू विधि के अनुसार नैसर्गिक माता–पिता के बच्चे के अलावा और कोई गोद नहीं दे सकता था, जबकि जैन विधि में ऐसा कोई प्रावधान नहीं था। जैन विधि में एक अनाथ तक को गोद लिया जा सकता है।[93]

कौन दत्तक हो सकता है

हिन्दू दत्तक और भरण पोषण अधिनियम 1956 के धारा 10 के अनुसार अधोलिखित विधि की अपेक्षाएँ पूर्ण होना आवश्यक हैं– (1) हिन्दू आवश्यक – बच्चा हिन्दू होना अनिवार्य है, यह कानून हिन्दू, बौद्ध, सिख, ओर जैनों पर भी लागू है। (2) बच्चा गोद लिया हुआ नहीं हो– दो व्यक्ति एक ही बच्चे को गोद नहीं ले सकते हैं। (3) अविवाहित– वह बच्चा या बच्ची विवाहित नहीं होना चाहिए अपवादस्वरूप विवाहित बच्चा लेने की जहाँ रुढ़ि और प्रथा हो। विवाहित बच्चे या बच्ची लेने की प्रथा परिवार का रिवाज या रूढ़ि हो या किसी विशेष स्थिति में विवाहित लेने की प्रथा हो या किसी जाति में ऐसी प्रथा हो अथवा किसी समाज में ऐसी प्रथा हो।[94] जैन लोगों में सामान्यतया विवाहित बच्चे बच्ची को लेने की प्रथा है। इसी प्रकार पंजाब के जाटं लोगों में विवाहित बच्चे बच्ची को लेने की प्रथा है और धाकड़ जाति में ऐसी ही प्रथा है।[95] हिन्दू दत्तक अधिनियम 1956 के अन्तर्गत विवाहित गोद नहीं लिया जा सकता है।[96] हरियाणा और पंजाब के जाट जाति में विवाहित को लेने की रूढ़ि प्रथा है और यह न्यायालय द्वारा माना गया सिद्धान्त है इसलिए इसको न्यायालय में सिद्ध करने की आवश्यकता नहीं है।[97]

आयु सीमा – धारा 10 की उपधारा (4) के अनुसार बच्चा या बच्ची 15 वर्ष से कम आयु का होना चाहिये अपवाद केवल रूढ़ि या रिवाज का है।[98] रूढ़ि या रिवाज को तय करते समय न्यायालय को उस समाज के पंचों, जनता की राय पर ध्यान देना चाहिए। अगर जनता की आवाज से यह प्रतीत होता है कि 15 वर्ष के अधिक आयु का बच्चा या बच्ची लेने का रिवाज या रूढ़ि है, यह लगातार लम्बे समय से मानी जाती रही है तब ऐसा रिवाज विधि सम्मत मानी जायेगी।[99] आन्ध्र प्रदेश में बच्चे 15 साल से अधिक

लेने का रिवाज है।[100] वैसे यह उचित लगता है कि 15 वर्ष से अधिक आयु के बच्चे को दत्तक लेने का रिवाज गोद लेने वाले और गोद देने वाले दोनों परिवारों में होनी चाहिये।

जैन विधि में एक वयस्क व्यक्ति, विवाहित व्यक्ति और बच्चों वाला विवाहित दत्तक लिया जा सकता है।[101]

वैध दत्तक की कुछ अन्य शर्तें

1. अगर दत्तक लेना पुत्र का हो तब उस दत्तक लेने वाले के कोई पुत्र, पौत्र, प्रपौत्र नहीं होना चाहिये चाहे नैसर्गिक या दत्तक और ये सब वैध संतानों के लिए है।[102] ये केवल जीवित लोगों पर ही लागू होता है।
2. अगर दत्तक पुत्री हो तब दत्तक लेने वाले के कोई पुत्री, प्रपोत्री जीवित नहीं होनी चाहिए। दत्तक लेने वाले व्यक्ति के पुत्री है चाहे वह मानसिक, शारीरिक रूप से अक्षमता की हो, वह व्यक्ति इस आधार पर पुत्री गोद नहीं ले सकता।
3. आयु का अन्तर— दत्तक लेने वाले महिला या पुरुष और दत्तक आने वाले पुरुष या महिला के बीच 21 वर्ष का अन्तर होना चाहिए। यह आयु का अन्तर दत्तक की छाया में अनैतिक सम्बन्ध बनाने के उद्देश्य से है। दत्तक लेने वाले महिला या पुरुष आने वाले पुरुष या महिला के बीच आयु अन्तर की शर्त का पूरा नहीं करने पर दत्तक अवैध हो जायेगा।
4. समसामयिक साथ–साथ (एक साथ) दत्तक निषेध– एक बच्चा एक साथ दो या अधिक दत्तक लेने वाले पिता या माता का दत्तक नहीं हो सकता है।[103] दो विधवाओं द्वारा एक साथ एक बच्चे को दत्तक लेने की कार्यवाही अवैध मानी गई और यह कहा गया है कि एक द्वारा दूसरे की सहमति से दत्तक लेने की कार्यवाही पूर्णतया अवैध है।[104]
5. लेना और देना— दत्तक के लेने देने की औपचारिक कार्यवाही की आवश्यकता है, लेना और देना दोनों का होना अनिवार्य है। कानून की यह आवश्यकता है कि गोद देने वाले पिता–माता द्वारा गोद लेने वाले पिता–पिता को दे देना चाहिये, अगर आवश्यकता हो तो यह कार्यवाही अधिकृत तीसरे व्यक्ति द्वारा भी सम्पन्न की जा सकती है।[105] यह पर्याप्त है कि गोद देने वाले पिता और माता से बच्चे को

दत्तक रूप में माँगा जाए और बच्चे को गोद लेने वाले पिता और माता के सिपुर्द कर दिया जाए।[106] जहाँ दत्तक लेने की कार्यवाही में देने लेने की कार्यवाही नहीं हुई हो तब दत्तक की कार्यवाही पूर्णरूप अवैध है।[107]

धारा 11(6) हिन्दू दत्तक और भरण पोषण अधिनियम के अनुसार दत्तक की वैधता के लिये आवश्यक औपचारिकताओं का पूर्ण करना आवश्यक है। आवश्यक समारोह या औपचारिकताओं में केवल देना और लेना ही आवश्यक है।[108]

छोड़े गये बच्चे अथवा ऐसा बच्चा जिसके माता पिता का पता नहीं हो, वह बच्चा जहाँ मिला हो, वह देने का स्थान होता है और दत्तक लेने वाले का परिवार का स्थान लेने का स्थान है, यह देना और लेना ही औपचारिकताएँ हैं। इस प्रकार आधुनिक हिन्दू विधि लेने और देने की कार्यवाही आवश्यक औपचारिकता है।[109]

केवल यह तथ्य कि दत्तक लेने वाले और दत्तक आने वाले का बैंक में संयुक्त खाता है, यह दत्तक की कार्यवाही को सिद्ध नहीं करता। धारा 16 हिन्दू दत्तक और भरणपोषण अधिनियम 1956, दत्तक का पंजीकृत दस्तावेज अपने आप में यह सिद्ध करने के लिये बहुत है कि दत्तक की सारी कार्यवाही विधि सम्मत रूप से की गई। यह भी माना जायेगा कि दत्तक की सारी कार्यवाही ठीक रूप से की गई।[110]

अगर गोद आने वाले की आयु पर संदेह व्यक्त किया जाता है तब पंजीकृत दस्तावेज के आधार पर यह माना जायेगा कि गोद आने वाले व्यक्ति की आयु 15 वर्ष से कम है। अगर 15 साल से अधिक आयु का है तो सिर्फ पंजीकृत दस्तावेज के आधार पर यह नहीं माना जायेगा कि रूढ़ि या रिवाज था वरन् रिवाज या रूढ़ि अलग से सिद्ध करना होगा।[111]

एक पंजीकृत दत्तक पुत्र के होने की उपधारणा तभी होगी जब निम्नलिखित शर्तें पूरी होती है– (1) दत्तक लेख पत्र लिखित में होना चाहिये; (2) विधि के अन्तर्गत पंजीकृत हो; (3) दत्तक लेख पत्र दोनों पार्टियों द्वारा हस्ताक्षरित हो; (4) दत्तक लेने की कार्यवाही किये जाने का लिखित लेख पत्र माना जायगा; (5) यह न्यायालय के समक्ष प्रस्तुत हुआ है। अगर इनमें से कोई एक भी अनिवार्यता पूरी नहीं होती तो उपधारणा नहीं ली जायेगी।[112]

अगर पंजीकृत दत्तक लेखपत्र पर दत्तक देने वाले के हस्ताक्षर नहीं हो तब धारा 76 हिन्दू दत्तक एवं भरण पोषण अधिनियम 1956 के अनुसार दस्तावेज पूर्ण नहीं होगा, इसलिये पंजीकृत दत्तक लेखपत्र की उपधारणा नहीं ली जायेगी।[113] अगर पंजीकृत दत्तक लेखपत्र न्यायालय में प्रस्तुत होता है जिसमें पंजीकरण की कार्यवाही किये जाने का दर्ज है, तब न्यायालय दत्तक लेने का साक्ष्य इसके आधार पर मानने के लिये बाध्य है और इसे गलत सिद्ध करने का भार दूसरी पार्टी पर होगा जिसे पूरे साक्ष्य द्वारा सिद्ध करना होगा।[114] केवल दत्तक लेने की कार्यवाही पर संदेह करना पर्याप्त नहीं है और इससे दत्तक का तथ्य न साबित किया जाना नहीं माना जा सकता विशेष तौर पर जब न्यायालय पंजीकृत दत्तक लेख पत्र के आधार पर उपधारणा लेता है तब इसे बहुत ठोस सबूत और विश्वनीय साक्ष्य से साबित करना होगा।[115]

दत्तक का प्रभाव

धारा 12 हिन्दू दत्तक और भरण पोषण अधिनियम 1956 ''एक दत्तक बच्चा दत्तक लेने की तारीख से दत्तक लेने वाले पिता–माता का सब कार्यों के लिये हो जायगा, इस तारीख से, दत्तक देने वाले परिवार से उसका सम्बन्ध विच्छेद हो जायेगा और दत्तक लेने वाले परिवार से जुड़ जायेगा। इसके साथ– (क) बच्चा उससे विवाह नहीं कर सकता जिसके साथ दत्तक देने वाले परिवार में रहते हुए नहीं कर सकता था; (ख) अगर कोई सम्पत्ति पर दत्तक पुत्र का स्वामित्व दत्तक आने से पूर्व था, तब वह इस परिवार में भी उसका रहेगा और सम्पत्ति के साथ कोई दायित्व या बाध्यता जन्म लेने वाले परिवार के किसी रिश्तेदारों के प्रति है तो वह निरन्तर जारी रहेगा; (ग) दत्तक पुत्र किसी व्यक्ति को उसकी सम्पत्ति जो दत्तक से पूर्व उस व्यक्ति की थी, से निर्निहित नहीं करेगा।

इस धारा से यह प्रभाव होता है कि दत्तक देने वाले परिवार से उसके सम्बन्ध विच्छेद हो जाते हैं और दत्तक लेने वाले परिवार से जुड़ जाते हैं। यह उपधारणा दत्तक लेने की तारीख से लागू होती है जब पुराने परिवार से सम्बन्ध नहीं रहते हैं और नये परिवार से सम्बन्ध जुड़ जाते हैं।[116] दत्तक लिये जाने पर जन्म की भाँति दत्तक पुत्र दत्तक लेने वाले पिता माता की जाति का हो जाता है। दत्तक पुत्र दत्तक लेने वाले परिवार की जाति लेने

में कोई परिवार के जाति वालों की स्वीकृति की आवश्यकता नहीं रहती है।[117]

एक विवाहित पुरुष जिसके लड़की थी, दत्तक चला जाता है और उसकी पत्नी मर जाती है तब वह दूसरा विवाह कर लेता है। इसमें यह निर्णय दिया गया कि पुत्री, उसके द्वितीय पत्नी के साथ धारा 8 हिन्दू उत्तराधिकार अधिनियम अन्तर्गत उसकी सम्पत्ति की बराबरी का स्वामित्व की अधिकारी होगी।[118]

अगर एक अविवाहित महिला किसी बच्ची को दत्तक लेती है और उसके पश्चात् वह विवाह करती है तब दत्तक बच्ची केवल माँ की ही पुत्री रहेगी और महिला का पति सौतेला पिता ही रहेगा। एक निर्णय में एक विधवा एक बच्चा दत्तक लेती है तब क्या वह बच्चा उसके स्वर्गीय पति का होगा? धारा 11(4) धारा 12 के साथ पढ़ने पर यह निर्णय हुआ कि उस बच्चे के दत्तक देने वाले परिवार के साथ सम्बन्ध विच्छेद हो जाता है और दत्तक लेने वाले परिवार से उसका सम्बन्ध जुड़ जाता है, इसलिये स्वर्गीय पति और विधवा का दत्तक कहलायेगा चाहे उसकी विधवा ने दत्तक लिया हो।[119] ऐसे ही तथ्यों पर इलाहाबाद उच्च न्यायालय ने निर्णय दिया था।[120] अगर पति विक्षिप्त चित्त का हो और उसकी पत्नी ने किसी लड़के को गोद लिया तो वह लड़का पति–पत्नी दोनों के कहलायेंगे।[121]

दत्तक की तारीख

दत्तक लेने की तारीख से बच्चा दत्तक लेने वाले पिता माता का होता है, नये अधिनियम में पूर्वप्रभावी गोद लेने का कोई प्रावधान ही नहीं है।[122]

गोद लेने वाली विधवा की सम्पत्ति उसकी एकल स्वामित्व की सम्पत्ति हो जाती है और दत्तक पुत्र उसकी सम्पत्ति का अधिकार नहीं ले सकता है।[123]

निष्कर्ष तौर पर दत्तक लेने की कार्यवाही केवल दत्तक लेने की तारीख से हो सकती है, पूर्वप्रभावी नहीं।

वैध दत्तक कार्यवाही अंतिम

धारा 15 के अनुसार वैद्य दत्तक की कार्यवाही दत्तक लेने वाले पिता या माता किसी अन्य व्यक्ति द्वारा निरस्त नहीं की जा सकती है और न ही

दत्तक बच्चा दत्तक लेने वाले परिवार से सम्बन्ध तोड़ सकता और दत्तक देने वाले परिवार में लौट सकता है।

कोई भी दत्तक जो विधिमान्यतः किया गया है, दत्तक पिता या माता द्वारा या किसी अन्य व्यक्ति द्वारा निरस्त नहीं किया जा सकता है। दत्तक कोई संविदा नहीं है, वह हैसियत है। इसलिये एक बार विधिसम्मत रूप से दत्तक लिया जाता है, वह अंतिम है और किसी भी पक्ष द्वारा निरस्त नहीं किया जा सकता है।[124]

जैन विधि और हिन्दू विधि में तुलनात्मक अध्ययन का निष्कर्ष

जैन और हिन्दू विधि में एक बच्चे के दत्तक का अर्थ यह है कि उस दत्तक का देने वाले परिवार से सम्बन्ध विच्छेद हो जाता है। जैन और हिन्दू विधि दोनों में दत्तक का लेना और देना अनिवार्य है। परम्परावादी हिन्दू कानून में दत्तक लेने का उद्देश्य पिण्डदान और वंश की निरन्तरता का है और पुत्र के बिना मोक्ष नहीं मिलता, जबकि जैन विधि में पुत्र दत्तक लेने का उद्देश्य वंश निरन्तरता और पुत्र सुख है, मोक्ष से किसी प्रकार का सम्बन्ध नहीं है। जैन विधि में बड़े पुत्र को दत्तक देने से अस्वीकृति है जबकि वर्तमान हिन्दू विधि में किसी भी पुत्र को गोद दिया जा सकता है।

अंतिम होने के बारे में अन्तर

एक बड़ा अन्तर जैन विधि और वर्तमान हिन्दू दत्तक और भरण–पोषण अधिनियम 1956 में दत्तक के अंतिम होने के बारे में है। हिन्दू दत्तक और भरण–पोषण अधिनियम 1956 की धारा 15 के अनुसार दत्तक की कार्यवाही अंतिम है, उसे न तो माता–पिता और न दत्तक आने वाला पुत्र दत्तक कार्यवाही को वापिस ले सकता है। दूसरी ओर जैन विधि में अगर दत्तक पुत्र व्यसनी हो, माता–पिता की आज्ञा नहीं मानता हो, अवज्ञा करता है, मर्यादा विहीन आचरण करता है, धर्म विमुख हो, परिवार के रिवाजों के विपरीत चलता हो तो उस दत्तक पुत्र को सबसे पहले नैसर्गिक माता–पिता समझा दे और फिर भी दत्तक पुत्र वैसा ही रहे तो कुटुम्बीजन के समक्ष राज्याज्ञा प्राप्त कर उसे घर से निकाल लें और उसके स्थान पर दूसरा दत्तक पुत्र लें क्योंकि पुत्र सुख प्रदान करने वाला है, जीवन में आनन्द की बहार लाने वाला है।

इस प्रकार वर्तमान हिन्दू दत्तक और भरणपोषण अधिनियम 1956 आधुनिक और उदार है। इसमें किसी भी प्रकार के लड़के को यहाँ तक कि अनाथ, छोड़े गये बच्चे को दत्तक लेने का प्रावधान है। इसमें उस रूढ़िवादी परम्परा को तोड़ दिया है जिसमें केवल गोद में भतीजा, दोहिता, छोटे भाई आदि को लेना का रिवाज और नियम था।

जैन विधि की कुछ महत्त्वपूर्ण विशेषताएँ हैं जो हिन्दू दत्तक अधिनियम 1956 में नहीं हैं जैसे जैन विधि में दत्तक लेने की प्रक्रिया की अंतिमता नहीं है। जैन विधि के अनुसार दत्तक पुत्र के मर्यादाविहीन, धर्मविमुख, माता–पिता का आज्ञानुकारी नहीं होने आदि पर उसे वापिस निकाला जा सकता है। हिन्दू दत्तक विधि में यह प्रावधान नहीं है। दत्तक पुत्र अवगुणों से भरा हुआ हो, माता–पिता का आज्ञाकारी नहीं हो, धर्म विमुख हो, माता पिता को परेशान और तंग करने वाला हो तब भी हिन्दू दत्तक विधि में ऐसे दत्तक पुत्र को वापिस निकालने का कोई स्थान नहीं है इसलिए हिन्दू विधि में दत्तक की कार्यवाही 'दत्तक अंतिम कार्यवाही' है में परिवर्तन होना चाहिए।

जैन विधि की तरह हिन्दू विधि में भी आयु सीमा नहीं होनी चाहिए। जैन विधि में दत्तक लेने वाले पिता माता पर दत्तक आने वाला लड़का या लड़की की आयु की कोई सीमा नहीं है। परंतु हिंदु दत्तक और भरणपोषण अधिनियम 1956 धारा 10(4) के अनुसार बच्चा या बच्ची 15 वर्ष से कम आयु का होना चाहिये अपवाद केवल रूढ़ि और रिवाज का है। हिन्दू विधि में ये भी प्रावधान है कि अगर अकेला पिता लड़की को लेता है वह उस बच्ची से 21 वर्ष बड़ा होना चाहिए और ऐसा ही माता लड़के को गोद लेती है तब माता उस बच्चे से 21 वर्ष बड़ी होनी चाहिये। इस प्रकार की आयु के अन्तर का प्रावधान अनैतिक सम्बन्धों को रोकने के लिए हिन्दू दत्तक और भरण–पोषण अधिनियम 1956 में है।

संदर्भ

1. सेलेक्शन फ्रोम जैन लॉ – सी. आर. जैन – पृ. 3
2. श्री भद्रबाहु संहिता – श्लोक 80–83
3. श्री वर्द्धमान नीति – श्लोक 2 से 4
4. इन्द्रनन्दि जिन संहिता – श्लोक – 32, 33, 34

5. अर्हन्नीति – श्लोक 69 से 73
6. नीतिवाक्यामृतम् – अध्याय 31
7. नीतिवाक्यामृतम् – अध्याय 31
8. श्री भद्रबाहु संहिता – दायभाग – श्लोक 38
9. श्री भद्रबाहु संहिता – दशम परिच्छेद – दायभाग – श्लोक 39
10. श्री अर्हन्नीति – द्वितीय परिच्छेद – दायभाग – श्लोक 98
11. श्री भद्रबाहु संहिता – दशम परिच्छेद – दायभाग – श्लोक 40
12. मॉडर्न हिन्दू लॉ – पारस दीवान – पृ. 228
13. श्री भद्रबाहु संहिता – दशम परिच्छेद – दायभाग – श्लोक 41
14. अर्हन्नीति – द्वितीय परिच्छेद – दायभाग – श्लोक 88, 89
15. श्री वर्द्धमान नीति – द्वितीय परिच्छेद – दायभाग – श्लोक 31 से 34
16. श्री भद्रबाहु संहिता – द्वितीय परिच्छेद – दायभाग – श्लोक 56 से 59
17. (i) श्री भद्रबाहु संहिता – द्वितीय परिच्छेद – दायभाग – श्लोक 59 (ii) श्री वर्द्धमान नीति – द्वितीय परिच्छेद – दायभाग – श्लोक 34
18. वर्द्धमान नीति – द्वितीय भाग – श्लोक 25 से 29
19. अर्हन्नीति – द्वितीय परिच्छेद – दायभाग – श्लोक 36, 37
20. (i) अशरफी कुँवर व स्वरूप चन्द, 30 इलाहाबाद 197 (ii) शिवकुमार ज्योराज 25 कलकत्ता, वीकली नोट्स 237 पी. सी. (iii) ज्योराज बनाम् शिव कुँवर इं. केसेज 66, पृ.65 (iv) माणकचन्द बनाम् मुन्नालाल, 95 पंजाब रिकार्ड 1909, ई – 4 इ. के. 844 ;अद्ध मनोहरलाल बनाम् बनारसीदास 29 इलाहाबाद, 795
21. भद्रबाहु संहिता – दशम परिच्छेद – दायभाग – श्लोक 75
22. अर्हन्नीति – द्वितीय परिच्छेद – दायभाग – श्लोक 110
23. (क) अशरफी कुँवर बनाम् रूपचन्द 30 इलाहाबाद 197 (ख) अमावा बनाम् महद गौडा 22, बम्बई 416
24. श्री भद्रबाहु संहिता – दशम परिच्छेद – दायभाग – श्लोक 116
25. श्री भद्रबाहु संहिता – दशम परिच्छेद – दायभाग – श्लोक 59
26. श्री वर्द्धमान नीति – द्वितीय परिच्छेद – दायभाग – श्लोक 30, 31, 32

27. अर्हन्नीति – द्वितीय परिच्छेद – दायभाग – श्लोक 121, 122, और 124
28. श्री भद्रबाहु संहिता – दशम परिच्छेद – दायभाग – श्लोक 58
29. श्री वर्द्धमान नीति – द्वितीय परिच्छेद – दायभाग – श्लोक 33, 34
30. अर्हन्नीति – द्वितीय परिच्छेद – दायभाग – श्लोक 123
31. प्रिया अम्मानी बनाम् कृष्णस्वामी 16 मद्रास 182
32. अर्हन्नीति – द्वितीय परिच्छेद – दायभाग – श्लोक 124
33. एब्बे डुबो इस – 1817 संस्करण – पृ. 562, 563
34. हिस्ट्री ऑफ दी हिन्दूज – वार्ड – पृ. 229, 230
35. ऑब्जर्ववेशन ऑन दी सेक्टस ऑफ जैनस – एसेटिक्स रिसर्चजे, वॉल्यूम 9, पृ. 288
36. लक्खमीचन्द बनाम् गट्टो बाई आई. एल. आई और इलाहाबाद 319
37. अर्हन्नीति – द्वितीय परिच्छेद – दायभाग – श्लोक 89
38. (i) अभावा बनाम् महद गौडा 22 बम्बई 416, (ii) यह भी देखें कुँवर बनाम् रूपचन्द 30 इलाहाबाद, 197
39. श्री भद्रबाहु संहिता – दशम परिच्छेद – दायभाग – श्लोक 5 और 6
40. अर्हन्नीति – द्वितीय परिच्छेद – दायभाग – श्लोक 23
41. मनुस्मृति अध्याय 9 श्लोक 6
42. अर्हन्नीति – द्वितीय परिच्छेद – दायभाग – श्लोक 12, 13
43. हिन्दू कोड – गौड – द्वितीय वृत्ति – पृ. 382
44. मानक चन्द बनाम् मुन्ना लाल 92 पंजाब रेकार्ड 1909–84
45. श्री भद्रबाहु संहिता – दशम परिच्छेद – दायभाग – श्लोक 116
46. इन्द्रनन्दि जिन संहिता – द्वितीय परिच्छेद – दायभाग – श्लोक 19
47. माणकचन्द बनाम् मुन्नालाल 95 पंजाब रे. 1909, 4 इ. के. 844
48. हेमा बाई बनाम् पंजिया बाई 5 वी. रि. 102 प्रीवी कॉउन्सिल, शिवसिंहराय बनाम् दाखी 1 इलाहाबाद 688 प्रीवी कॉउन्सिल
49. अर्हन्नीति – द्वितीय परिच्छेद – दायभाग – श्लोक 55, 56, 57 और 59
50. हसन अली बनाम् नागामल। इलाहाबाद पृ. 288; मानकचन्द बनाम् मुन्नालाल 95 पंजाब रे 1909, 4 इन्डिन केसज 844; मनोहर लाल बनाम् बनारसीदास

29 इलाहाबाद पृ. 495; अशरफी कुँवर बनाम् रूपचन्द 30 इलाहाबाद, 167; जमना बाई बनाम् जवाहरमल 46 इन्डि. के. 81

51. लक्ष्मीचन्द बनाम् गट्टी 8 इलाहाबाद 3199, हसन अली बनाम् नागामल इलाहाबाद 2881
52. हसन अली बनाम् नागामल, इलाहाबाद, 288
53. (1) मानकचन्द बनाम् मुन्नालाल 95 पी. आर. 1909, 4 आई. सी. 844 (2) मनोहर लाल बनाम् बनारसीदास 29 अलाहाबाद 495 (3) अशरफी कौर बनाम् रूपचन्द 30 अलाहाबाद 197 (4) जमुनाबाई बनाम् जुहारमल 26 बाई. सी. 81
54. (1) लक्ष्मीचन्द बनाम् गट्टी 8 अलाहाबाद 919 (2) हसनअली बनाम् नागामल, 1 अलाहाबाद 288
55. श्री भद्रबाहु संहिता – दशम परिच्छेद – दायभाग – श्लोक 49 से 51
56. हिन्दू कोड – गौड – द्वितीय वृत्ति – 396
57. अर्हन्नीति – द्वितीय परिच्छेद – दायभाग – श्लोक 59 से 65
58. शिवकुमार बनाम् जीवराज 25 कलकत्ता वी. नी 273 प्रिवी काउन्सिल
59. शिवकुँवर बनाम् जीवराज 25 कलकत्ता वी. नी. 273 प्रिवी काउन्सिल जमना बाई बनाम् जुहारमल 56 इन्डिन के 81, जीवराज बनाम् शिवकुमार 66 इन्डिन के. 65
60. (प) पुरुषोतम बनाम् बेनीचन्द 23 बम्बई लॉ रिपोर्टर 327, 61 इण्डिया के. 492 (पप) हिन्दू कोड – गोड – द्वितीय वृत्ति 367
61. माणक चन्द बनाम् मुन्नालाल 95 पंजाब रे. 1909, 4 इन्डि. के. 844
62. अशरफी कुँअर बनाम् रूपचन्द 30 इलाहाबाद 197
63. श्री भद्रबाहु संहिता – दशम परिच्छेद – दायभाग – श्लोक 55, 66
64. अर्हन्नीति – द्वितीय परिच्छेद – दायभाग – श्लोक 58
65. श्री भद्रबाहु संहिता – दशम परिच्छेद – दायभाग – श्लोक 60
66. श्री भद्रबाहु संहिता – दशम परिच्छेद – दायभाग – श्लोक 52, 53, 54
67. श्री वर्द्धमान नीति – द्वितीय – दायभाग – श्लोक 25 से 29
68. अर्हन्नीति – द्वितीय परिच्छेद – दायभाग – श्लोक 86 से 89
69. अर्हन्नीति – द्वितीय परिच्छेद – दायभाग – श्लोक 86–88

70. अर्हन्नीति – द्वितीय परिच्छेद – दायभाग – श्लोक 58
71. श्री भद्रबाहु संहिता – दशम परिच्छेद – दायभाग – श्लोक 93, 94
72. अर्हन्नीति – द्वितीय परिच्छेद – दायभाग – श्लोक 66, 67, 68
73. श्री बद्ध वर्द्धमान नीति – द्वितीय परिच्छेद – दायभाग – श्लोक 4
74. ऋषभ बनाम् चुन्नीलाल अम्बूशेठ 16 बम्बई 347
75. श्री वर्द्धमान नीति – द्वितीय परिच्छेद – दायभाग – श्लोक 18, 19, 104
76. अर्हन्नीति – द्वितीय परिच्छेद – दायभाग – श्लोक 83, 84
77. अर्हन्नीति – द्वितीय परिच्छेद – दायभाग – श्लोक 104
78. मोडर्न हिन्दू लॉ – पारस दीवान – पृ. 227
79. नन्द बनाम् भूपेन्द्र, ए. आइ. आर. 1966 कलकत्ता 181; गोपाल बनाम् काम्पटा 1972 मध्यप्रदेश 193
80. धारा 10 (ii) हिन्दू दत्तक और भरण पोषण अधिनियम 1956
81. नायडू बनाम् नायडू ए. आई. आर. 1970 सुप्रीम कोर्ट 1673
82. (i) गोपी बनाम् मदन ए. आई. आर. 1970 राजस्थान, 190 (ii) बाबू बरेसाल बनाम् गुलजारी देवी 1979, अलहाबाद 1979
83. भीमा बनाम् सरत ए. आई. आर. 1988 उड़ीसा 19
84. धारा 7 का हिन्दू दत्तक और भरण पोषण अधिनियम 1956
85. धारा 5(1) हिन्दू दत्तक और भरण पोषण अधिनियम, 1956
86. भोला राम बनाम् रामलाल ए. आई. आर. 1989 मध्यप्रदेश 198
87. धारा 7 का परन्तुक हिन्दू दत्तक एवं भरण पोषण अधिनियम 1956
88. नागी राड्डी लक्ष्मी बनाम् नागीरड्डी नागाराज् ए. आई. आर. 2005 आन्ध्रप्रदेश 17
89. विजयलक्ष्मी बनाम् बी. टी. शंकर ए. आई. आर. 2001 उच्चतम न्यायालय 1424
90. कृष्णाजी बनाम् हनुमारेड्डी 1934 बम्बई 385
91. धनराज बनाम् सुर्जा ए. आई. आर. 1981 पटना 204
92. सरकार बनाम् अधीक्षक जवाहरलाल नेहरू मेमोरियल होस्पिटल 1996 कलकत्ता 264

93. Selection from Jain Law - C.R. Jain

94. बक्शीशसिंह बनाम् केवल सिंह 1975 Current Law Journal 180

95. अमरसिंह बनाम् तेजराम 1982 पंजाब, मायाराम बनाम् जयनारायण (1989) एच. एल. आर. 352

96. गुन्डीचा बनाम् एश्वारा 1965 उड़ीसा 1964 आई. एल. आर. (1964) कट 970

97. अमरसिंह बनाम् तेजाराम 1982 पंजाब, 282

98. धनराज बनाम् सूरजबाई 1975 एस. सी. 1103, 1105

99. रामचन्द्र रामय बनाम् बापूराय 1976 एच. एल. आर. 308

100. पुल्लमराजू बनाम् सरकार 1980 ए. पी. एल. जे. 356

101. Selection from Jain Law - C.R. Jain

102. चरणसिंह बनाम् मेजर सिंह (1976) 78 पंजाब एल. आर. 367

103. गोलकचन्द्र बनाम् कृतिदास 1979 उड़ीसा 205

104. विट्ल बनाम् अन्सा बाई 1977 बम्बई 298

105. लक्ष्मण सिंह बनाम् रूपकुमार 1961 एस. सी. 1378

106. काशीनाथ बनाम् महादेव 1977 पटना 199

107. लल्लाराम बनाम् गोहीराम 1972 इलाहाबाद 540

108. उमिला बनाम् हेमन्ता ए. आई. आर. 1933 उड़ीसा 213

109. नेमि बनाम् उत्तम 1973 आई. सी. डब्लू. आर. 68

110. जैसिंह बनाम् शकुन्तला ए. आई. आर. 2002 एस. सी. 1428

111. महालिंगम बनाम् कानाय्यन (1989) 2 मद्रास लॉ जर्नल 345

112. रामसिंह बनाम् पतराम (1986) एच. एल. आर. 228 (पंजाब और हरियाणा)

113. बासदेव बनाम् भारद्वाज आई. एल. आर. (1968) 2 पंजाब 231

114. सरवण सिंह बनाम् गुरुदीप सिंह 1975 रेव. एल. आर. 136 (पंजाब)

115. श्यामसुन्दर बनाम् धरीन्द्र (1971) कटक डब्लू आर. 134, कुंजाबिहारी बनाम् पुरुषोतम कुमार (1977) 2 कट डब्लू आर. 863

116. केवलजीत सिंह बनाम् हरियाणा राज्य सरकार 1981 पंजाब लॉ पृ. 64, 66

117. खजान सिंह बनाम् भारत सरकार 1980 दिल्ली 60

118. नीलव्वा बनाम् शिवाव्वा (1988) 2 एच. एल. आर. 799

119. अंकुश नारायण बनाम् जानाबाई (1966) बम्बई 174

120. सुबास मिसर बनाम् थागीर मिसर 1967 अलाहाबाद 148

121. 1979 एम. पी. एल. जे. 591; 1979 श्रंइ एल. जे. 314

122. बनाबाई बनाम् वासुदेव 1979 बम्बई 1979

123. दीनाजी बनाम् दद्द 1990 एस. सी. 1153

124. गुलकण्डी बनाम् प्रहलाद 1968 राजस्थान 51

अध्याय - दशम

स्त्रीधन

स्त्रीधन का प्रारंभिक विवेचन

स्त्रीधन के नाम से यह स्पष्ट हो जाता है, यह स्त्री अर्थात् पत्नी का धन है। ऐसा नाम से ही लगता है कि इस पर पति का भी अधिकार नहीं है और न ही सास–ससुर या अन्य किसी रिश्तेदार का। यह पत्नी की व्यक्तिगत सम्पत्ति, धन है, ऐसा तो इसके नाम से ही प्रकट हो जाता है किन्तु अब विस्तृत रूप से देखेंगे कि स्त्रीधन है क्या? इसमें क्या कुछ सम्पत्ति सम्मिलित होती है? क्या इस पर केवल स्त्री अर्थात् पत्नी का ही अधिकार होता है अथवा क्या ऐसी कोई परिस्थिति भी है जिसमें स्त्रीधन का उपयोग भी हो सकता है? साथ ही, स्त्रीधन कौन दे सकता है? कब दे सकता है? आदि सभी बिन्दुओं से भी इस पर गौर करना उचित ही होगा।

स्त्रीधन का अर्थ

वर्द्धमान नीति में स्त्रीधन की परिभाषा इस प्रकार की गई है–

वस्त्राभूषणपात्रादि उत्सर्व स्त्रीधनं मतम्।
तत्तुपंचविद्यं प्रोक्तं विवाहसमयविनम्।।[1]

अर्थात् विवाह के समय पति तथा पति के पिता, स्वपिता, चाचा, भाई, माता, वृद्ध भगिनी अथवा बुआ ने वस्त्र–आभूषण पात्रादिक जो दिया वह सब अध्यग्नि स्त्रीधन है। यह पाँच प्रकार का होता है। विवाह के दिन जो दिया जाता है, वह सभी स्त्रीधन की परिभाषा में आता है। श्री भद्रबाहु संहिता में इसी स्त्रीधन के सम्बन्ध में इस प्रकार कहा गया है–

एवं पंचविधं प्रोक्तं स्त्रीधनं सर्वसम्यतम्।
न केनापि कदा ग्राह्यं दुर्भिक्षाऽपदवृभादृते।।[2]

अर्थात् इन उपरोक्त पांच प्रकारों की सम्पत्ति स्त्रीधन होती है। इनको दुर्भिक्ष, आपत्ति अथवा धर्म कार्य को छोड़कर किसी का लेना उचित नहीं है। पाँच प्रकार के स्त्रीधन की चर्चा उचित स्थान पर करेंगे। ऐसे ही स्त्रीधन की अविभाज्यता के बारे में यथास्थान पर विवेचन किया जायेगा। स्त्रीधन पर इन्द्रनन्दि जिनसंहिता में इस प्रकार कहा गया है–

पुब्वहु तहा सुद्ध कमसो भायस्स भाइणो होई।
इत्थियं धण सु दिण्णं पाणिग्रहणस्स कालये सब्बं।।
माता पिता भयिष्णा पिच्चसुसांयेहि संदिण्णं।
भूसण वत्थ हयादिय सब्बं खलुजाण इत्थिधणं।।[3]

अर्थात् पहले स्त्री, फिर पुत्र, यह क्रमशः दाय के भागी होंगे। इसका सम्बन्ध दायभाग से है। यह श्लोक 46 की प्रथम पंक्ति से सम्बन्धित है। इसी श्लोक के श्लोक 46 की द्वितीय पंक्ति में स्त्रीधन को परिभाषित किया गया है। जो विवाह के समय मिले, वह सब स्त्रीधन है। श्लोक 47 के अनुसार जो माता–पिता, भ्राता, बुआ (पिता की भगिनी) आदि ने जो आभूषण वस्त्र घोड़े आदि दिये हो, वह सब स्त्रीधन है। अर्हन्नीति में स्त्रीधन को इस तरह परिभाषित किया गया है–

"**विवाहकाले वा पश्चात्पित्रा माता च बन्धुभिः।**
पितृव्यैश्च वृहत्स्वरन्ना तथैव पतिनापियत्।
भूषणांशुप्पात्रादि तत्सर्व स्त्रीधन भवेत्।।[4]

अर्थात् विवाह के समय अथवा बाद में पिता ने, माता ने, बन्धुओं ने, पिता के भाइयों ने, बड़ी बहन ने, बुआ ने, या और लोगों ने या मौसी इत्यादि या पति ने जो कुछ आभूषण वस्त्रादिक दिये हों, वह सब स्त्रीधन है। उसकी स्वामिनी वही है।

वर्द्धमान नीति, श्री भद्रबाहु संहिता, इन्द्रनन्दि जिन संहिता, अर्हन्नीति इस विषय में एक मत हैं।

स्त्रीधन के प्रकार

स्त्रीधन के विभिन्न स्रोतों के बारे में देखना उचित होगा। जैसा कि श्री भद्रबाहु संहिता में कहा गया है–

" एवं पंचविधं प्रोक्तं स्त्रीधनं सर्वसम्मतम्।।[5]

अर्थात् इन पांच प्रकार की सम्पत्ति स्त्रीधन होती है। इसी प्रकार वर्द्धमान नीति में स्त्री धन के कितने प्रकार होते हैं, के बारे में कहा गया है–

"तनुपंचविद्यं प्रोक्तं विवाह समय दिनम्।।[6]"

अर्थात् यह (स्त्रीधन) पांच प्रकार का होता है विवाह के दिन जो दिया जाता है वह सभी स्त्रीधन की परिभाषा में आता है ––

(क) अध्याग्नि– जो कुछ अग्नि और ब्राह्मणों की साक्षी में लड़की को दिया जाता है, वह आभूषण इत्यादि जो पुत्री को उसके माता–पिता विवाह के समय देते हैं। इस सम्बन्ध में श्री भद्रबाहु संहिता में कहा गया है–

"विवाहकाले पितृभ्यो दत्तं यदभूषणादिकम।
तदध्याग्निकृतं प्रोक्तमग्निब्राह्मणसाक्षिकम्।।[7]

अर्थात् विवाह के समय जो माता–पिता ने भूषणादिक द्रव्य अग्नि और ब्राह्मणों की साक्षी में दिए गए हों, वह अध्याग्नि कहा जाता है। वर्द्धमान नीति में भी यही कहा है कि विवाह के समय माता–पिता पात्रादिक जो दिया वह सब स्त्रीधन अध्याग्नि है। अर्हन्नीति में इस सम्बन्ध में इस प्रकार का संदर्भ आता है–

"विवाहे यच्च पितृभ्यां धनमाभूषणादिकम्।
विप्राग्निसाक्षिक दत्तं तदध्याग्निकृत भवेत।।[8]

अर्थात् विवाह के समय माता–पिता ने ब्राह्मण तथा अग्नि के सन्मुख अपनी कन्या को जो वस्त्र आभूषण दिये, वह सब अध्याग्नि स्त्रीधन है।

(ख) अध्यहवनिक (लाया हुआ)– जो द्रव्य वधू अपने पिता के घर से अपने पिता और भाइयों के सम्मुख लाए वह अध्यहवनिक अर्थात लाया हुआ स्त्रीधन होता है। श्री भद्रबाहु संहिता में इस सम्बन्ध में कहा गया है–

"यत्कन्यया पितुर्गेहादानीतं भूषणादिकम्।
अध्याह्ननिकं प्रोक्तं पितृभ्रातृसमक्षकम।।[9]

अर्थात् जो धन पिता के घर से कन्या पिता व भाइयों के सामने दिया हुआ लाए उसको अध्याह्ननिक अर्थात् लाया हुआ कहते हैं। श्री वर्द्धमान नीति में अध्याह्ननिक स्त्रीधन को इस प्रकार बताया गया है–

पितृगृहात्पुर्नीत कन्यायाभूषणादिकम्।
अध्याह्ननिकं प्रोक्तं भ्रातृबन्धुसमक्षकम्।।[10]

अर्थात् जो आभूषण आदि पिता के घर से कन्या भाई बन्धुजन के सन्मुख लाए, वह सभी अध्याह्निक कहलाता है। अर्हन्नीति में इस बारे में कहा गया है–

"पुनः पितृगृहाद्वध्वाऽनीतं यदभूषणादिकम।
बन्धुभातृसमक्षे स्यादध्याह्नदिकं च तत्।।[11]

अर्थात् विवाह पश्चात् घर से ससुराल को जाते समय जो कुछ वह भाइयों और कुटुम्बीजनों के समक्ष लाये वह आभूषणादिक सब अध्याह्निक स्त्रीधन कहलाता है। श्री भद्रबाहु संहिता, वर्द्धमान नीति और अर्हन्नीति इन तीनों में लगभग एक सी बात कही गई है।

(ग) प्रीतदान– जो सम्पत्ति श्वसुर और सासू वधू को विवाह के समय पर देते हों। इस सम्बन्ध में श्री भद्रबाहु संहिता में सम्बन्धित श्लोक इस प्रकार है–

"प्रीत्या यद्दीयते भूषा श्व श्वा वा श्वशुरेण वा।
मुखेक्षणङ्घ्रिग्रहणे प्रीतिदानं स्मृतं बुधैः।।[12]

अर्थात् जो धन–वस्त्रादि श्वसुर और सास ने मुख दिखाई तथा पादग्रहण के समय प्रीतिपूर्वक दिया उसको बुद्धिमान लोग प्रीतिदान कहते हैं। श्री वर्द्धमान नीति में इसके सम्बन्ध में इस प्रकार कहा गया है–

"दत्तं प्रीत्या च य त्श्वश्वा भूषणादि श्वशुरेण वा।
मुखेक्षणांघ्रिग्रहणे प्रीतदानं तदुच्यते।।[13]

अर्थात् सास–ससुर ने जो कुछ मुख दिखाई अथवा पाँव पड़ने के समय प्रीतिपूर्वक दिया हो वह प्रीतिदान स्त्रीधन है। अर्हन्नीति में इसके सम्बन्ध में एक श्लोक इस प्रकार है–

"प्रीत्या सनुषायै यद्दतं श्वश्वा च श्वशुरेण च।
मुखेक्षणांघ्रिनमने तद्धनं प्रीतिजं भवेत्।।[14]

अर्थात् मुख दिखाई तथा पग पड़ने पर सास–ससुर ने जो कुछ दिया हो वह प्रीतिदान स्त्रीधन कहलाता है। श्री भद्रबाहु संहिता, वर्द्धमान नीति, अर्हन्नीति में समान रूप से बताया गया है कि नववधू के ससुर गृह अर्थात् ससुराल में प्रवेश पर कई संस्कार, रस्में की जाती हैं, उन संस्कारों में मुँह दिखाई और पांव पड़ने की रस्में भी हैं। नववधू के मुँह दिखाई की एक रस्म होती है, उसमें वर पक्ष के सभी रिश्तेदार वधू के घूंघट में झाँककर उसका मुँह देखने की रस्म है। उसे मुँह दिखाई (मुख दिखाई) की रस्म कहते हैं,

वह वधू के प्रति प्यार प्रदर्शन की रस्म है और उसकी सुन्दरता की तारीफ भी इसमें सम्मिलित है। यह रस्म सर्वप्रथम सास और फिर ससुर करते हैं और यह खाली हाथ नहीं होती। प्रत्येक रिश्तेदार रिश्ते के हिसाब और क्षमतानुसार कुछ नकद राशि, आभूषण आदि देते हैं। नव वधू की मुँह दिखाई की रस्म पर जो धन, आभूषण, वस्त्र आदि उसे मिलता है वह प्रीतदान का महत्त्वपूर्ण हिस्सा है।

इसी प्रकार दूसरी महत्त्वपूर्ण रस्म नववधू द्वारा अपने रिश्तेदार के चरण स्पर्श अर्थात् पांव पड़ने की है। इसमें नववधू रिश्तेदारों के वरिष्ठतानुसार पैर पड़ने की रस्म करती है। इस रस्म में भी सब नववधू को राशि, आभूषण, वस्त्र आदि अपनी हैसियत अनुसार भेंट करते हैं, वह भी प्रीतिदान का हिस्सा है। प्रीतिदान के नाम से यह स्पष्ट है कि वह सासू–ससुर द्वारा प्रीति अथवा स्नेह के कारण नववधू को देते हैं वह प्रीतिदान कहलाती है।

(घ) औदयिक (सौदयिक)– जो वस्तुएँ विवाह के पश्चात् माता–पिता या पति से मिलें। भद्रबाहु संहिता में इस सम्बन्ध में कहा गया है–

"आनीतमूढ़कन्याभिद्रव्यभूषांशुकादिकम्।
पितृभ्रातृपतिभ्यश्च स्मृतमौदयिक बुधैः।।[15]

अर्थात् विवाह के पश्चात् पिता, भाई तथा पति से जो धन, आभूषण, वस्त्रादि मिलें वह औदयिक कहा जाता है। वर्द्धमान नीति में इसको इस श्लोक द्वारा कहा गया है–

उढया कन्यया चैवं यतु पितृगृहात्तथा।
भ्रातुः सकाशादादत्तं धनमौदयिक स्मृतम।।[16]

अर्थात् विवाह के उपरान्त माता–पिता के रिश्तेदारों से जो कुछ मिला हो, वह औदयिक है। अर्हन्नीति में इस विषय में इस प्रकार कहा गया है–

"पुनभ्रातुः सबाशा द्यत्प्राप्त पितृगृहात्तथा।
उढया स्वर्णरत्नादि तत्सयादौदयिकधनम।।[17]

अर्थात् विवाह पीछे जो सोना रत्नादि विवाहित स्त्री अपने भाइयों अथवा मैके से लाये, वह सभी औदयिक स्त्रीधन कहलाता है।

अध्याग्नि और औदयिक स्त्रीधन में समानता यह है कि वह धन, सम्पत्ति, वस्त्र, आभूषण और गृह सामग्री माता–पिता द्वारा दी जाती है। अध्याग्नि और औदयिक स्त्रीधन में यह असमानता है कि अध्याग्नि स्त्रीधन विवाह के समय ब्राह्मणों और अग्नि की साक्षी में माता–पिता द्वारा दिये जाते

हैं, वहीं औदयिक स्त्रीधन में विवाह के पश्चात् जो सम्पत्ति, धन, वस्त्र, आभूषण और अन्य गृह सामग्री दी जाती है, वह सब सम्मिलित है।

(ङ) अन्वाध्येय– जो वस्तुएँ विवाह समय अपनी या पति के कुटुम्ब की स्त्रियों ने दी हैं।

"परिक्रमण काले युद्धेभरत्नांशुकादिकम।
दम्पतीकुलवामाभिरन्वाधेयं स्मृतं बुधैः।।[18]

अर्थात् विवाह समय में अपने पति तथा पति के कुल की स्त्रियों (कुटुम्बी स्त्रियों) से जो धन आया हो, वह अन्वाध्येय है। इस सम्बन्ध में वर्द्धमान–नीति में इस प्रकार कहा गया है–

"विवाहे सति यद्दत्तमंशुकं भूषणादिकम्।
कन्याभर्तृकुलस्त्रीभिरन्वाधेय तदुच्यते।।[19]

अर्थात् कुछ गहना इत्यादि पति के कुटुम्बी स्त्रियों से विवाह के समय प्राप्त हुआ हो, वह अन्वाधेय कहलाता है। अर्हन्नीति में इस सम्बन्ध में यह श्लोक है–

"परिक्रमणेकाले यदतं रत्नांशुकादिकम्।
जायायति कुलस्त्रीभिस्तदन्वाधेय मुच्यते।।[20]

अर्थात् परिक्रमा के समय जो कुछ रत्न, रेशमी वस्त्रादिक पति के कुटुम्ब की स्त्रियाँ व विवाहित स्त्री या पुरुष से मिलें, वह अन्वाधेय स्त्रीधन कहलाता है।

अन्वाध्येय स्त्रीधन के बारे में श्री भद्रबाहु संहिता, वर्द्धमान नीति और अर्हन्नीति तीनों के विवेचन से बहुत स्पष्ट है कि विवाह के समय अपने परिवार की स्त्रियों या अपनी बुआ, जीजी, चाची, भाभी, मामी आदि से मिले और ऐसे ही रिश्तेदार जो पति के हों उनसे मिले, वह सब अन्वाध्येय स्त्री धन है।

स्त्रीधन में सम्मिलित धन सामग्री

इसी भाँति गाड़ी और घोड़े के पदार्थ जो विवाह के समय अथवा पश्चात् मिले वह भी स्त्रीधन है। इसे इन्द्रनन्दि संहिता में निम्न श्लोक में कहा गया है–

"माता पिता भयिण्णा पिच्वसुसाये हिं संदिण्णं।
भूषण वत्थ इयादिय सब्बं खलु जाण इत्थिघषं।।[21]

यहाँ यह बात विशेष रूप से उल्लेखनीय है जहाँ अध्याग्नि में विवाह के समय माता–पिता द्वारा अग्नि और ब्राह्मणों की साक्षी में जो सामग्री दी जाती है, वह सब सम्मिलित हैं, वहीं औदयिक स्त्रीधन में विवाह के पश्चात् माता–पिता द्वारा जो धन सम्पत्ति वस्त्र, आभूषण और अन्य गृह सामग्री दी जाती है, वे सब सम्मिलित हैं। इस संबंध में इन्द्रनन्दि जिन संहिता में यह भी बताया गया है–

"जीवदु भत्ता जं धणु णिय भज्जं सं पडुव्व सं दिण्णं।
भुंजीव थावर विणु जहेत्थु सातस्स भोयरिहि।।[22]

अर्थात् जो कि स्वामी (पति) ने अपने जीते स्वभार्या (निज स्त्री) को जंगम धन (माल मनकूला) प्रेम से दिया हो, वह उसको इच्छानुसार भोग सकती है किन्तु स्थावर जायदाद को नहीं। इसके सम्बन्ध में वर्द्धमान नीति में कहा गया है–

"पत्यौ जीवति यः स्त्रीभिरलंकारो धश्तो भवेत्।
न तं भजेरन्दायादाः भजमानाः पतन्ति ते।।[23]

अर्थात् पति के होते हुए जो स्त्री जितने आभूषण धारण करती रहती है, उनका बाँट नहीं होता है। अगर उसका भी बाँट करे तो वे नीच समझे जायेंगे।

इसका अर्थ यह है कि जो आभूषण, वस्त्र और किसी भी प्रकार की चल सम्पत्ति पति ने दिया हो, उसका एकमात्र स्वामित्व पत्नी का होता है और वह अविभाज्य है। वर्द्धमान नीति में यह कहा जाना कि जो आभूषण पत्नी पहने हुए है, वह अविभाज्य है, उसका अर्थ भी यह है कि जो सम्पत्ति आभूषण पत्नी प्रयोग में ले रही है वह सब उसका स्त्रीधन है। इस प्रकार की सम्पत्ति के बारे में अर्हन्नीति में ये श्लोक विशेष उल्लेखनीय है–

"एतत स्त्रीधनमादा तुं न शक्तः कोऽपि सर्वथा।
भागानाहं यतः प्रोक्तं सर्वेनीतिविशारदे।।
धारणार्थमिलङ्कारो भर्त्रा दत्तोन केनचित्।
गृह्यः पतिमृतो सोऽपि वजेत्स्त्रीधनतां यतः।।[24]

अर्थात् उपर्युक्त (पांच प्रकार के) स्त्रीधन को कोई दायाद नहीं ले सकता है। कारण कि सर्वनीति शास्त्रों के जानने वालों ने इनको विभाग के अयोग्यवत लिया है। जो आभूषण पति ने अपनी स्त्री के लिये बनवाए पर उनको उसे देने से प्रथम आप मर गया तो उनको कोई दायाद नहीं ले

सकता है क्योंकि यह उसका स्त्रीधन है। वर्द्धमान संहिता में इसके बारे में यह कहा गया है–

"एवं पंचविद्यं प्रोक्त स्त्रीधन सर्वसम्यतम्।
न केनापि कदा ग्राह्यं दुर्भिक्षाऽपदवृभादृते।।[25]

यह (उपरोक्त) पांच प्रकार का स्त्रीधन है। इसको दुर्भिक्ष, कड़ी आपत्ति के समय अथवा धर्म कार्य के अतिरिक्त कोई नहीं ले सकता है। इस प्रकार स्त्रीधन के जो पाँच स्रोत बताये गये हैं; उन स्रोतों से आने वाली समस्त सम्पत्ति पत्नी का स्त्रीधन पर और उस समस्त सम्पत्ति पर उसका एकाधिकार है। वह उसके एकाधिकार वाली केवल उसके द्वारा उपयोग में लिये जाने वाली सम्पत्ति है और उसमें किसी और का हस्तक्षेप नहीं है।

पत्नी के निमित्त आभूषण जो पति उसको दे न पाए

इसके अलावा अन्य महत्त्वपूर्ण तथ्य अर्हन्नीति में बताया गया है वह इस प्रकार है कि जो कोई आभूषण पत्नी के निमित्त किसी को बनने के लिये दिये अथवा बनवाये अथवा आधुनिक आभूषण के शोरूम से क्रय किये और उसमें थोड़ा परिवर्तन के लिये क्रय कर वहीं छोड़ दिये अथवा क्रय कर किसे रिश्तेदार को पत्नी को देने के लिये दे दिये, इन किसी भी परिस्थिति में वह आभूषण पत्नी को वास्तविक रूप से दे नहीं पाया और उसके पूर्व उसकी मृत्यु हो जाती है, तब उन आभूषणों पर पत्नी का एकमात्र अधिकार होगा अन्य कोई उसमें किसी भी प्रकार का अधिकारी नहीं है। इसका कारण यह है कि यदि आभूषण के निमित्त होने वाला व्यय पत्नी को दे देता तब वह उस द्रव्य की स्वामिनी होती न कि पति।

स्त्रीधन अविभाज्य

स्त्रीधन पैतृक सम्पत्ति की भाँति विभाग योग्य नहीं है। इसके सम्बन्ध में पूर्व में बताया गया है लेकिन इसका संदर्भ यहाँ होने से इसे पुनः लिखा जा रहा है। श्री भद्रबाहु संहिता में इसकी अविभाज्यता के बारे में इस प्रकार कहा गया है–

"एवं पंचविधं प्रोक्तं स्त्रीधन सर्वसम्मतम्।
न केनापि कदा ग्राह्यं दुर्भिक्षाऽपदवृभादृते।।[26]

अर्थात् इन पांच प्रकारों की सम्पत्ति स्त्रीधन होती है। इनको दुर्भिक्ष, आपत्ति अथवा धर्म कार्य को छोड़कर किसी का लेना उचित नहीं है। इन्द्रनन्दि जिन संहिता में इस सम्बन्ध में श्लोक इस प्रकार है–

"तेम्हि घणम्हियभाउणहि एयस्सावि दायस्स।
सप्प्याइं णिप्पयाइंहिं हबे विसेसोय मादुये समयं।।[27]

अर्थात् उस स्त्रीधन में किसी दायाद का कुछ अधिकार नहीं है। स्त्री प्रजा (पुत्रवती) या अप्रजा (अपुत्रवती) ये दो भेद वाली होती है। श्री भद्रबाहु संहिता में बताया गया यही श्लोक वर्द्धमान नीति में सम्पूर्ण रूप से वैसे ही कहा गया है।[28]

श्री भद्रबाहु संहिता, इन्द्रनन्दि जिन संहिता और भद्रबाहु संहिता इन तीनों कानूनी पुस्तकों में एक मत से यह कहा गया है स्त्रीधन पत्नी की अविभाज्य सम्पत्ति है, उस पर पत्नी का एक मात्र अधिकार है और सामान्य परिस्थितियों में इसकी अविभाज्यता सम्पूर्ण है।

अकाल, आपत्ति और धार्मिक कार्यों में स्त्रीधन का उपयोग

अकाल के समय अथवा धार्मिक आवश्यकताओं के अतिरिक्त और समय पर उसके स्त्रीधन को कोई अर्थात् पति भी नहीं ले सकता है। इस सम्बन्ध में श्री भद्रबाहु संहिता के एक श्लोक का विवेचन करने की आवश्यकता अनुभव की जा रही है। श्री भद्रबाहु संहिता का श्लोक इस प्रकार है–

"एव पंचविधं प्रोक्तं स्त्रीधन सर्वसम्मतम्।
न केनापि कदा ग्राह्यं दुर्भिक्षाऽपद्वृभादृत।।[29]

(उपरोक्त) इन पाँच प्रकारों की सम्पत्ति स्त्रीधन होती है। इनको दुर्भिक्ष, आपत्ति अथवा धर्म कार्य को छोड़कर किसी का लेना उचित नहीं है। श्री वर्द्धमान नीति का एक और श्लोक भी उल्लेखनीय है–

"दुर्भिक्षे धर्म्मकार्ये च व्याधौ प्रतिरोधके।
गृही स्त्रीधन भर्त्ता न स्त्रियै दातुमर्हति।।[30]

अर्थात् श्लोक 45 का वही अर्थ है, जिसका उल्लेख भद्रबाहु संहिता में किया गया है। श्लोक 46 का अर्थ इस प्रकार है – दुर्भिक्ष में, धर्म कार्य में, रोग की दशा में (तथा व्यापार आदि संबंधी) बाधाओं को दूर करने के लिए यदि भर्त्ता स्त्रीधन को व्यय कर दे तो उसको लौटाने

की आवश्यकता नहीं है। अर्हन्नीति में इसके बारे में यह श्लोक उल्लेखनीय है–

"व्याधौ धर्मे च दुर्भिक्षे विपत्तौ प्रतिरोधके।
भर्तानन्यगतिः स्त्रीत्वं लात्वा दातुं न चार्हति।।[31]

अर्थात् बीमारी में, धर्म–काम के लिए दुर्भिक्ष में, आपत्ति के समय में या बन्धन के अवसर पर यदि पति के पास कोई सहारा न हो और वह स्त्रीधन को ले ले तो उसका लौटाना आवश्यक नहीं है।

अर्हन्नीति, श्री भद्रबाहु संहिता और वर्द्धमान नीति इन तीनों के आधार पर यह कहा जा सकता है कि स्त्रीधन की अविभाज्यता को सर्वोपरि मानते हुए, स्त्रीधन के उपयोग में कुछ अपवाद किये गये हैं, वे इस प्रकार हैं–

(क) दुर्भिक्ष अथवा अकाल– कई बार ऐसा दुर्भिक्ष अथवा अकाल पड़ जाता है, जब परिवार को जो मुख्य तौर पर कृषि पर या कृषि आधारित हो उनको विशेषतया और शेष क्षेत्रों में सभी की परिस्थितियों के अनुसार दुर्भिक्ष का जीवन पर बहुत कठोर, नकारात्मक प्रभाव पड़ता है, यहाँ तक कि खाने के लाले पड़ जाते हैं। ऐसे कठिन समय में परिवार के आवश्यक खर्चों के लिये स्त्रीधन का उपयोग करना नितान्त न्यायोचित और आवश्यक है। स्त्रीधन का परिवार की विपरीत परिस्थितियों में व्यय सदुपयोग है।

(ख) पारिवारिक सदस्यों की अस्वस्थता पर आवश्यक व्यय– अगर परिवार आर्थिक रूप से सक्षम है तब तो किसी परिवार के सदस्य की अस्वस्थता पर परिवार अपने आप खर्च करता है। जब परिवार आर्थिक रूप से कमजोर हो, अक्षम हो और ऐसी परिस्थिति में पारिवारिक सदस्यों की अस्वस्थता पर आवश्यक व्यय स्त्रीधन से करना पूर्ण न्यायोचित है और आवश्यक है। ऐसी स्थिति में स्त्रीधन का उपयोग किया जा सकता है।

(ग) धर्म के काम पर– स्त्रीधन का धर्म काम पर व्यय इसका पूर्ण सदुपयोग है। धार्मिक कार्यों में दिनचर्या की पूजा इत्यादि सम्मिलित नहीं है। उससे केवल उस आवश्यकता का अर्थ है जो जाति या धर्म पर आई हुई आपत्ति को टालने के निमित्त हो। इससे यह स्पष्ट होता है कि कोई नियमित धार्मिक कार्य में स्त्रीधन का उपयोग नहीं हो सकता। धर्म पर आई विपत्ति का एक उदाहरण इस प्रकार है जैसे कोई मंदिर अथवा धार्मिक स्थान किसी सरकारी जमीन पर बना हुआ है और उसके नियमितिकरण के लिये सरकारी कोष में एक निश्चित राशि जमा करानी है अन्यथा उस मंदिर

अथवा धार्मिक स्थल को तोड़ दिया जायेगा। ऐसी विपत्ति में कोई स्त्री अपने स्त्रीधन से सरकारी कोष में उस निश्चित राशि को जमा कराये तो स्त्रीधन का पूर्ण सदुपयोग है।

इसी प्रकार जाति पर संकट का एक उदाहरण इस प्रकार का हो सकता है। किसी जाति विशेष के सदस्यों पर जिला मजिस्ट्रेट ने किसी झूठे दावे में एक निश्चित राशि का दण्ड दिया है और जाति के सदस्य उसे जमा करा कर दावे को आगे लड कर मुक्ति पाने में सक्षम नहीं हैं। इसका परिणाम दण्ड राशि नहीं जमा कराने के विकल्प में कुछ मास की कैद है। ऐसी परिस्थिति में अगर कोई स्त्री स्त्रीधन से उस राशि को जमा करा देती है और जाति के लोग कैदखाने जाने से बच जाते हैं, यह स्त्रीधन का सदुपयोग है। इस तरह जाति या धर्म पर संकट के समय स्त्रीधन व्यय किया जा सकता है।

(घ) किसी आपत्ति के आने पर– अगर स्त्री के परिवार पर कोई संकट या विपत्ति आ जाये तब उस अवस्था में स्त्रीधन का उपयोग किया जा सकता है। विपत्ति का एक उदाहरण जैसे भूकम्प आ जाये अथवा बाढ़ आ जाये और परिवार के सारे मकान सम्पत्ति नष्ट हो जाये उस समय परिवार के पालन–पोषण के लिये स्त्रीधन का उपयोग किया जा सकता है। किसी भी प्रकार के परिवारिक संकट या आपत्ति के समय स्त्रीधन का उपयोग किया जा सकता है।

(ङ) पति के कारागार में होने पर– पति के कारागार, बन्दीगृह में बन्द होने पर और पति की कोई सम्पत्ति नहीं हो या कोई आय नहीं हो जिससे पारिवारिक व्यय हो सके। ऐसी परिस्थिति में परिवार को चलाने के लिए स्त्रीधन का उपयोग किया जा सकता है।

(च) पति के व्यापार पर संकट में– पति के व्यवसाय या व्यापार पर संकट आ गया हो, आय के साधन बन्द हो जायें और उस समय व्यवसाय, व्यापार में कुछ धन लगाने के अलावा उसके वापिस पटरी पर आने की कोई स्थिति नहीं हो। ऐसे में व्यवसाय पर आया संकट, परिवार का ही संकट है। ऐसे में स्त्रीधन का उपयोग व्यापार में अतिरिक्त पूंजी के रूप में किया जा सकता है जिससे वापिस व्यवसाय चल सके और वापिस आय का स्रोत बन सके। ऐसी परिस्थिति में व्यापार के संकट को मिटाने के लिये स्त्रीधन का उपयोग किया जा सकता है और उसका सदुपयोग है।

स्त्रीधन लेने की बाध्यता पर वापिस करने में असमर्थता

यदि पति स्त्री धन को लेने पर बाध्य हो जाए और उसको वापिस न दे सके तब वह उसे पुनः देने के लिये बाध्य नहीं है। अगर किसी ऐसी परिस्थिति में पति को स्त्री धन लेना पड़ता है और वापिस उसकी आर्थिक स्थिति अच्छी हो जाती है तब उसका दायित्व हो जाता है कि स्त्रीधन पुनः पत्नी को लौटा दे। अगर पति की आर्थिक स्थिति नहीं सुधरती है और उसे लौटाने में असमर्थ है, तब उसकी स्त्रीधन लौटाने की बाध्यता नहीं है।

स्त्रीधन व्यय करने पर स्त्री का पूर्ण अधिकार

स्त्री को अपने स्त्रीधन के व्यय करने का अपने जीवन में पूर्ण अधिकार है। वह उसको पति के भाई–भतीजों को भी दे सकती है। ऐसा दान साक्षी द्वारा होना चाहिए। परन्तु यह नियम आवश्यक नहीं है। यदि इस विषय पर कोई झगड़ा उठे तो उसका निर्णय पंचायत या न्यायालय द्वारा होगा। इस सबके सम्बन्ध में इन्द्रनन्दि संहिता के ये श्लोक महत्त्वपूर्ण हैं–

"तज्जासुय भइणिसुया ण कोदि तरसाणिबारऊ होई।
तो सुद भाइ भतिज्जउ सक्खोकिय ज परस्सु धणदिण्णं।।
तास्सहि कोउ णिसिद्धा ण होइ किमु वा विसेसेण।
साक्खी विणाय दिण्णं ण धणं तस्सवि होइ णिवियदो।।
जावे दिग्धविवादे तस्सेव धणं ध्रुव होई।
एवं दायविभायं जहागमं मुणि बरेहिं णिविट्ठं।।[32]

अर्थात् स्त्रीधन का सप्रजा माता की मृत्यु पर उसका पुत्र अथवा भाणजा मालिक होगा उनको कोई रोक नहीं सकता। अपुत्र (अप्रजा) के मालिक भतीजे (भाई का पुत्र) होंगे। गवाहों की साक्षी में जो धन किसी को दिया जाय उसमें कोई उज्र नहीं कर सकता है। जो धन साक्षी बिना किसी को दिया जाये वह इसका कभी नहीं होता है। विभाग के पश्चात् यदि झगड़ा हो तो वह जायदाद देने वाले की ही ठहरेगी। इस प्रकार का दाय व विभाग शास्त्रानुसार मुनियों ने वर्णन किया है।

इन श्लोकों के विवेचन से यह ज्ञात होगा कि स्त्रीधन का सम्पूर्ण स्वामित्व उस पत्नी, स्त्री का है, वह अपने जीवन में उसे चाहे जैसे खर्च करे, उस पर कोई अंकुश नहीं है। वह चाहे उसका पुत्र हो या पुत्री और

किसी को भी पत्नी के स्त्रीधन के व्यय में व्यवधान उत्पन्न करने का अधिकार नहीं है।

स्त्री के सप्रजा अर्थात् पुत्रवती मृत्यु प्राप्त होने पर सर्वप्रथम उस पर अधिकार पुत्र का होगा। पत्नी–स्त्री के अगर पुत्र नहीं हो तो उसके भाणजे का अधिकार होगा। शास्त्रकारों को कहना है कि इस अधिकार पर कोई व्यक्ति अंकुश नहीं लगा सकता है। अगर स्त्री, पत्नी अप्रजा अर्थात् अपुत्रवती हो, उसके कोई पुत्र नहीं हो तो वह अपने भाई–भतीजों को भी दे सकती है लेकिन इस प्रकार भाई–भतीजों को सम्पत्ति को दान करने का किसी साक्षी के समक्ष करना चाहिए। साक्षी के समक्ष भाई–भतीजों को दान करने का नियम अनिवार्य नहीं है परन्तु सतर्कता के तौर पर ऐसा करना अच्छा रहता है। अगर इस प्रकार का भाई–भतीजों को दान दिया जाता है और इस विषय पर कोई विवाद उठ खड़ा हो जाये तब इस सम्बन्ध में न्यायालय या पंचायत का निर्णय ही अंतिम होगा।

स्त्रीधन पर निकट सम्बन्धियों का अधिकार

पुत्री और दोहित्र का अधिकार :– स्त्री की मृत्यु पर उसका स्त्रीधन उसके निकट सम्बन्धियों अर्थात् पुत्री, दोहिता और दोहत्रियों के अभाव में उसके पुत्र को मिलेगा और उसकी बहन की पुत्री को भी मिल सकता है। इसके सम्बन्ध में इन्द्रनन्दि संहिता में कहा गया है–

"तहभावे तस्स सुया तहभावे णिय सुउ बाबि।
अविभत विभत धण मुक्खे सा होई भामिणी तत्थ।।
तथा तहा सुद कमसो भायस्स भाइणो होई।
धण श्वु दिण्णं पाणिग्रहणस्स कालये सबं।।[33]

अर्थात् यदि कोई विवाहिता पुत्री हो तो अपनी माता के धन की अधिकारिणी होगी। यदि (पुत्री) उसका अभाव हो तब अपना पुत्री का पुत्र अधिकारी होगा। अगर पुत्री के पुत्र (दोहित्रा) का भी अभाव हो तब उसका मृतका स्त्री का पुत्र अधिकारी होगा।

जो धन बँटा हो या न बँटा हो उस धन की मुख्य अधिकारिणी धर्मभार्या होती है। पहले स्त्री, फिर पुत्र यह क्रमशः दाय के भागी होंगे। जो विवाह के समय मिले वह सब स्त्रीधन है। श्री भद्रबाहु संहिता में इस सम्बन्ध में श्लोक इस प्रकार है–

"पतेरप्रजसो मृत्यौ तद्द्रव्याधिपति वधूः
दुहितृ प्रेमतः पुत्रं न गृह्णीयात्कदाचन।।
न ज्येष्ठदेवरसुता दायभागधिकारिणः।
तन्मृतौ तत्सुता मुख्या सर्वद्रव्याधिकारिणी।।[34]

अर्थात् मर्द के निसन्तान मर जाने पर उसकी विधवा उसकी सम्पत्ति की स्वामिनी होती है। यदि वह अपनी पुत्री के विशेष प्रेम के कारण कोई लड़का गोद न ले तो उसके मरने पर उसके ज्येठ देवरों के पुत्र उसके मालिक नहीं हो सकते किन्तु उसकी मुख्य पुत्री ही अधिकारिणी होती है। अर्हन्नीति में इस सम्बन्ध में एक श्लोक उल्लेखनीय है–

"गृहणाति जननी द्रव्यं मृता च यदि कन्यका।
पितृद्रव्यमशेषं हि दौहित्रः सुतरां हरेत्।।[35]

अर्थात् ब्याही हुई कन्या माता का द्रव्य पाती है इसलिए उसका पुत्र (अर्थात् दोहिता) उसके पिता का द्रव्य लेता है। इन्द्रनन्दि संहिता, श्री भद्रबाहु संहिता और अर्हन्नीति तीनों के सम्बन्धित श्लोकों से यह तथ्य पूर्णतया स्पष्ट होता है कि स्त्री की मृत्यु पर उसका स्त्रीधन उसकी पुत्री का पूर्ण अधिकार होगा। मृत स्त्री के पुत्री के नहीं होने पर उसका पुत्र दोहित्रा पुत्री की माता के धन का अधिकारी होगा। इन दोनों के अर्थात् कन्या और दोहित्र के अभाव में स्त्री के धन का अधिकारी उसका स्वयं का पुत्र होगा। इसके साथ ही मृत स्त्री की बहन की पुत्री को भी मिल सकता है।

संतानहीन स्त्री के धन पर अधिकार उसके पति का

यदि स्त्री संतानहीन मर जाय तो उसका धन पति को मिलेगा। श्री भद्रबाहु संहिता में इससे सम्बन्धित श्लोक इस प्रकार है–

"ऊढपुत्र्यां परे तायामपुत्रायां च तत्पतिः।
स स्त्रीधनस्य द्रव्यस्याधिपतिरत्तत्पतिः सदा।।[36]

अर्थात् यदि विवाहित पुत्री निसन्तान मर जाए तो उसके द्रव्य का मालिक उसका पति ही होगा। वर्द्धमान नीति में इस सम्बन्ध में श्लोक पूर्णतया वैसा है, जैसा श्री भद्रबाहु संहिता में उल्लेख किया गया है।[37]

विवाहित पुत्रियों का अधिकार

विवाहित पुत्रियाँ अपनी माताओं के स्त्री धन को पाती हैं। इस सम्बन्ध में इन्द्रनन्दि जिन संहिता का यह श्लोक उल्लेखनीय है–

"रक्खेइ तं कुडुंबो जह पितरौ तह समग्गाई।
उठाहु जादुहिदरो णिय णिय मायं स धणस्स मायरिहा।।
तहभावे तस्स सुया तह भावे णिय सु उ बाबि।
अविभत्त विभत्त धण मुक्खे साहोई भामिणी तत्थ।।[38]

अर्थात् कोई विवाहित पुत्री हो तो वह अपनी माता के धन की अधिकारिणी होगी। यदि विवाहित पुत्री (उसका) हो तो उसका पुत्र, उसका भी अभाव हो तो स्वयं अपना पुत्र अधिकारी होगा। जो धन बँटा हो या न बँटा हो, उस धन की मुख्य अधिकारिणी धर्मभार्या होती है। श्री भद्रबाहु संहिता में इससे सम्बन्धित श्लोक इस प्रकार है–

"ऊढानूढाऽथवा कन्या मातृद्रव्यस्य भागिनी।
अपुत्रपितृद्रव्यस्याधिपो दोहित्रको भवेत।।[39]

अर्थात् माता के द्रव्य की भागिनी कन्या होती है, चाहे वह विवाहित हो अथवा अविवाहित और पुत्र रहिता पिता के द्रव्य का अधिकारी दोहित्र होता है। अर्हन्नीति में इस विषय के सम्बन्ध में श्लोक इस प्रकार है–

"गृह्णाति जननी द्रव्यं मृता च यदि कन्यका।
पितृद्रव्यमशेष हि दोहित्रः सुतरां हरेत्।।

अर्थात् ब्याही हुई कन्या माता का द्रव्य पाती है इसलिये उसका पुत्र (अर्थात् दोहिता) उसके पिता का द्रव्य लेता है। इन्द्रनन्दि संहिता, श्री भद्रबाहु संहिता और अर्हन्नीति के श्लोकों से यह तथ्य प्रकट होता है (माता) स्त्री, पत्नी के स्त्रीधन का सर्वप्रथम अधिकारी पुत्री होगी चाहे वह विवाहित हो अथवा अविवाहित हो। अगर एक से ज्यादा पुत्री हों तब उन सब पुत्रियों में उनकी माता के स्त्रीधन में बराबर की हिस्सेदारी होगी। अगर विवाहित पुत्री या पुत्रियों की उनकी माता से पहले मृत्यु हो जाये तब उसका या उनका लड़का अर्थात् दोहित्र, उनकी नानी के स्त्रीधन का अधिकारी होगा। अगर स्त्री, पत्नी के कोई पुत्री न हो अथवा विवाहित पुत्री संतानहीन मर जाये तब उस स्त्री का पुत्र उसकी माता के स्त्रीधन का अधिकारी होगा। इस प्रकार एक स्त्री के स्त्रीधन का बँटवारा होता है।

विवाहित स्त्री का स्त्रीधन उसके मैके वालों को नहीं लेना चाहिए

विवाहित स्त्री का स्त्रीधन उसके माता–पिता तथा पिता के कुटुम्बी जनों को नहीं लेना चाहिए। इस सम्बन्ध में अर्हन्नीति के ये श्लोक उल्लेखनीय हैं–

"यच्च दत्तं स्वकन्यायै यज्जामातृकुलागतम्।
तद्धनं नहि गृह्णीयात् कोऽपि पितृकु लोद्भवः।।[40]

अर्थात् जो द्रव्य कन्या को (खुद) दिया हो या जो उसकी ससुराल से मिला हो, उसको कन्या के मैके वालों को नहीं लेना चाहिए। किन्तु यदि उसका कोई रक्षक न रहे तो उस समय पुत्री की एवं उसके धन की रक्षा करे और मरने पर उस धन को धर्म कार्य में लगा दे।

इससे यह प्रकट होता है जो पूर्ण तौर पर न्यायोचित और धर्मसंगत है कि स्त्रीधन को किसी भी परिस्थिति में पिता–माता या अन्य मैके वालों को नहीं लेना चाहिए। उस स्त्रीधन का निस्तारण उसके लड़के, लड़की, दोहिते, पोते आदि द्वारा किया जाएगा। अगर ऐसी स्थिति आ जाए जब स्त्रीधन की कोई देखभाल वाला नहीं हो और कोई वैध रूप से उसको लेने का अधिकारी नहीं हो तब उस स्त्रीधन को अस्थाई रूप से अपनी पुत्री और उसकी सम्पत्ति द्रव्य आदि को अपनी अभिरक्षा में ले लेना चाहिए। उसको किसी भी तरह से अपने परिवार के उपयोग, उपभोग में नहीं लेना चाहिए और केवल उसके स्त्रीधन की रखवाली, सुरक्षा, व्यवस्था पीहर वाले चाहे पिता या माता को या भाई, भतीजों आदि द्वारा करनी चाहिए।

जब अपनी पुत्री की मृत्यु हो जाए तब उस धन को धर्मकार्य जैसे मंदिर निर्माण में सहयोग राशि, अनाथ, गरीब बच्चों को पढ़ाने की व्यवस्था करने में, किसी सार्वजनिक हॉस्पिटल के निर्माण में सहायता देने में, गरीब, अस्वस्थ व्यक्तियों की दवाई, चिकित्सक व्यय आदि में उपयोग कर लेना चाहिए। इस प्रकार माता–पिता–भाई या अन्य कुटुम्बीजनों को आवश्यकता पड़ने पर उस स्त्रीधन की अस्थाई, थोड़े समय के लिए रक्षक, संरक्षक की तरह अपने कब्जे में लेना चाहिए और उस पुत्री की मृत्यु पर धर्म–कार्य में लगा देना चाहिए।

इस प्रकार इस अध्याय में स्त्रीधन के विभिन्न पहलुओं का गहनता से अध्ययन किया गया। इस अध्याय में स्त्रीधन का प्रारंभिक विवेचन, स्त्रीधन का अर्थ, स्त्रीधन के प्रकार अर्थात् उनके स्रोत, स्त्रीधन में सम्मिलित धन–आभूषण, स्त्री के उन आभूषणों के बारे में जो पति पत्नी को दे नहीं पाये, स्त्रीधन की अविभाज्यता, अकाल, आपत्ति और धार्मिक कार्यों में स्त्रीधन का उपयोग, स्त्रीधन लेने की बाध्यता वापिस करने में असमर्थता, स्त्रीधन व्यय करने पर स्त्री का पूर्ण अधिकार, स्त्रीधन पर निकट सम्बन्धियों

के अधिकार, संतानहीन स्त्री के स्त्रीधन पर उसके पति का अधिकार, विवाहित पुत्रियों के अधिकार विवाहित स्त्री का स्त्रीधन उसके मैके वालों को नहीं लेना चाहिए आदि की दृष्टि से देखा।

स्त्रीधन में सबसे महत्त्वपूर्ण बात यह है कि इस पर पत्नी, स्त्री का सम्पूर्ण एकाधिकार है और अधिकार को उसका पति, पुत्र, पुत्री अन्य कोई चुनौती नहीं दे सकता। स्त्रीधन को व्यय करने का पूर्ण अधिकार चाहे जिस प्रकार से उसको व्यय करे, दान दे, किसी भी प्रकार की रुचि पर व्यय करे या अन्य किसी प्रकार से व्यय करे। स्त्रीधन पर स्त्री की मृत्यु के पश्चात् उसकी पुत्री या पुत्रियों का प्रथम अधिकार है, उसके बाद का अधिकार पुत्री या पुत्रियों के लड़के–लड़कियों को है और अंतिम से यह सब नहीं होने पर उसके पुत्र, पति का अधिकार है।

संदर्भ

1. वर्द्धमान नीति – द्वितीय परिच्छेद – दायभाग – श्लोक 39, 40
2. श्री भद्राबाहु संहिता– दशम परिच्छेद – दायभाग – श्लोकं 90
3. इन्द्रनन्दि जिन संहिता – द्वितीय परिच्छेद – दायभाग – श्लोक 46, 47
4. अर्हन्नीति – द्वितीय परिच्छेद – दायभाग – श्लोक 136–137
5. श्री भद्रबाहु संहिता – श्लोक 90
6. वर्द्धमान नीति – द्वितीय परिच्छेद – दायभाग – श्लोक 39
7. श्री भद्रबाहु संहिता – दशम परिच्छेद – दायभाग – श्लोक 85
8. अर्हन्नीति – द्वितीय परिच्छेद – दायभाग – श्लोक 138
9. श्री भद्रबाहु संहिता – दशम परिच्छेद – दायभाग, 86
10. श्री वर्द्धमान नीति – द्वितीय परिच्छेद – दायभाग, 41
11. अर्हन्नीति – द्वितीय परिच्छेद – दायभाग – श्लोक 139
12. श्री भद्रबाहु संहिता – दशम परिच्छेद – दायभाग, 87
13. श्री वर्द्धमान नीति – द्वितीय परिच्छेद – दायभाग, 42
14. अर्हन्नीति – द्वितीय परिच्छेद – दायभाग – श्लोक 140
15. श्री भद्रबाहु संहिता – दशम परिच्छेद – दायभाग, 88

16. वर्द्धमान नीति – द्वितीय परिच्छेद – दायभाग – श्लोक 43
17. अर्हन्नीति – द्वितीय परिच्छेद – दायभाग – श्लोक 141
18. श्री भद्रबाहु संहिता – दशम परिच्छेद – दायभाग, 89
19. वर्द्धमान नीति – द्वितीय परिच्छेद – दायभाग – श्लोक 44
20. इन्द्रनन्दि जिन संहिता – द्वितीय परिच्छेद – दायभाग – श्लोक 142
21. इन्द्रनन्दि जिन संहिता – द्वितीय परिच्छेद – दायभाग – श्लोक 47
22. इन्द्रनन्दि जिन संहिता – द्वितीय परिच्छेद – दायभाग – श्लोक 3
23. वर्द्धमान नीति – द्वितीय परिच्छेद – दायभाग – श्लोक 54
24. अर्हन्नीति – द्वितीय परिच्छेद – दायभाग – श्लोक 143, 144
25. वर्द्धमान नीति – द्वितीय परिच्छेद – दायभाग – श्लोक 45
26. श्री भद्रबाहु संहिता – दशम परिच्छेद – दायभाग, 90
27. इन्द्रनन्दि जिन संहिता – द्वितीय परिच्छेद – दायभाग – श्लोक 48
28. वर्द्धमान नीति – द्वितीय परिच्छेद – दायभाग – श्लोक 45
29. श्री भद्रबाहु संहिता – दशम परिच्छेद – दायभाग, 90
30. वर्द्धमान नीति – द्वितीय परिच्छेद – दायभाग – श्लोक 45, 46
31. अर्हन्नीति – द्वितीय परिच्छेद – दायभाग – श्लोक 145
32. इन्द्रनन्दि जिन संहिता – द्वितीय परिच्छेद – दायभाग – श्लोक 49, 50, 51
33. इन्द्रनन्दि जिन संहिता – द्वितीय परिच्छेद – दायभाग – श्लोक 15, 46
34. श्री भद्राबाहु संहिता– दशम परिच्छेद – दायभाग – श्लोक 99, 96
35. अर्हन्नीति – द्वितीय परिच्छेद – दायभाग – श्लोक 33
36. श्री भद्रबाहु संहिता – दशम परिच्छेद – दायभाग – श्लोक 29
37. वर्द्धमान नीति – द्वितीय परिच्छेद – दायभाग – श्लोक 13
38. इन्द्रनन्दि जिन संहिता – द्वितीय परिच्छेद – दायभाग – श्लोक 14, 15
39. श्री भद्रबाहु संहिता – दशम परिच्छेद – दायभाग – श्लोक 27
40. अर्हन्नीति – द्वितीय परिच्छेद – दायभाग – श्लोक 81, 82

अध्याय - एकादश

उपसंहार

संस्कृति एक जटिल और बहुआयामी विषय है जिसमें ज्ञान, विज्ञान, कला, मूर्तिकला, नियम रिवाज और एक व्यक्ति द्वारा धारण की गई आदतें और अन्य क्षमतायें सभी सम्मिलित हैं। दूसरे शब्दों में संस्कृति व्यक्ति के ज्ञानपूर्ण व्यवहार का योग है। एक व्यक्ति की संस्कृति उस व्यक्ति के समाज की संस्कृति से जुड़ी हुई होती है। इसलिए एक व्यक्ति की संस्कृति का सामाजिक सरोकार होता है। एक विशेष संस्कृति को अपनाना व्यक्ति के व्यक्तिगत और सामाजिक दोनों क्षेत्रों पर निर्भर करता है।

भारत विविधता का देश है। यहाँ व्यक्तिगत भिन्नता समूह और समाज में मिलती है। इसी प्रकार विश्व में सामाजिक भिन्नताएँ भी पाई जाती हैं। इनमें कुछ सांस्कृतिक भेद हैं और कुछ असांस्कृतिक भेद हैं। इस प्रकार के सामाजिक और सांस्कृतिक भेद के कई कारण हैं।

भारतीय संस्कृति

अपनी कई विशेषताओं के कारण भारतीय संस्कृति अनोखी है। इसमें दो मुख्य धाराएँ हैं–– (1) श्रमण संस्कृति तथा (2) ब्राह्मण संस्कृति। ब्राह्मण धारा में विभिन्न वैदिक आर्य अथवा हिन्दू विचारधाराएँ हैं। श्रमण संस्कृति के अन्तर्गत जैन, बौद्ध या इसी प्रकार की अन्य धार्मिक विचारधाराएँ हैं। ब्राह्मण विचारधारा ने वेदों और वैदिक साहित्य को स्वीकार किया है। जैन और बौद्ध धारा का अपना आगम और त्रिपटिक आधारित साहित्य है।

जैन धर्म किसी अन्य धर्म की शाखा नहीं अपितु एक अलग स्वतंत्र धर्म है।[1] जैन धर्म विश्व के सबसे प्राचीन धर्मों में से एक है। यह कहना पूर्णतया गलत है कि जैन धर्म के संस्थापक भगवान महावीर थे और न ही भगवान

पार्श्व ही इसके प्रणेता है। यह भी कहना पूर्णतया गलत है कि जैन धर्म वैदिक धर्म से ही निकली हुई एक शाखा है। सत्य यह है कि जैन धर्म पूर्णतया स्वतंत्र धर्म है। यह वैदिक धर्म से भी ज्यादा प्राचीन है।

नकारात्मक शब्दों में जैन धर्म, जो श्रमण संस्कृति का प्रतीक है, अवैदिक, अनार्यन व अब्राह्मणिक संस्कृति का अंग है। इसकी अलग विशेषताएँ हैं। जैन धर्म अतिप्राचीन काल से विद्यमान धर्म है। मोहन–जो–दड़ो और हड़प्पा की भारतीय संस्कृति जैन धर्म की प्राचीनता पर प्रकाश डालती है। यद्यपि इसे अस्वीकार नहीं किया जा सकता है कि भारत में प्राचीन काल से विद्यमान श्रमण, वैदिक और अन्य अनेक विचारधाराएं परस्पर प्रभावित होती रही हैं। वस्तुतः भारतीय संस्कृति इन सबका समन्वित रूप है। भारतीय संस्कृति में दो विचारधाराएँ श्रमण और वैदिक समानान्तर रूप से विद्यमान हैं। यह सत्य है कि दोनों में कुछ समानताएं हैं लेकिन अलग–अलग विशेषताएँ भी हैं।[2] दर्शन और धर्म के संबंध में विविधताओं के साथ ही विषमताएं भी हैं। अतः ये स्पष्ट तौर पर दो भिन्न धाराएँ हैं।

जैनों और हिन्दुओं में रहन–सहन, व्यवसाय, उद्योग, रीति–रिवाज, कर्मकाण्ड, उपासना, तप आदि में कुछ समानताएं मिलती हैं, लेकिन उससे अधिक असमानताएं। इस कारण जैन धर्म को वैदिक धर्म की शाखा नहीं माना जा सकता है। वैदिक और जैन धर्म मूल दार्शनिक सिद्धान्तों में बिल्कुल अलग हैं।[3] इस स्थापना के लिए एक उदाहरण ही यथेष्ट है –– जहाँ वैदिक दर्शन कर्ता ईश्वर की सत्ता पर विश्वास करता है, जैन दर्शन ऐसी किसी सत्ता पर विश्वास नहीं करता अपितु सृष्टि को अनादि–अनन्त मानता है।

हमारे पास सिन्धु घाटी की सभ्यता का प्रतीक स्वरूप जंगल में बैठे हुए एक तपस्वी की छवि है। किसी मुद्रा पर पाये गये इस चित्र में एक आदमी जंगल में जानवरों से घिरा बैठा है। आदमी के पास मुखौटा है जिसमें सींग भी हैं। इस मूर्ति के बारे में अलग–अलग अर्थ लगाये गये हैं, जैसे कुछ लोग इसे शिव मानते हैं जो पशुपति अथवा महायोगी के रूप में है। इसमें संदेह नहीं है कि यह मनुष्य या दैविक तपस्वी का स्वरूप है। यद्यपि वैदिक लोगों के लिये संन्यास का विचार विदेशी था परन्तु यह भारत में प्राग ऐतिहासिक काल से चला आ रहा है।[4]

मोहन–जो–दड़ो में जो नग्न पुरुष की मूर्ति निकली है उसमें और लोहनीपुर (बिहार) तीर्थंकर की मूर्ति में जो समानता है उसे कई बार इंगित

किया गया है, किन्तु 2500 वर्षों के अन्तराल को देखकर यही लगता है कि यह समानता केवल आकस्मिक है।[5]

सिन्धु घाटी की सभ्यता करीब 3000 वर्ष पुरानी है। सिन्धु घाटी की सभ्यता आर्यों की वैदिक सभ्यता से लगभग पूर्णतया भिन्न है। वहाँ आग का चूल्हा नहीं पाया जाता है जो वैदिक सभ्यता का एक आवश्यक अंग है। वैदिक सभ्यता आकृति, प्रतिमा या मूर्ति की नहीं थी जबकि मोहन–जो–दड़ो और हड़प्पा की सभ्यता में मूर्ति या प्रतिमा दृष्टिगत होती है। मोहन–जो–दड़ो में कई नग्न प्रतिमाएँ व प्रतीक पाये जाते हैं जो संन्यासी योगियों के ज्ञात होते हैं। मूर्तियां और नग्नता जैन संस्कृति की दो विशेषताएँ हैं।[6]

मोहन–जो–दड़ो की नग्न प्रतिमाएँ सिन्धु घाटी के लोगों द्वारा योग का अभ्यास करने और योगियों की पूजा करने का दिग्दर्शन कराती हैं। बैठी हुई प्रतिमाओं के साथ ही खड़ी प्रतिमाएँ कायोत्सर्ग ध्यान में संलग्न पाई जाती हैं। योगाभ्यास और ध्यान दोनों जैन धर्म की विशेषताएँ हैं।[7]

जैन धर्म के सारे धार्मिक साहित्य में कहीं भी अनार्य शब्द का प्रयोग नहीं हुआ है। इस प्रकार इन पूर्व वैदिक धाराओं में से एक भारतीय आर्य धारा थी। वैदिक लोगों के पूर्वी भारत में आने से पूर्व यह अस्तित्व में थी। आज भी यह जैन धर्म के रूप में जीवित है। बौद्ध और जैन धर्म वैदिक विचारों से इतने प्रभावित नहीं हुए जितना वैदिक विचारों पर इन धर्मों का प्रभाव पड़ा है।[8]

जैन धर्म की अति प्राचीनता के विषय में कुछ उत्कृष्ट विद्वानों की सम्मतियों को यहाँ उल्लेखित किया जा रहा है–

> "जैनों और उनके पवित्र आगमों और अन्य साहित्य से यह प्रकट होता है कि जैन धर्म न तो बौद्ध धर्म और वैदिक धर्म की शाखा है वरन् भारत का अति प्राचीन धर्म है।
>
> "जैन धर्म द्राविड़ों का धर्म था जो कि आर्यों के भारत में आने से पूर्व अस्तित्व में थे। मेरा पूर्ण विश्वास है कि जैन धर्म भारत का अत्यन्त ही प्राचीन धर्म था और पूर्ण रूप से विकसित था जब आर्य भारत में आये थे और वैदिक धर्म का पंजाब में प्रादुर्भाव हो रहा था।"

–सर सन्मुखम चेट्टी

"जैन धर्म बौद्ध धर्म की शाखा नहीं थी, यह तो 3000 वर्ष पूर्व में ही अस्तित्व में था। यह तो प्रकृति पूजा के साथ उत्तर भारत के प्रारंभिक, साधारण, कम सभ्य और शिष्ट लोगों का धर्म था।"

– मेजर जनरल जे. जी. आर. फर्लोंग एफ. आर. ए. एस.

"जैन धर्म प्राचीन भारतीय विचारधारा की एक धारा की घरेलू पद्धति है। चाहे कितना ही विपरीत योरोपियन विचारधारा रही हो, यह पूर्णतया स्थापित है कि जैन धर्म अपने प्रकाश के साथ धर्म के रूप में और जैन धर्म के साहित्य के साथ अति प्राचीन काल से चलता आ रहा है।"

– जी. सत्यनारायण मूर्ति

"अहिंसा जैन धर्म का मूल सिद्धान्त है जो कि आर्यों के आगमन से पूर्व से चला आ रहा है।

जैन धर्म मानव विकास के अत्यन्त प्रारंभिक, अविकसित, आदिकालीन सिद्धान्तों से जुड़ा हुआ है क्योंकि इसके कुछ सत्य और ज्ञान के सिद्धान्त, तत्वमीमांसा की सरलता, मूर्तिपूजा आदि इसकी विशेष विशेषतायें हैं।"

– हर्मन जैकोबी

जैन विधि हिन्दू विधि से पूर्णतया भिन्न है। अब इनमें से कुछ विधियों का अध्ययन करना समुचित होगा।

विवाह विधि

हिन्दू विधि	जैन विधि
(1) हिन्दू विधि में विवाह आठ प्रकार के हैं– ब्रह्म, देव, अर्श प्रजापत्य, असुर, गन्धर्व, राक्षस और पिशाच विवाह।	(1) जैन विधि में प्रथम चार, ब्रह्म, देव, अर्श और प्रजापत्य को धर्म या आर्य विवाह माना गया है। अंतिम चार असुर गन्धर्व, राक्षस और पिशाच विवाह अधर्म विवाह माने गये हैं।
ब्राह्मो, देवस्तथा, चार्षः प्राजापत्यस्तथासुरः। गन्धर्वो राक्षसचैव पैशाचचाष्टोमोऽधर्मः।। त्रैवर्णिकाचार – अध्याय 11 – श्लोक 70	नीतिवाक्यामृतम् – अध्याय 31, श्लोक 8, 13; जैन लॉ – सी. आर जैन – पृ. 241 वर्तमान में केवल प्रजापत्य विवाह।
(2) हिन्दू धर्म में विवाह एक धार्मिक कृत्य है। सामाजिक कृत्य नहीं है। वर्ण, जाति, धर्म – फूलचन्द पृ. 186–190 यह सोलह संस्कारों में से एक संस्कार है। हिन्दू धर्म में विवाह एक अनिवार्य कर्त्तव्य है।	(2) जैन धर्म विवाह एक सामाजिक संविदा है। इसमें कोई धार्मिक कृत्य नहीं है। ट्रार्बन एण्ड कास्ट ऑफ सेन्ट्रल प्रोविन्सेज खण्ड – आर. वी. रसैल – पृ. 225–226
(3) वैदिक धर्म में पुत्र का जन्म मोक्ष प्राप्ति के साथ अनिवार्य माना गया है।	(3) जैन धर्म में पुत्र के जन्म से मोक्ष का कोई सम्बन्ध नहीं है। मोक्ष सद्कर्म से ही मिलता है।
(4) वैदिक धर्म में संतान और पुत्र का जन्म इस जीवन में और जीवन के पश्चात् आनन्द का कारण है।	(4) जैन धर्म में पुत्र का जन्म मानव जाति की निरन्तरता के लिए और यौन सम्बन्ध की तृप्ति के लिए है। – मैरिज इन जैन लिटरेचर खण्ड – 4 के. पी. जैन – पृ. 152
(5) वैदिक धर्म में पुत्र का जन्म पिता के पूर्वजों के प्रति तीन ऋणों में से एक ऋण को निभाने के लिए है।	(5) जैन धर्म पुत्र का जन्म केवल मानव जाति की निरन्तरता के लिए है, न कि पूर्वजों के प्रति ऋण को निभाने के लिए।
(6) हिन्दू धर्म के शास्त्रों में भी विवाह पद्धति वर्णित नहीं है।	(6) जैन धर्म के आगमों में विवाह की कोई पद्धति निर्धारित नहीं है। जैन धर्म में विवाह स्थानीय रिवाज अनुसार होता है। – विजातीय विवाह मीमांसा – पी.सी. जैन पृ. 77
(7) वैदिक धर्म में विवाह जन्म जन्मान्तर के लिए है। कई जन्म में पति–पत्नी होते हैं।	(7) जैन धर्म में विवाह केवल एक जन्म के लिए है। यह संयोग वियोग से ही है।

	अगले जन्म में इसका कोई सम्बन्ध नहीं है।
(8) हिन्दू धर्म में भी कन्या के रजस्वला होने से पूर्व विवाह का दायित्व पूरा करने के निर्देश है। मनुस्मृति में बाल विवाह के निर्देश है।	(8) जैन धर्म में पुत्री के मासिक धर्म से पूर्व विवाह कर देने का कर्त्तव्य है। मासिक धर्म के पश्चात् पुत्री का विवाह नहीं करने पर गृहस्थ धर्म से च्युत हो जाता है। इसलिये जैन लोगों में बाल विवाह होते थे। –जैन विवाह पद्धति – पं फतेहलालजी – पृ. 2
(9) गोत्रों का विवाह में टालने के बारे में चार गोत्र टालकर विवाह किया जाता है– स्वयं की, माता के गोत्र की, पिता के ननिहाल की माता के ननिहाल की।	(9) जैनों में परिवार में 16 गोत्र, कहीं 8 गोत्र, कहीं 4 गोत्र, कहीं दो ही विवाह में टालते हैं। सैत वालास्त्रं कुल 48 गोत्र हैं, अपनी गोत्र को टालते है। पद्मावती परिवारों में कोई गोत्र नहीं टालते हैं। शास्त्रों के अनुसार कर्मों के अनुसार उच्च, नीच गोत्र बनते हैं।
(10) हिन्दुओं में चार वर्ण के अनुसार शूद्रों के विवाह शूद्रों में होते हैं ब्राह्मण, क्षत्रिय और वैश्य क्रमशः चार, तीन, दो वर्ण की लड़कियों में विवाह कर सकते हैं। शूद्र जब हिन्दुओं में भी जाति अनुसार विवाह होते हैं।	(10) जैन भी करीब इसी नियम का अनुसरण करते हैं। हिन्दू धर्म की जाति प्रथा ने जैन धर्म को प्रभावित किया है। वर्तमान में अखिल भारतीय श्वेताम्बर कॉन्फ्रेन्स ने जैनों की केवल जैनों में ही विवाह करने का अनुरोध किया है। –जैन श्वेताम्बर डाइरेक्ट्री – खण्ड 182 – पृ. 92 और 290, 291
(11) (क) हिन्दुओं में कुछ जातियों में यथा अक्षय तृतीया या अन्य कुछ तिथियों में बाल विवाह 10–12 साल के लड़के और 8–10 साल की लड़कियों का विवाह किया जाता है। इस प्रकार ऐसे विवाह में लड़के, लड़कियों की कोई विवाह में अपनी पसन्द से चयन, वरण का अवसर नहीं रहता है। यह बाद में दाम्पत्य जीवन में कई बार कष्टदायक हो जाता है।	(11) (क) जैनों में बाल विवाह किसी भी प्रकार से नहीं होते है। लड़के और लड़की को वरण, चयन के लिये अपनी पसन्द का पूर्ण अवसर रहता है।
(ख) ऐसे बाल विवाह से होने वाली संतान मजबूत और दृढ़ शरीर वाली नहीं होती है।	(ख) जैनों में पूर्व में आचार्य सोमदेव ने नीति वाक्यामृत में "द्वादशवर्षा स्त्री षोडस वर्षः पुमान् प्राप्त व्यवहारो भवतः विवाहपूर्वो व्यवहारश्चातुवर्ण्यं कुलीनयति"–

नीतिवाक्यामृत आचार्य सोमदेव विवाह समुद्रेश – श्लोक 1, 2

उन्होंने यह नीति मुगल काल में परिस्थितियों के अनुसार निर्धारित की थी। 'मेरिज इन जैन लिटरेचर' खण्ड 4 पृ. 151

वर्तमान में प्रवचन सरोधरा में 16 वर्ष की लड़की और 25 वर्ष के लड़के के विवाह पर यौन सम्बन्ध से मजबूत संतान उत्पन्न होती है।

नवीनतम अथवा आधुनिकतम युग में लड़की 21 से 25 वर्ष की और लडका 25 से 30 वर्ष का औसत आयु में जैनों में विवाह होते हैं।

(12) हिन्दू विधि में वर–वधू (लड़का–लड़की) की आयु में कितना अन्तर होना चाहिये, कोई स्पष्ट उल्लेख नहीं है।

(12) लड़का–लड़की की आयु में अन्तर में जैन विधि में स्पष्ट प्रावधान है वर–वधू की आयु में दो साल का अन्तर सर्वोत्तम माना गया है, अगर अन्तर 5 साल तक का है तब वह अच्छा माना गया है या वर को ठीक माना गया है परन्तु अगर दस वर्ष से अधिक का अन्तर है तब वह वर, दूल्हा अति खराब, अनुपयुक्त है। – जैन विवाह पद्धति – पं. फतेहलालजी – पृ. 2

यहाँ तक कहा गया है कि किसी भी प्रकरण में वधू वर से आयु में बड़ी होनी ही नहीं चाहिए। यहाँ तक शरीर में ऊँची हो तो भी विवाह नहीं करे। ऐसी बड़ी लड़की माता के समान मानी गई है। "स्ववयोसोधिकां वर्षैरुन्नता वा शरीरतः। गृहपुत्री वरेन्नेव मातृवत्परिकीर्तिता।। – त्रैवर्णिकाचार, ग्यारहवाँ अध्याय – 40

(13) बहुपत्नीत्व– प्राचीनकाल में सामान्यतया एक पत्नी से विवाह किया करते थे। धनी वर्ग, राजा महाराजा के दो या अधिक पत्नियाँ होती थी। अधिक पत्नियों का होना गौरव और शान की बात थी।

(13) उस समय में जैनों में भी बहुपत्नीत्व प्रचलित था। राजा भरत, राज विक्कामाजसा, राजा सेनिया आदि के नाम उल्लेखनीय हैं।

– "लाइफ इन एनसियेन्ट इण्डिया" जे.

इस सम्बन्ध में विशेषकर जयकुमार, वसुदेव, कृष्णा और देवकी के छहों पुत्रों के बत्तीस बत्तीस स्त्रियों थी।
– हरिवंशपुराण का सांस्कृतिक अध्ययन – डॉ. पी. सी. जैन – देवनगर प्रकाशन, जयपुर
अब हिन्दुओं में बहुपत्नीत्व का प्रचलन नहीं है।

सी. जैन – पृ. 155
बहुत समय तक जैनों में बहुपत्नीत्ववाद प्रचलित था इसलिये जैनों में विवाहित स्त्रियों की संख्या पुरुषों से अधिक और अधिक संख्या में विधवायें होती थीं। (जैन श्वेताम्बर डाइरेक्ट्री) वर्तमान में अब जैनों में बहुपत्नीत्व का प्रचलन पूर्णतया नहीं है।

(14) बहुपतित्व– हिन्दुओं में कुछ जातियों में भारत के कुछ भाग में ही प्रचलित है। (1931 की जनसंख्या भाग 1 पृ. 252)

(14) जैनों में इसका कभी भी प्रचलन नहीं रहा। जिस संस्कृति में पातिव्रत्य और सतीत्व स्त्री का श्रेष्ठतम आदर्श स्थापित हुआ और उसके यावज्जीवन ही नहीं मृत्यु के उपरान्त भी वह पति को परलोक में मिलने की आशा रखती है, उसके अनेक पति करने की कोई कल्पना नहीं की जा सकती। भारतीय नारी को एक पति के सिवाय दूसरे पति की कल्पना मात्र से उसे घृणा होती है।

(15) एक पत्नी के होने पर दूसरी पत्नी लाना – हिन्दुओं में लगभग यह प्रथा नहीं है। अपवादस्वरूप ही देखने को मिलती है।

(15) जैनों में एक पत्नी के होते हुए दूसरी पत्नी को लाना अपवादस्वरूप है। इसके लिए कुछ नियम प्रचलित हैं। इसके अनुसार विवाह के दस साल तक पत्नी के निःसंतान होने पर, अगर केवल पहली पत्नी से लड़की हो तो बारह वर्ष पश्चात् और अगर बच्चा होकर मर जाये तो विवाह के पन्द्रह वर्ष पश्चात पति विवाह कर सकता है। – जैन लॉ – सी. आर. जैन – पृ. 45
अप्रियवादिनी पत्नी की उपस्थिति तत्काल दूसरा विवाह करे। – त्रैवर्णिकाचार चार, अध्याय 11 – श्लोक 197

(16) हिन्दू धर्म में भी इससे कुछ भिन्न रिश्ते होते हैं। दक्षिण भारत में मामा की लड़की, पिता के बहन की लड़की से विवाह का आम रिवाज है।

(16) (क) कैंची (क्रास) सम्बन्ध– अपने बुआ की लड़की (पिता के बहन की लड़की), मामा की लड़की (माता के भाई की लड़की) पत्नी की बहन (साली) से विवाह करने में कोई आपत्ति नहीं है।
(ख) समानान्तर सम्बन्ध मौसी– की लड़की (माता के बहन की लड़की) स्वगौत्री कन्या

से, मौसे सासु (सासु की बहन) से विवाह करने में पूर्ण आपत्ति है।

(17) हिन्दू विधि अनुसार एक पत्नी इन परिस्थितियों में पुनः विवाह कर सकती है। (1) पति का कोई पता ही नहीं लगे (2) की मृत्यु हो जाये (3) संन्यासी हो जाये (4) नपुंसक हो और (5) जाति से बाहर कर दिया जाये। **"नष्टे मृते प्रव्रजिते क्लीबे च पतिते पतौ। पंचस्वापत्सु नारीणां पतिरन्यो विधीयते।।** – पॉजीशन ऑफ वुमेन इन हिन्दू सविलाइजेशन" ए. एस. एल्टेकर पृ. 169

– नारद स्मृति 12/97

(17) विवाह समाप्ति– (1) जैन शास्त्रों के अनुसार अगर हनीमून के लिए निर्धारित समय में अगर पति–पत्नी से कोई भी दूसरे साथी में शारीरिक या मानसिक कमी पाता है तब विवाह पूर्णतया अमान्य (निरस्त) करार किया जा सकता है। वह पुनर्विवाह कर सकता है।

– त्रैवर्णिकाचार – श्लोक 174–175

(2) जैन विधि अनुसार एक पत्नी, सहधर्मिणी को इन परिस्थितियों में पुनर्विवाह करने की स्वी.ति है– (i) पति घोर पापी हो (ii) संन्यासी हो जाये (iii) नपुंसक हो (iv) मर जाये (v) पति का कोई पता ही नहीं हो। इस पुनर्विवाह में पंचायत (समाज के प्रतिष्ठित पुरुषों की) स्वीकृति आवश्यक है।

(18) हिन्दू शास्त्रों में भी दुश्चरित्रा पत्नी का त्याग करना उचित समझा गया है।

(18) हरिवंशपुराण में दुश्चरित्रा पत्नी का परित्याग करना ही उत्तम होगा। दुश्चरित्रा के भरणपोषण करने के लिये पति बाध्य नहीं है। ऐसी अवस्था में अगर इच्छा हो तो कर सकता है और नहीं करे तो उसमें कोई नियम भंग नहीं होगा। त्याग हुई पत्नी को अपने पिता के घर में रहना पड़ता है।

(19) हिन्दू स्मृति में विधवा विवाह का कोई प्रावधान नहीं है। विधवा विवाह को तिरस्कृत समझा जाता है। – (प) हिन्दू सोशल इन्स्टियूशन्स बम्बई 1939; (पप) विवाह सम्बन्धी अध्याय अल्टेकरण ए. एस. पृ. 181–183; (पपप) हरिवंश का सांस्तिक अध्ययन – डॉ. पी. सी. जैन पृ. 72

(19) जैन धर्म में प्रारंभ में विधवा विवाह की अनुमति नहीं थी। औरत को अपना यौवन अक्षत रखना है पति की मृत्यु के पश्चात भी। दक्षिण भारत में विधवा विवाह का प्रचलन है। जैन श्वेताम्बर कॉन्फ्रेंस 1933 जैन धर्म का विधवा विवाह से सम्बन्ध नहीं है। यह तो जाति व्यवस्था को तय करना है। गुजरात में विधवा विवाह नहीं होते। मध्यप्रदेश में बनियों में विधवा विवाह नहीं होते थे, परन्तु अब होते हैं। हैदराबाद में सौताला, बोगरा जाति में विधवा विवाह

की स्वीकृति है। दक्षिण कन्नड़ा में विधवा विवाह की स्वीकृति है।
दक्षिण भारत में पंचम कासारा, सैतवाला में विधवा विवाह होते हैं। सामान्यतया दक्षिण भारत में यह मान्यता है कि विवाह केवल एक ही बार होता है।

अब हिन्दू मैरिज एक्ट 1955 के लागू होने के पश्चात् हिन्दू पुरुष–महिला और यह अधिनियम जैनों पर लागू है इसलिए जैन महिला पुरुष सभी को उचित कारण पर तलाक करने का अधिकार मिल गया है।

सुझाव– जैन विवाह पद्धति कुछ रूप में विकसित हुई है। अखिल भारतीय तेरपंथ युवक परिषद लाडनूँ (श्वेताम्बर) ने जैन संस्कार एक पुस्तक प्रकाशित की है जिसमें जैन विधि के अनुसार विवाह संस्कार की सम्पूर्ण विधि दी गई है। इस विधि के अनुसार तेरापंथ समाज में वर्ष में कुछ विवाह सम्पन्न होते हैं। दिगम्बर समाज में कुछ विवाह जैन पद्धति से किये जाते हैं। श्री भारतवर्षीय दिगम्बर जैन (धर्म संरक्षिणी) महासभा न्यू देहली ने 22 अक्टूबर 2008 को तत्कालीन प्रधानमंत्री श्री मनमोहन सिंह को एक ज्ञापन प्रस्तुत कर जैन मैरिज एक्ट को कानून बनाने की माँग की थी। उस ज्ञापन के साथ 'सिख मैरिज एक्ट 2007' का प्रारूप भी संलग्न किया था, जिसके अनुसार सिख अपना मैरिज एक्ट की माँग कर रहे हैं। अतः भारत सरकार को चाहिये कि 'सिख मैरिज एक्ट और जैन मैरिज एक्ट' को कानून के रूप में मान्यता दे।

(2) दत्तक विधि

जैन विधि और वैदिक विधि में दोनों में दत्तक पुत्र का प्रावधान है। इन दोनों विधियों में बहुत कम समानता है परन्तु अन्तर अधिक है। जैन विधि और हिन्दू (वैदिक विधि) में कुछ तुलनात्मक अध्ययन करना, यहाँ समुचित होगा।

वैदिक विधि

(1) वैदिक विधि में मूल रूप से बारह प्रकार के पुत्र बताये गये हैं। काफी समय तक इस प्रकार के बारह पुत्रों की मान्यता रही है। कालान्तर में दस पुत्र लुप्त हो गये हैं। अब जैन विधि की तरह केवल दो प्रकार के पुत्रों को ही मान्यता है– (1) औरस पुत्र– जो स्वयं की पत्नि से जन्म लिया हो (2) औरस पुत्र नहीं हो या मृत्यु हो जाये तो दत्तक पुत्र लिया जा सकता है।

(2) हिन्दू विधि में पुत्र पौत्र या प्रपौत्र के होने पर दत्तक पुत्र नहीं लिया जा सकता चाहे औरस पुत्र, पौत्र या प्रपौत्र कितने ही दुष्ट, पापी, कर्त्तव्यच्युत माता, पिता की आज्ञा में नहीं चलने वाले हों।

(3) वैदिक विधि में पुत्र का होना मोक्ष की प्राप्ति के लिये आवश्यक माना गया है। अगर स्वयं का पुत्र न हो तो दत्तक पुत्र लिया जा सकता है, उसके कारण भी मोक्ष की प्राप्ति संभव है।

जैन विधि

(1) जैन विधि में मूल रूप से केवल दो प्रकार के पुत्रों को मान्यता प्रदान की गई थी। प्रथम– औरस पुत्र जो अपनी धर्म पत्नी से उत्पन्न हुआ हो। ऐसा पुत्र पति–पत्नी के यौन सम्बन्ध से जन्म लेता है। औरस पुत्र के अभाव में या उसकी मृत्यु हो जाने पर ही दत्तक पुत्र लेने का जैन विधि में प्रावधान है। उस दत्तक पुत्र के मूल औरस पुत्र जैसे ही अधिकार और कर्त्तव्य होते हैं।

इसमें जो बालक क्रीत कर गोद लिया हो, वह दत्तक पुत्र में सम्मिलित है।

– नीतिवाक्यामृतम् – श्लोक 31

इसी प्रकार औरस पुत्र में जो पुत्र गुप्त रीति से उत्पन्न हुआ है अथवा वह जो फेंका हुआ है, उनको भी औरस पुत्र ही माना गया है।

(2) जैन विधि हिन्दू विधि से सम्पूर्णतया भिन्न है। जैन विधि में औरस पुत्र यदि हो ही नहीं हो या उसकी मृत्यु हो जाये अथवा औरस पुत्र को दुराचार चरित्रहीनता, दुष्त्यों के कारण घर से बाहर माता पिता द्वारा निकाल दिया गया हो तो जैन विधि अनुसार दत्तक पुत्र लिया जा सकता है। हिन्दू दत्तक और भरण पोषण अधिनियम में वैदिक विधि के अनुसार ही है।

(3) जैन विधि में पुत्र का होना मोक्ष के लिए किसी प्रकार से आवश्यकता नहीं है। मोक्ष प्राप्ति से पुत्र का होना या नहीं होने का कोई सम्बन्ध नहीं है। जैन धर्म का सिद्धान्त एक आत्मा के मुक्ति उसके सद्कार्यों से, सद्विचारों से होती है न कि पुत्र के होने से। बहुत से जैन तीर्थंकरों के पुत्र नहीं थे, फिर वे अपने कर्मों का क्षय कर मोक्षगामी हुए हैं। पुत्र वाले अपने दुष्कर्मों, मलीन चिन्तन, मलीन कार्यों के

(4) वैदिक विधि में प्रथम पुत्र को गोद नहीं दिये जाने का विधान है।	कारण नर्क को प्राप्त करते हैं। हिन्दू दत्तक पुत्र और भरण पोषण अधिनियम 1956 पूर्णतया धर्मनिरपेक्ष और समानतावादी अधिनियम है। इस प्रकार जैन सिद्धान्तों की पुष्टि करता है। (4) जैन विधि में भी प्रथम पुत्र गोद नहीं दिये जाने का प्रावधान है। इसके पीछे तर्क यह है कि प्रथम पुत्र से ही पुरुष पुत्र वाला पिता कहलाता है। इसके कारण ही पुत्र सुपुत्र कहलाता है। – अर्हन्नीति – 32; – श्री भद्रबाहु संहिता – 7
(5)	(5) जैन विधि अनुसार जिस पुत्र को दत्तक लिया जा रहा है, वह गोद लेने वाली माता से आयु में बड़ा नहीं होना चाहिए।
(6) हिन्दू विधि में प्रायः दत्तक लिया जाना पुत्र कुँवारा ही होना चाहिए।	(6) जैन विधि में दत्तक पुत्र अविवाहित ही हो, ऐसा कोई नियम नहीं है। विवाहित पुरुष को भी दत्तक लिया जा सकता है। हिन्दू दत्तक और भरण पोषण अधिनियम 1956 में ऐसा प्रावधान है कि विवाह पुरुष को भी दत्तक पुत्र के रूप में लिया जा सकता है।
(7) वैदिक विधि में दत्तक के लिए किसी दस्तावेज या लिखित प्रपत्र तैयार करने की आवश्यकता नहीं है। जबानी भी दत्तक लिया जा सकता है।	(7) जैन विधि में दत्तक के लिये लिखित प्रपत्र और दस्तावेज का होना आवश्यक है। उसको पंजी.त कराना भी आवश्यक है।
(8) हिन्दू विधि में इस प्रकार के समारोह की आवश्यकता नहीं है, जबानी दत्तक लेने वाले के पिता और दत्तक देने वाले के पिता के बीच करार वचन ही गोद के लिये पर्याप्त है।	(8) जैन विधि के अनुसार दत्तक लेने वाले पिता को पुत्र के दत्तक लेने पर उसी प्रकार के समारोह, गीत आदि गाना, छोटा–बड़ा भोग का आयोजन करना आवश्यक है। जैन विधि में तीर्थंकर देव की पूजा करना और कुटुम्ब बिरादरी के लोगों के एकत्रित कर उनके सामने पुत्र जन्म जैसा उत्सव मनाने की विधि है।
(9) वैदिक विधि में दत्तक आने वाले पुत्र का दत्तक देने वाले परिवार से सम्बन्ध विच्छेद हो जाता है।	(9) जैन विधि में भी दत्तक आने वाले पुत्र का दत्तक देने वाले परिवार से सम्बन्ध विच्छेद हो जाता है।

(10) हिन्दू लॉ के अनुसार माता–पिता के अतिरिक्त और कोई सम्बन्धी गोद नहीं दे सकता है।	(10) जैन लॉ के अनुसार ऐसा कोई प्रतिबन्धक नियम नहीं है। जैन नीति के अनुसार अनाथ बालक को भी गोद लिया जा सकता है। – गोड का हिन्दू कोड द्वि. पृ. 367 – पुरुषोत्तम बनाम् बेनीचन्द 23 बम्बई लॉ रिपोर्टर 327
(11) वैदिक विधि में परिवर्तनशील (reflection) प्रतिबिम्बित सिद्धान्त के अनुसार बेटी का बेटा (दोहिता), अथवा बहन का बेटा गोद नहीं लिया जा सकता है। दत्तक लिया जाने वाला ऐसा पुत्र बेटी की बेटी, बहन की बेटी से विवाह नहीं कर सकता है।	(11) जैन शास्त्रों में पति का छोटा भाई (देवर), पति के भाई का लड़का (भतीजा), पति के कुटुम्ब का बालक, पुत्री का पुत्र (दोहिता) बहन का पुत्र (भाणजा) को दत्तक पुत्र तौर पर लिया जा सकता है। दत्तक पुत्र लेने का क्रम इसी प्रकार रखा जाना है। इन सबके अभाव में पति के गोत्र का लड़का गोद लिया जा सकता है। – इन्द्रनन्दि जिन संहिता – 19; – अर्हन्नीति 55–56
(12)	(12) जैन विधि के अनुसार अगर सास और बहू दोनों विधवा हों तब विधवा बहू गोद ले सकती है। – अर्हन्नीति – 110; – श्री भद्रबाहु संहिता 75 विधवा बहू विधवा सास की अनुमति से गोद ले सकती है। – श्री भद्रबाहु संहिता – 116 दाय बहू ने पाया हो जो उसी दशा में सम्भव है जब पुत्र पिता के पश्चात् मरा हो। अभिप्राय यह है कि जायदाद जिसने पाई हो, वही गोद ले सकता है।

सुझाव– (1) हिन्दू दत्तक और भरण पोषण अधिनियम 1956 जो हिन्दू विधि के अनुसार है इसमें जैन विधि के अनुसार संशोधन करना चाहिए। जैन विधि के अनुसार औरस पुत्र के चरित्रहीन, दुष्कृत्य करने वाला हो तब औरस पुत्र का त्याग कर दत्तक पुत्र लिया जा सकता है और प्रथम दत्तक पुत्र के भी चरित्रहीन, दुष्कृत्य वाले होने पर दूसरा दत्तक पुत्र लिया जा सकता है, जबकि वर्तमान विधि में पुत्र, पौत्र, प्रपौत्र के होने की दशा में उसका त्यागकर दत्तक नहीं लिया जा सकता है। अतः हिन्दू दत्तक और भरण पोषण अधिनियम 1956 में जैन विधि के अनुसार आवश्यक संशोधन

किया जाना चाहिए जिससे वृद्ध माता–पिता को सुयोग्य संतान का सुख प्राप्त हो सके।

(2) धारा 10 हिन्दू दत्तक और भरण पोषण अधिनियम 1956 की उपधारा (3) "विवाहित नहीं होना चाहिए" उप धारा (4) "15 वर्ष की आयु पूर्ण नहीं होनी चाहिए" में जैन विधि के अनुसार संशोधन किया जाना चाहिए। जेन विधि में "विवाहित" को भी दत्तक पुत्र लिया जा सकता है, यह उचित भी है, अगर विवाहित पुरुष उपयुक्त लगता है तो इसे लेने में कोई आपत्ति नहीं होनी चाहिए। इसी प्रकार 15 वर्ष की आयु सीमा में छूट होनी चाहिए। अगर 15 वर्ष से अधिक आयु का बच्चा अति उपयुक्त है तो उसे लेने में कोई आपत्ति नहीं होनी चाहिए। जैन विधि ज्यादा उपयुक्त दृष्टिगत होती है। अतः ये दोनों संशोधन उपयुक्त धारा में करने चाहिए।

इस प्रकार ये दोनों संशोधन व्यावहारिक और अधिक उपयुक्त हैं।

(3) भरण पोषण

जैन विधि में न केवल पुरुष वरन् महिलाओं का भी भरण पोषण का प्रावधान है। महिलायें या तो घर में जन्मी हुई बेटियाँ होती हैं या विवाह करके लाई हुई बहुएँ। जिसके पास सम्पत्ति है, उसका भरण–पोषण का दायित्व होता है।

हिन्दू दत्तक और भरण पोषण अधिनियम 1956 में इन सबका प्रावधान है यथा धारा 20 "बच्चों और वृद्ध माता–पिता का भरण–पोषण धारा 21 में "परिवार पर निर्भर में विधवा ए – अविवाहित कन्यायें, माता–पिता सम्मिलित हैं। इस प्रकार वर्तमान हिन्दू दत्तक और भरण–पोषण अधिनियम 1956 में पर्याप्त और समुचित प्रावधान और व्यवस्था है।

(4) संरक्षक

जैन विधि के अनुसार पिता के नहीं होने की परिस्थिति में छोटी बहनों के भरण–पोषण की जिम्मेवारी बड़े भाइयों की होती है। अगर माता जीवित है तो छोटे लड़के, लड़कियों की स्वाभाविक संरक्षक माता होती है। अगर इनमें से कोई भी संरक्षक नहीं है तो विवाहित पुत्रियों का संरक्षक परिवार के कुटुम्ब के किसी सदाम की होगी। धारा 6 हिन्दू अव्यस्कता और संरक्षण अधिनियम 1956 में "अविवाहित लड़के–लड़कियों का पिता और पिता के नहीं होने पर माता, विवाहित पुत्र का उसका पति को संरक्षकता दी हुई है। इस प्रकार वर्तमान अधिनियम 1956 में व्यवस्था के पर्याप्त प्रावधान हैं।

(5) उत्तराधिकार

वैदिक विधि

(1) वैदिक विधि–स्मृतियों में हिन्दू महिला के खिलाफ भेदभावपूर्ण व्यवहार पाया जाता है। मिताक्षर विधि में महिला को सम्पत्ति उत्तराधिकार से वंति रखा गया है। इस प्रकार गोत्रज को सजातीय की तुलना में कॉपारर्सनटी सम्पत्ति और अलग सम्पत्ति में प्राथमिकता दी गई है।

(2) वैदिक विधि स्मृतियों में हिन्दू महिला के खिलाफ भेदभावपूर्ण व्यवहार किया गया है। मिताक्षर विधि में महिला को सम्पत्ति अधिकार से वंचित ही रखा गया है। सम्पत्ति अधिनियम 1937 में हिन्दू विधि के अनुसार पुरुष ही वारिसान होते हैं। हिन्दू विधि में वरिष्ठ पुरखों का पिंडदान पुत्रों द्वारा किया जाता है। हिन्दू विधि में पुत्र का इसलिये विशेष स्थान दिया गया है। प्राचीन हिन्दू शास्त्रों में पुत्र को माता की तुलना में प्राथमिकता दी गई है। अब वर्तमान हिन्दू उत्तराधिकार अधिनियम 1956 में महिला को पुरुष के बराबर अधिकार दिया गया है।

(3) वैदिक विधि में सभी सम्पत्तियों को विभाजन के योग्य माना गया है।

जैन विधि

(1) जैन विधि में महिला–पुरुष के समान व्यवहार उत्तराधिकार के बारे में किया गया है। जैन विधि को महिला को पुरुषों से अधिक अधिकार गये हैं। पुत्र का माता की तुलना में कोई अधिकार नहीं है। पुत्रों का अधिकार पितामह की सम्पत्ति में दिया गया है।

(2) जैन विधि में पुत्री को पिता की सम्पत्ति पर अधिक अधिकार दिये गये हैं। अगर पिता की एकमात्र संतान पुत्री हो तब पिता की सम्पत्ति का पूर्णतया स्वामित्व होता है। जैन विधि पुत्री के बराबर ही जैन महिला को सम्पत्ति में अधिकार प्रदान करती हैं। माता की सम्पत्ति भी माता की मृत्यु के पश्चात् पुत्री को चाहे वह विवाहित हो या अविवाहित पिता की मृत्यु पर भाइयों के हिस्से के साथ चतुर्थ भाग की स्वामिनी होती है। इसी प्रकार पत्नी के रूप में पति की सम्पत्ति पर पूर्ण अधिकार होता है, पुत्रों को नहीं।

(3) इन सम्पत्तियों को जैन विधि के अनुसार विभाजन योग्य नहीं माना गया है– (1) जहाँ पिता ने सम्पत्ति को अपनी योग्यता या पराक्रम प्राप्त किया है जैसे राज्य। (2) जहाँ किसी सहविभाजक ने विरासत की पैतृक सम्पत्ति की सहायता बिना अपनी योग्यता से अर्जित की हो जैसे विज्ञान का लाभ, विद्यादान का लाभ। (3) जहाँ किसी सहविभाजक ने अपने मित्रों या पत्नी के रिश्तेदारों से सम्पत्ति प्राप्त की हो। (4) युद्ध में मिली ट्रॉफिज, सम्पत्ति। (5) जो खानों में गड़ी हुई उपलब्ध हो जाये अर्थात् दफीना आदि। (6) जो साधारण

आभूषणादिक पिता ने अपने जीवनावस्था में अपने पुत्रों को या उनकी पत्नियों को स्वयं दे दिया हो (7) स्त्रीधन (8) पिता के समय डूबी हुई सम्पत्ति जिसको किसी भाई ने अविभाजित सम्पत्ति की सहायता बिना प्राप्त की हो। जब स्थावर सम्पत्ति की दशा में वह पुरुष जो उसे प्राप्त करे केवल अपने सामान्य भाग से चतुर्थ अंश अधिक पायेगा। – श्री भद्रबाहु संहिता; – अर्हन्नीति; – इन्द्रनन्दि जिन संहिता; – मिताक्षरा लॉ

(4) हिन्दू लॉ के विरुद्ध जैन लॉ ज्यादा न्यायोचित है।

(4) हिन्दू लॉ के विरुद्ध जैन विधि को उत्तम बतलाता है क्योंकि उससे धर्म की वृद्धि होती है और प्रत्येक भाई को पृथक–पृथक धर्म लाभ का शुभ अवसर प्राप्त होता है। –इन्द्रनन्दि संहिता; मिताक्षरा लॉ विभाजन योग्य जो चल सम्पत्ति और अचल सम्पत्ति है, उस सब प्रकार की सम्पत्ति स्थानीय रिवाज परिवार के रिवाजों और समाज के रीति–रिवाज के अनुसार विभाजन के योग्य सभी सदस्यों में बाबर विभक्त की जायेगी। पिता की जो सम्पत्ति हिस्सेदारों में विभाजन योग्य नहीं है, वह ज्येष्ठ पुत्र को ही मिलेगी। वह पुत्र जो चोरी का आदतन अपराधी है, यौन तृप्ति में बहुत रुचि इच्छा रखता है, अन्य दुर्व्यसनों की आदत रखता हो और अत्यन्त दुराचारी चरित्रहीन हो, उसको न्यायालय के निर्णय द्वारा वंचित रखा जा सकता है।

– अर्हन्नीति – 86, 87, 120

इसी प्रकार जो राज्य के कौशल और परिश्रम से प्राप्त किया हो, उसके सबसे वरिष्ठ पुत्र को ही मिलेगा जैसे राज्यादि। ज्येष्ठ पुत्र को जिसे पिता की अविभाज्य सम्पत्ति मिली हो, उसमें कुछ प्रावधान छोटे भाइयों के विद्याध्ययन के लिए करना चाहिए। – भद्रबाहु संहिता – 68

(5) हिन्दू विधि में चल और अचल सम्पत्ति विधि अनुसार विभाजित की जा सकती है।

(5) जैन विधि अनुसार जिस सम्पत्ति को पिता ने स्वयं अर्जित किया हो और विरासत में नहीं मिली हो, उसे पुत्रों के पिता की इच्छानुसार सम्पत्ति विभाजन में किसी पुत्र को आपत्ति करने का अधिकार नहीं है। जो सम्पत्ति पिता स्वेच्छा से और किसी पर प्रसन्न होकर दे, उसी पर सबको संतुष्ट होना चाहिए।

इसी प्रकार माता के जीवनकाल में जिस सम्पत्ति द्रव्य आदि पर उसका अधिकार है, उसमें पुत्र उसकी इच्छानुसार ही प्राप्त कर सकते हैं। – श्री भद्रबाहु संहिता – 4; –अर्हन्नीति – 15

(6) हिन्दू विधि के अनुसार सारी चल और अचल सम्पत्ति का माता–पिता की मृत्यु के पश्चात् समान हिस्सेदारी में विभाजित करनी चाहिए।

(6) माता पिता की मृत्यु के पश्चात् सब विभाजन योग्य सम्पत्ति को बराबर–बराबर की हिस्सेदारी अनुसार विभाजित कर ले। – श्री भद्रबाहु संहिता – 4;– अर्हन्नीति – 15

अगर माता–पिता की मृत्यु के पश्चात् सम्पत्ति विभाजन करने से पूर्व कोई ऋण माता–पिता पर हो तब सर्वप्रथम उसे अदा करना चाहिए। इसके पश्चात् सम्पत्ति द्रव्य का सब भाइयों में समान बँटवारा करना चाहिए।

(7) हिन्दू विधि के अनुसार सब भाइयों में माता–पिता की मृत्यु के पश्चात्, उनकी सम्पत्ति में बराबर–बराबर का हिस्सेदारी होगी।

(7) अगर दो पुत्रों का एक साथ जन्म होता है, जोड़े के भाई हैं तब दोनों भाइयों में से प्रथम जन्म लेने वाला पुत्र ज्येष्ठ पुत्र माना जायेगा। अगर पहले बहन का जन्म होता है और उसके बाद भाई का जन्म होता है तो बाद में जन्म लेने वाला भाई को ज्येष्ठ पुत्र का अधिकर मिलेगा। – श्री भद्रबाहु संहिता – 22, 23

(8) हिन्दू विधि में ऐसे प्रावधान दृष्टिगत नहीं होते हैं।

(8) अधोलिखित व्यक्तियों को माता–पिता की सम्पत्ति में कोई हिस्सा नहीं मिलेगा, केवल उनको भरण पोषण का ही हक होगा। (1) जन्मजात नपुंसक हो अथवा ऐसे रोग से ग्रसित हो जिसका इलाज

संभव नहीं हो (लाइलाज बीमारी)। – श्री भद्रबाहु संहिता – 69; – अर्हन्नीति – 92, 93; – इन्द्रनन्दि जिन संहिता – 41, 42; – वर्धमान नीति – 52, 53

(2) ऐसा पुत्र जो न्यायोचित सदाचार के विरुद्ध चलने की आदत से ग्रस्त है। – इन्द्रनन्दि जिन संहिता – 45

(3) जो उन्मत्त हो, लंगड़ा हो, नेत्रहीन हो, क्षुद्र आदतों का आदी हो, कुबड़ा हो। – श्री भद्रबाहु संहिता – 70; – अर्हन्नीति – 93, 94; – वर्धमान नीति – 53

(4) जिसको अपनी जाति से बाहर किया हुआ हो, माता–पिता को जो छोर विरोध रखने वाला हो, मरणासन्न हो, मूक और बहरा केवल बहरा हो, अत्यधिक क्रोधित होने वाला हो और अंगहीन हो। – अर्हन्नीति – 92, 93; – इन्द्रनन्द्रि जिन संहिता – 41, 42, 45

अगर लाइलाज बीमारी वाला पुत्र कभी ठीक हो जाये तब तो उसको अधिकार मिलेगा अन्यथा उसकी पत्नी और बच्चों को अधिकार मिलेगा।

दायभाग की अयोग्यता का यह अर्थ नहीं है कि ऐसे मनुष्य को अपने निजी सम्पत्ति से वंचित कर दिया जाये। – भद्रबाहु संहिता – 103

(5) यदि किसी व्यक्ति की अविवाहित रहते हुए मृत्यु हो जाये अथवा वह संन्यासी हो जाये तो उसका भाग भाई–भतीजों को यथायोग्य मिलेगा। – अर्हन्नीति – 91

(9) आधुनिक वर्तमान हिन्दू उत्तराधिकार अधिनियम 1956 के अनुसार माता–पिता की मृत्यु होने के पश्चात् सब भाई, बहिनों का समान हिस्सा का प्रावधान है।

(9) पिता ने अविभाजित सम्पत्ति, द्रव्य छोड़ा हो, उस सम्पत्ति द्रव्य में सभी भाई बहिन को बराबर की हिस्सेदारी होगी। – इन्द्रनन्दि जिन संहिता – 27, 29

(10) शास्त्रीय हिन्दू विधि के अनुसार पिता ने सम्पत्ति में अपना हिस्सा नहीं रखा हो तो भी अगर किसी पुत्र का जन्म विभाजन

(10) जैन विधि में ऐसा ही विधान है।

के पश्चात् होता है तो बाद में जन्मे हुए पुत्र को सब भाइयों की सम्पत्ति में हिस्सेदारी होगी।	
(11) शास्त्रीय हिन्दू विधि के अनुसार पुत्र के व्यस्क हो जाने के पश्चात् पिता की सम्पत्ति से उसके भरण–पोषण नहीं होगा।	(11) जैन विधि में इसी प्रकार का नियम है।
(12) वैदिक विधि में पति की मृत्यु पर सम्पत्ति पुत्रों को जाती है और उसका केवल भरण–पोषण का अधिकार है। अधिक से अधिक पुत्रों के बँटवारा के साथ एक हिस्सा पाने का अधिकार रखती है।	(12) पिता को संयुक्त परिवार की सम्पत्ति में से या विभाजित सम्पत्ति में से परिवार के आवश्यक व्यय और धार्मिक आयोजन के व्यय करने की पूर्ण अधिकार है, इसमें उसे पुत्रों से पूछने की आवश्यकता नहीं है। पितामह की चल और अचल सम्पत्ति में से पिता और पुत्रों का बराबर की हिस्सेदारी है। – अर्हन्नीति – 97 इसी प्रकार पितामह के नहीं होने पर पिता की मृत्यु पर पुत्र को पिता की सम्पत्ति में से व्यय करने की सम्पूर्ण स्वतंत्रता है। उस पर कोई रुकावट नहीं है। माता द्वारा पुत्र को व्यवसाय के लिये दी गई चल सम्पत्ति में से निजी व्यय करने अथवा सम्पत्ति को खुर्द–बुर्द करने की छूट नहीं है। – भद्रबाहु संहिता – 64 इसी प्रकार पति की मृत्यु होने पर उसकी विधवा को पति की सम्पत्ति में से जिस प्रकार चाहे उसी प्रकार व्यय करने का अधिकार।
(13) वैदिक विधि में भी भाइयों के विरासत में सम्पत्ति के विवाद को मध्यस्थता अथवा न्यायालय से निर्णय कराना ही एकमात्र विकल्प है।	(13) अगर विभाजन सबसे बड़े भाई ने किया हो और वह अपने भाइयों से कुछ सम्पत्ति को छिपाकर धोखा देता है तब दण्डस्वरूप बड़े भाई को अपनी सम्पत्ति से हाथ धोना पडेगा। अगर भाइयों में विरासत को लेकर कोई विवाद उत्पन्न होता है तब मामला को मध्यस्थता अथवा न्यायालय द्वारा निर्णित करवाना चाहिये।
(14) वैदिक विधि में भोजन का निःशुल्क वितरण (सदाव्रत) गरीब और जीवन की आवश्यकता पूर्ति के लिये किया दान	(14) जैन विधि में आचार्य क्रातिकेय, आचार्य जिनसेन, आचार्य सोमदेव, आचार्य देवसेन और आचार्य गुणभद्र ने चार प्रकार के

सदाव्रत का ही हिस्सा है।

आरोग्यदान में अस्पतालों के निर्माण, रोगियों को निःशुल्क दवाई वितरण आरागदान की श्रेणी में है। वैदिक धर्म में चिकित्सालयों के दान का उच्च वर्ग का दान माना गया है।

धर्मशाला के निर्माण को वैदिक विधि में उच्च कोटि का दान माना गया है।

वैदिक विधि में शिक्षा के लिये पाठशाला, कॉलेजों, तकनीकी शिक्षा के कॉलेज को उच्च श्रेणी में रखा गया।

वैदिक विधि और जैन विधि दोनों में दान को उच्चतम महत्त्व दिया गया है। उनकी यथा विधि प्रकाश में ही रही।

दान बताये हैं–

(1) आहार दान, (2) औषधि दान, (3) ज्ञान दान और, (4) अभय दान (शरण देना; किसी खतरे में उसकी सुरक्षा करना आदि)

दान का उद्देश्य व्यक्ति को ख्याति प्राप्त करने के लिये, अगले जन्म में सुख प्राप्ति के लिये है परन्तु इससे मोक्ष की प्राप्ति सम्भव नहीं है।

चिकित्सालय का निर्माण भी औषधि दान की तरह है।

जैन विधि में शिक्षा के क्षेत्र में किये गये कार्यों यथा– पाठशाला, कॉलेजों का निर्माण, उनका संचालन, बच्चों को छात्रवृत्ति देना आदि को भी उच्च वर्ग के दान में रखा गया है।

इस प्रकार दोनों विधियों वैदिक और जैनों में बहुत समानता है।

(15) वैदिक विधि अर्थात् हिन्दू लॉ को हिन्दुओं ने मुगलकाल में और ब्रिटिश काल में छिपाया।

(15) मुगल शासन में जैनों को काफिर माना गया था और जैन मंदिरों, मूर्तियों और शास्त्रों को नष्ट किया गया था। इससे जैन धर्मावलम्बियों जैनों ने अपने विधि ग्रन्थों का प्रकाशन, उन्हें सार्वजनिक करने का और न्यायालयों में विधियों को प्रस्तुत करना ही बन्द कर दिया था। जैनों ने अपने पुस्तकालयों को जमीन में गाढ़ दिया जिससे उनको चींटियों ने, चूहों ने नष्ट कर दिया और मिट्टी के सम्पर्क से पुस्तकें समाप्त और लुप्त हो गईं। उसके पश्चात् जैन विधियों लगभग सार्वजनिक नहीं हुई।

– महाराजा गोविन्दनाथ रॉय बनाम् गुलाबचन्द (1833) 5 एस. डी. रिप्रे. 276

अब जैनों को अथक परिश्रम और निष्ठा से जैन विधियों मे निरन्तर शोध करनी चाहिये जिससे जैन विधि प्रकाश में आये। इसी प्रकार जैन विधियों को प्रकाशित

	करना चाहिये। जैनों को अधिक से अधिक जैन अध्ययन केन्द्रों को बनाना चाहिये, विश्वविद्यालयों में अध्ययन–अध्यापन और शोध करनी चाहिए। इस प्रकार जैन विधियों को पूरी तरह विश्व के सामने प्रकाश में लाना चाहिए।
(16) वर्तमान में हिन्दू दत्तक पुत्र और भरण–पोषण अधिनियम 1956 के अनुसार विधवा सास और बहू दोनों ही दत्तक पुत्र लेने का अधिकार रखती हैं।	(16) यदि पति मर गया हो तो विधवा को दत्तक पुत्र को गोद लेने का अधिकार है। विधवा को अनुमति की आवश्यकता नहीं है। –मनोहर लाल बनाम् बनारसीदास 29 इसा 495; –वर्धमान नीति. 23, 30; –अर्हन्नीति –57; – भद्रबाहु संहिता – 75 सास बहू दोनों विधवा हो तब विधवा बहू गोद ले सकती है, उसको सास को स्वी. ति लेनी चाहिये। – भद्रबाहु संहिता – 755; – अर्हन्नीति –110 अब हिन्दू दत्तक पुत्र और भरण पोषण अधिनियम 1956 के अनुसार अब विधवा सास और बहू दोनों ही दत्तक लेने का अधिकार रखती हैं।

सुझाव– वर्तमान हिन्दू उत्तराधिकार अधिनियम 1956 में विधवा पुत्रों, पुत्रियों आदि के बराबर के सम्पत्ति में अधिकार है। जैन विधि इस सम्बन्ध में अधिक न्यायसंगत है। जैन विधि के अनुसार माता को पति की सम्पत्ति में सम्पूर्ण अधिकार है। अब कम से कम वर्तमान विधि में ऐसा संशोधन होना चाहिये कि माता को अन्य हिस्सेदारों की तुलना में अधिक हिस्सा मिले जिससे वह गृहस्थी के मुख्य होने के कारण जिम्मेदारी का निर्वहन कर सके।

इसलिये यह सुझाव दिया जाता है माता को सब हिस्सेदारों की तुलना में अधिक हिस्सेदारी मिले, वह पति की सम्पत्ति के जितने हिस्सेदार हों, उनमें माता के हिस्से को सब हिस्सेदारों में दो हिस्से अतिरिक्त दिये जायें जिससे परिवार को गरिमापूर्ण ढंग से चला सके।

संदर्भ

1. चरित्र चक्रवर्ती – एस. सी. दिवाकर – आचार्य ज्ञानसागर वागार्थ विमर्श केन्द्र, ब्यावर
2. जैन कल्चर – डॉ. मोहनलाल मेहता – पी. वी. रिसर्च इन्स्टिट्यूट, हिन्दू विश्वविद्यालय बनारस – 1969 – पृ. 5–6 (आंगल भाषा में)
3. एसे ऑन हिन्दू रिलीजन – एस राधाकृष्ण – पृ. 100–137
4. जैन धर्म का इतिहास – असीम कुमार राय – यूनिक ट्रेडर्स जयपुर 2009 – पृ. 9
5. जैन धर्म का इतिहास – पूर्ववत – पृ. 10
6. जैन कल्चर – डॉ. मोहनलाल मेहता – पूर्ववत – पृ. 6
7. जैन कल्चर – डॉ मोहनलाल मेहता – पूर्ववत – पृ. 6, 7
8. जैन धर्म का इतिहास – अशीम कुमार राय – पूर्ववत – पृ. 10

परिशिष्ट – 1

आचार्य जिनसेन विरचित जैन विवाह पद्धति

ॐ नमः सिद्धेभ्यः। अथ जैन विवाह विधि देश भाषामय वचनिका रूप लिखी जाती है। दोहा–

दोष रहित सर्वज्ञप्रभु, हितमितकरि उपदेश।
किये भव्य शिवपुर तने, नायक नमूँ जिनेश।। 1।।
अर्हन् मुखकरि जैन प्रकट, भई सरस्वति मात।
नमों तास के विमल पद, करन कुमति को घात।। 2।।
विगतवासना ध्यानरत, ज्ञानयुक्त तप धार।
विगत भार णारंभ गुरु, नमों विदित हितकार।। 3।।
सम्यग्दृष्टीज्ञानयुत, जैनी जन धर्मज्ञ।
तिनके योग्य विवाह–विधि, लिखूँ कथित सर्वज्ञ।। 4।।

इस प्रकार मंगलाचरण करके, जैनी जनों के योग्य विवाह की विधि लिखने की प्रतिज्ञा करके संस्कृत भाषा में जो प्रामाणिक पद्धति है उसकी वचनिका मूल सहित लिखता हूँ।

श्लोकार्थ

जिन्होंने कर्मभूमि के प्रारम्भकाल में जीवों को षट्कर्म रूप गृहस्थ धर्म में एवं निष्पाप निर्वाण मार्ग में लगाया उन श्री अजः स्वयंभू नाभिपुत्र आदीश्वर की जय हो।। 1।। भगवज्जिनसेनाचार्य के जो वचन महापुराण में हैं उनमें अवगाहन कर जैनियों में जो उत्तम रीति को धारण करने वाले हैं उनके लिए समस्त मंत्रों सहित विवाह की विधि का एवं सनातन की जो प्रकृति है और वर्तमान में देश कालानुसार मनुष्य की जो प्रकृति है उसको भी ध्यान में रखते हुए उपदेश किया जाता है।। 2।।

अब गृहस्थ धर्म के अन्तर्गत विवाह करने की जो अनादि कालीन प्रवृत्ति है उसका प्रतिपादन करते हुए कहा है–

अन्य स्त्रियों के परित्याग और स्वस्त्री मात्र में प्रवृत्तिरूप विवाह कर्म अनादिकाल से प्रवहमान गृहस्थों के धर्म के रूप में विद्यमान है। इस परम्परागत धर्म का पालन करने वाला गृहस्थ मुनिधर्म में आदर करने वाला होता है।।3।। अब उत्तम वर के लक्षण कहते हैं– जो कुलवान, रूपवान, चतुर हो और नपुंसकता आदि दोषों से रहित हो, कुटुम्ब का प्रिय और सबका मान्य हो, सम्पत्ति को अर्जित करने वाला व धर्मात्मा हो, नीति और युक्ति को मानने वाला हो और सदैव उत्साह को धारण करने वाला हो, सुन्दर वचन तथा लेन–देन का मर्मज्ञ हो और राजकार्य में चतुर हो वह वर भली प्रकार मान्य व कन्या देने योग्य है।।4–5।। अब त्याज्य वर के लक्षण कहते हैं– अंगोपांगादि से विकल हो, नपुंसक हो, रोगी हो, कुत्सित कुल का हो, व्यसनी तथा पतित हो ऐसे वर को कन्या देने की इच्छा मत करो।।6।। अब कन्या का लक्षण कहते हैं– माता–पिता के अनुकूल गमन करने वाली हो, शील व रूप के आभरण से भूषित हो, धर्मात्मा हो और अच्छे लक्षणों वाली हो, मनोहर हो एवं अन्य भी जो स्त्रियों के गुण हैं उनसे प्रकाशमान हो तथा चंचलता रहित हो वह कन्या प्रशंसा योग्य है।।7।। अब त्याज्य कन्या का लक्षण कहते हैं– पापिनी हो, कोढ़ी हो तथा अन्य भी किसी असाध्य रोग से युक्त हो, कुशीली व निर्लज्ज हो, ऐसी कन्या व्याघ्री के समान दूर ही से त्यागने योग्य है।।8।। कन्या की उम्र से दो वर्ष बड़ा वर उत्तम है, पाँच वर्ष बड़ा मध्यम है और दस वर्ष बड़ा वर अधम है।।9।। समान गुण, शील, अवस्था सम्पत्ति और यौवन वालों में प्रीति होती है अतः इनकी समानता देखी जानी चाहिए ऐसा कुछ आचार्यों का मान्य मत है।।10।। अथवा वर कन्या से डेढ़ गुने वर्ष प्रमाण अथवा अपने स्वरूपादि के कारण दुगुने वर्ष प्रमाण भी योग्य है, इससे अतिरिक्त योग्य नहीं है। इस प्रकार देश–काल के अनुसार वर्तमान समय को जानने वाले कहते हैं।।11।। और जब तक कन्या अज्ञात यौवना हो और जब तक वह स्त्री धर्म को जानने वाली न हो उससे पूर्व ही उस कन्या का विवाह कुलवानों द्वारा प्रीतिपूर्वक कर देना चाहिए।।12।। और यदि कोई उत्तमकुलवान लोभ आदि के कारण रजस्वला कन्या को अपने घर में रखता है और उसका विवाह नहीं करता है तो उसके पग–पग पर धर्म का विध्वंस होता है।।13।।

(अर्थात् इस काल में 11 वर्ष के बाद और 13 वर्ष पर्यन्त कन्या विवाह योग्य है और 26 वर्ष पर्यन्त वर विवाह योग्य है, इसके उपरान्त नहीं।) और यदि सगाई के बाद वर दूर देश या द्वीप को चला जाय और तीन वर्ष तक अपना समाचार न भेजे तो दूसरे वर के लिए कन्या दे दे।।14।। वर यदि पांतकी हो, संन्यासी हो जाय, नपुंसक हो जाय अथवा नष्ट हो जाय या मर जाय तो अपने समाज के व्यक्ति अथवा राज के व्यक्तियों को कहकर कन्या का दूसरे वर से विवाह कर दे।।15।। अब वाग्दान जो सगाई उसका विधान कहते हैं– दोनों कुलों में निश्चित धर्म से युक्त, प्रतिज्ञावान, पूर्व में ही मिला लिए हैं नक्षत्रादिक जितने ऐसे तथा स्वकीय शाखा के परिमेलन में जो प्रवीण हैं ऐसे लोगों का वाग्दान विवाह के पूर्व प्रशंसित होता है।।16।। कन्या का पिता अपने कुटुम्बियों सहित, समाज के लोगों को साक्षी करके शुभमुहूर्त में प्रसन्न मन से वाग्दान के समय वर को अपने घर बुलाए।।17।। और शुद्ध वस्त्र, आभूषण, माल्य और सुगंध से युक्त, अपने पूज्य पुरुषों द्वारा उदय को प्राप्त, सेवकादि हैं साथ में जिसके और अश्व, गज, रथादि से जो सहित है ऐसे उस वर को उसके साथियों सहित मनोज्ञ आभूषण और रत्नादि से शोभायमान करे।।18।। उस दिन सौभाग्यवती स्त्रियों द्वारा सुन्दर मंगलगान और दोनों ही कुलों में देवशास्त्र गुरु का अर्चन हो और वर तथा कन्या वृद्ध पुरुषों का आशीर्वाद ग्रहण करके हर्ष को प्राप्त हो।।19।। पश्चात् शुभ दिन देखकर वर का पिता प्रचुर आभूषण, वस्त्र, फल और खाद्य पदार्थों से दोनों कुलों की अभिवृद्धि के लिए कन्या को विभूषित करे।।20।। तत्पश्चात् कन्या का पिता अपने इष्ट जनों की साक्षीपूर्वक विवाह का लग्न निश्चित करके पत्र में अच्छी तरह लिखकर सम्बन्ध को दृढ़ बनाने के लिए अपने सेवक के हाथ वर के पिता को भेजे।।21।। वर का पिता भी साधर्मियों की साक्षीपूर्वक बहुमानपूर्वक उस पत्र को पढ़कर लाने वाले सेवक को संतुष्ट करके अपनी शक्ति प्रमाण द्रव्य कन्या के यहाँ भेजे।।22।। अब लग्न दिवस के समीप आने पर लग्न के एक माह पूर्व को आदि करके तीन दिन शेष रहें तब पर्यन्त विनायक स्थापन को कहते हैं– कन्या का पिता योग्य दिन का विचार करके समाज के पुरुषों व स्त्रियों को आमन्त्रित करके उन्हें भोजन कराये और कन्या को स्नान कराके उसे आभूषण, वस्त्र और माला आदि से भूषित करे।।23।। पश्चात् कन्या रथ अथवा पालकी पर सवार होकर आगे रक्षकों और सौभाग्यवती स्त्रियों को करके नृत्य और गान–वादित्रादि

सहित जिन मन्दिर को जाये।।24।। वहाँ निपुण धर्मात्मा जनों द्वारा लाई गई केसर चन्दनादि सामग्री से युक्त पवित्र पूजा की विधि को ग्रहण करके जिन–चरणों की पूजा करे अथवा भक्तिपूर्वक श्रुतधर ज्ञानवान लोगों द्वारा पूजा कराए।।25।। और कुल वधूओं का समूह अपनी सामर्थ्य के अनुसार समीचीन पंच प्रकार जिनपति के सत्यार्थ मंगल का गान करें और श्रुत के भाव को जानने वाले श्रुतधर आज के सहस्रनामों को पढ़ें।।26।। तत्पश्चात् अभिषेकपूर्वक अर्हंत सिद्ध की पूजन करके अनादि निधन यंत्र का पूजन करे उसका विधान उद्धारपूर्वक बताते हुए ग्रन्थकार कहते हैं– मध्य में तो कार स्थापना करे, पीछे वलय करे उसमें पाँच संख्या.......णमो लोए सव्व साहूणं। यह जप है जयमाला। सुरेन्द्र और नरेन्द्र सभी विघ्न समूह का नाश करने की विधि में अग्रसर और अनादि अनन्त युग में प्रवर्तन करने वाला इष्ट आपको ही बताते हैं। मैं भी इस गृहस्थ धर्म रूप कार्य में आपको ही स्मरण करता हूँ।।58।। हे जिनेन्द्र! आप इसलिए विनायक हो क्योंकि दृढ़ सप्तभंगी के द्वारा आप समस्त धर्मी जनों को दो प्रकार के धर्म को विशेष से प्राप्त कराते हो अथवा आप इसलिए विनायक हो क्योंकि आप स्वयं बुद्ध होने के कारण किसी दूसरे के द्वारा धर्म को प्राप्त नहीं कराये जाते।।58।। मुनियों के समूह के अधीश होने के कारण जो आपकी गणेश के रूप में स्तुति करते हैं उन मनुष्यों के विघ्न समूह की सदा शान्ति होती है और कल्याण परम्परा उनके हाथों में लौटती है।।60।। हे जिनेन्द्र कलियुग के प्रभाव से मिथ्यावाद से युक्त व्यक्तियों में खोटे आशय की प्रवृत्ति से लंबोदर और हाथी के दाँत वाला रूप गणेश के नाम से प्रचलित हो गया।61।। हे स्याद्वादनाथ पार्वती ने विनोदवश अपने शरीर का मैल उतारकर उस मैल का लंबोदर बनाया पश्चात् काम से ज्वलित रुद्र ने उसका मस्तक काटकर हाथी का मस्तक उसके धड़ पर लगाकर उसे दंतिमुख बनाया ऐसा इतिहास अपने पुराण में पढ़कर भी लोग कैसे उसे सन्मंगल बताते हैं।।62।। इसलिए मेरे तो प्रत्यक्ष और अनुमान से अबाधित आप ही विनायक हो। तब आपके नाम मंत्र का उच्चारण करते ही विघ्नशत्रु नष्ट हो जाते हैं इसमें आश्चर्य क्या?।।63।। हे जिनराज। आपकी जय हो–जय हो! आपके गुणों को कौन कह सकता है? सुरगुरु या इन्द्र भी कोटि वर्ष तक आपके गुणों को कहने की अभिलाषा करें तो भी आपके गुणों का पार नहीं पा सकते तो फिर स्वल्पबुद्धिधारी मनुष्यों में

ऐसा कौन है जो पार पा सके।।64।। मंत्र – ह्मीं अर्हदादि सप्तदश मंत्रेभ्यो जयमालार्घं निर्वपामीति स्वाहा।

अथ इष्ट प्रार्थना। लक्ष्मी, बुद्धि, अनाकूलता, धर्म में प्रीति की वृद्धि और गृहस्थ धर्म में स्थिति होते हुए मेरा कल्याण हो ऐसा वर शीघ्र प्रदान करें। इत्याशीर्वादः।।65।। इसके बाद कन्या बहुभक्तिपूर्वक विनायक मंत्र को ग्रहण करके वादित्र के समूह सहित और गीत के पाठ सहित उसे अपने घर ले आये।।66।। सो उत्तम कुलवान कहारों द्वारा धारण की गई पवित्र पालकी में आरोपण कर महान् उत्सव सहित मंगलद्रव्यों से भूषित अपने गृह में प्रवेश करे।।67।। फिर वादित्र बजाने वालों का, गाने वालों का तथा सौभाग्यवती स्त्रियों का सत्कार करके अपने गृह में एकान्त स्थान में अथवा चैत्यालय में उस मंत्र को स्थापित करे।।68।। फिर रात्रि में मंगलगानपूर्वक जागरण करना चाहिए और यथाशक्ति दान मानादि क्रिया करनी चाहिए।।69।। पश्चात् उस दिन को आदि करके प्रतिदिन वह कन्या अथवा अन्य पुरुष उस मंत्र का अभिषेक करके तथा पूजन करके पाप–समूह का नाश करे; पहले अभिषेक का मंत्र बताया था उससे अभिषेक करके महाअर्घ्य के मंत्र से अर्घ्य चढ़ावे।।70।। इस तरह जब तक विवाह के अन्त में देवताओं का विसर्जन न हो जाये तब तक नित्य प्रति अभिषेक, अर्चन और स्तवन होना चाहिए।।71।। अथ विनायक स्थापन के अनन्तर उसी दिन कन्या और वर की रक्षाविधानादि विधि को कहते हैं।

अथानन्तर उसी दिन अपने कुल में मान्य सुन्दर वचन और वस्त्रों से युक्त गृहस्थाचार्य उन्हें यह कहते हुए उनके कंकण–बन्धन करे कि तुम्हारे गृहस्थ व्रत पालन में दृढ़ता हो और तुम अपने कुल का भली प्रकार परिपालन करो।।72।। इस प्रकार कंकण बन्धन गृहस्थाचार्य स्वयं अपने हाथ से करे उस समय यह कहे– 1. जिनेन्द्र की तथा गुरु का पूजन, 2. शास्त्र के वचन का सदा धारण, 3. निज शील का रक्षण, 4. यम का रक्षण, 5. दान और 6. समीचीन तप का वर्द्धन इस प्रकार षट्क्रिया का तुम्हारे निरतिचार पालन हो इस प्रकार पुण्य की अभिवृद्धि करने वाला यह रक्षाबन्धन है।।73।। इति रक्षा बन्धनम्। ऐसे ही वर भी शुभ दिन, लग्न, मुहूर्त आदि योग का संधारण कर पूर्वोक्त विनायक यंत्र का भली प्रकार पूजन प्रारम्भ करे।।74।। और दोनों वर और कन्या स्वदेश में या देशान्तर में हों और कारणवश भिन्न–भिन्न देश की प्राप्ति हो तो यह विधि तो नियम

रूप है और पूजा जो है वह सामर्थ्य और वैभव के अनुसार होती है। अर्थात् पूजन की सामग्री और भोजन लवाजमा आदि लेन–देन अपनी सामर्थ्य के अनुसार होता है।।75।। वर और कन्या के घर में प्रेमपूर्वक समीचीन मंगलरूप गान, नृत्य और वादित्र भी नित्य ही भली प्रकार प्रकट हों।।76।। बन्धुजनों को भोजन, वस्त्र, आभरण, चंदन, माला, ताम्बूल दे और बुभुक्षित जनों को दया दान दे।।77।। अथान्तर विवाह का दिन अत्यन्त निकट रहने पर पाँच दिन अथवा तीन दिन पूर्व विघ्न की शान्ति के लिए जिनालय गमन और वहाँ अभिषेक–पूजा आदि पूर्ववत् करने योग्य हैं ऐसा कहते हैं– वर तथा कन्या अपने शुभ चन्द्रमा सहित दिन में पाँच दिन या तीन दिन शेष रहें तब जैसे पहले कहा था वैसे ही जिन मंदिर में जाकर मंत्र के बिना ही सारी अभिषेक और अर्चन की विधि रचें और उस मंत्र को अपने भवन में नमस्कार करें।।78।। और यहाँ भी रक्षाबन्धन पूर्ववत् करना योग्य है। अब ग्रह संस्कार कहते हैं। कल्पवृक्ष, वाड़वाग्नि, पुष्पमाला, स्तूप, सूर्य, चन्द्रमा, लक्ष्मी आदि चित्र भलीप्रकार अपने गृह में बनायें और नवीन वस्त्र जाल से शोभा प्रकट करें जिससे लोगों को प्रतिदिन विवाह सम्बन्धी शोभा के दर्शन हों।।79।। मण्डप, तोरण, स्तम्भ, वेदिका, होम कुण्ड, मोती की झालर और कदली स्तंभादि की रचना करें।।80।। कदाचित कार्यवश पूर्व में विनायक मंत्र की स्थापना न हुई हो तो विनायक मंत्र स्थापना की पूर्वोक्त विधि मंत्र सहित अब करें।।81।। अब वेदिका स्थापन के लिए भांडा लाने के विषय में कहते हैं। उसी दिन समीचीन वेदिका बनाने में निमित्तभूत बीस संख्या प्रमाण नवीन घट नववधू के साथ प्रचुर गान सहित लाना प्रशस्त माना गया है और एक घट पुष्प पत्र तथा बिजौरा से शोभित लाना सराहनीय है।।82।। कुंभकार को वस्त्र और नकद धन से संतुष्ट कर उन घटों की भली प्रकार रक्षा करें और उन्हें सुपारी, मूंग, हल्दी, चावल आदि से यथायोग्य पूरण करें।।83।। अब तोरण का विधान कहते हैं– वर का पिता विवाह के दिन के प्रथम दिन अपने सम्बन्धी मनुष्यों को भोजन से तृप्त करके कहे कि आप लोग तोरण पर आकर तोरण की शोभा बढ़ायें।।84।। और कन्या का पिता भी अपने सम्बन्धियों को कहे कि आप लोग भी कुमकुम युक्त वस्त्रों की शोभा सहित इस अवसर पर वर के घर चलें।।85।। तब कन्या का पिता वर के पिता व जामाता का सत्कार कर ऐसे कहे कि अपने विवाह के लग्न के पूर्व गज पर सवार होने रूप संस्कार सहित अपने मित्र तथा कुटुम्बियों के

साथ तोरण में पधारें।।86।। जब वर सेहरा बांधकर, सुखद चैत्य बिम्ब की परिक्रमा करके, गुरु को नमस्कार करके दान की वर्षा करता हुआ योद्धा की तरह जाये।।87।। वादित्रों के शब्दों सहित, सुन्दर गान करने वालों सहित, षांदीज़नों द्वारा स्तुति किया जाता हुआ वर शनैः–शनैः मण्डप से भूषित श्वसुर के घर को प्राप्त हो।।88।। इसके पश्चात् श्वसुर के घर के द्वार पर ऊँचे स्थान पर रखा हुआ, मोती और माणिक्य से युक्त सुन्दर रत्नों से युक्त मुकुट के समान वस्त्र से आच्छादित मतवाला और दोनों ओर से स्वर्ण की मूर्ति से शोभायमान तोरण को वर स्पर्श करे।।89।। इसके पश्चात् आभूषण और वस्त्र से भूषित शरीर वाली सासू हाथ में अक्षत का श्रय लिए चन्द्रमा के समान सुन्दर मुख वाले वर को देखने की इच्छा करती हुई मोतियों से व्याप्त खील को अपनी अंजुली से क्षेपण करे।।90।। फिर वर के उत्तमांग में गीले चावल का तिलक लगाकर उसकी शोभा को बढ़ाती हुई सरसों, पुष्प, रत्न, दूब और अक्षत सहित दीपकों द्वारा वर की आरती उतारे।।91।। उसी क्षण अपने भवन के गवाक्ष में बैठी हुई, स्त्रियों से घिरी हुई कन्या उसी को वरने की प्रतिज्ञा से युक्त हुई वर को देखे और तत्पश्चात् याचकों को दान दे।।92।। वर भी इस मांगलिक क्रिया को सम्पन्न करके उपस्थित सभ्यों को सन्तुष्ट करके अपने घर जाये और केशर से लिप्त वस्त्रों को पहने हुए कन्या के सम्बन्धीजन भी अत्यन्त प्रसन्नतापूर्वक कुछ समय के लिए यथेष्ट स्थान को जायें। इस प्रकार वर पक्ष और कन्या पक्ष के लोग परस्पर प्रीति युक्त हुए नियोगी जनों (नौकरों आदि) को दान दें।।93/94।। अब विवाह की विधि को कहते हैं– विवाह के पूर्वकाल में कन्या के पिता को नाना वर्ण की शोभा से युक्त और चार खम्भों से सुशोभित मण्डप बनवाना चाहिए।।95।। घर के मध्य समभाग में पवित्र जमीन पर मण्डलाकार मोतियों की लड़ियों से युक्त वस्त्रों से शोभायमान, चार केले और इक्षु के स्तम्भों से युक्त कर पवित्र मिट्टी से चार हानि प्रमाण वेदी बनवाये; फिर गृहस्थाचार्य ऊपर की करनी पर सिद्ध का बिम्ब स्थापन करे।।98।। सिद्ध–बिम्ब के अभाव में पूर्वोक्त कन्या के लाये हुए यंत्र की स्थापना करे और उसके अधोभाग में आर्ष श्रुत का स्थापन कर उसे पूजे।।99।। तीसरी करनी में अष्ट् मंगल द्रव्य की स्थापना करे, वहीं गुरु पूजा के लिए क्रमपूर्वक ऋद्धियों की स्थापना करे।।100।। फिर गृहस्थाचार्य वेदी के अग्रभाग में तीन कुण्डलपूर्वक स्वास्तिक से संयुक्त अग्नि मण्डल लिखे।।101।।

जिनेन्द्राचार्य की आज्ञानुसार इसके दाहिने भाग में धर्मचक्र और बायें भाग में तीन छत्र परम भक्तिपूर्वक स्थापित करे।।102।। पूर्वोक्त द्रव्यों से भरे हुए और लाल वस्त्र और लाल सूत से वेष्टित पाँच–पाँच भाण्डों को एक के ऊपर एक चारों स्तम्भों के निकट रखे।।103।। वेदिका के मध्य भाग में ध्वज और कलश से शोभित मण्डप के भूषण स्वरूप ध्वज स्तम्भ का प्ररोपण करे।।104।। कन्या और वर के माता–पिता और उनके मामा तथा गृहस्थाचार्य ये सात प्राणी विवाह की विधि को मिलाने वाले हैं।।105।। पूजा–होम आदि की मनोहर सामग्री को पृथक स्थापित करे और वर तथा कन्या को देने योग्य सामग्री पृथक रखे।।106।। इसके पश्चात् कलश स्थापन मंत्र लिखते हैं–

ॐ अद्य भगवतो महापुरुषस्य क्षीगदादिब्रह्मणे मते अस्मिन् विधीयमान विवाह कर्मणि होम मण्डप भूमि शुद्धयर्थं क्रिया शुद्धयर्थं शांत्यर्थं पुण्याहवाचनार्थ नवरत्न गंध पुष्पाक्षतादि बीजपूर शोभित शुद्ध प्रासुक तीर्थ जल पूरितं मंगलकलशस्थापनं करोम्यहम् ह्रीं क्ष्वीं अर्हं स्वाहा। इसके पश्चात् वर घड़ी लग्न आदि से शुद्ध मुहूर्त को देखकर सवारी पर सवार होकर अपने श्वसुर के स्थान पर आये।।107।। कन्या की माँ शीघ्र ही वहाँ आकर वर की पूजा करे और उसके पैरों का प्रक्षालन करके उसके लिए वस्त्र मुद्रादि अर्पण करे।।108।। कन्या का पिता कन्या को स्नान कराके वर के लाये हुए वस्त्र–भूषणादि और सुगन्धित माला द्वारा उसे अलं.त करे।।110।। इसके बाद कन्या का मामा प्रीतिपूर्वक वर का हाथ पकड़कर उसे मण्डप में ले जाये, फिर कन्या को भी लाये।।111।। अनुक्रम को जानने वाले पुरुषों को विवाह के दिन आगमानुकूल पूजा तथा होम करना चाहिए।।112।। शुभ लग्न में उत्तम पुरुषों के बीच सुख और प्रीति की वृद्धि के लिए वर कन्या का और कन्या वर का मुख देखे।।113। कन्या वर के गले में पुष्पहार पहनाये। कन्या वर के दाहिने हाथ और वर कन्या के बायें हाथ बैठे।।114।। अब परिणयन के वाक्य को कहते हैं– पहले कन्या का मामा, फिर उसका पिता, फिर कुटुम्ब के लोग यह कहें कि आपके चरणों की सेवा करने वाली यह कन्या आपको देना चाहते हैं।।115।। अब संकल्प की धारा के प्रकार को कहते हैं। उस समय अपने पक्ष को गोत्र आदि का नाम लेकर यह कहे कि यह कन्या अमुक की प्रपौत्री, अमुक की पौत्री, अमुक की पुत्री है, इसका अमुक नाम है इसे अमुक के प्रपौत्र, अमुक के पौत्र, अमुक के पुत्र, अमुक

नाम वाले आपको देने की इच्छा करता हूँ, इस प्रकार कन्या का पिता कहे। तब सिद्धों को नमस्कार करके वर कहे कि मैं इसे वरता हूँ। तब कन्या का पिता कहे कि इसका धर्मानुसार पालन करना।।116।। तब वर कहे कि मैं इसका धर्म, अर्थ और काम पुरुषार्थपूर्वक पालन करूंगा। तत्पश्चात् कन्या का पिता जल से पूर्ण झारी को आदरपूर्वक ग्रहण करे।।117।। तब दोनों कुलों के सम्बन्धी जन व अन्य सत्पुरुष और सुन्दर वस्त्रों युक्त स्त्रियाँ हर्षपूर्वक तीन बार इस प्रकार कहें– इसे वरो, इसे वरो, इसे वरो।।118।। इसके बाद गृहस्थाचार्य के कहने पर कन्या का पिता इस प्रकार संकल्प करे कि अमुक वर्ष, मास, दिन तथा वार में मैं अमुक गोत्र और नाम वाला अपनी कन्या का दान करता हूँ। इस प्रकार कहकर अग्रलिखित मंत्र पढ़े–

ॐ नमोऽ भगवते वीमते बर्द्धमानाय श्रीबलापुरायोग्यं संवानाभि वर्द्धनं भवतु। इमामस्मै कुमाराय ददामि। ह्रीं क्ष्वीं अर्हं स्वाहा।

ये पीठिका मंत्रमुनियों में उत्तम गधधर देव द्वारा कहे गये हैं; इन मंत्रों द्वारा आधानादिक्रियाओं के अवसर पर सिद्धों की पूजा करे।।15। इस प्रकार इस मंत्र द्वारा एक सौ ग्यारह आहुतियाँ सिद्धों द्वारा आधानादिक्रियाओं के अवसर पर सिद्धों की पूजा करे।।125।। इस प्रकार इस मंत्र द्वारा एक सौ ग्यारह आहुतियाँ सिद्धों के लिए दे। इसके बाद पत्नी और पति के ग्रन्थिबन्धन (गठजोड़े) से पंचपरमेष्ठी की साक्षीपूर्वक इस जन्म में दोनों का धर्म और गृहस्थी संबंधी कार्यों में यह योग हो गया।।130।। ऐसा कहकर उस सुवासिनी वधू के हाथ के वस्त्र में ग्रन्थि बन्धन करे। इसके बाद सौभाग्यवती स्त्रियों द्वारा हल्दी के पंक का लेप बनाकर दोनों के पिताओं के हाथ में दिया जाय जिससे वे कन्या के बाएँ हाथ और वर के दाहिने हाथ की हथेली पर उन्हें परस्पर जोड़ने के निमित्त लगाएँ।।131।। तब गृहस्थाचार्य कन्या के हाथ के ऊपर वर का हाथ करके दोनों के हाथों को परस्पर जोड़ दे। उसी क्षण कन्या का पिता अपने प्रभुत्व और शक्ति के अनुसार तथा उसके कुल के व्यक्ति ग्राम, सुवर्ण, पृथ्वी गजेन्द्र, रथ, आभूषण, मकान और वस्त्रादि दे।।132।। इसके अतिरिक्त कन्या का पिता दास, दासी, बर्तन, शय्या और श्रृंगार के उपकरण अपनी इच्छानुसार दे।।133।। दोनों ही कुल के मान्य पुरुष प्रमोद को धारण करते हुए वर और कन्या को देखकर उन्हें यथेच्छ उपहार दें।।134।। तत्पश्चात् वे दोनों सप्त परम स्थान प्राप्ति की सूचनार्थ वेदी की सात प्रदक्षिणा दें। जब तक सातवीं फेरी न हो तब तक

कन्या कहलाती है और सातवीं प्रदक्षिणा हो जाने के पश्चात् स्त्री कही जाती है।।135।। प्रदक्षिणा पूरी होने पर पति–पत्नी वेदिका के सम्मुख खड़े रहें, बैठें नहीं। तब गृहस्थाचार्य पुण्याहवाचन बोले। पुण्याहंपुण्याहं। ॐ लोकोद्योतन करा अतीतकाल संजाता निर्वाणः, सागरः, महासाधुः, विमल प्रभः, शुद्धाभः, श्रीधरः, श्रीदत्तः, सिद्धाभः, अमलप्रभः उद्धारः, अग्निदेवः, संयमः, शिवः, कुसुमांजलिः, उत्साहः, ज्ञानेश्वरः, परमेश्वरः, विमलेश्वरः, यशोधरः, . ष्णमतिः, ज्ञानमतिः, शुद्धमतिः, श्रीभद्रः, शार्न्श्चेति चतुर्विंशतिभूतपरमदेवा वः प्रीयंतां प्रीयंताम्।। ॐ सम्प्रतिकाल श्रेयस्कर स्वर्गावतरण जनमाभिषेक परिनिष्क्रमण केवलज्ञान निर्वाण कल्याण विभूति भूषित महाभ्युदयाः श्री वृषभाजित संभवाभिनन्दन सुमति पद्मप्रभ सुपार्श्वचन्द्र प्रभ पुष्प दन्मशीतल श्रेयोवासुपूज्य विमलानन्त धर्म शान्किुन्थवरमल्लि मुनिसुव्रतनमि नेमि पार्श्ववर्धमानश्चेति चतुर्विंशतिषवर्तमान देवा वः प्रीयंतां प्रीचंताम्।। ॐ भविष्यत्कालाभ्युवयप्रभावा महापद्म सुरदेव प्रभ स्वयं प्रभसर्वायुध जयदेव उदयप्रभ प्रभादेवोदङ्क प्रश्नकीर्ति जयकीर्ति पूर्णबुद्धि निःकषाय विमल प्रभ बहुल प्रभ निर्मल चित्र गुप्ति समाधि गुप्ति स्वयंभू कंदर्पजयनाथ विमल दिव्याज्ञान अनन्त वीर्यश्चेति चतुर्विशति भविष्य त्परमदेवा वः प्रीयन्तां प्रीयन्ताम्।। ॐ त्रिकालवर्तिपग्ग धर्म्माम्युदया श्री मन्दर युगमन्दर बाहुसुबाहु संजातक स्वयं प्रभ ऋषभ्झेश्वर अनन्तवीर्य विशाल प्रभुतभ्झधरचद्रननचन्द्र बाहु भुजंगमेश्वर ईश्वर नेम प्रभु वीरसेन महाभद्रजयदेवा जितवीर्य्याश्चेति पंच विदेह क्षेत्रविहरविंशति परमदेवाश्च वः प्रीयन्तां प्रीयन्ताम्।। ॐ आहार रसवत्यक्षीण महानसालयाश्च वः प्रीयन्तां प्रीयन्ताम्।। उग्रदीप्ततप्त महाघोशनुपमतपश्च वः प्रीयन्तां प्रीयन्ताम।। मनोवाक्काय वलिनश्च वः प्रीयन्तां प्रीयन्ताम।। क्रियाविक्रियाधारिणश्च वः प्रीयन्तां प्रीयन्ताम्।। मतिश्रुतावधिमनः पर्ययकेवलश्रानिनश्च वः प्रीयन्तां।। श्रुतकैवलिणश्च वः प्रीयतां प्रीयन्ताम्।। अङ्गङ्गबाह्यदिवाकराः कुंदकुंद्याहानेत, दिगम्बर देवाश्च व, प्रीयन्तां प्रीयन्ताम्।। इहवान्यनगरग्राम देवता मनुजाः सर्व्वे गुरुभक्ता जिनधर्मपरायणा भवन्तुं।। दानतपोवीर्य्यानुष्ठानं नित्यमेवास्तु। मातृ–पितृ भ्रातृ पुत्र पौत्र कुलत्र सुहृन्स्वजन सम्बन्धिबन्धुसहितस्य अभुकस्य ते धनधान्यैश्वर्यबल द्युतियशः प्रमोदोत्सवाः प्रवर्द्धताम्। तुष्टिरश्तु। पुष्टिरस्तु। वृद्धि रस्तु। कल्याणमस्तु। अविधनमस्तु। आयुष्यमस्तु। अशिग्यमस्तु। कर्मसिद्धिरस्तु। इष्टसम्पत्तिरस्तु। कामगङ्गलोत्सताः शन्तु। पापनि शाग्यन्तु। धोराणि शाम्यन्तु। पुण्यं तर्द्धताम्।

धर्म्मो वर्द्धताम्। श्रीर्वर्द्धताम्। कंलगोत्रञ्चाभिवर्द्धताम्। स्वस्ति भ्रदञ्चास्तु ॐ ह्रीं क्ष्वीं अर्हं स्वाहा। श्रीमज्जिनेन्द्रचरणेष्वानन्द भक्तिः सदास्तु। इति शंति धारा।। इसके बाद यह शांतिस्तव पढ़े। जो पुरुष असत् परिग्रह और असत् व्यवहार से रहित होकर नित्य निरंजन अनादि अनन्त रूप आपके अनवदा और चिद्रूप भाव ध्यान करने वाले का तेज त्रिभुवन में व्याप्त होता है।।136।। हे भगवान्। पञ्च परावर्तन रूप संसार के विस्तार का नाश करने के कारण की विधि में निपुण होने से आप ही ध्यान करने योग्य हैं और अपने केवल ज्ञान रूप प्रकाश से लोकालोक के सकल द्रव्य और उनकी पय्यायों की प्रस्तफुरित करने वाले आप ही परम योगी हो।।137।। हे प्रभो! आपका नाम–मंत्र रूप मेघ उद्धत जन्माजात दुष्कर्म रूप दावानल को शान्त करके शुभकर्म रूपी अंकुरों को उत्पन्न करता है इसलिए हे स्वामिन् अतुल भोग और समृद्धि को देने वाले शुभ के दाता और शुभ के कर्ता आप ही हैं।।138।। हे ईश! मेरा पवित्र चित्त रूप भ्रमर जितने समय तक आपके चरण कमल के कोष में निवास करता है तब तक संसार के पाप, ताप और शाप क्षण मात्र के लिए भी उसमें स्थान नहीं पाते हैं।।139।। हे देव! मोह और मद रूप भ्रमण के नाश का कारण आपका नाम रूपी मंत्र जिस व्यक्ति के रसनाग्र है उसके अन्तरायकर्म रूप सर्पसमूह से उत्पन्न विष निकट भी नहीं आता।।140।। इसलिए हे प्रभो! आप ही शरण हैं, आप ही संसार–समुद्र से तारने वाले हैं, आप ही समस्त दोषों का निवारण करने से शान्ति के दाता हैं, शुद्ध मन से स्मरण करने वाले मुझमें आप सदा जाग्रत हैं तो फिर शीघ्र ही शान्ति मेरे हस्तगत ही समझता हूँ।।141।। इस प्रकार शान्ति के लिए पुष्पांजलि का क्षेपण करें। इसके पश्चात् पुनः जयमाला पढ़कर पति और पत्नी के हाथ से उदक सहित अर्घ्य दें। इसके बाद पुष्पांजलि ग्रहण करके इस प्रकार पढ़ें–

जिनेन्द्र का स्तवन करने से जगत् में शान्ति का वर्द्धन हो, पाप समूह का नाश हो, क्षमा से युक्त पुण्य की वृद्धि हो। मेरे हृदय में जिनेन्द्र वृषभ सदैव वास करें।।142।। इस प्रकार वर–वधू के हाथ से पुष्पांजलि क्षेपण करायें। इसके बाद गृहस्थाचार्य उत्तम मंत्रों से सिद्ध प्रतिमा और ऋद्धियों का विसर्जन करे। इनको जहाँ से लाये थे वहीं बाजे–गाजे के साथ पुनः स्थापित करें।।143।। मंत्र– ॐ ह्रीं अस्मिन् विवाह मांगल्य कर्मणि आह्यमान देवगणः स्पस्थानं गच्छतु। अपराध क्षमापणं भवतु स्वाहा। यह मंत्र बोलकर

विसर्जन के लिए पुष्पांजलि का क्षेपण करे। इसके पश्चात् हर्षांकुर से भूषित शरीर की शोभा से ही मानो दूर किया है अन्धकार जिसने ऐसी सासू हाथ में अक्षत का पात्र लेकर वर की आरती करे।।144।।

तत्पश्चात् गृहस्थाचार्य दम्पत्ति को आशीर्वाद दे–

आरोग्य हो, दीर्घायु हो, इन्द्र को इन्द्राणि, चन्द्रमा को रोहिणी और जयकुमार को सुलोचना के समान यह वधू अपने पति की प्यारी हो और सुख–समूह का अनुभव करने वाली हो।।145।। इसी प्रकार अपने मस्तक के मुकुट को झुकाकर वर भी गृहस्थाचार्य द्वारा अभिमंत्रित माला को ग्रहण करे और उन पण्डित प्रवर को धनादि देकर सन्तुष्ट करे फिर सास आदि को हर्ष सहित प्रणाम करे।।146।। इसके बाद वर का पिता दोनों कुलों के माननीय व्यक्तियों को दिखाकर वर को आभूषण, स्वर्ण, धनादि के दान द्वारा सन्तुष्ट करे एवं सब बरातियों सहित वधू को साथ लेकर अपने घर जाये।।147।। वरवधू सात दिन तक ब्रह्मचर्य से रहें। प्रेमालाप और परस्पर प्रीतिपूर्वक देखना निषिद्ध नहीं है।।148।। इसके दूसरे दिन चैत्यवन्दना करें। दोनों कुलों के पूजनीय जिनमन्दिरों की पूजा करें।।149।। वहाँ चामर, छत्र, सिंहासन आदि चढ़ायें। भण्डार में प्रचुर धन दे और शुभ ध्वजा की स्थापना करें।।150।। उपाध्यायादि को योग्य पुस्तकादि दें एवं यथायोग्य प्रतिष्ठादि प्रभावना भी करायें।।151।। ऐसा करके स्वबन्धु,, स्वजन, मित्र सहपाठी को लेकर अपने श्वसुर के घर सहभोज का आयोजन करें।।152।। कन्या का पिता भी भक्ति सहित सहज वचनामृत से और सुस्वादु भोजन से सारे भव्यजनों को तृप्त करके नम्रभाव से वर को उसके पिता को एवं कुल के अन्य व्यक्तियों को विदा करे।।153।। शुभ मुहूर्त देखकर फिर एक दिन वर को तथा उसके कुल के सभ्यों को बुलाये एवं पुनः आभूषण, मकान बर्तन और सुखद शय्यादि को दे।।154।। ऐसे पहरावणी करे। संचित की है पुण्य की राशि जिनने ऐसे वर और वधू अपने अपने चैत्यगृह में समाज के लोगों के साथ वादित्र गीत आदि सहित यंत्र की स्थापना करे और मन्दिर में धन भी समर्पित करे।।155।। पुनः सात दिन पर्यन्त ब्रह्मचर्य व्रत रखने के बाद शुभ दिन में कन्या का पिता अपनी पुत्री और जामाता को निमन्त्रित करके भोजन द्वारा पूर्ण सन्तुष्ट करे।।156।। फिर वर–वधू दोनों एक धाम गठजोड़ापूर्वक जिनमन्दिर में जायें और अरहंत भगवान की भलीप्रकार पूजा

करके और गुरु को नमस्कार करके अपने घर में सुखपूर्वक निवास करें और सुख की प्राप्ति के लिए सदाकाल निरन्तर अपने धर्म का स्मरण करें।।157।। यहाँ कुछ विशेष लिखते हैं– विवाह का होम सम्बन्धी समय निकट प्राप्त होने पर यदि कन्या रजस्वला हो जाय तो तीन रात्रि पर्यंत वे दम्पत्ति भिन्न शय्या और आसन पर बैठें।।158।। चौथे दिन कन्या अच्छी प्रकार स्नान करके अग्नि में यथाविधि विवाह सम्बन्धी होम में बैठे और कन्यादानादि सारे कर्म वैसे ही करे।।159।। अब देश भेद से रीति में भेद हो तो विधि नियम को कहते हैं– जहाँ देशादि के भेद से अन्य सनातनी रीति का प्रचलन हो वहाँ भी मंत्रादि की विधि यही होनी चाहिए।।160।। अब ग्रन्थ की समाप्ति पर अपनी लघुता सूचित करते हैं एवं मंगल का प्रतिपादन करते हैं– मंगलों में मंगल श्री जिनेश्वर भगवान ही इस कार्य के करने में नियोग रूप कर्ता हैं। अपने भावों की शुद्धि स्वयं ही उत्तम मंगल करने वाली है।।161।। हे श्रुत समुद्र की माला रूप जिनवाणी आकाश में नक्षत्रों की संख्या के समान अगणित तुम्हारे सारे लाख्य (भंग) कहने में नागेन्द्र भी समर्थ नहीं हैं फिर ऐसा कौन जितेन्द्रिय है जो श्रुत के अन्त को प्राप्त कर ले।।162।। आदि से अन्त तक वर्ण और पद का संयोजन पहले से ही उपदिष्ट है अतः इस ग्रन्थ में कुछ भी नई उक्ति नहीं है। मंत्र तो सब पुराणोक्त हैं और रीति–रिवाज देश–कुल के अनुसार हैं।।163।। रत्नत्रय द्वारा शल्य को और नय तथा धर्मचक्र द्वारा शुक्लध्यान में इन्द्रियों की प्रवृत्ति को हटाकर ध्यान करे तो प्रारब्ध–कर्मबन्ध का समाप्ति काल उदित होता है।।164।। इस श्लोक द्वारा प्रकारान्तर से ग्रन्थ समाप्ति का काल सूचित होता है, उसे ही कहते हैं – रत्न तीन – सम्यग्दर्शन, सम्यग्ज्ञान और सम्यकचारित्र रूप, शल्य तीन – माया, मिथ्यात्व और निदान, नय नौ – नैगमादिक सात और द्रव्यार्थिक तथा पर्यायार्थिक तथा धर्मचक्र एक इस तरह 'अंकानां वामतो गतिः' के नियम के अनुसार 1933 संवत् और शुक्ल कहिए जेठ धन कहिए .ष्ण पक्ष और करण कहिए तीज। इस तरह जेठ बदी 3 वि. सं. 1933 यह इस प्रारब्ध ग्रन्थ का समाप्ति काल है। इस प्रकार श्रीमज्जिनसेन स्वामी के मतानुसार जैन विवाह पद्धति समाप्त हुई।

शुभं भवतु। कल्याण मस्तु।